Java™ & XML

2. Auflage

Brett McLaughlin

Deutsche Übersetzung von
Sascha Kersken & Jürgen Key

Beijing · Cambridge · Farnham · Köln · Paris · Sebastopol · Taipei · Tokyo

Die Informationen in diesem Buch wurden mit größter Sorgfalt erarbeitet. Dennoch können Fehler nicht vollständig ausgeschlossen werden. Verlag, Autoren und Übersetzer übernehmen keine juristische Verantwortung oder irgendeine Haftung für eventuell verbliebene Fehler und deren Folgen.

Alle Warennamen werden ohne Gewährleistung der freien Verwendbarkeit benutzt und sind möglicherweise eingetragene Warenzeichen. Der Verlag richtet sich im wesentlichen nach den Schreibweisen der Hersteller. Das Werk einschließlich aller seiner Teile ist urheberrechtlich geschützt. Alle Rechte vorbehalten einschließlich der Vervielfältigung, Übersetzung, Mikroverfilmung sowie Einspeicherung und Verarbeitung in elektronischen Systemen.

Kommentare und Fragen können Sie gerne an uns richten:
O'Reilly Verlag
Balthasarstr. 81
50670 Köln
Tel.: 0221/9731600
Fax: 0221/9731608
E-Mail: kommentar@oreilly.de

Copyright der deutschen Ausgabe:
© 2002 by O'Reilly Verlag GmbH & Co. KG
1. Auflage 2001
2. Auflage 2002

Die Originalausgabe erschien 2001 unter dem Titel
Java and XML, 2nd Edition im Verlag O'Reilly & Associates, Inc.

Die Darstellung von Löwen im Zusammenhang mit dem Thema Java und XML ist ein Warenzeichen von O'Reilly & Associates, Inc.

Java™ und alle auf Java basierenden Warenzeichen und Logos sind geschützte Warenzeichen von Sun Microsystems, Inc. in den USA und in anderen Ländern. O'Reilly & Associates, Inc. und der O'Reilly Verlag GmbH & Co. KG sind unabhängig von Sun Microsystems.

Die Deutsche Bibliothek - CIP - Einheitsaufnahme

Ein Titeldatensatz für diese Publikation ist
bei der Deutschen Bibliothek erhältlich.

Übersetzung und deutsche Bearbeitung: Sascha Kersken, Köln & Jürgen Key, Ilmenau
Lektorat: Kerstin Grebenstein, Köln
Korrektorat: Friederike Daenecke, Zülpich
Fachgutachten: Conny Lichtenberg, Ilmenau & Gisbert Selke, Bonn
Satz: Tung Huynh, reemers publishing services gmbh, Krefeld; www.reemers.de
Umschlaggestaltung: Ellie Volckhausen & Pam Spremulli, Boston
Produktion: Geesche Kieckbusch, Köln
Belichtung, Druck und buchbinderische Verarbeitung:
Druckerei Kösel, Kempten; www.koeselbuch.de

ISBN 3-89721-296-X

Dieses Buch ist auf 100% chlorfrei gebleichtem Papier gedruckt.

Java™ & XML

Inhalt

Vorwort IX

1 Einleitung 1
    XML spielt eine wichtige Rolle 1
    Was ist wichtig? 4
    Was Sie benötigen 6
    Und was kommt jetzt? 9

2 Ans Eingemachte 11
    Die Grundlagen 12
    Beschränkungen 23
    Transformationen 31
    Und mehr... 41
    Und was kommt jetzt? 41

3 SAX 43
    Vorbereitungen 43
    SAX-Reader 46
    Content-Handler 53
    Fehlerhandler 70
    Vorsicht Falle! 75
    Und was kommt jetzt? 79

4 SAX für Fortgeschrittene 81
    Eigenschaften und Features 81
    Weitere Handler 89
    Filter und Writer 95

Und noch mehr Handler 103
Vorsicht Falle! 108
Und was kommt jetzt? 110

5   DOM 111

Das Document Object Model 111
Serialisierung 117
Wandelbarkeit 130
Vorsicht Falle! 131
Und was kommt jetzt? 133

6   DOM für Fortgeschrittene 135

Änderungen 135
Namensräume 147
DOM Level 2-Module 151
DOM Level 3 166
Vorsicht Falle! 170
Und was kommt jetzt? 172

7   JDOM 173

Die Grundlagen 173
PropsToXML 178
XMLProperties 190
Ist JDOM ein Standard? 202
Vorsicht Falle! 203
Und was kommt jetzt? 205

8   JDOM für Fortgeschrittene 207

Nützliche JDOM-Interna 207
JDOM und Factories 213
Wrapper- und Decorator-Klassen 218
Vorsicht Falle! 232
Und was kommt jetzt? 234

9   JAXP 235

API oder Abstraktion 235
JAXP 1.0 237
JAXP 1.1 246
Vorsicht Falle! 257
Und was kommt jetzt? 258

10 Web Publishing Frameworks 259

Ein Framework auswählen 261
Installation 264
Benutzung eines Publishing Frameworks 268
XSP 284
Cocoon 2.0 und darüber hinaus 299
Und was kommt jetzt? 302

11 XML-RPC 303

RPC versus RMI 304
Sag »Hallo!« 307
Dem Server die Last aufbürden 320
Die wirkliche Welt 336
Und was kommt jetzt? 339

12 SOAP 341

Start 341
Vorbereitungen 345
Machen wir uns die Hände schmutzig! 350
Erforschen weiterer Gebiete 360
Und was kommt jetzt? 369

13 Web Services 371

Web Services 371
UDDI 373
WSDL 375
Alle Teile zusammenfügen 378
Und was kommt jetzt? 397

14 Content-Syndication 399

Die Bibliothek »Foobar« 400
mytechbooks.com 410
Push versus Pull 420
Und was kommt jetzt? 430

15 Data-Binding 431

Grundprinzipien 432
Castor 439
Zeus 447
JAXB 456
Und was kommt jetzt? 464

16 Nach vorn schauen ... 465
XLink ... 465
XPointer ... 467
XML Schema-Binding ... 471
Und der Rest ... 472
Und was kommt jetzt? ... 473

A API-Referenz ... 475

B SAX 2.0-Features und -Eigenschaften ... 513

Index ... 517

Vorwort

Als ich vor etwas mehr als einem Jahr das Vorwort zur ersten Auflage von *Java & XML* schrieb, hatte ich noch keine Vorstellung davon, auf was ich mich da eingelassen hatte. Ich habe Witze über XML-Aufdrucke auf Mützen und T-Shirts gemacht; nun aber, da ich hier sitze und dies schreibe, trage ich ein T-Shirt, das mit »XML« beschriftet ist, und, ja, ich habe auch eine Mütze mit XML darauf (eigentlich habe ich sogar zwei!). Die ursprünglichen Versprechungen von XML haben sich also ohne Zweifel durchgesetzt. Und das ist gut so.

Abgesehen davon erscheinen Tag für Tag neue Entwicklungen, und die XML-Landschaft wächst mit einem Tempo, das ich nicht einmal in meinen wildesten Träumen für möglich gehalten hätte. Obwohl dies großartig für XML ist, macht es doch den Rückblick auf die erste Auflage dieses Buches ein wenig deprimierend; warum ist alles so schnell veraltet? Ich hatte darin über SAX 2.0 und DOM Level 2 gesprochen, die sich gerade am Horizont abzeichneten. Inzwischen sind sie Industriestandard. Ich hatte JDOM eingeführt, und mittlerweile ist es Bestandteil von JSR (Suns Java™ Specification Request-Prozeß). Ich hatte SOAP, UDDI, WSDL und die XML-Datenbindung noch nicht einmal angeschnitten. Sie nehmen in dieser Auflage drei Kapitel ein! Die Dinge haben sich geändert, um es einmal harmlos auszudrücken.

Wenn Sie auch nur den entferntesten Verdacht haben, daß Sie in den nächsten paar Monaten mit XML arbeiten müssen, kann dieses Buch Ihnen helfen. Und wenn die erste Auflage im Moment irgendwo auf Ihrem Schreibtisch am Arbeitsplatz liegt, empfehle ich Ihnen, die neue durchzublättern; ich denke, Sie werden erkennen, daß dieses Buch immer noch wichtig für Sie ist. Ich habe alle ausufernden Beschreibungen der grundlegenden Konzepte hinausgeworfen, das XML-Grundlagenmaterial zu einem einzelnen Kapitel zusammengestrichen und fast jedes Beispiel neu geschrieben; ich habe auch viele neue Beispiele und Kapitel hinzugefügt. Mit anderen Worten: Ich habe versucht, ein in die Tiefe gehendes technisches Buch mit viel Substanz daraus zu machen. Als Anfänger werden Sie so ein wenig länger brauchen, weil ich Sie weniger an die Hand nehme, aber Sie werden herausfinden, daß das Wissen, das Sie daraus ziehen können, viel größer ist.

Aufbau des Buches

Dieses Buch hat eine besondere Struktur: die erste Hälfte des Buches, Kapitel 1 bis 9, konzentriert sich darauf, Sie in die Grundlagen von XML und in die wichtigsten Java-APIs zur Bearbeitung von XML einzuführen. Zu jeder der drei APIs zur XML-Manipulation (SAX, DOM und JDOM) liefere ich Ihnen ein Kapitel über die Grundlagen und ein weiteres Kapitel über fortgeschrittene Konzepte. Kapitel 10 ist ein Übergangskapitel, das damit beginnt, im XML-»Stapel« ein wenig nach oben zu klettern. Es behandelt JAXP, eine Abstraktionsebene oberhalb von SAX und DOM. Der Rest des Buches, die Kapitel 11 bis 15, konzentrieren sich auf spezielle XML-Themen, die immer wieder auf den Konferenzen und in den Lehrgängen zur Sprache kommen, mit denen ich zu tun habe. Diese Kapitel versuchen, Sie gründlich davon zu überzeugen, in Ihren Anwendungen XML zu verwenden. Zu diesen Themen gehören neue Kapitel über SOAP und über die Datenbindung sowie eine aktualisierte Betrachtung von Business-to-Business-Anwendungen. Zum Schluß gibt es noch zwei Kapitel, die das Buch abrunden. Die Zusammenfassung dieser Inhalte sieht so aus:

Kapitel 1, Einleitung
Wir werden uns anschauen, um was dieser ganze Wirbel veranstaltet wird, werden die XML-Buchstabensuppe untersuchen und einige Zeit damit verbringen zu besprechen, warum XML so wichtig für die Gegenwart und Zukunft der Enterprise-Entwicklung ist.

Kapitel 2, Ans Eingemachte
Dies ist ein Crashkurs in XML-Grundlagen, von XML 1.0 bis hin zu DTDs und von XML Schema bis hin zu XSL und Namensräumen. Für Leser der ersten Auflage sei gesagt, daß dies die Zusammenfassung (mit einigen neuen Details) der verschiedenen Kapitel über die Arbeit mit XML ist.

Kapitel 3, SAX
Die Simple API for XML (SAX), unsere erste Java-API für den Umgang mit XML, wird in diesem Kapitel eingeführt und behandelt. Der Parsing-Ablauf wird detailliert durchgegangen, und die Ereignisse, die durch SAX behandelt werden und von Entwicklern benutzt werden können, werden vorgestellt.

Kapitel 4, SAX für Fortgeschrittene
Wir beschäftigen uns in diesem Kapitel weiter mit SAX, wobei wir weniger gebräuchliche, aber genauso mächtige Bestandteile der API behandeln. Sie werden erfahren, wie Sie XML-Filter verwenden können, um Callback-Verhalten aufzureihen, wie Sie XML-Writer benutzen können, um XML durch SAX auszugeben, und wir werden uns einige seltener verwendete SAX-Handler wie LexicalHandler und DeclHandler anschauen.

Kapitel 5, DOM
   Dieses Kapitel wandert weiter durch die XML-Landschaft zur nächsten API für Java und XML: zum DOM (Document Object Model). Sie lernen die DOM-Grundlagen, erfahren, was die aktuelle Spezifikation (DOM Level 2) auszeichnet und wie DOM-Bäume gelesen und geschrieben werden.

Kapitel 6, DOM für Fortgeschrittene
   Bei der näheren Betrachtung von DOM lernen Sie die verschiedenen DOM-Module wie Traversal, Range, Events, CSS und HTML kennen. Wir schauen uns auch an, was die neue Version, DOM Level 3, bietet und wie deren neue Features sich nutzen lassen.

Kapitel 7, JDOM
   Dieses Kapitel führt JDOM ein und beschreibt, inwiefern es DOM und SAX ähnlich ist bzw. sich von ihnen unterscheidet. Es behandelt das Lesen und Schreiben von XML mit Hilfe dieser API.

Kapitel 8, JDOM für Fortgeschrittene
   In einer näheren Untersuchung von JDOM schauen wir uns praktische Anwendungen der API an, z.B. wie Sie Factories mit Ihren eigenen JDOM-Unterklassen verwenden können, sowie die JAXP-Integration. Sie werden auch XPath im Tandem mit JDOM in Aktion erleben.

Kapitel 9, JAXP
   Nachdem JAXP zu einer voll funktionsfähigen API geworden ist, die das Parsing und Transformationen unterstützt, hat es sein eigenes Kapitel verdient. Wir schauen uns die beiden Versionen 1.0 und 1.1 an, und Sie lernen, wie Sie diese API am besten verwenden.

Kapitel 10, Web Publishing Frameworks
   Dieses Kapitel zeigt Ihnen, was ein Web Publishing Framework ist, inwiefern es für Sie nützlich sein kann und wie Sie ein geeignetes auswählen können. Wir behandeln dann das Apache Cocoon Framework, schauen uns seine Features sehr gründlich an und betrachten, wie es verwendet werden kann, um hochgradig dynamische Inhalte über das Web zu liefern.

Kapitel 11, XML-RPC
   In diesem Kapitel besprechen wir Remote Procedure Calls (RPC), ihre Bedeutung für verteilte Anwendungen im Vergleich zu RMI, und wir werden sehen, wie RPC mit Hilfe von XML zu einer praxisnahen Lösung für manche Probleme wird. Wir schauen uns anschließend die Verwendung der XML-RPC-Java-Bibliotheken und die Einrichtung von XML-RPC-Clients und -Servern an.

Kapitel 12, SOAP
   In diesem Kapitel werden wir die Verwendung von Konfigurationsdaten in einem XML-basierten Format betrachten, und wir werden sehen, warum dieses Format für plattformübergreifende Anwendungen so wichtig ist, insbesondere in Verbindung mit verteilten Systemen und Webdiensten.

Kapitel 13, Web Services
> Als Fortsetzung der Betrachtung von SOAP und Webdiensten geht dieses Kapitel auf die Details zweier wichtiger Technologien ein, nämlich von UDDI und WSDL.

Kapitel 14, Content-Syndication
> Im weiteren Verlauf unserer Beschäftigung mit Business-to-Business-Anwendungen führt dieses Kapitel eine weitere Möglichkeit ein, wie Unternehmen miteinander operieren können, nämlich durch die Verwendung von Content Syndication. Sie werden etwas über die Rich Site Summary lernen, über die Einrichtung von Informationskanälen und sogar ein wenig Perl.

Kapitel 15, Data-Binding
> Dieses Kapitel klettert den den XML-»Stapel« noch ein wenig höher hinauf und behandelt eine Java- und XML-API höherer Ebene, die XML-Datenbindung. Sie erfahren, was Datenbindung ist, wie sie die Arbeit mit XML zu einem Zuckerschlekken machen kann, und lernen ihre aktuellen Verwendungsmöglichkeiten kennen. Ich werde drei Frameworks vorstellen: Castor, Zeus, und Suns Vorab-Veröffentlichung von JAXB, der Java Architecture for XML Data Binding.

Kapitel 16, Nach vorn schauen
> Dieses Kapitel macht auf einige interessante Dinge aufmerksam, die sich gerade am Horizont abzeichnen, und versorgt Sie mit einigem Zusatzwissen über jedes von ihnen. Mit einigen dieser Vermutungen könnte ich komplett danebenliegen, andere könnten dagegen die nächste große Sache werden.

Anhang A, API-Referenz
> Dieser Anhang liefert die Details aller Klassen, Interfaces und Methoden, die für die Verwendung in den APIs SAX, DOM und JDOM zur Verfügung stehen.

Anhang B, SAX 2.0-Features und -Eigenschaften
> Dieser Anhang liefert die Details und Features, die für SAX 2.0-Parser-Implementierungen zur Verfügung stehen.

Wer sollte dieses Buch lesen?

Dieses Buch geht von der Prämisse aus, daß XML im Begriff ist, sehr schnell zu einem wesentlichen Bestandteil der Java-Programmierung zu werden (und bis zu einem gewissen Grade bereits einer geworden ist). Die Kapitel leiten Sie in der Verwendung von XML und Java an, und außer Kapitel 1 konzentriert sich keines darauf, *ob* Sie XML verwenden sollten. Wenn Sie ein Java-Entwickler sind, dann sollten Sie ohne Zweifel XML benutzen. Aus diesem Grund ist dieses Buch etwas für Sie, wenn Sie Java-Programmierer sind, ein Java-Programmierer werden möchten, die Projekte von Java-Programmierern leiten oder mit einem Java-Projekt zu tun haben. Wenn Sie sich weiterbilden möchten, ein besserer Entwickler werden wollen, saubereren Code schreiben möchten oder erreichen wollen, daß Ihre Projekte zeitig und im Rahmen des Budgets fertig werden; wenn Sie auf Daten in veralteten Formaten zugreifen müssen, Komponenten von Systemen verteilt anwenden müssen oder einfach nur wissen wollen, warum ein solcher Wirbel um XML veranstaltet wird, dann ist dieses Buch ebenfalls etwas für Sie.

Ich habe versucht, so wenig Anforderungen an Sie zu stellen wie nur möglich; ich habe kein Interesse daran, den Einstieg in XML so schwer zu machen, daß es unmöglich ist, damit anzufangen. Ich denke aber, wenn Sie Ihr Geld für dieses Buch ausgegeben haben, dann wollen Sie mehr als nur Grundlagen. Aus diesem Grund setze ich lediglich voraus, daß Sie die Sprache Java beherrschen und Kenntnisse über Konzepte der serverseitigen Programmierung besitzen (etwa über Java-Servlets oder Enterprise Java Beans). Wenn Sie noch nie zuvor in Java programmiert haben oder gerade erst mit der Sprache beginnen, sollten Sie vielleicht *Learning Java* von Pat Niemeyer und Jonathan Knudsen (O'Reilly & Associates) lesen, bevor Sie mit diesem Buch loslegen. Ich setze nicht voraus, daß Sie irgend etwas über XML wissen, und beginne mit dessen Grundlagen. Ich gehe allerdings davon aus, daß Sie den Willen haben, hart zu arbeiten und schnell zu lernen; aus diesem Grund behandeln wir die Grundlagen sehr zügig, um den Großteil des Buches mit fortgeschrittenen Konzepten verbringen zu können. Es wird kein Stoff wiederholt, außer wenn es unerläßlich ist, also könnte es manchmal nötig sein, daß Sie Abschnitte erneut lesen oder im Buch zurück- und wieder vorwärtsblättern, da wir früher behandelte Konzepte in späteren Kapiteln verwenden werden. Wenn Sie etwas Java können, XML lernen wollen und damit einverstanden sind, ein wenig Beispielcode in Ihren Lieblingseditor einzugeben, sollten Sie ohne größere Probleme mit diesem Buch zurechtkommen.

Software und Versionen

Dieses Buch behandelt XML 1.0 und die verschiedenen XML-Vokabularien in der Form, die im Juli 2001 aktuell war. Da einige hier behandelte XML-Spezifikationen noch nicht in einer endgültigen Fassung vorliegen, könnte es kleinere Unstimmigkeiten zwischen der gedruckten Fassung dieses Buches und der aktuellen Version der jeweiligen Spezifikation geben.

Sämtlicher verwendeter Java-Code basiert auf der Java-1.2-Plattform. Wenn Sie bis jetzt noch nicht Java 1.2 verwenden, sollten Sie jetzt damit anfangen; allein schon die Collection-Klassen sind es wert. Der Apache Xerces-Parser, der Apache Xalan-Prozessor, die Apache SOAP-Bibliothek sowie die Apache FOP-Bibliotheken waren die neuesten stabilen Versionen vom Juni 2000, und das Apache Cocoon Web Publishing Framework wurde in der Version 1.8.2 verwendet. Die XML-RPC-Java-Bibliotheken wurden in der Version 1.0 Beta 4 verwendet. Sämtliche Software ist frei verfügbar und kann online von *http://java.sun.com*, *http://xml.apache.org* und *http://www.xml-rpc.com* bezogen werden.

Die Programmbeispiele zu diesem Buch

Die Quellcodes für die Beispiele dieses Buches sind vollständig im Buch selbst enthalten. Sowohl die Quellcodes als auch die binäre Version aller Beispiele (mit zusätzlichem Javadoc-Code, der nicht notwendigerweise im Text enthalten ist) stehen englischsprachig unter *http://www.oreilly.com/catalog/javaxml2/* oder *http://www.oreilly.de/catalog/javaxml2.ger/* und *http://www.newInstance.com* zur Verfügung. Alle Beispiele, die in der Lage sind, als Servlets zu laufen, oder die sich in Servlets konvertieren lassen, können unter *http://www.newInstance.com* angeschaut und ausprobiert werden.

Im Buch verwendete Konventionen

In diesem Buch werden die folgenden Schriftkonventionen verwendet.

Kursivschrift wird verwendet für:

- UNIX-Pfadnamen, -Dateinamen und -Programmnamen
- Internet-Adressen wie Domainnamen und URLs
- Neue Begriffe, die definiert werden

Fettschrift wird verwendet für:

- Namen von GUI-Bestandteilen: Fenstertitel, Buttons, Menüpunkte usw.

`Nichtproportionalschrift` wird verwendet für:

- Kommandozeilen und Optionen, die wörtlich eingetippt werden sollen
- Namen und Schlüsselwörter in Java-Programmen, darunter Methodennamen, Variablennamen und Klassennamen
- XML-Elementnamen und -Tags, Attributnamen und andere XML-Konstrukte, die so erscheinen, wie sie in einem XML-Dokument stehen würden

Danksagung

Nun schreibe ich also wieder einmal Danksagungen. Es fällt mir dieses Mal nicht leichter, mich an alle zu erinnern, als beim ersten Mal. Mein Lektor, Mike Loukides, hielt mich nachts wach und machte Druck, die Sachen müßten fertig werden; das ist genau das, was ein guter Lektor tun muß! Kyle Hart, die Marketing-Frau, hielt die Dinge am Laufen und erinnerte mich daran, daß es ein Licht am Ende des Tunnels gibt. Tim O'Reilly und Frank Willison waren geduldig und doch antreibend, genau wie gute Chefs sein sollten. Und Bob Eckstein und Marc Loy waren bei diesen verdammten Swing-GUI-Problemen für mich da. (Außerdem ist Bob einfach lustig. Ehrlich.) Der O'Reilly-Verlag ist alles in allem so gut, wie er nur sein kann. Ich fühle mich geehrt, dazuzugehören.

Ich möchte auch dem unglaublichen Team von Gutachtern für dieses Buch danken. Viele Male haben diese Leute ein Kapitel in weniger als 24 Stunden bearbeitet und haben es doch geschafft, ehrliches technisches Feedback zu geben. Diesen Jungs ist es zu einem großen Teil zu verdanken, daß dieses Buch technisch korrekt geblieben ist. Robert Sese, Philip Nelson und Victor Brilon: Ihr seid fantastisch. Natürlich muß ich auch immer wieder meinem Komplizen Jason Hunter dafür danken, daß er so entsetzlich vernarrt in JDOM und andere technische Fragen ist (nimm Dir mal einen Abend frei, Mann!). Zu guter Letzt bietet mir auch meine Firma, Lutris Technologies, einen so guten Arbeitsplatz, wie man ihn sich nur erträumen kann. Sie haben mich stundenlang an diesem Buch arbeiten lassen, ohne sich jemals zu beschweren. Besonders Yancy Lind, Paul Morgan, David Young und Keith Bigelow sind einfach die Besten in ihrem Fach. Danke, Jungs!

Ich danke noch einmal meinen Eltern, Larry und Judy McLaughlin. Ich liebe Euch beide dafür, daß Ihr mit Eurem ziemlich ehrgeizigen und eifrigen Sohn klarkommt (Ihr wißt natürlich, daß diese Charaktereigenschaften ein Kind auch ziemlich unangenehm machen können!). Sarah Jane, meine Tante, und meine Großeltern, Dean und Gladys McLaughlin, denkt bitte nicht, daß ich Euch nicht oft sehe, hieße, daß ich nicht die ganze Zeit an Euch denke. Opa, ich bin dankbarer, als du Dir vorstellen kannst, daß Du die zweite Auflage zu Gesicht bekommst. Ich liebe Euch alle.

Meinen anderen Eltern (denen meiner Frau), Gary und Shirley Greathouse: Ihr seid einfach die Besten. Eines Tages werde ich meine Schreibfähigkeiten dafür einsetzen, Euch zu erklären, was Ihr beide mir bedeutet, aber das könnte ein ganzes Buch für sich benötigen. Ich liebe Euch beide für Euren Humor und Eure Weisheit. Quinn und Joni danke ich dafür, daß sie so viel fröhliche Leichtigkeit zu den sonntäglichen Mittagessen beitragen. Lonnie und Laura, ich kann es nicht erwarten, das Baby J. zu sehen. Bill und Terri danke ich dafür, daß sie Freunde sind, und sehr weise dazu, und Bill dafür, daß er ein Pfarrer wie kein zweiter ist.

Das Lachen in meinem Leben kommt von einigen übermütigen Charakteren, und ich komme nicht umhin, sie hier zu erwähnen: Kendra, Brittany, Lisette, Janay, Rocky, Dustin, Tony, Stephanie, Robbie, Erin, Angela, Mike, Matt, Carlos und John. Ich sehe euch alle am Sonntag, und können wir bitte aufhören, zu Mazzio's zu gehen? Und dann ist da noch der nicht-menschliche Teil meines Lebens, meine Hunde: Seth, Charlie, Jake, Moses, Molly und Daisy. Du hast noch nicht gelebt, wenn Du noch nicht morgens von der kalten Zunge eines Bassets geweckt worden bist.

Zu guter Letzt möchte ich die beiden Menschen erwähnen, die mir mehr bedeuten als alle anderen: Meinen Großvater, Robert Earl Burden, den ich eines Tages wiedersehen werde. Ich denke jeden Tag an Dich, und meine Kinder werden bald von Dir hören. Und am allermeisten danke ich meiner Frau Leigh. Worte können es nicht beschreiben. Eines Tages wirst du verstehen, wie viel du mir bedeutest. Und ich danke Gott dem Herrn, der mich so weit gebracht hat.

KAPITEL 1
Einleitung

Einleitungskapitel sind üblicherweise ziemlich leicht zu schreiben. In den meisten Büchern gibt man einen Überblick über die behandelte Technologie, erklärt einige Grundlagen und versucht, das Interesse des Lesers zu wecken. Allerdings ist es mit dieser zweiten Auflage von *Java und XML* nicht ganz so einfach. Zur Zeit der ersten Auflage gab es noch eine Menge Leute, für die XML neu war, oder Skeptiker, die sehen wollten, ob diese neue Art Auszeichnungssprache wirklich so gut war wie der Wirbel, der darum veranstaltet wurde. Ein gutes Jahr später verwenden alle XML auf zig Arten. In diesem Sinne brauchen Sie wahrscheinlich gar keine Einleitung. Aber ich gebe Ihnen einen Überblick über das, was hier behandelt wird, und sage Ihnen, warum es eine Rolle spielt und was Sie benötigen, um es ans Laufen zu bekommen.

XML spielt eine wichtige Rolle

Lassen Sie mich als erstes einfach sagen, daß XML eine bedeutende Rolle spielt. Ich weiß, das klingt wie der Beginn eines Selbsthilfeseminars, aber es hat einen Sinn, damit anzufangen. Es gibt noch immer eine Menge von Entwicklern, Managern und Vorgesetzten, die Angst vor XML haben. Sie haben Angst vor der Feststellung, daß XML der Nabel der Welt ist, und auch vor dem schnellen Wandel, dem XML unterworfen ist. (Das hier ist schon die zweite Auflage, nur ein Jahr später, oder? Hat sich so vieles geändert?) Sie haben Angst vor den Kosten, die das Anheuern von Leuten wie Ihnen und mir verursacht, um mit XML zu arbeiten. Und vor allem haben sie Angst davor, noch ein weiteres Steinchen zu ihrem Anwendungspuzzle hinzuzufügen.

Um zu versuchen, diese Ängste ein wenig abzubauen, möchte ich schnell die Hauptgründe dafür aufzählen, warum Sie noch heute anfangen sollten, mit XML zu arbeiten. Erstens ist XML portierbar. Zweitens ermöglicht es einen noch nie dagewesenen Grad der Zusammenwirkung. Und drittens spielt XML eine wichtige Rolle... weil es keine Rolle spielt! Wenn Sie das völlig verwirrt, dann lesen Sie weiter, denn schon bald wird es einen Sinn ergeben.

Portierbarkeit

XML ist portierbar. Wenn Sie schon länger mit Java zu tun haben oder sogar schon einmal während der JavaOne-Konferenz durch das Moscone Center gewandert sind, dann haben Sie das Java-Mantra gehört: »portierbarer Code«. Kompilieren Sie Java-Code, installieren Sie die *.class-* oder *.jar*-Dateien unter einem beliebigen Betriebssystem, und der Code läuft. Alles, was Sie brauchen, ist ein Java Runtime Environment (JRE) oder eine Java Virtual Machine (JVM), und das war's. Dies ist schon immer einer der größten Vorteile von Java gewesen, weil Entwickler so auf Windows- oder Linux-Workstations arbeiten können und ihr Code dann auf Sparc-Rechnern, E4000-Systemen, HP-UX oder irgend etwas anderem einsetzbar ist.

Im Ergebnis verdient XML mehr als nur einen flüchtigen Blick. Da XML einfach nur Text ist, kann es logischerweise zwischen verschiedenen Plattformen hin- und herbewegt werden. Was noch wichtiger ist: XML muß einer Spezifikation genügen, die vom World Wide Web-Konsortium (W3C) unter *http://www.w3.org* definiert wurde. Das bedeutet, daß XML einen Standard darstellt. Wenn Sie XML losschicken, genügt es diesem Standard; wenn eine andere Anwendung es empfängt, genügt das XML noch immer diesem Standard. Die Empfängeranwendung kann sich darauf verlassen. Das ist im wesentlichen das, was auch Java bietet: Jede JVM weiß, was sie zu erwarten hat, und solange der Code diesen Erwartungen genügt, wird er laufen. Durch die Verwendung von XML erhalten Sie portierbare Daten. Sie könnten sogar in letzter Zeit in bezug auf die Kombination von Java und XML den Satz »portierbarer Code, portierbare Daten« gehört haben. Das ist gut ausgedrückt, weil es sich (anders als die meisten Werbesprüche) bewahrheitet.

Interoperabilität

Zweitens erlaubt XML eine erheblich bessere Interoperabilität (Zusammenwirkung) als alles, was wir je bei Enterprise-Anwendungen gesehen haben. Einige von Ihnen denken vielleicht, daß dies bloß eine weitere Art der Portierbarkeit ist, aber es ist mehr als das. Denken Sie daran, daß XML für *Extensible Markup Language* (etwa: erweiterbare Auszeichnungssprache) steht. Und genau diese Erweiterbarkeit ist besonders wichtig für das Zusammenwirken von professionellen Anwendungen. Betrachten Sie zum Beispiel einmal HTML, die Hypertext Markup Language. HTML ist ein Standard. Es ist einfach nur Text. Also ist es in dieser Hinsicht genauso portierbar wie XML. In der Tat können alle Benutzer unterschiedlicher Browser unter verschiedenen Betriebssystemen HTML mehr oder weniger identisch betrachten. Allerdings ist HTML speziell auf Präsentation ausgerichtet. Sie könnten HTML nicht benutzen, um ein Möbelverzeichnis oder ein Rechnungsformular darzustellen. Das liegt daran, daß der Standard sehr enge Grenzen bezüglich erlaubter Tags, Formate und allem anderen in HTML setzt. Dies ermöglicht es HTML, auf Präsentation spezialisiert zu bleiben, was sowohl ein Vorteil als auch ein Nachteil ist.

Im Gegensatz dazu macht XML nur wenige Vorgaben über die Elemente und Inhalte eines Dokuments. Statt dessen konzentriert es sich auf die Struktur eines Dokuments; die Elemente müssen einen Anfang und ein Ende haben, jedes Attribut benötigt genau einen Wert, und so weiter. Der Inhalt des Dokuments und die Elemente und Attribute, die verwendet werden, sind Ihre Sache. Sie können Ihre eigenen Dokumentformate, Inhalte und angepaßten Spezifikationen für die Darstellung Ihrer Daten entwickeln. Und das ermöglicht Zusammenwirkung. Die verschiedenen Möbelhausketten könnten sich auf einen bestimmten Satz von Richtlinien für XML einigen und dann Daten in diesen Formaten austauschen; sie könnten alle Vorteile von XML nutzen (wie etwa die Portierbarkeit) und zusätzlich die Fähigkeit gewinnen, ihr berufliches Wissen auf die ausgetauschten Daten anzuwenden, um ihnen Bedeutung zu verleihen. Ein Rechnungsstellungssystem könnte ein angepaßtes Format für Rechnungsformulare beinhalten, es könnte dieses Format verbreiten, und es könnte Rechnungen aus anderen Rechnungsstellungssystemen importieren oder in deren Formate exportieren. Die Erweiterbarkeit von XML macht es für plattformübergreifendes Arbeiten perfekt geeignet.

Sogar noch faszinierender ist die Vielzahl vertikaler Standards[1], die entwickelt werden. Sehen Sie sich etwa das ebXML-Projekt unter *http://www.ebxml.org* an, wenn Sie wissen möchten, was machbar ist. Hier arbeiten Unternehmen zusammen, um Standards zu entwickeln, die auf XML aufbauen und globalen elektronischen Handel ermöglichen. Die Telekommunikationsindustrie hat ähnliche Anstrengungen unternommen. Bald werden sich vertikale Märkte überall auf der Welt auf Standards für den Datenaustausch geeinigt haben, die alle auf XML basieren.

Es spielt keine Rolle

Nachdem alles andere klar ist, spielt XML auch noch eine wichtige Rolle, weil es eben keine Rolle spielt. Ich sagte das bereits und möchte es noch einmal sagen, weil es die eigentliche Wurzel der großen Bedeutung von XML ist. Proprietäre Lösungen für Daten, für Formate, die binär sind und irgendeiner Art der Decodierung bedürfen, und für andere Datenformate spielen bei näherer Betrachtung alle eine Rolle. Sie machen die Kommunikation mit anderen Firmen, eine ausführliche Dokumentation, Programmieraufwand und die Neuerfindung des Rades erforderlich, wenn Werkzeuge für ihre Übertragung benötigt werden. XML ist so attraktiv, weil Sie keinerlei spezielles Expertenwissen benötigen und Ihre Zeit mit etwas Wichtigerem verbringen können. In Kapitel 2 beschreibe ich auf etwa 25 Seiten fast alles, was Sie je benötigen werden, um XML-Dokumente zu erzeugen. XML benötigt keine Dokumentation, weil diese Dokumentation bereits geschrieben ist. Sie brauchen keinen speziellen Codierer oder Decodierer; es gibt APIs und Parser, die bereits geschrieben wurden und die all das für Sie erledi-

---

1 Ein *vertikaler Standard* oder auch *vertikaler Markt* bezeichnet einen Standard oder einen Markt einer bestimmten Branche. Statt horizontaler Bewegung (bei der gleiche Funktionalität verlangt wird) besteht der Schwerpunkt hier in der vertikalen Bewegung, also in der Bereitstellung von Funktionalität für eine bestimmte Zielgruppe wie Schuhfabrikanten oder Gitarrenbauer.

gen. Und Sie gehen kein Risiko ein; XML ist mittlerweile eine ausgereifte Technologie, die jeden Tag durch Millionen von Entwicklern bearbeitet, verbessert und erweitert wird.

XML ist wichtig, weil es zu einem verläßlichlichen, in sich selbst aber unwichtigen Teil Ihrer Anwendung wird. Beschreiben Sie Ihre Anforderungen, codieren Sie Ihre Daten in XML – und vergessen Sie es. Dann können Sie mit den wichtigen Dingen weitermachen; der komplexen Branchenlogik und ihrer Darstellung, die Wochen und Monate des Nachdenkens und der harten Arbeit benötigt. Währenddessen wird XML Ihre Daten fröhlich vor sich hin darstellen, ohne mit der Wimper zu zucken (zugegeben, jetzt werde ich ein bißchen dramatisch, aber Sie verstehen, was ich meine).

Wenn Sie also bisher Angst vor XML hatten oder skeptisch waren, sollten Sie jetzt an Bord kommen. Es könnte die wichtigste Entscheidung sein, die Sie je getroffen haben, und noch dazu mit den wenigsten unerwünschten Nebenwirkungen. Der Rest dieses Buches hilft Ihnen, APIs, Transportprotokolle und allerlei weiteren Kram einwandfrei ans Laufen zu bringen.

Was ist wichtig?

Nachdem Sie erkannt haben, daß XML Ihnen weiterhelfen kann, ist die nächste Frage, welchen *Teil* davon Sie benötigen. Wie bereits erwähnt, gibt es buchstäblich Hunderte von XML-Anwendungen, und die richtige zu finden ist keine leichte Aufgabe. Ich muß aus diesen Hunderten zwölf oder dreizehn Schlüsselthemen herausgreifen und es schaffen, Sie Ihnen alle schmackhaft zu machen; auch keine leichte Aufgabe! Glücklicherweise hatte ich nun ein Jahr Zeit, um Feedback zur ersten Auflage dieses Buches zu sammeln, und ich arbeite bereits seit weit über zwei Jahren mit XML in praktischen Anwendungen. Das bedeutet, daß ich zumindest eine Grundidee davon habe, was interessant und wichtig ist. Wenn man einmal die gesamte XML-Landschaft zusammenfaßt, läuft alles auf einige wenige Kategorien hinaus.

Low-Level APIs

Eine API ist eine Schnittstelle für die Anwendungsprogrammierung (Application Programming Interface). Eine Low-Level-API ermöglicht Ihnen den unmittelbaren Umgang mit dem Inhalt eines XML-Dokuments. Mit anderen Worten: Es findet wenig bis gar keine Vorverarbeitung (engl. preprocessing) statt, und Sie erhalten XML-Inhalt im Rohzustand, mit dem Sie arbeiten können. Dies ist die effizienteste Art, mit XML zu arbeiten, und auch die wirkungsvollste. Gleichzeitig erfordert sie das meiste Wissen über XML und die meiste Arbeit, um aus einem Dokumenteninhalt etwas Sinnvolles zu machen.

Die beiden gebräuchlichsten Low-Level-APIs sind derzeit SAX, die Simple API for XML, und DOM, das Document Object Model. Zusätzlich hat JDOM (was weder ein Akronym noch eine Erweiterung von DOM ist) in letzter Zeit eine Menge Aufmerksamkeit erregt.

Alle drei sind auf eine bestimmte Art standardisiert (SAX als De-facto-Standard, DOM als W3C-Standard und JDOM von Sun), und es ist wahrscheinlich, daß sie recht langlebige Technologien sein werden. Alle drei bieten Ihnen in unterschiedlicher Form Zugriff auf ein XML-Dokument, und Sie können mit ihrer Hilfe so ziemlich alles mit dem Dokument anstellen. Ich werde eine ganz schön lange Zeit mit der Behandlung dieser APIs verbringen, weil sie die Basis für alles andere darstellen, was Sie mit XML tun können. Ich habe ein weiteres Kapitel JAXP gewidmet, Suns Java-API für die XML-Bearbeitung, die eine dünne Abstraktionsschicht oberhalb von SAX und DOM zur Verfügung stellt.

High-Level-APIs

High-Level-APIs sind die nächste Stufe auf der Leiter. Anstatt den direkten Zugriff auf ein Dokument zu bieten, verlassen sie sich auf Low-Level-APIs, die diese Aufgabe für sie erledigen. Zusätzlich stellen diese APIs das Dokument anders dar, entweder benutzerfreundlicher oder auf eine bestimmte Weise aufbereitet oder in einer anderen Form als der zugrundeliegenden XML-Dokumentstruktur. Während diese APIs oftmals einfacher zu verwenden sind und die Entwicklung beschleunigen, könnten sie Sie zusätzliche Rechenzeit für die Konvertierung Ihrer Daten in ein anderes Format kosten. Außerdem werden Sie eine gewisse Zeit benötigen, die API zu erlernen, wahrscheinlich zusätzlich zu einigen Low-Level-APIs.

In diesem Buch ist das Hauptbeispiel einer High-Level-API die XML-Datenbindung. Eine Datenbindung ermöglicht es, ein XML-Dokument zu übernehmen und als Java-Objekt zur Verfügung zu stellen. Kein Baum-basiertes Objekt wohlgemerkt, sondern ein selbstdefiniertes Java-Objekt. Wenn Sie etwa Elemente namens »person« und »vorname« hätten, dann ergäbe sich ein Objekt mit Methoden wie getPerson() und setVorname(). Dies ist offenbar eine einfache Art, schnell mit XML loszulegen; es ist kaum irgendwelches tiefergehende Wissen erforderlich! Allerdings können Sie nicht einfach die Struktur des Dokuments ändern (etwa, indem Sie aus dem Element »person« das Element »angestellter« machen), deshalb ist die Datenbindung nur für manche Anwendungen angebracht. In Kapitel 14 können sie alles über Datenbindung erfahren.

XML-basierte Anwendungen

Zusätzlich zu den APIs, die speziell für die Arbeit mit einem Dokument oder seinem Inhalt entwickelt wurden, gibt es eine Reihe von Anwendungen, die auf XML aufbauen. Diese Anwendungen verwenden direkt oder indirekt XML, konzentrieren sich aber auf eine bestimmte Aufgabe wie z.B. die Darstellung stilisierter Webinhalte oder die Kommunikation zwischen Anwendungen. All das sind Beispiele für XML-basierte Anwendungen, die XML als Teil ihrer eigentlichen Funktion verwenden. Einige erfordern gründliche XML-Kenntnisse, andere benötigen keine; aber alle gehören in die Besprechung von Java und XML. Ich habe die häufigsten und nützlichsten herausgesucht, die dann hier besprochen werden.

Als erstes werde ich Web-Publishing-Frameworks behandeln, die verwendet werden, um XML aufzunehmen und es als HTML, WML (Wireless Markup Language) oder in binären Formaten wie Adobe PDF (Portable Document Format) zu formatieren. Diese Frameworks werden üblicherweise verwendet, um komplexe, in hohem Maße angepaßte Web-Anwendungen an Clients auszuliefern. Als nächstes betrachte ich XML-RPC, das eine XML-Variante der Remote Procedure Calls bietet. Es ist das erste in der Erläuterung einer ganzen Reihe von Werkzeugen für die Kommunikation zwischen Anwendungen. Ich werde das auf XML-RPC aufbauende SOAP beschreiben, das Simple Object Access Protocol, und zeigen wie es über das hinausgeht, was XML-RPC zu bieten hat. Anschließend werden Sie in einem Business-to-Business-Kapitel die Neuentwicklungen im Bereich der Webdienste zu sehen bekommen, indem wir UDDI (Universal Discovery, Description and Integration) und WSDL (Web Services Descriptor Language) untersuchen. Wenn Sie all diese Werkzeuge in Ihre Werkzeugkiste stecken, dann werden Sie nicht nur hervorragend für XML gerüstet sein, sondern für jede Enterprise-Anwendungsumgebung.

Und am Schluß werde ich im letzten Kapitel in meine Kristallkugel schauen und darauf hinweisen, was sich in den kommenden Monaten und Jahren durchsetzen könnte, und ich werde versuchen, Ihre Aufmerksamkeit auf Dinge zu lenken, die Sie im Auge behalten sollten. Dies sollte Sie an der Spitze des Feldes halten, wo alle guten Entwickler sein sollten.

Was Sie benötigen

Nun sind Sie bereit zu lernen, wie Sie Java und XML am besten verwenden können. Was brauchen Sie? Ich werde dieses Thema anreißen, Ihnen einige Hinweise geben und Sie dann den Rest selbst erledigen lassen.

Ein Betriebssystem und Java

Ich sage das fast mit ein wenig Ironie; wenn Sie erwarten, ohne Betriebssystem und ohne Java-Installation dieses Buch zu überstehen, dann könnte es ein wenig zu hoch für Sie sein. Dennoch ist es gut, wenn Sie wissen, was ich erwarte. Ich habe die erste Hälfte dieses Buches und die Beispiele für diese Kapitel auf einem Windows 2000-Rechner geschrieben, auf dem die JDK-Versionen 1.2 und 1.3 (sowie 1.3.1) liefen. Ich habe meistens unter Cygwin (von Cygnus) kompiliert, so daß ich meist in einem Unix-artigen Umfeld arbeite. Die zweite Hälfte dieses Buches wurde auf meinem (seinerzeit) neuen Macintosh G4 unter MacOS X geschrieben. Dieses System wird mit JDK 1.3 geliefert und ist ein Juwel, falls Sie neugierig sein sollten.

In jedem Fall sollten alle Beispiele ohne Änderungen mit Java 1.2 oder höher laufen; ich habe keine Features des JDK 1.3 verwendet. Allerdings habe ich diesen Code nicht so geschrieben, daß er sich unter Java 1.1 kompilieren läßt, weil ich der Meinung war, daß die Verwendung der Java 2-Collection-Klassen wichtig sei. Außerdem werden Sie für die

Arbeit mit XML sehr intensiv über ein Update Ihres JDK nachdenken müssen, wenn Sie noch 1.1 verwenden (ich weiß, daß einige von Ihnen keine Wahl haben). Wenn Sie auf eine 1.1-JVM angewiesen sind, dann können Sie die Collection-Klassen von Sun erhalten (*http://java.sun.com*), einige kleinere Anpassungen vornehmen und sind wieder auf dem laufenden.

Ein Parser

Sie benötigen einen XML-Parser. Einer der wichtigsten Bestandteile jeder Anwendung, die mit XML zu tun hat, ist der XML-Parser. Diese Komponente erledigt die wichtige Aufgabe, aus einem eingegebenen XML-Dokument im Rohzustand etwas Sinnvolles zu machen; der Parser stellt sicher, daß das Dokument wohlgeformt ist, und wenn auf eine DTD oder ein Schema zugegriffen wird, kann er sicherstellen, daß das Dokument gültig ist. Das Ergebnis eines vom Parser bearbeiteten Dokuments ist üblicherweise eine Datenstruktur, die durch andere XML-Werkzeuge oder durch Java-APIs manipuliert und bearbeitet werden kann. Ich hebe mir die detaillierte Diskussion dieser APIs für spätere Kapitel auf. Seien Sie sich im Moment einfach der Tatsache bewußt, daß der Parser einer der Kernbestandteile der Verwendung von XML-Daten ist.

Die Auswahl eines XML-Parsers ist keine leichte Aufgabe. Es gibt keine festgelegten, schnellen Regeln, aber zwei Hauptkriterien werden normalerweise zugrundegelegt. Das erste ist die Geschwindigkeit des Parsers. Wenn XML-Dokumente häufiger verwendet werden und ihre Komplexität zunimmt, wird die Geschwindigkeit des XML-Parsers für die Gesamtperformance einer Anwendung extrem wichtig. Der zweite Faktor ist der Grad der Übereinstimmung mit der XML-Spezifikation. Da Performance oft eine höhere Priorität hat als einige verborgene Features von XML, kann es sein, daß manche Parser in einigen Feinheiten nicht der XML-Spezifikation entsprechen, um zusätzliche Geschwindigkeit herauszukitzeln. Sie müssen sich je nach den Bedürfnissen Ihrer Anwendung für eine passende Balance zwischen diesen Faktoren entscheiden. Zusätzlich können die meisten XML-Parser Validierungen durchführen, aber manche nicht. Die Validierung bietet Ihnen die Möglichkeit, die Übereinstimmung Ihres XML-Codes mit einer DTD oder einem XML Schema zu überprüfen. Stellen Sie sicher, daß Sie einen Parser mit Validierung verwenden, wenn diese Fähigkeit in Ihren Anwendungen benötigt wird.

Hier sehen Sie eine Liste der am häufigsten verwendeten XML-Parser. Die Liste gibt nicht an, ob ein Parser eine Validierung durchführt oder nicht, weil zur Zeit Bemühungen stattfinden, um diejenigen Parser, die noch keine besitzen, mit eben dieser Fähigkeit auszustatten. Hier wird keine Rangfolge vorgegeben, aber es gibt es eine Menge Informationen auf den Webseiten zu jedem Parser:

- Apache Xerces: *http://xml.apache.org*
- IBM XML4J: *http://alphaworks.ibm.com/tech/xml4j*
- XP von James Clark: *http://www.jclark.com/xml/xp*

- Oracle XML Parser: *http://technet.oracle.com/tech/xml*
- Crimson von Sun Microsystems: *http://xml.apache.org/crimson*
- Lark and Larval von Tim Bray: *http://www.textuality.com/Lark*
- Electric XML von The Mind Electric: *http://www.themindelectric.com/products/xml/xml.html*
- Der MXSML-Parser von Microsoft: *http://msdn.microsoft.com/xml/default.asp*

Ich habe den Microsoft MSXML-Parser mit Rücksicht darauf in diese Liste aufgenommen, daß Microsoft sich bemüht, in neueren Versionen die zahlreichen Kompatibilitätsprobleme zu beseitigen. Allerdings tendiert dieser Parser noch immer dazu, »sein eigenes Ding zu drehen«, und es gibt deshalb keine Garantie dafür, daß er mit den Beispielen in diesem Buch zurechtkommt.

Das ganze Buch hindurch tendiere ich dazu, Apache Xerces zu verwenden, weil es Open Source ist. Dies ist für mich ein großer Pluspunkt, deshalb würde ich Ihnen empfehlen, Xerces auszuprobieren, wenn Sie noch keinen Parser ausgewählt haben.

APIs

Wenn Sie erst den Parser-Anteil des Problems gelöst haben, benötigen Sie die verschiedenen (Low-Level- und High-Level-) APIs, über die ich noch sprechen werde. Manche davon werden bei Ihrem Parser-Download dabei sein, wärend andere zu Fuß heruntergeladen werden müssen. Ich erwarte, daß Sie diese APIs entweder zur Hand haben, oder daß Sie in der Lage sind, sie von einer Website im Internet zu erhalten. Also stellen Sie sicher, daß Sie Zugang zum Web haben, bevor Sie zu tief in irgendein Kapitel einsteigen.

Zuerst die Low-Level-APIs: Wir verwenden SAX, DOM, JDOM und JAXP. SAX und DOM sollten bei jedem Parser enthalten sein, den Sie herunterladen, denn diese APIs sind Interface-basiert und werden innerhalb des Parsers implementiert. Mit den meisten Parsern erhalten Sie auch JAXP, obwohl Sie so an eine ältere Version geraten könnten; hoffentlich unterstützen die meisten Parser beim Erscheinen dieses Buches voll JAXP 1.1 (die neueste öffentliche Version). JDOM ist momentan als separates Paket zum Download verfügbar, und Sie können es von der Website *http://www.jdom.org* herunterladen.

Was die High-Level-APIs angeht, behandle ich eine Reihe von Alternativen in dem Kapitel über Datenbindung. Ich werde einen kurzen Überblick über Castor und Quick geben, die online unter *http://castor.exolab.org* bzw. *http://sourceforge.net/projects/jxquick* verfügbar sind. Ich nehme mir auch ein wenig Zeit, um Zeus zu behandeln, das unter *http://zeus.enhydra.org* heruntergeladen werden kann. All diese Pakete enthalten alle notwendigen Abhängigkeiten innerhalb der Download-Archive.

Anwendungssoftware

Der letzte Punkt in dieser Liste sind die Myriaden von spezifischen Technologien, über die ich in den folgenden Kapiteln sprechen werde. Zu diesen Technologien gehören solche Dinge wie SOAP-Toolkits, WSDL-Validatoren, das Cocoon Web-Publishing-Framework und so weiter. Anstatt hier jedes einzelne zu behandeln, werde ich die spezielleren Anwendungen in den passenden Kapiteln ansprechen, etwa woher Sie die Pakete erhalten können und welche Versionen benötigt werden. Daneben erhalten Sie Installationshinweise und alles andere, das Sie wissen müssen, um die Pakete zum Laufen zu bekommen. Ich kann Ihnen hier all die gräßlichen Details ersparen und nur die unter Ihnen langweilen, die sich langweilen lassen (nur ein Witz! Ich werde versuchen, unterhaltsam zu bleiben). In jedem Fall können Sie mir folgen und alles lernen, was Sie wissen sollten.

In manchen Fällen baue ich auf Beispiele aus früheren Kapiteln auf. Wenn Sie zum Beispiel anfangen, Kapitel 6 zu lesen, bevor Sie Kapitel 5 durchgehen, werden Sie sich wahrscheinlich etwas verloren vorkommen. Wenn das passiert, gehen Sie einfach ein Kapitel zurück und schauen Sie, woher der unverständliche Code stammt. Wie ich bereits erwähnte, können Sie Kapitel 2 über die XML-Grundlagen schnell überfliegen, aber ich empfehle Ihnen, den Rest des Buches in der richtigen Reihenfolge durchzuarbeiten, da ich versuche, die Konzepte und das Wissen logisch aufzubauen.

Und was kommt jetzt?

Jetzt sind Sie wahrscheinlich bereit loszulegen. Im nächsten Kapitel gebe ich Ihnen einen Crashkurs in XML. Wenn XML für Sie neu ist oder wenn Sie unsicher bezüglich der Grundlagen sind, schließt dieses Kapitel die Lücken. Wenn Sie ein alter Hase in Sachen XML sind, empfehle ich Ihnen, das Kapitel kurz zu überfliegen, und dann gleich mit dem Code in Kapitel 3 fortzufahren. In jedem Fall können Sie sich bereit machen, in Java und XML einzutauchen, ab jetzt wird es spannend.

KAPITEL 2
Ans Eingemachte

Nachdem wir nun die Einführung hinter uns haben, wollen wir loslegen. Bevor wir aber geradewegs in Java einsteigen können, müssen wir einige grundlegende Strukturen klären. Es geht besonders um ein allgemeines Verständnis der Konzepte von XML und darum, wie diese Sprache funktioniert. Mit anderen Worten: Sie brauchen einen XML-Einstieg. Wenn Sie bereits XML-Experte sind, dann sollten Sie einfach dieses Kapitel überfliegen, um sicherzugehen, daß Sie mit den besprochenen Themen zurechtkommen. Wenn XML dagegen etwas ganz Neues für Sie ist, dann macht dieses Kapitel Sie fit für den Rest des Buches, ohne Stunden, Tage oder Wochen des Lernens.

> ### Wo sind die ganzen Kapitel hin?
> Wer die erste Auflage von *Java und XML* gelesen hat, könnte ein wenig verwundert sein. Denn in dieser gab es sage und schreibe drei ganze Kapitel nur über XML selbst. Als ich vor über einem Jahr an der ersten Auflage gearbeitet habe, war ich vor die Herausforderung gestellt, ein Buch zu schreiben, das sich teilweise mit XML und teilweise mit Java beschäftigte, und konnte deshalb keines der beiden Themen voll ausschöpfen. Es gab noch keine andere verläßliche Quelle, auf die ich Sie hätte hinweisen können, um zusätzliche Hilfe zu erhalten. Heute gibt es Bücher wie *Einführung in XML* von Erik Ray (O'Reilly Verlag) und *XML in a Nutshell* von Elliotte Rusty Harold und W. Scott Means (O'Reilly Verlag), so daß das Problem sich erledigt hat. Es genügt daher, in diesem Kapitel eine schnelle Tour durch XML mit Ihnen zu veranstalten und Sie ansonsten auf diese hervorragenden Bücher zu verweisen, wenn Sie mehr Details über »reines« XML erfahren möchten. Im Ergebnis konnte ich mehrere Kapitel zu diesem einen zusammenfassen und so Platz für neue Kapitel über Java schaffen, denn ich bin sicher, daß Sie genau das wollen! Seien Sie also auf einige radikale Abweichungen von der ersten Auflage gefaßt; und nun wissen Sie wenigstens, weshalb.

Sie können das vorliegende Kapitel auch als Glossar verwenden, wenn Sie den Rest des Buches lesen. Ich werde die Zeit in zukünftigen Kapiteln nicht weiter damit verbringen, XML-Konzepte zu erläutern, damit ich mich ganz auf Java konzentrieren und einige fortgeschrittene Konzepte behandeln kann. Wenn Sie also auf etwas stoßen, daß Sie völlig verwirrt, können Sie in diesem Kapitel nach Information suchen. Und wenn Sie sich dann noch immer ein wenig verloren fühlen, dann empfehle ich Ihnen wärmstens, dieses Buch zusammen mit einem bereitliegenden Exemplar des hervorragenden Buches *XML in a Nutshell* (O'Reilly) von Elliotte Harold und Scott Means zu lesen. Es wird Ihnen alle Informationen geben, die Sie über die Konzepte von XML benötigen, so daß ich mich auf diejenigen von Java konzentrieren kann.

Darüber hinaus bin ich ein großer Freund von Beispielen. Ich werde die restlichen Kapitel so voll damit packen, wie es nur geht. Es ist mir wichtiger, Ihnen genug Informationen zu geben, als Sie zu unterhalten. Um bereits jetzt damit anzufangen, führe ich in diesem Kapitel einige Dokumente ein, sowohl XML-Dokumente als auch andere, die damit zu tun haben, um die Konzepte in diesem Einstieg zu veranschaulichen. Sie sollten sich die Zeit nehmen, diese in Ihren Editor einzutippen oder sie von der Website zum Buch (*http://www.newInstance.com*) herunterzuladen, denn sie werden in diesem Kapitel und im gesamten restlichen Buch verwendet. Dies wird Ihnen später Zeit ersparen.

Die Grundlagen

Alles beginnt mit der XML 1.0-Empfehlung, die Sie vollständig unter *http://www.w3.org/TR/REC-xml* nachlesen können. Beispiel 2-1 zeigt ein einfaches XML-Dokument, das dieser Spezifikation genügt. Es ist ein Auszug des in XML geschriebenen Inhaltsverzeichnisses dieses Buches (ich habe nur einen Teil davon aufgeführt, weil es sehr lang ist!). Die vollständige Datei ist in den (englischsprachigen) Beispieldateien für das Buch enthalten, die unter *http://www.oreilly.com/catalog/javaxml2* bzw. *http://www.oreilly.de/catalog/javaxml2ger* und *http://www.newInstance.com* verfügbar sind. Ich verwende dieses Dokument, um mehrere wichtige Konzepte zu veranschaulichen.

Beispiel 2-1 Das Dokument contents.xml

```
<?xml version="1.0" encoding="ISO-8859-1"?>
<!DOCTYPE buch SYSTEM "DTD/JavaXML.dtd">

<!-- Java und XML Inhalt -->
<buch xmlns="http://www.oreilly.com/javaxml2"
      xmlns:ora="http://www.oreilly.com"
>
  <titel ora:serie="Java">Java und XML</titel>

  <!-- Kapitelliste -->
  <inhalt>
    <kapitel titel="Einleitung" nummer="1">
```

Beispiel 2-1 Das Dokument contents.xml (Fortsetzung)

```xml
      <thema name="XML spielt eine wichtige Rolle" />
      <thema name="Was ist wichtig?" />
      <thema name="Was Sie benötigen" />
      <thema name="Und was kommt jetzt?" />
    </kapitel>
    <kapitel titel="Ans Eingemachte" nummer="2">
      <thema name="Die Grundlagen" />
      <thema name="Beschränkungen" />
      <thema name="Transformationen" />
      <thema name="Und mehr..." />
      <thema name="Und was kommt jetzt?" />
    </kapitel>
    <kapitel titel="SAX" nummer="3">
      <thema name="Vorbereitungen" />
      <thema name="SAX-Reader" />
      <thema name="Content-Handler" />
      <thema name="Vorsicht Falle!" />
      <thema name="Und was kommt jetzt?" />
    </kapitel>
    <kapitel titel="Fortgeschrittenes SAX" nummer="4">
      <thema name="Eigenschaften und Features" />
      <thema name="Weitere Handler" />
      <thema name="Filter und Writer" />
      <thema name="Und noch mehr Handler" />
      <thema name="Vorsicht Falle!" />
      <thema name="Und was kommt jetzt?" />
    </kapitel>
    <kapitel titel="DOM" nummer="5">
      <thema name="Das Document Object Model" />
      <thema name="Serialisierung" />
      <thema name="Wandelbarkeit" />
      <thema name="Vorsicht Falle!" />
      <thema name="Und was kommt jetzt?" />
    </kapitel>

    <!-- Und so weiter... -->

  </inhalt>

  <ora:copyright>&OReillyCopyright;</ora:copyright>
</buch>
```

XML 1.0

Vieles in dieser Spezifikation beschreibt Dinge, die so gut wie intuitiv sind. Wenn Sie je HTML- oder SGML-Dokumente verfaßt haben, sind Sie bereits mit dem Konzept der Elemente (wie inhalt und kapitel im Beispiel) und Attribute (wie titel und name) vertraut. XML ist nicht viel mehr als die Definition, wie diese Dinge verwendet werden und wie ein Dokument strukturiert werden muß. XML verwendet mehr Zeit darauf, knifflige

Probleme wie die Verwendung von Leerzeichen zu definieren als irgendwelche Konzepte, mit denen Sie nicht schon zumindest halbwegs vertraut sind.

Ein XML-Dokument läßt sich in zwei grundlegende Bestandteile aufteilen: den Header, der einem XML-Parser und XML-Anwendungen Informationen darüber gibt, wie dieses Dokument behandelt werden muß, und in den Inhalt, also in die XML-Daten als solche. Obwohl dies eine ziemlich lockere Unterteilung ist, hilft sie uns, die Informationen für Anwendungen innerhalb eines XML-Dokuments vom eigentlichen XML-Inhalt zu unterscheiden, und es ist wichtig, diesen Unterschied zu verstehen. Der Header ist einfach die XML-Deklaration, in diesem Format:

```
<?xml version="1.0"?>
```

Der Header kann auch Angaben über die Zeichencodierung enthalten und darüber, ob das Dokument ein Standalone-Dokument ist oder ob ein Bezug zu anderen Dokumenten hergestellt werden muß, um seine Bedeutung vollständig zu verstehen.

```
<?xml version="1.0" encoding="UTF-8" standalone="no"?>
```

Der Rest des Headers besteht aus Punkten wie der DOCTYPE-Deklaration:

```
<!DOCTYPE buch SYSTEM "DTD/JavaXML.dtd">
```

In diesem Fall beziehe ich mich auf eine Datei namens *JavaXML.dtd* im Verzeichnis *DTD/* meines lokalen Dateisystems. Immer, wenn Sie einen absoluten oder relativen Dateipfad oder eine URL verwenden, sollten Sie das Schlüsselwort SYSTEM benutzen. Die andere Möglichkeit besteht darin, das Schlüsselwort PUBLIC zu verwenden und anschließend einen Public-Identifier anzugeben. Das bedeutet, daß das W3C oder ein anderes Konsortium eine Standard-DTD definiert hat, die mit diesem Public-Identifier verknüpft ist. Als Beispiel finden Sie hier die DTD-Deklaration für XHTML 1.0:

```
<!DOCTYPE html PUBLIC "-//W3C//DTD XHTML 1.0 Transitional//EN"
    "http://www.w3.org/TR/xhtml1/DTD/xhtml1-transitional.dtd">
```

Hier wird ein Public-Identifier angegeben (der lustige kleine String, der mit »-//« anfängt), gefolgt von einem System-Identifier (der URL).

Sie können oben in der Datei auch oft Steueranweisungen finden. Diese werden im Allgemeinen als Teil des Dokument-Headers und nicht als Teil seines Inhalts betrachtet. Sie sehen folgendermaßen aus:

```
<?xml-stylesheet href="XSL\JavaXML.html.xsl" type="text/xsl"?>
<?xml-stylesheet href="XSL\JavaXML.wml.xsl" type="text/xsl"
                 media="wap"?>
<?cocoon-process type="xslt"?>
```

Jede solche Anweisung sollte ein *Ziel* (das erste Wort, wie etwa xml-stylesheet oder cocoon-process) und *Daten* (den Rest) beinhalten. Häufig, aber nicht immer, werden die Daten in Form von Name-Wert-Paaren hingeschrieben, was tatsächlich die Lesbarkeit verbessern kann. Dies ist aber nur eine gute Angewohnheit, keine Notwendigkeit, also verlassen Sie sich nicht darauf.

Der gesamte restliche Teil Ihres XML-Dokuments sollte aus Inhalt bestehen; mit anderen Worten: aus Elementen, Attributen und Daten, die Sie hineingeschrieben haben.

Das Wurzelelement

Das Wurzelelement ist das in der Hierarchie am höchsten stehende Element im XML-Dokument, und es muß das zuerst geöffnete und zuletzt geschlossene Tag im Dokument sein. Es bietet einen Bezugspunkt, damit ein XML-Parser oder eine XML verwendende Anwendung den Beginn und das Ende eines XML-Dokuments erkennen kann. In unserem Beispiel ist buch das Wurzelelement:

```
<buch xmlns="http://www.oreilly.com/javaxml2"
    xmlns:ora="http://www.oreilly.com"
>
    <!-- Dokumentinhalt -->
</buch>
```

Dieses Tag und das zugehörige schließende Tag umschließen alle anderen Daten, die im XML-Dokument enthalten sind. XML legt fest, daß es in einem Dokument nur ein Wurzelelement geben darf. Mit anderen Worten: Das Wurzelelement muß alle anderen Elemente innerhalb des Dokuments einschließen. Abgesehen von dieser Notwendigkeit unterscheidet sich ein Wurzelelement nicht von irgendeinem anderen XML-Element. Es ist wichtig, das zu verstehen, da XML-Dokumente auf andere XML-Dokumente verweisen oder sie enthalten können. In diesen Fällen wird das Wurzelelement des verknüpften Dokuments zu einem eingeschlossenen Element im enthaltenden Dokument und muß durch einen XML-Parser normal behandelt werden. Die Definition von Wurzelelementen als gewöhnliche XML-Elemente ohne besondere Eigenschaften oder Verhaltensweisen führt dazu, daß das Einschließen von Dokumenten reibungslos funktioniert.

Elemente

Bis jetzt habe ich die eigentliche Definition eines Elements unterschlagen. Nun wollen wir uns Elemente näher anschauen; sie können willkürlich gewählte Namen haben und müssen von spitzen Klammern umschlossen werden. Es gibt im Beispieldokument verschiedene Varianten von Elementen, wie Sie hier sehen können:

```
<!-- Standardelement, öffnendes Tag -->
<inhalt>

<!-- Standardelement mit Attribut -->
<kapitel titel="Ans Eingemachte" nummer="2">

<!-- Element mit Textdaten -->
<titel ora:serie="Java">Java und XML</titel>

<!-- Leeres Element -->
<abschnittsBegrenzung />
```

```
<!-- Standardelement, schließendes Tag -->
</inhalt>
```

Die erste Regel beim Erstellen von Elementen lautet, daß ihre Namen mit einem Buchstaben oder Unterstrich beginnen müssen und daß sie dann beliebig viele Buchstaben, Ziffern, Unterstriche, Bindestriche oder Punkte enthalten dürfen. Elementnamen dürfen keine eingebetteten Leerzeichen enthalten:

```
<!-- Eingebettete Leerzeichen sind nicht erlaubt -->
<mein kleines element>
```

XML unterscheidet bei Elementnamen im übrigen zwischen Groß- und Kleinschreibung. Im Allgemeinen wird die Verwendung der gleichen Regeln, die auch für Java-Variablennamen gelten, zu einer sauberen XML-Elementbenennung führen. Die Verwendung eines Elements namens tkuo zur Darstellung von *Telekommunikationsunternehmensobjekt* ist keine gute Idee, weil diese Bezeichnung kryptisch ist, wogegen ein ausufernder Tagname wie beginnEinesNeuenKapitels ein Dokument übermäßig vollgestopft erscheinen läßt. Denken Sie daran, daß Ihre XML-Dokumente wahrscheinlich auch von anderen Entwicklern und Inhaltsautoren gelesen werden, insofern ist eine klare Dokumentation durch gute Namenswahl ein Grundbedürfnis.

Jedes geöffnete Element muß auch wieder geschlossen werden. Es gibt keine Ausnahmen von dieser Regel wie in vielen anderen Auszeichnungssprachen, etwa in HTML. Ein schließendes Element besteht aus einem Slash mit dem Elementnamen dahinter: </inhalt>. Zwischen einem öffnenden und einem schließenden Tag können beliebig viele weitere Elemente oder Textdaten stehen. Sie dürfen allerdings nicht die Reihenfolge verschachtelter Tags durcheinanderbringen: Das zuerst geöffnete Element muß immer als letztes geschlossen werden. Wenn irgendeiner Regel der XML-Syntax in einem XML-Dokument nicht Folge geleistet wird, dann ist das Dokument nicht *wohlgeformt*. Ein wohlgeformtes Dokument ist eines, in dem allen XML-Syntaxregeln Folge geleistet wird und in dem alle Elemente und Attribute korrekt positioniert sind. Ein wohlgeformtes Dokument ist allerdings nicht notwendigerweise *gültig*, was nämlich bedeutet, daß es sich an die Beschränkungen hält, die einem Dokument durch seine DTD oder sein Schema auferlegt werden. Es gibt einen bedeutenden Unterschied zwischen einem wohlgeformten und einem gültigen Dokument; die Regeln, die ich in diesem Abschnitt bespreche, sorgen dafür, daß Ihr Dokument wohlgeformt ist, während die Regeln, die im Abschnitt über Beschränkungen besprochen werden, es ermöglichen, daß Ihr Dokument gültig ist.

Als Beispiel für ein Dokument, das nicht wohlgeformt ist, schauen Sie sich dieses XML-Fragment an:

```
<tag1>
  <tag2>
</tag1>
  </tag2>
```

Die Reihenfolge der Verschachtelung der Tags ist nicht korrekt, da dem öffnenden <tag2> innerhalb des umschließenden Elements tag1 kein schließendes </tag2> folgt. Wird dieser Syntaxfehler jedoch verbessert, besteht immer noch keine Garantie dafür, daß das Dokument dadurch gültig wird.

Obwohl dieses Beispiel eines nicht wohlgeformten Dokuments trivial erscheinen mag, sollten Sie daran denken, daß dies akzeptables HTML wäre und häufig in großen Tabellen innerhalb eines HTML-Dokuments zum Einsatz kommt. Mit anderen Worten benötigen HTML und viele andere Auszeichnungssprachen keine wohlgeformten XML-Dokumente. Die strikte Einhaltung der Reihenfolgen- und Verschachtelungsregeln in XML sorgt dafür, daß das Parsing und die Bearbeitung von Daten erheblich schneller vonstatten gehen als bei der Verwendung von Auszeichnungssprachen ohne diese Beschränkungen.

Die letzte Regel, die ich erläutere, betrifft leere Elemente. Ich sagte bereits, daß XML-Tags immer paarweise auftreten müssen; ein öffnendes und ein schließendes Tag bilden zusammen ein vollständiges XML-Element. Es gibt Fälle, in denen ein Element ganz allein verwendet wird, z.B. als Flag, das anzeigt, daß ein Kapitel unvollständig ist, oder als Element, das Attribute, aber keine Textdaten hat, wie eine Bildeinbettung in HTML. Dies müßte so dargestellt werden:

```
<kapitelUnvollstaendig></kapitelUnvollstaendig>
<img src="/images/xml.gif"></img>
```

Das ist natürlich ein bißchen blöd und bläht XML-Dokumente unnötig auf, die vielleicht ohnehin schon sehr umfangreich sind. Die XML-Spezifikation stellt ein Mittel zur Verfügung, um sowohl ein öffnendes als auch ein schließendes Tag in einem einzigen Element anzuzeigen:

```
<kapitelUnvollstaendig />
<img src="/images/xml.gif" />
```

Attribute

Zusätzlich zu dem Text, der zwischen den Tags eines Elements enthalten ist, kann ein Element Attribute besitzen. Attribute sind mit ihren zugehörigen Werten in der öffnenden Deklaration des Elements enthalten (die auch seine schließende Deklaration sein kann!). Zum Beispiel handelt es sich beim Titel eines Kapitels im Tag kapitel um eine Information, die in einem Attribut notiert wurde:

```
<kapitel titel="Fortgeschrittenes SAX" nummer="4">
  <thema name="Eigenschaften und Features" />
  <thema name="Weitere Handler" />
  <thema name="Filter und Writer" />
  <thema name="Und noch mehr Handler" />
  <thema name="Vorsicht Falle!" />
  <thema name="Und was kommt jetzt?" />
</kapitel>
```

In diesem Beispiel ist titel der Attributname, der Wert ist der Titel des Kapitels, »Fortgeschrittenes SAX«. Attributnamen müssen denselben Regeln genügen wie XML-Elementna-

> **Was soll das Leerzeichen vor dem End-Slash, Brett?**
>
> Nun, lassen Sie mich erzählen. Ich hatte bereits Ende 1998 das zweifelhafte Vergnügen, mit Java und XML zu arbeiten, als die Dinge noch ein wenig unausgegoren waren, um es vorsichtig auszudrücken. Einige Webbrowser akzeptierten damals (und manche noch heute, um ehrlich zu sein) XHTML (wohlgeformtes HTML) nur in sehr speziellen Formaten. Insbesondere müssen Tags, die in HTML nie geschlossen werden, wie etwa <br>, in XHTML geschlossen werden, was zu <br/> führt. Einige dieser Browser ignorierten ein Tag wie dieses völlig; allerdings waren sie merkwürdigerweise bereit, <br /> zu verarbeiten (beachten Sie das Leerzeichen vor dem End-Slash). Ich habe mir angewöhnt, meine XML-Dokumente nicht nur wohlgeformt, sondern auch verständlich für diese Browser zu schreiben. Ich hatte noch keinen guten Grund, diese Angewohnheit aufzugeben, deshalb können Sie sie hier in Aktion erleben.
>
> Dies löst auf angenehme Weise das Problem der überflüssigen Datenfülle und befolgt noch immer die Regel, daß jedes XML-Element ein passendes End-Tag benötigt; es faßt einfach nur Start- und End-Tag zu einem einzelnen Tag zusammen.

men, und Attributwerte müssen in Anführungszeichen stehen. Zwar sind sowohl einfache als auch doppelte Anführungszeichen gestattet, aber doppelte Anführungszeichen sind ein weitverbreiteter Standard und ergeben XML-Dokumente, die der Java-Programmierpraxis nachempfunden sind. Abgesehen davon könnte es sein, daß Attributwerte selbst einfache oder doppelte Anführungszeichen enthalten; das Einschließen der Werte in doppelte Anführungszeichen ermöglicht die Verwendung einfacher Anführungszeichen als Teil des Wertes, und das Einschließen in einfache Anführungszeichen macht die Verwendung doppelter Anführungszeichen innerhalb des Wertes möglich. Allerdings ist dies nicht sehr empfehlenswert, da XML-Parser und -Prozessoren oftmals alle Anführungszeichen um einen Attributwert herum gleichförmig in doppelte (oder in einzelne) Anführungszeichen umwandeln, was möglicherweise zu unerwarteten Ergebnissen führen könnte.

Abgesehen davon, daß Sie lernen müssen, wie Attribute verwendet werden, müssen Sie auch wissen, wann sie verwendet werden. Da XML einen solchen Variationsreichtum bei der Formatierung von Daten zuläßt, kommt es selten vor, daß ein Attribut nicht durch ein Element dargestellt werden kann, oder daß ein Element nicht einfach in ein Attribut konvertiert werden kann. Obwohl es keine Spezifikation und keinen weitgehend akzeptierten Standard für die Entscheidung gibt, wann ein Attribut und wann ein Element verwendet werden sollte, gibt es doch eine gute Faustregel: Verwenden Sie Elemente für Daten mit mehreren Werten und Attribute für Daten mit nur einem Wert. Wenn Daten mehrere Werte haben können oder sehr umfangreich sind, dann gehören sie am ehesten in ein Element. Dieses kann vorzugsweise als Textdaten behandelt werden und ist dadurch einfach zu durchsuchen und zu verwenden. Beispiele wären die Beschreibung der Kapitel eines Buches oder URLs, die die Details zu verwandten Links einer Site enthalten. Werden die

Daten jedoch primär als einzelner Wert dargestellt, dann lassen sie sich am besten durch ein Attribut darstellen. Ein guter Kandidat für ein Attribut ist die Information, zu welchem Teil des Buches ein Kapitel gehört; während dieser Buchteil selbst ein Element wäre und seinen eigenen Titel haben könnte, könnte die Gruppierung der Kapitel zu einem Buchteil einfach durch ein Attribut namens buchteil innerhalb des Elements kapitel dargestellt werden. Dieses Attribut würde ein einfaches Gruppieren und Indizieren von Kapiteln ermöglichen, aber es würde dem Anwender niemals direkt angezeigt werden. Ein weiteres gutes Beispiel für Daten, die sich in XML als Attribut darstellen lassen, ist die Information, ob ein bestimmter Tisch oder Stuhl auf Lager vorrätig ist. Daraus könnte sich für eine XML-Anwendung, die für die Erstellung einer Broschüre oder eines Flyers verwendet wird, die Anweisung ableiten, keine Artikel aufzunehmen, die sich nicht im aktuellen Lagerbestand befinden; offensichtlich handelt es sich dabei um einen Wahr-oder-Falsch-Wert, der zu einem bestimmten Zeitpunkt nur einen bestimmten Wert hat. Wieder würde der Anwendungsclient diese Information niemals direkt zu Gesicht bekommen, aber die Daten würden verwendet, um das XML-Dokument zu behandeln und zu bearbeiten. Wenn Sie sich nach dieser ganzen Analyse noch unsicher sind, können Sie immer auf Nummer sicher gehen und ein Element verwenden.

Möglicherweise sind Ihnen bereits alternative Möglichkeiten eingefallen, um diese verschiedenen Beispiele darzustellen. Beispielsweise könnte es sinnvoll sein, titel-Elemente in ein Element kapitel hineinzuverschachteln, anstatt ein Attribut titel zu verwenden. Vielleicht könnte ein leeres Tag <lager /> nützlich sein, um Möbel zu kennzeichnen, die sich auf Lager befinden. In XML gibt es selten nur eine Möglichkeit, die Darstellung von Daten vorzunehmen, und oft gibt es mehrere gute Optionen, um die gleiche Aufgabe zu erfüllen. In den meisten Fällen bestimmen die Anwendung und die Datenverwendung, was am sinnvollsten ist. Anstatt Ihnen zu sagen, wie XML-Dokumente geschrieben werden, was schwierig wäre, zeige ich Ihnen, wie XML verwendet wird, so daß Sie einen Einblick bekommen, wie unterschiedlich Datenformate bearbeitet und verwendet werden können. Dies gibt Ihnen das nötige Wissen an die Hand, um Ihre eigenen Entscheidungen darüber zu treffen, wie Sie Ihre XML-Dokumente formatieren möchten.

Entity-Referenzen und Konstanten

Ein Thema, das ich bisher noch nicht behandelt habe, sind Escape-Sequenzen oder der Bezug auf andere konstantenartige Werte. Zum Beispiel besteht die übliche Art, den Pfad zu einem Installationsverzeichnis darzustellen, darin, etwas wie <Verzeichnis-von-Cocoon> zu schreiben. Hier ersetzt der Anwender den Text durch das entsprechend ausgewählte Installationsverzeichnis. In diesem Beispiel soll das Kapitel, in dem Web-Anwendungen besprochen werden, Details über die Installation und Anwendung von Apache Cocoon zur Verfügung stellen, und diese Daten sollen als Inhalt eines Elements dargestellt werden:

```
<thema>
 <ueberschrift>Installing Cocoon</ueberschrift>
 <inhalt>
  Machen Sie die Datei Cocoon.properties im Verzeichnis
  <Verzeichnis-von-Cocoon>/bin ausfindig.
 </inhalt>
</thema>
```

Das Problem besteht darin, daß XML-Parser versuchen, diese Daten als XML-Tag zu behandeln und dann einen Fehler erzeugen, weil es kein schließendes Tag gibt. Dies ist ein gängiges Problem, da jede Verwendung spitzer Klammern dieses Verhalten zur Folge hat. *Entity-Referenzen* stellen eine Möglichkeit zur Verfügung, dieses Problem zu umgehen. Eine Entity-Referenz ist ein besonderer Datentyp in XML, der verwendet wird, um auf andere Daten Bezug zu nehmen. Die Entity-Referenz besteht aus einem eindeutigen Namen mit vorangestelltem Und-Zeichen und nachgestelltem Semikolon: &[entity-name];. Wenn ein XML-Parser auf eine Entity-Referenz stößt, wird der festgelegte Ersatzwert eingesetzt und nicht weiter bearbeitet. XML definiert fünf Entities, um das im Beispiel angesprochene Problem zu lösen: < für das Kleiner-Zeichen, > für das Größer-Zeichen, & für das Und-Zeichen (Ampersand) selbst, " für ein doppeltes Anführungszeichen und ' für ein einfaches Anführungszeichen. Durch die Verwendung dieser speziellen Verweise können Sie den Bezug auf das Installationsverzeichnis folgendermaßen korrekt angeben:

```
<thema>
 <ueberschrift>Installing Cocoon</ueberschrift>
 <inhalt>
  Machen Sie die Datei Cocoon.properties im Verzeichnis
  &lt;Verzeichnis-von-Cocoon&gt;/bin ausfindig.
 </inhalt>
</thema>
```

Wenn dieses Dokument vom Parser bearbeitet wird, werden diese Daten als »<Verzeichnis-von-Cocoon>« interpretiert, und das Dokument gilt noch immer als wohlgeformt.

Beachten Sie, daß Entity-Referenzen auch benutzerdefiniert sein können. Dies ermöglicht eine Art abkürzende Schreibweise; in dem XML-Beispiel, das ich gerade durchgehe, beziehe ich den Copyright-Text aus einer externen gemeinsamen Datei. Da dieses Copyright für mehrere O'Reilly-Bücher verwendet wird, möchte ich den eigentlichen Text nicht in das XML-Dokument einschließen; wird jedoch das Copyright geändert, dann sollte das XML-Dokument diese Änderung mitmachen. Sie können feststellen, daß die Syntax, die im XML-Dokument verwendet wird, genauso aussieht wie die vordefinierten XML-Entity-Referenzen:

```
<ora:copyright>&OReillyCopyright;</ora:copyright>
```

Obwohl Sie bis zum Abschnitt über DTDs nicht erfahren werden, wie dem XML-Parser mitgeteilt wird, was er darstellen soll, wenn er auf &OReillyCopyright; trifft, können Sie schon hier sehen, daß es mehr Verwendungsmöglichkeiten für Entity-Referenzen gibt als nur die Darstellung schwieriger oder ungebräuchlicher Zeichen innerhalb der Daten.

Daten vor dem Parser bewahren

Das letzte XML-Konstrukt, das wir betrachten, ist die Abschnittsmarkierung CDATA. Ein CDATA-Abschnitt wird verwendet, wenn eine größere Menge Daten ohne Bearbeitung durch den XML-Parser an die anfordernde Anwendung weitergereicht werden soll. Davon wird Gebrauch gemacht, wenn eine ungewöhnlich große Anzahl von Zeichen durch Entity-Referenzen umschrieben werden müßten oder wenn Abstände durch Leerzeichen erhalten bleiben müssen. In einem XML-Dokument sieht ein CDATA-Abschnitt folgendermaßen aus:

```
<nicht-parser-daten>
  <![CDATA[Diagramm:
    <Schritt 1>Installieren Sie Cocoon nach "/usr/lib/cocoon"
    <Schritt 2>Machen Sie die richtige Konfigurationsdatei ausfindig.
    <Schritt 3>Laden Sie Ant von "http://jakarta.apache.org" herunter
                        -----> Verwenden Sie CVS dafür <----
  ]]>
</nicht-parser-daten>
```

In diesem Beispiel benötigt die Information innerhalb des CDATA-Abschnitts keine Entity-Referenzen oder anderen Mechanismen, um den Parser zu warnen, daß reservierte Zeichen verwendet werden; statt dessen gibt der XML-Parser sie unverändert an das umgebende Programm oder die Anwendung weiter.

An diesem Punkt haben Sie die Hauptbestandteile von XML-Dokumenten kennengelernt. Obwohl jeder von ihnen nur recht knapp beschrieben wurde, sollte Ihnen dies genügend Informationen geben, um XML-Tags zu erkennen, wenn Sie sie sehen, und um ihren allgemeinen Verwendungszweck zu kennen. Mit bestehenden Ressourcen wie O'Reillys *XML in a Nutshell* an Ihrer Seite sind Sie nun in der Lage, sich einige fortgeschrittenere XML-Spezifikationen anzuschauen.

Namensräume

Auch wenn ich hier nicht allzutief auf das Thema XML-Namensräume eingehen möchte, sollten Sie sich die Verwendung eines Namensraumes im Wurzelelement von Beispiel 2-1 ansehen. Ein *XML-Namensraum* ist ein Mittel, um ein oder mehrere Elemente in einem XML-Dokument mit einer bestimmten URI zu verknüpfen. Das bedeutet konkret, daß das Element sowohl durch seinen Namen als auch durch seine Namensraum-URI identifiziert wird. In unserem XML-Beispiel könnte es später nötig sein, Teile von anderen O'Reilly-Büchern einzufügen. Da jedes dieser Bücher ebenfalls die Elemente kapitel, ueberschrift oder thema enthalten kann, muß das Dokument so gestaltet und aufgebaut werden, daß das Problem einer Kollision mit den Namensräumen anderer Dokumente vermieden wird. Die XML-Namensraumspezifikation löst dieses Problem auf angenehme Weise. Da das XML-Dokument ein bestimmtes Buch darstellt und kein anderes XML-Dokument dasselbe Buch darstellen sollte, kann die Verwendung eines Namensraumes, der mit einer URI wie *http://www.oreilly.com/javaxml2* verknüpft ist, einen eindeutigen

Namensraum erzeugen. Die Namensraumspezifikation fordert, daß eine eindeutige URI einem Präfix zugeordnet wird, um die Elemente im einen Namensraum von denjenigen in anderen Namensräumen zu unterscheiden. Es wird empfohlen, eine URL zu verwenden, die wie folgt angegeben wird:

```
<buch xmlns="http://www.oreilly.com/javaxml2"
      xmlns:ora="http://www.oreilly.com"
>
```

Tatsächlich habe ich zwei Namensräume definiert. Der erste wird als Standard-Namensraum betrachtet, da kein Präfix angegeben wurde. Jedes Element ohne Präfix wird mit diesem Namensraum in Verbindung gebracht. Letzten Endes gehören alle Elemente im XML-Dokument, außer dem Element copyright mit dem Präfix ora, zu diesem Standard-Namensraum. Der zweite Namensraum definiert ein Präfix, was dazu führt, daß das Tag <ora:copyright> mit diesem zweiten Namensraum in Verbindung gebracht wird.

Ein letzter interessanter (und etwas verwirrender) Punkt: XML Schema, worüber ich in einem späteren Abschnitt mehr sagen werde, setzt voraus, daß das Schema eines XML-Dokuments auf eine Art und Weise angegeben wird, die dem Einstellen der Namensraum-Deklaration sehr ähnlich sieht; siehe Beispiel 2-2.

Beispiel 2-2: Auf ein XML Schema zugreifen

```
<?xml version="1.0"?>
<addreßBuch xmlns:xsi="http://www.w3.org/1999/XMLSchema/instance"
            xmlns="http://www.oreilly.com/catalog/javaxml"
            xsi:schemaLocation="http://www.oreilly.com/catalog/javaxml
                                mySchema.xsd"
>
  <person>
    <name>
      <vorname>Brett</vorname>
      <nachname>McLaughlin</nachname>
    </name>
    <email>brettmclaughlin@earthlink.net</email>
  </person>
  <person>
    <name>
      <vorname>Eddie</vorname>
      <nachname>Balucci</nachname>
    </name>
    <email>eddieb@freeworld.net</email>
  </person>
</addreßBuch>
```

Hier passieren verschiedene Dinge, und es ist wichtig, sie alle zu verstehen. Als erstes wird der Namensraum der XML Schema-Instanz definiert und mit einer URL assoziiert. Dieser Namensraum, abgekürzt xsi, wird verwendet, um in XML-Dokumenten Informationen über ein Schema anzugeben, genau wie es hier zu sehen ist. Auf diese Weise sorgt die erste Zeile dafür, daß die Elemente der XML Schema-Instanz dem Dokument zur Verfügung stehen. Die nächste Zeile definiert den Namensraum für das XML-Dokument selbst. Da das Dokument keinen expliziten Namensraum verwendet, wie denjenigen, der in früheren Beispielen mit *http://www.oreilly.com/javaxml2* verknüpft wurde, wird nur der Standard-Namensraum deklariert. Das bedeutet, daß alle Elemente ohne expliziten Namensraum und zugewiesenes Präfix (in diesem Beispiel also alle) mit diesem Standard-Namensraum verknüpft werden.

Werden sowohl der Namensraum des Dokuments als auch der Namensraum des XML Schemas auf diese Weise definiert, können wir unser Vorhaben in die Tat umsetzen, nämlich ein Schema mit diesem Dokument verknüpfen. Das Attribut schemaLocation, das zum Namensraum der XML Schema-Instanz gehört, wird verwendet, um dies zu erreichen. Ich habe diesem Attribut seinen Namensraum vorangestellt (xsi), der gerade definiert wurde. Das Argument dieses Attributs sind in Wirklichkeit *zwei* URIs: die erste gibt den Namensraum an, der mit einem Schema verknüpft ist, und der zweite die URI des Schemas, auf das Bezug genommen wird. In diesem Beispiel führt das dazu, daß die erste URI der Standard-Namensraum ist, der einfach nur deklariert wird, und die zweite eine Datei im lokalen Dateisystem namens *mySchema.xsd*. Wie jedes andere XML-Attribut wird das vollständige Paar in einen einzelnen Satz von Anführungszeichen eingeschlossen. Und so einfach haben Sie in Ihrem Dokument auf ein Schema zugegriffen!

Ganz im Ernst: Es ist nicht so einfach, und es ist einer der am häufigsten mißverstandenen Punkte bei der Verwendung von Namensräumen und XML Schema. Ich werde die hier verwendete Vorgehensweise später näher beleuchten. Merken Sie sich im Moment einfach, wie Namensräume die Verwendung von Elementen aus verschiedenen Gruppen ermöglichen, die dennoch als Teile ihrer speziellen Gruppen identifizierbar bleiben.

Beschränkungen

Als nächstes ist der Umgang mit der Beschränkung von XML an der Reihe. Wenn Sie aus diesem Kapitel sonst nichts mitnehmen, aber den Sinn der Beschränkungen von XML verstehen, dann bin ich ein glücklicher Autor. Da XML erweiterbar ist und Daten auf Hunderte oder sogar Tausende von Arten darstellen kann, verleihen Beschränkungen eines Dokuments diesen unterschiedlichen Formaten eine Bedeutung. Ohne Dokumentbeschränkungen ist es (in den meisten Fällen) unmöglich herauszubekommen, was die Daten in einem Dokument bedeuten. In diesem Abschnitt werde ich die beiden aktuellen Standardmittel zur Beschränkung von XML besprechen: DTDs (Bestandteil der XML-1.0-Spezifikation) und XML Schema (vor kurzem vom W3C als Standard herausgegeben). Wählen Sie einfach das Mittel, das am besten paßt.

DTDs

Ein XML-Dokument ist nicht sehr nützlich ohne eine begleitende DTD (oder ein Schema). Genau wie XML effektiv Daten beschreiben kann, macht die DTD die Daten für viele verschiedene Programme auf unterschiedliche Weise nutzbar, indem sie die Struktur der Daten definiert. In diesem Abschnitt zeige ich Ihnen die gebräuchlichsten Konstrukte, die innerhalb einer DTD verwendet werden. Ich verwende wieder die XML-Darstellung eines Teils des Inhaltsverzeichnisses für dieses Buch als Beispiel und gehe den Konstruktionsprozeß einer DTD für das XML-Inhaltsverzeichnis-Dokument durch.

Die DTD definiert, wie Daten formatiert werden. Sie muß folgende Bestandteile eines XML-Dokuments definieren: jedes erlaubte Element, die erlaubten Attribute und möglicherweise auch die akzeptierten Attributwerte für jedes Element, die Verschachtelung und Auftrittsfolge jedes Elements sowie alle externen Entities. DTDs können noch viele andere Aspekte eines XML-Dokuments angeben, aber auf diese Grundlagen werden wir uns konzentrieren. Sie lernen die Konstrukte, die eine DTD zu bieten hat, kennen, indem Sie sie auf die XML-Datei aus Beispiel 2-1 anwenden und diese damit beschränken. Die vollständige DTD, auf die ich mich in diesem Beispiel beziehe, wird in Beispiel 2-3 gezeigt.

Beispiel 2-3: DTD für Beispiel 2-1

```
<!ELEMENT buch (titel, inhalt, ora:copyright)>
<!ATTLIST buch
        xmlns       CDATA    #REQUIRED
        xmlns:ora   CDATA    #REQUIRED
>
<!ELEMENT titel (#PCDATA)>
<!ATTLIST titel
        ora:serie   (C | Java | Linux | Oracle |
                     Perl | Web | Windows)
                    #REQUIRED
>
<!ELEMENT inhalt (kapitel+)>
<!ELEMENT kapitel (thema+)>
<!ATTLIST kapitel
        titel       CDATA    #REQUIRED
        nummer      CDATA    #REQUIRED
>
<!ELEMENT thema EMPTY>
<!ATTLIST thema
        name        CDATA    #REQUIRED
>

<!-- Copyright-Information -->
<!ELEMENT ora:copyright (copyright)>
<!ELEMENT copyright (jahr, inhalt)>
<!ATTLIST copyright
        xmlns   CDATA   #REQUIRED
```

Beispiel 2-3: DTD für Beispiel 2-1 (Fortsetzung)

```
>
<!ELEMENT jahr EMPTY>
<!ATTLIST jahr
          wert    CDATA  #REQUIRED
>
<!ELEMENT inhalt (#PCDATA)>
<!ENTITY OReillyCopyright SYSTEM
    "http://www.newInstance.com/javaxml2/copyright.xml"
>
```

Elemente

Ein Großteil der DTD besteht aus ELEMENT-Definitionen (die in diesem Abschnitt behandelt werden) und ATTRIBUTE-Definitionen (siehe nächsten Abschnitt). Eine Elementdefinition beginnt mit dem Schlüsselwort ELEMENT hinter dem Standardbeginn <! eines DTD-Tags, gefolgt vom Namen des Elements. Hinter diesem Namen befindet sich das *Content-Modell* des Elements. Das Content-Modell steht grundsätzlich in Klammern und gibt an, welcher Inhalt sich im Element befinden kann. Betrachten Sie das Element buch als Beispiel:

```
<!ELEMENT buch (titel, inhalt, ora:copyright)>
```

Dies bedeutet, daß jedes buch-Element die Elemente titel, inhalt und ora:copyright enthalten kann. Die Definitionen dieser Elemente folgen später mit ihren jeweiligen Content-Modellen und so weiter. Sie sollten sich darüber im klaren sein, daß die im Content-Modell angegebene Reihenfolge diejenige ist, in der die Elemente im Dokument auftauchen *müssen*, und zwar genau einmal, wenn keine Modifier verwendet werden (die ich sofort erläutern werde). Im vorliegenden Fall muß jedes buch-Element ohne Ausnahme die Elemente titel, inhalt und dann ora:copyright enthalten. Wird gegen diese Regeln verstoßen, dann wird das Dokument nicht mehr als gültig betrachtet (auch, wenn es noch immer wohlgeformt sein könnte).

Natürlich müssen Sie in vielen Fällen das mehrfache oder optionale Auftreten eines Elements angeben. Sie können dies mit Hilfe der Wiederholungs-Modifier bewerkstelligen, die in Tabelle 2-1 aufgelistet werden.

Tabelle 2-1: DTD-Wiederholungs-Modifier

Operator	Beschreibung
[Standard]	Muß genau einmal vorkommen (1)
?	Kann einmal vorkommen oder gar nicht (0..1)
+	Muß einmal bis unendlich oft vorkommen (1..N)
*	Kann beliebig oft vorkommen, auch gar nicht (0..N)

Betrachten Sie als Beispiel die Definition des Elements inhalt:

```
<!ELEMENT inhalt (kapitel+)>
```

Hier muß das Element inhalt mindestens ein kapitel-Element enthalten, aber es kann eine unbegrenzte Anzahl solcher Kapitel geben.

Wenn ein Element Zeichendaten enthält, wird als sein Content-Modell das Schlüsselwort #PCDATA verwendet:

```
<!ELEMENT titel (#PCDATA)>
```

Wenn ein Element immer leer sein soll, wird das Schlüsselwort EMPTY verwendet:

```
<!ELEMENT thema EMPTY>
```

Attribute

Wenn Sie die Elementdefinition abgeschlossen haben, sollten Sie Attribute definieren. Diese werden durch das Schlüsselwort ATTLIST definiert. Der erste Wert ist der Name des Elements, und danach können Sie mehrere Attribute definieren. Diese Definitionen bestehen aus dem Namen des Attributs, seinem Datentyp und aus der Angabe, ob das Attribut erforderlich oder implizit ist (was im wesentlichen bedeutet, daß es nicht erforderlich ist). Die meisten Attribute mit Textwerten sind einfach vom Typ CDATA, wie Sie hier sehen:

```
<!ATTLIST kapitel
        titel    CDATA  #REQUIRED
        nummer   CDATA  #REQUIRED
>
```

Sie können auch eine Menge fester Werte angeben, von denen ein Attribut einen annehmen muß, damit das Dokument als gültig betrachtet wird:

```
<!ATTLIST titel
        ora:serie   (C | Java | Linux | Oracle |
                    Perl | Web | Windows)
                    #REQUIRED
>
```

Entities

Sie können die Auflösung von Entity-Referenzen in einer DTD festlegen, indem Sie das Schlüsselwort ENTITY verwenden. Das funktioniert ziemlich ähnlich wie die DOCTYPE-Referenz, von der ich vorhin sprach, bei der eine Public-ID oder System-ID angegeben werden kann. In der Beispiel-DTD habe ich eine System-ID, eine URL, angegeben, um die Entity-Referenz OReillyCopyright dorthin aufzulösen:

```
<!ENTITY OReillyCopyright SYSTEM
    "http://www.newInstance.com/javaxml2/copyright.xml"
>
```

Das führt dazu, daß die Datei *copyright.xml* an der angegebenen URL als Wert der O'Reilly-Copyright-Entity-Referenz in das Beispieldokument geladen wird. Sie werden dieses Vorgehen in den nächsten paar Kapitel in Aktion erleben.

Dies ist natürlich kein ausführliches Handbuch über DTDs, aber es sollte Ihnen genügend Basiswissen vermitteln, um zurechtzukommen. Wie ich bereits vorgeschlagen habe, sollten Sie einige zusätzliche Bücher oder andere Quellen über XML als solches zur Verfügung haben (etwa *XML in a Nutshell*), während Sie dieses Buch durcharbeiten, für den Fall, daß Sie mit etwas konfrontiert werden, über das Sie sich im unklaren sind. Indem ich davon ausgehe, daß Sie dieses Buch vorliegen oder Zugang zu den Online-Spezifikationen von *http://www.w3.org* haben, kann ich mich schneller in Java-Themen vertiefen.

XML Schema

XML Schema ist ein jüngst verabschiedeter Kandidat für eine Empfehlung vom W3C. Es verbessert DTDs, indem es mehr Datentypangaben und recht viele zusätzliche Konstrukte zur Verfügung stellt als diese; gleichzeitig genügt es selbst einem XML-Format. Ich werde die Behandlung von Schemas hier recht kurz halten, weil sie in Java und XML ein Detail »hinter den Kulissen« sind. In den Kapiteln, in denen Sie mit Schema arbeiten werden (zum Beispiel in Kapitel 14), werde ich noch einmal spezielle Punkte ansprechen, auf die Sie achten müssen. Allerdings ist die Spezifikation von XML Schema so umfangreich, daß sie ein ganzes Buch für sich benötigen würde. Beispiel 2-4 zeigt das XML Schema, das Beispiel 2-1 beschränkt.

Beispiel 2-4: XML Schema, das Beispiel 2-1 beschränkt

```
<?xml version="1.0" encoding="UTF-8"?>

<xs:schema xmlns:xs="http://www.w3.org/2001/XMLSchema"
           xmlns="http://www.oreilly.com/javaxml2"
           xmlns:ora="http://www.oreilly.com"
           targetNamespace="http://www.oreilly.com/javaxml2"
           elementFormDefault="qualified"
>
  <xs:import namespace="http://www.oreilly.com"
             schemaLocation="contents-ora.xsd" />

  <xs:element name="buch">
    <xs:complexType>
      <xs:sequence>
        <xs:element ref="titel" />
        <xs:element ref="inhalt" />
        <xs:element ref="ora:copyright" />
      </xs:sequence>
    </xs:complexType>
  </xs:element>
```

Beispiel 2-4: XML Schema, das Beispiel 2-1 beschränkt (Fortsetzung)

```xml
    <xs:element name="titel">
      <xs:complexType>
        <xs:simpleContent>
          <xs:extension base="xs:string">
            <xs:attribute ref="ora:serie" use="required" />
          </xs:extension>
        </xs:simpleContent>
      </xs:complexType>
    </xs:element>

    <xs:element name="inhalt">
      <xs:complexType>
        <xs:sequence>
          <xs:element name="kapitel" maxOccurs="unbounded">
            <xs:complexType>
              <xs:sequence>
                <xs:element name="thema" maxOccurs="unbounded">
                  <xs:complexType>
                    <xs:attribute name="name"
                                  type="xs:string"
                                  use="required" />
                  </xs:complexType>
                </xs:element>
              </xs:sequence>
              <xs:attribute name="titel" type="xs:string" use="required"/>
              <xs:attribute name="nummer" type="xs:byte" use="required"/>
            </xs:complexType>
          </xs:element>
        </xs:sequence>
      </xs:complexType>
    </xs:element>

</xs:schema>
```

Zusätzlich benötigen Sie aus Gründen, die Sie gleich verstehen werden, das Schema aus Beispiel 2-5.

Beispiel 2-5: Zusätzliches XML Schema für Beispiel 2-1

```xml
<?xml version="1.0" encoding="UTF-8"?>

<xs:schema xmlns="http://www.oreilly.com"
           xmlns:xs="http://www.w3.org/2001/XMLSchema"
           targetNamespace="http://www.oreilly.com"
           attributeFormDefault="qualified"
           elementFormDefault="qualified"
>
  <xs:attribute name="serie" type="xs:string"/>
  <xs:element name="copyright" type="xs:string" />
</xs:schema>
```

Bevor Sie in die Besonderheiten dieser Schemas einsteigen, sollten Sie sich die verschiedenen Namensraumdeklarationen ansehen, die durchgeführt werden. Als erstes wird der XML Schema-Namensraum selbst mit dem Präfix xs versehen, was die Trennung von XML Schema-Konstrukten von den Elementen und Attributen ermöglicht, die durch das Schema beschränkt werden. Als nächstes wird als Standard-Namensraum der Namensraum der zu beschränkenden Elemente eingestellt; in Beispiel 2-4 ist dies der Java-und-XML-Namensraum und in Beispiel 2-5 der O'Reilly-Namensraum. Ich habe zusätzlich dem targetNamespace-Attribut den gleichen Wert zugewiesen. Dieses Attribut gibt dem Schema den Namensraum der Elemente und Attribute bekannt, die beschränkt werden sollen. Das wird leicht vergessen und kann dann ein gewaltiges Chaos verursachen, also denken Sie daran, dieses Attribut mit aufzunehmen. An dieser Stelle werden Namensräume für die zu beschränkenden Elemente (der Standard-Namensraum) und die verwendeten Konstrukte (der XML Schema-Namensraum) definiert.

Als letztes habe ich die Werte von attributeFormDefault und elementFormDefault als »qualified« angegeben. Dies zeigt an, daß ich für die Elemente und Attribute vollständig qualifizierte Namen verwende, nicht nur lokale Namen. Ich werde damit nicht ins Detail gehen, aber ich empfehle Ihnen dringend, immer qualifizierte Namen zu verwenden. Der Versuch, mehrere Namensräume und unqualifizierte Namen gemeinsam zu verwenden, erzeugt ein Durcheinander, in dem ich nicht gern stecken würde.

Elemente und Attribute

Elemente werden durch das Konstrukt element definiert. Sie definieren Ihre eigenen Datentypen grundsätzlich dadurch, daß Sie in das Element element, das (durch das Attribut name) den Namen des Elements bestimmt, ein complexType-Tag hinein verschachteln. Betrachten Sie diesen Ausschnitt aus Beispiel 2-4:

```
<xs:element name="buch">
  <xs:complexType>
    <xs:sequence>
      <xs:element ref="titel" />
      <xs:element ref="inhalt" />
      <xs:element ref="ora:copyright" />
    </xs:sequence>
  </xs:complexType>
</xs:element>
```

Hier habe ich angegeben, daß das Element buch einen komplexen Inhalt hat. Es soll drei Elemente enthalten: titel, inhalt und ora:copyright. Durch Verwendung des Konstrukts sequence habe ich sichergestellt, daß sie in der angegebenen Reihenfolge auftauchen müssen; und da keine Modifier verwendet wurden, muß ein Element genau einmal auftauchen. Für jedes dieser anderen Elemente habe ich das Schlüsselwort ref verwendet, um Bezug auf andere Elementdefinitionen zu nehmen. Dies verweist auf die Definitionen dieser Elemente an einer anderen Stelle des Schemas und sorgt dafür, daß alles organisiert und leicht nachvollziehbar bleibt.

Weiter unten in der Datei wird das Element titel definiert:

```
<xs:element name="titel">
  <xs:complexType>
    <xs:simpleContent>
      <xs:extension base="xs:string">
        <xs:attribute ref="ora:serie" use="required" />
      </xs:extension>
    </xs:simpleContent>
  </xs:complexType>
</xs:element>
```

Dieses Element ist in der Tat nichts weiter als ein einfacher XML Schema-string-Datentyp; allerdings habe ich ein Attribut hinzugefügt, so daß ich dennoch einen complexType definieren muß. Da ich auf einen existierenden Datentyp aufbaue, verwende ich die Schlüsselwörter simpleContent und extension (als verschachtelte Elemente), um diesen Typ zu definieren. simpleContent informiert das Schema darüber, daß es sich um einen grundlegenden Datentyp handelt, und extension mit dem base-Wert »xs:string« setzt das Schema darüber in Kenntnis, daß ich genau das gestatten möchte, was der XML Schema-Datentyp string gestattet, außer daß hier noch das zusätzliche (mit dem Schlüsselwort attribute definierte) Attribut hinzukommt. Was das Attribut selbst angeht, beziehe ich mich auf den woanders definierten Datentyp und gebe (durch use="required") an, daß es in diesem Element auftauchen muß. Ich merke gerade, daß dieser Absatz ein ganz schöner Brocken und auch nicht ganz einfach verständlich ist; aber wenn Sie sich ein wenig Zeit nehmen, werden Sie alles begreifen.

Eine andere Sache, die Ihnen auffallen wird, ist die Verwendung der Attribute minOccurs und maxOccurs bei dem Element element; diese Attribute machen es möglich, daß ein Element vom Standard (genau einmal) abweichen und eine bestimmte Anzahl von Malen auftauchen darf. Beispielsweise ermöglichen die Angaben minOccurs="0" und maxOccurs="1", daß ein Element einmal auftaucht oder auch gar nicht. Um dafür zu sorgen, daß ein Element unbegrenzt oft auftauchen darf, können Sie dem Attribut maxOccurs wie in Beispiel 2-4 den Wert »unbounded« zuweisen.

Mehrere Namensräume

Sie haben wahrscheinlich bemerkt, daß ich *zwei* Schemas definiert habe, was Sie womöglich verwundert hat. Für jeden Namensraum in einem Dokument muß ein eigenes Schema definiert werden. Außerdem können Sie nicht das gleiche externe Schema für beide Namensräume verwenden und einfach beide Namensräume mit diesem Schema verknüpfen. Im Ergebnis benötigt die Verwendung des Präfixes und des Namensraumes ora ein zusätzliches Schema, das ich contents-ora.xsd genannt habe. Sie werden auch das Attribut schemaLocation verwenden müssen, von dem ich vorher sprach, um auf dieses Schema zuzugreifen; fügen Sie aber kein weiteres Attribut hinzu. Statt dessen können Sie ein anderes Paar aus Namensraum- und Schema-Adresse am Ende des Attributwertes einfügen, wie hier gezeigt wird:

```
<buch xmlns="http://www.oreilly.com/javaxml2"
      xmlns:ora="http://www.oreilly.com"
      xmlns:xsi="http://www.w3.org/2001/XMLSchema-instance"
      xsi:schemaLocation="http://www.oreilly.com/javaxml2 XSD/contents.xsd
                          http://www.oreilly.com XSD/contents-ora.xsd"
>
```

Dies bedeutet im wesentlichen, daß die Definitionen für den Namensraum *http://www.oreilly.com/javaxml2* im Schema *contents.xsd* im Verzeichnis *XSD/* nachgeschlagen werden sollen. Für den Namensraum *http://www.oreilly.com* soll das Schema *contents-ora.xsd* im gleichen Verzeichnis verwendet werden. Sie werden dann die beiden Schemas definieren müssen, die ich Ihnen in den Beispielen 2-4 und 2-5 gezeigt habe. Zu guter Letzt importieren Sie das O'Reilly-Schema in das Java-und-XML Schema, da einige Elemente in letzterem sich auf Attribute im O'Reilly-Schema beziehen:

```
<xs:import namespace="http://www.oreilly.com"
           schemaLocation="contents-ora.xsd" />
```

Diese Importanweisung erklärt sich fast von selbst, also werde ich nicht weiter darauf herumkauen. Sie sollten merken, daß die Arbeit mit mehreren Namensräumen so ziemlich das Komplexeste ist, was Sie in Schemas tun können, und es kann Sie leicht zu Fall bringen (mich hat es zu Fall gebracht, bis Eric van der Vlist mir zu Hilfe kam). Ich empfehle auch einen guten Editor, der XML Schema beherrscht. Während ich im Allgemeinen ungern kommerzielle Produkte empfehle, hat sich in diesem Fall XMLSpy 4.0 (*http://www.xmlspy.com*) als wunderbar hilfreich erwiesen.

Ich habe nun ein wenig an der Oberfläche sowohl von DTDs als auch von XML Schema gekratzt, und es gibt darüber hinaus noch andere Beschränkungsmodelle, die ich gar nicht behandle! Zum Beispiel gewinnt Relax (und Relax NG, das als Bestandteil das enthält, was früher TREX war) an Einfluß, da es als erheblich einfacher und leichtgewichtiger gilt als XML Schema. Sie können diese Aktivitäten online unter *http://www.oasis-open.org/committees/relax-ng/* verfolgen. Für welche Technologie Sie sich auch immer entscheiden, Sie sollten etwas verwenden, mit dem Sie Ihre XML-Dokumente beschränken können. Mit gut gesetzten Beschränkungen sind Validierung und Interoperabilität ein Klacks. Betrachten Sie sich als fertig ausgebildet im Bereich der XML-Beschränkungen, und machen Sie sich für die nächste Station auf diesem Schnelldurchgang bereit: für XML-Transformationen.

Transformationen

So nützlich XML-Transformationen auch sein mögen, sie sind nicht leicht zu implementieren. Tatsächlich wird die Transformation von XML nicht in der Original-XML-1.0-Spezifikation behandelt, statt dessen gibt es drei separate Empfehlungen darüber, wie Transformationen vonstatten gehen sollen. Obwohl eine davon (XPath) auch in einigen anderen XML-Spezifikationen verwendet wird, ist der bei weitem üblichste Verwendungszweck der Komponenten, die ich hier vorstelle, die Transformation von XML von einem Format ins andere.

Da diese drei Spezifikationen eng zusammenhängen und fast immer im Verbund miteinander verwendet werden, gibt es selten eine klare Trennung zwischen ihnen. Dies kann leicht zu einer Diskussion führen, die einfach zu verstehen, aber nicht notwendigerweise technisch korrekt ist. Genauer gesagt wird der Begriff XSLT, der genau genommen für Extensible Stylesheet Transformations steht, oft sowohl für Extensible Stylesheets (XSL) als auch für XPath verwendet. Auf die gleiche Weise wird XSL oft als Sammelbegriff für alle drei Technologien verwendet. In diesem Abschnitt unterscheide ich zwischen den drei Empfehlungen und halte mich an den Buchstaben der Spezifikationen, die diese Technologien beschreiben. Allerdings verwende ich im Interesse der Klarheit im Rest des Buches XSL und XSLT gleichrangig, um den vollständigen Transformationsprozeß zu bezeichnen. Auch wenn dieser Ansatz nicht haargenau der Spezifikation entspricht, wird er sicherlich ihrer Bedeutung gerecht – genau wie die Vermeidung von langatmigen Definitionen einfacher Konzepte, wenn Sie bereits verstehen, was ich meine.

XSL

XSL ist die Extensible Stylesheet Language (etwa: erweiterbare Style-Vorlagen-Sprache). Es ist als Sprache für die Beschreibung von Stylesheets (Style-Vorlagen) definiert. Diese allgemeine Definition läßt sich in zwei Teile aufteilen:

- XSL ist eine Sprache zur Transformation von XML-Dokumenten.
- XSL ist ein XML-Vokabular, das dazu dient, die Formatierung von XML-Dokumenten festzulegen.

Die Definitionen sind einander ähnlich, aber die eine beschäftigt sich mit dem Übergang von einem XML-Dokument zu einem anderen, während die andere sich auf die eigentliche Präsentation von Inhalten innerhalb jedes einzelnen Dokuments konzentriert. Es wäre möglicherweise eine klarere Definition zu sagen, daß XSL die Spezifikation dafür darstellt, wie ein Dokument von Format A in Format B übertragen werden soll. Die Komponenten der Sprache beschäftigen sich mit der Verarbeitung und Identifizierung der Konstrukte, mit denen dies erledigt wird.

XSL und Bäume

Das wichtigste Konzept von XSL, das Sie verstehen müssen, ist, daß alle Daten innerhalb der XSL-Verarbeitungsstufen in Baumstrukturen angeordnet sind (siehe Abbildung 2-1). Tatsächlich werden auch die Regeln, die Sie bei der Verwendung von XSL definieren, ihrerseits in einer Baumstruktur abgelegt. Dies ermöglicht eine einfache Verarbeitung der Struktur von XML-Dokumenten. Es werden Templates verwendet, die dem Wurzelelement des XML-Dokuments entsprechen, das gerade verarbeitet wird. Außerdem werden »Blatt«-Regeln auf »Blatt«-Elemente angewendet und bis zu den am tiefsten verschachtelten Elementen hinunter gefiltert. An jeder Stelle dieses Arbeitsfortschritts können Elemente bearbeitet, formatiert (mit einem Style versehen), ignoriert oder kopiert werden, oder es kann eine Menge anderer Dinge mit ihnen getan werden.

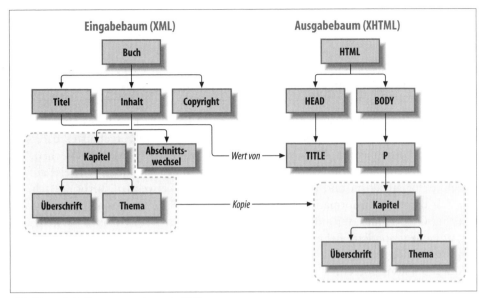

Abbildung 2-1: Baumoperationen in XSL

Ein angenehmer Vorteil dieser Baumstruktur ist, daß sie es ermöglicht, die Gruppierung von XML-Dokumenten aufrechtzuerhalten. Enthält das Element A die Elemente B und C und wird Element A verschoben oder kopiert, dann werden die darin enthaltenen Elemente genauso behandelt.

Das beschleunigt die Bearbeitung großer Datenbereiche, die die gleiche Behandlung benötigen, und sorgt dafür, daß sie einfach und knapp im XSL-Stylesheet notiert werden kann. Sie werden mehr darüber erfahren, wie dieser Baum aufgebaut wird, wenn ich im nächsten Abschnitt genauer auf XSLT eingehe.

Formatting Objects

Die XSL-Spezifikation ist fast vollständig damit beschäftigt, Formatting Objects (XSL-FO) zu definieren. Ein Formatting Object basiert auf einem umfangreichen Modell, das aus nachvollziehbaren Gründen Formatting Model heißt. Dieses Modell beschreibt einen Satz von Objekten, die als Eingabe in einen Formatierer übergeben werden. Der Formatierer wendet die Objekte auf das Dokument an, entweder im Ganzen oder nur teilweise, und das Ergebnis ist ein neues Dokument, das alle oder auch nur einige Daten des ursprünglichen XML-Dokuments enthält. Es liegt in einem Format vor, das durch die Objekte bestimmt wird, die der Formatierer verwendet hat. Da dies ein so vages, schemenhaftes Konzept ist, versucht die XSL-Spezifikation, ein konkretes Modell zu definieren, dem diese Objekte genügen sollten. Mit anderen Worten: Ein umfangreicher Satz von Eigenschaften und Vokabular bildet die Features, die Formatting Objects verwenden können. Dazu gehören die Arten von Bereichen, die durch die Objekte dargestellt werden können, die Eigenschaften von Zeilen, Schriften, Grafik und anderen visuellen Objekten, Formatting Objects in Inline- und Block-Form und eine Vielzahl weiterer Syntaxkonstrukte.

Formatting Objects werden besonders häufig verwendet, wenn XML-Textdaten in binäre Formate wie PDF-Dateien, Bilder oder Dokumentformate wie etwa Microsoft Word konvertiert werden. Für die Transformation von XML-Daten in andere Textformate werden diese Objekte selten explizit verwendet. Auch wenn sie der Stylesheet-Logik zugrundeliegen, werden Formatting Objects selten direkt aufgerufen, da die Ergebnistextdaten oft einer anderen vordefinierten Auszeichnungssprache wie etwa HTML entsprechen. Da die meisten Anwendungen für Großunternehmen heutzutage zumindest teilweise auf die Webarchitektur aufsetzen und einen Browser als Client verwenden, verbringe ich die meiste Zeit damit, Transformationen in HTML und XHTML zu beschreiben. Obwohl Formatting Objects hier nur am Rande behandelt werden, ist das Thema umfangreich genug, um eine gesonderte Behandlung in einem separaten Buch zu verdienen. Um weitere Informationen zu erhalten, sollten Sie die XSL-Spezifikation unter *http://www.w3.org/TR/WD-xsl* konsultieren.

XSLT

Die zweite Komponente der XML-Transformationen sind XSL-Transformationen. XSLT ist die Sprache, die die Konvertierung eines Dokuments von einem Format ins andere *festlegt* (während XSL die Mittel dieser Spezifikation definiert). Die Syntax, die in XSLT verwendet wird, ist grundsätzlich für Texttransformationen vorgesehen, die keine binäre Datenausgabe erzeugen. Zum Beispiel dient XSLT dazu, HTML oder WML (Wireless Markup Language) aus einem XML-Dokument zu erzeugen. In der Tat beschreibt die XSLT-Spezifikation die Syntax eines XSL-Stylesheets ausdrücklicher als die XSL-Spezifikation selbst!

Genau wie XSL ist auch XSLT immer wohlgeformtes, gültiges XML. Für XSL und XSLT ist eine DTD definiert worden, die die erlaubten Konstrukte beschreibt. Aus diesem Grunde brauchen Sie nur die neue Syntax zu erlernen, um XSLT zu verwenden, im Gegensatz zu den völlig neuen Strukturen, die Sie verstehen müssen, um DTDs als solche zu verwenden. Genau wie XSL beruht auch XSLT auf einer hierarchischen Baumstruktur von Daten, in der verschachtelte Elemente Blätter (oder Kindknoten) ihrer Elternknoten sind. XSLT stellt eine Methode zur Verfügung, um Mustervergleiche mit dem ursprünglichen XML-Dokument durchzuführen (unter Verwendung eines XPath-Ausdrucks, was ich als nächstes behandeln werde) und um eine Formatierung der Daten vorzunehmen. Dies hat zur Folge, daß die Daten einfach ohne die unerwünschten XML-Elementnamen ausgegeben werden oder daß sie in eine komplexe HTML-Tabelle eingefügt werden, die dem Benutzer mitsamt Hervorhebung und Einfärbung angezeigt wird. XSLT stellt auch die Syntax für viele gängige Operationen zur Verfügung, etwa für Fallentscheidungen, für das Kopieren von Baumbereichen, für erweiterte Mustererkennung sowie für die Fähigkeit, auf Elemente innerhalb der eingegebenen XML-Daten in einer absoluten oder relativen Pfadstruktur zuzugreifen. All diese Konstrukte sind entwickelt worden, um den Prozeß der Transformation eines XML-Dokuments in ein neues Format zu vereinfachen. Eine gründliche Behandlung der Sprache XSLT finden Sie in *Java und XSLT* von Eric Burke (O'Reilly Verlag), in dem hervorragend beschrieben wird, wie man XSLT dazu bringt, mit Java zu arbeiten.

XPath

Der letzte Teil des Puzzles der XML-Transformationen, XPath, bietet einen Mechanismus, um sich auf die große Vielzahl von Element- und Attributnamen in einem XML-Dokument zu beziehen. Wie ich bereits früher erwähnt habe, verwenden viele XML-Spezifikationen bereits XPath, aber die Diskussion hier betrifft nur dessen Verwendung in XSLT. Bei der komplexen Struktur, die ein XML-Dokument aufweisen kann, kann das Auffinden eines bestimmten Elements oder eines Satzes von Elementen schwierig sein. Es wird noch dadurch erschwert, daß der Zugriff auf eine DTD oder einen anderen Satz von Beschränkungen, die die Struktur des Dokuments beschreiben, nicht einfach vorausgesetzt werden kann; Dokumente, die nicht auf Gültigkeit geprüft wurden, müssen trotzdem genau so transformiert werden können wie gültige Dokumente. Um diesen Zugriff auf Elemente zu erledigen, definiert XPath eine Syntax, die mit der Baumstruktur von XML und mit den XSLT-Prozessen und Konstrukten, die diese verwenden, übereinstimmt.

Der Zugriff auf irgendein Element oder Attribut innerhalb eines XML-Dokuments erfolgt am einfachsten dadurch, daß man den relativen Pfad zu diesem Element von demjenigen Element aus angibt, das gerade verarbeitet wird. Mit anderen Worten: Wenn Element B das aktuelle Element ist und die Elemente C und D in B hinein verschachtelt sind, macht ein relativer Pfad sie am einfachsten ausfindig. Dies ähnelt den relativen Pfadangaben, die in den Verzeichnisstrukturen von Dateisystemen verwendet werden. Gleichzeitig definiert XPath aber auch die Adressierung von Elementen von der Wurzel eines Dokuments aus. Dies beinhaltet den häufigen Fall, daß auf ein Element zugegriffen werden muß, das sich nicht im Bereich des aktuellen Elements befindet; mit anderen Worten, auf ein Element, das nicht in das Element geschachtelt ist, das gerade bearbeitet wird. Zu guter Letzt definiert XPath die Syntax für tatsächliche Mustererkennung: Finde ein Element, dessen Elternelement das Element E ist und das ein Geschwisterelement F hat. Dies schließt die Lücken, die noch zwischen absoluten und relativen Pfaden klaffen. In allen diesen Ausdrücken können genauso auch Attribute verwendet werden, mit entsprechenden Vergleichsmöglichkeiten. Einige Beispiele finden Sie in Beispiel 2-6.

Beispiel 2-6: XPath-Ausdrücke

```
<!-- Das Element Buch relativ zum aktuellen Element -->
<xsl:value-of select="Buch" />

<!-- Das Element Inhalt, das in das Element Buch verschachtelt ist -->
<xsl:value-of select="Buch/Inhalt" />

<!-- Das Element Inhalt, ausgedrückt durch einen absoluten Pfad -->
<xsl:value-of select="/Buch/Inhalt" />

<!-- Das Attribut name des aktuellen Elements -->
<xsl:value-of select="@name" />

<!-- Das Attribut titel des Elements Kapitel -->
<xsl:value-of select="Kapitel/@titel" />
```

Da das Eingabedokument oft nicht festgelegt ist, kann ein XPath-Ausdruck dazu führen, daß keine Eingabedaten, ein eingegebenes Element oder Attribut oder viele eingegebene Elemente und Attribute ausgewertet werden. Diese Fähigkeit macht XPath sehr nützlich und praktisch; sie verursacht aber auch die Einführung einiger zusätzlicher Ausdrücke. Das Ergebnis der Auswertung eines XPath-Ausdrucks wird grundsätzlich als *Knotenmenge* bezeichnet. Dieser Name sollte nicht weiter überraschend sein, da er mit der Idee einer Hierarchie oder Baumstruktur einhergeht. In diesem Zusammenhang ist oft die Rede von *Blättern* oder auch *Knoten*. Die resultierenden Knoten können anschließend transformiert, kopiert oder ignoriert werden, oder es kann eine andere erlaubte Operation mit ihnen durchgeführt werden. Zusätzlich zu den Ausdrücken, die Knotenmengen auswählen, definiert XPath noch einige Knotenmengen-Funktionen wie not() und count(). Diese Funktionen erwarten eine Knotenmenge als Eingabe (üblicherweise in Form eines XPath-Ausdrucks) und schränken die Ergebnisse dann weiter ein. Alle diese Ausdrücke und Funktionen sind gemeinsamer Bestandteil der XPath-Spezifikation und der XPath-Implementierungen; allerdings wird XPath auch oft verwendet, um irgendeinen Ausdruck zu bezeichnen, der der Spezifikation selbst genügt. Wie im Falle von XSL und XSLT wird es so einfacher, über XSL und XPath zu sprechen, auch, wenn es technisch nicht immer ganz korrekt ist.

Mit alledem im Hinterkopf sind Sie zumindest einigermaßen darauf vorbereitet, ein einfaches XSL-Stylesheet zu betrachten, wie es in Beispiel 2-7 gezeigt wird. Auch wenn Sie jetzt noch nicht alles davon verstehen können, wollen wir uns kurz einige Schlüsselaspekte des Stylesheets anschauen:

Beispiel 2-7: XSL-Stylesheet für Beispiel 2-1

```
<?xml version="1.0"?>

<xsl:stylesheet xmlns:javaxml2="http://www.oreilly.com/javaxml2"
            xmlns:xsl="http://www.w3.org/1999/XSL/Transform"
            xmlns:ora="http://www.oreilly.com"
```

Beispiel 2-7: XSL-Stylesheet für Beispiel 2-1 (Fortsetzung)

```
              version="1.0"
>
  <xsl:template match="javaxml2:buch">
    <html>
      <head>
        <title><xsl:value-of select="javaxml2:titel" /></title>
      </head>
      <body>
        <xsl:apply-templates select="*[not(self::javaxml2:titel)]" />
      </body>
    </html>
  </xsl:template>

  <xsl:template match="javaxml2:inhalt">
    <center>
     <h2>Inhaltsverzeichnis</h2>
    </center>
    <hr />
    <ul>
     <xsl:for-each select="javaxml2:kapitel">
      <b>
       Kapitel <xsl:value-of select="@nummer" />.
       <xsl:text> </xsl:text>
       <xsl:value-of select="@titel" />
      </b>
      <xsl:for-each select="javaxml2:thema">
       <ul>
        <li><xsl:value-of select="@name" /></li>
       </ul>
      </xsl:for-each>
     </xsl:for-each>
    </ul>
  </xsl:template>

  <xsl:template match="ora:copyright">
    <p align="center"><font size="-1">
    <xsl:copy-of select="*" />
    </font></p>
  </xsl:template>

</xsl:stylesheet>
```

Template-Zuordnung

Die Basis der gesamten Arbeit mit XSL ist die Template-Zuordnung. Für jedes Element, das Sie in irgendeiner Form ausgeben möchten, geben Sie grundsätzlich ein Template an, das dem Element entspricht. Sie legen ein Template mit dem Schlüsselwort `template` fest und übergeben den Namen des Elements, das zu diesem Template gehören soll, als Wert des Attributs `match` an:

```
<xsl:template match="javaxml2:buch">
  <html>
    <head>
      <title><xsl:value-of select="javaxml2:titel" /></title>
    </head>
    <body>
      <xsl:apply-templates select="*[not(self::javaxml2:titel)]" />
    </body>
  </html>
</xsl:template>
```

Hier wird das Element buch verarbeitet (aus dem Namensraum, der mit javaxml2 verknüpft ist). Wenn ein XSL-Prozessor das Element buch findet, werden die Anweisungen in diesem Template ausgeführt. In diesem Beispiel werden mehrere HTML-Formatierungs-Tags ausgegeben (die Tags html, head, title und body). Achten Sie darauf, durch die saubere Verwendung von Namensräumen Ihre XSL-Elemente von anderen Elementen (etwa HTML-Elementen) zu unterscheiden.

Anstatt ein Template anzuwenden, können Sie auch die value-of-Anweisung verwenden, um den Wert eines Elements zu erhalten, indem Sie den Elementnamen dem Attribut select zum Vergleich übergeben. In dem Beispiel werden die Zeichendaten im Element title extrahiert und als Titel des auszugebenden HTML-Dokuments verwendet.

Wenn Sie andererseits möchten, daß die Templates angewendet werden, die mit den Kindknoten eines Elements verknüpft sind, verwenden Sie apply-templates. Achten Sie darauf, daß Sie dies auch tun, ansonsten könnten verschachtelte Elemente ignoriert werden! Um die Elemente auszuwählen, auf die Templates angewandt werden sollen, übergeben Sie deren Namen dem select-Attribut. Verwenden Sie als Namen den Wert »*«, werden den verschachtelten Elementen ihre entsprechenden Templates zugeordnet und diese angewandt. In dem Beispiel möchte ich allerdings das Element titel ausschließen (da ich es bereits im Dokumentkopf verwendet habe). Um dies zu bewerkstelligen, verwende ich das Schlüsselwort not und gebe das Element titel auf der self-Achse an, was im Grunde so viel heißt wie »alles (*), außer (not) dem Element titel in diesem Dokument (self::javaxml2:title)«. Dies war nur ein kurzer Überblick, aber ich versuche auch nur, Ihnen genügend Informationen zukommen zu lassen, um mit dem Java-Code loszulegen.

Schleifen

Sie werden in XSL auch häufig den Bedarf entdecken, Schleifen zu verwenden. Schauen Sie sich den folgenden Ausschnitt aus Beispiel 2-7 an:

```
<xsl:template match="javaxml2:inhalt">
  <center>
   <h2>Inhaltsverzeichnis</h2>
  </center>
  <hr />
  <ul>
```

```
      <xsl:for-each select="javaxml2:kapitel">
       <b>
        Kapitel <xsl:value-of select="@nummer" />.
        <xsl:text> </xsl:text>
        <xsl:value-of select="@titel" />
       </b>
       <xsl:for-each select="javaxml2:thema">
        <ul>
         <li><xsl:value-of select="@name" /></li>
        </ul>
       </xsl:for-each>
      </xsl:for-each>
     </ul>
   </xsl:template>
```

Hier gehe ich in einer Schleife alle Elemente namens `kapitel` durch, indem ich das Konstrukt for-each verwende. In Java würde dies so aussehen:

```
for (Iterator i = chapters.iterator(); i.hasNext(); ) {
    // Aktion mit jedem Kapitel durchführen
}
```

Innerhalb der Schleife wird jeweils das nächste gefundene `kapitel`-Element zum »aktuellen« Element. Bei jedem einzelnen gebe ich die Kapitelnummer aus; dies wird durch das Lesen des Wertes des Attributs `nummer` (durch `value-of`) erreicht. Um anzuzeigen, daß ich ein Attribut haben möchte (und nicht, wie üblich, ein Element) stelle ich dem Attributnamen das »@«-Zeichen voran. Das gleiche mache ich, um den Wert des Attributs `titel` zu erhalten, und in einer Unterschleife gehe ich dann die Themen jedes Kapitels durch.

Beachten Sie den ziemlich unscheinbaren Codeausschnitt `<xsl:text> </xsl:text>`. Das Konstrukt text stellt eine Möglichkeit zur Verfügung, auf direktem Wege Zeichen in den Ergebnisbaum auszugeben. Dieses Konstrukt erzeugt ein Leerzeichen zwischen dem Wort »Kapitel« und der Kapitelnummer (zwischen dem öffnenden und dem schließenden text-Tag steht ein einzelnes Leerzeichen).

Kopieren

Sie werden auch Fällen beggnen, in denen sämtliche Template-Zuordnung der Welt nicht so nützlich ist wie das einfache Übergeben des unveränderten Inhalts an den Ausgabebaum. Dies ist der Fall mit dem Element copyright:

```
<xsl:template match="ora:copyright">
  <p align="center"><font size="-1">
   <xsl:copy-of select="*" />
  </font></p>
</xsl:template>
```

Zusätzlich zu dem bißchen HTML-Formatierung sorgt dieses Template dafür, daß sämtlicher Inhalt des copyright-Elements in den Ausgabebaum kopiert wird, indem es das Konstrukt copy-of verwendet.

Sie werden in Kapitel 10 lernen, wie Sie ein Publishing-Framework benutzen können, um die Ergebnisse solcher Transformationen in HTML, PDF oder ein anderes Format umwandeln können. Anstatt Sie jedoch warten zu lassen, zeigt Abbildung 2-2 die umgewandelte Ausgabe von Beispiel 2-1 und des Stylesheets aus Beispiel 2-6.

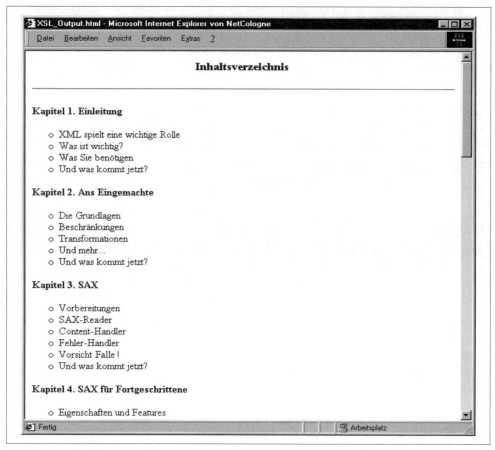

Abbildung 2-2: Ergebnis der XSL-Transformation

Ich merke, daß ich beinahe durch dieses Material geflogen bin, aber noch einmal, ich versuche lediglich, Ihnen die Grundlagen zu vermitteln, um Sie zum interessanteren Stoff zu führen, nämlich zu Java und XML. Halten Sie ein Handbuch bereit, und plagen Sie sich nicht zu sehr damit.

Und mehr...

Da ich Sie nun zu der Annahme verleitet habe, daß das alles zum Thema XML war, möchte ich noch einmal sichergehen, daß Sie sich merken, daß es noch eine Vielzahl weiterer Technologien mit XML-Bezug gibt. Ich kann sie hier wahrscheinlich nicht alle unterbringen. Sie sollten einen kurzen Blick auf Dinge wie CSS (Cascading Stylesheets) und XHTML werfen, wenn Sie Webdesign betreiben. Dokumentautoren werden sicher mehr über XLink und XPointer herausfinden wollen (die ich beide in Kapitel 16 behandle). XQL (XML Query Language) wird die Datenbankprogrammierer interessieren. Mit anderen Worten: Es gibt im Moment für so ziemlich jede Technologiesparte etwas XML. Werfen Sie einen Blick auf die Aktivitäten-Seite unter *http://www.w3.org/XML,* und schauen Sie, was für Sie interessant aussieht.

Und was kommt jetzt?

Mit etwas Basiswissen über XML sind Sie nun in der Lage, in den Java-Bereich des Themas einzusteigen. Im nächsten Kapitel stelle ich Ihnen SAX vor, die Simple API for XML. Dies ist die Grundlage der Java-und-XML-APIs, und sie wird den Anfang liefern, wenn ich Ihnen zeige, wie Sie XML in Ihren Java-Anwendungen benutzen können. Sie werden lernen, Dokumente zu lesen, verschiedene Optionen für die DTD- und Schema-Validierung einzustellen, die Namensraum-Verarbeitung zu verwenden und noch mehr, und Sie werden verstehen, wann SAX das richtige Werkzeug für eine bestimmte Aufgabe ist. Werfen Sie Ihren Editor an, und blättern Sie um.

KAPITEL 3
SAX

Wenn Sie als Programmierer mit XML arbeiten möchten, dann müssen Sie ein XML-Dokument als erstes durch einen Parser behandeln lassen. Wenn dies erledigt ist, stehen die Daten des Dokuments der Anwendung zur Verfügung, die den Parser verwendet, und schon haben Sie eine XML-fähige Anwendung! Auch wenn dies ein wenig zu einfach klingt, um wahr zu sein, ist es dennoch beinahe so. Dieses Kapitel beschreibt, wie ein XML-Dokument durch einen Parser bearbeitet wird, und konzentriert sich auf die Ereignisse, die während dieses Prozesses auftreten. Diese Ereignisse sind wichtig, da sie diejenigen Stellen sind, an denen anwendungsspezifischer Code eingefügt werden und an denen Datenmanipulation stattfinden kann.

Als Werkzeug werde ich in diesem Kapitel die Simple API for XML (SAX) einführen. SAX ermöglicht das Einfügen anwendungsspezifischen Codes in Ereignisse. Die Interfaces, die das SAX-Package zur Verfügung stellt, werden zu einem wichtigen Teil jeder Sammlung von Programmierwerkzeugen zur Bearbeitung von XML. Obwohl SAX nur über wenige und recht kleine Klassen verfügt, stellen sie ein ausgewogenes Framework zur Verfügung, um mit Java und XML arbeiten zu können. Ein gesundes Verständnis dafür, wie sie es bewerkstelligen, auf XML-Daten zuzugreifen, ist unabdingbar, um XML effektiv in Ihren Java-Programmen einzusetzen. In späteren Kapiteln fügen wir unserer Werkzeugsammlung andere Java-und-XML-APIs wie DOM, JDOM, JAXP und die Datenbindung hinzu. Aber jetzt genug der Vorrede; es ist Zeit, über SAX zu sprechen.

Vorbereitungen

Es gibt ein paar Dinge, die Sie benötigen, bevor Sie mit dem Programmieren loslegen können. Sie brauchen:

- einen XML-Parser
- die SAX-Klassen
- ein XML-Dokument

Als erstes müssen Sie sich einen XML-Parser besorgen. Es ist eine schwierige Aufgabe, einen XML-Parser zu schreiben, und es finden einige Bemühungen statt, um hervorragende XML-Parser zur Verfügung zu stellen, besonders in der Open-Source-Szene. Ich werde hier nicht näher auf die Vorgehensweise eingehen, wie man tatsächlich einen XML-Parser schreibt; statt dessen werde ich die Anwendungen behandeln, die diese Parsing-Tätigkeit umgeben und mich darauf konzentrieren, existierende Werkzeuge zur Manipulation von XML-Daten zu verwenden. Dies führt zu besseren und schnelleren Programmen, weil weder Sie noch ich Zeit damit vertun, das Rad neu zu erfinden. Nach der Auswahl eines Parsers müssen Sie sicherstellen, daß Sie eine Kopie der SAX-Klassen zur Hand haben. Diese sind leicht zu finden, und sie sind für Java-Code der Schlüssel, um XML zu verarbeiten. Zu guter Letzt benötigen Sie ein XML-Dokument, das durch den Parser behandelt werden soll. Und dann auf in den Code!

Einen Parser beschaffen

Der erste Schritt zu Java-Programmen, die XML verwenden, besteht darin, den Parser, den Sie verwenden möchten, zu finden und zu besorgen. Ich habe diesen Vorgang kurz in Kapitel 1 angesprochen und mehrere XML-Parser aufgelistet, die Sie verwenden könnten. Um sicherzustellen, daß Ihr Parser mit allen Beispielen im Buch funktioniert, sollten Sie die Übereinstimmung Ihres Parsers mit der XML-Spezifikation überprüfen. Wegen des großen Variationsreichtums verfügbarer Parser und dem rapiden Wandel in der XML-Gemeinde gehen alle Details darüber, welche Parser wie stark mit dem Standard übereinstimmen, weit über den Rahmen dieses Buches hinaus. Konsultieren Sie den Anbieter des Parsers und besuchen Sie die Websites, die ich vorhin für diese Informationen angegeben habe.

Im Geiste der Open Source-Gemeinde verwenden alle Beispiele in diesem Buch den Xerces-Parser aus dem Apache-Projekt. Dieser C- und Java-basierte Parser ist in binärer Form und im Quellcode unter *http://xml.apache.org* frei verfügbar und gehört bereits zu den Parsern, die am meisten durch zahlreiche Beiträge weiterentwickelt werden (obwohl Hardcore-Java-Entwickler wie wir uns natürlich nicht um C kümmern, oder?). Abgesehen davon ermöglicht es Ihnen die Verwendung eines Open-Source-Parsers wie Xerces, Fragen oder Bug-Berichte an die Entwickler des Parsers zu senden, was zu einer Produktverbesserung führt und Ihnen auch helfen kann, die Software schnell und richtig einzusetzen. Um der allgemeinen Mailingliste beizutreten und dort um Hilfe bei der Arbeit mit dem Xerces-Parser zu bitten, schicken Sie eine leere E-Mail an *xerces-j-dev-subscribe@xml.apache.org*. Die Mitglieder dieser Liste können Ihnen behilflich sein, wenn Sie Fragen zu oder Probleme mit einem Parser haben, der nicht speziell in diesem Buch behandelt wird. Natürlich funktionieren die Beispiele in diesem Buch normalerweise alle mit jedem Parser, der die hier beschriebene SAX-Implementierung verwendet.

Nachdem Sie einen Parser ausgewählt und heruntergeladen haben, müssen Sie dafür sorgen, daß der Klassenpfad Ihrer Java-Umgebung die Klassen des XML-Parsers enthält, egal, ob es sich um eine IDE (integrierte Entwicklungsumgebung) oder um eine Kommandozeilenanwendung handelt.

Wenn Sie nicht wissen, wie der CLASSPATH eingestellt wird, könnte dies ein wenig zu hoch für Sie sein. Falls Sie jedoch mit der Systemvariablen CLASS-PATH vertraut sind, stellen Sie sie so ein, daß sie die *jar*-Datei Ihres Parsers enthält, wie hier gezeigt wird:

```
c: set CLASSPATH=.;c:\javaxml2\lib\xerces.jar;%CLASSPATH%

c: echo %CLASSPATH%
.;c:\javaxml2\lib\xerces.jar;c:\java\jdk1.3\lib\tools.jar
```

Selbstverständlich wird der Pfad bei Ihnen ein anderer sein als bei mir, aber Sie verstehen, was gemeint ist.

Die SAX-Klassen und -Interfaces besorgen

Nachdem Sie Ihren Parser haben, müssen Sie die SAX-Klassen finden. Diese Klassen werden fast immer mit einem Parser geliefert, wenn Sie ihn herunterladen, und Xerces ist da keine Ausnahme. Wenn dies bei Ihrem Parser der Fall ist, sollten Sie die SAX-Klassen nicht noch einmal separat herunterladen, da Ihr Parser wahrscheinlich die neueste Version von SAX enthält, die er überhaupt unterstützt. Im Moment ist SAX 2.0 schon seit längerem stabil, also können Sie erwarten, daß die hier gelieferten Beispiele (die alle SAX 2 verwenden) so funktionieren, wie sie gezeigt werden, und zwar ohne jede Änderung.

Wenn Sie sich nicht sicher sind, ob Sie bereits die SAX-Klassen besitzen, schauen Sie in der *jar*-Datei oder in der Klassenstruktur nach, die Ihr Parser verwendet. Die SAX-Klassen befinden sich in der Package-Struktur org.xml.sax. Vergewissern Sie sich zumindest, daß Sie die Klasse org.xml.sax.XMLReader sehen. Das bedeutet (fast) sicher, daß Sie einen Parser mit SAX-2-Unterstützung verwenden, da die Klasse XMLReader ein Kernbestandteil von SAX 2 ist.

Als letztes sollten Sie die Javadoc-Dokumentation der SAX-API, die sich im Web befindet, entweder herunterladen oder bookmarken. Diese Dokumentation leistet enorme Hilfe bei der Verwendung der SAX-Klassen, und die Javadoc-Struktur ist eine standardisierte, einfache Art, zusätzliche Informationen über die Klassen und ihre Aufgaben zu erhalten. Diese Dokumentation finden Sie unter *http://www.megginson.com/SAX*. Wenn Sie möchten, können Sie die Javadoc-Dokumentation auch aus den SAX-Quellcodes erzeugen, indem Sie die Quellen verwenden, die mit Ihrem Parser geliefert werden, oder indem Sie die vollständigen Quellcodes von *http://www.megginson.com/SAX* herunterladen. Zu guter Letzt gibt es auch noch viele Parser, bei denen das Download-Paket eine Dokumentation enthält, in der die SAX-API-Dokumentation enthalten ist (Xerces ist ein Beispiel für einen solchen Fall).

Halten Sie ein XML-Dokument bereit

Sie sollten auch dafür sorgen, daß Sie ein XML-Dokument für den Parsing-Prozeß haben. Die Ausgabe, die in den Beispielen gezeigt wird, beruht auf dem Parsing des XML-Dokuments, das in Kapitel 2 besprochen wird. Speichern Sie diese Datei als *contents.xml* auf

Ihrer lokalen Festplatte. Ich empfehle Ihnen dringend, daß Sie meinen Ausführungen unter Verwendung dieses Dokuments folgen; es enthält diverse XML-Konstrukte zu Demonstrationszwecken. Sie können die XML-Datei einfach aus dem Buch abtippen oder sie von der Buch-Website, *http://www.newInstance.com*, herunterladen.

SAX-Reader

Anstatt noch mehr Zeit mit der Vorrede zu verbringen, ist es jetzt Zeit zu programmieren. Als Beispiel, um Sie mit SAX vertraut zu machen, erläutert dieses Kapitel die Klasse SAXTreeViewer genauer. Diese Klasse verwendet SAX, um das Parsing eines XML-Dokuments durchzuführen, das auf der Kommandozeile übergeben wurde, und stellt das Dokument visuell als Swing-JTree dar. Wenn Sie über Swing nicht Bescheid wissen, keine Sorge; ich konzentriere mich nicht darauf, sondern verwende es nur für visuelle Zwecke. Der Schwerpunkt bleibt SAX und die Frage, wie Ereignisse beim Parsing-Prozeß verwendet werden können, um selbstdefinierte Aktionen auszuführen. Was hier hauptsächlich passiert, ist, daß ein JTree verwendet wird, der ein nettes, einfaches Baummodell anbietet, um das eingebene XML-Dokument darzustellen. Der Schlüssel zu diesem Baum ist die Klasse DefaultMutableTreeNode, an deren Verwendung Sie sich in diesem Beispiel schnell gewöhnen werden, und außerdem die Klasse DefaultTreeModel, die sich um das Layout kümmert.

In einer SAX-basierten Anwendung müssen Sie als erstes eine Instanz einer Klasse erzeugen, die dem SAX-Interface org.xml.sax.XMLReader genügt. Dieses Interface definiert das Parsing-Verhalten und ermöglicht es uns, Features und Eigenschaften festzulegen (auf die ich weiter unten in diesem Kapitel eingehen werde). Für diejenigen unter Ihnen, die mit SAX 1.0 vertraut sind, sei gesagt, daß dieses Interface das Interface org.xml.sax.Parser ersetzt.

 Jetzt ist eine gute Gelegenheit klarzustellen, daß SAX 1.0 in diesem Buch nicht behandelt wird. Es gibt zwar am Ende dieses Kapitels einen sehr kurzen Abschnitt, der erläutert, wie SAX 1.0-Code nach SAX 2.0 konvertiert wird, aber Sie sind nicht in einer angenehmen Lage, wenn Sie SAX 1.0 verwenden. Während die erste Auflage dieses Buches unmittelbar nach SAX 2.0 erschienen ist, ist es nun ein gutes Jahr her, seit die Version 2.0 der API in fertiger Form veröffentlicht wurde. Ich rate Ihnen dringend, auf die Version 2 umzusteigen, falls Sie das noch nicht getan haben.

Eine Reader-Instanz erzeugen

SAX bietet ein Interface, das alle SAX-konformen XML-Parser implementieren sollten. Es ermöglicht SAX, genau zu wissen, welche Methoden für das Callback und für die Verwendung innerhalb einer Anwendung verfügbar sind. Zum Beispiel implementiert die wichtigste SAX-Parserklasse von Xerces, org.apache.xerces.parsers.SAXParser, das Interface org.xml.sax.XMLReader. Wenn Sie Zugang zum Quellcode Ihres Parsers haben, sollten Sie auch in dessen Haupt-SAX-Parserklasse die Implementierung dieses Interfaces finden. Jeder XML-Parser benötigt eine Klasse (und hat oft sogar mehr als eine), die dieses Interface implementiert: Das ist die Klasse, von der Sie eine Instanz bilden müssen, um ein XML-Parsing durchführen zu können:

```
// Eine Reader-Instanz bilden
XMLReader reader =
    new org.xml.sax.SAXParser();

// Etwas mit dem Parser machen
reader.parse(uri);
```

Mit diesen Vorgaben im Hinterkopf sollten wir uns ein realistischeres Beispiel anschauen. Beispiel 3-1 ist das Grundgerüst der Klasse `SAXTreeViewer`, auf die ich mich gerade bezogen habe und die es uns ermöglicht, ein XML-Dokument als grafischen Baum zu betrachten. Es gibt Ihnen auch die Möglichkeit, sich jedes SAX-Event und die damit verbundenen Callback-Methoden anzuschauen, die Sie verwenden können, um während des Parsings eines XML-Dokuments Aktionen auszuführen.

Beispiel 3-1: Das SAXTreeViewer-Grundgerüst

```java
package javaxml2;

import java.io.IOException;
import java.util.HashMap;
import java.util.Iterator;
import java.util.Map;
import org.xml.sax.Attributes;
import org.xml.sax.ContentHandler;
import org.xml.sax.ErrorHandler;
import org.xml.sax.InputSource;
import org.xml.sax.Locator;
import org.xml.sax.SAXException;
import org.xml.sax.SAXParseException;
import org.xml.sax.XMLReader;
import org.xml.sax.helpers.XMLReaderFactory;

// Dies ist ein XML-Buch - wir importieren nicht ausdrücklich bestimmte Swing-Klassen
import java.awt.*;
import javax.swing.*;
import javax.swing.tree.*;

public class SAXTreeViewer extends JFrame {

    /** Standardparser, der verwendet werden soll */
    private String vendorParserClass =
        "org.apache.xerces.parsers.SAXParser";

    /** Der grundlegende Baum, der gerendert werden soll */
    private JTree jTree;
```

Beispiel 3-1: Das SAXTreeViewer-Grundgerüst (Fortsetzung)

```java
    /** Das Baummodell, das verwendet werden soll */
    DefaultTreeModel defaultTreeModel;

    public SAXTreeViewer() {
        // Swing-Setup verarbeiten
        super("SAX Tree Viewer");
        setSize(600, 450);
    }

    public void init(String xmlURI) throws IOException, SAXException {
        DefaultMutableTreeNode base =
            new DefaultMutableTreeNode("XML-Dokument: " +
                xmlURI);

        // Das Baummodell bauen
        defaultTreeModel = new DefaultTreeModel(base);
        jTree = new JTree(defaultTreeModel);

        // Die Baumhierarchie konstruieren
        buildTree(defaultTreeModel, base, xmlURI);

        // Das Ergebnis darstellen
        getContentPane().add(new JScrollPane(jTree),
            BorderLayout.CENTER);
    }

    public void buildTree(DefaultTreeModel treeModel,
                          DefaultMutableTreeNode base, String xmlURI)
        throws IOException, SAXException {

        // Instanzen erzeugen, die für das Parsing benötigt werden
        XMLReader reader =
            XMLReaderFactory.createXMLReader(vendorParserClass);

        // Den Content-Handler registrieren

        // Den Fehlerhandler registrieren

        // Parsing
    }

    public static void main(String[] args) {
        try {
            if (args.length != 1) {
                System.out.println(
                    "Verwendung: java javaxml2.SAXTreeViewer " +
                    "[XML-Dokument-URI]");
                System.exit(0);
            }
            SAXTreeViewer viewer = new SAXTreeViewer();
```

Beispiel 3-1: Das SAXTreeViewer-Grundgerüst (Fortsetzung)

```
            viewer.init(args[0]);
            viewer.setVisible(true);
        } catch (Exception e) {
            e.printStackTrace( );
        }
    }
}
```

Bis jetzt sollte das alles recht gut verständlich sein[1]. Der Code nimmt die visuellen Einstellungen für Swing vor und liest ansonsten die URI eines XML-Dokuments (unser *contents.xml* aus dem vorigen Kapitel). In der Methode init( ) wird ein JTree erzeugt, der den Inhalt der URI anzeigen soll. Diese Objekte (der Baum und die URI) werden anschließend an die Methode weitergegeben, auf die es sich zu konzentrieren lohnt, nämlich an die Methode buildTree( ). In dieser findet das Parsing statt, und die visuelle Darstellung des übergebenen XML-Dokuments wird erzeugt. Zusätzlich kümmert sich das Grundgerüst darum, einen Basisknoten für den grafischen Baum zu erzeugen mit dem Pfad des übergebenen XML-Dokuments als Text dieses Knotens.

U-R-Was?

Ich habe in diesem und im vorigen Kapitel einfach den Begriff URI ohne Erklärung verwendet. Kurz gesagt ist eine URI ein *uniform resource indicator*. Wie der Name vermuten läßt, stellt dies ein Standardmittel dar, um eine bestimmte Ressource zu identifizieren (und meist auch ihren Ablageort anzugeben); diese Ressource ist in diesem Buch fast immer irgendeine Art von XML-Dokument. URIs haben mit URLs, *uniform resource locators*, zu tun. Tatsächlich ist eine URL immer auch eine URI (obwohl das umgekehrt nicht gilt). Deshalb könnten Sie in den Beispielen in diesem Kapitel und anderen einen Dateinamen oder eine URL angeben, etwa *http://www.newInstance.com/javaxml2/copyright.xml*, und beides würde akzeptiert werden.

Sie sollten in der Lage sein, dieses Programm zu laden und zu kompilieren, wenn Sie die zuvor besprochenen Vorbereitungen getroffen haben, um zu erreichen, daß ein XML-Parser und die SAX-Klassen sich in Ihrem Klassenpfad befinden. Wenn Sie einen anderen Parser als Apache Xerces verwenden, können Sie den Wert der Variablen vendorParserClass gegen den Klassennamen der XMLReader-Implementierung Ihres Parsers austauschen und den Rest des Codes stehenlassen. Dieses einfache Programm tut noch nicht viel; wenn Sie

---

[1] Machen Sie sich keine Sorgen, wenn Sie nicht mit den verwendeten Swing-Konzepten vertraut sind; um ehrlich zu sein, mußte ich selbst die meisten nachschlagen! Wenn Sie eine gute Referenz über Swing benötigen, besorgen Sie sich ein Exemplar von *Java Swing* von Robert Eckstein, Marc Loy und Dave Wood (O'Reilly & Associates).

es starten und den Namen einer existierenden Datei als Argument angeben, wird es nichts weiter tun, als Ihnen einen leeren Baum mit dem Dateinamen des Dokuments als Wurzelknoten anzuzeigen. Das kommt daher, daß Sie nur einen Reader instantiiert, aber nicht das Parsing des Dokuments verlangt haben.

Wenn Sie Schwierigkeiten damit haben, den Quellcode zu kompilieren, haben Sie wahrscheinlich ein Problem mit dem Klassenpfad Ihrer IDE oder Ihres Systems. Als erstes sollten Sie sicherstellen, daß Sie den Apache Xerces-Parser (oder den Parser Ihrer Wahl) erhalten haben. Im Falle von Xerces bedeutet das, eine ZIP- oder GZIP-komprimierte Datei herunterzuladen. Dieses Archiv kann dann entpackt werden und enthält eine Datei namens *xerces.jar*; diese *jar*-Datei enthält die kompilierten Klassendateien des Programms. Fügen Sie dieses Archiv zu Ihrem Klassenpfad hinzu. Nun sollten Sie in der Lage sein, die Quelldatei zu kompilieren.

Parsing des Dokuments

Nachdem ein Reader geladen wurde und einsatzbereit ist, können Sie ihn anweisen, das Parsing eines XML-Dokuments durchzuführen. Dies wird auf bequeme Weise durch die Methode parse( ) der Klasse org.xml.sax.XMLReader ermöglicht, und diese Methode kann entweder eine org.xml.sax.InputSource oder eine einfache String-URI sein. Es ist viel empfehlenswerter, die SAX-Klasse InputSource zu verwenden, da sie mehr Informationen zur Verfügung stellen kann als eine einfache Adresse. Ich werde später näher darauf eingehen, für den Moment soll es erst einmal genügen, daß eine InputSource aus einem InputStream, einem Reader-Objekt oder einer String-URI gebildet werden kann.

Sie können nun sowohl die Erzeugung einer InputSource aus der übergebenen URI als auch den Aufruf der Methode parse( ) zu dem Beispiel hinzufügen. Da das Dokument geladen werden muß – entweder lokal oder über das Netzwerk –, könnte dabei eine java.io.IOException auftreten, die abgefangen werden muß. Abgesehen davon wird die org.xml.sax.SAXException ausgelöst, wenn Probleme beim Parsing des Dokuments auftreten. Beachten Sie, daß die Methode buildTree beide Exceptions auslösen kann:

```
public void buildTree(DefaultTreeModel treeModel,
                      DefaultMutableTreeNode base, String xmlURI)
    throws IOException, SAXException {

    // Instanzen erzeugen, die für das Parsing benötigt werden
    XMLReader reader =
        XMLReaderFactory.createXMLReader(vendorParserClass);

    // Den Content-Handler registrieren

    // Den Fehlerhandler registrieren

    // Parsing
    InputSource inputSource =
```

```
            new InputSource(xmlURI);
     reader.parse(inputSource);
}
```

Kompilieren Sie die Datei mit diesen Änderungen, und Sie können das Parsing-Beispiel ausführen. Sie sollten dem Programm als erstes Argument den Pfad zu Ihrer Datei übergeben:

```
c:\javaxml2\build>java javaxml2.SAXTreeViewer ..\ch03\xml\contents.xml
```

Die Angabe einer XML-URI kann ein ziemlich seltsames Unterfangen sein: In den Xerces-Versionen vor 1.1 durfte ein normaler Dateiname angegeben werden (unter Windows zum Beispiel ..\xml\contents.xml). Dieses Verhalten änderte sich jedoch in Xerces 1.1 und 1.2, und die URI mußte in der folgenden Form sein: *file:///c:/javaxml2/ch03/xml/contents.xml*. Allerdings hat das Verhalten sich in neueren Versionen von Xerces (ab 1.3 und auch in 2.0) abermals geändert und akzeptiert nun wieder normale Dateinamen. Beachten Sie diese Besonderheit, wenn Sie Xerces 1.1 bis 1.2 verwenden.

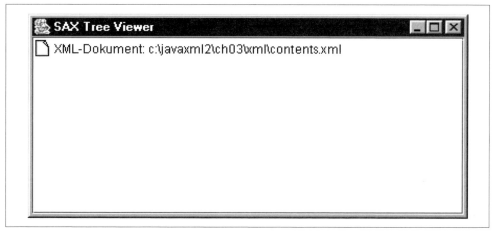
Abbildung 3-1: Ein uninteressanter JTree

Die relativ langweilige Ausgabe, die in Abbildung 3-1 gezeigt wird, könnte Sie daran zweifeln lassen, daß sich irgend etwas getan hat. Wenn Sie sich allerdings schön ruhig verhalten, können Sie das leise Rotieren Ihrer Festplatte hören (oder einfach dem Bytecode vertrauen). Tatsächlich findet das Parsing Ihres Dokuments statt. Allerdings sind bisher noch keine Callbacks implementiert worden, um SAX zu veranlassen, während des Parsings in Aktion zu treten; ohne diese Callbacks findet das Parsing eines Dokuments im Hintergrund und ohne Eingriff einer Anwendung statt. Natürlich wollen wir in diesen Prozeß eingreifen, und deshalb müssen wir uns jetzt mit dem Erstellen von Parser-*Callback-Methoden* beschäftigen. Eine Callback-Methode ist eine Methode, die nicht direkt von Ihnen oder vom Code Ihrer Anwendung aufgerufen wird. Statt dessen ruft der Parser diese Methoden während der Arbeit ohne Einwirkung von außen auf, wenn bestimmte Ereignisse auftreten. Mit anderen Worten: Nicht Ihr Code ruft Methoden im Parser auf, sondern der Parser ruft umgekehrt Methoden in Ihrem Code auf. Dies ermöglicht es Ihnen, Verhalten in den Parsing-Prozeß hineinzuprogrammieren. Dieser Eingriff ist der wichtigste Schritt bei der Verwendung von SAX. Durch Parser-Callbacks können Sie Aktionen in den Programmablauf einfügen und das ziemlich langweilige, stille Parsing eines XML-Dokuments zu einer Anwendung machen, die auf die Daten, Elemente, Attribute und auf die Struktur des im Parsing befindlichen Dokuments reagieren sowie währenddessen mit anderen Programmen und Clients interagieren kann.

Eine InputSource verwenden

Wie ich bereits erwähnte, gehe ich noch einmal auf die Anwendung einer SAX-InputSource ein, wenn auch nur kurz. Der Vorteil der Verwendung einer InputSource statt der direkten Angabe einer URI liegt auf der Hand: Sie kann dem Parser mehr Informationen zur Verfügung stellen. Eine InputSource kapselt Informationen über ein einzelnes Objekt, nämlich über das Dokument, das vom Parser bearbeitet werden soll. In Situationen, in denen ein System-Identifier, ein Public-Identifier oder ein Stream alle an eine URI gebunden sein können, kann die Verwendung einer InputSource für die Kapselung sehr praktisch sein. Die Klasse besitzt Methoden, um auf ihre System-ID und Public-ID, eine Zeichencodierung, einen Byte-Stream (java.io.InputStream) und einen Zeichen-Stream (java.io.Reader) zuzugreifen und diese zu verändern. Wird die InputSource der Methode parse( ) als Argument übergeben, dann garantiert SAX auch, daß der Parser die InputSource niemals modifiziert. Was ursprünglich in den Parser hineingegeben wurde, steht nach seiner Verwendung durch den Parser oder durch eine XML-basierte Anwendung noch unverändert zur Verfügung. In unserem Beispiel ist das wichtig, weil das XML-Dokument einen relativen Pfad zur DTD enthält:

```
<!DOCTYPE Book SYSTEM "DTD/JavaXML.dtd">
```

Indem Sie eine InputSource verwenden und die übergebene XML-URI in sie einhüllen, haben Sie die System-ID des Dokuments festgelegt. Dies stellt für den Parser auf effektive Weise den Pfad zum Dokument ein und ermöglicht es ihm, alle relativen Pfade innerhalb des Dokuments aufzulösen, etwa den zu der Datei *JavaXML.dtd*. Wenn Sie, anstatt diese ID zu setzen, das Parsing eines I/O-Streams durchführen, würde die Adresse der DTD nicht bekanntgegeben (da kein Bezugspunkt vorhanden wäre); Sie könnten dies simulieren, indem Sie den Code in der Methode buildTree( ) wie folgt ändern:

```
// Parsing
InputSource inputSource =
    new InputSource(new java.io.FileInputStream(
        new java.io.File(xmlURI)));
reader.parse(inputSource);
```

Das Ergebnis wäre die Ausgabe der folgenden Exception, wenn Sie den Viewer starten:

```
C:\javaxml2\build>java javaxml2.SAXTreeViewer ..\ch03\xml\contents.xml
org.xml.sax.SAXParseException: File
   "file:///C:/javaxml2/build/DTD/JavaXML.dtd" not found.
```

Obwohl dies ein wenig albern erscheinen mag (eine URI in ein File-Objekt und dieses wieder in einen I/O-Stream einzuhüllen), kann man in der Tat recht häufig sehen, daß Leute I/O-Streams als Eingabedaten für Parser verwenden. Sorgen Sie aber dafür, daß Sie sich im XML-Dokument nicht auf irgendwelche anderen Dateien beziehen und daß Sie eine System-ID für den XML-Stream einstellen (indem Sie die Methode setSystemId( ) von InputSource verwenden). Insofern könnte das obige Codebeispiel »repariert« werden, wenn es wie folgt geändert wird:

```
// Parsing
InputSource inputSource =
    new InputSource(new java.io.FileInputStream(
        new java.io.File(xmlURI)));
inputSource.setSystemId(xmlURI);
reader.parse(inputSource);
```

Legen Sie immer eine System-ID fest. Entschuldigen Sie den übertriebenen Detailreichtum; aber dafür können Sie Ihre Kollegen jetzt mit Ihren Kenntnissen über die InputSources von SAX nerven.

Content-Handler

Damit eine Anwendung etwas Sinnvolles mit XML-Daten im Parsing-Prozeß anfangen kann, müssen Sie *Handler* beim SAX-Parser registrieren. Ein Handler ist nichts weiter als eine Menge von Callbacks, die SAX definiert, damit Programmierer Anwendungscode in das Parsing eines Dokuments einfügen können, der beim Auftreten wichtiger Ereignisse ausgeführt wird. Diese Ereignisse finden während des Parsings des Dokuments statt und nicht, nachdem es beendet wurde. Dies ist einer der Gründe, warum SAX so ein mächtiges Interface ist: Es ermöglicht die sequenzielle Abarbeitung eines Dokuments, ohne daß zunächst das gesamte Dokument in den Speicher eingelesen werden müßte. Später werden wir uns das Document Object Model (DOM) anschauen, das dieser Einschränkung unterworfen ist.[2]

Es gibt vier wichtige Handler-Interfaces, die von SAX 2.0 definiert werden: org.xml.sax.ContentHandler, org.xml.sax.ErrorHandler, org.xml.sax.DTDHandler und org.xml.sax.EntityResolver. In diesem Kapitel bespreche ich ContentHandler und ErrorHandler. Ich verschiebe die Besprechung von DTDHandler und EntityResolver ins nächste Kapitel; es genügt im Moment zu verstehen, daß EntityResolver genauso funktioniert wie die anderen Hand-

---

[2] Natürlich ist diese Einschränkung gleichzeitig ein Vorteil; befindet sich das gesamte Dokument im Speicher, dann ist beliebiger Zugriff möglich. Mit anderen Worten: Es ist ein zweischneidiges Schwert, das ich in Kapitel 5 genauer besprechen werde.

ler und speziell dafür geschaffen wurde, externe Entities aufzulösen, die in einem XML-Dokument festgelegt wurden. Selbstdefinierte Anwendungsklassen, die während des Parsing-Prozesses bestimmte Aktionen ausführen, können jedes dieser Interfaces implementieren. Diese Implementierungsklassen können im Reader mit Hilfe der Methoden setContentHandler(), setErrorHandler(), setDTDHandler() und setEntityResolver() registriert werden. Dann ruft der Reader die Callback-Methoden der zugehörigen Handler während des Parsings auf.

Bei dem SAXTreeViewer-Beispiel besteht ein guter Start darin, das Interface ContentHandler zu implementieren. Dieses Interface definiert einige wichtige Methoden für den Ablauf des Parsings, auf die unsere Anwendung reagieren kann. Da alle erforderlichen Import-Anweisungen schon da sind (ich habe etwas geschummelt und sie bereits hingeschrieben), muß nur noch eine Implementierung des ContentHandler-Interfaces programmiert werden. Der Einfachheit halber schreibe ich diese als nicht-öffentliche Klasse innerhalb der Quelldatei *SAXTreeViewer.java*. Fügen Sie die Klasse JTreeContentHandler folgendermaßen hinzu:

```
class JTreeContentHandler implements ContentHandler {

    /** Baummodell, das Knoten erhalten soll */
    private DefaultTreeModel treeModel;

    /** Aktueller Knoten, der Unterknoten erhalten soll */
    private DefaultMutableTreeNode current;

    public JTreeContentHandler(DefaultTreeModel treeModel,
                               DefaultMutableTreeNode base) {
        this.treeModel = treeModel;
        this.current = base;
    }

    // ContentHandler-Methodenimplementierungen
}
```

Versuchen Sie zu diesem Zeitpunkt nicht, die Quelldatei zu kompilieren; Sie erhalten bloß einen Haufen Fehlermeldungen bezüglich Methoden, die in ContentHandler definiert, aber nicht implementiert wurden. Der Rest dieses Abschnitts geht jede dieser Methoden durch und fügt sie dabei hinzu. In dieser grundlegenden Klasse genügt es, die TreeModel-Implementierung zu übergeben, die verwendet wird, um neue Knoten zu dem JTree hinzuzufügen, sowie den Basisknoten (der vorhin in der Methode buildTree() erzeugt wurde). Der Basisknoten wird auf eine Objektvariable namens current gesetzt. Diese Variable zeigt jeweils auf den Knoten, der gerade bearbeitet wird, und der Code wird diesen Knoten in der Baumhierarchie abwärts bewegen (wenn verschachtelte Elemente gefunden werden) und auch wieder aufwärts (wenn Elemente beendet werden und deren Elternelement wieder zum aktuellen Element wird). Nachdem dies geregelt ist, ist es Zeit, daß wir uns die verschiedenen ContentHandler-Callbacks anschauen und jedes davon implementieren. Schauen Sie sich zunächst kurz das Interface ContentHandler an, das die Callbacks zeigt, die implementiert werden müssen:

```
public interface ContentHandler {
    public void setDocumentLocator(Locator locator);
    public void startDocument( ) throws SAXException;
    public void endDocument( ) throws SAXException;
    public void startPrefixMapping(String prefix, String uri)
        throws SAXException;
    public void endPrefixMapping(String prefix)
        throws SAXException;
    public void startElement(String namespaceURI, String localName,
                    String qName, Attributes atts)
        throws SAXException;
    public void endElement(String namespaceURI, String localName,
                    String qName)
        throws SAXException;
    public void characters(char ch[], int start, int length)
        throws SAXException;
    public void ignorableWhitespace(char ch[], int start, int length)
        throws SAXException;
    public void processingInstruction(String target, String data)
        throws SAXException;
    public void skippedEntity(String name)
        throws SAXException;
}
```

Der Document-Locator

Die erste Methode, die Sie definieren müssen, ist diejenige, die ein org.xml.sax.Locator-Objekt für die Verwendung mit allen anderen SAX-Ereignissen festlegt. Wenn ein Callback-Ereignis auftritt, benötigt die Klasse, die einen Handler implementiert, oft die Information, an welcher Stelle der SAX-Parser innerhalb einer XML-Datei gerade ist. Dies wird benötigt, um der Anwendung bei Entscheidungen darüber zu helfen, welches Ereignis gerade an welcher Stelle im XML-Dokument auftritt, um etwa die Zeile zu bestimmen, in der ein Fehler aufgetreten ist. Die Klasse Locator besitzt einige nützliche Methoden wie getLineNumber( ) und getColumnNumber( ), die die aktuelle Position des Parsing-Prozesses innerhalb eines XML-Dokuments zurückgeben, wenn sie aufgerufen werden. Da diese Position nur während des aktuellen Parsing-Durchlaufs gültig ist, sollte der Locator nur innerhalb des Bereiches der ContentHandler-Implementierung verwendet werden. Da dies später praktisch sein könnte, speichert der hier gezeigte Code die übergebene Locator-Instanz in einer Objektvariable ab:

```
class JTreeContentHandler implements ContentHandler {

    /** Locator für Positionsinformation merken */
    private Locator locator;

    // Konstruktor

    public void setDocumentLocator(Locator locator) {
        // Für späteren Gebrauch speichern
```

```
        this.locator = locator;
    }
}
```

Anfang und Ende eines Dokuments

In jedem Ablauf gibt es immer einen Anfang und ein Ende. Diese wichtigen Ereignisse sollten beide nur einmal auftreten, ersteres vor allen anderen Ereignissen und letzteres nach allen anderen. Diese recht offensichtliche Tatsache ist ein kritischer Punkt für Anwendungen, da sie es ihnen ermöglicht, genau zu wissen, wann das Parsing beginnt und endet. SAX stellt Callback-Methoden für diese beiden Ereignisse zur Verfügung: startDocument( ) und endDocument( ).

Die erste Methode, startDocument( ), wird vor allen anderen Callbacks aufgerufen, auch vor den Callback-Methoden anderer SAX-Handler wie etwa DTDHandler. Mit anderen Worten: startDocument( ) ist nicht nur die erste Methode, die im ContentHandler aufgerufen wird, sondern auch die erste innerhalb des gesamten Parsing-Prozesses, abgesehen von der eben besprochenen Methode setDocumentLocator( ). Dies garantiert einen festgesetzten Anfang des Parsings, so daß die Anwendung in der Lage ist, alle Aufgaben zu erledigen, die erforderlich sind, bevor das Parsing stattfindet.

Die zweite Methode, endDocument( ), wird immer zuletzt aufgerufen, wiederum über alle Handler hinweg. Dies schließt auch Situationen ein, in denen Fehler auftreten, die das Parsing zum Anhalten bringen. Ich werde erst später über Fehler sprechen, aber es gibt sowohl reparable als auch irreparable Fehler. Wenn ein irreparabler Fehler auftritt, wird die Callback-Methode des ErrorHandlers aufgerufen, und ein abschließender Aufruf von endDocument( ) beendet das versuchte Parsing.

In dem Beispielcode soll in diesen Methoden kein sichtbares Ereignis auftreten; aber wie immer bei der Implementierung von Interfaces müssen die Methoden dennoch existieren:

```
public void startDocument( ) throws SAXException {
    // Hier treten keine sichtbaren Ereignisse auf
}

public void endDocument( ) throws SAXException {
    // Hier treten keine sichtbaren Ereignisse auf
}
```

Beide Callback-Methoden können SAXExceptions auslösen. Als einzige Art von Exceptions, die SAX-Ereignisse jemals auslösen, stellen sie einen weiteren Standardzugang zum Parsing-Verhalten zur Verfügung. Allerdings umhüllen diese Exceptions oftmals andere Exceptions, die anzeigen, welche Probleme aufgetreten sind. Wurde zum Beispiel das Parsing einer XML-Datei über das Netzwerk mit Hilfe einer URL durchgeführt und wurde die Verbindung plötzlich unterbrochen, könnte eine java.net.SocketException auftreten. Allerdings braucht eine Anwendung, die die SAX-Klassen verwendet, diese Exception nicht abzufangen, da sie nicht wissen muß, wo die XML-Ressource sich befindet (es könnte auch eine lokale Datei im Gegensatz zu einer Netzwerk-Ressource sein). Statt dessen kann die Anwendung eine einzige SAXException abfangen. Innerhalb des SAX-Readers wird die ursprüngliche Exception abgefangen und als SAXException wieder ausgelöst, wobei die verursachende Exception in die neue hinein verpackt wird. Dies ermöglicht es, daß Anwendungen nur nach einer Standard-Exception Ausschau halten müssen, während nähere Details darüber, welche Fehler während des Parsing-Prozesses aufgetreten sind, verpackt und dem aufrufenden Programm durch diese Standard-Exception verfügbar gemacht werden. Die Klasse SAXException stellt die Methode getException( ) zur Verfügung, die die darunterliegende Exception zurückgibt (wenn es eine gibt).

Steueranweisungen

Ich sprach davon, daß Steueranweisungen (Processing Instructions, PIs) innerhalb von XML gewissermaßen einen Spezialfall darstellen. Sie werden nicht als XML-Elemente betrachtet und werden anders behandelt, indem sie für die aufrufende Anwendung verfügbar gemacht werden. Wegen dieser besonderen Eigenschaften definiert SAX ein besonderes Callback, um Steueranweisungen zu verarbeiten. Diese Methode nimmt das Ziel der Steueranweisung entgegen sowie alle Daten, die an die PI gesendet werden. In diesem Beispiel kann die PI in einen neuen Knoten umgewandelt und im Tree Viewer angezeigt werden:

```
public void processingInstruction(String target, String data)
    throws SAXException {

    DefaultMutableTreeNode pi =
        new DefaultMutableTreeNode("PI (target = '" + target +
                                   "', data = '" + data + "')");
    current.add(pi);
}
```

In einer echten Anwendung, die XML-Daten verwendet, kann die Anwendung an dieser Stelle Anweisungen empfangen und Variablenwerte setzen oder Methoden ausführen, um anwendungsspezifische Verarbeitungsschritte vorzunehmen. Beispielsweise kann das Apache Cocoon Publishing-Framework Flags setzen, um Transformationen von Daten durchzuführen, nachdem deren Parsing erfolgt ist oder um das XML als Daten mit einem bestimmten Content-Type darzustellen. Diese Methode löst wie andere SAX-Callbacks eine SAXException aus, wenn Fehler auftreten.

Es ist wichtig, darauf hinzuweisen, daß diese Methode keine Benachrichtigung über die XML-Deklaration erhält:

```
<?xml version="1.0" standalone="yes"?>
```

In der Tat stellt SAX kein Mittel zur Verfügung, um an diese Information heranzukommen (und Sie werden herausfinden, daß dies im Moment auch nicht mit DOM oder JDOM möglich ist!). Dahinter steckt das grundlegende Prinzip, daß diese Information für den XML-Parser oder Reader und nicht für den Anwender der Dokumentdaten bestimmt ist. Aus diesem Grunde wird es dem Entwickler nicht zugänglich gemacht.

Namensraum-Callbacks

Seit der Besprechung von Namensräumen in Kapitel 2 sollten Sie in der Lage sein, ihre Wichtigkeit und ihren Einfluß auf das Parsing und die Verarbeitung von XML nachvollziehen zu können. Neben XML Schema sind XML-Namensräume womöglich das wichtigste Konzept, das seit der ursprünglichen XML 1.0-Empfehlung zu XML hinzugefügt wurde. Durch SAX 2.0 wurde eine Unterstützung für Namensräume auf Elementebene eingeführt. Dies ermöglicht die Unterscheidung zwischen dem Namensraum eines Elements, der durch ein Element-Präfix und eine damit verbundene Namensraum-URI bezeichnet wird, und dem lokalen Namen eines Elements. In diesem Zusammenhang bedeutet der Ausdruck *lokaler Name* den Namen eines Elements ohne sein Präfix. Zum Beispiel ist der lokale Name des Elements ora:copyright einfach copyright. Das Namensraumpräfix ist ora und die Namensraum-URI wird als *http://www.oreilly.com* deklariert.

Es gibt zwei SAX-Callbacks, die sich speziell mit Namensräumen beschäftigen. Diese Callbacks werden aufgerufen, wenn der Parser den Anfang und das Ende eines *Präfix-Mappings* erreicht. Obwohl dies ein neuer Ausdruck ist, ist es kein neues Konzept; ein Präfix-Mapping ist einfach ein Element, das das Attribut xmlns verwendet, um einen Namensraum zu deklarieren, zum Beispiel:

```
<katalog>
  <buecher>
    <buch titel="XML in a Nutshell"
          xmlns:xlink="http://www.w3.org/1999/xlink">
      <einband xlink:type="simple" xlink:show="onLoad"
               xlink:href="xmlnutCover.jpg" ALT="XML in a Nutshell"
               breite="125" hoehe="350" />
    </buch>
  </buecher>
</katalog>
```

In diesem Fall wird explizit ein Namensraum deklariert. Dieser Namensraum betrifft Elemente, die innerhalb anderer Elemente dieses Dokuments verschachtelt wurden. Dieses Präfix- und URI-Mapping (in diesem Beispiel xlink bzw. *http://www.w3.org/1999/xlink*) steht dann Elementen und Attributen innerhalb des deklarierenden Elements zur Verfügung.

Das Callback startPrefixMapping( ) erhält sowohl das Namensraum-Präfix als auch die URI, die mit diesem Präfix verbunden ist. Das Mapping wird als »geschlossen« oder »beendet« betrachtet, wenn das Element geschlossen wird, in dem das Mapping deklariert wurde. Dies setzt auch das Callback endPrefixMapping() in Gang. Die einzige Besonderheit dieser Callbacks ist, daß sie sich nicht auf die sequenzielle Art und Weise verhalten, wie SAX normalerweise strukturiert ist; das Präfix-Mapping-Callback tritt unmittelbar *vor* dem Callback für das Element auf, das den Namensraum deklariert, und das Ende des Mappings führt zu einem Ereignis unmittelbar *nach* dem Schließen des deklarierenden Elements. Allerdings ist es in der Tat sehr sinnvoll, wenn das deklarierende Element selbst in der Lage ist, das deklarierte Namensraum-Mapping zu verwenden. Deshalb muß das Mapping schon vor dem Callback des Elements verfügbar sein. Es funktioniert beim Beenden eines Mappings genau umgekehrt: Das Element muß zuerst geschlossen werden (da es den Namensraum verwenden könnte), und anschließend kann das Mapping aus der Liste der verfügbaren Mappings entfernt werden.

Im JTreeContentHandler gibt es keine sichtbaren Ereignisse, die während dieser beiden Callbacks auftreten sollen. Allerdings ist es ein üblicher Vorgang, das Präfix und die URI-Mappings in einer Datenstruktur abzulegen. Sie werden gleich sehen, daß die Element-Callbacks die Namensraum-URI, aber nicht das Namensraum-Präfix liefern. Wenn Sie diese Präfixe nicht speichern (die durch startPrefixMapping() geliefert werden), stehen sie in Ihrem Callback-Code nicht zur Verfügung. Der einfachste Weg dazu besteht darin, eine Map zu verwenden, das ermittelte Präfix und die URI in startPrefixMapping() hinzuzufügen und sie in endPrefixMapping() wieder zu entfernen. Dies kann durch die folgenden Code-Erweiterungen erreicht werden:

```
class JTreeContentHandler implements ContentHandler {

    /** Locator für Positionsinformation merken */
    private Locator locator;

    /** URI-zu-Präfix-Mappings ablegen */
    private Map namespaceMappings;

    /** Baummodell, das Knoten erhalten soll */
    private DefaultTreeModel treeModel;

    /** Aktueller Knoten, der Unterknoten erhalten soll */
    private DefaultMutableTreeNode current;

    public JTreeContentHandler(DefaultTreeModel treeModel,
                               DefaultMutableTreeNode base) {
        this.treeModel = treeModel;
        this.current = base;
        this.namespaceMappings = new HashMap();
    }

    // Existierende Methoden

    public void startPrefixMapping(String prefix, String uri) {
        // Hier treten keine sichtbaren Ereignisse auf.
        namespaceMappings.put(uri, prefix);
```

```
            }
    public void endPrefixMapping(String prefix) {
        // Hier treten keine sichtbaren Ereignisse auf.
        for (Iterator i = namespaceMappings.keySet().iterator();
             i.hasNext(); ) {

            String uri = (String)i.next();
            String thisPrefix = (String)namespaceMappings.get(uri);
            if (prefix.equals(thisPrefix)) {
                namespaceMappings.remove(uri);
                break;
            }
        }
    }
}
```

Noch ein Hinweis: Ich habe die URI statt dem Präfix als Schlüssel der Mappings verwendet. Wie ich kurz zuvor erwähnte, liefert das Callback startElement( ) die Namensraum-URI für das Element, nicht das Präfix. Insofern wird das Nachschlagen schneller, wenn die URIs als Schlüssel verwendet werden. Allerdings ist es, wie Sie in endPrefixMapping( ) sehen können, so ein wenig mehr Arbeit, das Mapping wieder zu entfernen, wenn es nicht mehr verfügbar ist. In jedem Fall ist das Ablegen von Namensraum-Mappings auf diese Weise ein recht typischer SAX-Trick, also legen Sie es sich in Ihrem XML-Programmierwerkzeugkasten zurecht.

Die hier gezeigte Lösung ist weit entfernt von einer vollständigen Lösung, die mit komplexeren Namensraumaufgaben zurechtkommt. Es ist absolut zulässig, im Bereich eines Elements Präfixe neuen URIs zuzuweisen oder mehrere Präfixe mit der gleichen URI zu verknüpfen. In diesem Beispiel würde dies dazu führen, daß Namensräume weiter außen liegender Bereiche durch weiter innen liegende überschrieben würden, wenn die gleiche URI verschiedenen Präfixen zugeordnet würde. In einer robusteren Anwendung sollten Sie Präfixe und URIs separat ablegen und eine Methode verwenden, die die beiden miteinander in Beziehung setzt, ohne daß bereits bestehende Beziehungen dabei verloren gehen. Aber immerhin vermittelt Ihnen das Beispiel einen Eindruck davon, wie Namensräume grundsätzlich gehandhabt werden.

Element-Callbacks

Nun sind Sie bestimmt in der Lage, sich mit den eigentlichen Daten im XML-Dokument zu beschäftigen. Es stimmt, daß über die Hälfte der SAX-Callbacks nichts mit XML-Elementen, Attributen und Daten zu tun haben. Der Grund ist, daß der Prozeß des Parsings von XML mehr bewirken soll, als einfach Ihre Anwendung mit den XML-Daten zu versorgen; er sollte der Anwendung Anweisungen aus XML-PIs heraus geben, damit Ihre Anwendung weiß, welche Aktionen sie durchführen soll, er sollte die Anwendung darüber informieren, wann das Parsing beginnt und wann es endet, und er sollte ihr sogar mitteilen, wann Whitespace auftritt, der ignoriert werden kann! Wenn einige dieser Callbacks noch keinen großen Sinn zu ergeben scheinen, lesen Sie weiter.

Selbstverständlich gibt es auch SAX-Callbacks mit der Aufgabe, Ihnen Zugriff auf die XML-Daten in Ihren Dokumenten zu geben. Die drei wichtigsten Ereignisse, die mit dem Holen von Daten zu tun haben, sind der Anfang und das Ende von Elementen sowie das Callback characters( ). Diese liefern Ihnen wärend des Parsings eines Elements die Daten in diesem Element und teilen Ihnen mit, wann das schließende Tag des Elements erreicht wird. Das erste von ihnen, startElement( ), liefert einer Anwendung Informationen über ein XML-Element und eventuell vorhandene Attribute. Die Parameter dieses Callbacks sind der Name des Elements (in unterschiedlicher Form) und eine Instanz von org.xml.sax.Attributes. Diese Hilfsklasse enthält Verweise auf alle Attribute in einem Element. Sie ermöglicht es, die Attribute eines Elements auf eine einfache Weise durchzugehen, die einem Vector ähnelt. Zusätzlich zu der Möglichkeit, auf ein Attribut anhand seines Indexes zuzugreifen (die verwendet wird, wenn alle Attribute nacheinander angesprochen werden), ist es auch möglich, ein Attribut mit seinen Namen anzusprechen. Natürlich sollten Sie inzwischen ein wenig vorsichtig sein, wenn Sie das Wort »Name« im Zusammenhang mit einem XML-Element oder -Attribut sehen, da es verschiedenes bedeuten kann. In diesem Fall kann entweder der vollständige Name des Attributs (mit Namensraum-Präfix, wenn er eins hat), genannt *Q-Name*, verwendet werden oder die Kombination aus seinem lokalen Namen und seiner Namensraum-URI, wenn ein Namensraum verwendet wird. Es existieren auch Hilfsmethoden wie getURI(int index) und getLocalName(int index), die dabei helfen, zusätzliche Namensraum-Informationen zu einem Attribut zu geben. Insgesamt stellt das Interface Attributes eine umfassende Menge von Informationen über die Attribute eines Elements zur Verfügung.

Zusätzlich zu den Elementattributen erhalten Sie auch den Elementnamen in unterschiedlichen Formen. Dies geschieht wiederum unter Beachtung der XML-Namensräume. Die Namensraum-URI des Elements wird als erstes angegeben. Dies positioniert das Element in seinem korrekten Kontext innerhalb der gesamten Menge von Namensräumen des Dokuments. Anschließend wird der lokale Name des Elements angegeben, dies ist der Elementname ohne Präfix. Zusätzlich (und für die Abwärtskompatibilität) wird der Q-Name des Elements angegeben. Dies ist der unmodifizierte, unveränderte Name des Elements, der ein Namensraum-Präfix enthält, falls vorhanden; mit anderen Worten: genau das, was im XML-Dokument stand, nämlich ora:copyright für das Copyright-Element. Durch die Angabe dieser drei Arten von Namen sollten Sie in der Lage sein, ein Element mit oder ohne Berücksichtigung seines Namensraumes zu beschreiben.

In dem Beispiel gibt es mehrere Stellen, an denen diese Fähigkeit demonstriert wird. Als erstes wird ein neuer Knoten erzeugt und mit dem lokalen Namen des Elements zum Baum hinzugefügt. Anschließend wird dieser Knoten zum aktuellen Knoten; auf diese Weise werden alle verschachtelten Elemente und Attribute als Blätter hinzugefügt. Als nächstes wird der Namensraum bestimmt, indem die übergebene Namensraum-URI und das namespace-Mappings-Objekt (zur Ermittlung des Präfixes) verwendet werden, die Sie gerade im vorigen Abschnitt zum Code hinzugefügt haben. Dieser wird ebenfalls als Knoten hinzugefügt. Als letztes geht der Code schrittweise das Interface Attributes durch und fügt jedes Attribut (mit Informationen über seinen lokalen Namen und Namensraum) als Kindknoten hinzu. Der Code, um all das zu veranlassen, wird hier gezeigt:

```
public void startElement(String namespaceURI, String localName,
                        String qName, Attributes atts)
    throws SAXException {

    DefaultMutableTreeNode element =
        new DefaultMutableTreeNode("Element: " + localName);
    current.add(element);
    current = element;

    // Namensraum ermitteln
    if (namespaceURI.length( ) > 0) {
        String prefix =
            (String)namespaceMappings.get(namespaceURI);
        if (prefix.equals("")) {
            prefix = "[None]";
        }
        DefaultMutableTreeNode namespace =
            new DefaultMutableTreeNode("Namensraum: Präfix = '" +
                prefix + "', URI = '" + namespaceURI + "'");
        current.add(namespace);
    }

    // Attribute verarbeiten
    for (int i=0; i<atts.getLength( ); i++) {
        DefaultMutableTreeNode attribute =
            new DefaultMutableTreeNode("Attribut (Name = '" +
                                       atts.getLocalName(i) +
                                       "', Wert = '" +
                                       atts.getValue(i) + "')");
        String attURI = atts.getURI(i);
        if (attURI.length( ) > 0) {
            String attPrefix =
                (String)namespaceMappings.get(attURI);
            if (attPrefix.equals("")) {
                attPrefix = "[Keins]";
            }
            DefaultMutableTreeNode attNamespace =
                new DefaultMutableTreeNode("Namensraum: Präfix = '" +
                    attPrefix + "', URI = '" + attURI + "'");
            attribute.add(attNamespace);
        }
        current.add(attribute);
    }
}
```

Das Ende eines Elements ist wesentlich einfacher zu programmieren. Da kein Bedarf besteht, irgendwelche sichtbaren Informationen auszugeben, müssen Sie nur im Baum um einen Knoten nach oben wandern und das Elternelement des Elements zum neuen aktuellen Knoten machen:

```
public void endElement(String namespaceURI, String localName,
                      String qName)
    throws SAXException {

    // Im Baum wieder nach oben wandern
    current = (DefaultMutableTreeNode)current.getParent();
}
```

Ein letzter Hinweis, bevor wir mit den Elementdaten weitermachen: Sie haben vielleicht bemerkt, daß es mit einer Namensraum-URI und dem Q-Namen eines Elements möglich wäre, das Präfix und die URI aus den Informationen zu bestimmen, die dem start-Element( )-Callback übergeben werden, ohne daß das Mapping von Namensraum-Assoziationen nötig wäre. Das stimmt absolut, und es würde für den Beispielcode vollkommen ausreichen. Allerdings befinden sich bei den meisten Anwendungen Hunderte oder sogar Tausende von Codezeilen in diesen Callbacks (oder – noch besser – in Methoden, die durch Code innerhalb dieser Callbacks aufgerufen werden). In solchen Fällen ist es eine wesentlich robustere Lösung, die Daten in einer selbstdefinierten Struktur abzulegen, anstatt sich auf den Q-Namen eines Elements zu verlassen. Mit anderen Worten: Das Zerlegen des Q-Namens am Doppelpunkt ist hervorragend für einfache Anwendungen geeignet, aber nicht so toll für komplexere (und deshalb realistischere).

Elementdaten

Nachdem der Anfang und das Ende eines Elementblocks identifiziert worden sind und die Attribute des Elements für eine Anwendung aufgelistet worden sind, besteht die nächste wichtige Information aus den eigentlichen Daten, die sich im Element als solchem befinden. Diese bestehen grundsätzlich aus weiteren Elementen, Textdaten oder einer Kombination aus beidem. Wenn andere Elemente auftauchen, werden die Callbacks für diese Elemente in Gang gesetzt, und eine Art Pseudorekursion findet statt: Elemente, die in Elemente hinein verschachtelt sind, haben Callbacks zur Folge, die in Callbacks »verschachtelt« sind. An einigen Stellen werden dagegen Textdaten gefunden. Diese Daten, die üblicherweise die wichtigste Information für einen XML-Client darstellen, werden normalerweise entweder dem Client sichtbar gemacht oder verarbeitet, um eine Client-Reaktion zu erzeugen.

Textdaten in XML-Elementen werden mit Hilfe des Callbacks characters( ) an eine umhüllende Anwendung übermittelt. Diese Methode versorgt die umhüllende Anwendung sowohl mit einem Array von Zeichen als auch mit einem Startindex und der Anzahl der zu lesenden Zeichen. Das Erzeugen eines Strings aus diesem Array und die Verwendung dieser Daten ist kinderleicht:

```
public void characters(char[] ch, int start, int length)
    throws SAXException {

    String s = new String(ch, start, length);
    DefaultMutableTreeNode data =
        new DefaultMutableTreeNode("Zeichendaten: '" + s + "'");
    current.add(data);
}
```

Obwohl sie ein einfaches Callback zu sein scheint, führt diese Methode oft zu großer Verwirrung, da das SAX-Interface und die Standards nicht genau definieren, wie dieses Callback im Zusammenhang mit besonders umfangreichen Zeichendaten verwendet werden muß. Mit anderen Worten kann ein Parser sich entweder entscheiden, alle enthaltenen Zeichendaten bei einem Aufruf zurückzugeben oder aber diese Daten auf mehrere Methodenaufrufe aufzuteilen. Für jedes einzelne Element wird diese Methode entweder gar nicht aufgerufen (wenn sich keine Zeichendaten im Element befinden) oder einmal oder auch mehrmals. Parser implementieren dieses Verhalten unterschiedlich, oftmals durch die Verwendung von Algorithmen, die zur Erhöhung der Parsing-Geschwindigkeit dienen. Verlassen Sie sich niemals darauf, daß Sie alle Textdaten eines Elements innerhalb eines Callback-Methodenaufrufs erhalten; aber gehen Sie umgekehrt auch nicht davon aus, daß die fortlaufenden Zeichendaten eines Elements grundsätzlich mehrere Callbacks erfordern.

Wenn Sie SAX-Event-Handler schreiben, sollten Sie darauf achten, daß Sie ständig an die hierarchische Struktur denken. Mit anderen Worten sollten Sie sich nicht angewöhnen, zu denken, daß ein Element seine Daten und seine Kindelemente *besitzt*, sondern Sie sollten sich vorstellen, daß es lediglich als Elternelement dient. Denken Sie auch daran, daß der Parser sich weiterbewegt und dabei Elemente, Attribute und Daten in der Reihenfolge verarbeitet, in der er sie antrifft. Dies kann zu einigen überraschenden Ergebnissen führen. Betrachten Sie das folgende Fragment eines XML-Dokuments:

```
<eltern>Dieses Element hat <kind>eingebetteten Text</kind> in seinem Inneren.
</eltern>
```

Wenn Sie vergessen, daß das Parsing bei SAX sequenziell erfolgt und daß die Callbacks stattfinden, sobald ihm Elemente und Daten beggnen, und wenn Sie außerdem vergessen, daß XML als hierarchisch angesehen wird, könnten Sie vermuten, daß die Ausgabe hier so ählich aussieht wie in Abbildung 3-2.

Das erscheint logisch, da das Elternelement das Kindelement vollständig »besitzt«. Aber in Wirklichkeit findet an jedem SAX-Ereignispunkt ein Callback statt, was zu dem Baum führt, der in Abbildung 3-3 zu sehen ist.

SAX liest nicht voraus, deshalb ist das Ergebnis genau das, was Sie erwarten würden, wenn Sie das XML-Dokument ohne gesunden Menschenverstand als sequenzielle Daten betrachten würden. Dies ist ein wichtiger Punkt, den wir uns merken müssen.

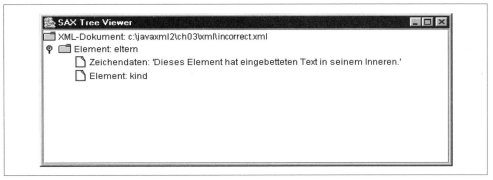

Abbildung 3-2: Erwarteter, aber falscher grafischer Baum

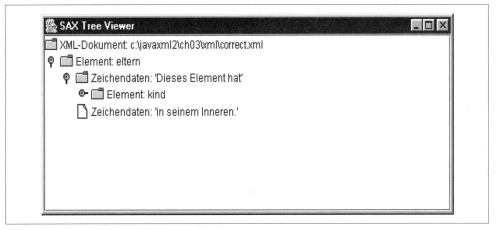

Abbildung 3-3: Der tatsächlich erzeugte Baum

 Zur Zeit führen Apache Xerces und die meisten anderen verfügbaren Parser standardmäßig keine Validierung durch. In dem Beispielprogramm findet die Validierung nicht statt, weil sie nicht explizit eingeschaltet wurde. Allerdings wird in den meisten Fällen trotzdem eine DTD oder ein Schema verarbeitet. Beachten Sie, daß sogar ohne Validierung eine Exception auftritt, wenn keine System-ID gefunden wird und die DTD-Referenz nicht aufgelöst werden kann (nachzulesen im Abschnitt über InputSources). Merken Sie sich also genau den Unterschied zwischen der Durchführung der *Validierung* und der Durchführung der *DTD- oder Schema-Verarbeitung*. Die Auslösung von ignorableWhitespace( ) erfordert lediglich, daß DTD- oder Schema-Verarbeitung durchgeführt wird, und nicht, daß eine Validierung stattfindet.

Zu guter Letzt reagiert die Methode characters( ) auch oft auf Whitespace. Dies führt zu einer gewissen Verwirrung, da ein weiteres SAX-Callback, ignorableWhitespace( ), ebenfalls auf Whitespace reagiert. Unglücklicherweise werden in den meisten Büchern (darunter auch in meiner ersten Auflage von *Java und XML*, wie ich peinlicherweise zugeben muß) die Details von Whitespace teilweise oder auch völlig falsch dargestellt. Deshalb möchte ich nun die Gelegenheit ergreifen und das Thema ein für allemal klarstellen. Als erstes steht fest, daß die Methode ignorableWhitespace( ) niemals aufgerufen wird, wenn nicht auf eine DTD oder ein XML Schema Bezug genommen wird. Punkt.

Der Grund dafür ist, daß eine DTD (oder ein Schema) die Details des Content-Modells eines Elements regelt. Mit anderen Worten: In der Datei *JavaXML.dtd* kann das Element inhalt nichts weiter enthalten als kapitel-Elemente. Jeglicher Whitespace zwischen dem Anfang des Elements inhalt und dem Anfang eines kapitel-Elements kann logischerweise ignoriert werden. Er bedeutet nichts, da die DTD vorschreibt, keine Zeichendaten zu erwarten (weder Whitespace noch andere Zeichen). Das gleiche gilt für Whitespace zwischen dem Ende eines kapitel-Elements und dem Anfang eines weiteren kapitel-Elements oder zwischen ersterem und dem Ende des Elements inhalt. Da die Beschränkung (in Form einer DTD oder eines Schemas) festlegt, daß keine Zeichendaten erlaubt sind, kann dieser Whitespace keine Bedeutung haben. Gibt es jedoch *keine* Beschränkung, die dem Parser diese Information übermittelt, ist es *unmöglich*, den Whitespace als bedeutungslos zu interpretieren. Insofern würde das Entfernen der Referenz auf eine DTD dazu führen, daß diese verschiedenen Whitespaces das Callback characters() auslösen, auch wenn sie im anderen Fall das Callback ignorableWhitespace( ) aufgerufen haben. Deshalb ist Whitespace niemals einfach ignorierbar oder auch nicht-ignorierbar; alles hängt davon ab, auf welche Beschränkungen (wenn überhaupt) Bezug genommen wird. Wenn Sie die Beschränkungen ändern, könnte sich auch die Bedeutung von Whitespace ändern.

Wir wollen sogar noch tiefer gehen: In dem Fall, wo ein Element nur andere Elemente enthalten darf, ist verständlicherweise alles klar. Whitespace zwischen Elementen kann ignoriert werden. Betrachten Sie aber einmal ein gemischtes Content-Modell:

```
<!ELEMENT p (#PCDATA | b* | i* | a*)>
```

Falls das ziemlich unverständlich aussieht, denken Sie an HTML; es stellt (teilweise) die Beschränkungen des Elements p, des Absatz-Tags, dar. Selbstverständlich kann innerhalb dieses Tags Text vorkommen und ebenso die Elemente fett (b), kursiv (i) und Links (a). In diesem Modell gibt es keinen Whitespace zwischen dem öffnenden und dem schließenden p-Tag, der jemals als ignorierbar gekennzeichnet wird (ob mit oder ohne DTD- oder Schema-Referenz). Das kommt daher, daß es nicht möglich ist, zwischen Whitespace zu unterscheiden, der für Lesbarkeit sorgen soll, und solchem, der zum Dokument gehört. Zum Beispiel:

```
<p>
  <i>Java und XML</i>, 2. Auflage, ist jetzt im Buchhandel erhältlich, aber
    auch direkt bei O'Reilly unter
  <a href="http://www.oreilly.de">http://www.oreilly.de</a>.
</p>
```

In diesem XHTML-Fragment kann der Whitespace zwischen dem öffnenden p-Element und dem öffnenden i-Element nicht ignoriert werden, deshalb wird er durch das Callback `characters( )` verarbeitet. Wenn Sie jetzt nicht vollkommen verwirrt sind (und davon gehe ich aus), machen Sie sich bereit, die beiden Callbacks, die mit Zeichen zu tun haben, genau zu untersuchen. Dadurch wird es ein Klacks, das letzte SAX-Callback zu erläutern, das mit diesem Thema zu tun hat.

Ignorierbarer Whitespace

Nachdem wir den Whitespace so ausführlich besprochen haben, ist es ein Kinderspiel, die Methode `ignorableWhitespace( )` zu implementieren. Da der gelieferte Whitespace ignoriert werden darf, tut der Code genau das – ihn ignorieren:

```
public void ignorableWhitespace(char[] ch, int start, int length)
    throws SAXException {

    // Dies kann ignoriert werden, also wird es nicht angezeigt
}
```

Whitespace wird auf die gleiche Weise verarbeitet wie Zeichendaten; er kann durch ein einzelnes Callback abgehandelt werden, oder ein SAX-Parser kann den Whitespace auf mehrere Methodenaufrufe aufteilen. In jedem Fall sollten Sie immer genau darauf achten, sich nicht auf Whitespace als Textdaten zu verlassen, um problematische Fehler in Ihren Anwendungen zu vermeiden.

Entities

Wie Sie sich erinnern, gibt es nur eine Entity-Referenz in dem Dokument *contents.xml*, nämlich `OReillyCopyright`. Die Auflösung beim Parsing führt dazu, daß eine weitere Datei geladen wird, entweder aus dem lokalen Dateisystem oder aus irgendeiner anderen URI. Allerdings ist in der verwendeten Reader-Implementierung die Validierung nicht eingeschaltet.[3] Ein oft unbeachteter Aspekt nicht-validierender Parser besteht darin, daß sie Entity-Referenzen nicht notwendigerweise auflösen, sondern sie statt dessen übergehen. Das hat schon zuvor ein wenig für Kopfschmerzen gesorgt, weil es vorkommen kann, daß die Parser-Ergebnisse Entity-Referenzen, die erwartet wurden, einfach nicht enthalten. SAX 2.0 kompensiert dies auf angenehme Weise durch ein Callback, das aktiv wird, wenn ein Entity durch einen nicht-validierenden Parser übergangen wird. Das Callback liefert den Namen des Entity, welches so in die Ausgabe des Viewers eingefügt werden kann:

```
public void skippedEntity(String name) throws SAXException {
    DefaultMutableTreeNode skipped =
        new DefaultMutableTreeNode("Übergangenes Entity: '" + name + "'");
    current.add(skipped);
}
```

---

[3] Ich gehe davon aus, daß in Ihrem Parser die Validierung standardmäßig abgeschaltet ist, selbst wenn Sie nicht Apache Xerces verwenden. Wenn Sie andere Ergebnisse erhalten als die in diesem Kapitel gezeigten, sollten Sie Ihre Dokumentation konsultieren und nachsehen, ob die Validierung eingeschaltet ist. Falls dem so ist, werfen Sie einen Blick in Kapitel 4, um zu sehen, wie sie abgeschaltet wird.

Bevor Sie aber jetzt nach dem Knoten `OReillyCopyright` Ausschau halten, sollten Sie sich darüber im klaren sein, daß die meisten vorhandenen Parser Entities nicht übergehen, auch dann nicht, wenn sie nicht-validierend sind. Apache Xerces zum Beispiel ruft dieses Callback niemals auf; statt dessen wird die Entity-Referenz ausgewertet, und das Ergebnis ist in den Daten enthalten, die nach dem Parsing verfügbar sind. Mit anderen Worten: Das Callback steht für Parser bereit, aber Sie werden Schwierigkeiten haben, einen Fall zu finden, in dem es in Aktion tritt! Wenn Sie einen Parser haben, der dieses Verhalten an den Tag legt, dann beachten Sie, daß der Parameter, der an das Callback übergeben wird, nicht das führende Ampersand-Zeichen und das nachfolgende Semikolon der Entity-Referenz enthält. Für `&OReillyCopyright;` wird nur der Name der Entity-Referenz, `OReillyCopyright`, an `skippedEntity( )` übergeben.

Die Ergebnisse

Als letztes müssen Sie die Content-Handler-Implementierung in dem `XMLReader` registrieren, den Sie instantiiert haben. Dies geschieht durch `setContentHandler( )`. Fügen Sie die folgenden Zeilen zur Methode `buildTree( )` hinzu:

```
public void buildTree(DefaultTreeModel treeModel,
                     DefaultMutableTreeNode base, String xmlURI)
    throws IOException, SAXException {

    // Instanzen erzeugen, die für das Parsing benötigt werden
    XMLReader reader =
        XMLReaderFactory.createXMLReader(vendorParserClass);
    ContentHandler jTreeContentHandler =
        new JTreeContentHandler(treeModel, base);

    // Den Content-Handler registrieren
    reader.setContentHandler(jTreeContentHandler);

    // Den Fehlerhandler registrieren

    // Parsing
    InputSource inputSource =
        new InputSource(xmlURI);
    reader.parse(inputSource);
}
```

Wenn Sie alle diese Dokument-Callbacks eingefügt haben, sollten Sie in der Lage sein, die `SAXTreeViewer`-Quelldatei zu kompilieren. Wenn das geschehen ist, können Sie die SAX-Viewer-Demonstration mit der XML-Beispieldatei starten, die wir zuvor erzeugt haben. Stellen Sie außerdem sicher, daß Sie Ihr Arbeitsverzeichnis zum Klassenpfad hinzugefügt haben. Die vollständige Java-Anweisung sollte so aussehen:

```
C:\javaxml2\build>java javaxml2.SAXTreeViewer ..\ch03\xml\contents.xml
```

Dies sollte dazu führen, daß sich ein Swing-Fenster öffnet, in das der Inhalt des XML-Dokuments geladen wird. Wenn Sie beim Start eine kurze Pause bemerken, warten Sie wahrscheinlich darauf, daß Ihr Rechner eine Verbindung ins Internet herstellt, um die Entity-Referenz `OReillyCopyright` aufzulösen. Wenn Sie nicht online sind, schauen Sie in Kapitel 2 nach. Dort finden Sie eine Anleitung, wie Sie die Referenz in der DTD gegen eine lokale Copyright-Datei austauschen können. In jedem Fall sollte Ihre Ausgabe so ähnlich aussehen wie Abbildung 3-4, je nachdem, welche Knoten Sie aufgeklappt haben.

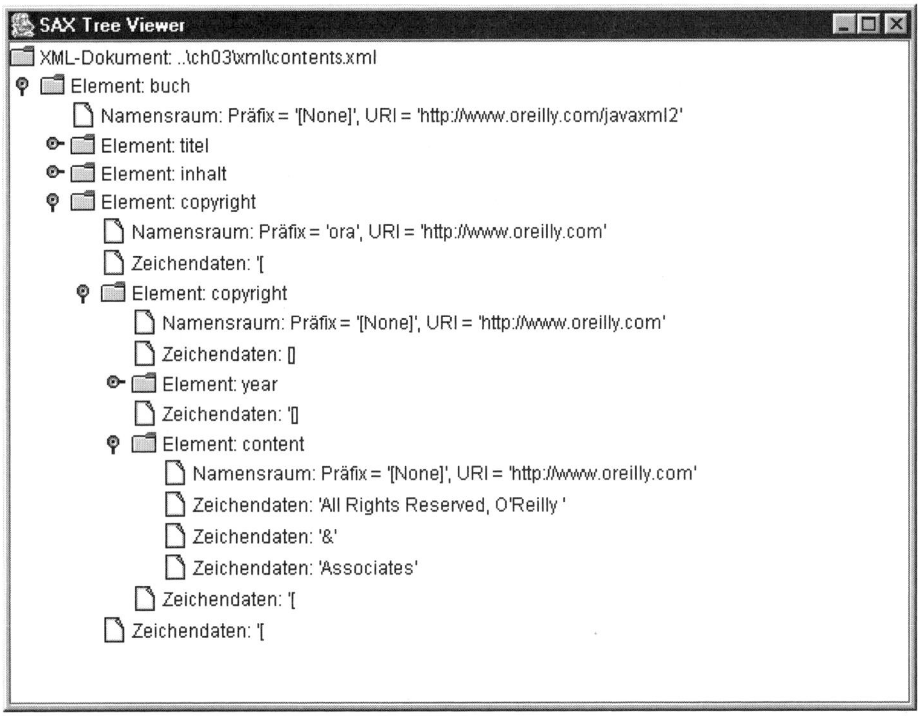

Abbildung 3-4: SAXTreeViewer in Aktion

Folgende Dinge sollten Sie bemerken: Erstens ist der Whitespace, der Elemente umgibt, nicht verfügbar, da das Vorhandensein einer DTD und eines strengen Content-Modells das Ignorieren von Whitespace erzwingen (wenn er dem Callback `ignorableWhitespace( )` übergeben wird). Zweitens wird die Entity-Referenz aufgelöst, und Sie sehen, daß der Inhalt der Datei *copyright.xml* in die äußere Baumstruktur hinein verschachtelt ist. Da diese Datei im übrigen keine DTD hat, wird Whitespace, den man für ignorierbar halten könnte, als Zeichendaten durch das Callback `characters( )` verarbeitet. Das führt zu den merkwürdigen kleinen Steuerzeichen im Textinhalt des Baums (es handelt sich im zugrundeliegenden Dokument zumeist um Zeilenumbrüche). Beachten Sie zu guter Letzt, daß der Text »O'Reilly & Associates« aus *copyright.xml* in Wirklichkeit durch drei

Aufrufe des Callbacks `characters( )` behandelt wird. Dies ist ein hervorragendes Beispiel für Textdaten, die nicht als zusammenhängender Textblock ausgegeben werden. In diesem Fall hat der Parser den Text bei der Entity-Referenz (&) geteilt, was ein häufiges Verhalten ist. Auf jeden Fall sollten Sie den Viewer mit verschiedenen XML-Dokumenten ausprobieren und beobachten, wie die Ausgabe sich ändert.

Sie haben nun gesehen, wie ein SAX-kompatibler Parser ein wohlgeformtes XML-Dokument behandelt. Sie sollten ebenfalls die Dokument-Callbacks verstehen, die während des Parsing-Prozesses stattfinden, und wissen, wie eine Anwendung diese Callbacks nutzen kann, um beim Parsing Informationen über ein XML-Dokument zu erhalten. Im nächsten Kapitel betrachte ich die Validierung eines XML-Dokuments mit Hilfe der Anwendung weiterer SAX-Klassen, die zur Verarbeitung von DTDs dienen. Bevor wir aber weitermachen, möchte ich die Frage ansprechen, was passiert, wenn Ihr XML-Dokument nicht gültig ist, und welche Fehler sich aus diesem Umstand ergeben können.

Fehlerhandler

SAX stellt nicht nur das Interface `ContentHandler` für die Verarbeitung von Parsing-Ereignissen zur Verfügung, sondern auch das Interface `ErrorHandler`, das implementiert werden kann, um verschiedene Fehlerzustände zu behandeln, die während des Parsings auftreten können. Diese Klasse funktioniert auf dieselbe Weise wie der bereits konstruierte Dokument-Handler, definiert aber nur drei Callback-Methoden. Durch diese drei Methoden werden alle denkbaren Fehlerzustände behandelt und von SAX-Parsern gemeldet. Das `ErrorHandler`-Interface sieht wie folgt aus:

```
public interface ErrorHandler {
    public abstract void warning (SAXParseException exception)
        throws SAXException;
    public abstract void error (SAXParseException exception)
        throws SAXException;
    public abstract void fatalError (SAXParseException exception)
        throws SAXException;
}
```

Jede Methode erhält durch eine `SAXParseException` Informationen über den aufgetretenen Fehler oder die Warnung. Dieses Objekt enthält die Nummer der Zeile, in der das Problem angetroffen wurde, die URI des behandelten Dokuments (was das Dokument im Parser oder aber eine externe Referenz innerhalb dieses Dokuments sein könnte) und die üblichen Exception-Details wie eine Meldung und einen druckbaren Stacktrace. Zusätzlich kann jede Methode eine `SAXException` auslösen. Dies mag zunächst etwas seltsam erscheinen; ein Exception-Handler, der eine Exception auslöst? Denken Sie daran, daß jeder Handler eine Parsing-Exception empfängt. Das kann eine Warnung sein, die den Parsing-Prozeß nicht zum Anhalten bringen sollte, oder ein Fehler, der aufgelöst werden muß, damit das Parsing fortgesetzt werden kann; allerdings kann es sein, daß das Callback System-I/O oder eine andere Operation durchführen muß, die eine Exception auslösen kann, und es muß in der Lage sein, sämtliche Probleme, die sich aus diesen Aktionen ergeben, die Anwendungskette hinauf zu senden. Dies kann mit Hilfe der SAXException geschehen, die das Fehlerhandler-Callback auslösen darf.

Betrachten Sie als Beispiel einen Fehlerhandler, der Fehlerbenachrichtigungen entgegennimmt und diese Fehler in eine Fehler-Logdatei schreibt. Diese Callback-Methode muß in der Lage sein, im lokalen Dateisystem entweder eine Fehler-Logdatei zu erweitern oder neu anzulegen. Wenn während des Parsings eines XML-Dokuments eine Warnung auftreten sollte, wird die Warnung an diese Methode weitergeleitet. Die Aufgabe der Warnung besteht darin, dem Callback Informationen zu übermitteln und dann mit dem Parsing des Dokuments fortzufahren. Falls jedoch der Fehlerhandler nicht in die Logdatei schreiben könnte, könnte es nötig werden, den Parser und die Anwendung darüber zu informieren, daß das gesamte Parsing angehalten werden sollte. Dies kann durch das Abfangen von I/O-Exceptions und ihre Weiterleitung an die anfordernde Anwendung erfolgen, so daß das Anhalten jedes weiteren Dokument-Parsings veranlaßt wird. Dieses gängige Szenario ist der Grund, warum Fehlerhandler in der Lage sein müssen, Exceptions auszulösen (siehe Beispiel 3-2).

Beispiel 3-2: Fehlerhandler, der eine SAXException auslösen kann

```
public void warning(SAXParseException exception)
    throws SAXException {

    try {
        FileWriter fw = new FileWriter("error.log");
        BufferedWriter bw = new BufferedWriter(fw);
        bw.write("Warnung: " + exception.getMessage() + "\n");
        bw.flush();
        bw.close();
        fw.close();
    } catch (IOException e) {
        throw new SAXException("Konnte nicht in Logdatei schreiben", e);
    }
}
```

Mit diesem Wissen im Hinterkopf ist es möglich, das Grundgerüst einer ErrorHandler-Implementierung zu definieren und sie in der Reader-Implementierung auf dieselbe Weise zu registrieren wie den Content-Handler. Da dieses Buch keine Abhandlung über Swing werden soll, halten diese Methoden lediglich das Parsing an und geben Warnungen und Fehler auf der Kommandozeile aus. Als erstes fügen Sie am Ende der Quelldatei *SAXTreeViewer.java* eine weitere nicht-öffentliche Klasse hinzu:

```
class JTreeErrorHandler implements ErrorHandler {

    // Methodenimplementierungen

}
```

Als nächstes müssen Sie den selbstdefinierten Fehlerhandler in Ihrem SAX-Reader registrieren, um ihn tatsächlich zu nutzen. Dies geschieht mit Hilfe der Methode setErrorHandler() der XMLReader-Instanz und muß in der Methode buildTree() des Beispiels geschehen:

```
public void buildTree(DefaultTreeModel treeModel,
                      DefaultMutableTreeNode base, String xmlURI)
    throws IOException, SAXException {

    // Instanzen erzeugen, die für das Parsing benötigt werden
    XMLReader reader =
        XMLReaderFactory.createXMLReader(vendorParserClass);
    ContentHandler jTreeContentHandler =
        new JTreeContentHandler(treeModel, base);
    ErrorHandler jTreeErrorHandler = new JTreeErrorHandler();

    // Den Content-Handler registrieren
    reader.setContentHandler(jTreeContentHandler);

    // Den Fehlerhandler registrieren
    reader.setErrorHandler(jTreeErrorHandler);

    // Parsing
    InputSource inputSource =
        new InputSource(xmlURI);
    reader.parse(inputSource);
}
```

Als letztes wollen wir uns die Programmierung der drei Methoden anschauen, die vom Interface `ErrorHandler` benötigt werden.

Warnungen

Jedesmal wenn eine Warnung auftritt (wie sie durch die XML 1.0-Spezifikation definiert wird), wird diese Methode des registrierten Fehlerhandlers aufgerufen. Es gibt mehrere Umstände, die eine Warnung hervorrufen können; allerdings haben sie alle mit der DTD und der Gültigkeit eines Dokuments zu tun, und ich werde sie im nächsten Kapitel ansprechen. Im Moment müssen Sie nur eine einfache Methode definieren, die die Zeilennummer, die URI und die Warnmeldung ausgibt, wenn eine Warnung auftritt. Da ich (für Demonstrationszwecke) erreichen möchte, daß jede Warnung das Parsing anhält, löst dieser Code eine `SAXException` aus und beendet auf diese Weise elegant die umgebende Anwendung, so daß alle verwendeten Ressourcen freigegeben werden:

```
public void warning(SAXParseException exception)
    throws SAXException {

    System.out.println("**Parsing-Warnung**\n" +
        "  Zeile:    " +
        exception.getLineNumber() + "\n" +
```

```
                      "   URI:      " +
                          exception.getSystemId() + "\n" +
                      "   Meldung:  " +
                          exception.getMessage());
        throw new SAXException("Warnung aufgetreten");
    }
```

Nicht-kritische Fehler

Während des Parsings auftretende Fehler, nach denen eine Wiederaufnahme des Parsings möglich ist, die aber eine Verletzung eines Teils der XML-Spezifikation darstellen, werden als nicht-kritische Fehler betrachtet. Ein Fehlerhandler sollte diese immer mindestens protokollieren, da sie üblicherweise so schwerwiegend sind, daß der Anwender oder der Administrator der Anwendung informiert werden sollte, wenn nicht sogar so kritisch, daß sie die Beendigung des Parsings verursachen. Wie Warnungen haben auch die meisten nicht-kritischen Fehler mit der Validierung zu tun und werden im nächsten Kapitel detaillierter behandelt. Ebenfalls wie bei den Warnungen gibt der Fehlerhandle in diesem Beispiel einfach die Information aus, die der Callback-Methode übergeben wurde, und beendet den Parsing-Prozeß:

```
    public void error(SAXParseException exception)
        throws SAXException {

        System.out.println("**Parsing-Fehler**\n" +
                      "   Zeile:    " +
                          exception.getLineNumber() + "\n" +
                      "   URI:      " +
                          exception.getSystemId() + "\n" +
                      "   Meldung:  " +
                          exception.getMessage());
        throw new SAXException("Fehler aufgetreten");
    }
```

Kritische Fehler

Kritische Fehler sind diejenigen, die es erforderlich machen, daß der Parser angehalten wird. Diese Fehler haben üblicherweise damit zu tun, daß ein Dokument nicht wohlgeformt ist, und machen ein weiteres Parsing entweder zu einer völligen Zeitverschwendung oder sogar technisch unmöglich. Ein Fehlerhandler sollte so gut wie immer den Anwender oder Anwendungsadministrator informieren, wenn ein kritischer Fehler auftritt; ohne Eingreifen können diese Fehler zum gräßlichen Ende einer Anwendung führen. Für das Beispiel ahme ich einfach das Verhalten der beiden anderen Callback-Methoden nach, beende also das Parsing und schreibe eine Fehlermeldung auf den Bildschirm, wenn ein kritischer Fehler auftritt:

```
    public void fatalError(SAXParseException exception)
        throws SAXException {
```

```
            System.out.println("**Kritischer Parsing-Fehler**\n" +
                    "  Zeile:    " +
                    exception.getLineNumber() + "\n" +
                    "  URI:      " +
                    exception.getSystemId() + "\n" +
                    "  Meldung: " +
                    exception.getMessage());
            throw new SAXException("Kritischer Fehler aufgetreten");
        }
```

Nachdem nun der dritte Fehlerhandler programmiert ist, sollten Sie in der Lage sein, die Beispielquelldatei erfolgreich zu kompilieren und wiederum mit dem XML-Dokument zu starten. Ihre Ausgabe sollte sich von der vorherigen nicht unterscheiden, da sich in dem XML keine auszugebenden Fehler befinden. Als nächstes zeige ich Ihnen, wie Sie einige dieser Fehler provozieren können (zu Testzwecken natürlich!).

Die Daten beschädigen

Da wir nun einige Fehlerhandler haben, lohnt es sich, einige Probleme zu erzeugen, um diese Handler in Aktion zu erleben. Die meisten Warnungen und nicht-kritischen Fehler haben mit Fragen der Dokumentgültigkeit zu tun, die ich im nächsten Kapitel ansprechen werde (wo das Einschalten der Validierung im Detail behandelt wird). Allerdings gibt es einen nicht-kritischen Fehler, der sich aus einem ungültigen XML-Dokument ergibt und der mit der XML-Version zu tun hat, die ein Dokument angibt. Um diesen Fehler zu sehen, führen Sie die folgende Änderung an der ersten Zeile des XML-Inhaltsverzeichnis-Beispiels durch:

```
<?xml version="1.2"?>
```

Starten Sie nun das Java-SAX-Viewer-Programm mit dem geänderten XML-Dokument. Ihre Ausgabe sollte so ähnlich aussehen wie die hier gezeigte:

```
C:\javaxml2\build>java javaxml2.SAXTreeViewer ..\ch03\xml\contents.xml
**Parsing-Fehler**
  Zeile:   1
  URI:     file:///C:/javaxml2/ch03/xml/contents.xml
  Meldung: XML version "1.2" is not supported.
org.xml.sax.SAXException: Fehler aufgetreten.
```

Wenn ein XML-Parser mit einem Dokument arbeitet, das eine höhere XML-Version angibt als diejenige, die der Parser unterstützt, wird in Übereinstimmung mit der XML 1.0-Spezifikation ein nicht-kritscher Fehler angezeigt. Dies teilt einer Anwendung mit, daß neuere Features, die womöglich vom Dokument verwendet werden, vielleicht für den Parser und die von ihm unterstützte Version nicht verfügbar sind. Da das Parsing danach weitergeht, ist dies ein nicht-kritischer Fehler. Da er jedoch größere Auswirkungen auf das Dokument kennzeichnet (wie die Verwendung neuer Syntax, die möglicherweise Folgefehler erzeugt), wird er als wichtiger als eine Warnung betrachtet. Deshalb wird die Methode error( ) aufgerufen, und in dem Beispielprogramm löst diese die Fehlermeldung und das Anhalten des Parsings aus.

Alle anderen relevanten Warnungen und nicht-kritischen Fehler werden im nächsten Kapitel besprochen; es gibt aber noch immer eine Menge kritischer Fehler, die ein nicht-validiertes XML-Dokument aufweisen kann. Diese haben damit zu tun, daß ein XML-Dokument nicht wohlgeformt ist. XML-Parser enthalten keine eingebaute Logik, die versucht, Reparaturen an fehlerhaftem XML vorzunehmen, so daß ein Fehler in der Syntax zum Anhalten des Parsing-Prozesses führt. Der einfachste Weg, dies zu demonstrieren, besteht darin, Probleme in Ihr XML-Dokument einzubauen. Setzen Sie die XML-Deklaration auf die Angabe der Version 1.0 zurück, und führen Sie die folgende Änderung am XML-Dokument durch:

```
<?xml version="1.0"?>
<!DOCTYPE Buch SYSTEM "DTD/JavaXML.dtd">

<!-- Java und XML Inhalt -->
<buch xmlns="http://www.oreilly.com/javaxml2"
      xmlns:ora="http://www.oreilly.com"
>
    <!-- Beachten Sie den fehlenden End-Slash beim schließenden titel-Element -->
    <titel ora:series="Java">Java und XML<titel>

    <!-- Rest des Inhalts -->
</buch>
```

Das ist kein wohlgeformtes Dokument mehr. Um den kritischen Fehler zu sehen, den das Parsing dieses Dokuments erzeugt, starten Sie das Programm SAXVTreeViewer mit dieser modifizierten Datei, um die folgende Ausgabe zu erhalten:

```
C:\javaxml2\build>java javaxml2.SAXTreeViewer ..\ch03\xml\contents.xml
**Kritischer Parsing-Fehler**
    Zeile:   23
    URI:     file:///C:/javaxml2/ch03/xml/contents.xml
    Meldung: The element type "titel" must be terminated by the matching
             end-tag "</titel>".
org.xml.sax.SAXException: Kritischer Fehler aufgetreten
```

Der Parser meldet ein falsches Ende des Elements titel. Dieser kritische Fehler verhält sich genau wie erwartet; das Parsing konnte nach diesem Fehler nicht fortgesetzt werden. Dieser Fehlerhandler zeigt Ihnen ein erstes Beispiel dafür, was beim Parsing-Prozeß schiefgehen kann und wie Sie mit diesen Ereignissen umgehen können. In Kapitel 4 werde ich den Fehlerhandler und seine Methoden erneut ansprechen und die Probleme betrachten, die von einem validierenden Parser gemeldet werden können.

Vorsicht Falle!

Bevor wir diese Einführung über das Parsing von XML-Dokumenten mit SAX beenden, wollen wir Sie noch auf einige Stolperfallen aufmerksam machen, auf die Sie achten sollten. Das Wissen um diese Fallen wird Ihnen helfen, häufige Programmierfehler zu vermeiden, wenn Sie SAX verwenden, und ich werde noch einige weitere Fallen in den entsprechenden Abschnitten über andere APIs besprechen.

Mein Parser unterstützt kein SAX 2.0

Denjenigen unter Ihnen, die gezwungen sind, einen SAX 1.0-Parser (vielleicht in einer bereits existierenden Anwendung) zu verwenden, sei gesagt: Verzweifeln Sie nicht. Erstens haben Sie immer die Möglichkeit, den Parser zu wechseln; es ist ein wichtiger Teil der Verantwortung eines Parsers, mit der SAX-Version Schritt zu halten, und wenn der Hersteller Ihres Parsers das nicht tut, müssen Sie womöglich auch andere Schwierigkeiten mit ihm klären. Es gibt jedoch sicherlich Fälle, in denen Sie gezwungen sind, aufgrund von übernommenem Code oder Anwendungen einen bestimmten Parser zu verwenden; aber selbst in solchen Situationen werden Sie nicht im Regen stehengelassen.

SAX 2.0 enthält eine Helferklasse, org.xml.sax.helpers.ParserAdapter, die tatsächlich dafür sorgen kann, daß eine SAX 1.0-Parser-Implementierung sich wie eine SAX 2.0-XML-Reader-Implementierung verhält. Diese praktische Klasse nimmt eine 1.0-Parser-Implementierung als Argument entgegen und kann dann statt dieser Implementierung verwendet werden. Sie ermöglicht das Setzen eines ContentHandlers (der ein SAX 2.0-Konstrukt ist) und behandelt alle Namensraum-Callbacks korrekt (ebenfalls ein Feature von SAX 2.0). Der einzige Funktionalitätsverlust, den Sie bemerken werden, besteht darin, daß übergangene Entities nicht angezeigt werden, da diese Fähigkeit in einer 1.0-Implementierung überhaupt nicht zur Verfügung stand und nicht von einer 2.0-Adapterklasse emuliert werden kann. Beispiel 3-3 zeigt dieses Verhalten in Aktion.

Beispiel 3-3: SAX 1.0 mit SAX 2.0-Codekonstrukten verwenden

```
try {
    // Einen Parser bei SAX registrieren
    Parser parser =
        ParserFactory.makeParser(
            "org.apache.xerces.parsers.SAXParser");

    ParserAdapter myParser = new ParserAdapter(parser);

    // Den Dokument-Handler registrieren
    myParser.setContentHandler(contentHandler);

    // Den Fehlerhandler registrieren
    myParser.setErrorHandler(errHandler);

    // Parsing des Dokuments
    myParser.parse(uri);

} catch (ClassNotFoundException e) {
    System.out.println(
        "Die Parser-Klasse wurde nicht gefunden.");
} catch (IllegalAccessException e) {
    System.out.println(
        "Ungenügende Rechte, um die Parser-Klasse zu laden.");
} catch (InstantiationException e) {
```

Beispiel 3-3: SAX 1.0 mit SAX 2.0-Codekonstrukten verwenden (Fortsetzung)

```
    System.out.println(
        "Die Parser-Klasse konnte nicht instantiiert werden.");
} catch (ClassCastException e) {
    System.out.println(
        "Der Parser implementiert org.xml.sax.Parser nicht");
} catch (IOException e) {
    System.out.println("Fehler beim Lesen der URI: " + e.getMessage());
} catch (SAXException e) {
    System.out.println("Fehler beim Parsing: " + e.getMessage());
}
```

Wenn SAX für Sie neu ist und dieses Beispiel für Sie keinen großen Sinn ergibt, machen Sie sich keine Sorgen; Sie verwenden die neueste und beste Version von SAX (2.0) und werden wahrscheinlich niemals Code wie diesen schreiben müssen. Dieser Code ist nur in solchen Fällen nützlich, in denen ein 1.0-Parser benutzt werden muß.

Der SAX XMLReader: Mehrfach verwendbar, aber nicht reentrant

Eines der angenehmsten Merkmale von Java ist die einfache Wiederverwendbarkeit von Objekten und der Speicherplatzvorteil einer solchen Wiederverwendung. SAX-Parser machen da keine Ausnahme. Nachdem eine XMLReader-Instanz erzeugt wurde, kann sie immer wieder für das Parsing mehrerer oder sogar Hunderter von XML-Dokumenten verwendet werden. Unterschiedliche Dokumente oder InputSources können einem Reader nacheinander übergeben werden, wodurch es möglich wird, ihn für eine Reihe unterschiedlicher Aufgaben zu verwenden. Allerdings sind Reader nicht »reentrant«. Das bedeutet, daß ein Reader nach dem Start des Parsing-Prozesses nicht verwendet werden kann, bis das gewünschte Parsing des Dokuments oder der Eingabe beendet ist. Mit anderen Worten: Der Wiedereinstieg in diesen Prozeß ist nicht möglich. Alle, die dazu neigen, rekursive Methoden zu programmieren, sollten hier aufpassen! Das erste Mal, wenn Sie versuchen, einen Reader zu verwenden, der gerade dabei ist, ein anderes Dokument zu verarbeiten, erhalten Sie eine ziemlich unangenehme SAXException, und sämtliches Parsing wird angehalten. Was lernen wir daraus? Führen Sie das Parsing von Dokumenten nacheinander durch, oder nehmen Sie in Kauf, daß mehrere Reader-Instanzen erzeugt werden.

Der Locator am falschen Ort

Ein weiteres gefährliches, aber harmlos erscheinendes Feature von SAX-Ereignissen ist die Locator-Instanz, die durch die Callback-Methode setDocumentLocator() verfügbar gemacht wird. Diese teilt der Anwendung den Ursprung eines SAX-Ereignisses mit und dient dazu, Entscheidungen über den Fortschritt des Parsings und über die Reaktion auf Ereignisse zu treffen. Allerdings gilt dieser Ursprungspunkt nur für die Lebensdauer der ContentHandler-Instanz; nachdem das Parsing beendet ist, ist der Locator nicht mehr gültig, auch nicht zu dem Zeitpunkt, wenn das nächste Parsing beginnt. Eine Falle, in die viele XML-Neulinge tappen, ist es, eine Referenz auf das Locator-Objekt *außerhalb* der Callback-Methode abzulegen:

```
public void setDocumentLocator(Locator locator) {
    // Den Locator in einer Klasse außerhalb des ContentHandlers ablegen
    myOtherClass.setLocator(locator);
}
...

public myOtherClassMethod( ) {
    // Versuchen, dies außerhalb des ContentHandlers zu verwenden
    System.out.println(locator.getLineNumber( ));
}
```

Das ist überhaupt keine gute Idee, da diese Locator-Instanz bedeutungslos wird, sobald der Geltungsbereich der ContentHandler-Implementierung verlassen wird. Oftmals führt die Verwendung der Objektvariable, die aus dieser Operation entsteht, nicht nur dazu, daß fehlerhafte Informationen an eine Anwendung übermittelt werden, sondern auch dazu, daß im laufenden Code Exceptions erzeugt werden. Mit anderen Worten: Verwenden Sie dieses Objekt lokal und nicht global. In der Implementierung der Klasse JTree-ContentHandler wird die übergebene Locator-Instanz in einer Objektvariable abgelegt. Sie könnte dann (zum Beispiel) korrekt verwendet werden, um Ihnen die Zeilennummer jedes gefundenen Elements anzugeben:

```
public void startElement(String namespaceURI, String localName,
                        String rawName, Attributes atts)
    throws SAXException {

    DefaultMutableTreeNode element =
        new DefaultMutableTreeNode("Element: " + localName +
            " in Zeile " + locator.getLineNumber());
    current.add(element);
    // Rest des existierenden Codes...
}
```

Den Daten zuvorkommen

Das Callback characters( ) nimmt ein Array von Zeichen entgegen und außerdem Parameter für Start und Länge, um anzugeben, bei welchem Index gestartet und wie weit in das Array hineingelesen werden soll. Das kann zu einer gewissen Verwirrung führen; ein häufiger Fehler besteht darin, Code wie in diesem Beispiel zu verwenden, um aus dem Zeichen-Array zu lesen:

```
public void characters(char[] ch, int start, int length)
    throws SAXException {

    for (int i=0; i<ch.length; i++)
        System.out.print(ch[i]);
}
```

Der Fehler hier besteht darin, vom Anfang bis zum Ende des Zeichen-Arrays zu lesen. Dieser natürliche Zustand des »In-der-Falle-sitzen« entsteht, wenn man sich viele Jahre lang durch Arrays bewegt, egal ob in Java, C oder einer anderen Sprache. Allerdings kann dies im Falle von SAX leicht zu einem Fehler führen. SAX-Parser erfordern es, daß die Werte für den Start und die Länge auf das Zeichen-Array angewendet werden. Diese sollten von jedem Schleifenkonstrukt benutzt werden, um aus dem Array zu lesen. Dies ermöglicht es, daß eine Manipulation von Textdaten auf niedrigerer Ebene stattfinden kann, um die Parser-Performance zu optimieren, etwa, um Daten jenseits der aktuellen Position vorauszulesen oder um Arrays wiederzuverwenden. All das ist zulässiges Verhalten in SAX, da davon ausgegangen wird, daß eine umgebende Anwendung nicht versuchen wird, über den Längenparameter hinaus zu lesen, der dem Callback übergeben wurde.

Fehler wie der im Beispiel gezeigte können dazu führen, daß überflüssige Daten auf dem Bildschirm ausgegeben oder in der umgebenden Anwendung verwendet werden, und sie sind für Anwendungen fast immer problematisch. Das Schleifenkonstrukt sieht völlig normal aus und läßt sich reibungslos kompilieren, deshalb kann es ein ziemlich kniffliges Problem sein, diesen Zustand des »In-der-Falle-sitzen« in den Griff zu bekommen. Statt dessen können Sie diese Daten in einen String konvertieren, diesen verwenden und brauchen sich keine Sorgen mehr zu machen:

```
public void characters(char[] ch, int start, int length)
    throws SAXException {

    String data = new String(ch, start, length);
    // Den String verwenden
}
```

Und was kommt jetzt?

Nachdem Sie nun einen ersten Eindruck von SAX erhalten haben, werden Sie im folgenden Kapitel einige fortgeschrittene Bestandteile der API kennenlernen. Dazu gehören das Einstellen von Eigenschaften und Features, die Verwendung von Validierung und Namensraum-Verarbeitung und die Interfaces EntityResolver und DTDHandler. Zusätzlich betrachten Sie einige viel seltener verwendete (und doch nützliche) Features der Simple API for XML, wie Filter und das Package org.xml.sax.ext. Dies sollte denjenigen unter Ihnen, die SAX in Anwendungen einsetzen, helfen, die Entwickler um Sie herum zu überholen, sogar zu überfliegen. Das ist immer gut. Lassen Sie den Editor laufen, und blättern Sie um.

KAPITEL 4
SAX für Fortgeschrittene

Das vorige Kapitel war eine gute Einführung in SAX. Allerdings gibt es noch einige weitere Themen, die Ihr Wissen über SAX vervollständigen. Auch wenn ich dieses Kapitel »Fortgeschrittenes SAX« genannt habe, sollten Sie sich nicht abschrecken lassen. Es könnte mit der gleichen Berechtigung »Weniger häufig verwendete Teile von SAX, die dennoch wichtig sind« heißen. Beim Schreiben dieser beiden Kapitel verfolge ich das 80/20-Prinzip. 80% von Ihnen werden wahrscheinlich niemals das Material dieses Kapitels nutzen, und Kapitel 3 wird Ihren Bedarf vollständig decken. Aber für die Poweruser da draußen, die den lieben langen Tag mit XML arbeiten, enthält dieses Kapitel einige der spezielleren Fähigkeiten von SAX, die sie benötigen werden.

Ich beginne mit einem Überblick über das Einstellen von Parser-Eigenschaften und -Features und bespreche die Konfiguration Ihres Parsers für genau die Aufgaben, für die Sie ihn brauchen. Anschließend fahre ich mit einigen weiteren Handlern fort: `EntityResolver` und `DTDHandler`, die vom vorigen Kapitel übriggeblieben sind. Zu diesem Zeitpunkt haben Sie ein umfassendes Verständnis der SAX 2.0-Distribution erhalten. Allerdings fahren wir dann mit der Betrachtung einiger SAX-Erweiterungen fort, angefangen bei den Writern, die mit SAX verbunden werden können, sowie einiger Filtermechanismen. Zuletzt stelle ich Ihnen einige neue Handler vor, `LexicalHandler` und `DeclHandler`, und zeige Ihnen, wie sie funktionieren. Nachdem das alles erledigt ist (nicht ohne einen weiteren »Vorsicht Falle!«-Abschnitt), sollten Sie in der Lage sein, nur mit Ihrem Parser und den SAX-Klassen die Welt zu erobern. Also schlüpfen Sie in Ihren glänzenden Raumanzug, und greifen Sie zum Steuerknüppel – ähm... nun, meine Pläne zur Welteroberung sind ein wenig mit mir durchgegangen. Auf jeden Fall wollen wir jetzt loslegen.

Eigenschaften und Features

Bei der Menge an XML-bezogenen Spezifikationen und Technologien, die vom World Wide Web Consortium (W3C) veröffentlicht werden, ist es schwierig geworden, Unterstützung für irgendein neues Feature oder eine neue Eigenschaft eines XML-Parsers hinzuzufügen. Viele Parser-Implementierungen enthalten proprietäre Erweiterungen oder Methoden auf Kosten der Code-Portierbarkeit. Auch wenn diese Software-Packages das SAX-XMLReader-Interface implementieren können, sind die Methoden für das Einstellen der Dokument- und Schema-Validierung, für die Namensraumunterstützung und andere Kern-Features kein Standard über alle Parser-Implementierungen hinweg. Um dies zu regeln, definiert SAX 2.0 einen Standardmechanismus, um wichtige Eigenschaften und Features eines Parsers einzustellen. Dieser ermöglicht das Hinzufügen neuer Eigenschaften und Features, die vom W3C angenommen wurden, ohne die Verwendung proprietärer Erweiterungen oder Methoden.

Eigenschaften und Features einstellen

Zum Glück für Sie und für mich sind die Methoden, die für das Einstellen von Eigenschaften und Features benötigt werden, in SAX 2.0 Bestandteil des XMLReader-Interfaces. Das bedeutet, daß Sie nur wenig an Ihrem existierenden Code ändern müssen, um eine Validierung anzufordern, um den Namensraum-Separator einzustellen und um andere Feature- und Eigenschaftsanforderungen zu bearbeiten. Die dafür verwendeten Methoden werden in Tabelle 4-1 zusammengefaßt.

Tabelle 4-1: Eigenschafts- und Feature-Methoden

Methode	Rückgabe	Parameter	Syntax
setProperty()	void	String propertyID, Object value	parser.setProperty("[Property URI]", propertyValue);
setFeature()	void	String featureID, boolean state	parser.setFeature("[Feature URI]", featureState);
getProperty()	Object	String propertyID	Object propertyValue = parser.getProperty("[Property URI]");
getFeature()	boolean	String featureID	boolean featureState = parser.getFeature("[Feature URI]");

Die ID einer bestimmten Eigenschaft oder eines Features ist eine URI. Die Grundmenge der Features und Eigenschaften wird in Kapitel B aufgelistet. Zusätzliche Dokumentation über Features und Eigenschaften, die der XML-Parser Ihres Herstellers unterstützt, sollte ebenfalls verfügbar sein. Diese URIs ähneln Namensraum-URIs; sie werden nur als *Bezugspunkte* auf bestimmte Features verwendet. Gute Parser sorgen dafür, daß Sie keinen Netzwerkzugang benötigen, um diese Features aufzulösen; stellen Sie sie sich als einfache Konstanten vor, die zufällig die Form von URIs haben. Diese Methoden werden einfach aufgerufen und die URI wird lokal aufgelöst, oftmals, um konstant die Information zu enthalten, welche Aktion im Parser stattfinden muß.

Tippen Sie diese Eigenschafts- und Feature-URIs nicht in einen Browser ein, um »ihre Existenz zu testen«. Dies führt oft zu dem Fehler *404 Nicht gefunden*. Viele Browser haben mir schon dieses Ergebnis geliefert und darauf bestanden, daß die URIs ungültig seien. Dies ist jedoch nicht der Fall; die URI ist nur ein Bezeichner und wird normalerweise, wie ich bereits ausgeführt habe, lokal ausgewertet. Vertrauen Sie mir: Verwenden Sie die URI einfach, und verlassen Sie sich darauf, daß der Parser das Richtige tut.

Im Kontext der Parser-Konfiguration benötigt eine *Eigenschaft* einen Objektwert, um verwendbar zu sein. Zum Beispiel würde für die lexikalische Bearbeitung der entsprechenden Eigenschaft eine DOM-`Node`-Implementierung als Wert übergeben. Im Gegensatz dazu ist ein *Feature* ein Flag, das der Parser verwendet, um anzugeben, ob eine bestimmte Art der Verarbeitung stattfinden soll. Häufig verwendete Features sind Validierung, Unterstützung von Namensräumen und das Einfügen externer Parameter-Entities.

Der angenehmste Aspekt dieser Methoden ist, daß sie ein einfaches Hinzufügen und Modifizieren von Features ermöglichen. Obwohl neue oder geänderte Features es erforderlich machen, daß eine Parser-Implementierung um unterstützenden Code ergänzt wird, bleibt die Methode, durch die auf Features und Eigenschaften zugegriffen wird, standardkonform und einfach; es muß lediglich eine neue URI definiert werden. Ungeachtet der Komplexität (oder Unklarheit) neuer XML-bezogener Ideen sollte dieser robuste Satz von vier Methoden genügen, um Parsern die Implementierung dieser neuen Ideen zu ermöglichen.

SAX-Eigenschaften und -Features

Sie arbeiten sicherlich häufiger mit denjenigen Features und Eigenschaften, die zum SAX-Standard gehören, als mit anderen. Dies sind Features und Eigenschaften, die in jeder SAX-Distribution zur Verfügung stehen sollten und die jeder SAX-konforme Parser unterstützen sollte. Darüber hinaus behalten Sie so die Herstellerunabhängigkeit in Ihrem Code bei, deshalb empfehle ich Ihnen, falls möglich nur SAX-definierte Eigenschaften und Features zu verwenden.

Validierung

Das häufigste Feature, das Sie verwenden werden, ist das Validierungsfeature. Die URI dafür ist *http://xml.org/sax/features/validation*, und es ist keine Überraschung, daß er die Validierung im Parser ein- und ausschaltet. Wenn Sie zum Beispiel die Validierung in dem Parsing-Beispiel aus dem vorigen Kapitel einschalten wollen (den Swing-Viewer, Sie erinnern sich?), nehmen Sie zum Beispiel die folgende Änderung in der Quelldatei *SAXTreeViewer.java* vor:

```
    public void buildTree(DefaultTreeModel treeModel,
                          DefaultMutableTreeNode base, String xmlURI)
        throws IOException, SAXException {

        // Für das Parsing benötigte Instanzen erzeugen
        XMLReader reader =
            XMLReaderFactory.createXMLReader(vendorParserClass);
        ContentHandler jTreeContentHandler =
            new JTreeContentHandler(treeModel, base);
        ErrorHandler jTreeErrorHandler = new JTreeErrorHandler();

        // Den Content-Handler registrieren
        reader.setContentHandler(jTreeContentHandler);

        // Den Fehlerhandler registrieren
        reader.setErrorHandler(jTreeErrorHandler);

        // Validierung anfordern
        reader.setFeature("http://xml.org/sax/features/validation", true);

        // Parsing
        InputSource inputSource =
            new InputSource(xmlURI);
        reader.parse(inputSource);
    }
```

Kompilieren Sie diese Änderungen und starten Sie das Beispielprogramm. Nichts passiert, oder? Das ist keine Überraschung, denn das XML, das wir bisher betrachtet haben, ist im Vergleich mit der angegebenen DTD vollständig gültig. Allerdings ist es ziemlich einfach, das zu ändern. Führen Sie die folgende Änderung an Ihrer XML-Datei durch (beachten Sie, daß das Element in der DOCTYPE-Deklaration nicht mehr dem eigentlichen Wurzelelement enstspricht, weil XML zwischen Groß- und Kleinschreibung unterscheidet):

```
<?xml version="1.0"?>
<!DOCTYPE Buch SYSTEM "DTD/JavaXML.dtd">

<!-- Java und XML Inhalt-->
<buch xmlns="http://www.oreilly.com/javaxml2"
      xmlns:ora="http://www.oreilly.com"
>
```

Starten Sie nun Ihr Programm mit dem geänderten Dokument. Da die Validierung eingeschaltet ist, sollten Sie einen gräßlichen Stacktrace erhalten, der den Fehler meldet. Natürlich – da das alles ist, was unsere Fehlerhandler-Methoden tun – ist das genau das, was wir wollen:

```
C:\javaxml2\build>java javaxml2.SAXTreeViewer
    c:\javaxml2\ch04\xml\contents.xml
**Parsing-Fehler**
  Zeile:    7
```

```
URI:      file:///c:/javaxml2/ch04/xml/contents.xml
Meldung: Document root element "buch", must match DOCTYPE root "Buch".
org.xml.sax.SAXException: Error encountered
        at javaxml2.JTreeErrorHandler.error(SAXTreeViewer.java:445)
[Überflüssiger Stacktrace folgt...]
```

Denken Sie daran, daß das Ein- oder Ausschalten der Validierung die DTD-Verarbeitung nicht beeinflußt; ich habe dies im vorigen Kapitel angesprochen und wollte Sie an diese heikle Tatsache erinnern. Um dies besser zu verstehen, sollten Sie die Validierung einmal ausschalten (kommentieren Sie die Feature-Einstellung aus, oder geben Sie ihr den Wert »false«) und das Programm mit dem modifizierten XML starten. Obwohl die DTD verarbeitet wird, was sich an der aufgelösten Entity-Referenz OReillyCopyright zeigt, treten keine Fehler auf. Das ist der Unterschied zwischen der *Verarbeitung* einer DTD und der *Validierung* eines XML-Dokuments anhand dieser DTD. Lernen Sie das auswendig, verstehen Sie es, und sagen Sie es auswendig auf; es wird Ihnen auf lange Sicht viele Stunden der Verwirrung ersparen.

Namensräume

Neben der Validierung werden Sie am häufigsten mit Namensräumen arbeiten. Es gibt zwei Features, die mit Namensräumen verbunden sind: eines, das die Namensraum-Verarbeitung ein- oder ausschaltet, und eines, das anzeigt, ob Namensraum-Präfixe als Attribute gemeldet werden sollen. Die beiden hängen grundlegend zusammen, und Sie sollten immer beide »umschalten«, wie in Tabelle 4-2 gezeigt wird.

Tabelle 4-2: Umschaltwerte für Features, die mit Namensräumen verbunden sind

Wert für die Namensraum-Verarbeitung	Wert für Namensraum-Präfix-Meldungen
True	False
False	True

Das sollte verständlich sein: Wenn die Namensraum-Verarbeitung eingeschaltet ist, sollten die Deklarationen im xmlns-Style nicht als Attribute an Ihre Anwendung weitergegeben werden, da ihr einziger Nutzen im Umgang mit Namensräumen besteht. Wenn Sie jedoch möchten, daß keine Namensraum-Verarbeitung stattfindet (oder wenn Sie sie selbst durchführen möchten), werden Sie wohl wollen, daß diese xmlns-Deklarationen als Attribute angezeigt werden, so daß Sie sie genau wie andere Attribute verwenden können. Wenn diese beiden sich allerdings nicht mehr im Einklang befinden (beide sind true oder beide sind false), kann das zu einem ziemlichen Durcheinander führen!

Sie sollten eventuell eine kleine Utility-Methode schreiben, um sicherzustellen, daß diese beiden Features im Einklang miteinander bleiben. Ich verwende zu diesem Zweck oft die hier gezeigte Methode:

```
private void setNamespaceProcessing(XMLReader reader, boolean state)
    throws SAXNotSupportedException, SAXNotRecognizedException {
```

```
    reader.setFeature(
        "http://xml.org/sax/features/namespaces", state);
    reader.setFeature(
        "http://xml.org/sax/features/namespace-prefixes", !state);
}
```

Dies erhält die korrekte Einstellung für beide Features aufrecht, und Sie können nun einfach diese Methode aufrufen, anstatt in Ihrem Code zwei `setFeature( )`-Aufrufe zu verwenden. Ich persönlich habe dieses Feature weniger als zehnmal in ungefähr zwei Jahren benutzt; die Standardwerte (die Verarbeitung von Namensräumen sowie die Nicht-Meldung von Präfixen als Attribute) sind fast immer das Richtige für mich. Wenn Sie nicht gerade Low-Level-Anwendungen schreiben, die entweder keine Namensräume benötigen oder vom Geschwindigkeitszuwachs durch die Nichtverarbeitung von Namensräumen profitieren, oder Namensräume selbst behandeln müssen, sollten Sie sich über keines dieser Features zu viele Gedanken machen.

Dieser Code beleuchtet dennoch einen ziemlich wichtigen Aspekt von Features und Eigenschaften: Der Aufruf der Feature- und Eigenschaftsmethoden kann `SAXNotSupported Exceptions` und `SAXNotRecognizedExceptions` zur Folge haben. Beide befinden sich im Package `org.xml.sax` und müssen in jeden SAX-Code importiert werden, der sie verwendet. Die erste Exception gibt an, daß der Parser das Feature oder die Eigenschaft kennt, aber nicht unterstützt. Sie werden das nicht einmal bei Parsern durchschnittlicher Qualität häufig erleben, aber es wird üblicherweise verwendet, wenn eine Standardeigenschaft oder ein Standard-Feature noch nicht einprogrammiert ist. Deshalb könnte der Aufruf `setFeature( )` mit dem Namensraum-Verarbeitungs-Feature in einem im Entwicklungsstadium befindlichen Parser zu einer `SAXNotSupportedException` führen. Der Parser erkennt das Feature, aber er hat nicht die Fähigkeit, die angeforderte Verarbeitung durchzuführen. Die zweite Exception tritt am häufigsten auf, wenn herstellerspezifische Features und Eigenschaften benutzt werden (wird im nächsten Abschnitt behandelt) und wenn dann die Parser-Implementierung gewechselt wird. Die neue Implementierung weiß nichts über die Features oder Eigenschaften anderer Hersteller und löst eine `SAX-NotRecognizedException` aus.

Sie sollten diese Exceptions stets explizit abfangen, um sie behandeln zu können. Andernfalls verlieren Sie am Ende wertvolle Informationen darüber, was in Ihrem Code passiert ist. Zum Beispiel möchte ich Ihnen eine modifizierte Version des Codes aus dem vorigen Kapitel zeigen, die versucht, verschiedene Features einzurichten, und Sie darauf aufmerksam machen, wie das die Exception-Behandlungsarchitektur verändert:

```
    public void buildTree(DefaultTreeModel treeModel,
                          DefaultMutableTreeNode base, String xmlURI)
        throws IOException, SAXException {

        String featureURI = "";

        try {
            // Für das Parsing benötigte Instanzen erzeugen
```

```
            XMLReader reader =
                XMLReaderFactory.createXMLReader(vendorParserClass);
            ContentHandler jTreeContentHandler =
                new JTreeContentHandler(treeModel, base);
            ErrorHandler jTreeErrorHandler = new JTreeErrorHandler();

            // Den Content-Handler registrieren
            reader.setContentHandler(jTreeContentHandler);

            // Den Fehlerhandler registrieren
            reader.setErrorHandler(jTreeErrorHandler);

            /** Mit Features umgehen **/
            featureURI = "http://xml.org/sax/features/validation";

            // Validierung anfordern
            reader.setFeature(featureURI, true);

            // Namensraum-Verarbeitung einschalten
            featureURI = "http://xml.org/sax/features/namespaces";
            setNamespaceProcessing(reader, true);

            // String-Interning einschalten
            featureURI = "http://xml.org/sax/features/string-interning";
            reader.setFeature(featureURI, true);

            // Schema-Verarbeitung ausschalten
            featureURI =
                "http://apache.org/xml/features/validation/schema";
            reader.setFeature(featureURI, false);

            // Parsing
            InputSource inputSource =
                new InputSource(xmlURI);
            reader.parse(inputSource);
        } catch (SAXNotRecognizedException e) {
            System.out.println("Die Parserklasse " + vendorParserClass +
                " erkennt die Feature-URI " + featureURI + " nicht");
            System.exit(0);
        } catch (SAXNotSupportedException e) {
            System.out.println("Die Parserklasse " + vendorParserClass +
                " unterstützt die Feature-URI " + featureURI + " nicht");
            System.exit(0);
        }
    }
```

Indem Sie sich mit diesen Ausnahmen und auch mit anderen besonderen Fällen beschäftigen, liefern Sie dem Anwender bessere Informationen und verbessern die Qualität Ihres Codes.

Interning und Entities

Die drei übrigen SAX-definierten Features sind ziemlich merkwürdig. Das erste, *http://xml.org/sax/features/string-interning*, schaltet das String-Interning ein oder aus. Standardmäßig ist es in den meisten Parsern false (ausgeschaltet). Wenn es eingeschaltet wird, bedeutet das, daß für jeden Elementnamen, Attributnamen, jede Namensraum-URI und jedes Präfix java.lang.String.intern() aufgerufen wird. Ich erläutere das Interning hier nicht im Detail; wenn Sie nicht wissen, was es ist, lesen Sie Suns Javadoc zu dieser Methode unter *http://java.sun.com/j2se/1.3/docs/api/index.html*. Kurz gesagt versucht Java jedesmal, wenn es einen String findet, eine Referenz auf diesen String im aktuellen Vorrat von Strings zurückzugeben, anstatt (möglicherweise) ein neues String-Objekt zu erzeugen. Hört sich gut an, oder? Nun, der Grund, warum es standardmäßig ausgeschaltet ist, besteht darin, daß die meisten Parser ihre eigenen Optimierungen verwenden, die besser abschneiden können als das String-Interning. Ich rate Ihnen, diese Einstellung in Ruhe zu lassen; viele Leute haben mehrere Wochen damit verbracht, die Dinge so einzurichten, deshalb brauchen Sie nicht mit ihnen zu wetteifern.

Die beiden anderen Features legen fest, ob Text-Entities erweitert und aufgelöst werden (*http://xml.org/sax/features/external-general-entities*) und ob Parameter-Entities enthalten sind (*http://xml.org/sax/features/external-parameter-entities*), wenn das Parsing stattfindet. Diese werden bei den meisten Parsern auf true gesetzt, da sie mit allen Entities arbeiten, die XML zu bieten hat. Wieder empfehle ich Ihnen, diese Einstellungen beizubehalten, es sei denn, Sie haben einen besonderen Grund dafür, die Entity-Bearbeitung auszuschalten.

DOM-Knoten und Stringliterale

Die Verwendung der beiden Standard-SAX-Eigenschaften ist ein wenig unklarer. In beiden Fällen sind die Eigenschaften nützlicher, um Werte *auszulesen*, während die Hauptverwendung von Features darin besteht, Werte *einzustellen*. Darüber hinaus sind beide Eigenschaften für die Fehlerbehandlung hilfreicher als für den allgemeinen Gebrauch. Und zuletzt stellen beide Eigenschaften den Zugriff auf das zur Verfügung, was sich zu einer bestimmten Zeit beim Parsing tut. Die erste Eigenschaft, die durch die URI *http://xml.org/sax/properties/dom-node* bezeichnet wird, gibt den DOM-Knoten zurück, der gerade verarbeitet wird, oder den DOM-Wurzelknoten, wenn das Parsing nicht aktiv ist. Natürlich habe ich noch nicht über DOM gesprochen, aber das wird in den nächsten beiden Kapiteln mehr Sinn ergeben. Die zweite Eigenschaft, bezeichnet durch die URI *http://xml.org/sax/properties/xml-string*, gibt die verarbeiteten Zeichen als Stringliteral zurück. Sie werden in den verschiedenen Parsern unterschiedliche Unterstützung für diese Eigenschaften vorfinden, was zeigt, daß viele Parser-Implementierer ebenfalls an der Nützlichkeit dieser Eigenschaften zweifeln. Zum Beispiel unterstützt Xerces die Eigenschaft xml-string nicht, damit er das Eingabedokument nicht puffern muß (zumindest auf diese spezielle Art und Weise). Andererseits unterstützt er die Eigenschaft dom-node, so daß Sie aus einem SAX-Parser einen (grundlegenden) DOM-Baum-Iterator machen können.

Proprietäre Eigenschaften und Features

Zusätzlich zu den Standard-Features und -eigenschaften, die durch SAX definiert sind, definieren die meisten Parser einige eigene Features und Eigenschaften. Zum Beispiel gibt es für Apache Xerces unter *http://xml.apache.org/xerces-j/features.html* eine Seite mit Features, die dieser unterstützt, und unter *http://xml.apache.org/xerces-j/properties.html* eine Seite mit Eigenschaften, die er unterstützt. Ich werde dies hier nicht detailliert behandeln, und Sie sollten die Finger davon lassen, wann immer das möglich ist; es bindet Ihren Code fest an einen bestimmten Hersteller. Allerdings gibt es auch Fälle, in denen das Verwenden herstellerspezifischer Funktionalität Ihnen Arbeit erspart. Lassen Sie in diesen Fällen Vorsicht walten, aber seien Sie nicht töricht; benutzen Sie, was Ihr Parser Ihnen bietet!

Betrachten Sie als Beispiel das Xerces-Feature, das die XML Schema-Verarbeitung ein- und ausschaltet: *http://apache.org/xml/features/validation/schema*. Da es über die Parser hinweg oder in SAX keine standardmäßige Unterstützung für XML Schemas gibt, sollten Sie dieses spezielle Feature (das standardmäßig auf true gesetzt ist) verwenden, um zum Beispiel zu verhindern, daß Parsing-Zeit damit vergeudet wird, sich in Ihren Dokumenten um referenzierte XML Schemas zu kümmern. Sie sparen Produktionszeit, wenn Sie diese Verarbeitung nicht verwenden, und sie benötigt ein herstellerspezifisches Feature. Überprüfen Sie die Dokumentation Ihres Herstellers in bezug auf Optionen, die zusätzlich zu denen von SAX verfügbar sind.

Weitere Handler

Im vorigen Kapitel habe ich Ihnen die Interfaces `ContentHandler` und `ErrorHandler` gezeigt und auch die Interfaces `EntityResolver` und `DTDHandler` kurz erwähnt. Da Sie jetzt ein gutes Verständnis der SAX-Grundlagen besitzen, sind Sie in der Lage, sich diese beiden anderen Handler anzuschauen.[1] Sie werden feststellen, daß Sie von Zeit zu Zeit den `EntityResolver` verwenden (eher, wenn Sie Anwendungen schreiben, die verkauft werden sollen) und daß der `DTDHandler` etwas ist, das Sie nur selten aus Ihrer Trickkiste hervorholen müssen.

Einen EntityResolver verwenden

Der erste dieser neuen Handler ist `org.xml.sax.EntityResolver`. Dieses Interface tut genau das, was sein Name sagt: Entities auflösen (oder es deklariert zumindest eine Methode, die Entities auflöst, aber Sie verstehen schon). Das Interface definiert nur eine einzige Methode und sieht so aus:

```
public InputSource resolveEntity(String publicID, String systemID)
    throws SAXException, IOException;
```

---

[1] Für besonders penible Leser: Ich weiß, daß der `EntityResolver` als solcher technisch gesehen kein »Handler« ist. Natürlich könnte ich leicht argumentieren, daß das Interface auch `EntityHandler` heißen könnte, so daß es für mich einem Handler nahe genug kommt.

Sie können eine Implementierung dieses Interfaces erzeugen und sie in Ihrer XMLReader-Instanz registrieren (wenig überraschend durch setEntityResolver()). Nachdem dies geschehen ist, liefert der Reader jedesmal, wenn er eine Entity-Referenz findet, die Public-ID und System-ID dieses Entity an die Methode resolveEntity() Ihrer Implementierung. Nun können Sie den normalen Prozeß der Entity-Auflösung verändern.

Typischerweise löst der XML-Reader das Entity durch die angegebene Public- oder System-ID auf, sei es eine Datei, eine URL oder eine andere Ressource. Und wenn der Rückgabewert der Methode resolveEntity() gleich null ist, wird dieser Prozeß unverändert ausgeführt. Daher sollten Sie stets dafür sorgen, daß Ihre resolveEntity()-Implementierung, was auch immer sie sonst für Code enthält, im Standardfall null zurückgibt. Mit anderen Worten: Beginnen Sie mit einer Implementierungsklasse, die so aussieht wie Beispiel 4-1.

Beispiel 4-1: Einfache Implementierung von EntityResolver

```
package javaxml2;

import java.io.IOException;

import org.xml.sax.EntityResolver;
import org.xml.sax.InputSource;
import org.xml.sax.SAXException;

public class SimpleEntityResolver implements EntityResolver {

    public InputSource resolveEntity(String publicID, String systemID)
        throws IOException, SAXException {

        // Im Standardfall null zurückgeben
        return null;
    }
}
```

Sie können diese Klasse ohne Probleme kompilieren und in der Reader-Implementierung registrieren, die in der Klasse SAXTreeViewer in der Methode buildTree() verwendet wird:

```
            // Für das Parsing benötigte Instanzen registrieren
            XMLReader reader =
                XMLReaderFactory.createXMLReader(vendorParserClass);
            ContentHandler jTreeContentHandler =
                new JTreeContentHandler(treeModel, base, reader);
            ErrorHandler jTreeErrorHandler = new JTreeErrorHandler();

            // Den content-Handler registrieren
            reader.setContentHandler(jTreeContentHandler);

            // Den Fehlerhandler registrieren
            reader.setErrorHandler(jTreeErrorHandler);
```

```
            // Den Entity-Resolver registrieren
            reader.setEntityResolver(new SimpleEntityResolver());

            // Andere Anweisungen und Parsing...
```

Ein erneutes Kompilieren und Starten der Beispielklasse bringt keine Änderung mit sich. Natürlich war das vorhersehbar, also seien Sie nicht zu überrascht. Indem stets der Wert null zurückgegeben wird, wird der Prozeß der Entity-Auflösung normal durchgeführt. Wenn Sie allerdings nicht glauben, daß etwas passiert, können Sie diese kleine Änderung vornehmen, um in der Systemausgabe wiederzugeben, was passiert:

```
        public InputSource resolveEntity(String publicID, String systemID)
            throws IOException, SAXException {

            System.out.println("Entity mit der Public-ID " + publicID +
                " und der System-ID " + systemID + " gefunden.");

            // Im Standardfall null zurückgeben
            return null;
        }
```

Kompilieren Sie diese Klasse erneut, und starten Sie den Beispiel-Tree-Viewer. Wenn die Swing-GUI angezeigt wird, schieben Sie sie zur Seite und überprüfen die Shell- oder Kommandozeilenausgabe; sie sollte so ähnlich aussehen wie Beispiel 4-2.

Beispiel 4-2: Ausgabe von SAXTreeViewer mit ausführlicher Ausgabe

```
C:\javaxml2\build>java javaxml2.SAXTreeViewer
    c:\javaxml2\ch04\xml\contents.xml
Entity mit der Public-ID null und der
    System-ID file:///c:/javaxml2/ch04/xml/DTD/JavaXML.dtd gefunden.
Entity mit der Public-ID null und der
    System-ID http://www.newInstance.com/javaxml2/copyright.xml gefunden.
```

Wie immer dienen die Zeilenumbrüche lediglich der übersichtlicheren Anzeige. Jedenfalls können Sie sehen, daß beide Referenzen im XML-Dokument, für die DTD und die Entity-Referenz OReillyCopyright an die Methode resolveEntity() übergeben werden.

An diesem Punkt könnte es sein, daß Sie sich etwas verwundert am Kopf kratzen; eine DTD ist ein Entity? Der Begriff »Entity« wird in EntityResolver etwas vage verwendet. Ein besserer Name wäre vielleicht ExternalReferenceResolver gewesen, aber es würde nicht viel Spaß machen, das einzutippen. Behalten Sie jedenfalls im Kopf, daß jede externe Referenz in Ihrem XML an diese Methode weitergegeben wird. Worum geht es also, könnten Sie sich fragen. Erinnern Sie sich noch an die Referenz auf OReillyCopyright und daran, wie sie auf eine Internet-URL zugreift (*http://www.newInstance.com/javaxml2/copyright.xml*)? Was passiert, wenn Sie keinen Internet-Zugang haben? Was ist, wenn bereits eine lokale Kopie heruntergeladen wurde und Sie Zeit sparen möchten, indem Sie diese Kopie verwenden? Was geschieht, wenn Sie einfach Ihr eigenes Copyright an diese Stelle setzen möchten? All das sind praktische Fragen, Probleme aus dem wirklichen Leben, die Sie vielleicht in Ihren Anwendungen lösen müssen. Die Antwort ist natürlich die Methode resolveEntity( ), über die ich gesprochen habe.

Wenn Sie aus dieser Methode eine gültige InputSource (statt null) zurückgeben, wird statt der festgelegten Public- oder System-ID diese InputSource als Wert der Entity-Referenz verwendet. Mit anderen Worten: Sie können Ihre eigenen Daten spezifizieren, statt daß der Reader die Auflösung selbst durchführen muß. Erzeugen Sie zum Beispiel eine *copyright.xml*-Datei auf Ihrem lokalen Rechner, wie sie in Beispiel 4-3 gezeigt wird.

Beispiel 4-3: Lokale Kopie von copyright.xml

```
<copyright xmlns="http://www.oreilly.com">
  <jahr wert="2001" />
  <inhalt>Dies ist meine lokale Copyright-Version.</inhalt>
</copyright>
```

Speichern Sie diese in einer Datei, auf die Sie aus Ihrem Java-Code heraus zugreifen können (ich habe das gleiche Verzeichnis verwendet wie für meine *contents.xml*-Datei), und führen Sie die folgende Änderung an der Methode resolveEntity( ) durch:

```
public InputSource resolveEntity(String publicID, String systemID)
    throws IOException, SAXException {

    // Referenzen auf die Online-Version von copyright.xml bearbeiten
    if (systemID.equals(
        "http://www.newInstance.com/javaxml2/copyright.xml")) {
        return new InputSource(
            "file:///c:/javaxml2/ch04/xml/copyright.xml");
    }

    // Im Standardfall null zurückgeben
    return null;
}
```

Sie sehen, daß eine InputSource zurückgegeben wird, die Zugriff auf die lokale Version von *copyright.xml* bietet, anstatt die Auflösung aus der Online-Ressource zu erlauben. Wenn Sie Ihre Quelldatei erneut kompilieren und den Tree-Viewer starten, können Sie visuell überprüfen, daß diese lokale Kopie verwendet wird. Abbildung 4-1 zeigt das aufgeklappte ora:copyright-Element, das den Inhalt des lokalen Copyright-Dokuments enthält.

In Anwendungen aus der Praxis neigt diese Methode dazu, eine lange Liste von if/then/else-Blöcken zu werden, die jeweils eine bestimmte System- oder Public-ID behandeln. Und das bringt uns zu einem wichtigen Punkt: Versuchen Sie zu vermeiden, daß diese Klasse und diese Methode zum Komposthaufen für IDs wird. Wenn Sie eine bestimmte Auflösung nicht mehr benötigen, entfernen Sie ihre if-Bedingung. Versuchen Sie außerdem, in unterschiedlichen Anwendungen unterschiedliche EntityResolver-Implementierungen zu verwenden statt einer allgemeingültigen Implementierung für alle Ihre

Anwendungen. Das verhindert die Aufblähung von Code und, noch wichtiger, beschleunigt die Entity-Auflösung. Wenn Sie darauf warten müssen, daß Ihr Reader fünfzig oder hundert String.equals( )-Vergleiche durchläuft, kann das eine Anwendung wirklich ausbremsen. Stellen Sie sicher, daß Referenzen, auf die häufig zugegriffen wird, im if/else-Stapel ganz oben stehen, so daß sie als erste gefunden werden und zu schnellerer Entity-Auflösung führen.

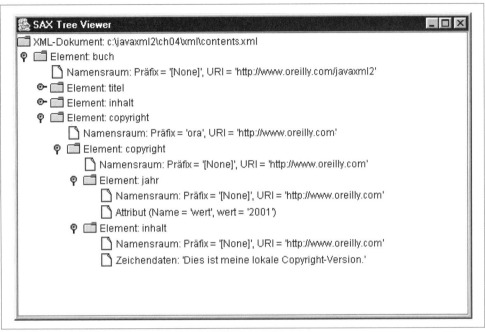

Abbildung 4-1: SAXTreeViewer, der mit lokaler copyright.xml-Datei läuft

Zuletzt möchte ich noch eine weitere Empfehlung bezüglich Ihrer EntityResolver-Implementierungen geben. Sie werden bemerkt haben, daß ich meine Implementierung in einer separaten Klassendatei vorgenommen habe, während die Implementierungen von ErrorHandler, ContentHandler und (im nächsten Abschnitt) DTDHandler alle in der gleichen Quelldatei stehen, in der das Parsing stattfindet. Das war kein Zufall! Sie werden noch herausfinden, daß die Art und Weise, wie mit Inhalten, Fehlern und DTDs umgegangen wird, relativ statisch ist. Sie schreiben Ihr Programm, und das war's. Wenn Sie Änderungen durchführen, dann schreiben Sie das Programm im größeren Stil neu und müssen ohnehin große Änderungen machen. Sie werden jedoch häufig Änderungen an der Art und Weise vornehmen, wie Ihre Anwendung Entities auflösen soll. Je nach Art des Rechners, mit dem Sie arbeiten, je nach Art des Clients, an den die Anwendung ausgeliefert wird, und je nachdem, welche Dokumente wo zur Verfügung stehen, benötigen Sie unterschiedliche Versionen einer EntityResolver-Implementierung. Um schnelle Änderungen an dieser Implementierung ohne Bearbeitung oder erneute Kompilierung des eigentlichen Parsing-Codes vornehmen zu können, verwende ich eine separate Quelldatei für EntityResolver-Implementierungen, und ich rate Ihnen, das genauso zu machen. Und damit wissen Sie alles über die Auflösung von Entities in Ihren Anwendungen mit SAX.

Einen DTDHandler verwenden

Nach dieser recht ausführlichen Betrachtung von EntityResolver gehe ich nun den DTD-Handler recht schnell durch. In zwei Jahren ausgedehnter XML-Programmierung habe ich dieses Interface nur einmal benutzt, beim Schreiben von JDOM, und sogar dabei war es ein recht merkwürdiger Sonderfall. Sie werden in der Regel nicht viel damit arbeiten, es sei denn, Sie haben Unmengen nicht beim Parsing berücksichtigter Entities in Ihren XML-Dokumenten.

Das Interface DTDHandler ermöglicht es Ihnen, eine Benachrichtigung zu erhalten, wenn ein Reader eine vom Parser unbehandelte Entity- oder Notation-Deklaration findet. Natürlich treten diese beiden Ereignisse in DTDs und nicht in XML-Dokumenten auf, deshalb heißt es DTDHandler. Anstatt immer weiter mit der Beschreibung fortzufahren, möchte ich Ihnen einfach zeigen, wie das Interface aussieht. Sie können es in Beispiel 4-4 gleich ausprobieren.

Beispiel 4-4: Das InterfaceDTDHandler

```
package org.xml.sax;

public interface DTDHandler {

    public void notationDecl(String name, String publicID,
                             String systemID)
        throws SAXException;

    public void unparsedEntityDecl(String name, String publicId,
                                   String systemId, String notationName)
        throws SAXException;
}
```

Diese beiden Methoden tun genau das, was Sie wahrscheinlich erwarten. Die erste meldet eine Notation-Deklaration mit ihrem Namen, ihrer Public-ID und ihrer System-ID. Erinnern Sie sich an die NOTATION-Struktur in DTDs?

```
<!NOTATION jpeg SYSTEM "images/jpeg">
```

Die zweite Methode stellt Informationen über nicht vom Parser behandelte Entity-Deklarationen zur Verfügung, die folgendermaßen aussehen:

```
<!ENTITY stars_logo SYSTEM "http://www.nhl.com/img/team/dal38.gif"
                    NDATA jpeg>
```

In beiden Fällen können Sie Aktionen bei diesen Vorkommnissen durchführen, wenn Sie eine Implementierung von DTDHandler erzeugen und sie durch die Methode setDTD-Handler( ) des XMLReaders in Ihrem Reader registrieren. Das ist im allgemeinen nützlich, wenn Sie Low-Level-Anwendungen schreiben, die entweder XML-Inhalte reproduzieren müssen (etwa einen XML-Editor), oder wenn Sie die Beschränkungen einer DTD in Java darstellen müssen (wie etwa für die Datenbindung, die in Kapitel 15 behandelt wird). In den meisten anderen Situationen ist es nichts, was Sie besonders oft benötigen werden.

Die Klasse DefaultHandler

Bevor wir das Thema Handler abschließen (zumindest für den Moment), gibt es noch eine weitere wichtige Handler-Klasse, die Sie kennen sollten. Diese Klasse ist org.xml.sax.helpers.DefaultHandler, und sie kann für Sie als SAX-Entwickler eine große Hilfe sein. Erinnern Sie sich, daß die Implementierung der verschiedenen Handler-Interfaces bisher eine Klasse für ContentHandler, eine für ErrorHandler, eine für EntityResolver (das ist in Ordnung, wegen all der besprochenen Gründe, aus denen diese Implementierung in einer separaten Quelldatei erfolgen sollte) und eine für DTDHandler benötigt hat, wenn diese Implementierungen gebraucht wurden? Darüber hinaus mußten Sie sich noch den Spaß gönnen, die zahlreichen Methoden in ContentHandler zu implementieren, sogar dann, wenn die meisten davon gar nichts zu tun brauchten.

Und hier eilt der DefaultHandler zu Hilfe. Diese Klasse definiert selbst keinerlei Verhalten; sie implementiert aber dafür ContentHandler, ErrorHandler, EntityResolver und DTDHandler und stellt leere Implementierungen jeder Methode aus jedem Interface zur Verfügung. Auf diese Weise können Sie mit einer einzigen Klasse arbeiten (nennen Sie sie zum Beispiel MyHandlerClass), die DefaultHandler erweitert. Diese Klasse braucht nur diejenigen Methoden zu überschreiben, in denen sie tatsächlich Aktionen ausführen muß. Sie könnten zum Beispiel nur startElement(), characters(), endElement() und fatalError() implementieren. In jeder Kombination implementierter Methoden sparen Sie jedenfalls tonnenweise Codezeilen für Methoden, für die Sie keine Aktionen bereitstellen wollen, und machen Ihren Code auch erheblich lesbarer. Denn dann wäre das Argument für setErrorHandler( ), set-ContentHandler( ) und setDTDHandler( ) dieselbe Instanz dieser Klasse MyHandlerClass. Theoretisch könnten Sie diese Instanz auch an setEntityResolver( ) übergeben, obwohl ich (ungefähr zum vierten Mal!) von der Vermischung der Methode resolveEntity( ) mit den anderen Interface-Methoden abrate.

Filter und Writer

An dieser Stelle möchte ich vom vorgezeichneten Weg abweichen. Bisher habe ich die Details von allem geliefert, was zu einer »Standard«-SAX-Anwendung gehört, vom Reader bis hin zu den Callbacks an die Handler. Allerdings gibt es eine Menge zusätzlicher Features in SAX, die wirklich einen Power-Entwickler aus Ihnen machen können und Sie über die Einschränkungen von »Standard«-SAX hinaus tragen. In diesem Abschnitt stelle ich Ihnen zwei davon vor: SAX-Filter und -Writer. Durch die Verwendung von zwei Arten von Klassen, solchen aus der Standard-SAX-Distribution und denen, die separat auf der SAX-Website (*http://www.megginson.com/SAX*) verfügbar sind, können Sie einiges ziemlich fortgeschrittenes Verhalten zu Ihren SAX-Anwendungen hinzufügen. Dadurch gewöhnen Sie sich auch an die Denkweise, SAX als eine Pipeline von Ereignissen und nicht als einzelne Verarbeitungsebene zu verwenden. Ich werde dieses Konzept später detaillierter erklären; im Moment soll es genügen zu sagen, daß es tatsächlich der Schlüssel zum Schreiben von effizientem und modularem SAX-Code ist.

XMLFilter

Zuoberst auf der Liste steht eine Klasse, die mit dem grundlegenden SAX-Download von David Megginsons Site geliefert wird, und sie sollte in jeder Parser-Distribution enthalten sein, die SAX 2.0 unterstützt. Die fragliche Klasse ist org.xml.sax.XMLFilter. Diese Klasse erweitert das XMLReader-Interface und fügt zwei neue Methoden zu dieser Klasse hinzu:

```
public void setParent(XMLReader parent);
```

```
public XMLReader getParent();
```

Es sieht vielleicht nicht so aus, als ob viel dazu zu sagen wäre; was ist der großartige Sinn dahinter? Nun, indem Sie durch diesen Filtermechanismus eine Hierarchie von XMLReadern ermöglichen, können Sie eine Verarbeitungskette oder eine *Pipeline* von Ereignissen einrichten. Damit Sie verstehen, was ich mit dem Begriff Pipeline meine, sehen Sie hier den normalen Ablauf eines SAX-Parsings:

- Ereignisse in einem XML-Dokument werden dem SAX-Reader übergeben.
- Der SAX-Reader und registrierte Handler geben Ereignisse und Daten an eine Anwendung weiter.

Entwickler haben jedoch begonnen zu merken, daß es einfach ist, ein oder mehrere zusätzliche Glieder in diese Kette einzufügen:

- Ereignisse in einem XML-Dokument werden dem SAX-Reader übergeben.
- Der SAX-Reader führt einige Verarbeitung durch und übergibt Informationen an einen weiteren SAX-Reader.
- Wiederholen, bis sämtliche SAX-Verarbeitung erledigt ist.
- Zuletzt geben der SAX-Reader und die registrierten Handler Ereignisse und Daten an eine Anwendung weiter.

In den zwei mittleren Schritten wird eine Pipeline eingeführt, wenn ein Reader, der eine bestimmte Verarbeitung durchgeführt hat, seine Informationen an den nächsten Reader weitergibt (und so weiter), anstatt sämtlichen Code in einen einzigen Reader stopfen zu müssen. Wenn diese Pipeline mit mehreren Readern eingerichtet wird, entsteht eine modulare und effiziente Programmierung. Und das ist das, was die XMLFilter-Klasse ermöglicht: das Verketten von XMLReader-Implementierungen durch das Filtern. Sogar noch stärker erweitert wird dies durch die Klasse org.xml.sax.helpers.XMLFilterImpl, die eine hilfreiche Implementierung von XMLFilter zur Verfügung stellt. Es ist die Zusammenfassung eines XMLFilters und der Klasse DefaultHandler, die ich Ihnen im vorigen Abschnitt gezeigt habe; die Klasse XMLFilterImpl implementiert XMLFilter, ContentHandler, ErrorHandler, EntityResolver und DTDHandler und liefert fertig implementierte Versionen jeder Methode jedes Handlers. Mit anderen Worten richtet sie eine Pipeline für alle SAX-Ereignisse ein und ermöglicht es Ihrem Code, alle Methoden zu überschreiben, die Verarbeitungsschritte in die Pipeline einfügen müssen.

Wir wollen einen dieser Filter verwenden. Beispiel 4-5 ist ein funktionierender, einsatzbereiter Filter. Sie haben die Grundlagen hinter sich, also werden wir dieses Beispiel schnell durchgehen.

Beispiel 4-5: NamespaceFilter-Klasse

```
package javaxml2;

import org.xml.sax.Attributes;
import org.xml.sax.SAXException;
import org.xml.sax.XMLReader;
import org.xml.sax.helpers.XMLFilterImpl;

public class NamespaceFilter extends XMLFilterImpl {

    /** Die alte URI, die ersetzt wird */
    private String oldURI;

    /** Die neue URI, durch die die alte URI ersetzt wird */
    private String newURI;

    public NamespaceFilter(XMLReader reader,
                           String oldURI, String newURI) {
        super(reader);
        this.oldURI = oldURI;
        this.newURI = newURI;
    }

    public void startPrefixMapping(String prefix, String uri)
        throws SAXException {

        // URI wechseln, wenn nötig
        if (uri.equals(oldURI)) {
            super.startPrefixMapping(prefix, newURI);
        } else {
            super.startPrefixMapping(prefix, uri);
        }
    }
```

Beispiel 4-5: NamespaceFilter-Klasse (Fortsetzung)

```
    public void startElement(String uri, String localName,
                             String qName, Attributes attributes)
        throws SAXException {

        // URI wechseln, wenn nötig
        if (uri.equals(oldURI)) {
            super.startElement(newURI, localName, qName, attributes);
        } else {
            super.startElement(uri, localName, qName, attributes);
        }
    }

    public void endElement(String uri, String localName, String qName)
        throws SAXException {

        // URI wechseln, wenn nötig
        if (uri.equals(oldURI)) {
            super.endElement(newURI, localName, qName);
        } else {
            super.endElement(uri, localName, qName);
        }
    }
}
```

Ich beginne mit der Erweiterung von XMLFilterImpl, so daß ich mir keine Sorgen über irgendwelche Ereignisse zu machen brauche, die ich nicht explizit ändern muß; die Klasse XMLFilterImpl kümmert sich um sie, indem sie alle Ereignisse unverändert weiterleitet, solange eine Methode nicht überschrieben wird. Ich kann mich sofort mit dem beschäftigen, was der Filter für mich tun soll; in diesem Fall geht es darum, eine Namensraum-URI auszutauschen. Auch wenn diese Aufgabe trivial erscheint, sollten Sie nicht ihren Nutzen unterschätzen. In den letzten paar Jahren hat sich die URI eines Namensraums oder einer Spezifikation (wie XML Schema oder XSLT) mehrere Male geändert. Anstatt daß ich alle meine XML-Dokumente von Hand ändern oder Code für XML schreiben muß, das ich erhalte, kümmert sich dieser NamespaceFilter für mich um dieses Problem.

Das Übergeben einer XMLReader-Instanz an den Konstruktor stellt diesen Reader als dessen Elternobjekt ein, so daß der übergeordnete Reader sämtliche Ereignisse empfängt, die vom Filter weitergegeben werden (das sind dank der XMLFilterImpl-Klasse alle Ereignisse, es sei denn, die Klasse NamespaceFilter überschreibt dieses Verhalten). Durch die Angabe von zwei URIs – der ursprünglichen und derjenigen, durch die sie ersetzt werden soll – richten Sie diesen Filter ein. Die drei überschriebenen Methoden kümmern sich um jeden benötigten Austausch dieser URI. Nachdem Sie einen Filter wie diesen gesetzt haben, übergeben Sie ihm einen Reader und arbeiten dann mit dem *Filter* und nicht mehr mit dem *Reader*. Gehen wir zurück zu *contents.xml* und SAXTreeViewer, und nehmen wir an, daß O'Reilly mich darüber informiert hat, daß die Online-URL meines Buches nicht mehr *http://www.oreilly.com/javaxml2* ist, sondern jetzt *http://www.oreilly.com/catalog/javaxml2* heißt. Anstatt XML-Beispiele zu ändern und wieder hochzuladen, kann ich einfach die Klasse NamespaceFilter verwenden:

```
public void buildTree(DefaultTreeModel treeModel,
                      DefaultMutableTreeNode base, String xmlURI)
    throws IOException, SAXException {

    // Für das Parsing benötigte Instanzen erzeugen
    XMLReader reader =
        XMLReaderFactory.createXMLReader(vendorParserClass);
    NamespaceFilter filter =
        new NamespaceFilter(reader,
            "http://www.oreilly.com/javaxml2",
            "http://www.oreilly.com/catalog/javaxml2");
    ContentHandler jTreeContentHandler =
        new JTreeContentHandler(treeModel, base, reader);
    ErrorHandler jTreeErrorHandler = new JTreeErrorHandler();

    // Den Content-Handler registrieren
    filter.setContentHandler(jTreeContentHandler);

    // Den Fehlerhandler registrieren
    filter.setErrorHandler(jTreeErrorHandler);

    // Den Entity-Resolver registrieren
    filter.setEntityResolver(new SimpleEntityResolver());

    // Parsing
    InputSource inputSource =
        new InputSource(xmlURI);
    filter.parse(inputSource);
}
```

Beachten Sie, wie ich schon sagte, daß alle Operationen mit der Filter- und nicht mit der Reader-Instanz durchgeführt werden. Nachdem diese Filterung eingeschaltet ist, können Sie beide Quelldateien kompilieren (*NamespaceFilter.java* und *SAXTreeViewer.java*) und den Viewer mit der Datei *contents.xml* starten. Sie werden sehen, daß die O'Reilly-Namensraum-URI für mein Buch bei jedem Vorkommen geändert wird, was in Abbildung 4-2 gezeigt wird.

Natürlich können Sie diese Filter auch miteinander verketten und als Standardbibliotheken verwenden. Wenn ich mit älteren XML-Dokumenten arbeite, erzeuge ich oft mehrere davon mit alten XSL- und XML Schema-URIs und installiere sie, damit ich mir keine Sorgen über inkorrekte URIs machen muß:

```
XMLReader reader =
    XMLReaderFactory.createXMLReader(vendorParserClass);
NamespaceFilter xslFilter =
    new NamespaceFilter(reader,
```

```
            "http://www.w3.org/TR/XSL",
            "http://www.w3.org/1999/XSL/Transform");
        NamespaceFilter xsdFilter =
            new NamespaceFilter(xslFilter,
            "http://www.w3.org/TR/XMLSchema",
            "http://www.w3.org/2001/XMLSchema");
```

Hier baue ich eine längere Pipeline, um sicherzustellen, daß keine alten Namensraum-URIs vorkommen und in meinen Anwendungen irgendwelchen Ärger verursachen. Achten Sie aber darauf, daß Sie keine zu langen Pipelines bauen; jedes neue Glied in der Kette erhöht die Verarbeitungszeit etwas.

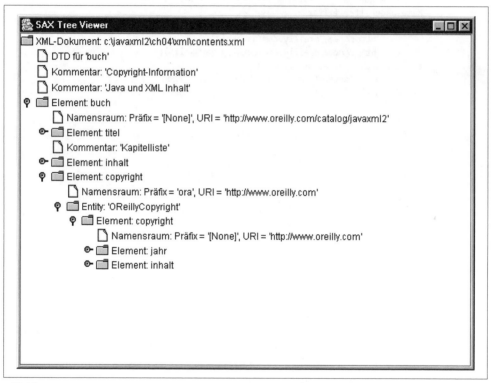

Abbildung 4-2: SAXTreeViewer mit contents.xml und gesetztem NamespaceFilter

XMLWriter

Nun, da Sie verstehen, wie Filter in SAX funktionieren, möchte ich Ihnen einen besonderen Filter vorstellen, XMLWriter. Diese Klasse, sowie eine Unterklasse von ihr, DataWriter, kann von David Megginsons SAX-Site unter *http://www.megginson.com/SAX* heruntergeladen werden. XMLWriter erweitert XMLFilterImpl, und DataWriter erweitert XMLWriter. Diese beiden Filterklassen werden verwendet, um XML auszugeben, was nicht ganz im

Einklang mit dem stehen mag, was Sie bisher über SAX gelernt haben. Aber genau wie Sie Statements, die Ausgaben in Java-Writer vornehmen, in SAX-Callbacks einfügen könnten, kann das auch diese Klasse. Ich werde nicht viel Zeit mit dieser Klasse verbringen, da sie nicht unbedingt die Art und Weise darstellt, wie Sie im allgemeinen XML ausgeben sollten; es ist viel besser, dafür DOM, JDOM oder eine andere XML-API zu verwenden, wenn Sie Flexibilität brauchen. Allerdings bietet die Klasse XMLWriter eine wertvolle Möglichkeit zu untersuchen, was in einer SAX-Pipeline geschieht. Indem Sie sie zwischen anderen Filtern und Readern in Ihrer Pipeline einfügen, kann sie verwendet werden, um an einem beliebigen Punkt in Ihrer Verarbeitungskette, an dem sie sich gerade befindet, einen Schnappschuß Ihrer Daten auszugeben.

Beispielsweise könnte es in dem Fall, in dem ich die Namensraum-URIs tausche, vorkommen, daß Sie das XML-Dokument mit der neuen Namensraum-URI für die spätere Nutzung abspeichern möchten (sei es eine geänderte O'Reilly-URI, eine aktualisierte XML-API oder die XML Schema-API). Dies wird zu einem Kinderspiel, wenn Sie die Klasse XML-Writer verwenden. Da Sie den SAXTreeViewer bereits dazu gebracht haben, NamespaceFilter zu verwenden, werde ich dies als Beispiel nutzen. Fügen Sie als erstes Anweisungen für den Import von java.io.FileWriter (für die Ausgabe) und die Klasse com.megginson.sax.XMLWriter hinzu. Wenn dies geschehen ist, müssen Sie eine Instanz von XMLWriter zwischen den NamespaceFilter- und XMLReader-Instanzen einfügen. Das bedeutet, daß die Ausgabe erfolgen wird, nachdem die Namensräume geändert worden sind, aber bevor die sichtbaren Ereignisse auftreten. Ändern Sie Ihren Code, wie hier gezeigt wird.

```java
public void buildTree(DefaultTreeModel treeModel,
                DefaultMutableTreeNode base, String xmlURI)
    throws IOException, SAXException {

    // Für das Parsing benötigte Instanzen erzeugen
    XMLReader reader =
        XMLReaderFactory.createXMLReader(vendorParserClass);
    XMLWriter writer =
        new XMLWriter(reader, new FileWriter("snapshot.xml"));
    NamespaceFilter filter =
        new NamespaceFilter(writer,
            "http://www.oreilly.com/javaxml2",
            "http://www.oreilly.com/catalog/javaxml2");
    ContentHandler jTreeContentHandler =
        new JTreeContentHandler(treeModel, base, reader);
    ErrorHandler jTreeErrorHandler = new JTreeErrorHandler();

    // Den Content-Handler registrieren
    filter.setContentHandler(jTreeContentHandler);

    // Den Fehlerhandler registrieren
    filter.setErrorHandler(jTreeErrorHandler);

    // Register entity resolver
    filter.setEntityResolver(new SimpleEntityResolver());
```

```
        // Parsing
        InputSource inputSource =
            new InputSource(xmlURI);
        filter.parse(inputSource);
    }
```

Stellen Sie sicher, daß Sie das Elternobjekt der `NamespaceFilter`-Instanz so einstellen, daß es der `XMLWriter` und nicht der `XMLReader` ist. Andernfalls findet gar keine Ausgabe statt. Nachdem Sie diese Änderungen einkompiliert haben, starten Sie das Beispiel. Sie sollten eine Datei *snapshot.xml* erhalten, die in dem Verzeichnis erzeugt wurde, aus dem Sie das Beispiel starten; ein Ausschnitt wird hier gezeigt:

```xml
<?xml version="1.0" encoding="ISO-8859-1" standalone="yes"?>

<buch xmlns="http://www.oreilly.com/catalog/javaxml2">
  <titel ora:serie="Java"
         xmlns:ora="http://www.oreilly.com">Java und XML</titel>


  <inhalt>
    <kapitel titel="Einleitung" nummer="1">
      <thema name="XML spielt eine wichtige Rolle"></thema>
      <thema name="Was ist wichtig?"></thema>
      <thema name="Was Sie benötigen"></thema>
      <thema name="Und was kommt jetzt?"></thema>
    </kapitel>
    <kapitel titel="Ans Eingemachte" nummer="2">
      <thema name="Die Grundlagen"></thema>
      <thema name="Beschränkungen"></thema>
      <thema name="Transformationen"></thema>
      <thema name="Und mehr..."></thema>
      <thema name="Und was kommt jetzt?"></thema>
    </kapitel>
    <!-- Weiterer Inhalt... -->

  </inhalt>
</buch>
```

Beachten Sie, daß der Namensraum hier modifiziert ist, da er durch `NamespaceFilter` geändert wurde. Schnappschüsse wie dieser, die durch `XMLWriter`-Instanzen erzeugt werden, können hervorragende Werkzeuge für das Debugging und die Protokollierung von SAX-Ereignissen sein.

Sowohl `XMLWriter` als auch `DataWriter` stellen noch weit mehr Mittel und Methoden zur Verfügung, um XML vollständig oder auch teilweise auszugeben, und Sie sollten die Javadoc-Dokumentation durchlesen, die im Download-Paket enthalten ist. Ich rate Ihnen nicht, diese Klassen für die allgemeine Ausgabe zu verwenden. Meiner Erfahrung nach sind sie in einem Fall wie dem hier gezeigten am nützlichsten.

Und noch mehr Handler

Nun möchte ich Ihnen noch zwei weitere Handler-Klassen zeigen, die SAX anbietet. Diese beiden Interfaces sind nicht mehr Bestandteil der SAX-Kerndistribution und befinden sich im Package org.xml.sax.ext, um anzuzeigen, daß sie Erweiterungen von SAX sind. Allerdings enthalten die meisten Parser (wie etwa Apache Xerces) diese beiden Klassen bereits. Überprüfen Sie die Dokumentation Ihres Herstellers. Falls Sie diese Klassen nicht haben, können Sie sie von der SAX-Website herunterladen. Ich muß Sie warnen, daß nicht alle SAX-Treiber diese Erweiterungen unterstützen. Wenn Ihr Hersteller sie also nicht mitliefert, sollten Sie herausfinden, warum, und prüfen, ob der Hersteller eine Version ankündigt, die die SAX-Erweiterungen unterstützen wird.

LexicalHandler

Der erste der beiden Handler ist der nützlichere: org.xml.sax.ext.LexicalHandler. Dieser Handler stellt Methoden zur Verfügung, die Benachrichtigungen über verschiedene lexikalische Ereignisse empfangen können, etwa Kommentare, Entity-Deklarationen, DTD-Deklarationen und CDATA-Bereiche. In ContentHandler werden diese lexikalischen Ereignisse grundsätzlich ignoriert, und Sie erhalten einfach die Daten und Deklarationen ohne Benachrichtigung darüber, wann oder wo sie zur Verfügung gestellt wurden.

Dies ist nicht unbedingt ein Handler für den allgemeinen Gebrauch, da die meisten Anwendungen nicht zu wissen brauchen, ob ein Text sich in einem CDATA-Bereich befunden hat oder nicht. Wenn Sie jedoch mit einem XML-Editor, Serialisierer oder mit einer anderen Komponente arbeiten, die das genaue *Format* des Eingabedokuments kennen müssen und nicht nur dessen Inhalte, kann der LexicalHandler Ihnen wirklich dabei helfen. Um diesen Burschen in Aktion zu erleben, müssen Sie als erstes eine Anweisung für den Import von org.xml.sax.ext.LexicalHandler in Ihre Quelldatei *SAXTreeViewer.java* einfügen. Nachdem das erledigt ist, können Sie LexicalHandler zu der implements-Klausel in der nicht-öffentlichen Klasse JTreeContentHandler in dieser Quelldatei hinzufügen:

```
class JTreeContentHandler implements ContentHandler, LexicalHandler {
    // Callback-Implementierungen
}
```

Durch die Wiederverwendung des bereits in dieser Klasse befindlichen Content-Handlers können unsere lexikalischen Callbacks auf dem JTree operieren, um diese Callbacks visuell darzustellen. Nun müssen Sie aber auch Implementierungen für alle Methoden hinzufügen, die in LexicalHandler definiert werden. Diese Methoden sind die folgenden:

```
public void startDTD(String name, String publicID, String systemID)
        throws SAXException;
public void endDTD( ) throws SAXException;
public void startEntity(String name) throws SAXException;
public void endEntity(String name) throws SAXException;
public void startCDATA( ) throws SAXException;
```

```
public void endCDATA( ) throws SAXException;
public void comment(char[] ch, int start, int length)
       throws SAXException;
```

Für den Anfang wollen wir uns das erste lexikalische Ereignis anschauen, das bei der Verarbeitung eines XML-Dokuments auftreten könnte: den Beginn und das Ende einer DTD-Referenz oder -Deklaration. Dieses Ereignis löst die hier gezeigten Callbacks startDTD( ) und endDTD( ) aus:

```
public void startDTD(String name, String publicID,
                     String systemID)
       throws SAXException {

    DefaultMutableTreeNode dtdReference =
        new DefaultMutableTreeNode("DTD fuer '" + name + "'");
    if (publicID != null) {
        DefaultMutableTreeNode publicIDNode =
            new DefaultMutableTreeNode("Public-ID: '" +
                publicID + "'");
        dtdReference.add(publicIDNode);
    }
    if (systemID != null) {
        DefaultMutableTreeNode systemIDNode =
            new DefaultMutableTreeNode("System-ID: '" +
                systemID + "'");
        dtdReference.add(systemIDNode);
    }
    current.add(dtdReference);
}

public void endDTD( ) throws SAXException {
    // Hier wird keine Aktion benötigt
}
```

Dies fügt einen visuellen Hinweis ein, wenn eine DTD gefunden wird, und eine System-ID und Public-ID, falls vorhanden. Wir machen mit einem Paar von ähnlichen Methoden für Entity-Referenzen, startEntity( ) und endEntity( ), weiter. Diese werden vor bzw. nach der Verarbeitung von Entity-Referenzen in Gang gesetzt. Sie können auch für dieses Ereignis einen visuellen Hinweis hinzufügen, indem Sie den hier gezeigten Code verwenden:

```
public void startEntity(String name) throws SAXException {
    DefaultMutableTreeNode entity =
        new DefaultMutableTreeNode("Entity: '" + name + "'");
    current.add(entity);
    current = entity;
}

public void endEntity(String name) throws SAXException {
    // Im Baum wieder nach oben wandern
    current = (DefaultMutableTreeNode)current.getParent( );
}
```

Dies stellt sicher, daß der Inhalt einer Entity-Referenz, zum Beispiel OReillyCopyright, in einen »Entity«-Baum-Knoten hineinverschachtelt wird.

Da das nächste lexikalische Ereignis ein CDATA-Bereich ist und es zur Zeit im Dokument *contents.xml* keine gibt, können Sie die folgende Änderung an diesem Dokument vornehmen (CDATA ermöglicht das Ampersand-Zeichen im Inhalt des Elements titel):

```
<?xml version="1.0"?>
<!DOCTYPE buch SYSTEM "DTD/JavaXML.dtd">

<!-- Java und XML Inhalt -->
<buch xmlns="http://www.oreilly.com/javaxml2"
    xmlns:ora="http://www.oreilly.com"
>
    <titel ora:serie="Java"><![CDATA[Java & XML]]></titel>

    <!-- Weiterer Inhalt -->
</buch>
```

Nach dieser Änderung können Sie Code für die CDATA-Callbacks zur Klasse JTreeContentHandler hinzufügen:

```
    public void startCDATA( ) throws SAXException {
        DefaultMutableTreeNode cdata =
            new DefaultMutableTreeNode("CDATA-Bereich");
        current.add(cdata);
        current = cdata;
    }

    public void endCDATA( ) throws SAXException {
        // Im Baum zurück nach oben wandern
        current = (DefaultMutableTreeNode)current.getParent( );
    }
```

Das ist nun schon ein alter Hut; der Inhalt des Elements titel erscheint nun als Kindknoten eines CDATA-Knotens. Und damit bleibt nur noch eine Methode übrig, die Benachrichtigungen über Kommentare empfängt:

```
    public void comment(char[] ch, int start, int length)
        throws SAXException {

        String comment = new String(ch, start, length);
        DefaultMutableTreeNode commentNode =
            new DefaultMutableTreeNode("Kommentar: '" + comment + "'");
        current.add(commentNode);
    }
```

Diese Methode verhält sich genau wie die Methoden characters( ) und ignorableWhitespace( ). Denken Sie daran, daß nur der Text des Kommentars an diese Methode übergeben wird, nicht die umgebenden Begrenzungen <!-- und -->. Nach diesen Änderungen können Sie das Beispielprogramm kompilieren und starten. Sie sollten eine ähnliche Ausgabe wie die in Abbildung 4-3 gezeigte erhalten.

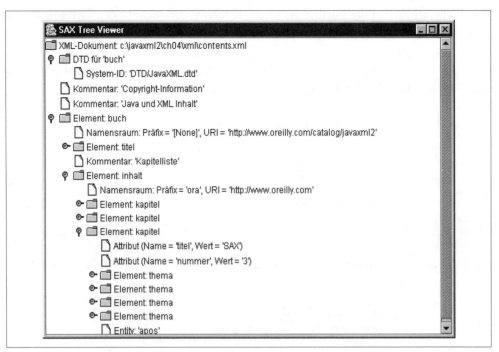

Abbildung 4-3: Ausgabe nach hinzugefügter LexicalHandler-Implementierung

Sie werden jedoch eine eigenartige Sache bemerken: ein Entity namens [dtd]. Dies geschieht jedesmal, wenn eine DOCTYPE-Deklaration vorhanden ist, und kann mit einer einfachen Klausel in den Methoden startEntity() und endEntity() entfernt werden (wahrscheinlich wollen Sie nicht, daß es da ist):

```
public void startEntity(String name) throws SAXException {
    if (!name.equals("[dtd]")) {
        DefaultMutableTreeNode entity =
            new DefaultMutableTreeNode("Entity: '" + name + "'");
        current.add(entity);
        current = entity;
    }
}

public void endEntity(String name) throws SAXException {
    if (!name.equals("[dtd]")) {
        // Im Baum zurück nach oben wandern
        current = (DefaultMutableTreeNode)current.getParent();
    }
}
```

Diese Klausel entfernt das störende Entity. Das ist wirklich fast alles, was es über LexicalHandler zu sagen gibt. Obwohl ich dieses Thema in den Bereich fortgeschrittenes SAX eingeordnet habe, ist es ziemlich leicht verständlich.

DeclHandler

Der letzte Handler, mit dem wir uns beschäftigen, ist der `DeclHandler`. Dieses Interface definiert Methoden, die Benachrichtigungen über bestimmte Ereignisse innerhalb einer DTD empfangen, wie etwa Element- und Attribut-Deklarationen. Dies ist ein weiteres Hilfsmittel, das nur für sehr spezielle Fälle taugt; wieder kommen einem XML-Editoren und andere Komponenten in den Sinn, die die genaue lexikalische Struktur von Dokumenten und ihren DTDs kennen müssen. Ich zeige Ihnen kein Beispiel für die Verwendung des `DeclHandlers`; an dieser Stelle wissen Sie bereits mehr über die Anwendung von Callback-Methoden, als Sie wahrscheinlich je benötigen werden. Statt dessen gebe ich Ihnen einen Überblick über das Interface, das Sie in Beispiel 4-6 sehen.

Beispiel 4-6: Das DeclHandler-Interface

```
package org.xml.sax.ext;

import org.xml.sax.SAXException;

public interface DeclHandler {

    public void attributeDecl(String eltName, String attName,
                              String type, String defaultValue,
                              String value)
        throws SAXException;

    public void elementDecl(String name, String model)
        throws SAXException;

    public void externalEntityDecl(String name, String publicID,
                                   String systemID)
        throws SAXException;

    public void internalEntityDecl(String name, String value)
        throws SAXException;
}
```

Dieses Beispiel ist beinahe selbsterklärend. Die ersten beiden Methoden verarbeiten die Konstrukte `<!ELEMENT>` und `<!ATTLIST>`. Die dritte, `externalEntityDecl( )`, meldet Entity-Deklarationen (durch `<!ENTITY>`), die auf externe Ressourcen verweisen. Die letzte Methode, `internalEntityDecl( )`, meldet Inline-definierte Entities. Das ist alles, was es darüber zu sagen gibt.

Und damit habe ich Ihnen alles mitgeteilt, was es über SAX zu wissen gibt. Nun, das ist wahrscheinlich übertrieben, aber Sie haben jetzt sicherlich eine Menge Werkzeuge, um loszulegen. Nun müssen Sie nur noch mit dem Programmieren anfangen, um Ihren eigenen Satz von Werkzeugen und Tricks aufzubauen. Bevor ich aber das Buch über SAX endgültig schließe, möchte ich einige häufige Fehler bei der Arbeit mit SAX behandeln.

Vorsicht Falle!

Wenn Sie sich mit den fortgeschritteneren Bestandteilen von SAX beschäftigen, vermindern Sie sicherlich nicht die Anzahl von Problemen, in die Sie dabei geraten können. Allerdings werden die Probleme oft kniffliger, was es schwieriger macht, einige heikle Fehler zu beseitigen. Ich werde einige dieser häufigen Probleme aufzeigen.

Rückgabewerte von einem EntityResolver

Wie ich bereits im Abschnitt über EntityResolver erwähnte, sollten Sie stets sicherstellen, daß Sie als Ausgangspunkt einer Implementierung der Methode resolveEntity( ) null zurückgeben. Glücklicherweise garantiert Java, daß die Methode einen Wert zurückgibt, aber ich habe oft Code wie diesen gesehen:

```
public InputSource resolveEntity(String publicID, String systemID)
    throws IOException, SAXException {

    InputSource inputSource = new InputSource();

    // Referenzen auf die Online-Version von copyright.xml behandeln
    if (systemID.equals(
        "http://www.newInstance.com/javaxml2/copyright.xml")) {
        inputSource.setSystemId(
            "file:///c:/javaxml2/ch04/xml/copyright.xml");
    }

    // Standardmäßig null zurückgeben
    return inputSource;
}
```

Wie Sie sehen können, wird am Anfang eine InputSource erzeugt, und dann wird die System-ID dieser Quelle gesetzt. Das Problem ist hier, daß eine InputSource ohne System- oder Public-ID und ohne Angabe von Reader oder InputStream zurückgegeben wird, wenn keine der if-Bedingungen erfüllt wird. Dies kann zu unvorhersagbaren Ergebnissen führen. In manchen Parsern geht es ohne Probleme weiter. In anderen Parsern jedoch führt die Rückgabe einer leeren InputSource dazu, daß Entities ignoriert werden oder daß Exceptions ausgelöst werden. Mit anderen Worten: Geben Sie am Ende jeder Implementierung von resolveEntity( ) statt einer uninitialisierten InputSource immer null zurück, und Sie brauchen sich über diese Details keine Sorgen zu machen.

DTDHandler und Validierung

Ich habe in diesem Kapitel das Einstellen von Eigenschaften und Features beschrieben, ihren Effekt auf die Validierung und auch das Interface DTDHandler. In der ganzen Diskussion über DTDs und Validierung ist es möglich, daß Sie einige Dinge durcheinanderbringen. Ich möchte klarstellen, daß das Interface DTDHandler überhaupt nichts mit der

Validierung zu tun hat. Ich habe viele Entwickler beobachtet, die einen DTDHandler registriert und sich dann gefragt haben, warum keine Validierung stattfindet. DTDHandler tut jedoch nichts weiter, als Benachrichtigungen über Notation- und Entity-Deklarationen zur Verfügung zu stellen, die nicht vom Parsing verarbeitet wurden! Wahrscheinlich ist das nicht das, was der Entwickler erwartet hat. Denken Sie daran, daß es eine *Eigenschaft* ist, die die Validierung einschaltet, und keine Handler-Instanz:

```
reader.setFeature("http://xml.org/sax/features/validation", true);
```

Das ist das Mindeste, was erforderlich ist, um Ihnen eine Validierung zu liefern und Sie glücklich zu machen (außer bei einem Parser, der standardmäßig validiert).

Parsing im Reader statt im Filter

Ich habe in diesem Kapitel über Pipelines in SAX gesprochen, und hoffentlich haben Sie eine Vorstellung davon bekommen, wie nützlich sie sein können. Allerdings gibt es einen Fehler, den ich bei Filter-Anfängern immer und immer wieder sehe, und er gehört zu der Sorte, deren Behebung frustrierend ist. Das Problem besteht in der fehlerhaften Einrichtung der Pipeline-Kette. Es entsteht, wenn nicht jeder Filter den vorhergehenden als übergeordneten Filter einstellt, mit einer XMLReader-Instanz als Ursprung. Schauen Sie sich dieses Codefragment an:

```
public void buildTree(DefaultTreeModel treeModel,
                      DefaultMutableTreeNode base, String xmlURI)
    throws IOException, SAXException {

    // Für das Parsing benötigte Instanzen erzeugen
    XMLReader reader =
        XMLReaderFactory.createXMLReader(vendorParserClass);
    XMLWriter writer =
        new XMLWriter(reader, new FileWriter("snapshot.xml"));
    NamespaceFilter filter =
        new NamespaceFilter(reader,
            "http://www.oreilly.com/javaxml2",
            "http://www.oreilly.com/catalog/javaxml2");
    ContentHandler jTreeContentHandler =
        new JTreeContentHandler(treeModel, base, reader);
    ErrorHandler jTreeErrorHandler = new JTreeErrorHandler();

    // Den Content-Handler registrieren
    reader.setContentHandler(jTreeContentHandler);

    // Den Fehlerhandler registrieren
    reader.setErrorHandler(jTreeErrorHandler);

    // Den Entity-Resolver registrieren
    reader.setEntityResolver(new SimpleEntityResolver());

    // Parsing
```

```
        InputSource inputSource =
            new InputSource(xmlURI);
        reader.parse(inputSource);
}
```

Fällt Ihnen etwas Falsches auf? Das Parsing wird mit der `XMLReader`-Instanz und nicht mit dem Ende der Pipeline-Kette durchgeführt. Darüber hinaus stellt die `NamespaceFilter`-Instanz den XML-Reader als Elternobjekt ein und nicht den `XMLWriter`, der ihr in der Kette vorausgehen sollte. Diese Fehler sind nicht auf den ersten Blick erkennbar und bringen die Pipeline, die Sie sich vorgestellt hatten, völlig durcheinander. In diesem Beispiel findet keine einzige Filterung statt, da das Parsing mit dem Reader und nicht mit den Filtern durchgeführt wird. Wenn Sie diesen Fehler korrigieren, erhalten Sie noch immer keine Ausgabe, da sich der Writer durch den falsch eingestellten übergeordneten Filter des `NamespaceFilters` außerhalb der Pipeline befindet. Die korrekte Festlegung des Elternobjekts bringt Sie weiter, und so erhalten Sie schließlich das Verhalten, das Sie von Anfang an erwartet haben. Seien Sie sehr vorsichtig mit den Elternobjekt-Angaben und dem Parsing, wenn Sie SAX-Pipelines bearbeiten.

Und was kommt jetzt?

Das war eine Menge an Informationen über die Simple API for XML. Obwohl es sicherlich noch einiges zu vertiefen gäbe, sollten die Informationen aus diesem und dem vorigen Kapitel Sie auf fast alles vorbereitet haben, das auf Sie zukommen kann. Natürlich ist SAX nicht die einzige API für die Arbeit mit XML; um ein wahrer XML-Experte zu werden, müssen Sie mit DOM, JDOM, JAXP und weiteren Themen zurechtkommen. Ich werde im nächsten Kapitel beginnen, die nächste API auf dieser Einkaufsliste mit Ihnen zu behandeln, das Document Object Model (DOM).

Bei der Einführung von DOM beginne ich mit den Grundlagen, ähnlich wie im vorigen Kapitel, das Ihnen eine solide Grundlage von SAX vermittelt hat. Sie werden etwas über Baum-APIs erfahren und darüber, inwiefern sich DOM deutlich von SAX unterscheidet, und Sie werden die Hauptklassen von DOM kennenlernen. Ich werde Ihnen eine Beispielanwendung zeigen, die DOM-Bäume serialisiert, und schon bald werden Sie Ihren eigenen DOM-Code schreiben.

KAPITEL 5
DOM

In den vorangehenden Kapiteln habe ich über Java und XML im allgemeinen gesprochen, aber nur SAX im einzelnen beschrieben. Es ist Ihnen sicher bereits bewußt, daß SAX nur eine von mehreren APIs ist, die es ermöglichen, XML-Arbeit mit Java zu erledigen. Dieses Kapitel und das folgende werden Ihre API-Kenntnisse ausweiten, denn ich führe das Document Object Model ein, üblicherweise DOM genannt. Diese API unterscheidet sich ziemlich von SAX und ergänzt sich auf vielfältige Art und Weise mit der Simple API for XML. Sie benötigen beide, und auch die anderen APIs und Werkzeuge im Rest dieses Buches, um ein kompetenter XML-Entwickler zu sein.

Da DOM sich grundlegend von SAX unterscheidet, werde ich eine längere Zeit damit verbringen, die mit DOM verbundenen Konzepte zu behandeln, und erklären, warum es für manche Anwendungen an Stelle von SAX verwendet werden sollte. Die Auswahl irgendeiner XML-API erfordert Kompromisse, und die Wahl zwischen DOM und SAX macht dabei sicherlich keine Ausnahme. Ich werde dann zu dem wohl wichtigsten Thema übergehen: Code. Ich werde Ihnen eine Utility-Klasse vorstellen, die DOM-Bäume serialisiert, etwas, das in der DOM-API selbst derzeit nicht enthalten ist. Dies wird einen ziemlich guten Überblick über die Struktur von DOM und die zugehörigen Klassen bieten und Sie auf fortgeschrittenere Arbeit mit DOM vorbereiten. Schließlich werde ich Ihnen im »Vorsicht Falle!«-Abschnitt einige Problembereiche und wichtige Aspekte von DOM aufzeigen.

Das Document Object Model

Im Gegensatz zu SAX hat das Document Object Model seinen Ursprung beim World Wide Web Consortium (W3C). Während SAX Public Domain-Software ist, die durch lange Diskussionen in der XML-dev-Mailingliste weiterentwickelt wird, ist DOM ein Standard, genau wie die eigentliche XML-Spezifikation. DOM wurde nicht speziell für Java entworfen, sondern um den Inhalt und das Modell von Dokumenten über alle Programmiersprachen und Werkzeuge hinweg darzustellen. Es gibt Bindungen für JavaScript, Java, CORBA und andere Sprachen, was DOM zu einer plattform- und sprachenübergreifenden Spezifikation macht.

Abgesehen davon, daß es sich hinsichtlich der Standardisierung und der Sprachenbindungen von SAX unterscheidet, ist DOM in »Levels« statt in Versionen angeordnet. DOM Level One ist eine anerkannte Empfehlung, und Sie können die vollständige Spezifikation unter *http://www.w3.org/TR/REC-DOM-Level-1/* nachschlagen. Level 1 enthält die Details der Funktionalität und der Navigation durch Inhalte innerhalb eines Dokuments. Ein Dokument in DOM ist nicht nur auf XML beschränkt, sondern kann auch aus HTML und anderen Inhaltsmodellen bestehen! Level 2, das im November 2000 fertiggestellt wurde, baut auf Level 1 auf, indem es Module und Optionen bereitstellt, die für bestimmte Inhaltsmodelle wie XML, HTML und Cascading Style Sheets (CSS) entworfen wurden. Diese weniger allgemeinen Module fangen an, die »Lücken zu schließen«, die von den allgemeineren Werkzeugen in DOM Level 1 zur Verfügung gestellt werden. Sie können die aktuelle Level-2-Empfehlung unter *http://www.w3.org/TR/DOM-Level-2/* nachlesen. An Level 3 wird bereits gearbeitet, und es sollte sogar noch mehr Möglichkeiten für bestimmte Arten von Dokumenten hinzufügen, wie etwa Validierungs-Handler für XML und weitere Bestandteile, die ich in Kapitel 6 behandeln werde.

Sprachenbindungen

Die Verwendung von DOM für eine bestimmte Programmiersprache erfordert einen Satz von Interfaces und Klassen, die DOM als solches definieren und implementieren. Da die beteiligten Methoden nicht speziell in der DOM-Spezifikation dargestellt werden und sich statt dessen auf das Modell eines Dokuments konzentrieren, müssen *Sprachenbindungen* entwickelt werden, um die konzeptionelle Struktur von DOM für dessen Verwendung in Java oder jeder anderen Sprache darzustellen. Diese Sprachenbindungen dienen dann als API, mit der Sie Dokumente auf die Art und Weise manipulieren können, die in der DOM-Spezifikation beschrieben wird.

Ich beschäftige mich in diesem Buch verständlicherweise mit der Java-Sprachenbindung. Die neuesten Java-Bindungen, die DOM-Level-2-Java-Bindungen, können von *http://www.w3.org/TR/DOM-Level-2/java-binding.html* heruntergeladen werden. Die Klassen, die Sie zu Ihrem Klassenpfad hinzufügen können sollten, befinden sich alle im Package org.w3c.dom (und dessen Unter-Packages). Allerdings sollten Sie, bevor Sie sie selbst herunterladen, den XML-Parser und den XSLT-Prozessor überprüfen, die Sie gekauft oder heruntergeladen haben; wie die SAX-Packages sind auch die DOM-Packages oft in diesen Produkten enthalten. Dies garantiert auch eine Übereinstimmung zwischen Ihrem Parser, Ihrem Prozessor und der unterstützten Version von DOM.

Die meisten XSLT-Prozessoren erzeugen eine DOM-Eingabe nicht selbst, sondern verlassen sich statt dessen auf einen XML-Parser, der in der Lage ist, einen DOM-Baum zu erzeugen. Dies dient zur Aufrechterhaltung der sehr lockeren Verbindung zwischen Parser und Prozessor, die auf diese Weise beide durch vergleichbare Produkte ersetzt werden können. Da Apache Xalan standardmäßig Apache Xerces für das XML-Parsing und die DOM-Erzeugung verwendet, ist es der Grad der Unterstützung von DOM durch Xerces, der von Interesse ist. Dasselbe wäre der Fall, wenn Sie Oracles XSLT- und XML-Prozessor und -Parser verwenden würden.[1]

Die Grundlagen

Zusätzlich zu den Grundlagen der DOM-Spezifikation möchte ich Ihnen einige Informationen über die DOM-Programmierstruktur selbst geben. Den Kern von DOM bildet ein Baummodell. Denken Sie daran, daß SAX Ihnen eine stückweise Ansicht eines XML-Dokuments bietet und jedes Ereignis im Parsing-Verlauf meldet, sobald es stattfindet. DOM ist auf vielerlei Art und Weise das Gegenteil davon, es liefert eine komplett im Speicher befindliche Darstellung des Dokuments. Das Dokument wird Ihnen im Baumformat zur Verfügung gestellt und baut vollständig auf dem DOM-Interface org.w3c.dom.Node auf. DOM bietet auch noch einige spezielle, von diesem Interface abgeleitete Interfaces wie Element, Document, Attr und Text. Auf diese Weise könnten Sie in einem typischen XML-Dokument eine Struktur erhalten, die so aussieht wie Abbildung 5-1.

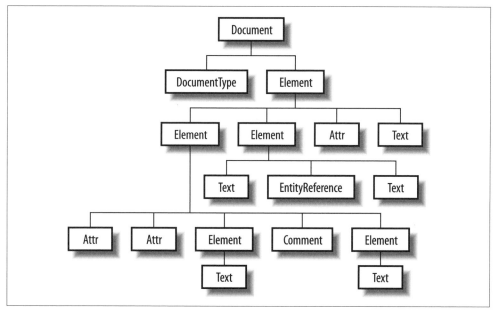

Abbildung 5-1: DOM-Struktur, die XML darstellt

---

[1] Ich möchte nicht ausschließen, daß Sie den Parser eines Herstellers mit dem Prozessor eines anderen Herstellers anwenden können. In den meisten Fällen ist es möglich, einen anderen Parser zur Verwendung zu bestimmen. Allerdings ist es grundsätzlich üblich, die Software eines Herstellers für alles zu verwenden.

Das Baummodell wird in jeder Hinsicht beibehalten. Besonders bemerkenswert ist dies im Falle der Element-Knoten mit Textwerten (wie dem Element titel). Statt daß der Textwert des Knotens durch den Element-Knoten verfügbar gemacht würde (zum Beispiel durch eine Methode getText( )), gibt es einen Kindknoten vom Typ Text. Also würden Sie das Kindobjekt (oder die Kindobjekte) und den Wert des Elements aus dem Text-Knoten selbst erhalten. Auch wenn dies ein bißchen merkwürdig erscheinen könnte, bewahrt es ein sehr strenges Baummodell in DOM und macht es möglich, daß Aufgaben wie das Durchwandern des Baumes sehr einfache Algorithmen ohne Unmengen besonderer Klassen sein können. Wegen seines Modells können alle DOM-Strukturen entweder als ihr allgemeiner Typ, Node oder als ihr jeweiliger spezieller Typ (Element, Attr usw.) behandelt werden. Viele Navigationsmethoden wie getParent( ) und getChildren( ) sind Teil dieses grundlegenden Node-Interfaces. Auf diese Weise können Sie im Baum hinauf- und herunterwandern, ohne sich Gedanken über den richtigen Strukturtyp machen zu müssen.

Ein weiterer Aspekt von DOM, dessen Sie sich bewußt sein sollten, ist, daß es wie SAX seine eigenen Listenstrukturen definiert. Sie werden die Klassen NodeList und NamedNodeMap verwenden müssen, wenn Sie mit DOM arbeiten, anstatt einfach Java-Collections zu nutzen. Je nach Ihrem Standpunkt ist dies weder positiv noch negativ, sondern einfach etwas, das zum Leben gehört. Abbildung 5-2 zeigt ein einfaches Modell der wichtigsten Interfaces und Klassen von DOM im UML-Style, auf das Sie sich bei der Bearbeitung des gesamten restlichen Kapitels beziehen können.

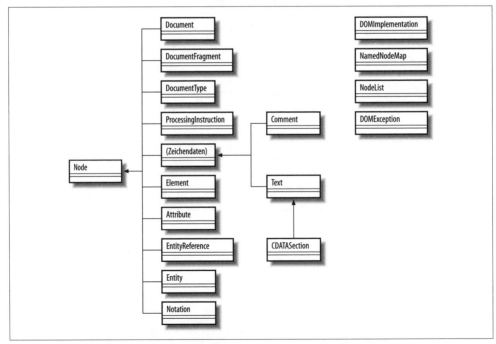

Abbildung 5-2: UML-Modell der DOM-Hauptklassen und -Interfaces

Warum nicht SAX?

Eine letzte konzeptionelle Bemerkung, bevor wir mit dem Code loslegen, denn Anfänger könnten sich fragen, warum sie nicht einfach SAX für die Arbeit mit XML verwenden können. Aber manchmal ist die Verwendung von SAX so effektiv wie die Benutzung eines Hammers, um an einer Wand zu kratzen, es ist einfach nicht das richtige Werkzeug für die entsprechende Aufgabe. Ich nenne hier einige Bereiche, in denen SAX weniger gut geeignet ist.

SAX ist sequentiell

Das sequentielle Modell, das SAX anbietet, erlaubt keinen beliebigen Zugriff auf ein XML-Dokument. Mit anderen Worten: In SAX erhalten Sie Informationen über das XML-Dokument, wenn der Parser sie erhält, und verlieren diese Informationen, wenn der Parser sie verliert. Wenn das zweite Element in einem Dokument erreicht wird, kann es nicht auf Informationen im vierten Element zugreifen, da das Parsing des vierten Elements noch nicht stattgefunden hat. Wenn das vierte Element schließlich doch an der Reihe ist, kann es nicht auf das zweite Element »zurückschauen«. Natürlich steht es Ihnen frei, die vorgefundenen Informationen zu speichern, wenn die Verarbeitung weitergeht; allerdings kann die Programmierung all dieser speziellen Klassen ziemlich tückisch sein. Die andere, extremere Option wäre der Aufbau einer im Speicher befindlichen Darstellung des XML-Dokuments. Wir werden gleich feststellen, daß ein DOM-Parser genau das tut, deshalb wäre die Erledigung derselben Aufgabe in SAX sinnlos – und wahrscheinlich auch langsamer und schwieriger.

SAX-»Geschwister«

Auch der Wechsel von einem Element zu einem nebengeordneten ist mit dem SAX-Modell schwierig. Der durch SAX angebotene Zugriff ist zu einem Großteil hierarchisch, aber auch sequentiell. Sie erreichen die Blattknoten des ersten Elements und wandern dann den Baum wieder aufwärts, dann wieder hinunter zu den Blattknoten des zweiten Elements und so weiter. Zu keinem Zeitpunkt gibt es eine klare Angabe darüber, auf welcher »Ebene« der Hierarchie Sie sich befinden. Obwohl dies durch ein paar clevere Counter nachgerüstet werden kann, ist es nicht das, wofür SAX entworfen wurde. Es gibt kein Konzept eines Geschwisterelements, des nächsten Elements auf derselben Ebene oder für die Bestimmung, welche Elemente in welche anderen Elemente hineinverschachtelt sind.

Das Problem an diesem Informationsmangel ist, daß ein XSLT-Prozessor (näher erläutert in Kapitel 2) in der Lage sein muß, die Geschwister eines Elements zu bestimmen und, noch wichtiger, die Kinder eines Elements. Betrachten Sie den folgenden Codeschnipsel aus einem XSL-Template:

```
<xsl:template match="elternElement">
  <!-- Inhalt zum Ausgabebaum hinzufügen -->
  <xsl:apply-templates select="kindElementEins|kindElementZwei" />
</xsl:template>
```

Hier werden Templates durch das Konstrukt `xsl:apply-templates` angewendet, aber sie werden auf eine bestimmte Knotenmenge angewendet, die dem angegebenen XPath-Ausdruck entspricht. In diesem Beispiel sollte das Template nur auf die Elemente `kindElementEins` oder `kindElementZwei` (getrennt durch den XPath-Oder-Operator, die Pipe) angewandt werden. Außerdem müssen diese direkte Kindobjekte des Elements `elternElement` sein, da ein relativer Pfad verwendet wird. Die Ermittlung und Ortsbestimmung dieser Knoten durch die SAX-Darstellung eines XML-Dokuments wäre äußerst schwierig. Mit Hilfe einer im Speicher befindlichen, hierarchischen Darstellung des XML-Dokuments ist die Ortsbestimmung dieser Knoten trivial – das ist einer der Hauptgründe, warum der DOM-Ansatz sehr häufig für die Eingabe in XSLT-Prozessoren genutzt wird.

Warum SAX überhaupt benutzen?

Die gesamte Diskussion über die »Mängel« von SAX könnte dazu führen, daß Sie sich fragen, warum irgend jemand überhaupt jemals SAX wählen sollte. Aber alle diese Mängel betreffen bestimmte Verwendungszwecke von XML-Daten, in diesem Fall ihre Verarbeitung durch XSL oder die Verwendung des beliebigen Zugriffs zu anderen Zwecken. In der Tat sind alle diese »Probleme« bei der Verwendung von SAX genau der Grund dafür, warum Sie SAX verwenden wollen würden.

Stellen Sie sich das Parsing eines in XML dargestellten Inhaltsverzeichnisses einer Ausgabe von National Geographic vor. Dieses Dokument könnte leicht 500 Zeilen lang sein, sogar noch mehr, wenn diese Ausgabe besonders viel Inhalt hätte. Stellen Sie sich den XML-Index eines O'Reilly-Buches vor: Hunderte von Wörtern mit Seitenzahlen, Querverweisen und anderes. Und das sind alles noch ziemlich kleine, überschaubare Anwendungen von XML. Mit dem XML-Dokument wächst auch dessen im Speicher befindliche Darstellung durch einen DOM-Baum. Stellen Sie sich als nächstes ein XML-Dokument vor, das so groß ist und so viele Verschachtelungen besitzt, daß seine Darstellung unter Verwendung von DOM anfängt, die Performance Ihrer Anwendung zu beeinträchtigen. Und nun stellen Sie sich vor, daß die gleichen Ergebnisse durch sequentielles Parsing des Eingabedokuments mit SAX erzielt werden könnten, wobei es lediglich ein Zehntel oder sogar ein Hundertstel Ihrer Systemressourcen benötigen würde, diese Aufgabe zu erfüllen.

Genau wie es in Java selbst viele verschiedene Möglichkeiten gibt, um die gleiche Aufgabe zu erledigen, gibt es auch viele Möglichkeiten, um die Daten in einem XML-Dokument zu erhalten. In manchen Szenarien ist SAX einfach die bessere Wahl für schnelle, weniger intensive Parsing- und Verarbeitungsabläufe. In anderen Situationen stellt DOM eine einfach zu nutzende, saubere Schnittstelle zu den Daten im gewünschten Format zur Verfügung. Als Entwickler müssen Sie stets Ihre Anwendung und deren Bedürfnisse analysieren, um die richtige Entscheidung darüber zu treffen, welche Methode verwendet werden soll oder wie beide gemeinsam verwendet werden können. Wie immer hängt die Fähigkeit, gute oder schlechte Entscheidungen zu treffen, von Ihrer Kenntnis der Alternativen ab. Während wir das im Hinterkopf behalten, ist es Zeit, daß wir uns DOM in Aktion ansehen.

Serialisierung

Eine der am häufigsten gestellten Fragen zur Anwendung von DOM lautet: »Ich habe einen DOM-Baum, wie kann ich ihn in eine Datei ausgeben?« Diese Frage wird so häufig gestellt, weil die DOM-Levels 1 und 2 kein Standardmittel zur Serialisierung von DOM besitzen. Auch wenn dies ein gewisser Mangel der API ist, stellt es ein großartiges Beispiel für die Verwendung von DOM dar (und wie Sie im nächsten Kapitel sehen werden, bemüht sich DOM Level 3, dieses Problem in den Griff zu bekommen). Um Sie mit DOM vertraut zu machen, werde ich in diesem Abschnitt mit Ihnen eine Klasse durchgehen, die einen DOM-Baum als Eingabe annimmt und diesen Baum in die angegebene Ausgabedatei serialisiert.

Einen DOM-Parser besorgen

Bevor ich über die Ausgabe eines DOM-Baums spreche, gebe ich Ihnen zuerst Informationen darüber, wie Sie einen DOM-Baum erhalten. Um Ihnen ein Beispiel zu liefern, tut der Code in diesem Kapitel nicht mehr, als eine Datei einzulesen, einen DOM-Baum zu erzeugen und diesen DOM-Baum dann wiederum in eine andere Datei zu schreiben. Trotzdem bietet Ihnen dies einen guten Einstieg in DOM und bereitet Sie auf einige fortgeschrittenere Themen im nächsten Kapitel vor.

Daraus ergibt sich, daß es in diesem Kapitel zwei Java-Quelldateien gibt, die von Interesse sind. Die erste ist der Serialisierer selbst, der (wenig überraschend) *DOMSerializer.java* heißt. Die zweite Quelldatei, mit der ich nun beginne, ist *SerializerTest.java*. Diese Klasse nimmt einen Dateinamen für das zu lesende XML-Dokument entgegen und einen weiteren für das Dokument, das serialisiert ausgegeben werden soll. Zusätzlich demonstriert sie, wie das Einlesen und das Parsing einer Datei funktioniert und wie Sie das entstehende DOM-Baumobjekt erhalten, das durch die Klasse org.w3c.dom.Document dargestellt wird. Legen Sie los, und laden Sie diese Klasse von der Website zum Buch herunter, oder geben Sie den Code für die Klasse *SerializerTest.java* ein, der in Beispiel 5-1 gezeigt wird.

Beispiel 5-1: Die Klasse SerializerTest

```
package javaxml2;

import java.io.File;
import org.w3c.dom.Document;

// Parser-Import
import org.apache.xerces.parsers.DOMParser;

public class SerializerTest {

    public void test(String xmlDocument, String outputFilename)
        throws Exception {
```

Beispiel 5-1: Die Klasse SerializerTest (Fortsetzung)

```
        File outputFile = new File(outputFilename);
        DOMParser parser = new DOMParser();

        // Den DOM-Baum als Dokument-Objekt erhalten

        // Serialisieren
    }

    public static void main(String[] args) {
        if (args.length != 2) {
            System.out.println(
                "Verwendung: java javaxml2.SerializerTest " +
                "[Zu lesendes XML-Dokument] " +
                "[Name der Ausgabedatei]");
            System.exit(0);
        }

        try {
            SerializerTest tester = new SerializerTest();
            tester.test(args[0], args[1]);
        } catch (Exception e) {
            e.printStackTrace();
        }
    }
}
```

In dieser Klasse fehlen offensichtlich noch einige Teile, die hier durch die beiden Kommentare in der Methode test( ) dargestellt werden. Ich werde diese in den nächsten beiden Abschnitten nachliefern, wobei ich als erstes das Erzeugen des DOM-Baumobjekts erläutere und anschließend auf die Details der Klasse DOMSerializer selbst eingehe.

DOM-Parser-Ausgabe

Wie Sie sich sicher erinnern, liegt der Interessenschwerpunkt bei SAX auf dem Ablauf des Parsing-Prozesses, denn alle Callback-Methoden versorgen uns mit »Einstiegspunkten« in die Daten, während deren Parsing stattfindet. In DOM liegt der Interessenschwerpunkt dagegen auf dem Ergebnis des Parsing-Prozesses. Bis zu dem Zeitpunkt, zu dem das Dokument vollständig eingelesen, geparst und dem Ausgabebaum hinzugefügt wurde, befinden sich die Daten nicht in einem verwendbaren Zustand. Die Ausgabe eines Parsings, das für die Verwendung mit dem DOM-Interface durchgeführt wird, ist ein org.w3c.dom.Document-Objekt. Dieses Objekt dient als »Handle« auf den Baum, in dem sich Ihre XML-Daten befinden, und in der Elementhierarchie, die ich besprochen habe, ist es äquivalent zu der Ebene direkt oberhalb des Wurzelelements im XML-Eingabedokument.

Da der DOM-Standard sich auf die Manipulation von Daten konzentriert, gibt es eine Vielzahl von Mechanismen, um das Document-Objekt nach einem Parsing zu erhalten. In vielen Implementierungen, etwa bei älteren Versionen des IBM-XML4J-Parsers, gibt die Methode parse() das Document-Objekt zurück. Der Code, um eine solche Implementierung eines DOM-Parsers zu verwenden, würde so aussehen:

```
File outputFile = new File(outputFilename);
DOMParser parser = new DOMParser();
Document doc = parser.parse(xmlDocument);
```

Die meisten neueren Parser, etwa Apache Xerces, folgen dieser Methodik nicht. Um ein Standard-Interface sowohl über SAX- als auch über DOM-Parser aufrechtzuerhalten, gibt die Methode parse() in diesen Parsern void zurück, genau wie bei der Anwendung der Methode parse() in dem SAX-Beispiel. Diese Änderung ermöglicht es einer Anwendung, zwischen einer DOM-Parser-Klasse und einer SAX-Parser-Klasse hin- und herzuwechseln; allerdings erfordert sie eine zusätzliche Methode, um das Document-Objekt zu erhalten, das beim Parsing herauskommt. In Apache Xerces heißt diese Methode getDocument(). Wenn Sie diesen Parsertyp verwenden (wie ich es in dem Beispiel tue), können Sie den folgenden Beispielcode zu Ihrer Methode test() hinzufügen, um den beim Parsing der übergebenen Eingabedatei entstandenen DOM-Baum zu erhalten:

```
    public void test(String xmlDocument, String outputFilename)
        throws Exception {

        File outputFile = new File(outputFilename);
        DOMParser parser = new DOMParser();

        // Den DOM-Baum als Dokument-Objekt erhalten
        parser.parse(xmlDocument);
        Document doc = parser.getDocument();

        // Serialisieren
}
```

Dies setzt natürlich voraus, daß Sie Xerces verwenden, wie auch die import-Anweisung zu Beginn der Quelldatei anzeigt:

```
import org.apache.xerces.parsers.DOMParser;
```

Wenn Sie einen anderen Parser verwenden, müssen Sie diese Import-Anweisung auf die DOM-Parser-Klasse Ihres Herstellers setzen. Sehen Sie anschließend in der Dokumentation Ihres Herstellers nach, um herauszufinden, welche parse()-Mechanismen Sie anwenden müssen, um das DOM-Ergebnis Ihres Parsings zu erhalten. In Kapitel 7 werde ich die JAXP-API von Sun und andere Möglichkeiten betrachten, den Zugriff auf einen DOM-Baum aus jeder Parser-Implementierung heraus zu standardisieren. Obwohl es in der genauen Vorgehensweise zum Erhalten dieses Ergebnisses gewisse Variationen gibt, sind alle Verwendungen dieses Ergebnisses, die wir uns anschauen, Standards in der DOM-Spezifikation, so daß Sie sich keine Sorgen über weitere Implementierungshindernisse im Rest dieses Kapitels machen müssen.

DOMSerializer

Ich habe nun schon eine Weile mit dem Begriff *Serialisierung* um mich geworfen und sollte wahrscheinlich sicherstellen, daß Sie wissen, was ich meine. Wenn ich Serialisierung sage, meine ich einfach die XML-Ausgabe. Dies könnte eine Datei sein (durch die Verwendung des Java-Objekts File), ein OutputStream oder ein Writer. Es sind in Java sicherlich noch mehr Ausgabearten verfügbar, aber diese drei decken die meisten Fälle ab (tatsächlich tun das nur die beiden letzteren, da ein File sich leicht in einen Writer konvertieren läßt, aber daß ein File akzeptiert wird, ist eine nette Annehmlichkeit). In diesem Fall findet die Serialisierung in ein XML-Format statt; der DOM-Baum wird in ein wohlgeformtes XML-Dokument im Textformat zurückkonvertiert. Es ist wichtig anzumerken, daß das XML-Format verwendet wird, denn Sie könnten Code-Serialisierer leicht benutzen, um HTML, WML, XHTML oder irgendein anderes Format zu schreiben. In der Tat bietet Apache Xerces diese verschiedenen Klassen an, und ich werde sie am Ende dieses Kapitels kurz ansprechen.

Loslegen

Damit Sie über die Einleitung hinauskommen, finden Sie in Beispiel 5-2 das Grundgerüst für die Klasse DOMSerializer. Es importiert alle benötigten Klassen, um den Code in Gang zu setzen, und definiert die verschiedenen Einstiegspunkte (für File, OutputStream und Writer) in die Klasse. Zwei dieser drei Methoden verweisen einfach auf die dritte (mit ein wenig I/O-Magie). Das Beispiel stellt auch die Werte einiger Instanzvariablen ein, die für die Art der Einrückung und des Zeilenumbruchs verwendet werden, sowie Methoden, um diese Eigenschaften zu modifizieren.

Beispiel 5-2: Das DOMSerializer-Grundgerüst

```
package javaxml2;

import java.io.File;
import java.io.FileWriter;
import java.io.IOException;
import java.io.OutputStream;
import java.io.OutputStreamWriter;
import java.io.Writer;
import org.w3c.dom.Document;
import org.w3c.dom.DocumentType;
import org.w3c.dom.NamedNodeMap;
import org.w3c.dom.Node;
import org.w3c.dom.NodeList;

public class DOMSerializer {

    /** Zu verwendende Einrückung */
    private String indent;
```

Beispiel 5-2: Das DOMSerializer-Grundgerüst (Fortsetzung)

```
    /** Zu verwendender Zeilentrenner */
    private String lineSeparator;

    public DOMSerializer( ) {
        indent = "";
        lineSeparator = "\n";
    }

    public void setLineSeparator(String lineSeparator) {
        this.lineSeparator = lineSeparator;
    }

    public void serialize(Document doc, OutputStream out)
        throws IOException {

        Writer writer = new OutputStreamWriter(out);
        serialize(doc, writer);
    }

    public void serialize(Document doc, File file)
        throws IOException {

        Writer writer = new FileWriter(file);
        serialize(doc, writer);
    }

    public void serialize(Document doc, Writer writer)
        throws IOException {

        // Dokument serialisieren
    }
}
```

Nachdem dieser Code in der Quelldatei *DOMSerializer.java* gespeichert ist, wird das Ganze mit derjenigen Version der Methode serialize( ) abgeschlossen, die einen Writer als Argument annimmt. Angenehm und sauber.

Die Serialisierung in Gang setzen

Nachdem die Serialisierung in Gang gesetzt wurde, ist es an der Zeit, den Prozeß zu definieren, der sich um das Durcharbeiten des DOM-Baums kümmert. Ein bereits erwähnter angenehmer Aspekt von DOM ist, daß all diese speziellen DOM-Strukturen, die XML repräsentieren (inklusive des Document-Objekts), das DOM-Interface Node erweitern. Dies ermöglicht die Programmierung einer einzelnen Methode, die die Serialisierung sämtlicher DOM-Knotentypen übernimmt. Innerhalb dieser Methode können Sie zwischen Knotentypen unterscheiden; aber indem sie ein Node-Objekt als Eingabe annimmt, bietet sie eine sehr einfache Möglichkeit, mit allen DOM-Typen umzugehen. Zusätzlich wird eine Methodik aufgebaut, die die Rekursion ermöglicht, den besten Freund aller Programmierer. Fügen Sie die hier gezeigte Methode serializeNode( ) hinzu, genau wie den initialen Aufruf dieser Methode in der Methode serialize( ) – den gemeinsamen Startpunkt des soeben besprochenen Codes:

```
public void serialize(Document doc, Writer writer)
    throws IOException {

    // Serialisierungsrekursion ohne Einrückung starten
    serializeNode(doc, writer, "");
    writer.flush( );
}

public void serializeNode(Node node, Writer writer,
                          String indentLevel)
    throws IOException {
}
```

Darüber hinaus wird die Variable indentLevel eingerichtet; diese stellt gewissermaßen die Rekursionstiefe dar. Mit anderen Worten: Die Methode serializeNode( ) kann anzeigen, wie weit der gerade bearbeitete Knoten eingerückt werden sollte, und wenn eine Rekursion stattfindet, kann sie eine weitere Einrückungsstufe hinzufügen (durch die Verwendung der Instanzvariable indent). Zu Beginn – mit der Methode serialize( ) – ist ein leerer String für die Einrückung eingestellt; auf der nächsten Stufe sind es zwei Leerzeichen für die Einrückung, dann vier Leerzeichen auf der nächsten Stufe und so weiter. Natürlich wird am Schluß jeder Rekursionsstufe auch die Einrückung Schritt für Schritt zurückgenommen. Alles, was nun übrig bleibt, ist die Behandlung der unterschiedlichen Knotentypen.

Mit Knoten arbeiten

Nach dem Start der Methode serializeNode( ) besteht die erste Aufgabe darin herauszufinden, welcher Typ von Knoten ihr übergeben wurde. Auch wenn Sie dies mit Hilfe einer typischen Java-Lösung erreichen könnten, indem Sie das Schlüsselwort instanceof und Java-Reflection verwenden, vereinfachen die DOM-Sprachenbindungen für Java diese Aufgabe erheblich. Das Interface Node definiert die Hilfsmethode getNodeType( ), die einen ganzzahligen Wert zurückgibt. Dieser Wert kann mit einem Satz von Konstanten verglichen werden (die ebenfalls im Interface Node definiert sind), so daß der Typ des untersuchten Knotens schnell und einfach ermittelt werden kann. Dies paßt auch auf sehr natürliche Weise zu dem Java-Konstrukt switch, das verwendet werden kann, um die Serialisierung in einzelne logische Abschnitte zu unterteilen. Der hier dargestellte Code umfaßt so gut wie alle DOM-Knotentypen; auch wenn noch einige weitere Knotentypen definiert wurden (siehe Abbildung 5-2), sind dies die häufigsten, und die hier gezeigten Konzepte können auch auf die weniger häufig genutzten Knotentypen angewendet werden:

```
public void serializeNode(Node node, Writer writer,
                          String indentLevel)
    throws IOException {
```

```
            // Je nach Knotentyp die Aktion bestimmen
            switch (node.getNodeType()) {
                case Node.DOCUMENT_NODE:
                    break;

                case Node.ELEMENT_NODE:
                    break;

                case Node.TEXT_NODE:
                    break;

                case Node.CDATA_SECTION_NODE:
                    break;

                case Node.COMMENT_NODE:
                    break;

                case Node.PROCESSING_INSTRUCTION_NODE:
                    break;

                case Node.ENTITY_REFERENCE_NODE:
                    break;

                case Node.DOCUMENT_TYPE_NODE:
                    break;
            }
        }
```

Dieser Code ist zwar recht nutzlos, aber er stellt alle DOM-Knotentypen übersichtlich und der Reihe nach dar, anstatt sie mit einer Masse Code zu vermischen, der für die eigentliche Serialisierung benötigt wird. Mit letzterem möchte ich aber nun beginnen, angefangen beim ersten Knoten, der an diese Methode übergeben wird: einer Instanz des Interfaces Document.

Da das Interface Document eine Erweiterung des Interfaces Node ist, kann es genau wie alle anderen Knotentypen behandelt werden. Allerdings ist es ein Spezialfall, da es das Wurzelelement enthält, außerdem die DTD des XML-Dokuments und einige weitere Spezialinformationen, die nicht Teil der XML-Elementhierarchie sind. Daraus folgt, daß Sie das Wurzelelement extrahieren und an die Serialisierungsmethode zurückgeben müssen (und so die Rekursion starten). Darüber hinaus wird die XML-Deklaration als solche ausgegeben:

```
                case Node.DOCUMENT_NODE:
                    writer.write("<?xml version=\"1.0\"?>");
                    writer.write(lineSeparator);

                    Document doc = (Document)node;
                    serializeNode(doc.getDocumentElement(), writer, "");
                    break;
```

DOM Level 2 (genau wie SAX 2.0) stellt die XML-Deklaration nicht dar. Das sieht nicht nach einem großen Problem aus, solange Sie berücksichtigen, daß die Codierung des Dokuments in dieser Deklaration enthalten ist. Es ist zu erwarten, daß sich DOM Level 3 um diesen Mangel kümmert; ich werde das im nächsten Kapitel behandeln. Seien Sie vorsichtig, und schreiben Sie keine DOM-Anwendungen, die von dieser Information abhängen, bis diese Funktion verfügbar ist.

Da dieser Code auf eine Document-spezifische Methode zugreifen muß (im Gegensatz zu einer im allgemeinen Node-Interface definierten), muß die Node-Implementierung per Typecasting in den Datentyp Document-Interface umgewandelt werden. Rufen Sie anschließend die Methode getDocumentElement( ) des Objekts auf, um das Wurzelelement des eingegebenen XML-Dokuments zu erhalten, und geben Sie dieses wiederum an die Methode serializeNode( ) weiter, wodurch die Rekursion und die Durchschreitung des DOM-Baums beginnt.

Selbstverständlich besteht die häufigste Aufgabe bei der Serialisierung darin, ein DOM-Element entgegenzunehmen und seinen Namen, seine Attribute und seinen Wert auszugeben und dann seine Kind-Elemente auszugeben. Sie vermuten richtig, daß all diese Tätigkeiten leicht durch den Aufruf von DOM-Methoden erledigt werden können. Als erstes müssen Sie den Namen des XML-Elements ermitteln, der durch die Methode getNodeName( ) des Interfaces Node zur Verfügung steht. Der Code muß sich anschließend um die Kindobjekte des aktuellen Elements kümmern und diese ebenfalls serialisieren. Auf die Kindobjekte eines Nodes kann mit Hilfe der Methode getChildNodes( ) zugegriffen werden, die eine Instanz einer DOM-NodeList zurückgibt. Es ist trivial, die Länge dieser Liste zu ermitteln und dann iterativ die Kindobjekte durchzugehen, die Serialisierungsmethode für jedes davon aufzurufen und dadurch die Rekursion fortzusetzen. Es gibt auch eine gewisse Logik, die für korrekte Einrückung und Zeilenumbrüche sorgt; dies sind wirklich nur Formatierungsprobleme, mit denen ich hier keine Zeit verbringen werde. Zum Schluß kann die schließende Klammer des Elements ausgegeben werden:

```
case Node.ELEMENT_NODE:
    String name = node.getNodeName( );
    writer.write(indentLevel + "<" + name);
    writer.write(">");

    // Rekursion über jedes Kindobjekt
    NodeList children = node.getChildNodes( );
    if (children != null) {
        if ((children.item(0) != null) &&
            (children.item(0).getNodeType( ) ==
            Node.ELEMENT_NODE)) {

            writer.write(lineSeparator);
        }
        for (int i=0; i<children.getLength( ); i++) {
            serializeNode(children.item(i), writer,
                indentLevel + indent);
```

```
        }
        if ((children.item(0) != null) &&
            (children.item(children.getLength()-1)
                    .getNodeType() ==
            Node.ELEMENT_NODE)) {

            writer.write(indentLevel);
        }
    }

    writer.write("</" + name + ">");
    writer.write(lineSeparator);
    break;
```

Natürlich werden besonders aufmerksame Leser (oder DOM-Experten) bemerken, daß ich etwas Wichtiges ausgelassen habe: die Attribute des Elements! Diese bilden die einzige vermeintliche Ausnahme von dem strengen Baum, den DOM aufbaut. Sie sollten aber auch eine Ausnahme sein, da ein Attribut kein richtiges Kind eines Elements ist; es ist ihm gewissermaßen nebengeordnet. Im Grunde genommen ist die Beziehung ein wenig verworren. Auf jeden Fall sind die Attribute eines Elements durch die Methode getAttributes() des Node-Interfaces verfügbar. Diese Methode gibt eine NamedNodeMap zurück, und auch diese kann iterativ durchwandert werden. Von jedem Node innerhalb dieser Liste kann der Name und der Wert ermittelt werden, und plötzlich werden die Attribute verarbeitet! Geben Sie den Code wie hier dargestellt ein, um sich darum zu kümmern:

```
case Node.ELEMENT_NODE:
    String name = node.getNodeName();
    writer.write(indentLevel + "<" + name);
    NamedNodeMap attributes = node.getAttributes();
    for (int i=0; i<attributes.getLength(); i++) {
        Node current = attributes.item(i);
        writer.write(" " + current.getNodeName() +
                "=\"" + current.getNodeValue() +
                "\"");
    }
    writer.write(">");

    // Rekursion über jedes Kindobjekt
    NodeList children = node.getChildNodes();
    if (children != null) {
        if ((children.item(0) != null) &&
            (children.item(0).getNodeType() ==
            Node.ELEMENT_NODE)) {

            writer.write(lineSeparator);
        }
         for (int i=0; i<children.getLength(); i++) {
            serializeNode(children.item(i), writer,
                indentLevel + indent);
        }
```

```
            if ((children.item(0) != null) &&
                (children.item(children.getLength()-1)
                    .getNodeType() ==
                Node.ELEMENT_NODE)) {

                writer.write(indentLevel);
            }
        }

        writer.write("</" + name + ">");
        writer.write(lineSeparator);
        break;
```

Als nächstes in der Liste der Knotentypen haben wir die Text-Knoten. Die Ausgabe ist recht einfach, da Sie lediglich die bereits bekannte Methode getNodeValue() des DOM-Interfaces Node verwenden müssen, um die Textdaten zu erhalten und auszugeben; das gleiche gilt für CDATA-Knoten, außer daß die Daten aus einem CDATA-Bereich in die XML-CDATA-Schreibweise eingeschlossen werden müssen (von <![CDATA[und]]> umgeben). Sie können diese Programmschritte jetzt an den beiden passenden case-Positionen einfügen:

```
        case Node.TEXT_NODE:
            writer.write(node.getNodeValue());
            break;

        case Node.CDATA_SECTION_NODE:
            writer.write("<![CDATA[" +
                    node.getNodeValue() + "]]>");
            break;
```

Der Umgang mit Kommentaren in DOM ist fast so leicht, wie er nur sein könnte. Die Methode getNodeValue() gibt den Text zwischen den XML-Konstrukten <!-- und --> zurück. Das ist wirklich alles, was zu tun ist; betrachten Sie den hinzugefügten Code:

```
        case Node.COMMENT_NODE:
            writer.write(indentLevel + "<!-- " +
                    node.getNodeValue() + " -->");
            writer.write(lineSeparator);
            break;
```

Machen wir mit dem nächsten DOM-Knotentyp weiter: Die DOM-Bindungen für Java definieren ein Interface für den Umgang mit Processing Instructions (PIs; Verarbeitungsanweisungen), die sich im eingegebenen XML-Dokument befinden, das recht einleuchtend als ProcessingInstruction bezeichnet wird. Dies ist nützlich, da diese Anweisungen nicht dem gleichen Auszeichnungsmodell folgen wie XML-Elemente und -Attribute, die Anwendungen sie aber dennoch kennen müssen. In dem Inhaltsverzeichnis-XML-Dokument befinden sich keine PIs (auch wenn es einfach wäre, zum Testen welche hinzuzufügen).

Der PI-Knoten in DOM stellt eine gewisse Ausnahme von allem dar, was Sie bisher gesehen haben: Damit die Syntax in das Modell des Node-Interfaces paßt, gibt die Methode getNodeValue() alle in einer PI enthaltenen Daten in einem String zurück. Dies ermöglicht die schnelle Ausgabe der PI; allerdings müssen Sie noch getNodeName( ) verwenden, um den Namen der PI zu erhalten. Würden Sie eine Anwendung schreiben, die PIs von einem XML-Dokument empfängt, könnte es Ihnen lieber sein, das eigentliche Interface ProcessingInstruction zu verwenden; auch wenn es die gleichen Daten liefert, sind die Methodennamen (getTarget( ) und getData( )) eher im Einklang mit dem Format einer PI. Wenn Sie das verstanden haben, können Sie Code hinzufügen, um sämtliche PIs in den eingegebenen XML-Dokumenten auszugeben:

```
case Node.PROCESSING_INSTRUCTION_NODE:
    writer.write("<?" + node.getNodeName( ) +
                 " " + node.getNodeValue( ) +
                 "?>");
    writer.write(lineSeparator);
    break;
```

Obwohl der Code für den Umgang mit PIs perfekt funktioniert, gibt es ein Problem. In dem Fall, in dem Dokumentknoten verarbeitet wurden, bestand die Aufgabe des Serialisierers darin, beim Dokument-Element zu beginnen und alles rekursiv durchzugehen. Das Problem ist, daß bei diesem Ansatz alle anderen Kindknoten des Document-Objekts ignoriert werden, etwa PIs der obersten Ebene und alle DOCTYPE-Deklarationen. Diese Knotentypen sind dem Dokument-Element (Wurzelelement) *nebengeordnet* und werden ignoriert. Anstatt nur das Dokument-Element durchzuarbeiten, serialisiert der folgende Code nun *alle* Kindknoten des übergebenen Document-Objekts:

```
case Node.DOCUMENT_NODE:
    writer.write("<?xml version=\"1.0\"?>");
    writer.write(lineSeparator);

    // Rekursion über alle Kindobjekte
    NodeList nodes = node.getChildNodes();
    if (nodes != null) {
        for (int i=0; i<nodes.getLength(); i++) {
            serializeNode(nodes.item(i), writer, "");
        }
    }
    /*
    Document doc = (Document)node;
    serializeNode(doc.getDocumentElement(), writer, "");
    */
    break;
```

Nachdem dies eingerichtet ist, kann der Code mit DocumentType-Knoten umgehen, die eine DOCTYPE-Deklaration darstellen. Wie PIs kann auch eine DTD-Deklaration bei der Darlegung externer Informationen behilflich sein, die bei der Verarbeitung eines XML-Dokuments benötigt werden könnten. Allerdings – da es sowohl Public- und System-IDs als auch andere DTD-spezifische Daten gibt – muß der Code die Node-Instanz durch Typecasting in den Typ des DocumentType-Interfaces umwandeln, um auf diese zusätzlichen Daten zugreifen zu können. Anschließend können Sie Hilfsmethoden verwenden, um den Namen des Node-Objekts zu erhalten, das den Namen des beschränkten Elements im Dokument zurückgibt, sowie die Public-ID (falls vorhanden) und die System-ID der DTD, auf die Bezug genommen wird. Unter Verwendung dieser Informationen kann die ursprüngliche DTD serialisiert werden:

```
case Node.DOCUMENT_TYPE_NODE:
    DocumentType docType = (DocumentType)node;
    writer.write("<!DOCTYPE " + docType.getName());
    if (docType.getPublicId() != null) {
        System.out.print(" PUBLIC \"" +
            docType.getPublicId() + "\" ");
    } else {
        writer.write(" SYSTEM ");
    }
    writer.write("\"" + docType.getSystemId() + "\">");
    writer.write(lineSeparator);
    break;
```

Was an dieser Stelle noch übrigbleibt, ist die Behandlung von Entities und Entity-Referenzen. In diesem Kapitel werde ich die Entities im Schnelldurchlauf behandeln und mich auf Entity-Referenzen konzentrieren; weitere Details über Entities und ihre Notation folgen im nächsten Kapitel. Um es hier kurz zu machen, kann eine Referenz einfach umgeben von den Zeichen & und ; ausgegeben werden:

```
case Node.ENTITY_REFERENCE_NODE:
    writer.write("&" + node.getNodeName() + ";");
    break;
```

Es gibt ein paar Überraschungen, die Sie in die Falle locken können, wenn es zur Ausgabe eines Knotens wie diesem kommt. Die Definition, wie Entity-Referenzen innerhalb von DOM verarbeitet werden sollten, erlaubt eine Menge Spielraum und hängt sehr stark vom Verhalten des darunterliegenden Parsers ab. In der Tat haben die meisten Parser Entity-Referenzen längst aufgelöst und verarbeitet, bevor die Daten des XML-Dokuments in den DOM-Baum gelangen. Wenn Sie erwarten, innerhalb Ihrer DOM-Struktur eine Entity-Referenz zu sehen, werden Sie oft den Text oder die Werte vorfinden, auf die *zugegriffen* wird, statt die Entity-Referenz selbst. Um dies mit Ihrem Parser zu testen, sollten Sie die Klasse `SerializerTest` mit dem Dokument *contents.xml* starten (was ich im nächsten Abschnitt behandeln werde) und prüfen, was mit der Entity-Referenz OReilly-Copyright geschieht. In Apache-Xerces wird diese übrigens als Entity-Referenz weitergegeben.

Und das war's! Wie ich bereits erwähnte, gibt es noch ein paar andere Knotentypen, aber deren Behandlung ist im Moment die Mühe nicht wert; Sie haben eine Idee davon erhalten, wie DOM arbeitet. Im nächsten Kapitel führe ich Sie dann tiefer hinein, als Sie wahrscheinlich je gehen wollten. Für den Augenblick wollen wir die Stücke zusammensetzen und ein paar Ergebnisse sehen.

Die Ergebnisse

Nach der Fertigstellung der Klasse `DOMSerializer` fehlt nur noch der Aufruf der Methode `serialize( )` des Serialisierers aus der Testklasse heraus. Um dies zu tun, fügen Sie die folgenden Zeilen zur Klasse `SerializerTest` hinzu:

```
public void test(String xmlDocument, String outputFilename)
    throws Exception {

    File outputFile = new File(outputFilename);
    DOMParser parser = new DOMParser( );

    // Den DOM-Baum als Document-Objekt entgegennehmen
    parser.parse(xmlDocument);
    Document doc = parser.getDocument( );

    // Serialisieren
    DOMSerializer serializer = new DOMSerializer( );
    serializer.serialize(doc, new File(outputFilename));
}
```

Diese ziemlich einfache Erweiterung vervollständigt die Klassen, und Sie können das Beispiel mit der Datei *contents.xml* aus Kapitel 2 wie folgt starten:

```
C:\javaxml2\build>java javaxml2.SerializerTest
    c:\javaxml2\ch05\xml\contents.xml
    output.xml
```

Auch wenn Sie hier keine besonders aufregende Ausgabe erhalten, können Sie die neu erzeugte Datei *output.xml* öffnen und auf ihre Korrektheit überprüfen. Sie sollte sämtliche Informationen des ursprünglichen XML-Dokuments enthalten, mit den Unterschieden, die wir bereits in den vorangegangenen Abschnitten besprochen haben. Ein Teil meiner eigenen *output.xml*-Datei wird in Beispiel 5-3 gezeigt.

Beispiel 5-3: Ein Teil des serialisierten DOM-Baums output.xml

```
<?xml version="1.0" encoding="ISO-8859-1"?>
<!DOCTYPE buch SYSTEM "DTD/JavaXML.dtd">
<!-- Java und XML Inhalt -->
<book xmlns="http://www.oreilly.com/javaxml2"
     xmlns:ora="http://www.oreilly.com">
  <titel ora:serie="Java">Java und XML</titel>


  <!-- Kapitelliste -->

  <inhalt>
    <kapitel nummer="2" titel="Ans Eingemachte">
      <thema name="Die Grundlagen"></thema>

      <thema name="Beschränkungen"></thema>
```

Beispiel 5-3: Ein Teil des serialisierten DOM-Baums output.xml (Fortsetzung)

```
    <thema name="Transformationen"></thema>

    <thema name="Und mehr..."></thema>

    <thema name="Und was kommt jetzt?"></thema>

</kapitel>
```

Ihnen ist wahrscheinlich aufgefallen, daß es in der Ausgabe eine ziemliche Menge an zusätzlichem Whitespace gibt; das kommt daher, daß der Serialisierer bei jedem Vorkommen von `writer.write(lineSeparator)` im Code einige Zeilenumbrüche hinzufügt. Natürlich enthält der darunterliegende DOM-Baum auch schon einige Zeilenumbrüche, die als `Text`-Knoten gemeldet werden. Das Endergebnis sind in vielen Fällen doppelte Zeilenumbrüche, wie Sie in der Ausgabe sehen.

Ich möchte noch einmal deutlich betonen, daß die in diesem Beispiel gezeigte Klasse `DOMSerializer` Beispielzwecken dient und keine gute Produktionslösung darstellt. Auch wenn es Ihnen freisteht, die Klasse in Ihren eigenen Anwendungen zu verwenden, sollten Sie beachten, daß einige wichtige Optionen außen vor bleiben, wie etwa die Codierung und das Einstellen genauerer Optionen für Einrückung, Zeilenumbrüche und automatische Zeilenwechsel. Darüber hinaus werden Entity-Referenzen nur durch ihre Weitergabe behandelt (ihre vollständige Bearbeitung wäre doppelt so lang wie das gesamte bisherige Kapitel!). Ihr Parser besitzt wahrscheinlich seine eigene Serialisierer-Klasse, die diese Aufgabe mindestens genausogut erfüllt wie das Beispiel in diesem Kapitel, wenn nicht sogar besser. Allerdings sollten Sie jetzt verstehen, was in diesen Klassen unter der Kühlerhaube passiert. Wenn Sie – als Referenzbeispiel – Apache Xerces verwenden, befinden sich die Klassen, nach denen Sie Ausschau halten sollten, in dem Paket `org.apache.xml.serialize`. Einige besonders nützliche sind `XMLSerializer`, `XHTMLSerializer` und `HTMLSerializer`. Probieren Sie sie aus – sie bieten eine gute Lösung, bis DOM Level 3 mit einer Standardlösung aufwartet.

Wandelbarkeit

Eine grobe Auslassung in diesem Kapitel ist das Thema der Modifikation eines DOM-Baums. Das geschah nicht versehentlich; die Arbeit mit DOM ist erheblich komplexer als mit SAX. Anstatt Sie in einer Fülle von Informationen untergehen zu lassen, wollte ich zunächst einen klaren Überblick über die verschiedenen in DOM verwendeten Knotentypen und Strukturen geben. Im nächsten Kapitel – neben der Betrachtung einiger speziellerer Aspekte der DOM-Levels 2 und 3 – werde ich die Wandelbarkeit der DOM-Bäume ansprechen, insbesondere, wie DOM-Bäume erzeugt werden. Also keine Panik – Hilfe ist in Sicht!

Vorsicht Falle!

Wie in früheren Kapiteln möchte ich auch hier einige der üblichen Stolperfallen für unerfahrene XML-Java-Entwickler näher betrachten. In diesem Kapitel habe ich mich auf das Document Object Model konzentriert, und dieser Abschnitt behält diesen Blickwinkel bei. Obwohl einige der hier vorgestellten Punkte eher informativ sind und nicht direkt Ihre Programmierung betreffen, können sie dabei helfen, Entwurfsentscheidungen über die Anwendung von DOM zu treffen, und tragen zum Verständnis dessen bei, was unter der Kühlerhaube Ihrer XML-Anwendungen passiert.

Speicher, Performance und »verzögertes DOM«

Vorhin habe ich die Gründe für die Verwendung von DOM oder SAX beschrieben. Obwohl ich bereits betont habe, daß die Verwendung von DOM es erfordert, daß das gesamte XML-Dokument in den Speicher geladen und in einer Baumstruktur abgelegt wird, kann dieses Thema nicht oft genug zur Sprache gebracht werden. Allzu häufig ist das Szenario, in dem ein Entwickler seine ausufernde Sammlung komplexer XML-Dokumente in einen XSLT-Prozessor lädt, mit einer Reihe von Offline-Transformationen beginnt und dann den Prozeß verläßt, um einen Happen zu essen. Bei seiner Rückkehr stellt er fest, daß sein Windows-Rechner den gefürchteten »Blue Screen of Death« zeigt und daß seine Linux-Box sich über Speicherprobleme beschwert. Machen Sie es nicht wie dieser Entwickler und wie Hunderte andere, sondern hüten Sie sich vor DOM bei übertrieben großen Datenmengen!

Die Anwendung von DOM erfordert eine Speichermenge, die proportional zu der Größe und Komplexität eines XML-Dokuments ist. Allerdings sollten Sie sich ein wenig mehr in die Dokumentation Ihres Parsers vertiefen. Oft enthalten moderne Parser eine Funktion, die auf etwas basiert, das üblicherweise »verzögertes DOM« (*deferred DOM*) genannt wird. Ein verzögertes DOM versucht, den Speicherverbrauch bei der Benutzung von DOM zu vermindern, indem es nicht sämtliche von einem DOM-Knoten benötigten Informationen liest und zuweist, bis dieser Knoten selbst angefordert wird. Bis zu diesem Zeitpunkt werden die existierenden, aber nicht verwendeten Knoten einfach auf null gesetzt. Dies vermindert die Speicherbelastung für große Dokumente, wenn nur ein bestimmter Teil des Dokuments verarbeitet werden muß. Beachten Sie jedoch, daß mit dieser Einsparung von Speicher ein zusätzlicher Bedarf an Arbeit einhergeht. Da die Knoten sich nicht im Speicher befinden und mit Daten gefüllt werden müssen, wenn sie angefordert werden, wird grundsätzlich mehr Wartezeit fällig, wenn ein zuvor nicht angesprochener Knoten angefordert wird. Es ist ein Kompromiß. Allerdings kann ein verzögertes DOM Ihnen oft das Leben retten, wenn Sie mit großen Dokumenten hantieren müssen.

Polymorphie und das Interface Node

An früherer Stelle in diesem Kapitel habe ich das Baummodell hervorgehoben, auf dem DOM aufbaut. Ich habe Ihnen auch erzählt, daß der Schlüssel dazu ein gemeinsames Interface ist, org.w3c.dom.Node. Diese Klasse stellt eine gemeinsame Funktionalität für alle DOM-Klassen zur Verfügung, aber manchmal bietet sie noch mehr. Zum Beispiel definiert diese Klasse eine Methode namens getNodeValue( ), die einen String zurückgibt. Klingt nach einer guten Idee, oder? Ohne den Node durch Casting in einen bestimmten Typ umwandeln zu müssen, können Sie schnell seinen Wert erhalten. Allerdings wird das Ganze etwas kritisch, wenn Sie Typen wie Element betrachten. Sie erinnern sich vielleicht, daß ein Element keinen Textinhalt besitzt, sondern statt dessen Kindobjekte vom Typ Text. Also hat ein Element in DOM keinen Wert, der von Bedeutung wäre; das Ergebnis ist, daß Sie so etwas wie #ELEMENT# erhalten. Der genaue Wert hängt vom jeweiligen Parser ab, aber Sie verstehen bestimmt, was ich meine.

Das gleiche trifft auch auf andere Methoden des Interfaces Node zu, wie etwa getNodeName( ). Für Text-Knoten erhalten Sie #TEXT#, was Ihnen nicht besonders weiterhilft. Worin besteht denn hier genau die Falle? Sie müssen einfach vorsichtig sein, wenn Sie das Node-Interface für unterschiedliche DOM-Typen verwenden. Sie könnten sonst bei aller Bequemlichkeit des gemeinsamen Interfaces einige unerwartete Ergebnisse erhalten.

DOM-Parser, die SAX-Exceptions auslösen

In dem Beispiel über die Verwendung von DOM in diesem Kapitel habe ich nicht ausdrücklich die Exceptions aufgelistet, die beim Parsing eines Dokuments auftreten könnten; statt dessen wurde eine allgemeinere Exception höherer Ebene abgefangen. Das ist so, weil der Prozeß der DOM-Baum-Erzeugung, wie ich bereits erwähnte, der Parser-Implementierung überlassen bleibt und deshalb nicht immer gleich ist. Allerdings ist es üblicherweise guter Stil, spezifische Exceptions abzufangen, die auftreten können, und unterschiedlich auf sie zu reagieren, da die Art der Exception Informationen über das aufgetretene Problem liefert. Wenn wir den Parser-Aufruf in der Klasse SerializerTest auf diese Weise neu schreiben, könnte ein überraschender Aspekt dieses Prozesses zu Tage treten. Für Apache Xerces könnte dies folgendermaßen erledigt werden:

```
public void test(String xmlDocument, String outputFilename)
    throws Exception {
    Document doc = null;

    try {
        File outputFile = new File(outputFilename);
        DOMParser parser = new DOMParser( );
        parser.parse(xmlDocument);
        doc = parser.getDocument( );
    } catch (IOException e) {
        System.out.println("Fehler beim Lesen von URI: " + e.getMessage( ));
```

```
        } catch (SAXException e) {
            System.out.println("Fehler beim Parsing: " + e.getMessage());
        }

        // Serialisieren
        DOMSerializer serializer = new DOMSérializer();
        serializer.serialize(doc, new File(outputFilename));
    }
```

Die `IOException` hier zu finden, sollte keine Überraschung sein, da sie einen Fehler beim Auffinden der angegebenen Datei anzeigt, genau wie in den früheren SAX-Beispielen. Etwas anderes aus dem SAX-Bereich könnte Sie zu dem Gedanken verleiten, daß etwas nicht stimmt; haben Sie die `SAXException` bemerkt, die ausgelöst werden kann? Der DOM-Parser löst eine SAX-Exception aus? Sicher habe ich den falschen Satz von Klassen importiert! Nein, doch nicht; es sind die richtigen Klassen. Wie Sie sich bestimmt erinnern, ist es möglich, eine Baumstruktur aus den Daten in einem XML-Dokument unter Verwendung von SAX selbst aufzubauen, aber DOM stellt eine Alternative zur Verfügung. Allerdings schließt das nicht aus, daß SAX in dieser Alternative *verwendet* wird! Tatsächlich bietet SAX eine leichtgewichtige und schnelle Möglichkeit für das Parsing eines Dokuments; in diesem Fall wird das Dokument einfach während des Parsings in einen DOM-Baum eingefügt. Da kein Standard für die DOM-Erzeugung existiert, ist dies akzeptabel und nicht einmal ungebräuchlich. Also seien Sie nicht überrascht oder gar verblüfft, wenn Sie in Ihren DOM-Anwendungen die `org.xml.sax.SAXException` importieren und abfangen.

Und was kommt jetzt?

In Kapitel 6 werde ich auch weiterhin Ihr Reiseführer durch die Welt von DOM sein, da wir uns einige der fortgeschritteneren (und unbekannteren) Bestandteile von DOM anschauen werden. Um warm zu werden, zeige ich Ihnen, wie DOM-Bäume modifiziert werden, und auch, wie sie erzeugt werden. Dann geht es weiter mit weniger gebräuchlicher Funktionalität von DOM. Für Einsteiger werden die in DOM Level 2 eingeführten Zusätze erläutert (manche davon haben Sie bereits verwendet, andere noch nicht). Als nächstes werde ich die Verwendung der DOM-HTML-Bindungen besprechen, die Ihnen helfen werden, wenn Sie mit DOM und Webseiten zu tun haben. Zu guter Letzt gebe ich Ihnen einige Informationen über Änderungen, die in der Spezifikation des neu erscheinenden DOM Level 3 erwartet weden. Auf diese Weise sollten Sie eine Menge Munition erhalten, um die Welt mit DOM zu erobern!

KAPITEL 6
DOM für Fortgeschrittene

Genau wie in Kapitel 4 wird auch in diesem Kapitel nichts Mystisches behandelt. Die Themen bauen auf dem Fundament auf, das ich mit den DOM-Grundlagen aus dem vorigen Kapitel gelegt habe. Allerdings werden viele dieser Features, außer dem ersten Abschnitt über Mutationen, selten genutzt. Während fast alles, was Sie über SAX erfahren haben (außer vielleicht DTDHandler und DeclHandler) praktisch sein kann, ist mir aufgefallen, daß viele der Randbestandteile von DOM nur in bestimmten Anwendungen nützlich sind. Wenn Sie zum Beispiel keinerlei Präsentationsprogrammierung durchführen, werden Sie wahrscheinlich nie mit den DOM-HTML-Bindungen konfrontiert werden. Das gleiche gilt für viele der Features von DOM Level 2; wenn Sie sie brauchen, dann brauchen Sie sie *dringend*, und wenn nicht, dann brauchen Sie sie *überhaupt nicht*.

In diesem Kapitel präsentiere ich einige besondere DOM-Themen, die Ihnen in Ihrer eigenen DOM-Programmierung von Nutzen sein werden. Ich habe versucht, das Kapitel eher wie eine Referenz zu organisieren als die vorherigen Kapitel; wenn Sie zum Beispiel mehr über das DOM Level 2 Traversal-Modul erfahren möchten, können Sie einfach bis zu diesem Abschnitt weiterblättern. Allerdings bauen die Codebeispiele in diesem Kapitel dennoch aufeinander auf, so daß Sie vielleicht trotzdem alle Abschnitte durcharbeiten möchten, um ein vollständiges Bild des aktuellen DOM-Modells zu erhalten. Das führt zu praktischeren Codebeispielen als den nutzlosen einzeln erfundenen, die nirgendwohin führen. Also schnallen Sie sich an, und lassen Sie uns noch ein wenig tiefer in die Welt von DOM eintauchen.

Änderungen

Als erstes und wichtigstes Thema möchte ich über die Veränderbarkeit eines DOM-Baums sprechen. Die größte Einschränkung bei der Verwendung von SAX für die Arbeit mit XML besteht darin, daß Sie nichts an der vorgefundenen XML-Struktur ändern können, zumindest nicht ohne Filter und Writer. Deren eigentliche Aufgabe besteht aber sowieso nicht in der Änderung ganzer Dokumente, darum müssen Sie eine andere API verwenden, wenn Sie XML modifizieren möchten. DOM erfüllt diese Anforderungen mit Bravour, da es Fähigkeiten zur XML-Erzeugung und Modifikation mitbringt.

Bei der Arbeit mit DOM unterscheidet sich der Prozeß der Erzeugung eines XML-Dokuments deutlich von der Änderung eines existierenden, darum werde ich diese Prozesse einzeln betrachten. Dieser Abschnitt bietet Ihnen ein ziemlich realistisches Beispiel zum Nachvollziehen. Wenn Sie jemals eine Online-Auktionsseite wie eBay besucht haben, wissen Sie, daß der wichtigste Aspekt der Auktion in der Fähigkeit besteht, Artikel zu *finden* sowie etwas über diese Artikel *herauszufinden*. Diese Funktionen basieren darauf, daß ein Benutzer eine Beschreibung eines Artikels eingibt und daß die Auktion diese Informationen verwendet. Bessere Auktions-Sites ermöglichen es Benutzern, sowohl grundlegende Informationen als auch richtige HTML-Beschreibungen einzugeben, so daß HTML-kundige Anwender ihre Artikelbeschreibungen fett oder kursiv setzen, mit Links versehen oder andere Formatierungen darauf anwenden können. Dies ist ein gutes Fallbeispiel für die Anwendung von DOM.

Einen neuen DOM-Baum erzeugen

Zu Anfang ist ein wenig Vorarbeit nötig. Beispiel 6-1 zeigt ein einfaches HTML-Formular, das grundlegende Informationen über einen Artikel entgegennimmt, die auf einer Auktions-Site aufgelistet werden sollen. Dieses Formular würde für eine echte Site sicherlich ein wenig mehr ausgestaltet, aber Sie verstehen bestimmt die Grundidee.

Beispiel 6-1: HTML-Eingabeformular für den Artikeleintrag

```
<html>
 <head><title>Artikeleintrag eingeben/aktualisieren</title></head>
 <body>
  <h1 align="center">Artikeleintrag eingeben/aktualisieren</h1>
  <p align="center">
   <form method="POST" action="/javaxml2/servlet/javaxml2.UpdateItemServlet">
    Artikel-ID (eindeutiger Schl&uuml;ssel): <br />
    <input name="id" type="text" maxLength="10" /><br /><br />
    Artikelname: <br />
    <input name="name" type="text" maxLength="50" /><br /><br />
    Artikelbeschreibung: <br />
    <textarea name="description" rows="10" cols="30" wrap="wrap" ></textarea>
    <br /><br />
    <input type="reset" value="Formular zur&uuml;cksetzen" />  
    <input type="submit" value="Artikel hinzuf&uuml;gen/&auml;ndern" />
   </form>
  </p>
 </body>
</html>
```

Beachten Sie, daß das Ziel dieser Formularübermittlung ein Servlet ist. Dieses Servlet wird in Beispiel 6-2 gezeigt. Die Methode doPost( ) liest die eingegebenen Parameter und legt ihre Werte in temporären Variablen ab. An diesem Punkt überprüft das Servlet das Dateisystem auf eine bestimmte Datei, in der diese Informationen gespeichert sind.

Um eines klarzustellen: Ich interagiere in diesem Servlet direkt mit dem Dateisystem. Dies ist jedoch im allgemeinen keine gute Idee. Ziehen Sie die Verwendung von ServletContext in Betracht, um Zugriff auf lokale Ressourcen zu erhalten, so daß Ihr Servlet abhängig vom Server und der Servlet-Engine, die es bereitstellen, einfach verteilt und modifiziert werden kann. Diese Art von Details neigt aber dazu, Beispiele unübersichtlich zu machen, und deshalb halte ich dies hier einfach.

Falls die Datei nicht existiert (für einen neuen Eintrag würde sie das nicht), erzeugt das Servlet einen neuen DOM-Baum und baut die Baumstruktur unter Verwendung der übergebenen Werte auf. Nachdem das geschehen ist, verwendet das Servlet die Klasse DOMSerializer (aus Kapitel 5), um den DOM-Baum in die Datei auszugeben und ihn verfügbar zu machen, wenn dieses Servlet das nächste Mal aufgerufen wird. Zusätzlich habe ich eine doGet( )-Methode programmiert; diese Methode gibt einfach das in Beispiel 6-1 gezeigte HTML aus. Ich werde dies später verwenden, um Modifikationen von Artikeleinträgen zuzulassen. Machen Sie sich im Moment keine zu großen Sorgen darüber.

Beispiel 6-2: Die Klasse UpdateItemServlet

```
package javaxml2;

import java.io.File;
import java.io.IOException;
import java.io.PrintWriter;
import javax.servlet.ServletException;
import javax.servlet.http.HttpServlet;
import javax.servlet.http.HttpServletRequest;
import javax.servlet.http.HttpServletResponse;

// DOM-Importe
import org.w3c.dom.Attr;
import org.w3c.dom.Document;
import org.w3c.dom.DOMImplementation;
import org.w3c.dom.Element;
import org.w3c.dom.Text;

// Parser-Import
import org.apache.xerces.dom.DOMImplementationImpl;

public class UpdateItemServlet extends HttpServlet {

    private static final String ITEMS_DIRECTORY = "/javaxml2/ch06/xml/";
```

Beispiel 6-2: Die Klasse UpdateItemServlet (Fortsetzung)

```java
    public void doGet(HttpServletRequest req, HttpServletResponse res)
        throws ServletException, IOException {

        // Ausgabe erhalten
        PrintWriter out = res.getWriter( );
        res.setContentType("text/html");

        // HTML ausgeben
        out.println("<html>");
        out.println(" <head><title>Artikeleintrag eingeben/aktualisieren</title>
            </head>");
        out.println(" <body>");
        out.println("  <h1 align='center'>Artikeleintrag eingeben/aktualisieren</h1>
            ");
        out.println("  <p align='center'>");
        out.println("   <form method='POST' " +
            "action='/javaxml2/servlet/javaxml2.UpdateItemServlet'>");
        out.println("    Artikel-ID (eindeutiger Schl&uuml;ssel):<br />");
        out.println("    <input name='id' type='text' maxLength='10' />" +
            "<br /><br />");
        out.println("    Artikelname: <br />");
        out.println("    <input name='name' type='text' maxLength='50' />" +
            "<br /><br />");
        out.println("    Artikelbeschreibung: <br />");
        out.println("    <textarea name='description' rows='10' cols='30' " +
            "wrap='wrap' ></textarea><br /><br />");
        out.println("    <input type='reset' value='Formular zur&uuml;cksetzen' />
              ");
        out.println("    <input type='submit' value='Artikel hinzuf&uuml;gen/
            &auml;ndern' />");
        out.println("   </form>");
        out.println("  </p>");
        out.println(" </body>");
        out.println("</html>");

        out.close( );
    }

    public void doPost(HttpServletRequest req, HttpServletResponse res)
        throws ServletException, IOException {

        // Parameterwerte erhalten
        String id = req.getParameterValues("id")[0];
        String name = req.getParameterValues("name")[0];
        String description = req.getParameterValues("description")[0];

        // Neuen DOM-Baum erzeugen
        DOMImplementation domImpl = new DOMImplementationImpl( );
        Document doc = domImpl.createDocument(null, "artikel", null);
        Element root = doc.getDocumentElement( );
```

Beispiel 6-2: Die Klasse UpdateItemServlet (Fortsetzung)

```
        // ID des Artikels (als Attribut)
        root.setAttribute("id", id);

        // Name des Artikels
        Element nameElement = doc.createElement("name");
        Text nameText = doc.createTextNode(name);
        nameElement.appendChild(nameText);
        root.appendChild(nameElement);

        // Beschreibung des Artikels
        Element descriptionElement = doc.createElement("beschreibung");
        Text descriptionText = doc.createTextNode(description);
        descriptionElement.appendChild(descriptionText);
        root.appendChild(descriptionElement);

        // DOM-Baum serialisieren
        DOMSerializer serializer = new DOMSerializer();
        serializer.serialize(doc, new File(ITEMS_DIRECTORY + "item-" + id +
            ".xml"));

        // Bestätigung ausgeben
        PrintWriter out = res.getWriter();
        res.setContentType("text/html");
        out.println("<HTML><BODY>Danke f&uuml;r Ihre &Uuml;bermittlung. " +
            "Ihr Artikel wurde verarbeitet.</BODY></HTML>");
        out.close();
    }

}
```

Legen Sie los, und kompilieren Sie diese Klasse. Ich werde Sie einen Moment später mit Ihnen durchgehen, aber stellen Sie sicher, daß Ihre Umgebung richtig eingerichtet ist, um die erforderlichen Klassen zu importieren.

Sorgen Sie dafür, daß sich die Klasse DOMSerializer aus dem vorigen Kapitel in Ihrem Klassenpfad befindet, wenn Sie die Klasse UpdateItemServlet importieren. Sie sollten diese Klasse außerdem zu den Klassen im Kontext Ihrer Servlet-Engine hinzufügen. In meiner Konfiguration, in der ich Tomcat verwende, heißt mein Kontext *javaxml2* und befindet sich in einem Verzeichnis namens *javaxml2* unterhalb des Verzeichnisses *webapps*. In meinem Verzeichnis *WEB-INF/classes* gibt es auch ein Verzeichnis *javaxml2* (für das Package), und die Klassen *DOMSerializer.class* und *UpdateItemServlet.class* befinden sich in diesem Verzeichnis. Sie sollten auch sicherstellen, daß sich eine Kopie der *jar*-Datei Ihres Parsers (in meinem Falle *xerces.jar*) im Klassenpfad Ihrer Engine befindet. Bei Tomcat können Sie einfach eine Kopie in dessen *lib*-Verzeichnis ablegen. Als letztes müssen Sie dafür sorgen, daß Xerces und dessen DOM-Level-2-Implementierung vor der DOM-Level-1-Implementierung in Tomcats *parser.jar*-Archiv gefunden wird. Erledigen Sie dies, indem Sie *parser.jar* in *z_parser.jar* umbenennen. Ich werde in Kapitel 10 mehr darüber sagen, vertrauen Sie mir im Moment einfach, und führen Sie die Änderung durch. Starten Sie anschließend Tomcat neu, dann sollte alles funktionieren.

Nachdem Sie Ihr Servlet an den Start gebracht und die Servlet-Engine gestartet haben, navigieren Sie mit Ihrem Browser zu dem Servlet und lassen die GET-Anfrage, die er erzeugt, das HTML-Eingabeformular laden. Füllen Sie dieses Formular aus, so wie ich es in Abbildung 6-1 getan habe.

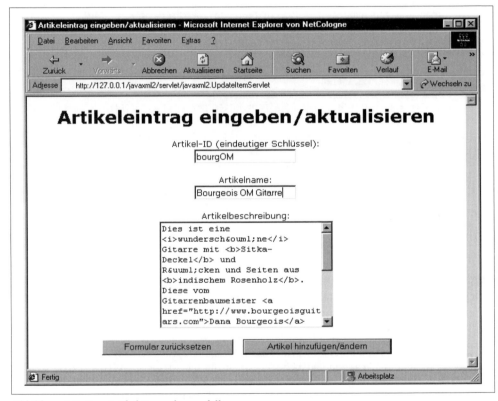

Abbildung 6-1: Das Artikel-Formular ausfüllen

Da ich später ausführlich über das Beschreibungsfeld sprechen werde, zeige ich Ihnen hier den kompletten Inhalt, den ich in dieses Feld eingetippt habe. Ich weiß, er besteht aus einer Menge an Auszeichnungen (ich bin fast verrückt geworden mit den ganzen Fett- und Kursiv-Tags!), aber das wird später wichtig sein:

```
Dies ist eine <i>wundersch&ouml;ne</i> Gitarre mit <b>Sitka-Deckel</b> und
-R&uuml;cken und Seiten aus <b>indischem Rosenholz</b>. Diese vom
Gitarrenbaumeister <a href="http://www.bourgeoisguitars.com">Dana Bourgeois</a>
```

```
gebaute OM hat einen sehr <b>vollen Klang</b>. Die Gitarre besitzt ein
<i>gro&szlig;artiges Spielverhalten</i>, einen 1 3/4&quot;-Kopf, mit Kopf und
Sattel aus <i>fossilem Elfenbein</i> und Schrauben aus <i>Ebenholz</i>.
Neuwertiger Zustand, dies ist eine <b>hervorragende Gitarre</b>!
```

Das Abschicken dieses Formulars leitet dessen Daten (über eine POST-Anfrage) an das Servlet weiter, und die Methode doPost() kommt zum Zuge. Die eigentliche DOM-Erzeugung erweist sich als ziemlich einfach. Als erstes müssen Sie eine Instanz der Klasse org.w3c.dom.DOMImplementation erzeugen. Diese wird zur Grundlage Ihrer gesamten Arbeit bei der DOM-Erzeugung. Auch wenn Sie sicherlich direkt eine DOM-Document-Implementierung instantiieren könnten, gäbe es dann keine Möglichkeit, eine DocType-Klasse aus ihr zu erzeugen wie aus einer DOMImplementation; die Verwendung von DOM Implementation ist die bessere Wahl. Darüber hinaus besitzt die Klasse DOMImplementation eine weitere nützliche Methode, hasFeature(). Ich werde diese Methode später detailliert behandeln, also machen Sie sich im Moment keine Sorgen deswegen. Im Beispielcode habe ich die Implementierung von Xerces verwendet, org.apache.xerces.dom.DOMImplementationImpl (irgendwie ein verwirrender Name, oder?). Es gibt momentan keine herstellerunabhängige Möglichkeit, diese Aufgabe zu lösen, obwohl DOM Level 3 (das am Ende dieses Kapitels behandelt wird) einige Möglichkeiten für die Zukunft bietet. JAXP, das in Kapitel 9 detailliert beschrieben wird, bietet einige Lösungen, aber die werden später behandelt.

Nachdem Sie eine Instanz von DOMImplementation erzeugt haben, ist aber alles ziemlich einfach.

```
// Neuen DOM-Baum erzeugen
DOMImplementation domImpl = new DOMImplementationImpl();
Document doc = domImpl.createDocument(null, "artikel", null);
Element root = doc.getDocumentElement();

// ID des Artikels (als Attribut)
root.setAttribute("id", id);

// Name des Artikels
Element nameElement = doc.createElement("name");
Text nameText = doc.createTextNode(name);
nameElement.appendChild(nameText);
root.appendChild(nameElement);

// Beschreibung des Artikels
Element descriptionElement = doc.createElement("beschreibung");
Text descriptionText = doc.createTextNode(description);
descriptionElement.appendChild(descriptionText);
root.appendChild(descriptionElement);

// DOM-Baum serialisieren
DOMSerializer serializer = new DOMSerializer();
serializer.serialize(doc, new File(ITEMS_DIRECTORY + "item-" + id +
    ".xml"));
```

Als erstes wird die Methode createDocument( ) verwendet, um eine neue Document-Instanz zu erhalten. Das erste Argument dieser Methode ist der Namensraum für das Wurzelelement des Dokuments. Bisher benötige ich noch keinen speziellen Namensraum, also übergehe ich ihn, indem ich den Wert null übergebe. Das zweite Argument ist der Name des Wurzelelements selbst, hier einfach "artikel". Das letzte Argument ist eine Instanz einer DocType-Klasse, und da ich für dieses Dokument keine habe, übergebe ich erneut den Wert null. Sollte ich doch einen DocType benötigen, könnte ich ihn mit Hilfe der Methode createDocType( ) aus derselben Klasse – DOMImplementation – erzeugen. Wenn Sie sich für diese Methode interessieren, schlagen Sie in der vollständigen Beschreibung der DOM-API in Anhang A nach.

Beim Aufbau des DOM-Baums kann ich das Wurzelelement erhalten, um damit zu arbeiten (unter Verwendung von getDocumentElement( ), das im vorigen Kapitel behandelt wurde). Nachdem ich dies erledigt habe, füge ich ein Attribut mit der ID des Artikels hinzu, indem ich setAttribute( ) verwende. Ich übergebe den Namen und den Wert des Attributs, und fertig ist das Wurzelelement. Von jetzt an wird es einfach; jede Art von DOM-Konstrukt kann erzeugt werden, indem das Document-Objekt als Factory verwendet wird. Zum Erstellen der Elemente »name« und »beschreibung« benutze ich die Methode createElement( ), einfach indem ich den jeweiligen Elementnamen übergebe. Der gleiche Ansatz wird verfolgt, um Textinhalte für jedes Element zu erzeugen; hat ein Element keinen Inhalt, aber dafür Kindelemente, die Text-Knoten sind (erinnern Sie sich noch aus dem vorigen Kapitel daran?), ist die Methode createTextNode( ) die richtige Wahl. Diese Methode nimmt den Text für den Knoten entgegen, der zu den Namen der Beschreibung und des Artikels weiterverarbeitet wird. Sie könnten in Versuchung geraten, die Methode createCDATASection( ) zu verwenden und diesen Text in CDATA-Tags einzuschließen. Es befindet sich HTML in diesem Element. Dieses Vorgehen würde jedoch verhindern, daß der Inhalt als Satz von Elementen eingelesen wird, und statt dessen den Inhalt als großen Textblock liefern. Später wollen wir diese Elemente als solche behandeln, belassen Sie sie deshalb als Text-Knoten, indem Sie erneut createTextNode( ) verwenden. Nachdem Sie all diese Knoten erzeugt haben, müssen sie nur noch miteinander verknüpft werden. Ihre beste Chance ist die Verwendung von appendChild( ) mit jedem einzelnen Knoten, um die Elemente an die Wurzel anzuhängen. Das erklärt sich beinahe von selbst. Und zu guter Letzt wird das Dokument an die Klasse DOMSerializer aus dem vorigen Kapitel weitergegeben und in eine XML-Datei auf der Festplatte geschrieben.

 Ich habe einfach vorausgesetzt, daß der Anwender wohlgeformtes HTML eingibt; mit anderen Worten also XHTML. In einer realen Anwendung würden Sie diese Eingabe wahrscheinlich durch JTidy (*http://www.sourceforge.net/projects/jtidy*) schicken, um dies sicherzustellen; für dieses Beispiel setze ich einfach voraus, daß die Eingabe XHTML ist.

Ich habe in dem Servlet eine Konstante zur Verfügung gestellt, ITEMS_DIRECTORY, in der Sie festlegen können, welches Verzeichnis verwendet werden soll. Der Beispielcode verwendet ein Windows-Verzeichnis, und beachten Sie, daß die Backslashes allesamt Escape-Sequenzen sind. Vergessen Sie das nicht! Ändern Sie dies einfach auf das Verzeichnis, das Sie in Ihrem System verwenden möchten. Sie können das XML, das durch das Servlet erzeugt wurde, anschauen, indem Sie in das Verzeichnis navigieren, das Sie in dieser Konstante festgelegt haben, und die XML-Datei öffnen, die sich dort befinden sollte. Meine sieht so aus wie in Beispiel 6-3.

Beispiel 6-3: Das von UpdateItemServlet erzeugte XML

```
<?xml version="1.0" encoding="ISO-8859-1"?>
<artikel id="bourgOM">
<name>Bourgeois OM-Gitarre</name>
<beschreibung>Dies ist eine <i>wunderschöne</i> Gitarre mit <b>Sitka-Deckel</b>
und -Rücken und Seiten aus <b>indischem Rosenholz</b>. Diese vom
Gitarrenbaumeister <a href="http://www.bourgeoisguitars.com">Dana Bourgeois</a>
gebaute OM hat einen sehr <b>vollen Klang</b>. Die Gitarre besitzt ein
<i>großartiges Spielverhalten</i>, einen 1 3/4&quot;-Kopf, mit Kopf und
Sattel aus <i>fossilem Elfenbein</i> und Schrauben aus <i>Ebenholz</i>. Neuwertiger
Zustand, dies ist eine <b>hervorragende Gitarre</b>!</beschreibung>
</artikel>
```

Ich habe das Ganze ziemlich schnell abgehandelt, aber allmählich sollten Sie anfangen, mit DOM zurechtzukommen. Als nächstes möchte ich erläutern, wie ein DOM-Baum modifiziert wird, der bereits existiert.

Einen DOM-Baum modifizieren

Das Ändern eines existierenden DOM-Baums funktioniert ein wenig anders als die Erzeugung eines neuen; im großen und ganzen gehört dazu, das DOM aus irgendeiner Quelle zu laden, den Baum durchzugehen und dann Änderungen durchzuführen. Diese Änderungen betreffen normalerweise entweder die *Struktur* oder den *Inhalt*. Wenn es die Struktur ist, die geändert wird, handelt es sich wieder um einen Fall von Erzeugung:

```
// Ein Copyright-Element zur Wurzel hinzufügen.
Element root = doc.getDocumentElement();
Element copyright = doc.createElement("copyright");
copyright.appendChild(doc.createTextNode("Copyright O'Reilly 2001"));
root.appendChild(copyright);
```

Das ist genau das, was ich vorhin beschrieben habe. Das Austauschen existierender Inhalte funktioniert ein wenig anders, ist aber auch nicht allzu schwierig. Als Beispiel zeige ich Ihnen eine geänderte Version des UpdateItemServlet. Diese Version liest die übergebene ID und versucht, eine bereits existierende Datei zu laden – falls sie denn existiert. Falls dem so ist, erzeugt sie keinen neuen DOM-Baum, sondern modifiziert statt dessen den existierenden. Da ziemlich viel hinzugefügt wird, drucke ich die komplette Klasse hier noch einmal ab und hebe die Änderungen hervor:

```java
package javaxml2;

import java.io.File;
import java.io.IOException;
import java.io.PrintWriter;
import javax.servlet.ServletException;
import javax.servlet.http.HttpServlet;
import javax.servlet.http.HttpServletRequest;
import javax.servlet.http.HttpServletResponse;

import org.xml.sax.SAXException;

// DOM-Imports
import org.w3c.dom.Attr;
import org.w3c.dom.Document;
import org.w3c.dom.DOMImplementation;
import org.w3c.dom.Element;
import org.w3c.dom.NodeList;
import org.w3c.dom.Text;

// Parser-Import
import org.apache.xerces.dom.DOMImplementationImpl;
import org.apache.xerces.parsers.DOMParser;

public class UpdateItemServlet extends HttpServlet {

    private static final String ITEMS_DIRECTORY = "/javaxml2/ch06/xml/";

    // die Methode doGet( ) ist unverändert

    public void doPost(HttpServletRequest req, HttpServletResponse res)
        throws ServletException, IOException {

        // Parameterwerte erhalten
        String id = req.getParameterValues("id")[0];
        String name = req.getParameterValues("name")[0];
        String description = req.getParameterValues("description")[0];

        // Prüfen, ob die Datei existiert
        Document doc = null;
        File xmlFile = new File(ITEMS_DIRECTORY + "item-" + id + ".xml");

        if (!xmlFile.exists( )) {
            // Neuen DOM-Baum erzeugen
            DOMImplementation domImpl = new DOMImplementationImpl( );
            doc = domImpl.createDocument(null, "artikel", null);
            Element root = doc.getDocumentElement( );

            // ID des Artikels (als Attribut)
            root.setAttribute("id", id);

            // Name des Artikels
```

```
            Element nameElement = doc.createElement("name");
            Text nameText = doc.createTextNode(name);
            nameElement.appendChild(nameText);
            root.appendChild(nameElement);

            // Beschreibung des Artikels
            Element descriptionElement = doc.createElement("beschreibung");
            Text descriptionText = doc.createText(description);
            descriptionElement.appendChild(descriptionText);
            root.appendChild(descriptionElement);
        } else {
            // Dokument laden
            try {
                DOMParser parser = new DOMParser();
                parser.parse(xmlFile.toURL().toString());
                doc = parser.getDocument();

                Element root = doc.getDocumentElement();

                // Name des Artikels
                NodeList nameElements =
                    root.getElementsByTagName("name");
                Element nameElement = (Element)nameElements.item(0);
                Text nameText = (Text)nameElement.getFirstChild();
                nameText.setData(name);

                // Beschreibung des Artikels
                NodeList descriptionElements =
                    root.getElementsByTagName("beschreibung");
                Element descriptionElement = (Element)descriptionElements.item(0);

                // Beschreibung entfernen und neu erstellen
                root.removeChild(descriptionElement);
                descriptionElement = doc.createElement("beschreibung");
                Text descriptionText = doc.createTextNode(description);
                descriptionElement.appendChild(descriptionText);
                root.appendChild(descriptionElement);
            } catch (SAXException e) {
                // Ausgabefehler
                PrintWriter out = res.getWriter();
                res.setContentType("text/html");
                out.println("<HTML><BODY>Fehler beim Lesen von XML: " +
                    e.getMessage() + ".</BODY></HTML>");
                out.close();
                return;
            }
        }

        // DOM-Baum serialisieren
        DOMSerializer serializer = new DOMSerializer();
        serializer.serialize(doc, xmlFile);
```

```
            // Bestätigung ausgeben
            PrintWriter out = res.getWriter();
            res.setContentType("text/html");
            out.println("<HTML><BODY>Danke f&uuml;r Ihre &Uuml;bermittlung. " +
                "Ihr Artikel wurde verarbeitet.</BODY></HTML>");
            out.close();
        }
    }
```

Die Änderungen sind ziemlich einfach, nichts, was Sie aus der Bahn werfen sollte. Ich erzeuge die `File`-Instanz für die benannte Datei (unter Verwendung der übergebenen ID) und überprüfe deren Existenz. Auf diese Weise entscheidet das Servlet, ob die XML-Datei, die den übergebenen Artikel repräsentiert, bereits existiert. Falls nicht, wird alles im vorigen Abschnitt Besprochene ohne Änderungen durchgeführt. Falls die Datei schon existiert (was anzeigt, daß der Artikel bereits zuvor übermittelt wurde), wird sie geladen und in einen DOM-Baum eingelesen. Dabei kommen Verfahren aus dem vorigen Kapitel zum Einsatz. An diesem Punkt wird mit dem grundlegenden Durcharbeiten des Baums begonnen.

Der Code greift auf das Wurzelelement zu und verwendet dann die Methode `getElementsByTagName()`, um alle Elemente namens »name« und dann alle namens »beschreibung« aufzufinden. In beiden Fällen weiß ich, daß sich in der zurückgegebenen `NodeList` nur je ein Element befindet. Ich kann durch die Anwendung der Methode `item()` auf die `NodeList` darauf zugreifen, indem ich »0« als Argument übergebe (die Indizes beginnen alle bei 0). Dies gibt mir tatsächlich das gewünschte Element. Ich hätte mir auch einfach durch `getChildren()` die Kindelemente der Wurzel beschaffen und dann das erste und zweite herauslösen können. Allerdings ist die Verwendung der Elementnamen leichter zu dokumentieren und auch klarer. Ich erhalte den Textinhalt des Elements »name«, indem ich `getFirstChild()` aufrufe. Da ich weiß, daß das Element »name« nur einen einzelnen Text-Knoten enthält, kann ich ihn direkt in den entsprechenden Typ umwandeln. Als letztes ermöglicht es die Methode `setData()` dem Code, den existierenden Wert zu einem gegebenen Namen zu ändern, der neue Wert ist die Information, die der Benutzer in das Formular eingegeben hat.

Sie werden bemerken, daß ich für die Beschreibung des Artikels einen recht unterschiedlichen Ansatz verfolgt habe. Da anzunehmen ist, daß sich ein vollständiges Dokumentfragment in dem Element befindet (denken Sie daran, daß der Anwender HTML eingeben kann, was verschachtelte Elemente wie »b«, »a« und »img« ermöglicht), ist es leichter, einfach das existierende Element »beschreibung« zu entfernen und durch ein neues zu ersetzen. Dies verhindert die Notwendigkeit, rekursiv durch den Baum zu wandern und jeden einzelnen Kindknoten zu entfernen – eine zeitraubende Aufgabe. Nachdem ich den Knoten mit Hilfe der Methode `removeChild()` entfernt habe, ist es leicht, ihn neu zu erzeugen und wieder an das Wurzelelement des Dokuments anzuhängen.

Es ist kein Zufall, daß dieser Code fest mit dem Format verbunden ist, in dem das XML ausgegeben wurde. Tatsächlich verläßt sich DOM-Modifikationscode in der Regel zumindest ein wenig darauf, daß Sie über den Inhalt Bescheid wissen. In Fällen, in denen die Struktur oder das Format unbekannt ist, paßt das DOM Level 2 Traversal-Modell besser; ich werde etwas später in diesem Kapitel darauf eingehen. Akzeptieren Sie im Moment einfach, daß die Kenntnis, wie das XML strukturiert ist (da dieses Servlet es zuvor erstellt hat!), einen gewaltigen Vorteil darstellt. Methoden wie getFirstChild( ) können verwendet werden, und das Ergebnis kann durch Casting in einen bestimmten Typ umgewandelt werden. Ansonsten wären langwierige Typüberprüfungen und switch-Blöcke notwendig.

Nachdem die Erzeugung oder Modifikation abgeschlossen ist, wird der resultierende DOM-Baum wieder in XML zurückserialisiert, und der Vorgang kann wiederholt werden. Ich mußte auch etwas Fehlerbehandlung für SAX-Probleme hinzufügen, die sich aus dem DOM-Parsing ergeben können, aber auch das ist nach dem vorigen Kapitel nichts Neues. Als Übung können Sie die Methode doGet( ) so erweitern, daß sie einen Parameter aus der URL liest und die XML-Voreinstellungen lädt, so daß der Benutzer sie im Formular ändern kann. Zum Beispiel würde die URL *http://localhost:8080/javaxml2/servlet/ javaxml2.UpdateItemServlet?id=bourgOM* anzeigen, daß der Artikel mit der ID »bourg OM« zum Bearbeiten geladen werden soll. Dies ist eine einfache Änderung, eine, die Sie mittlerweile selbst erledigen können sollten.

Namensräume

Eine wichtige Erweiterung in DOM Level 2, die noch nicht besprochen wurde, ist die DOM-Unterstützung für XML-Namensräume. Sie werden sich aus den Kapiteln 3 und 4 vielleicht erinnern, daß eine Namensraum-Unterstützung in SAX 2.0 eingeführt wurde, und dasselbe gilt für die zweite Veröffentlichung von DOM. Der Schlüssel dazu sind hier zwei neue Methoden im Interface Node: getPrefix( ) und getNamespaceURI( ). Darüber hinaus stehen Namensraum-fähige Versionen aller Erzeugungsmethoden zur Verfügung. Statt also createElement( ) aufzurufen, können Sie createElementNS( ) aufrufen.

Überladen?

Für alle Java-Programmierer da draußen sieht createElementNS( ) ziemlich albern aus. Warum sollte createElement( ) nicht einfach überladen werden, um zusätzliche Parameter entgegenzunehmen? Nun, das könnten Sie, wenn DOM nur in Java oder anderen Sprachen verwendet würde, die das Überladen unterstützen. So ist es aber nicht; es handelt sich um eine sprachenübergreifende Spezifikation, und das führt zu Einschränkungen bei Methodennamen und bei der Rückwärtskompatibilität, wenn es um die Änderung bestehender Methodensignaturen geht. Deshalb hat DOM neue Methoden mit dem Suffix NS definiert, um diese als Namensraum-fähige Versionen zu identifizieren. Das ist schlecht für geradliniges Java, aber gut für DOM als sprachübergreifenden Standard.

In jeder dieser neuen Namensraum-fähigen Methoden ist das erste Argument die Namensraum-URI und das zweite der *qualifizierte* Name des Elements, Attributs usw. Beachten Sie, daß ich »qualifiziert« gesagt habe, das bedeutet: Wenn Sie die Namensraum-URI »http://www.oreilly.com« und das Präfix »ora« mit einem Element namens »copyright« verwenden wollen, rufen Sie createElementNS("http://www.oreilly.com", "ora:copyright") auf. Das ist sehr wichtig, und wenn Sie daran denken, dieses Präfix zu benutzen, sparen Sie im weiteren Verlauf eine Menge Zeit. Der Aufruf getPrefix( ) mit diesem neuen Element wird dennoch korrekt »ora« zurückgeben, wie es sein sollte. Wenn Sie das Element im Standard-Namensraum haben möchten (ohne Präfix), übergeben Sie einfach nur den Elementnamen (in diesem Fall den lokalen Namen), und alles ist erledigt. Der Aufruf von getPrefix( ) bei einem Element im Standard-Namensraum gibt null zurück, was übrigens auch bei einem Element ganz ohne Namensraum geschieht.

Das Präfix verrät Ihnen sehr wenig darüber, ob sich ein Element in einem Namensraum befindet. Bei Elementen in einem Standard-Namensraum (und ohne Präfix) hat getPrefix( ) den gleichen Rückgabewert wie bei Elementen in *keinem* Namensraum. Ich hoffe, daß die nächste Version der Spezifikation dies ändert und einen leeren String (»«) zurückgibt, wenn sich das Element im Standard-Namensraum befindet.

Anstatt einfach alle neuen Namensraum-fähigen Methoden aufzulisten (diese Liste können Sie in Anhang A finden), möchte ich Ihnen lieber etwas richtigen Code zeigen. In der Tat ist die Umstellung der Methode doPost( ) aus dem UpdateItemServlet ein perfektes Beispiel:

```
public void doPost(HttpServletRequest req, HttpServletResponse res)
    throws ServletException, IOException {

    // Parameterwerte erhalten
    String id = req.getParameterValues("id")[0];
    String name = req.getParameterValues("name")[0];
    String description = req.getParameterValues("description")[0];

    // Prüfen, ob die Datei existiert
    Document doc = null;
    File xmlFile = new File(ITEMS_DIRECTORY + "item-" + id + ".xml");
    String docNS = "http://www.oreilly.com/javaxml2";

    if (!xmlFile.exists()) {
        // Neuen DOM-Baum erzeugen
        DOMImplementation domImpl = new DOMImplementationImpl( );
        doc = domImpl.createDocument(docNS, "artikel", null);
        Element root = doc.getDocumentElement( );

        // ID des Artikels (als Attribut)
        root.setAttribute("id", id);
```

```java
        // Name des Artikels
        Element nameElement = doc.createElementNS(docNS, "name");
        Text nameText = doc.createTextNode(name);
        nameElement.appendChild(nameText);
        root.appendChild(nameElement);

        // Beschreibung des Artikels
        Element descriptionElement =
            doc.createElementNS(docNS, "beschreibung");
        Text descriptionText = doc.createText(description);
        descriptionElement.appendChild(descriptionText);
        root.appendChild(descriptionElement);
    } else {
        // Dokument laden
        try {
            DOMParser parser = new DOMParser();
            parser.parse(xmlFile.toURL().toString());
            doc = parser.getDocument();

            Element root = doc.getDocumentElement();

            // Name des Artikels
            NodeList nameElements =
                root.getElementsByTagNameNS(docNS, "name");
            Element nameElement = (Element)nameElements.item(0);
            Text nameText = (Text)nameElement.getFirstChild();
            nameText.setData(name);

            // Beschreibung des Artikels
            NodeList descriptionElements =
                root.getElementsByTagNameNS(docNS, "beschreibung");
            Element descriptionElement = (Element)descriptionElements.item(0);

            // Beschreibung entfernen und neu erstellen
            root.removeChild(descriptionElement);
            descriptionElement = doc.createElementNS(docNS, "beschreibung");
            Text descriptionText = doc.createTextNode(description);
            descriptionElement.appendChild(descriptionText);
            root.appendChild(descriptionElement);
        } catch (SAXException e) {
            // Fehler ausgeben
            PrintWriter out = res.getWriter();
            res.setContentType("text/html");
            out.println("<HTML><BODY>Fehler beim Lesen von XML: " +
                e.getMessage() + ".</BODY></HTML>");
            out.close();
            return;
        }
    }

    // DOM-Baum serialisieren
    DOMSerializer serializer = new DOMSerializer();
    serializer.serialize(doc, xmlFile);
```

```
        // Bestätigung ausgeben
        PrintWriter out = res.getWriter();
        res.setContentType("text/html");
        out.println("<HTML><BODY>Danke f&uuml;r Ihre &Uuml;bermittlung. " +
            "Ihr Artikel wurde verarbeitet.</BODY></HTML>");
        out.close();
    }
```

Die Verwendung der Methode createElementNS(), um Elemente mit Namensraum zu erzeugen, und die Suche nach ihnen mit getElementsByTagNameNS() scheint perfekt zu sein. In der Methode createDocument() ist sogar praktischerweise eine Stelle vorgesehen, um die Namensraum-URI für das Wurzelelement einzusetzen. Diese Elemente werden alle in den Standard-Namensraum eingefügt, und alles sieht gut aus. Allerdings gibt es hier ein großes Problem. Schauen Sie sich die Ausgabe dieses Servlets an, nachdem es ohne existierendes XML gestartet wurde (es geht also um neu erzeugtes und nicht um modifiziertes XML):

```
<?xml version="1.0" encoding="ISO-8859-1"?>
<artikel id="bourgOM">
<name>Bourgeois OM-Gitarre</name>
<beschreibung>Dies ist eine <i>wunderschöne</i> Gitarre mit <b>Sitka-Deckel
</b> und -Rücken und Seiten aus <b>indischem Rosenholz</b>. Diese vom
Gitarrenbaumeister <a href="http://www.bourgeoisguitars.com">Dana Bourgeois</a>
gebaute OM hat einen sehr <b>vollen Klang</b>. Die Gitarre besitzt ein
<i>großartiges Spielverhalten</i>, einen 1 3/4&quot;-Kopf, mit Kopf und
Sattel aus <i>fossilem Elfenbein</i> und Schrauben aus <i>Ebenholz</i>. Neuwertiger
Zustand, dies ist eine <b>hervorragende Gitarre</b>!</beschreibung>
</artikel>
```

Erscheint Ihnen das vertraut? Es ist das XML von vorhin, *ohne Änderungen*! Was DOM beim besten Willen nicht tut, ist Namensraum-Deklarationen hinzuzufügen. Statt dessen müssen Sie das Attribut xmlns von Hand in Ihren DOM-Baum einfügen; andernfalls werden die Elemente nicht in einem Namensraum plaziert, und Sie bekommen Probleme. Eine kleine Änderung kümmert sich aber darum:

```
// Neuen DOM-Baum erzeugen
DOMImplementation domImpl = new DOMImplementationImpl();
doc = domImpl.createDocument(docNS, "artikel", null);
Element root = doc.getDocumentElement();
root.setAttribute("xmlns", docNS);
```

Nun erhalten Sie die Namensraum-Deklaration, die Sie wahrscheinlich schon im vorigen Durchgang erwartet haben. Sie können diese Änderungen kompilieren und es ausprobieren. Sie werden keinen Unterschied bemerken; genau wie vorher werden Änderungen durchgeführt. Ihre Dokumente sollten jedoch jetzt Namensräume aufweisen, sowohl im lesenden als auch im schreibenden Teil der Servlet-Anwendung.

Ein letztes Wort zu diesem Namensraum-Detail: Merken Sie sich, daß Sie die Klasse DOMSerializer durchaus so modifizieren könnten, daß sie auf die Namensräume der Elemente achtet und die entsprechenden xmlns-Deklarationen ausgibt, während sie den

Baum durchwandert. Das ist eine vollkommen zulässige Änderung und wäre in gewisser Hinsicht nützlich; in der Tat führen viele Lösungen, wie die in Xerces eingebauten, sie bereits durch. Jedenfalls sind Sie davor geschützt, diesem Verhalten zum Opfer zu fallen, solange Sie sich seiner bewußt sind.

DOM Level 2-Module

Nachdem Sie nun gesehen haben, was für Möglichkeiten das Kernangebot von DOM und Level 2 zur Verfügung stellt, werde ich über einige Zusätze zu DOM Level 2 sprechen. Es handelt sich um die verschiedenen Module, die Funktionalität zum Kern hinzufügen. Sie sind von Zeit zu Zeit in gewissen DOM-Anwendungen nützlich.

Zunächst jedoch müssen Sie einen DOM Level 2-Parser zur Verfügung haben. Wenn Sie einen Parser verwenden, den Sie selbst gekauft oder heruntergeladen haben, ist das recht einfach. Zum Beispiel können Sie die Apache-XML-Website unter *http://xml.apache.org* aufsuchen, die neueste Version von Xerces herunterladen, und schon haben Sie DOM Level 2. Wenn Sie jedoch einen Parser verwenden, der zusammen mit anderer Technologie geliefert wurde, kann das Ganze ein wenig komplizierter sein. Wenn Sie zum Beispiel die Tomcat-Servlet-Engine von Jakarta haben, werden Sie *xml.jar* und *parser.jar* im Verzeichnis *lib/* und im Tomcat-Klassenpfad finden. Das ist nicht besonders gut, da es sich um Implementierungen von DOM Level 1 handelt und viele Features, über die ich in diesem Abschnitt rede, nicht unterstützt werden; laden Sie in diesem Fall einen DOM Level 2-Parser von Hand herunter, und stellen Sie sicher, daß er *vor* irgendeinem DOM Level 1-Parser geladen wird.

 Vorsicht vor neueren Versionen von Tomcat. Diese tun etwas vermeintlich Praktisches: Sie laden alle *jar*-Dateien aus dem Verzeichnis *lib/* schon beim Start. Unglücklicherweise wird dies alphabetisch erledigt, so daß *parser.jar*, ein DOM Level 1-Parser, auch dann noch zuerst geladen wird, wenn Sie *xerces.jar* in das Verzeichnis *lib/* verschieben – Sie erhalten noch immer keine DOM Level 2-Unterstützung. Ein gängiger Trick, um dieses Problem zu lösen, besteht darin, die Dateien umzubenennen: *parser.jar* wird *z_parser.jar* und *xml.jar* wird *z_xml.jar*. Das führt dazu, daß sie nach Xerces geladen werden, und so erhalten Sie Unterstützung für DOM Level 2. Dieses Problem habe ich schon früher im Servlet-Beispiel erwähnt.

Nachdem Sie einen geeigneten Parser haben, sind Sie startklar. Bevor wir uns jedoch in die einzelnen Module vertiefen, möchte ich Ihnen einen allgemeingültigeren Überblick darüber verschaffen, worum es bei diesen Modulen eigentlich geht.

Verzweigungen

Als die DOM Level 1-Spezifikation herauskam, handelte es sich um eine einzelne Spezifikation. Sie wurde im wesentlichen so definiert, wie Sie in Kapitel 5 gelesen haben, mit einigen kleineren Ausnahmen. Als jedoch die Arbeit an DOM Level 2 begann, resultierte daraus eine ganze Menge weiterer Spezifikationen, die alle als *Module* bezeichnet werden. Wenn Sie sich den vollständigen Satz der DOM Level 2-Spezifikationen anschauen, werden Sie sechs verschiedene Module in der Liste finden. Das scheint ziemlich viel zu sein, oder? Ich werde nicht alle diese Module behandeln; Sie würden sonst die nächsten vier oder fünf Kapitel nur über DOM lesen. Allerdings gebe ich Ihnen eine Grundvorstellung von der Aufgabe jedes Moduls, zusammengefaßt in Tabelle 6-1. Ich habe die Spezifikation, den Namen und die Aufgabe jedes Moduls eingetragen, das Sie in Kürze benutzen werden.

Tabelle 6-1: DOM-Spezifikationen und -Aufgaben

Spezifikation	Modulname	Zusammenfassung der Aufgabe
DOM Level 2 Core	XML	Erweitert die DOM Level 1-Spezifikation; behandelt grundlegende DOM-Strukturen wie `Element`, `Attr`, `Document` usw.
DOM Level 2 Views	Views	Bietet ein Modell für Skripten zur dynamischen Aktualisierung einer DOM-Struktur
DOM Level 2 Events	Events	Definiert ein Event-Modell für Programme und Skripten zur Verwendung mit DOM
DOM Level 2 Style	CSS	Stellt ein Modell für CSS (Cascading Style Sheets) zur Verfügung, das auf den Spezifikationen DOM Core und DOM Views basiert
DOM Level 2 Traversal and Range	Traversal/Range	Definiert Erweiterungen von DOM für das schrittweise Durchgehen eines Dokuments und die Identifikation des Inhaltsbereichs in diesem Dokument
DOM Level 2 HTML	HTML	Erweitert DOM so, daß es Schnittstellen für den Umgang mit HTML-Strukturen in einem DOM-Format zur Verfügung stellt

Würden sich Views, Events, CSS, HTML und Traversal alle in einer einzelnen Spezifikation befinden, dann würde beim W3C nie etwas zu Ende gebracht werden! Um die Weiterentwicklung all dieser Bereiche zu fördern und dabei DOM in seinem Gesamtprozeß nicht zu behindern, wurden die unterschiedlichen Konzepte in einzelne Spezifikationen unterteilt.

Nachdem Sie sich entschieden haben, welche Spezifikationen Sie nutzen möchten, können Sie schon fast loslegen. Es wird kein DOM Level 2-Parser benötigt, um jede dieser Spezifikationen zu unterstützen; daraus ergibt sich, daß Sie prüfen müssen, ob die Features, die Sie nutzen möchten, in Ihrem XML-Parser vorhanden sind. Glücklicherweise ist das ziemlich einfach möglich. Erinnern Sie sich an die Methode `hasFeature()` der Klasse `DOMImplementation`, die ich Ihnen gezeigt habe? Nun, wenn Sie dieser Methode einen Modulnamen und eine Version übergeben, wird sie Sie wissen lassen, ob das entsprechende Modul und die gewünschte Methode unterstützt werden. Beispiel 6-4 ist ein kleines Programm, das die Unterstützung eines XML-Parsers für die DOM-Module abfragt, die in Tabelle 6-1 aufgelistet sind. Sie werden den Namen der DOMImplementation-Implementierungsklasse auf den von Ihrem Hersteller verwendeten Namen ändern müssen, aber bis auf diese Anpassung sollte es mit jedem Parser funktionieren.

Beispiel 6-4: Features einer DOM-Implementierung prüfen

```
package javaxml2;

import org.w3c.dom.DOMImplementation;

public class DOMModuleChecker {

    /** DOMImplementation Impl.-Klasse des Herstellers */
    private String vendorImplementationClass =
        "org.apache.xerces.dom.DOMImplementationImpl";

    /** Zu prüfende Module */
    private String[] moduleNames =
        {"XML", "Views", "Events", "CSS", "Traversal", "Range", "HTML"};

    public DOMModuleChecker( ) {
    }

    public DOMModuleChecker(String vendorImplementationClass) {
        this.vendorImplementationClass = vendorImplementationClass;
    }

    public void check( ) throws Exception {
        DOMImplementation impl =
            (DOMImplementation)Class.forName(vendorImplementationClass)
                                .newInstance( );
        for (int i=0; i<moduleNames.length; i++) {
            if (impl.hasFeature(moduleNames[i], "2.0")) {
                System.out.println("Unterstützung für " + moduleNames[i] +
                    " ist in dieser DOM-Implementierung enthalten.");
            } else {
                System.out.println("Unterstützung für " + moduleNames[i] +
                    " ist in dieser DOM-Implementierung nicht enthalten.");
            }
        }
    }

    public static void main(String[] args) {
        if ((args.length != 0) && (args.length != 1)) {
            System.out.println("Verwendung: java javaxml2.DOMModuleChecker " +
                "[Zu prüfende DOMImplementation-Implementierungsklasse]");
            System.exit(-1);
        }
```

Beispiel 6-4: Features einer DOM-Implementierung prüfen (Fortsetzung)

```
        try {
            DOMModuleChecker checker = null;
            if (args.length == 1) {
                checker = new DOMModuleChecker(args[1]);
            } else {
                checker = new DOMModuleChecker();
            }
            checker.check();
        } catch (Exception e) {
            e.printStackTrace();
        }
    }
}
```

Ich habe dieses Programm mit *xerces.jar* in meinem Klassenpfad gestartet und erhielt die folgende Ausgabe:

```
C:\javaxml2\build>java javaxml2.DOMModuleChecker
Unterstützung für XML ist in dieser DOM-Implementierung enthalten.
Unterstützung für Views ist in dieser DOM-Implementierung nicht enthalten.
Unterstützung für Events ist in dieser DOM-Implementierung enthalten.
Unterstützung für CSS ist in dieser DOM-Implementierung nicht enthalten.
Unterstützung für Traversal ist in dieser DOM-Implementierung enthalten.
Unterstützung für Range ist in dieser DOM-Implementierung nicht enthalten.
Unterstützung für HTML ist in dieser DOM-Implementierung nicht enthalten.
```

Indem Sie die DOMImplementation-Implementierungsklasse für Ihren Hersteller angeben, können Sie die unterstützten Module in Ihrem eigenen DOM-Parser überprüfen. In den folgenden Unterabschnitten werde ich einige der Module ansprechen, die mir nützlich erscheinen und über die Sie bestimmt auch etwas erfahren möchten.

Traversal

Als erstes haben wir das DOM Level 2-Modul Traversal auf der Liste. Seine Aufgabe besteht darin, die Fähigkeit zur freien Bewegung zur Verfügung zu stellen, aber auch darin, Ihnen die Möglichkeit zu bieten, sein Verhalten genauer einzustellen. In dem früheren Abschnitt über die DOM-Mutation habe ich erwähnt, daß der größte Teil Ihres DOM-Codes über die Struktur des DOM-Baums, an dem gerade gearbeitet wird, informiert ist; dies ermöglicht ein schnelles Durcharbeiten und Modifizieren sowohl der Struktur als auch des Inhalts. In den Fällen jedoch, in denen Sie die Struktur des Dokuments nicht kennen, kommt das Traversal-Modul ins Spiel.

Betrachten Sie noch einmal die Auktionssite und die vom Anwender eingegebenen Artikel. Am kritischsten sind der Name und die Beschreibung des Artikels. Da die bekanntesten Auktionssites verschiedene Arten von Suchfunktionen anbieten, sollten Sie in diesem fiktiven Beispiel das gleiche bieten. Die einfache Suche nach Artikelbezeichnungen reicht im wirklichen Leben nicht aus; statt dessen sollte ein Satz von Schlüsselwörtern aus der

Artikelbeschreibung extrahiert werden. Ich sage ausdrücklich Schlüsselwörter, weil Sie nicht nach »adirondack top« (für einen Gitarrenliebhaber ist es eindeutig das Holz auf der Oberseite des Gitarrenkorpus) suchen, um Informationen über Spielzeug (»top« = Kreisel) aus einer bestimmten Gebirgsregion (»Adirondack«) zu erhalten. Die beste Möglichkeit, dies in dem bisher besprochenen Format zu erreichen, besteht darin, die Wörter zu extrahieren, die auf eine bestimmte Art und Weise hervorgehoben sind. Deshalb sind die fett oder kursiv gesetzten Wörter ideale Kandidaten. Natürlich könnten Sie auch einfach sämtliche Kindelemente des `description`-Elements herausfischen, bei denen es sich nicht um Text handelt. Allerdings müßten Sie sich dann durch Links (das Element `a`), Bildreferenzen (`img`) usw. kämpfen. Was Sie wirklich benötigen, ist die Festlegung einer benutzerdefinierten Art des Durchgangs. Gute Neuigkeiten; Sie sind hier genau richtig.

Das gesamte Traversal-Modul befindet sich im Package `org.w3c.dom.traversal`. So wie im Kern von DOM alles mit einem `Document`-Interface anfängt, beginnt in DOM-Traversal alles mit dem Interface `org.w3c.dom.traversal.DocumentTraversal`. Dieses Interface bietet zwei Methoden:

```
NodeIterator createNodeIterator(Node root, int whatToShow, NodeFilter filter,
                    boolean expandEntityReferences);
TreeWalker createTreeWalker(Node root, int whatToShow, NodeFilter filter,
                    boolean expandEntityReferences);
```

Die meisten DOM-Implementierungen, die Traversal unterstützen, richten auch ihre Entsprechung der `org.w3c.dom.Document`-Implementierungsklasse so ein, daß sie das Interface `DocumentTraversal` implementiert; so funktioniert es jedenfalls in Xerces. Kurz gesagt stellt die Verwendung eines `NodeIterators` eine Listenansicht der Elemente zur Verfügung, die er iterativ durchgeht; die genaueste Entsprechung ist eine Standard-Java-`List` (im Package `java.util`). `TreeWalker` bietet eine Baumansicht, an die Sie bei der Arbeit mit XML bisher wahrscheinlich eher gewöhnt sind.

NodeIterator

Ich möchte die Begriffsbestimmungen jetzt hinter mir lassen und zu dem Codebeispiel kommen, das ich zuvor angekündigt hatte. Ich will auf diejenigen Inhalte innerhalb der Beschreibung eines Artikels der Auktionssite zugreifen können, die sich innerhalb bestimmter Formatierungs-Tags befinden. Um dies zu erreichen, benötige ich als erstes Zugriff auf den DOM-Baum selbst. Da dies nicht dem Servlet-Ansatz entspricht (Sie würden wahrscheinlich nicht wollen, daß ein Servlet die Suchausdrücke aufbaut, sondern lieber eine selbständige Klasse verwenden), benötige ich eine neue Klasse, `ItemSearcher` (Beispiel 6-5). Diese Klasse nimmt als Argumente eine beliebige Anzahl von Artikeldateien entgegen, die durchsucht werden sollen.

Beispiel 6-5: Die Klasse ItemSearcher

```java
package javaxml2;

import java.io.File;

// DOM-Imports
import org.w3c.dom.Document;
import org.w3c.dom.Element;
import org.w3c.dom.Node;
import org.w3c.dom.NodeList;
import org.w3c.dom.traversal.DocumentTraversal;
import org.w3c.dom.traversal.NodeFilter;
import org.w3c.dom.traversal.NodeIterator;

// Herstellerspezifischer Parser
import org.apache.xerces.parsers.DOMParser;

public class ItemSearcher {

    private String docNS = "http://www.oreilly.com/javaxml2";

    public void search(String filename) throws Exception {
        // Parsing in einem DOM-Baum
        File file = new File(filename);
        DOMParser parser = new DOMParser();
        parser.parse(file.toURL().toString());
        Document doc = parser.getDocument();

        // Knoten erhalten, bei dem der Durchgang starten soll
        Element root = doc.getDocumentElement();
        NodeList descriptionElements =
            root.getElementsByTagNameNS(docNS, "beschreibung");
        Element description = (Element)descriptionElements.item(0);

        // Einen NodeIterator erhalten
        NodeIterator i = ((DocumentTraversal)doc)
            .createNodeIterator(description, NodeFilter.SHOW_ALL, null, true);

        Node n;
        while ((n = i.nextNode()) != null) {
            if (n.getNodeType() == Node.ELEMENT_NODE) {
                System.out.println("Gefundenes Element: '" +
                    n.getNodeName() + "'");
            } else if (n.getNodeType() == Node.TEXT_NODE) {
                System.out.println("Gefundener Text: '" +
                    n.getNodeValue() + "'");
            }
        }
    }

    public static void main(String[] args) {
        if (args.length == 0) {
```

Beispiel 6-5: Die Klasse ItemSearcher (Fortsetzung)

```
            System.out.println("Keine Artikeldateien zum Durchsuchen angegeben.");
            return;
        }

        try {
            ItemSearcher searcher = new ItemSearcher();
            for (int i=0; i<args.length; i++) {
                System.out.println("Bearbeite Datei: " + args[i]);
                searcher.search(args[i]);
            }
        } catch (Exception e) {
            e.printStackTrace();
        }
    }
}
```

Wie Sie sehen können, habe ich einen NodeIterator erzeugt und ihm das Element beschreibung übergeben, bei dem der Durchgang starten soll. Der konstante Wert, der als Filter übergeben wird, weist den Iterator an, alle Knoten anzuzeigen. Sie könnten genauso einfach Werte wie Node.SHOW_ELEMENT oder Node.SHOW_TEXT angeben, die nur Elemente bzw. nur Textknoten zeigen würden. Ich habe bisher noch keine NodeFilter-Implementierung angegeben (dazu komme ich als nächstes), und ich habe die Auflösung von Entity-Referenzen zugelassen. An alledem ist angenehm, daß der Iterator, nachdem er erstellt wurde, nicht nur die Kindelemente von beschreibung findet. Statt dessen findet er *alle* Knoten unterhalb von beschreibung, auch wenn sie mehrere Stufen tief verschachtelt sind. Das ist äußerst praktisch bei der Arbeit mit einer unbekannten XML-Struktur!

An dieser Stelle erhalten Sie noch immer alle Knoten, von denen Sie die meisten gar nicht brauchen. Ich habe etwas Code hinzugefügt (die letzte while-Schleife), um Ihnen zu zeigen, wie die resultierenden Element- und Textknoten ausgegeben werden. Sie können den Code in diesem Zustand starten, aber das wird nicht viel helfen. Statt dessen muß der Code einen Filter bereitstellen, so daß er nur Elemente mit der gewünschten Formatierung akzeptiert: den Text innerhalb von i- oder b-Blöcken. Sie können dieses angepaßte Verhalten zur Verfügung stellen, indem Sie eine selbstdefinierte Implementierung des Interfaces NodeFilter hinzufügen, das nur eine einzige Methode definiert:

```
    public short acceptNode(Node n);
```

Diese Methode sollte NodeFilter.FILTER_SKIP, NodeFilter.FILTER_REJECT oder NodeFilter.FILTER_ACCEPT zurückgeben. Der erste dieser Rückgabewerte überspringt den untersuchten Knoten, aber fährt in der Iteration mit dessen Kindknoten fort; der zweite verwirft den untersuchten Knoten und dessen Kindknoten (nur in TreeWalker anwendbar); und der dritte akzeptiert den untersuchten Knoten und gibt ihn weiter. Das Ganze erinnert stark an SAX, da Sie in die Iteration einzelner Knoten eingreifen und jeweils entscheiden können, ob sie an die aufrufende Methode weitergegeben werden sollen. Fügen Sie die folgende nicht-öffentliche Klasse zu der Quelldatei *ItemSearcher.java* hinzu:

```
class FormattingNodeFilter implements NodeFilter {

    public short acceptNode(Node n) {
        if (n.getNodeType() == Node.TEXT_NODE) {
            Node parent = n.getParentNode();
            if ((parent.getNodeName().equalsIgnoreCase("b")) ||
                (parent.getNodeName().equalsIgnoreCase("i"))) {
                return FILTER_ACCEPT;
            }
        }
        // Wenn wir hier angekommen sind: kein Interesse
        return FILTER_SKIP;
    }
}
```

Dies ist einfach klarer, herkömmlicher DOM-Code und sollte Ihnen keinerlei Schwierigkeiten bereiten. Zuerst einmal akzeptiert der Code nur Textknoten; der Text der formatierten Elemente wird benötigt, nicht die Elemente selbst. Als nächstes wird der Elternknoten ermittelt, und da wir mit Sicherheit davon ausgehen können, daß Text-Knoten Element-Knoten als Eltern haben, ruft der Code unmittelbar getNodeName() auf. Wenn der Elementname entweder »b« oder »i« ist, hat der Code Suchtext gefunden und gibt FILTER_ACCEPT zurück. Andernfalls wird FILTER_SKIP zurückgegeben.

Jetzt müssen wir nur noch eine Änderung am Erzeugungsaufruf des Iterators vornehmen, die diesen anweist, die neue Filter-Implementierung zu verwenden, und eine weitere Änderung an der Ausgabe. Beide Änderungen erfolgen in der existierenden Methode search() der Klasse ItemSearcher:

```
// Einen NodeIterator erhalten
NodeIterator i = ((DocumentTraversal)doc)
    .createNodeIterator(description, NodeFilter.SHOW_ALL,
        new FormattingNodeFilter(), true);

Node n;
while ((n = i.nextNode()) != null) {
    System.out.println("Suchbegriff gefunden: '" + n.getNodeValue() + "'");
}
```

Einige aufmerksame Leser werden sich fragen, was passiert, wenn eine NodeFilter-Implementierung mit der Konstante in Konflikt gerät, die der Methode createNodeIterator() übergeben wird (in diesem Fall ist diese Konstante NodeFilter.SHOW_ALL). Tatsächlich wird der einfache Konstantenfilter zuerst angewendet, und dann wird die resultierende Liste von Knoten an die Filter-Implementierung weitergegeben. Wenn ich die Konstante NodeFilter.SHOW_ELEMENT angegeben hätte, hätte ich gar keine Suchbegriffe erhalten, da mein Filter keine Text-Knoten zum Untersuchen erhalten hätte, sondern nur Element-Knoten. Passen Sie auf, daß Sie die beiden Filter auf eine Weise zusammen verwenden, die Sinn ergibt. In diesem Beispiel hätte ich auch gefahrlos NodeFilter.SHOW_TEXT verwenden können.

Nun ist die Klasse nützlich und startklar. Wenn ich sie mit der Datei *bourgOM.xml* ausführe, die ich im ersten Abschnitt beschrieben habe, erhalte ich die folgenden Ergebnisse:

```
bmclaugh@GANDALF ~/javaxml2/build
$ java javaxml2.ItemSearcher ../ch06/xml/item-bourgOM.xml
Bearbeite Datei: ../ch06/xml/item-bourgOM.xml
Suchbegriff gefunden: 'wundersch&ouml;ne'
Suchbegriff gefunden: 'Sitka-Deckel'
Suchbegriff gefunden: 'indischem Rosenholz'
Suchbegriff gefunden: 'vollen Klang'
Suchbegriff gefunden: 'gro&szlig;artiges Spielverhalten'
Suchbegriff gefunden: 'fossilem Elfenbein'
Suchbegriff gefunden: 'Ebenholz'
Suchbegriff gefunden: 'hervorragende Gitarre'
```

Das ist perfekt: Alle fett und kursiv gesetzten Begriffe können nun zu einer Suchfunktion hinzugefügt werden. (Entschuldigung, aber die müssen Sie selbst schreiben!)

TreeWalker

Das Interface `TreeWalker` ist fast genau dasselbe wie das Interface `NodeIterator`. Der einzige Unterschied besteht darin, daß Sie eine Baumansicht statt einer Listenansicht erhalten. Dies ist vor allem dann nützlich, wenn Sie nur mit einer bestimmten Sorte von Knoten innerhalb eines Baums arbeiten möchten; zum Beispiel wenn Sie einen Baum nur mit Elementen oder ohne alle Kommentare haben wollen. Durch die Verwendung des konstanten Filterwertes (wie `NodeFilter.SHOW_ELEMENT`) und einer Filter-Implementierung (etwa einer, die `FILTER_SKIP` für alle Kommentare zurückgibt) können Sie im wesentlichen eine Ansicht eines DOM-Baums ohne störende Informationen erhalten. Das Interface `TreeWalker` bietet alle grundlegenden Knotenoperationen, wie `firstChild()`, `parentNode()`, `nextSibling()` und natürlich die Methode `getCurrentNode()`, die Ihnen mitteilt, wo Sie sich gerade befinden.

Ich werde Ihnen hier kein Beispiel geben. Mittlerweile sollten Sie verstehen, daß dies dem Umgang mit einem Standard-DOM-Baum entspricht, außer, daß Sie unerwünschte Bestandteile durch die Verwendung der `NodeFilter`-Konstanten herausfiltern können. Dies ist eine großartige, einfache Art und Weise, Ihre Ansicht von XML-Dokumenten auf die Informationen zu beschränken, die Sie sehen möchten. Verwenden Sie dieses Interface ruhig; es ist ein echter Gewinn, genau wie `NodeIterator`! Sie können die vollständige Spezifikation auch online unter *http://www.w3.org/TR/DOM-Level-2-Traversal-Range/* lesen.

Range

Das DOM Level 2-Modul Range gehört zu den weniger häufig genutzten Modulen, nicht weil es so schwer zu verstehen wäre, sondern weil es nicht besonders nützlich ist. Dieses Modul bietet ein Verfahren, um einen Block von Inhalten innerhalb eines Dokuments zu bearbeiten. Nachdem Sie diesen Inhaltsbereich definiert haben, können Sie in ihn einfügen, ihn kopieren, Teile davon löschen und ihn auf vielfältige Art und Weise manipulieren. Das Wichtigste ist für den Anfang zu verstehen, daß »Range« oder »Bereich« hier eine beliebige Anzahl zusammengruppierter Teile eines DOM-Baums beschreibt. Es bezieht sich *nicht* auf einen Satz erlaubter Werte, bei dem ein Maximum und ein Minimum oder ein Anfangs- und ein Endwert definiert sind. Insofern hat DOM-Range überhaupt nichts mit der Validierung von Datenwerten zu tun. Wenn Sie das begriffen haben, liegen Sie schon weit über dem Durchschnitt.

Wie Traversal schließt auch die Arbeit mit Range ein neues DOM-Package ein: org.w3c.dom.ranges. Es gibt in der Tat nur zwei Interfaces und eine Exception in dieser Klasse, es wird also nicht lange dauern, bis Sie sich zurechtfinden. Das erste Interface ist die Entsprechung zu Document (und DocumentTraversal): Das ist org.w3c.dom.ranges.DocumentRange. Wie die Klasse DocumentTraversal implementiert die Document-Implementierungsklasse von Xerces Range. Und genau wie DocumentTraversal hat sie sehr wenige interessante Methoden; genau genommen sogar nur eine:

```
public Range createRange( );
```

Alle anderen Bereichsoperationen arbeiten mit der Klasse Range (genauer gesagt einer Implementierung dieses Interfaces, aber Sie verstehen schon). Nachdem Sie eine Instanz des Interfaces Range erzeugt haben, können Sie einen Start- und einen Endpunkt festlegen und mit dem Editieren anfangen. Für ein Beispiel möchte ich noch einmal zu dem UpdateItemServlet zurückkehren. Ich habe schon erwähnt, daß es ein wenig Mühe bereitet zu versuchen, alle Kindelemente des Elements beschreibung zu entfernen und dann den neuen Beschreibungstext einzustellen; das kommt daher, daß es keine Möglichkeit gibt zu unterscheiden, ob sich nur ein einzelner Text-Knoten in der Beschreibung befindet oder ob viele Elemente, Textknoten und verschachtelte Knoten in der Beschreibung existieren, die zuerst einmal HTML ist. Ich habe Ihnen gezeigt, wie Sie das alte Element beschreibung einfach entfernen und ein neues erzeugen können. DOM-Range macht dies jedoch unnötig. Schauen Sie sich die folgende Modifikation der Methode doPost( ) in diesem Servlet an:

```
// Dokument laden
try {
    DOMParser parser = new DOMParser( );
    parser.parse(xmlFile.toURL().toString( ));
    doc = parser.getDocument( );

    Element root = doc.getDocumentElement( );

    // Name des Artikels
    NodeList nameElements =
        root.getElementsByTagNameNS(docNS, "name");
    Element nameElement = (Element)nameElements.item(0);
    Text nameText = (Text)nameElement.getFirstChild( );
    nameText.setData(name);
```

```
    // Beschreibung des Artikels
    NodeList descriptionElements =
        root.getElementsByTagNameNS(docNS, "beschreibung");
    Element descriptionElement = (Element)descriptionElements.item(0);

    // Beschreibung entfernen und neu erstellen
    Range range = ((DocumentRange)doc).createRange( );
    range.setStartBefore(descriptionElement.getFirstChild( ));
    range.setEndAfter(descriptionElement.getLastChild( ));
    range.deleteContents( );
    Text descriptionText = doc.createTextNode(description);
    descriptionElement.appendChild(descriptionText);

    range.detach( );
} catch (SAXException e) {
    // Fehler ausgeben
    PrintWriter out = res.getWriter( );
    res.setContentType("text/html");
    out.println("<HTML><BODY>Fehler beim Lesen von XML: " +
        e.getMessage( ) + ".</BODY></HTML>");
    out.close( );
    return;
}
```

Um sämtlichen Inhalt zu entfernen, erzeuge ich als erstes einen neuen Range, indem ich ein Casting zum Typ DocumentRange durchführe. Sie müssen auch Import-Anweisungen für die Klassen DocumentRange und Range zu Ihrem Servlet hinzufügen (beide befinden sich im Package org.w3c.dom.ranges).

Im ersten Teil des Abschnitts über DOM Level 2-Module habe ich Ihnen gezeigt, wie Sie überprüfen können, welche Module eine Parser-Implementierung unterstützt. Mir fällt auf, daß Xerces gemeldet hat, er unterstütze Range nicht. Dennoch ist dieser Code mit Xerces 1.3.0, 1.3.1 und 1.4 jeweils völlig reibungslos gelaufen. Seltsam, nicht wahr?

Nachdem das Range-Objekt bereit ist, setzen Sie einen Start- und einen Endpunkt. Da ich sämtlichen Inhalt innerhalb des Elements beschreibung brauche, beginne ich vor dem ersten Kindelement dieses Element-Knotens (mit Hilfe von setStartBefore( )) und höre nach seinem letzten Kind auf (durch setEndAfter( )). Nachdem dies erledigt ist, kann einfach deleteContents( ) aufgerufen werden. Entsprechend bleibt kein bißchen Inhalt zurück. Anschließend erzeugt das Servlet den neuen Beschreibungstext und füllt ihn mit Inhalt. Zu guter Letzt weise ich die JVM an, daß sie durch den Aufruf von detach( ) sämtliche mit dem Range verbundenen Ressourcen freigeben kann. Auch wenn dieser Schritt üblicherweise vergessen wird, kann er bei längeren Codeteilen, die zusätzliche Ressourcen verwenden, wirklich weiterhelfen.

Eine weitere Option besteht darin, extractContents( ) statt deleteContents( ) zu verwenden. Diese Methode entfernt den Inhalt ebenfalls, gibt dann aber den entfernten Inhalt zurück. Sie könnten dies zum Beispiel als Archivierungselement einfügen:

```
// Beschreibung entfernen und neu erstellen
Range range = ((DocumentRange)doc).createRange( );
range.setStartBefore(descriptionElement.getFirstChild( ));
range.setEndAfter(descriptionElement.getLastChild( ));
Node oldContents = range.extractContents( );
Text descriptionText = doc.createTextNode(description);
descriptionElement.appendChild(descriptionText);

// Den alten Inhalt zu einem anderen, einem Archivelement hinzufügen
archivalElement.appendChild(oldContents);
```

Versuchen Sie das nicht in Ihrem Servlet; es gibt kein archivalElement in diesem Code, und das Beispiel dient nur Demonstrationszwecken. Aber was Ihnen davon im Bewußtsein bleiben sollte, ist, daß das DOM Level 2-Modul Range Ihnen beim Editieren von Dokumentinhalten helfen kann. Es bietet auch dann noch eine Möglichkeit, auf den Inhalt zuzugreifen, wenn Sie sich zum Zeitpunkt der Programmierung noch nicht über dessen Struktur im klaren sind.

Es gibt noch viel mehr mögliche Bereichsangaben in DOM; Sie können dies zusätzlich zu der Beschäftigung mit all den anderen DOM-Modulen, die in diesem Kapitel behandelt werden, selbst herausfinden. Allerdings sollten Sie jetzt die Grundlagen gut genug verstanden haben, um loslegen zu können. Insbesondere sollten Sie wissen, daß Sie an jedem Punkt in einer aktiven Range-Instanz einfach range.insertNode(Node newNode) aufrufen können, um neuen Inhalt hinzuzufügen – wo auch immer im Dokument Sie sich befinden! Genau diese robuste Editierfähigkeit macht die Bereichslösung so attraktiv. Wenn Sie das nächste Mal eine Struktur, über die Sie wenig wissen, löschen, kopieren, extrahieren oder mit zusätzlichem Inhalt versehen müssen, sollten Sie darüber nachdenken, Bereiche zu verwenden. Die Spezifikation gibt Ihnen Informationen über all das und noch mehr. Sie befindet sich online unter *http://www.w3.org/TR/DOM-Level-2-Traversal-Range/*.

Events, Views und Style

Neben dem HTML-Modul, über das ich als nächstes sprechen werde, gibt es drei andere DOM Level 2-Module: Events, Views und Style. Ich werde sie in diesem Buch nicht tiefgreifend behandeln, insbesondere weil ich glaube, daß sie eher für die Client-Programmierung nützlich sind. Bisher habe ich mich auf die serverseitige Programmierung konzentriert und werde mich auch im Rest des Buches in diesem Bereich bewegen. Diese drei Module werden oft in Client-Software verwendet, etwa in IDEs, Webseiten und ähnlichem. Trotzdem möchte ich jedes davon kurz ansprechen; insofern werden Sie beim nächsten Treffen mit anderen Alpha-Geeks noch immer an der Spitze der DOM-Mannschaft stehen.

Events

Das Modul Events bietet genau das, was Sie wahrscheinlich erwarten: Eine Möglichkeit, nach Ereignissen in einem DOM-Dokument zu »lauschen«. Die entsprechenden Klassen sind im Package org.w3c.dom.events enthalten, und die Klasse, die das Ganze in Gang setzt, ist DocumentEvent. Hier gibt es keine Überraschung; kompatible Parser (wie Xerces) implementieren dieses Interface in der gleichen Klasse, die org.w3c.dom.Document implementiert. Das Interface definiert nur eine Methode:

```
public Event createEvent(String eventType);
```

Der übergebene String ist der Ereignistyp; gültige Werte in DOM Level 2 sind »UIEvent«, »MutationEvent« und »MouseEvent«. Jeder dieser drei Werte hat eine zugehörige Klasse: UIEvent, MutationEvent und MouseEvent. Wenn Sie in das Xerces-Javadoc hineinschauen, werden Sie bemerken, daß hier nur das Interface MutationEvent geboten wird, der einzige Ereignistyp, den Xerces unterstützt. Wenn ein Ereignis »ausgelöst« wird, kann es durch einen EventListener behandelt (oder »abgefangen«) werden.

Hierbei werden Sie vom DOM-Kern unterstützt; in einem Parser, der DOM-Events unterstützt, sollte eine Klasse, die das Interface org.w3c.dom.Node implementiert, auch das Interface org.w3c.dom.events.EventTarget implementieren. Auf diese Weise kann jeder Knoten Ziel eines Ereignisses sein. Das bedeutet, daß Sie bei diesen Knoten die folgende Methode zur Verfügung haben:

```
public void addEventListener(String type, EventListener listener,
                             boolean capture);
```

Kommen wir nun zur Vorgehensweise. Sie können eine neue EventListener-Implementierung erzeugen (eine selbstdefinierte Klasse, die Sie schreiben müßten). Sie brauchen nur eine einzige Methode zu implementieren:

```
public void handleEvent(Event event);
```

Registrieren Sie diesen Listener mit allen Knoten, mit denen Sie arbeiten möchten. Code an dieser Stelle erledigt üblicherweise nützliche Aufgaben, zum Beispiel sendet er E-Mails an Benutzer, um ihnen mitzuteilen, daß ihre Informationen (in irgendeiner XML-Datei) geändert wurden, oder er validiert das XML erneut (denken Sie an XML-Editoren) oder fragt Benutzer, ob sie sicher sind, daß sie die Aktion durchführen möchten.

Gleichzeitig möchten Sie bei bestimmten Aktionen, daß Ihr Code ein neues Event-Objekt auslöst, etwa wenn der Anwender in einer IDE auf einen Knoten klickt und neuen Text eingibt oder ein anderes Element löscht. Wenn das Event ausgelöst wird, wird es an die verfügbaren EventListener-Klassen weitergegeben, angefangen beim aktiven Knoten und dann weiter nach oben. An dieser Stelle wird der Code Ihres Listeners ausgeführt, *wenn die Ereignistypen gleich sind*. Zusätzlich können Sie an dieser Stelle bestimmen, ob das Ereignis (nachdem Sie es behandelt haben) an der Weitergabe gehindert werden oder weiter nach oben in der Ereigniskette wandern soll, um möglicherweise noch von anderen registrierten Listenern behandelt zu werden.

Das war es also; wir haben Ereignisse auf etwas mehr als einer einzigen Seite abgehandelt! Und Sie haben gedacht, Spezifikationen wären schwierig zu lesen. Ernsthaft, dies ist sehr nützlicher Stoff, und wenn Sie mit clientseitigem Code arbeiten oder mit Software, die als in sich geschlossene Anwendung auf dem Desktop der Anwender verbreitet wird (wie der XML-Editor, von dem ich die ganze Zeit rede), sollte dies ein Teil Ihres DOM-Werkzeugkastens sein. Lesen Sie die vollständige Dokumentation online unter *http://www.w3.org/TR/DOM-Level-2-Events/*.

Views

Das nächste Modul auf der Liste ist das DOM Level 2-Modul Views. Der Grund, warum ich diese Ansichten nicht besonders detailliert behandle, ist, daß es wirklich sehr wenig darüber zu sagen gibt. Wie ich die (eine Seite lange!) Spezifikation lese, ist das Ganze einfach eine Basis für zukünftige Arbeit, vielleicht in vertikalen Märkten. Die Spezifikation definiert nur zwei Interfaces, die sich beide im Package org.w3c.dom.views befinden. Hier sehen Sie das erste:

```
package org.w3c.dom.views;

public interface AbstractView {
    public DocumentView getDocument();

}
```

Und hier das zweite:

```
package org.w3c.dom.views;

public interface DocumentView {
    public AbstractView getDefaultView();

}
```

Das sieht aus, als würde es im Kreis herum gehen, nicht wahr? Mit einem einzelnen *Quelldokument* (einem DOM-Baum) können mehrere *Ansichten* verknüpft sein. In diesem Fall bezeichnet »Ansicht« eine Präsentationsart, etwa ein mit Style versehenes Dokument (nachdem XSL oder CSS angewandt wurde) oder vielleicht eine Version mit Shockwave und eine weitere ohne. Durch die Implementierung des Interfaces AbstractView können Sie Ihre eigenen, selbstdefinierten Versionen der Darstellung eines DOM-Baums definieren. Sehen Sie sich zum Beispiel dieses abgeleitete Interface an:

```
package javaxml2;

import org.w3c.dom.views.AbstractView;

public interface StyledView extends AbstractView {

    public void setStylesheet(String stylesheetURI);

    public String getStylesheetURI();
}
```

Ich habe die Methodenimplementierungen weggelassen, aber Sie können sehen, wie dies für die Bereitstellung mit Style versehener Ansichten eines DOM-Baums verwendet werden könnte. Zusätzlich würde eine kompatible Parser-Implementierung dafür sorgen, daß ihre org.w3c.dom.Document-Implementierung ihrerseits DocumentView implementiert, was es ihnen ermöglicht, ein Dokument nach dessen Standardansicht zu fragen. Es ist zu erwarten, daß Sie in einer späteren Version der Spezifikation in der Lage sein werden, mehrere Ansichten für ein Dokument zu registrieren und eine Ansicht bzw. mehrere Ansichten enger an ein Dokument zu binden.

Sie werden feststellen, daß dies allmählich mehr Substanz erhalten wird, da Browser wie Netscape, Mozilla und Internet Explorer diese Art von Ansichten für XML bieten. Zusätzlich können Sie die kurze Spezifikation online unter *http://www.w3.org/TR/DOM-Level-2-Views/* lesen und wissen dann genau so viel wie ich.

Style

Als letztes betrachten wir das Modul Style, das auch einfach als CSS (Cascading Style Sheets) bezeichnet wird. Sie können diese Spezifikation unter *http://www.w3.org/TR/DOM-Level-2-Style/* nachlesen. Dieses Modul bietet eine Anbindung für CSS-Stylesheets, so daß diese durch DOM-Konstrukte dargestellt werden. Alles Interessante befindet sich in den Packages org.w3c.dom.stylesheets und org.w3c.dom.css. Das erste enthält allgemeingültige Basisklassen und das zweite bietet spezifische Anwendungen von Cascading Style Sheets. Beide konzentrieren sich insbesondere darauf, einem Client ein mit Style versehenes Dokument zu zeigen.

Dieses Modul wird ganz genau so verwendet wie die DOM-Kern-Interfaces: Besorgen Sie sich einen Style-konformen Parser, führen Sie das Parsing eines Stylesheets durch, und verwenden Sie die CSS-Sprachbindungen. Das ist besonders praktisch, wenn Sie ein CSS-Stylesheet durch den Parser schicken und auf ein DOM-Dokument anwenden möchten. Sie arbeiten mit dem gleichen grundlegenden Satz von Konzepten, falls das für Sie einen Sinn ergibt (und das sollte es; wenn Sie mit einer API zwei Dinge statt einem tun können, ist das grundsätzlich gut!). Auch das Style-Modul streife ich nur kurz, da es vollständig durch Javadoc dokumentiert ist. Die Klassen haben sehr treffende Namen (CSSValueList, Rect, CSSDOMImplementation) und sind ihren XML-DOM-Gegenstücken ähnlich genug, so daß ich zuversichtlich bin, daß Sie kein Problem haben werden, sie zu verwenden, wenn Sie das müssen.

HTML

Für HTML bietet DOM einen Satz von Interfaces, die die verschiedenen HTML-Elemente nachbilden. Zum Beispiel können Sie die Klassen HTMLDocument, HTMLAnchorElement und HTMLSelectElement verwenden (alle im Package org.w3c.dom.html), um ihre Entsprechungen in HTML darzustellen (in diesem Fall <html>, <a> und <selct>). Sie stellen allesamt bequeme Methoden zur Verfügung, wie setTitle() (bei HTMLDocument), setHref() (bei HTMLAnchorElement) und getOptions() (bei HTMLSelectElement). Sie alle erweitern DOM-Kernstrukturen wie Document und Element und können deshalb genau so verwendet werden wie jeder andere DOM-Knoten.

Es stellt sich jedoch heraus, daß die HTML-Bindungen (zumindest direkt) selten genutzt werden. Nicht etwa, weil sie nicht nützlich wären; statt dessen sind bereits viele Tools geschrieben worden, die diese Art des Zugriffs sogar auf noch benutzerfreundlichere Weise anbieten. XMLC, ein Projekt innerhalb des Enhydra Application Server Frameworks, ist ein Beispiel dafür (online unter *http://xmlc.enhydra.org* zu finden), ein anderes ist Cocoon, das in Kapitel 10 behandelt wird. Sie ermöglichen es Entwicklern, mit HTML und Webseiten auf eine Art und Weise zu arbeiten, die nicht einmal grundlegende DOM-Kenntnisse benötigt, und bieten Webdesignern und Neueinsteigern unter den Java-Entwicklern so einen leichteren Zugang. Insgesamt ergibt sich aus der Verwendung solcher Tools, daß die HTML-DOM-Bindungen nur selten benötigt werden. Aber wenn Sie sie kennen, können Sie sie benutzen, wenn es nötig ist. Zusätzlich können Sie auf wohlgeformte HTML-Dokumente (XHTML) eine Standard-DOM-Funktionalität anwenden, indem Sie Elemente als Element-Knoten und Attribute als Attr-Knoten verwenden. Sogar ohne die HTML-Bindungen können Sie also DOM verwenden, um mit HTML zu arbeiten. Kinderleicht.

Dieses und jenes

Was bleibt neben diesen Modulen und der Namensraum-Fähigkeit noch über DOM Level 2 zu sagen? Sehr wenig, und das meiste davon haben Sie wahrscheinlich schon benutzt. Die Methoden createDocument() und createDocumentType() sind neu zur Klasse DOMImplementation hinzugekommen, und Sie haben sie beide verwendet. Außerdem sind die Methoden getSystemId() und getPublicId() ebenfalls DOM Level 2-Erweiterungen. Darüber hinaus gibt es da nicht mehr viel; z.B. einige neue DOMException-Fehlercode-Konstanten, und das war es beinahe. Sie können sich die vollständige Liste der Änderungen online unter *http://www.w3.org/TR/2000/REC-DOM-Level-2-Core-20001113/changes.html* ansehen. Der Rest der Änderungen betrifft die zusätzlichen Module, von denen ich eins als nächstes behandeln werde.

DOM Level 3

Bevor ich das Thema DOM abschließe und zu der üblichen »Vorsicht Falle!«-Liste komme, werde ich ein wenig Zeit damit verbringen, Sie darüber zu informieren, was es in DOM Level 3, das gerade in der Entwicklung ist, neues geben wird. Genauer gesagt rechne ich damit, daß diese Spezifikation Anfang 2002 fertiggestellt sein wird, ungefähr zu der Zeit, zu der Sie wahrscheinlich dieses Buch lesen. Die Bestandteile, auf die ich hier eingehe, stellen nicht alle Änderungen und Erweiterungen in DOM Level 3 dar, aber es sind diejenigen, von denen ich glaube, daß sie von allgemeinem Interesse für die meisten DOM-Entwickler sind (dazu zählen Sie inzwischen auch, falls Sie sich das gefragt haben). Viele dieser Neuerungen gehören zu denen, die DOM-Programmierer sich schon seit mehreren Jahren wünschen, insofern können Sie sich auch auf sie freuen.

Die XML-Deklaration

Die erste Änderung in DOM, die ich herausstellen möchte, erscheint auf den ersten Blick ziemlich trivial: das Verfügbar-Machen der XML-Deklaration. Erinnern Sie sich? Hier ein Beispiel:

```
<?xml version="1.0" standalone="yes" encoding="UTF-8"?>
```

Es gibt hier drei wichtige Informationsaspekte, die zur Zeit in DOM noch nicht verfügbar sind: die Version, der Zustand des Attributs standalone und die Angabe der Codierung. Darüber hinaus besitzt der DOM-Baum selbst eine Codierung; diese kann mit dem XML-Attribut encoding übereinstimmen, muß es aber nicht tun. Zum Beispiel wird die »UTF-8« entsprechende Codierung in Java zu »UTF8«, und es sollte eine Möglichkeit geben, zwischen den beiden zu unterscheiden. Alle diese Probleme werden in DOM Level 3 gelöst, indem vier Attribute zum Interface Document hinzugefügt werden. Es handelt sich dabei um version (einen String), standalone (ein boolean), encoding (einen weiteren String) und actualEncoding (wiederum einen String). Die Zugriffs- und Änderungsmethoden, um diese Attribute zu modifizieren, sind keine Überraschung:

```
public String getVersion();
public void setVersion(String version);

public boolean getStandalone();
public void setStandalone(boolean standalone);

public String getEncoding();
public void setEncoding(String encoding);

public String getActualEncoding();
public void setActualEncoding(String actualEncoding);
```

Das Wichtigste ist, daß Sie endlich in der Lage sein werden, auf die Informationen in der XML-Deklaration zuzugreifen. Das ist ein wirklicher Segen für alle, die XML-Editoren oder ähnliches schreiben und diese Informationen benötigen. Es hilft auch solchen Entwicklern, die an der Internationalisierung mit XML arbeiten, da sie die Codierung eines Dokuments (encoding) ermitteln, einen DOM-Baum mit seiner eigenen Codierung (actualEncoding) erzeugen und dann bei Bedarf übersetzen können.

Knotenvergleiche

In den Levels 1 und 2 von DOM besteht die einzige Möglichkeit eines Vergleichs zweier Knoten darin, diesen manuell durchzuführen. Das führt letzten Endes dazu, daß Entwickler Hilfsmethoden schreiben, die mittels instanceof den Knotentyp ermitteln und dann alle verfügbaren Methodenwerte miteinander vergleichen. Es ist mit anderen Worten ein Krampf. DOM Level 3 bietet verschiedene Vergleichsmethoden, die diesen Krampf lindern. Ich teile Ihnen die vorläufigen Bezeichnungen mit und erläutere dann jede davon. Sie sind allesamt Ergänzungen zu dem Interface org.w3c.dom.Node und sehen folgendermaßen aus:

```
// Überprüfen, ob der übergebene Knoten dasselbe Objekt ist wie der aktuelle
public boolean isSameNode(Node input);

// Überprüfen auf Strukturgleichheit (nicht Objektgleichheit)
public boolean equalsNode(Node input, boolean deep);

/** Konstanten für die Dokumentenreihenfolge */
public static final int DOCUMENT_ORDER_PRECEDING = 1;
public static final int DOCUMENT_ORDER_FOLLOWING = 2;
public static final int DOCUMENT_ORDER_SAME      = 3;
public static final int DOCUMENT_ORDER_UNORDERED = 4;

// Die Dokumentreihenfolge der Eingabe im Vergleich zum akt. Knoten ermitteln
public int compareDocumentOrder(Node input) throws DOMException;

/** Konstanten für die Baumposition */
public static final int TREE_POSITION_PRECEDING  = 1;
public static final int TREE_POSITION_FOLLOWING  = 2;
public static final int TREE_POSITION_ANCESTOR   = 3;
public static final int TREE_POSITION_DESCENDANT = 4;
public static final int TREE_POSITION_SAME       = 5;
public static final int TREE_POSITION_UNORDERED  = 6;

// Die Baumposition der Eingabe im Vergleich zum akt. Knoten ermitteln
public int compareTreePosition(Node input) throws DOMException;
```

Die erste dieser Methoden, isSameNode( ), ermöglicht Objektvergleiche. Es wird nicht ermittelt, ob die beiden Knoten die gleiche Struktur haben oder gleiche Daten beinhalten, sondern ob sie dasselbe Objekt in der JVM sind. Die zweite Methode, equalsNode( ), werden Sie in Ihren Anwendungen wahrscheinlich häufiger verwenden. Sie überprüft die Gleichheit von Node-Objekten bezüglich Daten und Typ (selbstverständlich wird ein Attr niemals gleich einem DocumentType sein). Sie stellt einen Parameter zur Verfügung, deep, der es ermöglicht, zwischen einem Vergleich nur des Nodes selbst oder aber einem Vergleich mitsamt all seinen Kind-Nodes zu wählen.

Die beiden nächsten Methoden, compareDocumentOrder() und compareTreePosition( ), ermöglichen es, die relative Position des aktuellen Nodes im Vergleich zu einem übergebenen Node zu ermitteln. Für beide Methoden sind einige Konstanten definiert, die als Rückgabewerte dienen. Ein Knoten kann im Dokument vor dem aktuellen Knoten, nach ihm, an der gleichen Position oder ohne Reihenfolge auftreten. Der Wert »ohne Reihenfolge« tritt auf, wenn ein Attribut mit einem Element verglichen wird oder auch in jedem anderen Fall, in dem der Begriff »Dokumentreihenfolge« keine Bedeutung hat. Und als letztes tritt eine DOMException auf, wenn die beiden Knoten, die überprüft werden, sich nicht im gleichen

DOM-Document-Objekt befinden. Die letzte neue Methode, compareTreePosition( ), bietet dieselbe Art des Vergleichs, fügt aber die Fähigkeit hinzu, Vorfahren und Nachkommen zu ermitteln. Zwei zusätzliche Konstanten, TREE_POSITION_ANCESTOR und TREE_POSITION_DESCENDANT, machen dies möglich. Die erste gibt an, daß sich der übergebene Node vom Referenz-Node aus gesehen (also von demjenigen aus, dessen Methode aufgerufen wird) weiter oben in der Hierarchie befindet; die zweite zeigt dagegen an, daß der übergebene Node in der Hierarchie weiter unten liegt.

Mit Hilfe dieser vier Methoden können Sie jede beliebige DOM-Struktur isolieren und herausfinden, wie sie zu einer anderen steht. Diese Erweiterung in DOM Level 3 sollte Ihnen gute Dienste leisten, und Sie können sich darauf verlassen, all diese Vergleichsmethoden in Ihrem Code anwenden zu können. Behalten Sie aber sowohl die Namen als auch die Werte der Konstanten im Auge, da sie sich während der Entwicklung dieser Spezifikation noch ändern können.

Bootstrapping

Die letzte Erweiterung in DOM Level 3, die ich behandeln möchte, kann mit einer gewissen Berechtigung als die wichtigste bezeichnet werden: die Fähigkeit des Bootstrappings. Ich habe schon früher erwähnt, daß Sie beim Erzeugen von DOM-Strukturen auf die Verwendung von herstellerspezifischem Code angewiesen sind (es sei denn, Sie benutzen JAXP, das ich in Kapitel 9 behandeln werde). Das ist natürlich unerwünscht, da es die Herstellerunabhängigkeit verhindert. Zur Illustration wiederhole ich hier ein Codefragment, das ein DOM-Document-Objekt unter Verwendung einer DOMImplementation erzeugt:

```
import org.w3c.dom.Document;
import org.w3c.dom.DOMImplementation;

import org.apache.xerces.dom.DOMImplementationImpl;

// Klassendeklaration und andere Java-Konstrukte

DOMImplementation domImpl = DOMImplementationImpl.getDOMImplementation();
Document doc = domImpl.createDocument();
// Und so weiter...
```

Das Problem ist, daß es keine Möglichkeit gibt, eine DOMImplementation zu erhalten, ohne die Implementierungsklasse eines Herstellers zu importieren und zu benutzen. Die Lösung besteht darin, eine Factory zu verwenden, die DOMImplementation-Instanzen bereitstellt. Selbstverständlich ist das, was die Factory zur Verfügung stellt, eine Hersteller-*Implementierung* von DOMImplementation (ich weiß, ich weiß, das ist ein wenig verwirrend). Hersteller können Systemeigenschaften einstellen oder ihre eigenen Versionen dieser Factory anbieten, so daß sie die von ihnen gewünschte Implementierungsklasse zurückgibt. Der resultierende Code zur Erzeugung von DOM-Bäumen sieht dann so aus:

```
import org.w3c.dom.Document;
import org.w3c.dom.DOMImplementation;
import org.w3c.dom.DOMImplementationFactory;

// Klassendeklaration und andere Java-Konstrukte

DOMImplementation domImpl =
    DOMImplementationFactory.getDOMImplementation();
Document doc = domImpl.createDocument();
// Und so weiter...
```

Die hinzugefügte Klasse ist `DOMImplementationFactory`, und sie sollte die meisten Ihrer Schwierigkeiten mit der Herstellerabhängigkeit auf einmal beseitigen. Sie können diese Klasse als das Flaggschiff von DOM Level 3 ansehen, denn sie ist in den bisherigen Leveln von DOM einer der am häufigsten gewünschten Bestandteile.

Vorsicht Falle!

DOM besitzt einige besonders fehleranfällige Aspekte, genau wie SAX und genau wie die APIs, die wir in den nächsten paar Kapiteln behandeln werden. Ich werde Sie auf einige davon aufmerksam machen und Ihnen so hoffentlich einige Stunden an Debugging-Arbeit abnehmen, wenn Sie damit arbeiten. Genießen Sie es; dies waren nämlich Probleme, mit denen ich selbst konfrontiert wurde und gegen die ich eine Zeitlang kämpfen mußte, bevor ich das Ganze auf die Reihe bekommen habe.

Die gefürchtete WRONG DOCUMENT-Exception

Das Hauptproblem, das ich bei DOM-Entwicklern immer wieder beobachte, ist das, was ich »die gefürchtete `WRONG DOCUMENT`-Exception« nenne. Diese Exception tritt auf, wenn Sie versuchen, Knoten aus unterschiedlichen Dokumenten miteinander zu vermischen. Sie kommt am häufigsten vor, wenn Sie versuchen, einen Knoten von einem Dokument ins andere zu bewegen, was an und für sich eine häufige Aufgabe ist.

Das Problem kommt wegen des Factory-Ansatzes zustande, den ich schon weiter oben erwähnt habe. Da jedes Element, jedes Attribut, jede Processing Instruction und so weiter aus einer `Document`-Instanz heraus erzeugt wird, dürfen Sie nicht einfach voraussetzen, daß diese Knoten kompatibel zu anderen `Document`-Instanzen sind; zwei Instanzen von `Document` könnten von verschiedenen Herstellern mit unterschiedlichen unterstützten Features stammen, und der Versuch, Knoten aus dem einen Dokument mit Knoten aus dem anderen zu vermischen oder zu vergleichen, kann zu implementierungsabhängigen Problemen führen. Im Ergebnis erfordert die Verwendung eines Knotens aus einem anderen Dokument, daß dieser an die Methode `insertNode()` des Zieldokuments weitergereicht wird. Das Ergebnis dieser Methode ist ein neues `Node`-Objekt, das mit dem Zieldokument kompatibel ist. Mit anderen Worten wird der folgende Code Probleme bereiten:

```
Element otherDocElement = otherDoc.getDocumentElement();
Element thisDocElement = thisDoc.getDocumentElement();

// Hier kommt das Problem - Knoten aus verschiedenen Dokumenten werden vermischt
thisDocElement.appendChild(otherDocElement);
```

Dadurch wird die folgende Exception ausgelöst:

```
org.apache.xerces.dom.DOMExceptionImpl: DOM005 Wrong document
  at org.apache.xerces.dom.ChildAndParentNode.internalInsertBefore(
      ChildAndParentNode.java:314)
  at org.apache.xerces.dom.ChildAndParentNode.insertBefore(
      ChildAndParentNode.java:296)
  at org.apache.xerces.dom.NodeImpl.appendChild(NodeImpl.java:213)
  at MoveNode.main(MoveNode.java:30)
```

Um dies zu vermeiden, müssen Sie den gewünschten Knoten zunächst in das neue Dokument importieren:

```
Element otherDocElement = otherDoc.getDocumentElement();
Element thisDocElement = thisDoc.getDocumentElement();

// Den Knoten in das richtige Dokument importieren
Element readyToUseElement = (Element)thisDoc.importNode(otherDocElement);

// Jetzt funktioniert es
thisDocElement.appendChild(readyToUseElement);
```

Beachten Sie, daß das Ergebnis von importNode( ) vom Typ Node ist, deshalb muß ein Casting auf das richtige Interface (in diesem Fall Element) durchgeführt werden. Sparen Sie sich ein wenig Zeit und Mühe, und merken Sie sich das gut; schreiben Sie es sich auf einen Notizzettel, und legen Sie ihn unter das Kopfkissen. Glauben Sie mir, das ist so ziemlich der ärgerlichste Fehler, der der Menschheit bekannt ist!

Erzeugen, erweitern und einfügen

Die Lösung des gerade beschriebenen Problems führt oft zu einem anderen Problem. Ein Fehler, den ich häufig sehe, entsteht, wenn Entwickler daran denken, einen Knoten zu importieren und dann vergessen, ihn anzuhängen! Mit anderen Worten: Mitunter taucht Code auf, der so aussieht:

```
Element otherDocElement = otherDoc.getDocumentElement();
Element thisDocElement = thisDoc.getDocumentElement();

// Den Knoten in das richtige Dokument importieren
Element readyToUseElement = (Element)thisDoc.importNode(otherDocElement);

// Der Knoten wird nie angehängt!!
```

In diesem Fall erhalten Sie ein Element, das zum Zieldokument gehört, aber nie an irgend etwas im Dokument angehängt (oder irgend etwas vorangestellt) wird. Das Ergebnis ist ein weiterer schwer zu findender Fehler, bei dem das Element zwar zum Dokument gehört, sich aber nicht im eigentlichen DOM-Baum befindet. Die Ausgabe wird letzten Endes völlig ohne den importierten Knoten daherkommen, was ziemlich frustrierend sein kann. Passen Sie auf!

Und was kommt jetzt?

Nun, Sie sollten zu merken beginnen, daß Sie immer besser mit der ganzen XML-Geschichte zurechtkommen. Im nächsten Kapitel gehe ich auf der API-Strecke eine Station weiter, indem ich Ihnen JDOM vorstelle, eine weitere API für den Zugriff auf XML aus Java heraus. JDOM ähnelt DOM (ist aber nicht DOM) insofern, daß es Ihnen ein Baummodell von XML zur Verfügung stellt. Ich zeige Ihnen, wie es funktioniert, stelle klar, wann es verwendet werden sollte, und behandle die Unterschiede zwischen den verschiedenen XML-APIs, die wir uns bisher angeschaut haben. Werden Sie aber jetzt nicht übermütig; es gibt noch viel mehr zu lernen!

KAPITEL 7

JDOM

JDOM stellt ein Verfahren zur Verfügung, um innerhalb von Java durch eine Baumstruktur auf ein XML-Dokument zuzugreifen, und ist DOM in dieser Hinsicht etwas ähnlich. Allerdings wurde es speziell für Java entwickelt (erinnern Sie sich noch an die Besprechung der Sprachenbindungen für DOM?), erscheint einem Java-Entwickler also in vielfacher Weise intuitiver als DOM. Ich werde diese Aspekte von JDOM im Verlauf dieses Kapitels beschreiben, außerdem werde ich über spezielle Fälle sprechen, in denen die Verwendung von SAX, DOM oder JDOM angebracht ist. Und für eine Zusammenstellung sämtlicher Details zu JDOM sollten Sie auf der Website *http://www.jdom.org* nachschauen.

Darüber hinaus – ein wichtiger Punkt – ist JDOM eine Open Source-API. Und weil es von der API noch keine endgültige 1.0-Version gibt, bleibt sie auch flexibel.[1] Sie haben die Möglichkeit, selbst Änderungen vorzuschlagen und zu implementieren. Wenn Sie merken sollten, daß Ihnen JDOM bis auf ein ärgerliches kleines Detail gefällt, können Sie uns helfen, Lösungen für Ihr Problem zu finden. In diesem Kapitel behandle ich den aktuellen Status von JDOM, besonders im Hinblick auf die Standardisierung, und die Grundlagen der Anwendung dieser API, und ich gebe Ihnen einige funktionierende Beispiele.

Die Grundlagen

Die Kapitel 5 und 6 sollten Ihnen ein ziemlich gutes Verständnis für den Umgang mit Baum-Darstellungen von XML vermittelt haben. Wenn ich also sage, daß JDOM ebenfalls eine Baum-basierte Darstellung eines XML-Dokuments bietet, ist das für Sie ein guter Startpunkt, um zu verstehen, wie sich JDOM verhält. Als Hilfe für Sie, damit Sie verstehen, wie die Klassen in JDOM mit den XML-Strukturen zusammenhängen, sollten Sie sich Abbildung 7-1 ansehen, in der ein UML-Modell der Kernklassen von JDOM gezeigt wird.

---

1 Da JDOM 1.0 noch nicht endgültig ist, könnte sich zwischen der Veröffentlichung dieses Buches und Ihrem Download noch einiges ändern. Ich werde versuchen, eine aktuelle Liste von Änderungen auf der JDOM-Website (*http://www.jdom.org*) bereitzuhalten, und mit O'Reilly daran arbeiten, diese Änderungen und Updates so schnell wie möglich verfügbar zu machen.

Öffentliche Bekanntmachung

Hiermit erkläre ich öffentlich, daß ich einer der Entwickler von JDOM bin; mein Komplize bei diesem speziellen Bestreben ist Jason Hunter, der bekannte Autor von *Java Servlet-Programmierung* (O'Reilly Verlag). Jason und ich hatten einige Schwierigkeiten mit DOM, und während einer langen Diskussion auf der O'Reilly Enterprise Java-Konferenz 2000 kamen wir auf die Idee mit JDOM. Große Dankbarkeit schulde ich auch James Davidson (Sun Microsystems, Federführer der Servlet-2.2-Spezifikation, Autor von Ant usw.) und Pier Fumagalli (Apache/Jakarta/Cocoon-Superheld) – und natürlich den Hunderten von guten Freunden aus den JDOM-Mailinglisten.

Das nur, um Ihnen zu sagen, daß ich an JDOM beteiligt bin. Wenn Sie also spüren sollten, daß eine gewisse Vorliebe dieses Kapitel durchströmt, tut es mit leid; ich verwende SAX, DOM und JDOM oft, aber es ist eben so, daß ich eines davon lieber mag als die anderen, weil es mir bei meiner persönlichen Entwicklung weitergeholfen hat. Sagen Sie also nicht, Sie wären nicht vorgewarnt worden!

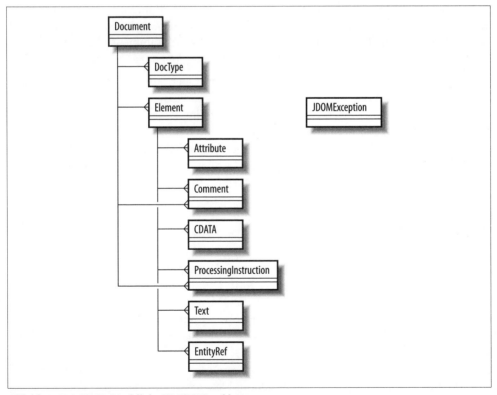

Abbildung 7-1: UML-Modell der JDOM-Kernklassen

Wie Sie sehen, sprechen die Namen der Klassen für sich selbst. Den Kern der JDOM-Struktur bildet das Document-Objekt; es ist sowohl die Darstellung eines XML-Dokuments als auch ein Container für alle anderen JDOM-Strukturen. Element repräsentiert ein XML-Element, Attribute ein Attribut und so weiter. Wenn Sie sich allerdings in DOM vertieft haben, könnten Sie denken, daß hier in JDOM einiges fehlt. Wo ist zum Beispiel die Text-Klasse? Wie Sie sich wohl erinnern, folgt DOM einem sehr strengen Baummodell, und die Inhalte von Elementen werden tatsächlich als Kindknoten eines Elementknotens angesehen. In JDOM wurde dies in vielen Fällen als unbequem erachtet, deshalb bietet die API in der Klasse Element getText( )-Methoden an. Dies ermöglicht es, die Inhalte eines Elements aus diesem Element selbst zu erhalten, und deshalb gibt es keine Text-Klasse. Dies wurde als intuitiverer Ansatz für diejenigen Java-Entwickler erachtet, die mit XML, DOM oder einigen Extravaganzen von Bäumen weniger vertraut sind.

Unterstützung der Java-Collection-Klassen

Ein weiterer wichtiger Punkt, auf den Sie achten sollten, ist, daß Sie keine List-Klassen wie die SAX-Klasse Attributes oder die DOM-Klassen NodeList und NamedNodeMap finden. Dies ist eine Erleichterung für Java-Entwickler; es schien so, daß die Verwendung von Java-Collection-Klassen (java.util.List, java.util.Map usw.) eine vertraut erscheinende und einfache API für die XML-Nutzung bieten würde. DOM muß über Sprachgrenzen hinweg seine Dienste tun (erinnern Sie sich an die Java-Sprachbindungen in Kapitel 5?) und kann sich nicht sprachspezifischer Vorteile wie Java-Collections bedienen. Wenn Sie zum Beispiel die Methode getAttributes( ) der Klasse Element aufrufen, erhalten Sie ein List-Objekt zurück; Sie können diese List natürlich bearbeiten wie jede andere Java-List, ohne neue Methoden oder eine andere Syntax nachschlagen zu müssen.

Konkrete Klassen und Factories

Ein weiterer Grundsatz von JDOM, der es von DOM unterscheidet, aber nicht ganz so offensichtlich ist, besteht darin, daß JDOM eine API aus konkreten Klassen ist. Mit anderen Worten: Element, Attribute, ProcessingInstruction, Comment und der Rest sind allesamt Klassen, die direkt mit dem Schlüsselwort new instantiiert werden können. Der Vorteil ist hier, daß keine Factories benötigt werden, da Factories im Code oft lästig sein können. Die Erzeugung eines neuen JDOM-Dokuments würde zum Beispiel so funktionieren:

```
Element rootElement = new Element("root");
Document document = new Document(rootElement);
```

Ganz einfach. Auf der anderen Seite kann die Nichtverwendung von Factories auch als Nachteil angesehen werden. Auch wenn Sie Unterklassen der JDOM-Klassen bilden können, müssen Sie diese in Ihrem Code stets explizit verwenden:

```
element.addContent(new FooterElement("Copyright 2001"));
```

Hier ist `FooterElement` eine Unterklasse von `org.jdom.Element` und führt einiges an grundlegender Verarbeitung durch (es könnte zum Beispiel einige Elemente hinzufügen, die eine Fußzeile ausgeben). Da es eine Unterklasse von `Element` ist, kann es durch das übliche Mittel zur Elementvariable hinzugefügt werden, nämlich durch die Methode `addContent( )`. Allerdings gibt es keine Möglichkeit, eine Elementunterklasse zu definieren und festzulegen, daß sie immer für die Elementinstantiierung verwendet werden soll, etwa folgendermaßen:

```
// Dieser Code funktioniert nicht!!
JDOMFactory factory = new JDOMFactory( );
factory.setDocumentClass("javaxml2.BrettsDocumentClass");
factory.setElementClass("javaxml2.BrettsElementClass");

Element rootElement = JDOMFactory.createElement("root");
Document document = JDOMFactory.createDocument(rootElement);
```

Die Idee besteht darin, daß nach der Erzeugung der Factory spezielle Unterklassen von JDOM-Strukturen als Klassen zur Verwendung für solche Strukturen festgelegt werden können. Dann wird (zum Beispiel) jedesmal, wenn ein `Element` durch die Factory erzeugt wird, die Klasse `javaxml2.BrettsElementClass` statt der Standardklasse `org.jdom.Element` verwendet.

Die Unterstützung dieser Funktionalität als Option ist in Entwicklung, wenn auch nicht als Standardmittel der Arbeit mit JDOM. Das bedeutet, daß es in der Open Source-Welt möglich wäre, daß diese Funktionalität zu der Zeit, da Sie dies lesen, zur Verfügung steht oder vielleicht dann, wenn JDOM in seiner endgültigen 1.0-Form existiert. Unter *http://www.jdom* können Sie sich über die neuesten Entwicklungen informieren.

Ein- und Ausgabe

Ein letzter wichtiger Aspekt von JDOM ist sein Ein- und Ausgabemodell. Als erstes sollten Sie sich merken, daß JDOM kein Parser ist; es ist eine XML-Dokumentendarstellung in Java. Mit anderen Worten ist es, wie DOM und SAX, ein Satz von Klassen, die verwendet werden können, um die Daten zu manipulieren, die ein Parser zur Verfügung stellt. Infolgedessen muß sich JDOM für das Lesen von XML im Rohzustand auf einen Parser verlassen.[2] Es kann auch SAX-Ereignisse oder einen DOM-Baum als Eingabe entgegennehmen, genau wie Instanzen von JDBC-`ResultSet` und anderes. Um dies zu vereinfachen, bietet JDOM ein spezielles Package nur für die Eingabe an: `org.jdom.input`. Dieses Package stellt *builder*-Klassen zur Verfügung; die beiden, die Sie wahrscheinlich am häufigsten verwenden werden, sind `SAXBuilder` und `DOMBuilder`. Diese bauen die JDOM-Kernstruktur, nämlich ein JDOM-Dokument, aus einem Satz von SAX-Ereignissen oder aus einem DOM-Baum auf. Da JDOM allmählich zum Standard wird (näheres im Abschnitt »Ist JDOM ein Standard?« am Ende dieses Kapitels), steht auch zu erwarten,

---

[2] Standardmäßig ist dieser Parser Xerces, der mit JDOM geliefert wird. Allerdings können Sie auch jeden anderen Parser mit JDOM verwenden.

daß in Parser-Projekten wie Apache Xerces oder Crimson von Sun eine direkte JDOM-Unterstützung hinzukommen wird.

Für den Umgang mit Eingabestreams, Dateien oder Dokumenten auf Datenträgern oder für den Aufbau aus existierendem XML, das sich nicht in einem DOM-Baum befindet, ist der SAXBuilder die beste Lösung. Er ist schnell und effizient, genau wie SAX. Die Verwendung des Builders ist ein Kinderspiel:

```
SAXBuilder builder = new SAXBuilder();
Document doc = builder.build(new FileInputStream("contents.xml"));
```

Ich werde im Code in diesem Kapitel detaillierter darauf eingehen, aber Sie können schon sehen, daß es nicht viel Anstrengung kostet, Zugriff auf XML zu erhalten. Wenn sich Ihr Dokument bereits in einer DOM-Struktur befindet, sollten Sie den DOMBuilder verwenden, der eine schnelle Konvertierung von der einen API zur anderen durchführt:

```
DOMBuilder builder = new DOMBuilder();
Document doc = builder.build(myDomDocumentObject);
```

Das erklärt sich beinahe von selbst. Es konvertiert im wesentlichen ein org.w3c.dom.Document in ein org.jdom.Document. Der Vorgang der Konvertierung eines JDOM-Dokuments zurück in eine dieser Strukturen funktioniert im Prinzip genauso, eben einfach umgekehrt; das Package org.jdom.output wird für diese Aufgaben verwendet. Um JDOM-Strukturen wieder in DOM zu überführen, wird DOMOutputter verwendet:

```
DOMOutputter outputter = new DOMOutputter();
org.w3c.dom.Document domDoc = outputter.output(myJDOMDocumentObject);
```

Die Übernahme eines JDOM-Documents und das Erzeugen von SAX-Ereignissen daraus funktioniert auf ähnliche Art und Weise:

```
SAXOutputter outputter = new SAXOutputter();
outputter.setContentHandler(myContentHandler);
outputter.setErrorHandler(myErrorHandler);
outputter.output(myJDOMDocumentObject);
```

Das funktioniert genau wie der Umgang mit normalen SAX-Ereignissen, indem Sie Content-Handler, Fehlerhandler und den Rest registrieren und dann aus dem JDOM-Document-Objekt heraus, das der Methode output() übergeben wurde, Ereignisse für diese Handler abschicken.

Die letzte Ausgabeklasse, und die, mit der Sie wahrscheinlich häufiger arbeiten werden als mit allen anderen, ist org.jdom.output.XMLOutputter. Sie gibt XML in einen Stream oder Writer aus, der eine Netzwerkverbindung, eine Datei oder eine andere Struktur umhüllt, an die Sie XML senden möchten. Tatsächlich stellt diese Klasse eine praxistaugliche Version der Klasse DOMSerializer aus Kapitel 5 dar, bis auf die Tatsache natürlich, daß sie mit JDOM statt mit DOM arbeitet. Die Anwendung von XMLOutputter funktioniert folgendermaßen:

```
XMLOutputter outputter = new XMLOutputter();
outputter.output(jdomDocumentObject, new FileOutputStream("results.xml"));
```

Das war es also schon; die Ein- und Ausgabe von JDOM komplett in einigen wenigen Abschnitten. Eine letzte wichtige Anmerkung, die in Abbildung 7-2 veranschaulicht wird: Es ist sehr einfach, eine »Schleife« einzurichten, weil die gesamte Ein- und Ausgabe in JDOM ein Teil der eigentlichen API ist. Mit anderen Worten: Sie können eine Datei als Eingabe verwenden, sie in JDOM bearbeiten, sie als SAX, DOM oder in eine Datei ausgeben und dieses Ergebnis wieder als Eingabe verwenden, was die Schleife neu startet. Dies ist besonders hilfreich in nachrichtenbasierten Anwendungen oder in Fällen, in denen JDOM als Bindeglied zwischen anderen Komponenten verwendet wird, die XML ausgeben und aufnehmen.

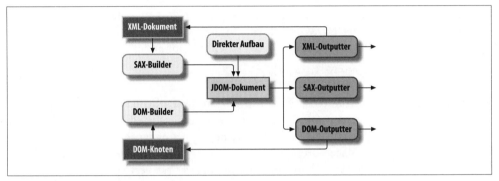

Abbildung 7-2: Ein- und Ausgabeschleifen in JDOM

Das war noch keine vollständige Betrachtung von JDOM, aber es vermittelt Ihnen genügend Informationen, um loszulegen, und ich zeige Ihnen die Sachen sowieso lieber im Kontext von funktionierendem Code! Deshalb wollen wir uns ein Hilfsprogramm anschauen, das Java-Eigenschaftsdateien nach XML konvertiert.

PropsToXML

Um die Aufgabe, JDOM zu erlernen, mit echtem Code zu illustrieren, möchte ich die Klasse PropsToXML einführen. Diese Klasse ist ein Hilfsprogramm, das eine Standard-Java-Eigenschaftsdatei aufnimmt und in ein XML-Äquivalent konvertiert. Viele Entwickler da draußen haben sich ein Werkzeug gewünscht, um genau diese Aufgabe zu erledigen; es ermöglicht die einfache Umstellung herkömmlicher Anwendungen, die noch Eigenschaftsdateien verwenden, auf die Verwendung von XML, ohne die zusätzliche Belastung, die Konfigurationsdateien von Hand konvertieren zu müssen.

Java-Eigenschaftsdateien

Falls Sie noch nie mit Java-Eigenschaftsdateien gearbeitet haben: Es handelt sich im wesentlichen um Dateien mit Name/Wert-Paaren, die auf einfache Weise durch einige Java-Klassen gelesen werden können (zum Beispiel durch die Klasse java.util.Properties). Diese Dateien sehen oft so ähnlich aus wie Beispiel 7-1, und tatsächlich werde ich dieses Beispiel einer Eigenschaftsdatei im gesamten Rest des Kapitels verwenden. Es stammt übrigens von dem Application-Server Enhydra.

Beispiel 7-1: Eine typische Java-Eigenschaftsdatei

```
#
# Properties added to System properties
#

# sax parser implementing class
org.xml.sax.parser="org.apache.xerces.parsers.SAXParser"

#
# Properties used to start the server
#

# Class used to start the server
org.enhydra.initialclass=org.enhydra.multiServer.bootstrap.Bootstrap

# initial arguments passed to the server (replace command line args)
org.enhydra.initialargs="./bootstrap.conf"

# Classpath for the parent top enhydra classloader
org.enhydra.classpath="."

# separator for the classpath above
org.enhydra.classpath.separator=":"
```

Keine große Sache, oder? Nun, unter Verwendung einer Instanz der Java-Klasse Properties können Sie diese Eigenschaften in das Objekt hineinladen (mit Hilfe der Methode load(InputStream inputStream)) und dann damit arbeiten wie mit einer Hashtable. Tatsächlich erweitert die Klasse Properties in Java die Klasse Hashtable; nett, oder? Das Problem ist, daß viele Leute diese Dateien wie das Beispiel schreiben, also mit Namen, deren Bestandteile durch einen Punkt (.) getrennt sind, um eine Art hierarchische Struktur zu bilden. In dem Beispiel gäbe es eine oberste Ebene (die Eigenschaftsdatei selbst), dann den Knoten org, unter diesem dann die Knoten xml und enhydra sowie einige Knoten unterhalb des enhydra-Knotens mit einigen Werten. Sie werden also meist eine Struktur wie in Abbildung 7-3 haben.

Auch wenn sich das gut anhört, stellt Java kein Mittel zur Verfügung, auf diese Weise auf die Name/Wert-Paare zuzugreifen; dem Punkt wird kein besonderer Wert beigemessen, sondern er wird einfach als normales Zeichen behandelt. Während Sie also folgendes tun können

```
String classpathValue = Properties.getProperty("org.enhydra.classpath");
```

können Sie das hier nicht tun:

```
List enhydraProperties = Properties.getProperties("org.enhydra");
```

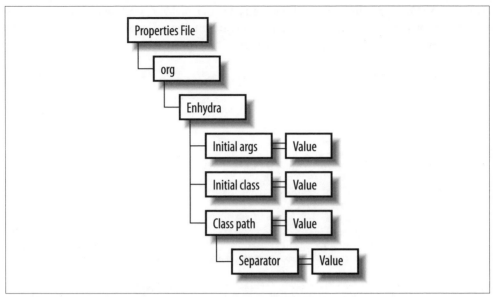

Abbildung 7-3: Erwartete Struktur der Eigenschaften aus Example 7-1

Sie erwarten vielleicht (zumindest tue ich das!), daß letzteres funktioniert und Ihnen sämtliche Untereigenschaften der Struktur org.enhydra liefert (org.enhydra.classpath, org.enhydra.initialargs usw.). Leider ist dies aber kein Bestandteil der Klasse Properties. Aus diesem Grund mußten schon viele Entwickler ihre eigenen kleinen Wrapper-Methoden um dieses Objekt herum schreiben, was natürlich kein Standard ist und ein wenig Kopfschmerzen bereitet. Wäre es nicht angenehm, wenn diese Informationen in XML aufgebaut werden könnten, in dem Operationen wie das zweite Beispiel einfach sind? Genau dafür möchte ich Code schreiben, und ich werde JDOM verwenden, um diese API zu demonstrieren.

Konvertieren in XML

Wie schon in früheren Kapiteln ist es auch hier das Einfachste, mit dem Grundgerüst der Klasse zu beginnen und dieses dann auszugestalten. Ich möche die Klasse PropsToXML so einrichten, daß sie eine Eigenschaftsdatei entgegennimmt, aus der die Eingabe erfolgt, sowie den Namen einer weiteren Datei, in die die Ausgabe von XML vorgenommen wird. Die Klasse liest die Eigenschaftsdatei ein, konvertiert sie mit Hilfe von JDOM in ein XML-Dokument und gibt dies in die angegebene Datei aus. Beispiel 7-2 bringt den Stein ins Rollen.

Beispiel 7-2: Das Grundgerüst der Klasse PropsToXML

```java
package javaxml2;

import java.io.FileInputStream;
import java.io.FileOutputStream;
import java.io.IOException;
import java.util.Enumeration;
import java.util.Properties;
import org.jdom.Document;
import org.jdom.Element;
import org.jdom.output.XMLOutputter;

public class PropsToXML {

    /**
     * <p> Dies nimmt die übergebene Eigenschaftsdatei entgegen und
     *   konvertiert diese Datei in eine XML-Darstellung, die
     *   dann als XML-Dokument mit dem angegebenen Namen ausgegeben wird.</p>
     *
     * @param propertiesFilename Java-Eigenschaftsdatei, die eingelesen werden soll.
     * @param xmlFilename Datei, in die die XML-Darstellung ausgegeben werden soll.
     * @throws <code>IOException</code> - wenn Fehler auftreten.
     */
    public void convert(String propertiesFilename, String xmlFilename)
        throws IOException {

        // Java-Eigenschaftsobjekt holen
        FileInputStream input = new FileInputStream(propertiesFilename);
        Properties props = new Properties();
        props.load(input);

        // In XML konvertieren
        convertToXML(props, xmlFilename);
    }

    /**
     * <p> Dies regelt die Details der Konvertierung eines
     *   <code>Properties</code>-Objekts in ein XML-Dokument. </p>
     *
     * @param props <code>Properties</code>-Objekt, das als Eingabe verwendet wird.
     * @param xmlFilename Datei, in die XML ausgegeben wird.
     * @throws <code>IOException</code> - wenn Fehler auftreten.
     */
    private void convertToXML(Properties props, String xmlFilename)
        throws IOException {

        // Der JDOM-Konvertierungscode wird hier eingefügt
    }

    /**
     * <p> Liefert einen statischen Einstiegspunkt für den Start. </p>
```

Beispiel 7-2: Das Grundgerüst der Klasse PropsToXML (Fortsetzung)

```
    */
    public static void main(String[] args) {
        if (args.length != 2) {
            System.out.println("Anwendung: java javaxml2.PropsToXML " +
                "[Eigenschaftsdatei] [XML-Datei für die Ausgabe]");
            System.exit(0);
        }

        try {
            PropsToXML propsToXML = new PropsToXML();
            propsToXML.convert(args[0], args[1]);
        } catch (Exception e) {
            e.printStackTrace();
        }
    }
}
```

Das einzig Neue an diesem Code ist das Java-Properties-Objekt, das ich kurz erwähnt habe. Der übergebene Eigenschaftsdateiname wird in der Methode load( ) verwendet, und dieses Objekt wird an eine Methode weitergegeben, die JDOM verwendet und auf die ich mich als nächstes konzentrieren werde.

XML mittels JDOM erzeugen

Nachdem dem Code die Eigenschaften in einer (eher) verwertbaren Form zur Verfügung stehen, wird es Zeit, mit der Anwendung von JDOM zu beginnen. Die erste Aufgabe besteht darin, ein JDOM-Document zu erzeugen. Damit dies passiert, müssen Sie ein Wurzelelement für das Dokument erzeugen, indem Sie die Element-Klasse von JDOM verwenden. Da ein XML-Dokument nicht ohne Wurzelelement existieren kann, wird eine Instanz der Klasse Element als Eingabe in den Konstruktor der Klasse Document benötigt.

Die Erzeugung eines Element-Objekts erfordert lediglich die Übergabe des Elementnamens. Es gibt alternative Versionen, die auch Namensraum-Informationen entgegennehmen, und ich werde diese ein wenig später besprechen. Für den Moment ist es das Einfachste, den Namen des Wurzelelements zu benutzen, und da dieser ein beliebiger Name der obersten Ebene sein muß (um sämtliche verschachtelten Eigenschaften enthalten zu können), verwende ich »properties« im Code. Nachdem dieses Element angelegt wurde, dient es dazu, ein neues JDOM-Document zu erzeugen.

Anschließend ist die Behandlung der Eigenschaften in der übergegebenen Datei an der Reihe. Die Liste der Eigenschaftsnamen wird durch die Methode propertyNames( ) des Properties-Objekts als Java-Enumeration zurückgeliefert. Nachdem ein Name verfügbar ist, kann er benutzt werden, um mit Hilfe der Methode getProperty( ) den Eigenschaftswert zu erhalten. Zu diesem Zeitpunkt haben Sie bereits das Wurzelelement des neuen XML-Dokuments, den Eigenschaftsnamen, der hinzugefügt werden soll, und den Wert dieser Eigenschaft. Und dann, wie in jedem guten Programm, gehen Sie alle anderen Eigenschaften schrittweise bis zum Ende durch. Bei jedem Schritt wird diese Information an eine neue Methode weitergegeben, nämlich an createXMLRepresentation( ). Diese Methode bildet den technischen Rahmen für die Durchführung der Konvertierung einer einzelnen Eigenschaft in einen Satz von XML-Elementen. Fügen Sie den hier dargestellten Code zu Ihrer Quelldatei hinzu:

```
private void convertToXML(Properties props, String xmlFilename)
    throws IOException {

    // Ein neues JDOM-Dokument mit dem Wurzelelement "properties" erzeugen
    Element root = new Element("properties");
    Document doc = new Document(root);

    // Die Eigenschaftsnamen holen
    Enumeration propertyNames = props.propertyNames();
    while (propertyNames.hasMoreElements()) {
        String propertyName = (String)propertyNames.nextElement();
        String propertyValue = props.getProperty(propertyName);
        createXMLRepresentation(root, propertyName, propertyValue);
    }

    // Das Dokument in die angegebene Datei ausgeben
    XMLOutputter outputter = new XMLOutputter("  ", true);
    FileOutputStream output = new FileOutputStream(xmlFilename);
    outputter.output(doc, output);
}
```

Machen Sie sich fürs Erste keine Sorgen über die letzten paar Zeilen, die das JDOM-Document ausgeben. Ich werde dies im nächsten Abschnitt besprechen, aber zuerst möchte ich die Methode createXMLRepresentation( ) behandeln, die die konkreten Arbeitsschritte für den Umgang mit einer einzelnen Eigenschaft enthält sowie für die Erzeugung von XML aus dieser.

Der einfachste (und logischerweise der erste) Schritt bei der Umwandlung einer Eigenschaft in XML besteht darin, daß der Name der Eigenschaft geholt und ein Element dieses Namens erzeugt wird. Sie haben bereits gesehen, wie das funktioniert; übergeben Sie einfach den Namen des Elements an dessen Konstruktor. Nachdem das Element erzeugt wurde, legen Sie den Wert der Eigenschaft als Textwert des Elements fest. Dies kann auf einfache Art und Weise mit Hilfe der Methode setText( ) erreicht werden, die natürlich einen String entgegennimmt. Nachdem das Element einsatzbereit ist, kann es durch die Methode addContent( ) als Kind des Wurzelelements hinzugefügt werden. Tatsächlich kann der Methode addContent( ) eines Elements jedes erlaubte JDOM-Konstrukt übergeben werden, da sie durch Überladung all diese unterschiedlichen Typen akzeptiert. Dazu zählen Instanzen der JDOM-Klassen Entity, Comment, ProcessingInstruction und andere. Aber dazu komme ich später; fügen wir vorerst einfach die folgende Methode zu Ihrer Quelldatei hinzu:

```
/**
 * <p> Dies konvertiert eine einfache Eigenschaft und deren Wert
 *  in ein XML-Dokument mit Textwert. </p>
 *
 * @param root JDOM-Wurzel-<code>Element</code>, das Kindelemente erhält.
 * @param propertyName Name, auf dem die Elementerzeugung beruht.
 * @param propertyValue Wert, der für die Eigenschaft genutzt wird.
 */
private void createXMLRepresentation(Element root,
                                      String propertyName,
                                      String propertyValue) {

    Element element = new Element(propertyName);
    element.setText(propertyValue);
    root.addContent(element);
}
```

An dieser Stelle können Sie die Quelldatei tatsächlich kompilieren, und anschließend die daraus resultierende `PropsToXML`-Klasse benutzen. Übergeben Sie eine Eigenschaftsdatei (Sie können sie eintippen oder die Datei *enhydra.properties* herunterladen, die weiter oben in diesem Kapitel gezeigt wurde) sowie einen Dateinamen für die Ausgabedatei, wie hier gezeigt:[3]

```
/javaxml2/build $ java javaxml2.PropsToXML \
                /javaxml2/ch07/properties/enhydra.properties \
                enhydraProps.xml
```

Dies schwirrt einen Sekundenbruchteil lang herum und erzeugt dann die Datei[4] *enhydraProps.xml*. Öffnen Sie diese, sie sollte so aussehen wie Beispiel 7-3.

Beispiel 7-3: Erste Version des Dokuments enhydraProps.xml

```
<?xml version="1.0" encoding="UTF-8"?>
<properties>
  <org.enhydra.classpath.separator>":"</org.enhydra.classpath.separator>
  <org.enhydra.initialargs>"./bootstrap.conf"</org.enhydra.initialargs>
  <org.enhydra.initialclass>org.enhydra.multiServer.bootstrap.Bootstrap
</org.enhydra.initialclass>
  <org.enhydra.classpath>"."</org.enhydra.classpath>
  <org.xml.sax.parser>"org.apache.xerces.parsers.SAXParser"
</org.xml.sax.parser>
</properties>
```

---

[3] Falls Sie mit *NIX nicht vertraut sind: Der Backslash am Ende jeder Zeile (\) ermöglicht Ihnen einfach die Weiterführung eines Befehls in der nächsten Zeile; Windows-Benutzer sollten den vollständigen Befehl in einer Zeile eingeben.

[4] Beachten Sie, daß die Zeileneinteilung in dem Beispiel lediglich der Veröffentlichung dient; in Ihrem Dokument sollte jede Eigenschaft mit öffnendem Tag, Text und schließendem Tag in einer eigenen Zeile stehen.

In etwa 50 Zeilen Code sind Sie den Weg von Java-Eigenschaften zu XML gegangen. Allerdings ist dieses XML-Dokument noch nicht viel besser als die Eigenschaftsdatei; es gibt noch immer keine Möglichkeit, die Eigenschaft org.enhydra.initialArgs zu der Eigenschaft org.enhydra.classpath in Beziehung zu setzen. Unsere Aufgabe ist noch nicht erledigt.

Anstatt den Eigenschaftsnamen als den Elementnamen zu verwenden, soll der Code den Eigenschaftsnamen jeweils an den Punkten aufteilen. Für jeden dieser »Unternamen« muß ein Element erzeugt und zum Elementstapel hinzugefügt werden. Danach kann der Prozeß wiederholt werden. Für den Eigenschaftsnamen org.xml.sax sollte sich die folgende XML-Struktur ergeben:

```
<org>
  <xml>
    <sax>[Eigenschaftswert]</sax>
  </xml>
</org>
```

Bei jedem Schritt besteht der Trick in der Verwendung des Element-Konstruktors und der Methode addContent(); und nachdem der Name vollständig auseinandergenommen wurde, kann die Methode setText() benutzt werden, um den Textwert des letzten Elements einzustellen. Die einfachste Möglichkeit ist es, ein neues Element namens current zu erzeugen und es als »Zeiger« zu verwenden (es gibt keine Zeiger in Java – das ist bloß ein Begriff); er wird stets auf dasjenige Element zeigen, zu dem Inhalt hinzugefügt werden soll. Bei jedem Schritt muß der Code auch überprüfen, ob das Element, das hinzugefügt werden soll, bereits existiert. Zum Beispiel erzeugt die erste Eigenschaft, org.xml.sax, ein org-Element. Wenn die nächste Eigenschaft (org.enhydra.classpath) hinzugefügt wird, braucht das Element org nicht noch einmal erzeugt zu werden.

Um dies zu vereinfachen, wird die Methode getChild() benutzt. Diese Methode nimmt den Namen des Kindelements entgegen, das ermittelt werden soll, und steht allen Instanzen der Klasse Element zur Verfügung. Wenn das angegebene Kindelement existiert, wird es zurückgegeben. Falls nicht, wird der Wert null zurückgegeben, und bei diesem kann unser Code ansetzen. Mit anderen Worten: Wenn der Rückgabewert ein Element ist, wird es zum Element current, und es muß kein neues Element erzeugt werden (es existiert bereits). Ist der Rückgabewert des Aufrufs von getChild() jedoch null, dann muß ein neues Element mit dem aktuellen Unternamen erzeugt und als Inhalt zum Element current hinzugefügt werden; anschließend wird der Zeiger current im Baum abwärts bewegt. Schließlich, nachdem die Iteration vorbei ist, kann der Textinhalt der Eigenschaft zu dem Blattelement hinzugefügt werden, das sich (angenehmerweise) als das Element herausstellt, auf das der Zeiger current verweist. Fügen Sie diesen Code zu Ihrer Quelldatei hinzu:

```
private void createXMLRepresentation(Element root,
                                     String propertyName,
                                     String propertyValue) {
```

```
    /*
    Element element = new Element(propertyName);
    element.setText(propertyValue);
    root.addContent(element);
    */

    int split;
    String name = propertyName;
    Element current = root;
    Element test = null;

    while ((split = name.indexOf(".")) != -1) {
        String subName = name.substring(0, split);
        name = name.substring(split+1);

        // Prüfen, ob Element vorhanden
        if ((test = current.getChild(subName)) == null) {
            Element subElement = new Element(subName);
            current.addContent(subElement);
            current = subElement;
        } else {
            current = test;
        }
    }

    // Nach Verlassen der Schleife bleibt der Name des letzten Elements übrig
    Element last = new Element(name);
    last.setText(propertyValue);
    current.addContent(last);
}
```

Nach dem Einfügen dieser Ergänzung kompilieren Sie das Programm erneut und starten es nochmals. Dieses Mal sollte Ihre Ausgabe viel freundlicher aussehen, wie in Beispiel 7-4 gezeigt wird.

Beispiel 7-4: Update der Ausgabe von PropsToXML

```
<?xml version="1.0" encoding="UTF-8"?>
<properties>
  <org>
    <enhydra>
      <classpath>
        <separator>":"</separator>
      </classpath>
      <initialargs>"./bootstrap.conf"</initialargs>
      <initialclass>org.enhydra.multiServer.bootstrap.Bootstrap</initialclass>
      <classpath>"."</classpath>
    </enhydra>
    <xml>
      <sax>
        <parser>"org.apache.xerces.parsers.SAXParser"</parser>
      </sax>
```

Beispiel 7-4: Update der Ausgabe von PropsToXML (Fortsetzung)

```
    </xml>
  </org>
</properties>
```

Und genau so schnell, wie Sie in JDOM eingestiegen sind, sind Sie auch schon damit vertraut. Allerdings könnte Ihnen auffallen, daß das XML-Dokument eine der Regeln aus dem Überblick über das Dokumentdesign verletzt, die in Kapitel 2 eingeführt wurden (in dem Abschnitt, der die Details der Verwendung von Elementen gegen die Verwendung von Attributen abwägt). Wie Sie sehen, hat jeder Eigenschaftswert einen einzelnen Textwert. Eigentlich würde dies eher dafür sprechen, daß die Eigenschaftswerte als Attribute des letzten Elements auf dem Stapel geeigneter wären statt als Inhalt. Um zu zeigen, daß Ausnahmen die Regel bestätigen, verwende ich sie in diesem Fall lieber als Inhalt, aber das ist eine andere Geschichte.

Aus keinem anderen Grund als zu Demonstrationszwecken wollen wir uns die Konvertierung der Eigenschaftswerte in Attribute statt in Textinhalte anschauen. Dies stellt sich als ziemlich leicht heraus und kann auf zwei verschiedene Arten geschehen. Die erste Möglichkeit besteht darin, eine Instanz der JDOM-Klasse `Attribute` zu erzeugen. Der Konstruktor dieser Klasse nimmt den Namen des Attributs sowie dessen Wert entgegen. Anschließend kann die daraus hervorgegangene Instanz mit Hilfe der Element-Methode `setAttribute( )` zu dem Blattelement hinzugefügt werden. Dieser Ansatz wird hier gezeigt:

```
// Nach dem Verlassen der Schleife bleibt der Name des letzten Elements
// übrig
Element last = new Element(name);
/* last.setText(propertyValue);   */
Attribute attribute = new Attribute("value", propertyValue);
current.setAttribute(attribute);
current.addContent(last);
```

 Wenn Sie die Datei mit diesen Änderungen kompilieren möchten, stellen Sie sicher, daß folgende Import-Anweisung für die Klasse `Attribute` hinzugefügt wird:

```
import org.jdom.Attribute;
```

Eine etwas leichtere Möglichkeit stellt die Verwendung der bequemen Methoden dar, die JDOM anbietet. Da das Hinzufügen von Attributen eine derart gängige Aufgabe ist, stellt die Klasse `Element` eine überladene Version von `setAttribute( )` bereit, die einen Namen und Wert entgegennimmt und intern ein `Attribute`-Objekt erzeugt. In diesem Fall erscheint der Ansatz ein wenig klarer:

```
// Nach dem Verlassen der Schleife bleibt der Name des letzten Elements
// übrig
Element last = new Element(name);
/* last.setText(propertyValue); */
```

```
        last.setAttribute("value", propertyValue);
        current.addContent(last);
```

Das funktioniert genausogut, vermeidet es aber zusätzlich, daß eine weitere Import-Anweisung verwendet werden muß. Sie können diese Änderung hineinkompilieren und das Beispielprogramm starten. Die neue Ausgabe sollte Beispiel 7-5 entsprechen.

Beispiel 7-5: Ausgabe von PropsToXML unter Verwendung von Attributen
```xml
<?xml version="1.0" encoding="UTF-8"?>
<properties>
  <org>
    <enhydra>
      <classpath>
        <separator value="&quot;:&quot;" />
      </classpath>
      <initialargs value="&quot;./bootstrap.conf&quot;" />
      <initialclass value="org.enhydra.multiServer.bootstrap.Bootstrap" />
      <classpath value="&quot;.&quot;" />
    </enhydra>
    <xml>
      <sax>
        <parser value="&quot;org.apache.xerces.parsers.SAXParser&quot;" />
      </sax>
    </xml>
  </org>
</properties>
```

Jeder Eigenschaftswert stellt nun ein Attribut des innersten Elements dar. Beachten Sie, daß JDOM die unerlaubten Anführungszeichen innerhalb der Attributwerte in Entity-Referenzen umwandelt, so daß das Dokument als Ausgabe wohlgeformt ist. Allerdings macht dies die Ausgabe ein wenig unsauberer, so daß Sie Ihren Code am liebsten wieder auf die Verwendung von Textdaten innerhalb von Elementen statt von Attributen umstellen würden.

XML-Ausgabe mit JDOM

Bevor wir weitermachen, möchte ich ein wenig Zeit damit verbringen, über den Ausgabeteil des Codes zu sprechen, den ich schon weiter oben im Kapitel kurz angeschnitten habe.

```java
        private void convertToXML(Properties props, String xmlFilename)
            throws IOException {

            // Ein neues JDOM-Dokument mit dem Wurzelelement "properties" erzeugen
            Element root = new Element("properties");
            Document doc = new Document(root);

            // Die Eigenschaftsnamen holen
            Enumeration propertyNames = props.propertyNames();
```

```
        while (propertyNames.hasMoreElements()) {
            String propertyName = (String)propertyNames.nextElement();
            String propertyValue = props.getProperty(propertyName);
            createXMLRepresentation(root, propertyName, propertyValue);
        }

        // Das Dokument in die angegebene Datei ausgeben
        XMLOutputter outputter = new XMLOutputter("  ", true);
        FileOutputStream output = new FileOutputStream(xmlFilename);
        outputter.output(doc, output);
    }
```

Wie Sie bereits wissen, ist XMLOutputter die Klasse, die verwendet wird, um die Ausgabe in eine Datei, einen Stream oder eine andere statische Darstellung durchzuführen. Allerdings habe ich an den Konstruktor im Codebeispiel einige Argumente übergeben; ohne Argumente würde der Outputter eine direkte Ausgabe vornehmen. Es würde keine Änderung in dem XML geben, das als Eingabe verwendet wird. Wenn XML gelesen wird, ergibt dies oft keine Zeilenumbrüche und keine Einrückung. Das Ergebnis würde das gesamte Dokument, bis auf die XML-Deklaration, in einer einzigen Zeile enthalten. Ich würde Ihnen das eigentlich gern zeigen, aber es paßt nicht auf die Seite und kann zu Verwirrung führen. Der Outputter hat jedoch mehrere Konstruktoren:

```
public XMLOutputter();

public XMLOutputter(String indent);

public XMLOutputter(String indent, boolean newlines);

public XMLOutputter(String indent, boolean newlines, String encoding);

public XMLOutputter(XMLOutputter that);
```

Die meisten davon sind selbsterklärend. Der Parameter indent ermöglicht es festzulegen, wie viele Leerzeichen für die Einrückung verwendet werden sollen; im Beispielcode habe ich zwei Leerzeichen (» «) verwendet. Der boolean-Wert für newlines bestimmt, ob Zeilenumbrüche benutzt werden (ist in diesem Beispiel eingeschaltet). Bei Bedarf kann ein Codierungsparameter angegeben werden, der in der XML-Deklaration als Wert für encoding eingesetzt wird:

```
<?xml version="1.0" encoding="UTF-8"?>
```

Darüber hinaus gibt es Veränderungsmethoden für alle diese Eigenschaften (setIndent(), setEncoding() usw.) in der Klasse. Es gibt auch Versionen der Methode output() (die im Beispielcode verwendet wird), welche entweder einen OutputStream oder einen Writer entgegennehmen. Und es gibt Versionen, die die verschiedenen JDOM-Konstrukte als Eingabe annehmen, so daß Sie ein ganzes Document-Objekt ausgeben könnten, aber auch nur ein Element-, Comment-, ProcessingInstruction- oder sonstiges Objekt:

```
// Einen Outputter mit vier Leerzeichen Einzug und Zeilenumbrüchen erzeugen
XMLOutputter outputter = new XMLOutputter("    ", true);
```

```
// Verschiedene JDOM-Konstrukte ausgeben
outputter.output(myDocument, myOutputStream);
outputter.output(myElement, myWriter);
outputter.output(myComment, myOutputStream);
// usw...
```

Mit anderen Worten: Der `XMLOutputter` erfüllt alle Ihre XML-Ausgabebedürfnisse. Natürlich können Sie auch `DOMOutputter` und `SAXOutputter` verwenden, die ich im nächsten Kapitel detaillierter behandeln werde.

XMLProperties

Wir wollen mit dem nächsten logischen Schritt fortfahren und uns das Lesen von XML anschauen. Wir bleiben bei dem Beispiel der Konvertierung einer Eigenschaftsdatei in XML; Sie fragen sich nun wahrscheinlich, wie Sie auf die Informationen in Ihrer XML-Datei zugreifen können. Glücklicherweise gibt es auch dafür eine Lösung! In diesem Abschnitt möchte ich, um zu erläutern, wie JDOM XML liest, eine neue Hilfsklasse vorstellen: `XMLProperties`. Diese Klasse ist im wesentlichen eine XML-fähige Version der Java-Klasse `Properties`; tatsächlich erweitert sie auch genau diese Klasse. Die Klasse ermöglicht den Zugriff auf ein XML-Dokument mit Hilfe der typischen Methoden für den Eigenschaftszugriff wie `getProperty()` und `properties()`; mit anderen Worten: Sie ermöglicht einen Java-artigen Zugriff (durch die Verwendung der Klasse `Properties`) auf Konfigurationsdateien, die im XML-Style gespeichert sind. Meiner Ansicht nach ist das die beste Kombination, die Sie bekommen können.

Um diese Aufgabe zu erfüllen, können Sie mit dem Erzeugen der Klasse `XMLProperties` beginnen, die die Klasse `java.util.Properties` erweitert. Durch diesen Ansatz ist es nur erforderlich, die Methoden `load()`, `save()` und `store()` anzupassen, um die Dinge zum Laufen zu bringen. Die erste dieser Methoden, `load()`, liest ein XML-Dokument ein und lädt die Eigenschaften dieses Dokuments in das Objekt der übergeordneten Klasse.

Mißverstehen Sie diese Klasse nicht als universellen XML-Eigenschaftskonverter; sie liest lediglich XML in dem Format ein, das weiter oben in diesem Kapitel detailliert beschrieben wurde. Mit anderen Worten: Eigenschaften sind Elemente, die entweder Text- oder Attributwerte haben, aber nicht beides; ich werde beide Ansätze behandeln, aber Sie müssen sich für einen von beiden entscheiden. Versuchen Sie nicht, alle Ihre XML-Dokumente zu nehmen und einzulesen, und erwarten Sie erst recht nicht, daß dann alles so funktioniert wie geplant!

Die zweite Methode, `save()`, ist in Java 2 eigentlich veraltet, da sie keine Fehlermeldungen anzeigt; aber sie muß immer noch überschrieben werden, wenn Sie Java 1.1 verwenden. Um dies zu vereinfachen, ruft die Implementierung in `XMLProperties` einfach `store()` auf. Und `store()` übernimmt die Aufgabe, die Eigenschaftsinformationen in ein XML-Dokument auszugeben. Beispiel 7-6 ist ein guter Anfang dafür und bietet ein Grundgerüst, mit dem gearbeitet werden kann.

Beispiel 7-6: Das Grundgerüst der Klasse XMLProperties

```java
package javaxml2;

import java.io.File;
import java.io.FileReader;
import java.io.FileWriter;
import java.io.InputStream;
import java.io.InputStreamReader;
import java.io.IOException;
import java.io.OutputStream;
import java.io.OutputStreamWriter;
import java.io.Reader;
import java.io.Writer;
import java.util.Enumeration;
import java.util.Iterator;
import java.util.List;
import java.util.Properties;

import org.jdom.Attribute;
import org.jdom.Comment;
import org.jdom.Document;
import org.jdom.Element;
import org.jdom.JDOMException;
import org.jdom.input.SAXBuilder;
import org.jdom.output.XMLOutputter;

public class XMLProperties extends Properties {

    public void load(Reader reader)
        throws IOException {

        // Ein XML-Dokument in ein Eigenschaftsobjekt einlesen
    }

    public void load(InputStream inputStream)
        throws IOException {

        load(new InputStreamReader(inputStream));
    }

    public void load(File xmlDocument)
        throws IOException {

        load(new FileReader(xmlDocument));
    }

    public void save(OutputStream out, String header) {
        try {
            store(out, header);
        } catch (IOException ignored) {
            // Die veraltete Version meldet keine Fehler
```

Beispiel 7-6: Das Grundgerüst der Klasse XMLProperties (Fortsetzung)

```
        }
    }

    public void store(Writer writer, String header)
        throws IOException {

        // Eigenschaften in XML konvertieren und ausgeben
    }

    public void store(OutputStream out, String header)
        throws IOException {

        store(new OutputStreamWriter(out), header);
    }

    public void store(File xmlDocument, String header)
        throws IOException {

        store(new FileWriter(xmlDocument), header);
    }
}
```

Beachten Sie, daß ich die Methoden load( ) und store( )überladen habe; während die Klasse Properties nur Versionen beinhaltet, die einen InputStream beziehungsweise OutputStream entgegennehmen, bin ich eher der Ansicht, daß Benutzern mehr Optionen eingeräumt werden sollten. Die zusätzlichen Versionen, die Objekte vom Typ File und Reader/Writer annehmen, erleichtern den Anwendern die Interaktion, fügen aber nur eine geringfügige Menge Code zur Klasse hinzu. Darüber hinaus können all diese überladenen Methoden Aufgaben an existierende Methoden delegieren, was den Code für die Implementierung der Lade- und Speicherfunktionen vorbereitet.

XML speichern

Ich werde als erstes das Speichern von XML behandeln, vor allem, weil dieser Code bereits geschrieben ist. Der logische Ablauf, ein Properties-Objekt zu nehmen und als XML auszugeben, ist der Zweck der Klasse PropsToXML, und ich verwende hier lediglich einiges von diesem Code wieder, damit alles korrekt arbeitet:

```
        public void store(Writer writer, String header)
            throws IOException {

            // Ein neues JDOM-Dokument mit dem Wurzelelement "properties" erzeugen
            Element root = new Element("properties");
            Document doc = new Document(root);

            // Eigenschaftsnamen holen
            Enumeration propertyNames = propertyNames();
            while (propertyNames.hasMoreElements()) {
```

```
            String propertyName = (String)propertyNames.nextElement();
            String propertyValue = getProperty(propertyName);
            createXMLRepresentation(root, propertyName, propertyValue);
        }

        // Dokument in die angegebene Datei ausgeben
        XMLOutputter outputter = new XMLOutputter("  ", true);
        outputter.output(doc, writer);
    }

    private void createXMLRepresentation(Element root,
                                         String propertyName,
                                         String propertyValue) {

        int split;
        String name = propertyName;
        Element current = root;
        Element test = null;

        while ((split = name.indexOf(".")) != -1) {
            String subName = name.substring(0, split);
            name = name.substring(split+1);

            // Auf existierendes Element überprüfen
            if ((test = current.getChild(subName)) == null) {
                Element subElement = new Element(subName);
                current.addContent(subElement);
                current = subElement;
            } else {
                current = test;
            }
        }

        // Nach dem Beenden der Schleife bleibt der endgültige Elementname übrig
        Element last = new Element(name);
        last.setText(propertyValue);
        /** Hier für die Verwendung mit Attributen den Kommentar entfernen */
        /*
        last.setAttribute("value", propertyValue);
        */
        current.addContent(last);
    }
```

Hier wird nicht viel Kommentar benötigt. Wenige Zeilen Code sind jedoch hervorgehoben, um einige Änderungen zu zeigen. Die beiden ersten Änderungen sorgen dafür, daß die übergeordnete Klasse verwendet wird, um die Eigenschaftsnamen und -werte anzunehmen, und nicht das Properties-Objekt, das an die Version dieser Methode in PropsToXML übergeben wurde. Die dritte Änderung ersetzt den ursprünglichen Dateinamens-String durch den angegebenen Writer für die Ausgabe. Mit diesen paar Änderungen ist alles bereit, um die XMLProperties-Quelldatei zu kompilieren.

Eins fehlt aber noch. Beachten Sie, daß die Methode store( ) die Spezifikation einer Header-Variable ermöglicht; in einer normalen Java-Eigenschaftsdatei wird diese als Kommentar zum Kopf der Datei hinzugefügt. Um das Ganze parallel zu halten, kann die Klasse XMLProperties so modifiziert werden, daß sie das Gleiche tut. Sie müssen die Klasse Comment verwenden, um dies zu tun. Die folgenden Ergänzungen des Codes führen diese Änderung durch:

```java
public void store(Writer writer, String header)
    throws IOException {

    // Ein neues JDOM-Dokument mit dem Wurzelelement "properties" erzeugen
    Element root = new Element("properties");
    Document doc = new Document(root);

    // Header-Information hinzufügen
    Comment comment = new Comment(header);
    doc.addContent(comment);

    // Die Eigenschaftsnamen holen
    Enumeration propertyNames = propertyNames();
    while (propertyNames.hasMoreElements()) {
        String propertyName = (String)propertyNames.nextElement();
        String propertyValue = getProperty(propertyName);
        createXMLRepresentation(root, propertyName, propertyValue);
    }

    // Das Dokument in die angegebene Datei ausgeben
    XMLOutputter outputter = new XMLOutputter("   ", true);
    outputter.output(doc, writer);
}
```

Die Methode addContent( ) des Document-Objekts wurde überladen, um sowohl Comment- als auch ProcessingInstruction-Objekte entgegenzunehmen, und fügt diese Inhalte zur Datei hinzu. Sie wird hier verwendet, um den Parameter header als Kommentar zu dem XML-Dokument hinzuzufügen, in das hineingeschrieben wird.

XML laden

Es gibt hier nicht mehr viel zu tun; grundsätzlich gibt die Klasse XML aus, bietet Zugriff auf Eigenschaften (durch die Methoden, die bereits in der Klasse Properties existieren) und muß jetzt bloß noch XML lesen können. Das ist eine recht einfache Aufgabe; es führt lediglich zu weiterer Rekursion. Ich zeige Ihnen die erforderlichen Modifikationen des Codes und gehe sie dann einzeln durch. Geben Sie den hier gezeigten Code in Ihre *XMLProperties.java*-Quelldatei ein:

```java
public void load(Reader reader)
    throws IOException {

    try {
```

```java
            // XML in ein JDOM-Dokument laden
            SAXBuilder builder = new SAXBuilder();
            Document doc = builder.build(reader);

            // In Eigenschaftsobjekte umwandeln
            loadFromElements(doc.getRootElement().getChildren(),
                new StringBuffer(""));

    } catch (JDOMException e) {
        throw new IOException(e.getMessage());
    }
}

private void loadFromElements(List elements, StringBuffer baseName) {
    // Jedes Element einzeln durchgehen
    for (Iterator i = elements.iterator(); i.hasNext(); ) {
        Element current = (Element)i.next();
        String name = current.getName();
        String text = current.getTextTrim();

        // Keinen "." hinzufügen, wenn kein baseName da ist
        if (baseName.length() > 0) {
            baseName.append(".");
        }
        baseName.append(name);

        // Überprüfen, ob wir einen Elementwert haben
        if ((text == null) || (text.equals(""))) {
            // Wenn kein Text da ist, Rekursion über die Kindobjekte
            loadFromElements(current.getChildren(),
                    baseName);
        } else {
            // Wenn Text da ist, ist dies eine Eigenschaft
            setProperty(baseName.toString(),
                    text);
        }

        // Bei der Rückkehr aus der Rekursion den letzten Namen entfernen
        if (baseName.length() == name.length()) {
            baseName.setLength(0);
        } else {
            baseName.setLength(baseName.length() -
                (name.length() + 1));
        }
    }
}
```

Die Implementierung der Methode load() (an die alle überladenen Versionen die eigentliche Arbeit delegieren) verwendet SAXBuilder, um das übergebene XML-Dokument einzulesen. Ich habe das schon weiter oben im Kapitel besprochen und werde es im nächsten sogar noch detaillierter behandeln; im Moment genügt es zu bemerken, daß es einfach XML in ein JDOM-Document-Objekt einliest.

Der Name einer Eigenschaft besteht aus allen Elementen, die zum Eigenschaftswert führen, wobei ein Punkt jeden Namen voneinander trennt. Hier sehen Sie eine Beispieleigenschaft in XML:

```
<properties>
  <org>
    <enhydra>
      <classpath>"."</classpath>
    </enhydra>
  </org>
</properties>
```

Der Eigenschaftsname kann ermittelt werden, indem die Elementnamen genommen werden, die bis zum Wert führen (bis auf das Element properties, das als Container auf der Wurzelebene verwendet wird): org, enhydra und classpath. Wenn Sie jeweils einen Punkt dazwischensetzen, erhalten Sie org.enhydra.classpath, und das ist der fragliche Name. Um dies zu erledigen, habe ich die Methode loadFromElements() programmiert. Diese nimmt eine Liste von Elementen entgegen, geht sie iterativ durch und behandelt jedes Element individuell. Wenn das Element einen Textwert besitzt, wird dieser Wert zu den Eigenschaften des Objekts der übergeordneten Klasse hinzugefügt. Hat es dagegen Kindelemente, dann werden diese entgegengenommen, und die Rekursion beginnt wieder mit der neuen Liste der Kindobjekte. Bei jedem Schritt der Rekursion wird der gerade bearbeitete Name zu der Variable baseName hinzugefügt, die jeweils den aktuellen Eigenschaftsnamen enthält. Im Verlauf der Rekursion würde baseName hier zunächst org, dann org.enhydra und anschließend org.enhydra.classpath werden. Und bei der Rückkehr aus der Rekursion wird die Variable baseName gekürzt, um den letzten Elementnamen zu entfernen. Schauen wir uns die JDOM-Methodenaufrufe an, die das möglich machen.

Als erstes werden Ihnen mehrere Aufrufe der Methode getChildren() bei Instanzen der Klasse Element auffallen. Es gibt Versionen dieser Methode, die auch den Namen eines Elements entgegennehmen, nach dem gesucht werden soll, und die dann entweder alle Elemente dieses Namens (getChildren(String name)) oder nur das erste Kindelement dieses Namens (getChild(String name)) zurückgeben. Es gibt auch Namensraum-fähige Versionen dieser Methode, die im nächsten Kapitel behandelt werden. Um den Rekursionsprozeß zu starten, wird das Wurzelelement durch die Methode getRootElement() aus dem JDOM-Document-Objekt geholt, und anschließend werden deren Kinder verwendet, um die Rekursion einzuleiten. Nach dem Start der Methode loadFromElements() werden Standard-Java-Klassen verwendet, um die Liste der Elemente schrittweise durchzugehen (etwa java.util.Iterator). Um nach Textinhalt zu suchen, wird die Methode getTextTrim() verwendet. Diese Methode gibt den Textinhalt eines Elements zurück, und sie liefert das Element ohne umgebenden Whitespace.[5] Auf diese Weise würde der Inhalt »reiner Text«

---

[5] Sie entfernt auch mehr als ein Leerzeichen *zwischen* Wörtern. Der Textinhalt »sehr   viele   Leerzeichen« würde von getTextTrim() als »sehr viele Leerzeichen« zurückgegeben.

(beachten Sie den umgebenden Whitespace) als »reiner Text« zurückgegeben. Auch wenn dies irgendwie trivial erscheint, betrachten Sie das folgende realistischere XML-Beispiel:

```
<kapitel>
  <titel>
    Fortgeschrittenes SAX
  </titel>
</kapitel>
```

Der eigentliche Textinhalt des Elements `titel` erweist sich als Abfolge mehrerer Leerzeichen, gefolgt von einem Zeilenumbruch und weiteren Leerzeichen. Mit anderen Worten: Es ist wahrscheinlich nicht das, was Sie erwartet haben. Die zurückgegebenen String-Daten aus einem Aufruf von `getTextTrim( )` wären einfach »Fortgeschrittenes SAX« – in den meisten Fällen genau das, was Sie haben wollen. Wenn Sie allerdings den vollständigen Inhalt benötigen (was oft verwendet wird, um das eingegebene Dokument genau so zu reproduzieren, wie es hereinkam), können Sie die Methode `getText( )` verwenden, die den Inhalt des Elements unverändert zurückgibt. Wenn kein Inhalt existiert, ist der Rückgabewert dieser Methode ein leerer String (»«), der den Vergleich leicht macht, wie im Beispielcode zu sehen ist. Und das war es schon fast: Ein paar einfache Methodenaufrufe, und der Code liest XML mit Hilfe von JDOM. Schauen wir uns diese Klasse in Aktion an.

Eine Probefahrt machen

Nachdem Sie in der Klasse `XMLProperties` alles fertiggestellt haben, kompilieren Sie sie. Um sie zu testen, können Sie Beispiel 7-7 eingeben oder herunterladen, eine Klasse, die die Klasse `XMLProperties` verwendet, um ein XML-Dokument zu laden, einige Informationen über es auszugeben und die Eigenschaften dann wieder als XML auszugeben.

Beispiel 7-7: Die Klasse XMLProperties testen

```java
package javaxml2;

import java.io.FileInputStream;
import java.io.FileOutputStream;
import java.util.Enumeration;

public class TestXMLProperties {

    public static void main(String[] args) {
        if (args.length != 2) {
            System.out.println("Verwendung: java javaxml2.TestXMLProperties " +
                "[XML-Eingabedokument] [XML-Ausgabedokument]");
            System.exit(0);
        }

        try {
            // Eigenschaften erzeugen und laden
```

Beispiel 7-7: Die Klasse XMLProperties testen (Fortsetzung)

```
            System.out.println("Lese XML-Eigenschaften aus " + args[0]);
            XMLProperties props = new XMLProperties();
            props.load(new FileInputStream(args[0]));

            // Eigenschaften und Werte ausgeben
            System.out.println("\n\n---- Eigenschaftswerte ----");
            Enumeration names = props.propertyNames();
            while (names.hasMoreElements()) {
                String name = (String)names.nextElement();
                String value = props.getProperty(name);
                System.out.println("Eigenschaftsname: " + name +
                                   " hat den Wert " + value);
            }

            // Eigenschaften speichern
            System.out.println("\n\nSchreibe XML-Eigenschaften in " + args[1]);
            props.store(new FileOutputStream(args[1]),
                "Die Klasse XMLProperties testen");
        } catch (Exception e) {
            e.printStackTrace();
        }
    }
}
```

Dieses Programm tut nicht besonders viel; es liest Eigenschaften ein, verwendet sie, um alle Eigenschaftsnamen und -werte auszugeben, und schreibt sie dann wieder zurück – aber alles in XML. Sie können dieses Programm mit der XML-Datei starten, die von der Klasse `PropsToXML` erzeugt wurde, die ich Ihnen weiter oben in diesem Kapitel gezeigt habe.

Die hier verwendete Version von `XMLProperties` arbeitet mit Eigenschaftswerten als Textinhalt von Elementen (der ersten gezeigten Version von `PropsToXML`) und nicht mit Attributwerten (der zweiten Version von `PropsToXML`). Sie werden diese frühere Version von `PropsToXML` verwenden oder Ihre Änderungen rückgängig machen müssen, wenn Sie sie verwenden möchten, um XML für die Eingabe in die Klasse `TestXMLProperties` zu erzeugen. Andernfalls erhalten Sie durch diesen Code keinerlei Eigenschaftswerte.

Versorgen Sie das Testprogramm mit der XML-Eingabedatei und dem Namen der Ausgabedatei:

```
C:\javaxml2\build>java javaxml2.TestXMLProperties enhydraProps.xml output.xml
Lese XML-Eigenschaften aus enhydraProps.xml


---- Eigenschaftswerte ----
Eigenschaftsname: org.enhydra.classpath.separator hat den Wert ":"
Eigenschaftsname: org.enhydra.initialargs hat den Wert "./bootstrap.conf"
Eigenschaftsname: org.enhydra.initialclass hat den Wert
```

```
org.enhydra.multiServer.bootstrap.Bootstrap
Eigenschaftsname: org.enhydra.classpath hat den Wert "."
Eigenschaftsname: org.xml.sax.parser hat den Wert
  "org.apache.xerces.parsers.SAXParser"

Schreibe XML-Eigenschaften in output.xml
```

Und da haben Sie es: XML-Datenformatierung mit dem Verhalten von Eigenschaften.

Backtracking

Bevor wir diesen Code wegpacken, gibt es noch einige Dinge, die ich ansprechen möchte. Schauen Sie sich als erstes die XML-Datei an, die von TestXMLProperties erzeugt wurde – das Ergebnis der Anwendung von store( ) auf die Eigenschaften. Es sollte so ähnlich aussehen wie Beispiel 7-8, wenn Sie die XML-Version von *enhydra.properties* verwendet haben, die weiter oben in diesem Kapitel detailliert beschrieben wurde.

Beispiel 7-8: Ausgabe von TestXMLProperties

```
<?xml version="1.0" encoding="UTF-8"?>
<properties>
  <org>
    <enhydra>
      <classpath>
        <separator>":"</separator>
      </classpath>
      <initialargs>"./bootstrap.conf"</initialargs>
      <initialclass>org.enhydra.multiServer.bootstrap.Bootstrap</initialclass>
      <classpath>"."</classpath>
    </enhydra>
    <xml>
      <sax>
        <parser>"org.apache.xerces.parsers.SAXParser"</parser>
      </sax>
    </xml>
  </org>
</properties>
<!--Die Klasse XMLProperties testen-->
```

Fällt Ihnen irgendein Fehler auf? Der Header-Kommentar ist an der falschen Stelle. Schauen Sie sich noch einmal den Code aus der Methode store( ) an, der diesen Kommentar eingefügt hat:

```
// Ein neues JDOM-Dokument mit dem Wurzelelement "properties" erzeugen
Element root = new Element("properties");
Document doc = new Document(root);

// Header-Information hinzufügen
Comment comment = new Comment(header);
doc.addContent(comment);
```

Das Wurzelelement taucht vor dem Kommentar auf, weil es als erstes zum Document-Objekt hinzugefügt wird. Allerdings kann das Document-Objekt nicht ohne Angabe eines Wurzelelements erzeugt werden – eine Art Huhn-oder-Ei-Situation. Um damit umzugehen, müssen Sie eine neue Methode verwenden: getContent(). Diese Methode gibt ein List-Objekt zurück, aber dieses enthält sämtlichen Inhalt des Documents mitsamt Kommentaren, dem Wurzelelement und den Steueranweisungen. Sie können nun den Kommentar dieser Liste voranstellen, wie hier gezeigt wird, indem Sie Methoden der Klasse List verwenden:

```
// Header-Information hinzufügen
Comment comment = new Comment(header);
doc.getContent().add(0, comment);
```

Nach dieser Änderung sieht Ihr Dokument so aus wie es sollte:

```xml
<?xml version="1.0" encoding="UTF-8"?>
<!--Die Klasse XMLProperties testen-->
<properties>
  <org>
    <enhydra>
      <classpath>
        <separator>":"</separator>
      </classpath>
      <initialargs>"./bootstrap.conf"</initialargs>
      <initialclass>org.enhydra.multiServer.bootstrap.Bootstrap</initialclass>
      <classpath>"."</classpath>
    </enhydra>
    <xml>
      <sax>
        <parser>"org.apache.xerces.parsers.SAXParser"</parser>
      </sax>
    </xml>
  </org>
</properties>
```

Die Methode getContent() steht auch in der Klasse Element zur Verfügung und gibt sämtlichen Inhalt des Elements zurück, ungeachtet des Typs (Elemente, Steueranweisungen, Kommentare, Entities sowie Strings für Textinhalte).

Wichtig sind auch die notwendigen Änderungen an XMLProperties, um Attribute statt Elementinhalte als Eigenschaftswerte verwenden zu können. Sie haben bereits die Codeänderungen gesehen, die beim Speichern von Eigenschaften nötig sind (in der Tat ist die Änderung im Quellcode auskommentiert, so daß Sie nichts neu schreiben müssen). Zu der Änderung gehört, wie beim Laden, daß nun nach einem Attribut statt nach dem Textwert eines Elements gesucht wird. Dies kann mit Hilfe der Methode getAttributeValue(String name) geschehen, die den Wert des Attributs mit dem angegebenen Namen zurückgibt, oder null, wenn kein solcher Wert existiert. Die Änderung wird hier gezeigt:

```
private void loadFromElements(List elements, StringBuffer baseName) {
    // Jedes Element einzeln durchgehen
```

```
for (Iterator i = elements.iterator(); i.hasNext(); ) {
    Element current = (Element)i.next();
    String name = current.getName();
    // String text = current.getTextTrim( );
    String text = current.getAttributeValue("value");

    // Keinen "." hinzufügen, falls kein baseName da ist
    if (baseName.length( ) > 0) {
        baseName.append(".");
    }
    baseName.append(name);

    // Überprüfen, ob wir einen Attributwert haben
    if ((text == null) || (text.equals(""))) {
        // If no text, recurse on children
        loadFromElements(current.getChildren( ),
                    baseName);
    } else {
        // Falls Text da ist, ist dies eine Eigenschaft
        setProperty(baseName.toString( ),
                    text);
    }

    // Bei der Rückkehr aus der Rekursion den letzten Namen entfernen
    if (baseName.length( ) == name.length( )) {
        baseName.setLength(0);
    } else {
        baseName.setLength(baseName.length( ) -
            (name.length( ) + 1));
    }
}
}
```

Kompilieren Sie die geänderte Fassung, und Sie können mit Attributwerten arbeiten statt mit Elementinhalten. Lassen Sie den Code in dem Zustand, in dem Sie ihn lieber haben (wie ich weiter oben erwähnte, mag ich persönlich die Werte lieber als Elementinhalt). Wenn Sie also Textinhalte von Elementen möchten, stellen Sie sicher, daß Sie diese Änderungen rückgängig machen, nachdem Sie gesehen haben, welchen Einfluß sie auf die Ausgabe haben. Egal welche Variante Sie bevorzugen, Sie fangen hoffentlich langsam an, sich in JDOM zurechtzufinden. Und genau wie bei SAX und DOM empfehle ich auch hier wärmstens, ein Bookmark auf das zugehörige Javadoc anzulegen (entweder lokal oder online), und zwar als schnelle Referenz für die Methoden, an die Sie sich gerade nicht erinnern. Auf jeden Fall wollen wir kurz vor Schluß noch ein wenig über eine häufige Frage in bezug auf JDOM sprechen: die Standardisierung.

Ist JDOM ein Standard?

Häufiger, als mir irgendeine andere Frage über JDOM gestellt wird, werde ich gefragt, ob JDOM ein Standard ist. Dies ist eine gängige Frage, sowohl von denjenigen, die JDOM benutzen möchten (und eine Rechtfertigung brauchen), als auch von denjenigen, die JDOM nicht mögen (und eine Rechtfertigung brauchen). Ich spreche in diesem Abschnitt einige dieser Themen an; zu welchem der beiden Lager Sie also auch gehören mögen, lernen Sie die Details von JDOM und seinem Standardisierungsprozeß kennen.

JDOM als JSR

Zuallererst ist JDOM nun ein offizieller JSR, also ein Java Specification Request. Mit anderen Worten durchläuft es den formalen Standardisierungsprozeß, der von Sun gesponsert und vom JCP (Java Community Process) bestimmt wird. Sie können alles über JSR- und JCP-Prozesse unter *http://java.sun.com/aboutJava/communityprocess/* nachlesen. Was JDOM angeht, heißt es jetzt offiziell JSR-102 und befindet sich online auf der Sun-Website unter *http://java.sun.com/aboutJava/communityprocess/jsr/jsr_102_jdom.html*.

Während JDOM den JCP durchläuft, werden verschiedene Dinge passieren. Zunächst wird es einen höheren Status bezüglich der Standardisierung erlangen; auch wenn der JCP und Sun nicht vollkommen sind, bieten sie doch eine gewisse Vertrauensbasis. Zu den Mitgliedern und Unterstützern von JCP zählen IBM, BEA, Copmpaq, HP, Apache und andere. Darüber hinaus wird es sehr einfach werden, JDOM in andere Java-Standards einzufügen. Zum Beispiel hat Sun Interesse daran bekundet, JDOM zu einem Teil der nächsten Version von JAXP, entweder 1.2 oder 2.0, zu machen (ich gehe in Kapitel 9 näher auf JAXP ein). Zu guter Letzt besteht die Aussicht, daß eine XML-Unterstützung zum Kern zukünftiger JDK-Versionen gehören wird; in späteren Jahren könnte JDOM in jedem Java-Download enthalten sein.

SAX und DOM als Standards

Behalten Sie im Hinterkopf, daß JDOM dadurch nicht in eine Art bevorzugten Status befördert wird; DOM und SAX sind beide bereits ein Teil von JAXP, und in dieser Hinsicht haben sie JDOM tatsächlich etwas *voraus*. Allerdings lohnt es sich, einige Kommentare zur »Standardisierung« von DOM und SAX abzugeben. Zunächst kam SAX aus dem Public Domain-Bereich und bleibt bis heute ein De-facto-Standard. Da es zunächst in der XML-dev-Mailingliste entwickelt wurde, hat kein Standardisierungsgremium SAX ratifiziert oder akzeptiert, bis es sehr häufig im Einsatz war. Auch wenn ich SAX ohne Zweifel kritisiere, nehme ich doch Rücksicht auf Leute, die meinen, daß JDOM nicht benutzt werden sollte, weil es nicht von einem Standardisierungsgremium entwickelt wurde.

Auf der anderen Seite wurde DOM vom W3C entwickelt und ist ein formaler Standard. Aus diesem Grund hat es eine treue Gefolgschaft. DOM ist für viele Anwendungen eine großartige Lösung. Aber wieder ist das W3C nur eines von vielen Standardisierungsgremien; der JCP ist ein anderes, die IETF ist wieder ein anderes und so weiter. Ich bestreite nicht die Verdienste jeder einzelnen dieser Gruppen; ich warne Sie lediglich davor, *irgendeinen* Standard (JDOM oder andere) zu akzeptieren, wenn er nicht den Anforderungen Ihrer Anwendung genügt. Streits über die »Standardisierung« sind zweitrangig gegenüber der praktischen Benutzbarkeit. Wenn Sie DOM mögen und es Ihren Ansprüchen genügt, benutzen Sie es. Das gleiche gilt für SAX und JDOM. Ich würde es begrüßen, wenn alle damit aufhören würden, Entscheidungen für andere treffen zu wollen (und ich weiß, daß ich eigentlich nur meine API verteidigen will, aber daß mir das auch immer wieder passiert!). Ich hoffe, daß dieses Buch Sie tief genug in alle drei APIs einführt, damit Sie eine wohlüberlegte Entscheidung treffen können.

Vorsicht Falle!

Ich enttäusche Sie auch diesmal nicht, sondern möchte Sie vor einigen typischen JDOM-Stolperfallen warnen. Ich hoffe, daß Sie dadurch ein wenig Zeit bei Ihrer JDOM-Programmierung sparen.

JDOM ist nicht DOM

Zuallererst sollten Sie sich merken, daß JDOM nicht DOM ist. Es umhüllt DOM nicht und bietet keine Erweiterung zu DOM. Mit anderen Worten: Die beiden haben keinen technischen Bezug zueinander. Wenn Sie sich diese einfache Wahrheit merken, werden Sie eine Menge Zeit und Aufwand sparen; es erscheinen heutzutage viele Artikel, in denen die Rede davon ist, daß Sie die DOM-Interfaces benötigen, um JDOM zu benutzen, oder daß Sie JDOM vermeiden sollten, da es einige DOM-Methoden verdeckt. Diese Behauptungen verwirren die Leute mehr als alles andere. Sie brauchen die DOM-Interfaces nicht, und DOM-Aufrufe (wie appendChild( ) oder createDocument( )) funktionieren mit JDOM einfach nicht. Entschuldigung, falsche API!

Der Rückgabewert null

Ein weiterer interessanter Aspekt von JDOM, der darüber hinaus einiges an Kontroversen aufgeworfen hat, sind die Rückgabewerte von Methoden, die Elementinhalte auslesen. Zum Beispiel können die unterschiedlichen getChild( )-Methoden der Klasse Element den Wert null zurückgeben. Ich habe dies im Beispielcode PropsToXML bereits erwähnt und gezeigt. Das Problem tritt auf, wenn statt der Überprüfung, ob ein Element existiert (wie im Beispielcode geschehen), einfach davon ausgegangen wird, daß es existiert. Dies kommt am häufigsten dann vor, wenn eine andere Anwendung oder Komponente Ihnen XML sendet und wenn Ihr Code erwartet, daß es ein bestimmtes Format hat (ob nun eine DTD, ein XML Schema oder einfach ein vereinbarter Standard). Schauen Sie sich zum Beispiel den folgenden Code an:

```
Document doc = otherComponent.getDocument();
String price = doc.getRootElement().getChild("artikel")
                                   .getChild("preis")
                                   .getTextTrim();
```

Das Problem in diesem Code besteht darin, daß Aufrufe der Methode `getChild()` den Wert `null` zurückgeben, wenn unterhalb der Wurzel kein Element `artikel` und unterhalb von diesem kein Element `preis` existiert. Plötzlich fängt dieser harmlos aussehende Code an, `NullPointerExceptions` auszulösen, die sehr schwer zu finden und zu beseitigen sind. Sie können mit dieser Situation auf zweierlei Arten fertigwerden. Die erste Möglichkeit ist es, bei jedem einzelnen Schritt auf den Wert `null` zu überprüfen:

```
Document doc = otherComponent.getDocument();
Element root = doc.getRootElement();
Element item = root.getChild("artikel");
if (item != null) {
    Element price = item.getChild("preis");
    if (price != null) {
        String price = price.getTextTrim();
    } else {
        // Außergewöhnlichen Zustand behandeln
    }
} else {
    // Außergewöhnlichen Zustand behandeln
}
```

Die zweite Option ist, das gesamte Codefragment in einen try/catch-Block einzufügen:

```
Document doc = otherComponent.getDocument();
try {
    String price = doc.getRootElement().getChild("artikel")
                                       .getChild("preis")
                                       .getTextTrim();
} catch (NullPointerException e) {
    // Außergewöhnlichen Zustand behandeln
}
```

Obwohl jeder der beiden Ansätze funktioniert, empfehle ich den ersten; er ermöglicht eine feiner abgestufte Fehlerbehandlung, weil es möglich ist, genau zu bestimmen, welcher Test gescheitert ist, und damit, welches Problem aufgetreten ist. Das zweite Codefragment informiert Sie lediglich, daß irgendwo ein Problem aufgetreten ist. In jedem Fall kann Ihnen die sorgfältige Überprüfung der Rückgabewerte einige ziemlich ärgerliche `NullPointerExceptions` ersparen.

DOMBuilder

Zu guter Letzt sollten Sie sehr vorsichtig sein, wenn Sie mit der Klasse `DOMBuilder` arbeiten. Es geht nicht darum, *wie* Sie die Klasse benutzen, sondern *wann* Sie sie benutzen. Wie ich bereits erwähnte, arbeitet diese Klasse mit der Eingabe auf ähnliche Art und Weise wie `SAXBuilder`. Und genau wie ihre SAX-Schwesterklasse besitzt sie `build()`-Methoden, die verschiedene Arten der Eingabe wie ein Java-`File` oder einen `InputStream` entgegennehmen. Allerdings ist es stets langsamer, ein JDOM-`Document` aus einer Datei, URL oder einem I/O-Stream herzustellen, als `SAXBuilder` zu verwenden; das kommt daher, daß in `DOMBuilder` SAX benutzt wird, um einen DOM-Baum zu bauen, der dann in JDOM konvertiert wird. Natürlich ist das viel langsamer, als den Zwischenschritt (den Aufbau eines DOM-Baums) wegzulassen und einfach direkt von SAX zu JDOM überzugehen.

Wenn Sie also jemals Code wie diesen hier sehen

```
DOMBuilder builder = new DOMBuilder();

// aus einer Datei bauen
Document doc = builder.build(new File("input.xml"));

// aus einer URL bauen
Document doc = builder.build(
    new URL("http://newInstance.com/javaxml2/copyright.xml"));

// Aus einem I/O-Stream bauen
Document doc = builder.build(new FileInputStream("input.xml"));
```

dann sollten Sie schreiend davonlaufen! Natürlich hat `DOMBuilder` seine Berechtigung: Er ist sehr gut geeignet, um existierende JDOM-Strukturen in JDOM zu übertragen. Aber für die reine schnelle Eingabe ist es einfach die schlechtere Wahl bezüglich der Performance. Ersparen Sie sich einige Kopfschmerzen, und merken Sie sich diese Tatsache jetzt gut!

Und was kommt jetzt?

Es folgt ein Kapitel über fortgeschrittenes JDOM. In diesem Kapitel werde ich einige Feinheiten der API behandeln, wie Namensräume, die DOM-Adapter, den JDOM-internen Umgang mit Listen und alles andere, das diejenigen unter Ihnen interessieren könnte, die wirklich tief in die API einsteigen möchten. Dies sollte Ihnen umfassendes Wissen darüber vermitteln, wie Sie JDOM in Ihren Anwendungen neben DOM und SAX verwenden.

KAPITEL 8

JDOM für Fortgeschrittene

Dieses Kapitel fährt mit dem Thema JDOM fort und führt einige fortgeschrittenere Konzepte ein. Im vorigen Kapitel haben Sie gesehen, wie Sie mit Hilfe von JDOM XML lesen und schreiben können, und haben auch einen guten Einblick erhalten, welche Klassen in der JDOM-Distribution zur Verfügung stehen. In diesem Kapitel steige ich noch ein wenig tiefer ein, um zu erläutern, wie alles funktioniert. Sie werden einige Klassen zu Gesicht bekommen, die JDOM verwendet, die aber nicht häufig in Operationen zum Einsatz kommen, und Sie werden anfangen zu verstehen, wie JDOM zusammengesetzt ist. Nachdem Sie dieses grundsätzliche Verständnis erworben haben, werde ich damit fortfahren, Ihnen zu zeigen, wie JDOM Factories und Ihre eigenen, selbstdefinierten JDOM-Implementierungsklassen einsetzen kann, wenn auch auf ganz andere Art und Weise als DOM. Dies wird Sie mitten in ein ziemlich fortgeschrittenes Beispiel hineinführen, in dem Wrapper und Decorator verwendet werden, weitere Hilfsmittel, um Funktionalität zu den JDOM-Kernklassen hinzuzufügen, ohne eine Interface-basierte API zu benötigen.

Nützliche JDOM-Interna

Das erste Thema, das ich behandle, ist die Architektur von JDOM. In Kapitel 7 habe ich Ihnen ein einfaches UML-basiertes Modell der JDOM-Kernklassen gezeigt. Wenn Sie sich dies jedoch näher anschauen, gibt es wahrscheinlich einige unter diesen Klassen, mit denen Sie noch nicht gearbeitet oder die Sie nicht erwartet haben. Ich werde diese speziellen Bestandteile in diesem Abschnitt behandeln und Ihnen zeigen, wie Sie mit JDOM die feineren Details bearbeiten können.

 JDOM Beta 7 wurde buchstäblich einige Tage vor dem Schreiben dieses Kapitels veröffentlicht. In dieser Version war die Klasse Text vorgesehen, wurde dann aber noch nicht in die JDOM-Interna integriert. Allerdings vollzieht sich dieser Prozeß sehr schnell, sehr wahrscheinlich noch, bevor Sie dieses Buch in den Händen halten. Selbst wenn das nicht der Fall sein sollte, wird die Klasse bald darauf integriert werden, und dann werden die hier besprochenen Fragen ein Thema sein. Wenn Sie Probleme mit den Codeschnipseln in diesem Abschnitt haben, überprüfen Sie die Version von JDOM, die Sie benutzen, und versuchen Sie immer, die neueste zu bekommen.

Die Klasse Text

Es wird Sie vielleicht ein wenig überraschen, daß es in JDOM eine Klasse Text gibt. Wenn Sie das vorige Kapitel gelesen haben, dann haben Sie wahrscheinlich verstanden, daß ein großer Unterschied zwischen DOM und JDOM darin besteht, daß JDOM den Textinhalt eines Elements (zumindest scheinbar) direkt verfügbar macht, während Sie in DOM zunächst den Text-Kindknoten holen und dann dessen Wert extrahieren müssen. Tatsächlich jedoch baut JDOM zeichenbasierten Inhalt von der Architektur her ziemlich ähnlich auf wie DOM; jede Zeicheninhaltseinheit wird in einer JDOM-Text-Instanz abgelegt. Wenn Sie jedoch die Methode getText() (oder getTextTrim() oder getTextNormalize()) einer JDOM-Element-Instanz aufrufen, gibt die Instanz automatisch den Wert (bzw. die Werte) aus ihren Text-Kindknoten zurück:

```
// Textinhalt erhalten
String textualContent = element.getText();

// Textinhalt erhalten, bei dem umgebender Whitespace entfernt wurde
String trimmedContent = element.getText().trim();
// oder...
String trimmedContent = element.getTextTrim();

// Textinhalt erhalten, normalisiert (sämtlicher innere Whitespace wird auf genau
// ein Leerzeichen reduziert. Zum Beispiel wird "   das    wäre   " zu "das wäre")
String normalizedContent = element.getTextNormalize();
```

Im Ergebnis sieht das üblicherweise so aus, als würde wirklich keine Text-Klasse verwendet. Die gleiche Methodik kommt zum Tragen, wenn setText() für ein Element aufgerufen wird; der Text wird als Inhalt einer neuen Text-Instanz erzeugt, und diese neue Instanz wird als Kind dieses Elements hinzugefügt. Das logische Prinzip ist wiederum, daß es ein so häufiger Vorgang ist, den Textinhalt eines XML-Elements zu lesen und zu schreiben, daß dies so einfach und so schnell wie möglich gehen sollte.

Gleichzeitig macht ein strenges Baummodell die Navigation durch die Inhalte sehr leicht, wie ich bereits in früheren Kapiteln ausgeführt habe; instanceof und die Rekursion werden zu einfachen Lösungen für das Durchqueren von Bäumen. Insofern erleichtert eine explizite Text-Klasse, die als Kind (bzw. als Kinder) von Element-Instanzen verfügbar ist, diese Aufgabe erheblich. Des weiteren ermöglicht die Klasse Text Erweiterungen, während reine java.lang.String-Klassen nicht erweiterbar sind. Aus all diesen Gründen (und aus einigen anderen, in die Sie sich in den jdom-interest-Mailinglisten vertiefen können) wird die Klasse Text zur Zeit zu JDOM hinzugefügt. Wenn sie auch nicht so offensichtlich zu Tage tritt wie in anderen APIs, steht sie für solche Fälle wie die erwähnte Iteration zur Verfügung. Um dies bequemer zu gestalten, erhalten Sie sämtlichen Inhalt innerhalb einer Element-Instanz, wenn Sie deren Methode getContent() aufrufen. Dazu gehören Bereiche mit Objekten der Klassen Comment, ProcessingInstruction, EntityRef und CDATA, aber auch Textinhalte. In diesem Fall werden die Textinhalte als eine oder mehrere Text-Instanzen zurückgegeben statt unmittelbar als Strings, was eine Verarbeitung wie diese ermöglicht:

```java
public void processElement(Element element) {
    List mixedContent = element.getContent();
    for (Iterator i = mixedContent.iterator(); i.hasNext(); ) {
        Object o = i.next();
        if (o instanceof Text) {
            processText((Text)o);
        } else if (o instanceof CDATA) {
            processCDATA((CDATA)o);
        } else if (o instanceof Comment) {
            processComment((Comment)o);
        } else if (o instanceof ProcessingInstruction) {
            processProcessingInstruction((ProcessingInstruction)o);
        } else if (o instanceof EntityRef) {
            processEntityRef((EntityRef)o);
        } else if (o instanceof Element) {
            processElement((Element)o);
        }
    }
}

public void processComment(Comment comment) {
    // Etwas mit Kommentaren anstellen
}

public void processProcessingInstruction(ProcessingInstruction pi) {
    // Etwas mit PIs anstellen
}

public void processEntityRef(EntityRef entityRef) {
    // Etwas mit Entity-Referenzen anstellen
}

public void processText(Text text) {
    // Etwas mit Text anstellen
}

public void processCDATA(CDATA cdata) {
    // Etwas mit CDATA anstellen
}
```

Dies setzt die ziemlich leichte rekursive Verarbeitung eines JDOM-Baums in Gang. Sie könnten diese einfach mit folgendem Code starten:

```
// Ein JDOM-Document durch einen Builder erhalten
Document doc = builder.build(input);

// Rekursion starten
processElement(doc.getRootElement());
```

Sie würden `Comment`- und `ProcessingInstruction`-Instanzen wohl eher auf der Dokumentebene behandeln, aber grundsätzlich funktioniert es so. Sie können sich entscheiden, die Klasse `Text` zu verwenden, wenn es einen Sinn hat, und brauchen sich ansonsten keine Gedanken über sie zu machen.

Die Klasse EntityRef

Als nächstes haben wir die Klasse `EntityRef` auf der Liste der JDOM-Interna, eine weitere Klasse, die Sie normalerweise nicht zu benutzen brauchen, die Sie aber kennen sollten, weil sie bei speziellen Programmierbedürfnissen helfen kann. Diese Klasse stellt eine XML-Entity-Referenz in JDOM dar, wie etwa die Entity-Referenz `OReillyCopyright` aus dem Dokument *contents.xml*, das ich schon mehrfach in Beispielen verwendet habe:

```
<ora:copyright>&OReillyCopyright;</ora:copyright>
```

Diese Klasse ermöglicht das Einstellen und Zurückholen eines Namens, einer Public-ID und einer System-ID, genau wie beim Definieren der Referenz in einer XML-DTD oder einem Schema. Sie kann an einer beliebigen Stelle in einem JDOM-Inhaltsbaum auftreten, genau wie die Knoten `Element` und `Text`. Aber genau wie `Text`-Knoten ist auch die Klasse `EntityRef` im Normalfall ein wenig hinderlich. Wenn zum Beispiel das Dokument *contents.xml* in JDOM modelliert wird, werden Sie üblicherweise mehr Interesse am Textwert der Referenz (ihrem aufgelösten Inhalt) haben als an der Referenz selbst. Mit anderen Worten: Wenn Sie `getContent()` auf das Element `copyright` in einem JDOM-Baum anwenden, würden Sie gern »Copyright O'Reilly, 2000« erhalten – oder einen anderen Textinhalt, auf den die Entity-Referenz eben verweist. Dies ist (wiederum in den meisten Fällen) erheblich nützlicher, als die Anzeige zu erhalten, daß es keinen Inhalt gibt (ein leerer String), und dann die Existenz einer `EntityRef` überprüfen zu müssen. Aus diesem Grund werden standardmäßig alle Entity-Referenzen aufgelöst, wenn die JDOM-Builder (`SAXBuilder` und `DOMBuilder`) zur Erzeugung von JDOM aus existierenden XML-Dokumenten verwendet werden. Sie werden in gewöhnlichen Fällen selten `EntityRef`s zu Gesicht bekommen, weil Sie sich gar nicht mit Ihnen beschäftigen müssen. Wenn Sie allerdings meinen, daß Sie die Entity-Referenzen unaufgelöst und durch `EntityRef`s dargestellt benötigen, dann können Sie die Methode `setExpandEntities()` der Builder-Klassen benutzen:

```
// Einen neuen Builder erzeugen
SAXBuilder builder = new SAXBuilder();
```

```
// Entity-Referenzen nicht auflösen (Standard ist, sie aufzulösen)
builder.setExpandEnitites(false);

// Den Baum mit EntityRef-Objekten bauen (natürlich nur, wenn nötig)
Document doc = builder.build(inputStream);
```

In diesem Fall könnten sich `EntityRef`-Instanzen in Ihrem Baum befinden (zum Beispiel, wenn Sie das Dokument *contents.xml* verwendet haben). Und Sie können `EntityRefs` immer direkt erzeugen und im JDOM-Baum plazieren:

```
// Eine neue Entity-Referenz erzeugen
EntityRef ref = new EntityRef("TrueNorthGuitarsTagline");
ref.setSystemID("tngTagline.xml");

// In den Baum einfügen
tagLineElement.addContent(ref);
```

Wenn dieser Baum serialisiert wird, erhalten Sie XML wie dieses hier:

```
<gitarre>
   <tagLine>&TrueNorthGuitarsTagline;</tagLine>
</gitarre>
```

Und wenn das Dokument mit Hilfe eines Builders neu eingelesen wird, hängt das resultierende JDOM-`Document` von dem Flag `expandEntities` ab. Wenn es den Wert `false` hat, erhalten Sie die ursprüngliche `EntityRef` wieder zurück, und zwar mit dem richtigen Namen und der korrekten System-ID. Ist sein Wert dagegen `true` (der Standardfall), dann erhalten Sie den aufgelösten Inhalt. Eine zweite Serialisierung könnte das folgende Ergebnis haben:

```
<gitarre>
   <tagLine>zwei Hände, ein Herz</tagLine>
</gitarre>
```

Auch wenn das aussieht wie viel Lärm um eine einfache Angelegenheit, ist es wichtig zu verstehen, daß das ein- und ausgebende XML, mit dem Sie arbeiten, sich durch das Auflösen oder Nicht-Auflösen von Entities ändern kann. Behalten Sie stets im Auge, auf welchen Wert die Builder-Flags eingestellt sind und welchen Wert Sie benötigen, um den gewünschten JDOM-Baum oder die passende XML-Ausgabe zu erhalten.

Die Klasse Namespace

Ich möchte kurz auf eine weitere JDOM-Klasse eingehen, die Klasse `Namespace`. Diese Klasse fungiert in der JDOM-Architektur sowohl als Instanzvariable als auch als Factory. Wenn Sie einen neuen Namensraum erzeugen müssen, sei es für ein Element oder für die Suche, sollten Sie die statischen `getNamespace( )`-Methoden dieser Klasse verwenden:

```
// Namensraum mit Präfix erzeugen
Namespace schemaNamespace =
    Namespace.getNamespace("xsd", "http://www.w3.org/XMLSchema/2001");
```

```
// Namensraum ohne Präfix erzeugen
Namespace javaxml2Namespace =
    Namespace.getNamespace("http://www.oreilly.com/javaxml2");
```

Wie Sie sehen können, gibt es eine Version zum Erzeugen von Namensräumen mit Präfixen und eine zum Erzeugen von Namensräumen ohne Präfixe (Standard-Namensräume). Jede der beiden Versionen kann verwendet und anschließend an die verschiedenen JDOM-Methoden übergeben werden:

```
// Element mit Namensraum erzeugen
Element schema = new Element("schema", schemaNamespace);

// Kindobjekte im angegebenen Namensraum suchen
List chapterElements = contentElement.getChildren("kapitel", javaxml2Namespace);

// Einen neuen Namensraum für dieses Element festlegen
catalogElement.addNamespaceDeclaration(
    Namespace.getNamespace("tng", "http://www.truenorthguitars.com"));
```

Diese Methoden erklären sich beinahe von selbst. Auch wenn die XML-Serialisierung durch die unterschiedlichen Outputter (SAXOutputter, DOMOutputter und XMLOutputter) durchgeführt wird, werden die Namensraumdeklarationen automatisch beachtet und zum erzeugten XML-Code hinzugefügt.

Eine letzte Anmerkung: In JDOM basiert der Namensraumvergleich einzig und allein auf der URI. Mit anderen Worten: Zwei Namespace-Objekte sind identisch, wenn ihre URIs gleich sind, ohne Rücksicht auf das Präfix. Dies stimmt genau mit dem Sinn und mit den Buchstaben der XML-Namensraum-Spezifikation überein, die angibt, daß sich zwei Elemente im selben Namensraum befinden, wenn ihre URIs ungeachtet des Präfixes übereinstimmen. Schauen Sie sich das folgende XML-Dokumentfragment an:

```
<gitarre xmlns="http://www.truenorthguitars.com">
  <ni:eigentuemer xmlns:ni="http://www.newInstance.com">
    <ni:name>Brett McLaughlin</ni:name>
    <tng:modell xmlns:tng="http://www.truenorthguitars.com>Model 1</tng:modell>
    <rueckseitenHolz>Madagascar Rosewood</rueckseitenHolz>
  </ni:eigentuemer>
</gitarre>
```

Obwohl die Elemente gitarre, modell und rueckseitenHolz unterschiedliche Präfixe haben, befinden sie sich alle im selben Namensraum. Dies trifft genauso für das JDOM-Namespace-Modell zu. Tatsächlich wird die Methode equals() der Klasse Namespace die Gleichheit nur aufgrund der URIs und ohne Beachtung der Präfixe angeben.

Ich habe hier nur drei der Klassen von JDOM gestreift, aber das sind genau die Klassen, die tückisch sind und über die die meisten Fragen gestellt werden. Der Rest der API wurde im vorigen Kapitel behandelt und wird in den nächsten Abschnitten dieses Kapitels näher beleuchtet. Sie sollten nun in der Lage sein, in JDOM mit Textinhalten, Entity-Referenzen und Namensräumen umzugehen. Sie sollten die Hin-und-her-Konvertierung zwischen Strings und Text-Knoten sowie zwischen aufgelöstem Inhalt und EntityRefs mit Leichtigkeit beherrschen, ebenso die Arbeit mit Namensräumen mit unterschiedlichen Präfixen. Wenn Sie all das verstanden haben, sind Sie in der Lage, mit einigen komplexeren Beispielen und Fällen fortzufahren.

JDOM und Factories

Erinnern Sie sich an die Diskussion über JDOM und Factories aus dem vorigen Kapitel. Ich erwähnte bereits, daß Sie in JDOM-Anwendungen (zumindest mit der aktuellen Version) niemals Code wie diesen sehen würden:

```
// Dieser Code funktioniert nicht!!
JDOMFactory factory = new JDOMFactory();
factory.setDocumentClass("javaxml2.BrettsDocumentClass");
factory.setElementClass("javaxml2.BrettsElementClass");

Element rootElement = JDOMFactory.createElement("root");
Document document = JDOMFactory.createDocument(rootElement);
```

Nun, das bleibt auch weiterhin wahr. Allerdings habe ich bisher einige ziemlich wichtige Aspekte dieser Diskussion unterschlagen und möchte sie hier wieder aufnehmen. Wie ich in Kapitel 7 erwähnte, ermöglicht die Existenz irgendeiner Art von Factories eine größere Flexibilität bezüglich der Art und Weise, wie Ihr XML in Java aufgebaut wird. Schauen Sie sich die einfache Unterklasse von JDOMs `Element`-Klasse an, die in Beispiel 8-1 gezeigt wird:

Beispiel 8-1: Eine Unterklasse der JDOM-Klasse Element bilden

```
package javaxml2;

import org.jdom.Element;
import org.jdom.Namespace;

public class ORAElement extends Element {

    private static final Namespace ORA_NAMESPACE =
        Namespace.getNamespace("ora", "http://www.oreilly.com");

    public ORAElement(String name) {
        super(name, ORA_NAMESPACE);
    }

    public ORAElement(String name, Namespace ns) {
        super(name, ORA_NAMESPACE);
    }

    public ORAElement(String name, String uri) {
        super(name, ORA_NAMESPACE);
    }
```

Beispiel 8-1: Eine Unterklasse der JDOM-Klasse Element bilden (Fortsetzung)

```
    public ORAElement(String name, String prefix, String uri) {
        super(name, ORA_NAMESPACE);
    }
}
```

Das ist eine so einfache Unterklasse, daß Sie damit zurechtkommen müßten; sie ähnelt in gewisser Hinsicht der Klasse `NamespaceFilter` aus Kapitel 4. Sie ignoriert jegliche Namensraum-Information, die dem Element eigentlich übergeben wird (selbst dann, wenn kein Namensraum übergeben wird!), und stellt den Namensraum des Elements auf die Definition durch die URI *http://www.oreilly.com* und das Präfix ora ein.[1] Dies ist ein einfacher Fall, aber er gibt Ihnen eine Vorstellung von den Möglichkeiten und dient als gutes Beispiel für diesen Abschnitt.

Eine Factory erzeugen

Nachdem Sie eine eigene Unterklasse definiert haben, besteht der nächste Schritt darin, sie tatsächlich zu nutzen. Wie ich bereits erwähnte, betrachtet JDOM die Notwendigkeit, alle Objekte mit Hilfe von Factories zu erzeugen, als ein wenig zu aufwendig. Die einfache Erzeugung von Elementen funktioniert in JDOM folgendermaßen:

```
// Ein neues Element erzeugen
Element element = new Element("gitarre");
```

Mit einer selbstdefinierten Unterklasse bleibt alles genauso einfach:

```
// Ein neues Element vom Typ ORAElement erzeugen
Element oraElement = new ORAElement("guitar");
```

Das Element wird wegen der selbstdefinierten Unterklasse in den O'Reilly-Namensraum eingefügt. Darüber hinaus ist diese Methode einleuchtender als die Verwendung einer Factory. Es ist zu jedem Zeitpunkt genau klar, welche Klassen verwendet werden, um Objekte zu erzeugen. Vergleichen Sie das mit dem folgenden Codefragment:

```
// Ein Element erzeugen: Welcher Typ wird erzeugt?
Element someElement = doc.createElement("gitarre");
```

Es ist unklar, ob das erzeugte Objekt eine Instanz von `Element`, von `ORAElement` oder von etwas völlig anderem ist. Aus diesen Gründen paßt der Ansatz einer selbstdefinierten Klasse gut zu JDOM. Zur Objekterzeugung können Sie Ihre selbstdefinierte Unterklasse einfach direkt instantiieren. Allerdings nimmt das Bedürfnis nach Factories zu, wenn Sie ein Dokument aufbauen:

```
// Aus einer Eingabequelle aufbauen
SAXBuilder builder = new SAXBuilder();
Document doc = builder.build(someInputStream);
```

---

1 Die Klasse unterscheidet sich darin ein wenig von `NamespaceFilter`, daß sie die Namensraum-Information aller Elemente ändert, statt nur von Elementen aus einem bestimmten Namensraum.

Offensichtlich wären Sie hier nicht in der Lage, selbstdefinierte Klassen für den Aufbauprozeß anzugeben. Ich gehe davon aus, daß Sie waghalsig genug sein könnten, die Klasse SAXBuilder (und die zugehörige Klasse org.jdom.input.SAXHandler) zu modifizieren, aber das ist ein wenig lächerlich. Um dies also zu vereinfachen, wurde das Interface JDOMFactory im Package org.jdom.input eingeführt. Dieses Interface definiert Methoden für jeden Typ der Objekterzeugung (siehe Anhang A, in dem Sie den kompletten Satz von Methoden finden). Zum Beispiel existieren vier Methoden zur Elementerzeugung, die mit den vier Konstruktoren der Klasse Element übereinstimmen:

```
public Element element(String name);
public Element element(String name, Namespace ns);
public Element element(String name, String uri);
public Element element(String name, String prefix, String uri);
```

Sie werden ähnliche Methoden für Document, Attribute, CDATA und den ganzen Rest finden. Standardmäßig verwendet JDOM die org.jdom.input.DefaultJDOMFactory, die einfach alle JDOM-Kernklassen innerhalb dieser Methoden zurückgibt. Allerdings können Sie einfach Unterklassen dieser Implementierung bilden und Ihre eigenen Factory-Methoden zur Verfügung stellen. Schauen Sie sich Beispiel 8-2 an, das eine eigene Factory definiert:

Beispiel 8-2: Eine selbstdefinierte JDOMFactory-Implementierung

```
package javaxml2;

import org.jdom.Element;
import org.jdom.Namespace;
import org.jdom.input.DefaultJDOMFactory;

class CustomJDOMFactory extends DefaultJDOMFactory {

    public Element element(String name) {
        return new ORAElement(name);
    }

    public Element element(String name, Namespace ns) {
        return new ORAElement(name, ns);
    }

    public Element element(String name, String uri) {
        return new ORAElement(name, uri);
    }

    public Element element(String name, String prefix, String uri) {
        return new ORAElement(name, prefix, uri);
    }
}
```

Das ist eine einfache Implementierung; sie braucht nicht besonders komplex zu sein. Sie überschreibt alle element()-Methoden und gibt eine Instanz der selbstdefinierten Unterklasse, ORAElement, zurück statt der JDOM-Standardklasse Element. Auf diese Weise wird jeder Builder, der diese Factory verwendet, in dem erzeugten JDOM-Document-Objekt letzten Endes ORAElement-Instanzen statt der üblichen Element-Instanzen enthalten, die Sie normalerweise vorfinden würden. Jetzt müssen Sie nur noch den Aufbauprozeß über diese selbstdefinierte Factory in Kenntnis setzen.

Aufbau mit selbstdefinierten Klassen

Nachdem Sie eine gültige Implementierung von JDOMFactory erzeugt haben, informieren Sie Ihre Builder darüber, daß sie diese benutzen sollen, indem Sie die Methode setFactory() aufrufen und ihr eine Factory-Instanz übergeben. Diese Methode steht für beide JDOM-Builder der aktuellen Version zur Verfügung, für SAXBuilder und DOMBuilder. Um sie in Aktion zu erleben, testen Sie Beispiel 8-3. Diese einfache Klasse nimmt ein XML-Dokument entgegen und baut es mit Hilfe der Klasse ORAElement und der CustomJDOMFactory aus den Beispielen 8-1 und 8-2 auf. Anschließend schreibt sie das Dokument wieder in eine angegebene Ausgabedatei zurück, so daß Sie die Wirkung der selbstdefinierten Klassen sehen können.

Beispiel 8-3: Aufbau mit selbstdefinierten Klassen und einer selbstdefinierten Factory

```
package javaxml2;

import java.io.File;
import java.io.FileWriter;
import java.io.IOException;

import org.jdom.Document;
import org.jdom.JDOMException;
import org.jdom.input.SAXBuilder;
import org.jdom.input.JDOMFactory;
import org.jdom.output.XMLOutputter;

public class ElementChanger {

    public void change(String inputFilename, String outputFilename)
        throws IOException, JDOMException {

        // Den Builder erzeugen und die Factory einrichten
        SAXBuilder builder = new SAXBuilder();
        JDOMFactory factory = new CustomJDOMFactory();
        builder.setFactory(factory);

        // Das Dokument aufbauen
        Document doc = builder.build(inputFilename);

        // Das Dokument ausgeben
```

Beispiel 8-3: Aufbau mit selbstdefinierten Klassen und einer selbstdefinierten Factory (Fortsetzung)

```
        XMLOutputter outputter = new XMLOutputter( );
        outputter.output(doc, new FileWriter(new File(outputFilename)));
    }

    public static void main(String[] args) {
        if (args.length != 2) {
            System.out.println("Verwendung: javaxml2.ElementChanger " +
                "[XML-Eingabedatei] [XML-Ausgabedatei]");
            return;
        }

        try {
            ElementChanger changer = new ElementChanger( );
            changer.change(args[0], args[1]);
        } catch (Exception e) {
            e.printStackTrace( );
        }
    }
}
```

Ich habe diese Klasse mit der Datei *contents.xml* gestartet, die ich in den ersten paar Kapiteln verwendet habe:

```
bmclaugh@GANDALF
$ java javaxml2.ElementChanger contents.xml neuerInhalt.xml
```

Das Programm hat eine Sekunde lang vor sich hin gearbeitet und hat mir dann ein neues Dokument (*neuerInhalt.xml*) geliefert. Ein Teil dieses neuen Dokuments wird in Beispiel 8-4 gezeigt.

Beispiel 8-4: Fragment der Ausgabe von contents.xml aus ElementChanger

```
<?xml version="1.0" encoding="ISO-8859-1"?>
<!DOCTYPE buch SYSTEM "DTD/JavaXML.dtd">
<!-- Java und XML Inhalt -->
<ora:buch xmlns:ora="http://www.oreilly.com">
  <ora:titel ora:serie="Java">Java und XML</ora:titel>

  <!-- Kapitelliste -->
  <ora:contents>
    <ora:kapitel titel="Einleitung" nummer="1">
      <ora:thema name="XML spielt eine wichtige Rolle" />
      <ora:thema name="Was ist wichtig?" />
      <ora:thema name="Was Sie benötigen" />
      <ora:thema name="Und was kommt jetzt?" />
    </ora:kapitel>
    <ora:kapitel titel="Ans Eingemachte" nummer="2">
      <ora:thema name="Die Grundlagen" />
      <ora:thema name="Beschränkungen" />
      <ora:thema name="Transformationen" />
```

Beispiel 8-4: Fragment der Ausgabe von contents.xml aus ElementChanger (Fortsetzung)

```
      <ora:thema name="Und mehr..." />
      <ora:thema name="Und was kommt jetzt?" />
    </ora:kapitel>
    <ora:kapitel titel="SAX" nummer="3">
      <ora:thema name="Vorbereitungen" />
      <ora:thema name="SAX-Reader" />
      <ora:thema name="Content-Handler" />
      <ora:thema name="Vorsicht Falle!" />
      <ora:thema name="Und was kommt jetzt?" />
    </ora:kapitel>
    <ora:kapitel titel="Fortgeschrittenes SAX" nummer="4">
      <ora:thema name="Eigenschaften und Features" />
      <ora:thema name="Weitere Handler" />
      <ora:thema name="Filter und Writer" />
      <ora:thema name="Und noch mehr Handler" />
      <ora:thema name="Vorsicht Falle!" />
      <ora:thema name="Und was kommt jetzt?" />
    </ora:kapitel>
    <!-- Weitere Kapitel -->
</ora:buch>
```

Alle Elemente befinden sich nun im O'Reilly-Namensraum und sind mit dem Präfix und der URI-Referenz versehen, die in der Klasse ORAElement festgelegt wurden.

Natürlich können Sie dieses Erzeugen von Unterklassen auch auf einen erheblich höheren Komplexitätsgrad führen. Zu den gängigen Beispielen gehört das Hinzufügen bestimmter Attribute oder sogar Kindelemente zu jedem Element, das bearbeitet wird. Viele Entwickler verfügen über existierende Business-Interfaces und definieren eigene JDOM-Klassen, die die JDOM-Kernklassen erweitern und auch diese Business-spezifischen Interfaces implementieren. Andere Entwickler haben »leichtgewichtige« Unterklassen erzeugt, die die Namensraum-Information verwerfen und nur die reinen Grundlagen behalten, was die Dokumente klein hält (wenn auch in manchen Fällen vielleicht nicht XML-konform). Die einzige Begrenzung besteht in Ihren eigenen Ideen für Unterklassen. Denken Sie nur daran, daß Sie Ihre eigene Factory einrichten, bevor Sie Dokumente aufbauen, damit Ihre neue Funktionalität enthalten ist.

Wrapper- und Decorator-Klassen

Eine der am häufigsten formulierten Anfragen zu JDOM bezieht sich auf Interfaces. Viele, viele Benutzer haben Interfaces in JDOM gefordert, aber die Anfrage ist stets verneint worden. Die Gründe sind einfach: Es gibt keinen Satz von Methoden, die alle JDOM-Konstrukte gemeinsam haben. Es besteht eine gewisse Abneigung dagegen, den DOM-Ansatz zu benutzen, der einen Satz gemeinsamer Methoden für die meisten Konstrukte bietet. Zum Beispiel ist getChildren( ) Bestandteil des gängigen DOM-Interfaces org.w3c.dom.Node; es gibt allerdings null zurück, wenn es nicht anwendbar ist, etwa bei einem Text-Knoten. Der JDOM-Ansatz besteht darin, nur solche Methoden in einem grundlegenden Interface anzubieten, die allen JDOM-Klassen gemeinsam sind; aber es wurden keine Methoden gefunden, die dieser Anforderung genügen. Darüber hinaus gibt es mindestens ebenso viele Bitten, die API zu lassen, wie sie ist, wie es Vorschläge gibt, Interfaces hinzuzufügen.

Allerdings gibt es Muster, die die Anwendung Interface-ähnlicher Funktionalität in JDOM ermöglichen, ohne die API drastisch zu verändern (tatsächlich sogar, ohne sie überhaupt zu ändern!). In diesem Abschnitt möchte ich die effektivsten dieser Muster ansprechen, zu denen die Verwendung von *Wrapper-* oder *Decorator*-Klassen gehört. Ich werde in diesem Buch nicht allzu tief auf den Bereich Designmuster eingehen, es genügt zu sagen, daß ein Wrapper oder ein Decorator (ich verwende die beiden Begriffe in diesem Kapitel abwechselnd) sich *außerhalb* existierender Klassen befindet und nicht *innerhalb*, wo ein JDOM-Kern-Interface zu finden wäre. Mit anderen Worten: Existierendes Verhalten wird umhüllt. In diesem Abschnitt zeige ich Ihnen, wie Sie mit diesem Muster JDOM (oder eine andere API) nach Belieben anpassen können.

Zu diesem Zeitpunkt sollten Sie in Java und XML schon recht fortgeschritten sein. Aus diesem Grund gehe ich den Beispielcode in diesem Abschnitt mit einer minimalen Menge an Kommentaren durch. Sie sollten ziemlich leicht in der Lage sein dahinterzukommen, was passiert, und ich werde lieber mehr Code als mehr Kommentar liefern.

JDOMNode

Für den Anfang habe ich das Interface JDOMNode in Beispiel 8-5 definiert. Dieses Interface definiert ein sehr einfaches Verhalten, das ich allen JDOM-Knoten zur Verfügung stellen möchte, und zwar ohne die Notwendigkeit, Typecasting einzusetzen.

Beispiel 8-5: Ein Knoten-Decorator-Interface
```
package javaxml2;

import java.util.List;
import java.util.Iterator;

// JDOM-Importe
import org.jdom.Document;

public interface JDOMNode {

    public Object getNode();

    public String getNodeName();

    public JDOMNode getParentNode();
```

Beispiel 8-5: Ein Knoten-Decorator-Interface (Fortsetzung)
```
    public String getQName( );

    public Iterator iterator( );

    public String toString( );
}
```

Die einzige Methode, die ein wenig albern erscheint, ist `iterator( )`; sie wird einen Java-Iterator über die Kindobjekte eines Knotens zurückgeben oder einen `Iterator` über eine leere Liste, wenn keine Kinder da sind (etwa bei Attributen oder Textknoten). Natürlich hätte ich mich genauso leicht zur Verwendung des DOM-Interfaces `org.w3c.dom.Node` entschließen können (um Interoperabilität zwischen DOM und JDOM auf Klassenebene zu erreichen), oder ich hätte ein anderes Interface benutzen können, das speziell meinen Business-Bedürfnissen entspricht. Es gibt keine Grenze für dieses Kern-Interface.

Klassen implementieren

Der nächste, interessantere Schritt besteht darin, Implementierungen dieses Interfaces bereitzustellen, die existierende JDOM-Konstrukte umhüllen. Diese bieten eine Umhüllung der konkreten Klassen, die bereits in JDOM vorhanden sind, und die meisten Methoden des Interfaces `JDOMNode` werden einfach an das darunterliegende (umhüllte) Objekt weitergereicht. Als erstes haben wir Beispiel 8-6, das ein JDOM-`Element` umhüllt.

Beispiel 8-6: Decorator für JDOM-Elemente
```
package javaxml2;

import java.util.List;
import java.util.ArrayList;
import java.util.Iterator;

// JDOM-Importe
import org.jdom.Element;

public class ElementNode implements JDOMNode {

    /** das umhüllte Element */
    protected Element decorated;

    public ElementNode(Element element) {
        this.decorated = element;
    }

    public Object getNode() {
        return decorated;
    }
```

Beispiel 8-6: Decorator für JDOM-Elemente (Fortsetzung)

```
    public String getNodeName() {
        if (decorated != null) {
            return decorated.getName();
        }
        return "";
    }

    public JDOMNode getParentNode() {
        if (decorated.getParent() != null) {
            return new ElementNode(decorated.getParent());
        }
        return null;
    }

    public String getQName() {
        if (decorated.getNamespacePrefix().equals("")) {
            return decorated.getName();
        } else {
            return new StringBuffer(decorated.getNamespacePrefix())
                        .append(":")
                        .append(decorated.getName()).toString();
        }
    }

    public Iterator iterator() {
        List list = decorated.getAttributes();
        ArrayList content = new ArrayList(list);

        // Den Inhalt des Elements in der Liste in die richtige Reihenfolge bringen
        Iterator i = decorated.getMixedContent().iterator();
        while (i.hasNext()) {
            content.add(i.next());
        }
        return content.iterator();
    }

    public String toString() {
        return decorated.toString();
    }
}
```

Hier gibt es nichts allzu Bemerkenswertes, deshalb wollen wir weitermachen. In Beispiel 8-7 habe ich eine ähnliche Klasse definiert, `AttributeNode`, die ein JDOM-Attribute umhüllt und meine `JDOMNode`-Kernklasse implementiert. Beachten Sie die verschiedenen No-op-Methoden (»no operation«, keine Operation) für Dinge wie das Erhalten der Kinder des Attributs; diese modellieren recht genau den DOM-Ansatz nach. Behalten Sie wieder im Hinterkopf, daß diese Klassen genauso einfach ein anderes Interface implementieren können (denken Sie in diesem Fall an `org.w3c.dom.Attr`), ohne Änderungen an der JDOM-Kern-API vornehmen zu müssen.

Beispiel 8-7: Decorator für JDOM-Attribute

```java
package javaxml2;

import java.util.Iterator;
import java.util.Collections;

// JDOM-Importe
import org.jdom.Attribute;

public class AttributeNode implements JDOMNode {

    /** Das umhüllte Attribut */
    protected Attribute decorated;

    public AttributeNode(Attribute attribute) {
        this.decorated = attribute;
    }

    public Object getNode() {
        return decorated;
    }

    public String getNodeName() {
        if (decorated != null) {
            return decorated.getName();
        }
        return "";
    }

    public JDOMNode getParentNode() {
        if (decorated.getParent() != null) {
            return new ElementNode(decorated.getParent());
        }
        return null;
    }

    public String getQName() {
        if (decorated.getNamespacePrefix().equals("")) {
            return decorated.getName();
        } else {
            return new StringBuffer(decorated.getNamespacePrefix())
                        .append(":")
                        .append(decorated.getName()).toString();
        }
    }

    public Iterator iterator() {
        return Collections.EMPTY_LIST.iterator();
    }
```

Beispiel 8-7: Decorator für JDOM-Attribute (Fortsetzung)

```
    public String toString() {
        return decorated.toString();
    }
}
```

Zu guter Letzt werde ich den Textinhalt von JDOM umhüllen (siehe Beispiel 8-8). Zu dem Zeitpunkt, zu dem ich dies schreibe, war die JDOM-Klasse Text, die ich im ersten Abschnitt dieses Kapitels besprochen habe, noch nicht in ihrer endgültigen Form in den JDOM-Quellcodebaum integriert. Im Ergebnis umhülle ich im Moment einen Java-String in der Klasse TextNode. Wenn der Text-Knoten endgültig verfügbar sein wird, muß dies dahingehend geändert werden, daß dieser Typ umhüllt wird, was eine einfache Operation ist.

Beispiel 8-8: Decorator für JDOM-Textinhalte

```
package javaxml2;

import java.util.Collections;
import java.util.Iterator;

// JDOM-Importe
import org.jdom.Element;

public class TextNode implements JDOMNode {

    /** Der umhüllte String */
    protected String decorated;

    /** Das manuell eingestellte Elternobjekt dieses Stringinhalts */
    private Element parent = null;

    public TextNode(String string) {
        decorated = string;
    }

    public Object getNode() {
        return decorated;
    }

    public String getNodeName() {
        return "";
    }

    public JDOMNode getParentNode() {
        if (parent == null) {
            throw new RuntimeException(
                "Das Parent-Objekt dieses String-Inhalts wurde nicht eingestellt!");
        }
        return new ElementNode(parent);
    }
```

Beispiel 8-8: Decorator für JDOM-Textinhalte (Fortsetzung)

```
    public String getQName( ) {
        // Textknoten haben keinen Namen
        return "";
    }

    public Iterator iterator( ) {
        return Collections.EMPTY_LIST.iterator( );
    }

    public TextNode setParent(Element parent) {
        this.parent = parent;
        return this;
    }

    public String toString( ) {
        return decorated;
    }
}
```

Ich werde keine Decorators für alle anderen JDOM-Typen anbieten, weil Sie allmählich im Bilde sein müßten. Beachten Sie, daß ich auch eine einzelne JDOMNode-Implementierung zur Verfügung gestellt haben könnte, ConcreteNode oder so etwas ähnliches, das sämtliche JDOM-Typen in einer einzigen Klasse umhüllen würde. Allerdings würde dies eine ziemliche Menge an speziellem Casting-Code erfordern, der uns hier nicht weiterbringen würde. Statt dessen gibt es eine Eins-zu-eins-Entsprechung zwischen den JDOM-Kernklassen und den JDOMNode-Implementierungen.

Unterstützung für XPath zur Verfügung stellen

Nun, da Sie einige Interface-basierte JDOM-Knoten haben, werde ich das Ganze ein wenig weiterführen. Dies ist ein gängiges Business-Szenario, in dem Sie eine bestimmte Funktionalität auf der Grundlage einer existierenden API zur Verfügung stellen müssen. Für ein praktisches Beispiel schnappe ich mir XPath. Ich möchte in der Lage sein, für jede JDOMNode-Implementierung den XPath-Ausdruck zu ermitteln, der diesen Knoten darstellt. Um diese Funktionalität möglich zu machen, habe ich eine weitere Wrapper-Klasse geschrieben, die in Beispiel 8-9 gezeigt wird. Diese Klasse, XPathDisplayNode, umhüllt einen existierenden Knoten (eines beliebigen Typs, wegen der Interface-basierten Logik) und stellt eine einzige öffentliche XPath-Methode zur Verfügung, getXPath( ). Diese Methode gibt einen XPath-Ausdruck für den umhüllten Knoten als Java-String zurück.

Beispiel 8-9: Wrapper für die XPath-Unterstützung

```
package javaxml2;

import java.util.Vector;
import java.util.List;
```

Beispiel 8-9: Wrapper für die XPath-Unterstützung (Fortsetzung)

```java
import java.util.Iterator;
import java.util.Stack;

// JDOM-Importe
import org.jdom.Attribute;
import org.jdom.Element;
import org.jdom.Namespace;

public class XPathDisplayNode {

    /** Der JDOMNode, auf dem dieser XPath basiert */
    JDOMNode node;

    public XPathDisplayNode(JDOMNode node) {
        this.node = node;
    }

    private String getElementXPath(JDOMNode currentNode) {
        StringBuffer buf = new StringBuffer("/")
            .append(currentNode.getQName());
        Element current = (Element)currentNode.getNode();
        Element parent = current.getParent();

        // Überprüfen, ob wir uns am Wurzelelement befinden
        if (parent == null ) {
            return buf.toString();
        }

        // Auf Geschwisterelemente mit demselben Namen und Namensraum überprüfen
        Namespace ns = current.getNamespace();
        List siblings = parent.getChildren(current.getName(), ns);

        int total = 0;
        Iterator i = siblings.iterator();
        while (i.hasNext()) {
            total++;
            if (current == i.next()) {
                break;
            }
        }

        // Kein Selektor erforderlich, wenn dies das einzige Element ist
        if ((total == 1) && (!i.hasNext())) {
            return buf.toString();
        }

        return buf.append("[")
                  .append(String.valueOf(total))
                  .append("]").toString();
    }
```

Beispiel 8-9: Wrapper für die XPath-Unterstützung (Fortsetzung)

```java
public String getXPath( ) {
    // Elemente bearbeiten
    if (node.getNode( ) instanceof Element) {
        JDOMNode parent = node.getParentNode( );

        // Wenn dies null ist, sind wir an der Wurzel
        if (parent == null) {
            return "/" + node.getQName( );
        }

        // Andernfalls einen Pfad zurück zur Wurzel einrichten
        Stack stack = new Stack( );
        stack.add(node);
        do {
            stack.add(parent);
            parent = parent.getParentNode( );
        } while (parent != null);

        // Den Pfad aufbauen
        StringBuffer xpath = new StringBuffer( );
        while (!stack.isEmpty( )) {
            xpath.append(getElementXPath((JDOMNode)stack.pop( )));
        }
        return xpath.toString( );
    }

    // Attribute bearbeiten
    if (node.getNode( ) instanceof Attribute) {
        Attribute attribute = (Attribute)node.getNode( );
        JDOMNode parent = node.getParentNode( );
        StringBuffer xpath = new StringBuffer("//")
            .append(parent.getQName( ))
            .append("[@")
            .append(node.getQName( ))
            .append("='")
            .append(attribute.getValue( ))
            .append("']");

        return xpath.toString( );
    }

    // Text bearbeiten
    if (node.getNode( ) instanceof String) {
        StringBuffer xpath = new StringBuffer(
            new XPathDisplayNode(node.getParentNode( )).getXPath( ))
                .append("[child::text( )]");
        return xpath.toString( );
    }
```

Beispiel 8-9: Wrapper für die XPath-Unterstützung (Fortsetzung)

```
        // Hier könnten noch andere Knotentypen folgen
        return "Knotentyp wird noch nicht unterstützt.";
    }
}
```

In dieser Klasse habe ich jeden Knotentyp als Spezialfall behandelt; mit anderen Worten: Ich habe nicht etwa `XPathElementNode`, `XPathAttributeNode` und so weiter implementiert. Das kommt daher, daß die Gemeinsamkeiten bei der Erzeugung dieses XPath-Ausdrucks viel größer sind als der Vorteil, den das Aufteilen des Codes auf die einzelnen Typen bringen würde. Selbstverständlich ist dies genau das Gegenteil von der Bereitstellung eines typspezifischen Knoten-Decorators für jeden JDOM-Typ. Sie sollten in Ihren Anwendungen stets versuchen, diesen Unterschied zu beachten, was zu erheblich klarerem (und oft auch kürzerem) Code führt.

Ich werde die Details beim Durcharbeiten des Prozesses, der in diesem Code abläuft, Ihnen überlassen. Für jeden Knoten wird der XPath-Ausdruck zu Fuß berechnet und zusammengefügt, und es sollte Ihnen ein leichtes sein, der Logik zu folgen. Dieser Ausdruck wird dann an das aufrufende Programm zurückgegeben, das ich als nächstes behandeln werde.

Das Finale

Nachdem Sie alle Ihre verschiedenen Knotentypen sowie den XPath-Wrapper fertiggestellt haben, ist es Zeit, etwas Nützliches zu tun. In diesem Fall möchte ich einen Dokumentenbetrachter für einen JDOM-Baum anbieten, ähnlich der Klasse `SAXTreeViewer` aus Kapitel 3. Allerdings möchte ich gleichzeitig den XPath-Ausdruck für jedes Objekt unten in der Statusleiste anzeigen. Beispiel 8-10 zeigt Ihnen, wie das vonstatten geht, und zwar unter Verwendung der Knoten und Wrapper, die in diesem Abschnitt besprochen wurden.

Beispiel 8-10: Die Klasse SimpleXPathViewer

```
package javaxml2;

import java.awt.*;
import java.io.File;
import javax.swing.*;
import javax.swing.tree.*;
import javax.swing.event.*;
import java.util.Iterator;

// JDOM-Importe
import org.jdom.*;
import org.jdom.input.SAXBuilder;
```

Beispiel 8-10: Die Klasse SimpleXPathViewer (Fortsetzung)

```java
public class SimpleXPathViewer extends JFrame {

    /** Die innere EventHandler-Klasse */
    EventHandler eventHandler = new EventHandler();

    /** Ein Textfeld, das den XPath für den ausgewählten Knoten anzeigt */
    private JTextField statusText;

    /** Der JTree, der verwendet wird, um die Knoten des XML-Dokuments anzuzeigen*/
    private JTree jdomTree;

    /** Das Auswahlmodell, um herauszufinden, welcher Knoten angeklickt wurde */
    private DefaultTreeSelectionModel selectionModel;

    /** Der Dateiname, der die anzuzeigende XML-Datei enthält */
    private String filename;

    /** Vorläufiges Helferlein, um das Fehlen eines Textknotens zu kompensieren */
    private static Element lastElement;

    class EventHandler implements TreeSelectionListener {

        public void valueChanged(TreeSelectionEvent e) {
            TreePath path= selectionModel.getLeadSelectionPath();

            // Wenn Sie den ganzen Baum zuklappen, erhalten Sie keinen neuen Pfad
            if (path != null) {
                JDOMNode selection=
                    (JDOMNode)((DefaultMutableTreeNode)path.getLastPathComponent())
                        .getUserObject();
                buildXPath(selection);
            }
        };
    };

    public SimpleXPathViewer(String fileName) throws Exception {
        super();
        this.filename = fileName;
        setSize(600, 450);
        initialize();
    }

    private void initialize() throws Exception {
        setTitle("Simple XPath Viewer");

        // Die Oberfläche einrichten
        initConnections();

        // Das JDOM-Dokument laden
        Document doc = loadDocument(filename);
```

Beispiel 8-10: Die Klasse SimpleXPathViewer (Fortsetzung)

```java
        // Den ursprünglichen JDOMNode mit Hilfe der Factory-Methode erzeugen
        JDOMNode root = createNode(doc.getRootElement());

        // Den Wurzelknoten des JTrees erzeugen und aus dem JDOM-Dokument aufbauen
        DefaultMutableTreeNode treeNode =
            new DefaultMutableTreeNode("Dokument: " + filename);
        buildTree(root, treeNode);

        // Den Knoten zum Modell des Baums hinzufügen
        ((DefaultTreeModel)jdomTree.getModel()).setRoot(treeNode);
    }

    private void initConnections() {
        setDefaultCloseOperation(javax.swing.WindowConstants.DISPOSE_ON_CLOSE);

        // Den JTree und einen Anzeigebereich für diesen einrichten
        jdomTree = new JTree();
        jdomTree.setName("JDOM Tree");
        jdomTree.addTreeSelectionListener(eventHandler);
        selectionModel = (DefaultTreeSelectionModel)jdomTree.getSelectionModel();
        getContentPane().add(new JScrollPane(jdomTree), BorderLayout.CENTER);

        // Eine Textbox für die Verwendung in einer Statusleiste erzeugen
        statusText = new JTextField("Klick auf ein Element zeigt dessen XPath");
        JPanel statusBarPane= new JPanel();
        statusBarPane.setLayout(new BorderLayout());
        statusBarPane.add(statusText, BorderLayout.CENTER );
        getContentPane().add(statusBarPane, BorderLayout.SOUTH);
    }

    private Document loadDocument(String filename) throws JDOMException {
        SAXBuilder builder = new SAXBuilder();
        builder.setIgnoringElementContentWhitespace(true);
        return builder.build(new File(filename));
    }

    private JDOMNode createNode(Object node) {
        if (node instanceof Element) {
            lastElement = (Element)node;
            return new ElementNode((Element)node);
        }

        if (node instanceof Attribute) {
            return new AttributeNode((Attribute)node);
        }

        if (node instanceof String) {
            return new TextNode((String)node).setParent(lastElement);
        }
```

Beispiel 8-10: Die Klasse SimpleXPathViewer (Fortsetzung)

```
        // Alle anderen Knoten sind nicht implementiert
        return null;
    }

    private void buildTree(JDOMNode node, DefaultMutableTreeNode treeNode) {
        // Wenn dies ein Whitespace- oder unbekannter Knoten ist, ignorieren
        if ((node == null) || (node.toString().trim().equals(""))) {
            return;
        }

        DefaultMutableTreeNode newTreeNode = new DefaultMutableTreeNode(node);

        // Die Kinder des Knotens durchgehen
        Iterator i = node.iterator();
        while (i.hasNext()) {
            // JDOMNodes für die Kinder erzeugen und zum Baum hinzufügen
            JDOMNode newNode = createNode(i.next());
            buildTree(newNode, newTreeNode);
        }

        // Mit dem Baum verbinden, nachdem alle Kinder hinzugefügt wurden
        treeNode.add(newTreeNode);
    }

    private void buildXPath(JDOMNode node) {
        statusText.setText(new XPathDisplayNode(node).getXPath());
    }

    public static void main(java.lang.String[] args) {
        try {
            if (args.length != 1) {
                System.out.println("Verwendung: java javaxml2.SimpleXPathViewer " +
                    "[XML-Dokument-Dateiname]");
                return;
            }

            /* Das Fenster erzeugen */
            SimpleXPathViewer viewer= new SimpleXPathViewer(args[0]);

            /* Einen windowListener für das Ereignis windowClosedEvent hinzufügen */
            viewer.addWindowListener(new java.awt.event.WindowAdapter() {
                    public void windowClosed(java.awt.event.WindowEvent e) {
                        System.exit(0);
                    }
                });
            viewer.setVisible(true);
        } catch (Exception e) {
            e.printStackTrace();
        }
    }
}
```

Wie üblich lasse ich die Swing-Details außen vor. Wie Sie aber sehen können, wird das Wurzelelement des Dokuments geholt (in der Methode `initialize()`), nachdem das Dokument mit Hilfe von `SAXBuilder` geladen wurde. Dieses Element wird verwendet, um mit der Hilfsfunktion `createNode()` eine Instanz von `JDOMNode` zu erzeugen. Die Funktion konvertiert einfach JDOM-Typen in `JDOMNode`-Implementierungen und war in ungefähr 15 Sekunden programmiert. Verwenden Sie in Ihren eigenen Programmen eine ähnliche Methode, wenn Sie mit Decorator- und Wrapper-Klassen arbeiten.

Nachdem ich `JDOMNode`-Implementierungen erstellt habe, ist es leicht, den Baum zu durchwandern und visuelle Objekte für jeden gefundenen Knoten zu erzeugen. Zusätzlich habe ich für jeden Knoten den Statustext des Fensters auf den XPath-Ausdruck für diesen Knoten eingestellt. Sie können alle diese Beispiele kompilieren und mit dem folgenden Befehl starten:

```
C:\javaxml2\build>java javaxml2.SimpleXPathViewer
                    c:\javaxml2\ch08\xml\contents.xml
```

Stellen Sie sicher, daß sich JDOM und Ihr XML-Parser in Ihrem Klassenpfad befinden. Das Ergebnis ist die Swing-Oberfläche, die in Abbildung 8-1 gezeigt wird. Beachten Sie, wie die Statusleiste den XPath-Ausdruck für den aktuell ausgewählten Knoten widerspiegelt. Spielen Sie ein wenig damit herum – vier oder fünf Screenshots in einem Buch zu sehen ist nicht annähernd so nützlich wie Ihre eigene Erforschung des Werkzeugs.

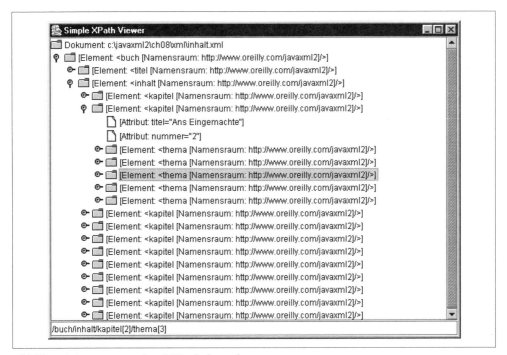

Abbildung 8-1: contents.xml und XPaths betrachten

Und das ist alles! Ich weiß, ich bin schnell vorangeschritten, aber die zugrundeliegenden Konzepte sind einfach. Sie sollten darüber nachdenken, wie Decorator- und Wrapper-Klassen Ihnen helfen könnten, wenn Sie eine Interface-ähnliche Funktionalität in Ihren Anwendungen benötigen. Halten Sie auch auf der JDOM-Website unter *http://www.jdom.org* Ausschau nach Beiträgen, zu denen Wrapper gehören könnten (wie dieser hier, oder etwa ein Satz von DOM-Decorator-Klassen).

Zu guter Letzt möchte ich Philip Nelson danken, der den Löwenanteil der Arbeit am hier gezeigten Decorator-Code erledigt hat. Philip hat die Verwendung von Decorator-Klassen mit JDOM wirklich gründlich untersucht und war mir bei diesem Abschnitt eine große Hilfe.

Vorsicht Falle!

Genau wie in den anderen Kapiteln über APIs möchte ich auch hier einige tückischere Punkte ansprechen, die mit dem Thema dieses Kapitels zu tun haben. Dies sind häufige Probleme, die dazu führen können, daß Sie vor Verzweiflung den Kopf gegen die Wand schlagen möchten; versuchen Sie deshalb, sie zu vermeiden.

Weiteres über das Bilden von Unterklassen

Auch wenn ich in diesem Kapitel über Factories und selbstdefinierte Klassen gesprochen habe, lohnt es sich, einige wichtige Dinge über das Bilden von Unterklassen noch einmal hervorzuheben, da es Probleme aufwerfen kann. Wenn Sie eine Klasse erweitern, insbesondere die JDOM-Klassen, müssen Sie sicherstellen, daß Ihr selbstdefiniertes Verhalten aktiviert wird, wenn Sie es möchten. Mit anderen Worten: Sorgen Sie dafür, daß es keinen Pfad von einer Anwendung durch Ihre Unterklasse bis in die übergeordnete Klasse gibt, mit dem Sie nicht leben möchten. Beinahe in jedem Fall gehört dazu, daß Sie alle Konstruktoren der übergeordneten Klasse überschreiben. Sie werden dies in Beispiel 8-1, in der Klasse `ORAElement`, bemerken, in der ich alle vier Konstruktoren der Klasse `Element` überschrieben habe. Dies sorgt dafür, daß jede Anwendung, die `ORAElement` verwendet, das Objekt mit Hilfe eines dieser Konstruktoren erzeugen muß. Auch wenn dies ein triviales Detail sein mag: Stellen Sie sich vor, ich hätte den Konstruktor ausgelassen, der einen Namen und eine URI für das Element entgegennimmt. Dieser Schritt reduziert tatsächlich die Anzahl der Möglichkeiten, das Objekt als solches zu erzeugen. Das mag trivial scheinen, ist es aber nicht!

Unter Beibehaltung dieser Hypothese implementieren Sie eine `CustomJDOMFactory`-Klasse wie die, die in Beispiel 8-2 gezeigt wird, und überschreiben die verschiedenen `element()`-Methoden. Allerdings würden Sie wahrscheinlich vergessen, `element(String name, String uri)` zu überschreiben, wie Sie schon vergessen haben, diesen Konstruktor in Ihrer Unterklasse zu überschreiben. Plötzlich haben Sie ein Problem: Jedesmal wenn nun ein Element mit Name und URI angefordert wird (was übrigens im `SAXBuilder`-Prozeß recht häufig der Fall ist), erhalten Sie eine einfache, bloße Element-Instanz. Die anderen Elementerzeugungsmethoden geben jedoch allesamt Instanzen von ORAElement zurück. Und bloß wegen dieses einen lausigen Konstruktors besitzt Ihr Dokument zwei verschiedene Element-Implementierungen – ziemlich sicher nicht das, was Sie erreichen wollten. Es ist unerläßlich, jedes Mittel zur Objekterzeugung in Ihren Unterklassen zu untersuchen, und Sie müssen grundsätzlich sicherstellen, daß Sie jeden Konstruktor überschreiben, der in der übergeordneten Klasse öffentlich ist.

Ungültiges XML wird erzeugt

Ein weiterer tückischer Fall, auf den Sie bei der Bildung von Unterklassen achten müssen, ist die versehentliche Erzeugung von ungültigem XML. Wenn Sie JDOM verwenden, ist es so gut wie unmöglich, nicht-wohlgeformtes XML zu erzeugen, aber betrachten Sie erneut die Unterklasse ORAElement. Diese Unterklasse hat das Präfix ora zu jedem Element hinzugefügt, was für sich genommen schon einmal dazu führen kann, daß die Validierung fehlschlägt. Dies ist wahrscheinlich kein größeres Problem, aber Sie müssen die DOCTYPE-Deklaration auskommentieren oder entfernen, um Probleme zu vermeiden, wenn das Dokument erneut eingelesen wird.

Was noch wichtiger ist, Sie können einige unerwartete Ergebnisse erhalten, wenn Sie nicht vorsichtig sind. Schauen Sie sich dieses Fragment des XML-Codes an, der mit Hilfe der Unterklasse ORAElement erzeugt wurde und nur die letzten paar Zeilen des serialisierten Dokuments zeigt:

```
<?xml version="1.0" encoding="UTF-8"?>
<!DOCTYPE buch SYSTEM "DTD/JavaXML.dtd">
<!-- Java und XML Inhalt -->
<ora:buch xmlns:ora="http://www.oreilly.com">
  <ora:titel ora:serie="Java">Java und XML</ora:titel>

  <!-- Weiterer Inhalt -->

  <ora:copyright>

<ora:copyright>
  <ora:jahr zahl="2001" />
  <ora:inhalt>Alle Rechte vorbehalten, O'Reilly &amp; Associates</ora:inhalt>
</ora:copyright>
</ora:copyright>
</ora:buch>
```

Beachten Sie, daß es nun *zwei* ora:copyright-Elemente gibt! Folgendes ist passiert: Es war bereits ein existierendes Element im O'Reilly-Namensraum vorhanden (das ursprüngliche ora:copyright-Element). Allerdings wurden dem verschachtelten copyright-Element (ohne Namensraum) durch die Klasse ORAElement ebenfalls das Präfix ora und der O'Reilly-Namensraum zugewiesen. Das Ergebnis sind zwei Elemente mit demselben Namen und Namensraum, aber unterschiedlichen Content-Modellen. Dies macht die

Validierung sehr problematisch und ist wahrscheinlich nicht das, was Sie vorhatten. Dies sind einfache Beispiele, aber in komplexeren Dokumenten mit komplexeren Unterklassen müssen Sie sorgfältig darauf achten, welche Ergebnisse Sie erzeugen, besonders im Hinblick auf eine DTD, ein XML Schema oder eine andere Art der Dokumentbeschränkung.

Und was kommt jetzt?

Ich bin dabei, die Betrachtung von APIs der unteren Ebenen abzuschließen, und werde ihre Behandlung im nächsten Kapitel mit der Betrachtung von JAXP abrunden, der Java API for XML Processing von Sun. JAXP erfordert die Verwendung von SAX und DOM und befindet sich deshalb logisch gesehen oberhalb von ihnen. Es dient auch als Halbzeit für dieses Buch, und es ist wahrscheinlich ein guter Zeitpunkt für eine kurze Pause, wenn Sie mit diesem Kapitel fertig sind! Ich werde sowohl JAXP 1.0 als auch 1.1 behandeln, die beide weit verbreitet sind, erkläre Ihnen, wie sie mit den APIs zusammenarbeiten, die Sie bereits kennen, und warum JAXP Ihnen wirklich bei der Anwendungsprogrammierung weiterhelfen kann. Machen Sie sich also bereit für einen weiteren Hammer in Ihrem Werkzeugkasten, und blättern Sie um.

KAPITEL 9
JAXP

Als Sun die Java API for XML Parsing veröffentlichte, die üblicherweise als JAXP bezeichnet wird, ist es Sun gelungen, eine Reihe von Widersprüchen in die Java-Welt zu setzen. Mit einem Schlag hatte Sun die wichtigste API veröffentlicht, die keine API für Java-Entwickler war, und große Verwirrung über die einfachste API gestiftet. Die Leute wechselten den Parser, ohne zu wissen, daß sie den Parser gewechselt hatten. Es herrscht eine Menge Verwirrung um JAXP, nicht nur über seine Verwendung, sondern auch darüber, was es eigentlich ist.

In diesem Kapitel werde ich mich als erstes mit der Frage befassen, was JAXP ist und was nicht.[1] Anschließend werden Sie einen Überblick über JAXP 1.0 erhalten, das noch vielerorts im Einsatz ist. Nachdem Sie mit den Grundlagen vertraut sind, werden wir mit JAXP 1.1 fortfahren, der neuesten Version. (Sie war noch nicht veröffentlicht, während ich dieses Kapitel schrieb, ist aber fast sicher verfügbar, wenn dieses Buch veröffentlicht wird.) Das wird Ihnen bei einigen neuen Features in der neuesten Version auf die Sprünge helfen, insbesondere bei der in JAXP 1.1 enthaltenen TrAX-API. Schnallen Sie sich an, und machen Sie sich bereit, endlich die Geheimnisse von JAXP zu verstehen.

API oder Abstraktion

Bevor wir mit dem Code loslegen, ist es wichtig, einige grundlegende Konzepte zu behandeln. Strenggenommen ist JAXP eine API, läßt sich aber genauer als Abstraktionsschicht beschreiben. Es stellt keine neuen Mittel für das Parsing von XML zur Verfügung, fügt nichts zu SAX, DOM oder JDOM hinzu und stellt auch keine neue Funktionalität für die Verarbeitung von Java und XML zur Verfügung. Statt dessen erleichtert es die Lösung einiger schwieriger Aufgaben in DOM und SAX. Es bietet auch die Möglichkeit, einige

---

1 Wenn Ihnen dieses Kapitel ein wenig wie ein Déjà-vu vorkommt, haben Sie möglicherweise eine frühere Version dieses Textes bei IBM DeveloperWorks gelesen. Dort gab es ursprünglich zwei Artikel (veröffentlicht unter *http://www.ibm.com/developer*), die JAXP untersucht haben. Dieses Kapitel ist eine aktualisierte und leicht veränderte Fassung dieser Artikel.

herstellerspezifische Aufgaben zu erledigen, die bei der Verwendung der APIs DOM und SAX vorkommen können, was es wiederum ermöglicht, diese APIs auf herstellerneutrale Art und Weise zu benutzen.

Während ich diese Features einzeln durchgehen werde, ist das, was Sie wirklich begreifen müssen, die Tatsache, daß JAXP keine Parsing-Funktionalität bietet! Ohne SAX, DOM oder eine andere XML-Parsing-API *gibt es kein XML-Parsing*. Ich habe schon viele Anfragen nach einem Vergleich zwischen DOM, SAX oder JDOM mit JAXP erhalten. Diese Vergleiche lassen sich unmöglich ziehen, weil die ersten drei APIs einen völlig anderen Zweck erfüllen als JAXP. SAX, DOM und JDOM führen alle XML-Parsing durch. JAXP stellt ein Werkzeug dar, um mit diesen APIs und mit dem Ergebnis des Parsings eines Dokuments umzugehen. Es stellt keine neue Möglichkeit für das Parsing des Dokuments als solches zur Verfügung. Diesen wichtigen Unterschied müssen Sie machen, um JAXP korrekt zu nutzen. Mit diesem Wissen werden Sie Ihren XML-Entwickler-Kollegen wahrscheinlich um Meilen voraus sein.

Wenn Sie noch immer Zweifel haben, laden Sie die JAXP 1.0-Distribution von der Sun-Website unter *http://java.sun.com/xml* herunter, und Sie bekommen eine Vorstellung davon, wie einfach JAXP ist. In der entsprechenden *jar*-Datei (*jaxp.jar*) werden Sie nur sechs Klassen finden! Wie schwierig kann diese API sein? All diese Klassen (die zum Package `javax.xml.parsers` gehören) setzen auf einen existierenden Parser auf. Und zwei von diesen Klassen dienen zur Fehlerbehandlung. JAXP ist einfacher, als die Leute glauben.

Suns JAXP und Parser

Ein Teil der Probleme rührt von der Tatsache her, daß Suns eigener Parser im JAXP-Download enthalten ist. Die Parser-Klassen befinden sich alle im Archiv *parser.jar* und sind Bestandteil des Packages `com.sun.xml.parser` und damit verbundener Unterpackages. Dieser Parser (der nun den Codenamen Crimson trägt) ist *kein* Bestandteil von JAXP. Er ist Teil der JAXP-*Distribution*, aber nicht der JAXP-*API*. Verwirrend? Ein wenig vielleicht. Stellen Sie es sich so vor: JDOM-Downloads beinhalten den Parser Apache Xerces. Dieser Parser ist kein Bestandteil von JDOM, wird aber von JDOM benutzt, deshalb wird er mitgeliefert, um sicherzustellen, daß JDOM sofort ausgepackt und benutzt werden kann. Dasselbe Prinzip gilt für JAXP, aber es wird nicht so klar publik gemacht: JAXP wird mit dem Sun-Parser geliefert, damit es unmittelbar benutzt werden kann. Allerdings halten viele Leute die Klassen, die zu dem Sun-Parser gehören, für Teile der JAXP-API selbst. Zum Beispiel lautet eine häufige Frage in Newsgroups: »Wie kann ich die Klasse `XMLDocument` verwenden, die in JAXP enthalten ist? Welche Aufgabe hat sie?« Die Antwort ist in gewisser Hinsicht kompliziert.

Erstens ist die Klasse `com.sun.xml.tree.XMLDocument` *kein Bestandteil von JAXP*. Sie ist ein Teil von Suns Parser. Insofern ist die Frage von Anfang an irreführend. Zweitens ist es bei JAXP gerade der Punkt, Herstellerunabhängigkeit im Umgang mit Parsern zu bieten.

Unter Verwendung von JAXP könnte derselbe Code mit Suns XML-Parser, dem Apache Xerces XML-Parser und mit Oracles XML-Parser benutzt werden. Der Einsatz einer Sun-spezifischen Klasse ist in diesem Zusammenhang keine gute Idee. Er widerstrebt vollkommen dem eigentlichen Sinn der Anwendung von JAXP. Beginnen Sie zu begreifen, warum dieses Thema immer undurchsichtiger geworden ist? Der Parser und die API in der JAXP-Distribution (zumindest in derjenigen von Sun) wurden zusammengewürfelt, und Entwickler halten Klassen und Features des einen irrtümlich für Bestandteile des anderen und umgekehrt.

Alte und neue Version

Es gibt im Zusammenhang mit JAXP ein weiteres verwirrendes Problem. JAXP 1.0 unterstützt lediglich SAX 1.0 und DOM Level 1. Es gehört grundsätzlich zur Geschäftspolitik von Sun, keine API und kein Produkt auszuliefern, die bzw. das auf einer vorläufigen Arbeitsversion, einer Beta oder einer anderen unvollendeten Version darunter gelegener APIs basiert. Als JAXP 1.0 finalisiert wurde, setzte Sun es auf SAX 1.0 auf, da SAX 2.0 noch in der Beta-Phase war, und auf DOM Level 1, da Level 2 noch Candidate-Status hatte. Eine Menge Anwender setzten JAXP auf existierende Parser auf (wie etwa Apache Xerces), die eigentlich eine Unterstützung für SAX 2.0 und DOM Level 2 enthielten, und auf diese Weise verloren sie plötzlich Funktionalität. Das Ergebnis waren eine Menge Fragen, wie man Features benutzen könnte, die einfach nicht von JAXP unterstützt wurden. Es trifft außerdem zu, daß SAX 2.0 sich um diese Zeit herum von der Beta-Version zur finalen Fassung entwickelte und damit *wirklich* ein gewaltiges Durcheinander anrichtete. Dies hat jedoch viele, die diese späteren Versionen von DOM und SAX nicht benötigten, nicht davon abgehalten, JAXP 1.0 in der realen Produktion einzusetzen, so daß ich etwas Wichtiges vernachlässigen würde, wenn ich nicht sowohl die alte Version (1.0) als auch die neue (1.1), die SAX 2.0 und DOM Level 2 unterstützt, behandeln würde. Der Rest dieses Kapitels ist in zwei Teile unterteilt: Der erste behandelt JAXP 1.0 und der zweite 1.1. Da 1.1 hinsichtlich seiner Funktionalität auf das aufbaut, was 1.0 bietet, sollten Sie beide Abschnitte lesen, ungeachtet der Version der API, die Sie tatsächlich benutzen.

JAXP 1.0

Das Ganze beginnt (und hat begonnen) mit JAXP 1.0. Diese erste Version von Suns API stellte grundsätzlich eine dünne Funktionsschicht über existierenden APIs dar, die herstellerunabhängiges Parsing von Code ermöglichte. Bezüglich SAX ist dies keine große Sache; da Sie nun ein SAX-Experte sind, sind Sie klug genug, die Klasse XMLReaderFactory zu benutzen, anstatt direkt die Parser-Klasse eines Herstellers zu instantiieren. Da Sie natürlich auch ein DOM-Experte sind, wissen Sie, daß es ein Krampf ist, auf herstellerunabhängige Art und Weise mit DOM umzugehen, so daß JAXP in diesem Punkt ein wenig weiterhilft. Darüber hinaus stellte JAXP einige Methoden für den Umgang mit der Validierung und Namensräumen bereit, eine weitere herstellerspezifische Aufgabe, die nun (in den meisten Fällen) auf viel bessere Art erledigt werden kann.

Mit SAX beginnen

Bevor ich darauf eingehe, wie JAXP mit SAX arbeitet, werde ich Sie mit einigen Details von SAX 1.0 vertraut machen. Erinnern Sie sich noch an die Klasse org.xml.sax.helpers.DefaultHandler, die ich Ihnen in Kapitel 4 gezeigt habe und die die Kern-Handler von SAX 2.0 implementiert hat? Es gab in SAX 1.0 eine ähnliche Klasse namens org.xml.sax.HandlerBase; diese Klasse hat die SAX 1.0-Handler implementiert (die in dieser Version leicht unterschiedlich waren). Sobald Sie dies verstehen, werden Sie in der Lage sein, mit JAXP 1.0 umzugehen.

Wenn Sie JAXP mit einem SAX-konformen Parser einsetzen wollen, besteht Ihre einzige Aufgabe darin, die Klasse HandlerBase zu erweitern und die Callbacks zu implementieren, die Sie für Ihre Anwendung haben möchten. Das war's, nichts weiter, als das gleiche mit DefaultHandler in SAX 2.0 zu machen. Eine Instanz Ihrer Erweiterungsklasse wird dann zum Kernargument für die meisten JAXP-Methoden, die mit SAX arbeiten.

Dies ist der typische SAX-Arbeitsablauf:

- eine SAXParser-Instanz unter Verwendung der Parser-Implementierung eines bestimmten Herstellers erzeugen
- die Callback-Implementierungen registrieren (unter Verwendung einer Klasse, die HandlerBase erweitert)
- mit dem Parsing beginnen und sich zurücklehnen, während Ihre Callback-Implementierungen aufgerufen werden

Die SAX-Komponente von JAXP bietet ein einfaches Mittel, um all dies zu tun. Ohne JAXP muß entweder eine SAX-Parser-Instanz direkt von einer Herstellerklasse (wie etwa org.apache.xerces.parsers.SAXParser) abgeleitet werden, oder es muß eine SAX-Helferklasse namens ParserFactory (die SAX 1.0-Version der XMLReaderFactory von SAX 2.0) verwendet werden.

JAXP bietet eine bessere Alternative. Es ermöglicht Ihnen die Verwendung der Herstellerklasse als Parser mit Hilfe einer Java-Systemeigenschaft. Wenn Sie natürlich eine Distribution von Sun herunterladen, erhalten Sie eine JAXP-Implementierung, die standardmäßig den Sun-Parser verwendet. Dieselben Interfaces, aber mit einer Implementierung, die auf Apache Xerces aufbaut, können von der Apache-XML-Website unter *http://xml.apache.org* heruntergeladen werden, und diese verwenden standardmäßig Apache Xerces. Deshalb erfordert die Änderung des Parsers, den Sie verwenden (in jedem Fall) die Änderung einer Klassenpfad-Einstellung oder einer Systemeigenschaft, aber sie erfordert *keine* Neukompilierung des Codes. Und genau das ist die Magie, die Abstraktion, um die es bei JAXP geht.

Es spielt eine Rolle, von wo Sie die JAXP-Klassen heruntergeladen haben. Auch wenn Sie natürlich selbst die Systemeigenschaften einstellen können, um die Parser-Klasse zu wechseln, hängt der Standard-Parser (wenn keine Systemeigenschaften zur Verfügung stehen) von der Implementierung ab – die wiederum von der Adresse abhängt, von der Sie JAXP haben. Die Version von Apache XML verwendet standardmäßig Apache Xerces, während Suns Version als Standard Crimson benutzt.

Ein Blick auf die Klasse SAXParserFactory

Die JAXP-Klasse SAXParserFactory (wie alle JAXP-Klassen im Package javax.xml.parsers zu finden) ist der Schlüssel zum einfachen Wechsel der Parser-Implementierung. Sie müssen eine neue Instanz dieser Klasse erzeugen (wie das geht, werde ich gleich beschreiben). Nachdem die Factory erzeugt wurde, stellt sie eine Methode zur Verfügung, mit der Sie einen SAX-fähigen Parser erhalten. Hinter den Kulissen kümmert sich die JAXP-Implementierung um den herstellerabhängigen Code und hält Ihren Code frei von Verunreinigung. Diese Factory bietet auch noch einige nette Features.

Zusätzlich zu der grundlegenden Aufgabe, SAX-Parser zu erzeugen, ermöglicht die Factory das Einstellen von Konfigurationsoptionen. Diese Optionen betreffen sämtliche Parser-Instanzen, die Sie durch die Factory erhalten haben. Die beiden in JAXP 1.0 verfügbaren Optionen sind das Einstellen der Namensraumfähigkeit (setNamespaceAware (boolean awareness)) und das Einschalten der Validierung (setValidating (boolean validating)). Denken Sie daran, daß das Setzen dieser Optionen *alle* Instanzen betrifft, die Sie nach dem Methodenaufruf aus der Factory erhalten.

Nachdem Sie die Factory eingerichtet haben, gibt der Aufruf der Methode newSAXParser() eine einsatzbereite Version der JAXP-Klasse SAXParser zurück. Diese Klasse umhüllt einen zugrundeliegenden SAX-Parser (eine Instanz der SAX-Klasse org.xml.sax.Parser). Sie schützt Sie auch davor, herstellerspezifische Ergänzungen der Parser-Klasse zu verwenden. (Erinnern Sie sich an unsere frühere Besprechung der Klasse xmlDocument?) Diese Klasse macht es möglich, daß das eigentliche Parsing-Verhalten in Gang gesetzt wird. Beispiel 9-1 zeigt, wie eine SAX-Factory erzeugt, konfiguriert und angewendet werden kann.

Beispiel 9-1: Die Verwendung der Klasse SAXParserFactory

```
package javaxml2;

import java.io.File;
import java.io.IOException;
import java.io.OutputStreamWriter;
import java.io.Writer;

// JAXP
import javax.xml.parsers.FactoryConfigurationError;
import javax.xml.parsers.ParserConfigurationException;
```

Beispiel 9-1: Die Verwendung der Klasse SAXParserFactory (Fortsetzung)

```java
import javax.xml.parsers.SAXParserFactory;
import javax.xml.parsers.SAXParser;

// SAX
import org.xml.sax.AttributeList;
import org.xml.sax.HandlerBase;
import org.xml.sax.SAXException;

public class TestSAXParsing {

    public static void main(String[] args) {
        try {
            if (args.length != 1) {
                System.err.println(
                    "Verwendung: java TestSAXParsing [XML-Dokument-Dateiname]");
                System.exit(1);
            }

            // Eine SAX-Parser-Factory erhalten
            SAXParserFactory factory = SAXParserFactory.newInstance();

            // Validierung ein- und Namensräume ausschalten
            factory.setValidating(true);
            factory.setNamespaceAware(false);

            SAXParser parser = factory.newSAXParser();
            parser.parse(new File(args[0]), new MyHandler());

        } catch (ParserConfigurationException e) {
            System.out.println("Der zugrundeliegende Parser " +
                               "unterstützt die geforderten Features nicht.");
        } catch (FactoryConfigurationError e) {
            System.out.println(
                "Fehler beim Erhalt der SAX-Parser-Factory.");
        } catch (Exception e) {
            e.printStackTrace();
        }
    }
}

class MyHandler extends HandlerBase {
    // SAX-Callback-Implementierungen von DocumentHandler, ErrorHandler,
    //    DTDHandler und EntityResolver
}
```

Beachten Sie in diesem Code, daß bei der Verwendung der Factory zwei JAXP-spezifische Probleme auftreten können: die Unfähigkeit, eine SAX-Factory zu erhalten oder zu konfigurieren, sowie die Unfähigkeit, einen SAX-Parser zu konfigurieren. Das erste dieser Probleme, dargestellt durch einen FactoryConfigurationError, tritt gewöhnlich auf, wenn der in einer JAXP-Implementierung oder Systemeigenschaft angegebene Parser nicht geladen werden kann. Das zweite Problem, `ParserConfigurationException`, tritt auf, wenn ein gefordertes Feature im verwendeten Parser nicht zur Verfügung steht. Beide sind leicht zu beheben und sollten nicht zu irgendwelchen Schwierigkeiten führen.

Ein `SAXParser` wird geholt, nachdem Sie die Factory erhalten haben. Namensräume werden aus- und die Validierung wird eingeschaltet; dann beginnt das Parsing. Beachten Sie, daß die Methode `parse()` des SAX-Parsers eine Instanz der SAX-Klasse `HandlerBase` erwartet, die ich vorhin erwähnt habe (ich habe die Implementierung dieser Klasse im Code-Listing weggelassen, aber Sie können die komplette Quelldatei *TestSAXParsing.java* von der Website zum Buch herunterladen). Natürlich übergeben Sie auch die Datei, deren Parsing erfolgen soll (als Java-`File`-Objekt). Allerdings enthält die Klasse `SAXParser` noch viel mehr als nur diese eine Methode.

Mit der Klasse SAXParser arbeiten

Nachdem Sie eine Instanz der Klasse `SAXParser` haben, können Sie mehr damit tun, als ihr bloß eine `File`-Instanz für das Parsing zu übergeben. Wegen der Art und Weise, wie die Komponenten innerhalb von großen Anwendungen heutzutage miteinander kommunizieren, ist es nicht immer sicher anzunehmen, daß die Komponente, die eine Objektinstanz erzeugt hat, auch diejenige ist, die sie benutzt. Mit anderen Worten: Es könnte sein, daß eine Komponente die `SAXParser`-Instanz erzeugt hat, während eine weitere Komponente (möglicherweise von einem anderen Entwickler programmiert) diese gleiche Instanz benutzen muß. Aus diesem Grund werden Methoden zur Verfügung gestellt, um die Einstellungen einer Parser-Instanz ausfindig zu machen. Die beiden Methoden, die diese Funktionalität bieten, sind `isValidating()` zur Information der aufrufenden Stelle darüber, ob der Parser eine Validierung durchführen wird, sowie `isNamespaceAware()` für eine Angabe darüber, ob der Parser Namensräume in einem XML-Dokument verarbeiten kann. Auch wenn diese Methoden Ihnen Informationen darüber geben können, was der Parser zu leisten vermag, haben Sie keine Möglichkeit, diese Features zu ändern. Sie müssen dies auf der Ebene der Parser-Factory erledigen.

Darüber hinaus gibt es eine Vielzahl von Möglichkeiten, um das Parsing eines Dokuments anzufordern. Anstatt nur eine `File`- und eine SAX `HandlerBase`-Instanz zuzulassen, ist die `SAXParser`-Methode `parse()` auch in der Lage, eine SAX-`InputSource`, einen Java-`InputStream` oder eine URL in Form eines `Strings` zu akzeptieren, und zwar alle mit einer `HandlerBase`-Instanz als zweitem Argument. Unterschiedliche Arten von Eingabedokumenten können durch unterschiedliche Parsing-Mittel behandelt werden.

Zu guter Letzt kann der zugrundeliegende SAX-Parser (eine Instanz von `org.xml.sax.Parser`) direkt durch die `SAXParser`-Methode `getParser()` entgegengenommen und verwendet werden. Nachdem diese grundlegende Instanz erzeugt wurde, stehen die üblichen SAX-Methoden zur Verfügung. Beispiel 9-2 zeigt Beispiele für die unterschiedlichen Anwendungsmöglichkeiten der Klasse `SAXParser`, der JAXP-Kernklasse für das SAX-Parsing.

Beispiel 9-2: Verwendung der JAXP-Klasse SAXParser

```
// Eine SAX-Parser-Instanz erhalten
SAXParser saxParser = saxFactory.newSAXParser( );

// Herausfinden, ob Validierung unterstützt wird
boolean isValidating = saxParser.isValidating( );

// Herausfinden, ob Namensräume unterstützt werden
boolean isNamespaceAware = saxParser.isNamespaceAware( );

// ------- Parsing, auf verschiedene Arten ---------------- //

// Eine Datei und eine SAX-HandlerBase-Instanz verwenden
saxParser.parse(new File(args[0]), myHandlerBaseInstance);

// Eine SAX-InputSource und eine SAX-HandlerBase-Instanz verwenden
saxParser.parse(mySaxInputSource, myHandlerBaseInstance);

// Einen InputStream und eine SAX-HandlerBase-Instanz verwenden
saxParser.parse(myInputStream, myHandlerBaseInstance);

// Eine URI und eine SAX-HandlerBase-Instanz verwenden
saxParser.parse("http://www.newInstance.com/xml/doc.xml",
            myHandlerBaseInstance);

// Den zugrundeliegenden (umhüllten) SAX-Parser erhalten
org.xml.sax.Parser parser = saxParser.getParser( );

// Den zugrundeliegenden Parser verwenden
parser.setContentHandler(myContentHandlerInstance);
parser.setErrorHandler(myErrorHandlerInstance);
parser.parse(new org.xml.sax.InputSource(args[0]));
```

Bis jetzt habe ich eine Menge über SAX gesagt, aber ich habe noch nichts Bemerkenswertes oder auch nur Überraschendes enthüllt. Fakt ist, daß die Funktionalität von JAXP nicht besonders umfangreich ist, insbesondere dann, wenn SAX ins Spiel kommt. Ich persönlich bin damit einverstanden (und Sie sollten es auch sein), denn minimale Funktionalität bedeutet, daß Ihr Code leichter portierbar ist und von anderen Entwicklern, egal ob frei (als Open Source) oder kommerziell, mit einem beliebigen SAX-konformen XML-Parser verwendet werden kann. Das ist alles. Es gibt nichts weiter über die Anwendung von SAX mit JAXP zu sagen. Wenn Sie SAX bereits kennen, haben Sie 98 Prozent des Weges hinter sich gebracht. Sie brauchen lediglich zwei neue Klassen und einige Java-Exceptions zu erlernen, und schon können Sie loslegen. Wenn Sie SAX noch nie benutzt haben, ist es dennoch ein leichtes, jetzt damit anzufangen.

Umgang mit DOM

Die Anwendung von JAXP mit DOM ist beinahe identisch mit der Verwendung von JAXP mit SAX; es ist lediglich die Änderung zweier Klassennamen und des Rückgabetyps einer Methode erforderlich, und Sie haben fast das Ziel erreicht. Wenn Sie nicht verstehen, wie SAX funktioniert, aber begreifen, was DOM ist, werden Sie kein Problem haben. Natürlich besteht die Möglichkeit, in den Kapiteln 5 und 6 nachzuschlagen; insofern sind Sie gut ausgerüstet. Da JAXP keine SAX-Callbacks auslösen muß, wenn es mit DOM arbeitet, ist es lediglich für die Rückgabe eines DOM-Document-Objekts aus dem Parsing zuständig.

Ein Blick auf die DOM-Parser-Factory

Wenn Sie ein grundlegendes Verständnis für DOM und die Unterschiede zwischen DOM und SAX erworben haben, bleibt nur noch wenig zu sagen. Der Code in Beispiel 9-3 sieht dem SAX-Code in Beispiel 9-1 auffallend ähnlich. Als erstes wird eine Instanz der Klasse DocumentBuilderFactory (auf die gleiche Art und Weise wie die SAXParserFactory-Instanz in SAX) entgegengenommen. Anschließend wird (wiederum auf dieselbe Art und Weise wie in SAX) die Art und Weise konfiguriert, wie die Factory mit der Validierung und mit Namensräumen umgehen soll. Als nächstes wird aus der Factory ein DocumentBuilder entnommen, das DOM-Äquivalent zu einem SAXParser. Dann kann das Parsing stattfinden, und das resultierende DOM-Document-Objekt wird an eine Instanz der Klasse DOM-Serializer (aus Kapitel 5) weitergereicht.

Beispiel 9-3: Die Klasse DocumentBuilderFactory verwenden

```
package javaxml2;

import java.io.File;
import java.io.IOException;
import java.io.OutputStreamWriter;
import java.io.Writer;

// JAXP
import javax.xml.parsers.FactoryConfigurationError;
import javax.xml.parsers.ParserConfigurationException;
import javax.xml.parsers.DocumentBuilderFactory;
import javax.xml.parsers.DocumentBuilder;

// DOM
import org.w3c.dom.Document;
import org.w3c.dom.DocumentType;
import org.w3c.dom.NamedNodeMap;
import org.w3c.dom.Node;
import org.w3c.dom.NodeList;

public class TestDOMParsing {
```

Beispiel 9-3: Die Klasse DocumentBuilderFactory verwenden (Fortsetzung)

```java
    public static void main(String[] args) {
        try {
            if (args.length != 1) {
                System.err.println (
                    "Verwendung: java TestDOMParsing [Dateiname]");
                System.exit(1);
            }

            // Die Document Builder Factory erhalten
            DocumentBuilderFactory factory =
                DocumentBuilderFactory.newInstance( );

            // Die Validierung ein- und die Namensräume ausschalten
            factory.setValidating(true);
            factory.setNamespaceAware(false);

            DocumentBuilder builder = factory.newDocumentBuilder( );
            Document doc = builder.parse(new File(args[0]));

            // Den DOM-Baum serialisieren
            DOMSerializer serializer = new DOMSerializer( );
            serializer.serialize(doc, System.out);

        } catch (ParserConfigurationException e) {
            System.out.println("Der zugrundeliegende Parser " +
                "unterstützt die geforderten Features nicht.");
        } catch (FactoryConfigurationError e) {
            System.out.println("Fehler beim Erhalt der Document " +
                "Builder Factory.");
        } catch (Exception e) {
            e.printStackTrace( );
        }
    }
}
```

Aus diesem Code können sich zwei Probleme ergeben: ein `FactoryConfigurationError` und eine `ParserConfigurationException`. Der Grund für die beiden ist der gleiche wie in SAX. Entweder besteht ein Problem in den Implementierungsklassen (`FactoryConfigurationError`), oder der angegebene Parser unterstützt die geforderten Features nicht (`ParserConfigurationException`). Der einzige Unterschied zwischen DOM und SAX ist, daß Sie in DOM die `SAXParserFactory` durch die `DocumentBuilderFactory` und den `SAXParser` durch den `DocumentBuilder` ersetzen.

Mit dem DOM-Parser arbeiten

Nachdem Sie eine DOM-Factory haben, können Sie aus dieser eine `DocumentBuilder`-Instanz erhalten. Die Methoden, die einer `DocumentBuilder`-Instanz zur Verfügung stehen, ähneln den Methoden ihres SAX-Gegenstücks stark. Der Hauptunterschied besteht darin, daß die Variationen der Methode `parse( )` keine Instanz der SAX-Klasse `Handler-`

Base entgegennehmen. Statt dessen geben sie eine DOM-Document-Instanz zurück, die das XML-Dokument darstellt, dessen Parsing durchgeführt wurde. Der einzige weitere Unterschied ist, daß zwei Methoden für eine SAX-ähnliche Funktionalität angeboten werden: setErrorHandler(), die eine SAX-ErrorHandler-Implementierung zur Behandlung von Problemen während des Parsings entgegennimmt, und setEntityResolver(), die eine SAX-EntityResolver-Implementierung zur Bearbeitung von Entity-Auflösungen annimmt. Beispiel 9-4 zeigt Beispiele dieser Methoden in Aktion.

Beispiel 9-4: Verwendung von JAXP DocumentBuilder

```
    // Eine DocumentBuilder-Instanz erhalten
    DocumentBuilder builder = builderFactory.newDocumentBuilder();

    // Herausfinden, ob Validierung unterstützt wird
    boolean isValidating = builder.isValidating();

    // Herausfinden, ob Namensräume unterstützt werden
    boolean isNamespaceAware = builder.isNamespaceAware();

    // Einen SAX-ErrorHandler einstellen
    builder.setErrorHandler(myErrorHandlerImpl);

    // Einen SAX-EntityResolver einstellen
    builder.setEntityResolver(myEntityResolverImpl);

    // ------------ Parsing, auf verschiedene Arten ------------------ //

    // Eine Datei verwenden
    Document doc = builder.parse(new File(args[0]));

    // Eine SAX-InputSource verwenden
    Document doc = builder.parse(mySaxInputSource);

    // Einen InputStream verwenden
    Document doc = builder.parse(myInputStream, myHandlerBaseInstance);

    // Eine URI verwenden
    Document doc = builder.parse("http://www.newInstance.com/xml/doc.xml");
```

Es ist tatsächlich so unproblematisch, das über SAX Gelernte auf DOM zu übertragen. Also wetten Sie ruhig mit Ihren Freunden und Kollegen, daß die Verwendung von JAXP ein Kinderspiel sei; Sie werden jedesmal gewinnen.

Den Parser wechseln

Das letzte Thema, das ich im Zusammenhang mit JAXP ansprechen muß, ist die einfache Austauschbarkeit des Parsers, der von den Factory-Klassen verwendet wird. Der Wechsel des von JAXP benutzten Parsers bedeutet den Wechsel der Parser-Factory, da alle

SAXParser- und DocumentBuilder-Instanzen aus diesen Factories kamen. Da die Factories bestimmen, welcher Parser geladen wird, sind es die Factories, die gewechselt werden müssen. Die Implementierung der zu verwendenden SAXParserFactory kann durch das Einstellen der Java-Systemeigenschaft Javax.xml.parsers.SAXParserFactory geändert werden. Wenn diese Eigenschaft nicht definiert ist, wird die Standardimplementierung (eben der Parser, den Ihr Hersteller angegeben hat) angewandt. Das gleiche Prinzip gilt für die DocumentBuilderFactory-Implementierung, die Sie verwenden. In diesem Fall wird die Systemeigenschaft javax.xml.parsers.DocumentBuilderFactory befragt. Und genauso einfach sind wir alles durchgegangen! Das ist der ganze Umfang von JAXP 1.0: Ansatzpunkte für SAX zu bieten, Ansatzpunkte für DOM zu bieten und den einfachen Wechsel des Parsers zu ermöglichen.

JAXP 1.1

Gegen Ende des Jahres 2000 wurde die Expertengruppe für JAXP 1.1 gebildet und begannen die Arbeiten, um JAXP 1.0 zu einer besseren und effektiveren Lösung für das Parsing und die Verarbeitung von XML-Dokumenten zu machen. Während ich dieses Kapitel schreibe, ist die endgültige Fassung von JAXP 1.1 gerade erst auf der Website von Sun unter *http://java.sun.com/xml* zum Download angeboten worden. Viele Änderungen an der API drehen sich um das Parsing, was sinnvoll ist, wenn wir uns erinnern, daß das »P« in JAXP für »Parsing« steht. Aber die bedeutendsten Änderungen in JAXP 1.1 haben mit XML-Transformationen zu tun, die ich im letzten Teil dieses Kapitels behandeln werde. Betrachtet man die Erweiterungen gegenüber der Funktionalität der Version 1.0, sind die Änderungen eher geringfügig. Die größte Ergänzung ist die Unterstützung für SAX 2.0, die im Mai 2000 vollendet wurde, sowie für DOM Level 2, fertiggestellt im November 2000. Erinnern Sie sich, daß JAXP 1.0 nur SAX 1.0 und DOM Level 1 unterstützt. Dieser Mangel an aktualisierten Standards war einer der Hauptkritikpunkte an JAXP 1.0 und ist wahrscheinlich der Grund, warum die Version 1.1 so schnell erschienen ist.

Zusätzlich zur Aktualisierung von JAXP auf die neuesten Versionen von SAX und DOM wurden verschiedene kleine Änderungen an der Feature-Liste der API vorgenommen. Fast alle diese Änderungen sind das Ergebnis von Feedback der verschiedenen Unternehmen und Einzelpersonen in der JAXP-Expertengruppe. Diese Änderungen betreffen auch die Konfiguration der Parser, die von den beiden JAXP-Factories, SAXParserFactory und DocumentBuilderFactory, zurückgegeben werden. Ich behandle diese nun, genau wie die Aktualisierung der Unterstützung für die SAX- und DOM-Standards, und dann schauen wir uns die neue TrAX-API an, die Bestandteil von JAXP 1.1 ist.

Die Aktualisierung der Standards

Die am sehnlichsten erwartete Änderung in JAXP 1.1 gegenüber 1.0 ist die akualisierte Unterstützung der SAX- und DOM-Standards. Es ist dabei wichtig, darauf hinzuweisen, daß SAX 2.0 Namensräume unterstützt, was SAX 1.0 nicht getan hat.[2] Diese Namensraum-Unterstützung ermöglicht die Benutzung zahlreicher anderer XML-Vokabularien wie etwa XML Schema, XLink und XPointer. Auch wenn es möglich war, diese Vokabularien in SAX 1.0 anzuwenden, lag die Last, den lokalen (oder qualifizierten) Namen eines Elements von dessen Namensraum abzutrennen und die Namensräume durch das Dokument zu verfolgen, allein beim Entwickler. SAX 2.0 liefert dem Entwickler diese Informationen und vereinfacht damit drastisch diese Programmieraufgaben. Das gleiche gilt für DOM Level 2: Namensraum-Unterstützung ist verfügbar, genau wie eine Menge anderer Methoden in den DOM-Klassen.

Die gute Nachricht ist, daß diese Änderungen durch die Verwendung von JAXP grundsätzlich für den Benutzer transparent geschehen. Mit anderen Worten: Standard-Updates finden in gewisser Hinsicht »automatisch« und ohne Benutzereingriff statt. Die einfache Festlegung eines SAX 2.0-konformen Parsers für die SAXParserFactory und eines DOM Level 2-konformen Parsers zur Klasse DocumentBuilderFactory kümmert sich um die Aktualisierung der Funktionalität.

Der Weg zu SAX 2.0

Es gibt einige relevante Änderungen im Zusammenhang mit der Aktualisierung dieser Standards, insbesondere im Hinblick auf SAX. In SAX 1.0 war das von Herstellern und XML-Parser-Projekten implementierte Parser-Interface org.xml.sax.Parser. Die JAXP-Klasse SAXParser stellte demnach eine Methode zur Verfügung, um diese zugrundeliegende Implementierungsklasse mit Hilfe der Methode getParser() zu erhalten. Die Signatur dieser Methode sieht folgendermaßen aus:

```
public interface SAXParser {

    public org.xml.sax.Parser getParser();

    // Weitere Methoden
}
```

Allerdings ist das Interface Parser mit dem Wechsel von SAX 1.0 zu 2.0 veraltet und wurde durch das neue Interface org.xml.sax.XMLReader ersetzt (mit dem Sie aus früheren Kapiteln vertraut sind). Dadurch ist die Methode getParser() für den Erhalt einer

---

2 Aufmerksame Leser werden bemerkt haben, daß JAXP 1.0 durch die setNamespaceAware()-Methoden eine Namensraum-Unterstützung für SAXParserFactory und DocumentBuilderFactory angeboten hat. Der JAXP-Code mußte diese Aufgabe »zu Fuß« erledigen, anstatt sich auf die SAX- oder DOM-APIs zu stützen. In SAX 2.0 und DOM Level 2 wurde dieser Prozeß standardisiert und ist damit erheblich verläßlicher und auch sauberer als die JAXP-Implementierung.

Instanz der SAX 2.0-Klasse XMLReader nutzlos geworden. Um dieses neue Interface zu unterstützen, wurde eine neue Methode zur JAXP-Klasse SAXParser hinzugefügt. Diese Methode heißt getXMLReader( ), was keine Überraschung ist, und sieht so aus:

```
public interface SAXParser {

    public org.xml.sax.XMLReader getXMLReader( );

    public org.xml.sax.Parser getParser( );

    // Weitere Methoden
}
```

Auf dieselbe Weise hat JAXP 1.0 die Methode parse( ) verwendet, indem es eine Instanz der Klasse HandlerBase (oder genaugenommen einer Unterklasse davon) übergab. Natürlich wurde die Klasse HandlerBase in SAX 2.0 durch DefaultHandler ersetzt. Um diese Änderung bequemer zu machen, wurden alle parse( )-Methoden der SAXParser-Klasse durch Versionen ergänzt, die zur Unterstützung von SAX 2.0 eine Instanz der Klasse DefaultHandler entgegennehmen. Wenn Sie Hilfe dabei benötigen, diesen Unterschied zu sehen, schauen Sie sich Beispiel 9-5 an, das einen größeren Ausschnitt des Interfaces SAXParser zeigt.

Beispiel 9-5: Die parse( )-Methoden des Interfaces SAXParser

```
public interface SAXParser {

    // Die SAX 1.0-parse-Methoden
    public void parse(File file, HandlerBase handlerBase);
    public void parse(InputSource inputSource, HandlerBase handlerBase);
    public void parse(InputStream inputStream, HandlerBase handlerBase);
    public void parse(InputStream inputStream, HandlerBase handlerBase,
                      String systemID);
    public void parse(String uri, HandlerBase handlerBase);

    // Die SAX 2.0-parse-Methoden
    public void parse(File file, DefaultHandler defaultHandler);
    public void parse(InputSource inputSource,
                      DefaultHandler defaultHandler);
    public void parse(InputStream inputStream,
                      DefaultHandler defaultHandler);
    public void parse(InputStream inputStream,
                      DefaultHandler defaultHandler,
                      String systemID);
    public void parse(String uri, DefaultHandler defaultHandler);

    // Weitere Methoden

}
```

All diese Methoden für das Parsing könnten ein wenig verwirrend erscheinen, aber es ist nur dann tückisch, wenn Sie mit *beiden* Versionen von SAX arbeiten. Wenn Sie SAX 1.0 verwenden, werden Sie mit dem Interface Parser und der Klasse HandlerBase arbeiten, und es ist offensichtlich, welche Methoden dann benutzt werden. Ähnlich sieht es beim Einsatz von SAX 2.0 aus, wo es offensichtlich ist, daß die Methoden verwendet werden sollten, die DefaultHandler-Instanzen erwarten und XMLReader-Instanzen zurückgeben. Also betrachten Sie das Ganze einfach als Referenz, und machen Sie sich nicht zu viele Sorgen darüber! Es gibt auch noch einige weitere Änderungen am SAX-Teil der API.

Änderungen an den SAX-Klassen

Um die Besprechung der Änderungen an der existierenden JAXP-Funktionalität abzuschließen, muß ich noch einige neue Methoden durchgehen, die den SAX-Anwendern von JAXP zur Verfügung stehen. Als erstes hat die Klasse SAXParserFactory eine neue Methode, setFeature(). Wie Sie vielleicht noch aus JAXP 1.0 wissen, ermöglicht die Klasse SAXParserFactory die Konfiguration von SAXParser-Instanzen, die von der Factory zurückgegeben wurden. Zusätzlich zu den bereits in 1.0 verfügbaren Methoden (setValidating() und setNamespaceAware()) macht diese neue Methode die Anforderung von SAX 2.0-Features für neue Parser-Instanzen möglich. Ein Benutzer kann zum Beispiel das Feature *http://apache.org/xml/features/validation/schema* anfordern, das die Validierung von XML Schema ein- oder ausschaltet. Dies kann nun unmittelbar mit einer SAXParserFactory durchgeführt werden, wie hier gezeigt wird:

```
SAXParserFactory myFactory = SAXParserFactory.newInstance();

// XML Schema-Validierung einschalten
myFactory.setFeature(
    "http://apache.org/xml/features/validation/schema", true);

// Eine Instanz des Parsers mit eingeschalteter Schema-Validierung erhalten
SAXParser parser = myFactory.newSAXParser();
```

Es wird eine Methode namens getFeature() angeboten, um die Methode setFeature() zu ergänzen und die Erkundung bestimmter Features zu ermöglichen. Diese Methode gibt einen einfachen boolean-Wert zurück.

Abgesehen davon, daß JAXP 1.1 ein Mittel zum Einstellen von SAX-Features (mit den Werten true oder false) bietet, unterstützt es auch das Einstellen von SAX-Eigenschaften (mit Objekten als Werten). Zum Beispiel könnten Sie eine Instanz eines SAX-Parsers verwenden, um die Eigenschaft *http://xml.org/sax/properties/lexical-handler* einzustellen und ihr eine Implementierung des SAX-Interfaces LexicalHandler zuzuweisen. Da diese lexikalische Eigenschaft und andere Eigenschaften Parser-spezifisch und nicht Factory-spezifisch (wie Features) sind, ist setProperty() eine Methode der JAXP-Klasse SAXParser und nicht der Klasse SAXParserFactory. Aber genau wie bei den Features steht ein getProperty()-Gegenstück zur Verfügung, das den mit einer bestimmten Eigenschaft verknüpften Wert zurückgibt und ebenfalls eine Methode der Klasse SAXParser ist.

Aktualisierungen für DOM

Es sind auch einige neue Methoden für den DOM-Teil von JAXP verfügbar. Diese Methoden wurden zu existierenden JAXP-Klassen hinzugefügt, um sowohl DOM-Level-2-Optionen als auch gängige Konfigurationssituationen zu unterstützen, die innerhalb des letzten Jahres aufgetreten sind. Ich werde all diese Optionen und die zugehörigen Methoden hier nicht behandeln, da viele von ihnen nur in sehr außergewöhnlichen Situationen zum Einsatz kommen und in den meisten Ihrer Anwendungen nicht benötigt werden. Ich ermutige Sie aber, diese in der neuesten JAXP-Spezifikation nachzuschlagen. Nachdem wir die Aktualisierungen der Standards, die SAX-Änderungen und die zusätzlichen DOM-Methoden behandelt haben, sind Sie bereit, etwas über die umwälzendste Änderung in JAXP 1.1 zu lesen: die TrAX-API.

Die TrAX-API

Bis jetzt habe ich die Änderungen beim XML-Parsing in JAXP behandelt. Nun kann ich mich den XML-Transformationen in JAXP 1.1 zuwenden. Die vielleicht aufregendste Entwicklung in der neuesten Version von Suns API ist, daß JAXP 1.1 herstellerneutrale XML-Dokumenttransformationen ermöglicht. Auch wenn diese Herstellerunabhängigkeit die Definition von JAXP als einfache Parsing-API verschleiern könnte, ist dies eine langerwartete Fähigkeit, da XSL-Prozessoren zur Zeit unterschiedliche Methoden und Mittel einsetzen, um die Interaktion mit Benutzern und Entwicklern zu ermöglichen. In der Tat gibt es bei XSL-Prozessoren noch größere Unterschiede zwischen den einzelnen Anbietern als bei den zugehörigen XML-Parsern.

Ursprünglich hatte die JAXP-Expertengruppe vorgehabt, eine einfache Transform-Klasse mit einigen wenigen Methoden anzubieten, um die Spezifikation eines Stylesheets und darauf aufbauender Dokumenttransformationen zu ermöglichen. Dieser erste Ansatz erwies sich als ziemlich wackelig, aber ich freue mich, berichten zu können, daß wir (die JAXP-Expertengruppe) in unseren fortgesetzten Bemühungen viel weiter gegangen sind. Scott Boag und Michael Kay, zwei von den XSL-Prozessor-Gurus (die an Apache Xalan bzw. SAXON arbeiten), haben mit vielen anderen an der Entwicklung von TrAX gearbeitet, das ein erheblich größeres Feld von Optionen und Features unterstützt und eine vollständige Unterstützung für fast alle XML-Transformationen anbietet – alle unter dem gemeinsamen Dach von JAXP. Das Ergebnis ist die Ergänzung der JAXP-API um das Package `javax.xml.transform` und einige Unterpackages.

Wie der Parsing-Teil von JAXP erfordert auch die Durchführung von XML-Transformationen drei grundlegende Schritte:

- eine `Transformer`-Factory erhalten
- einen `Transformer` erzeugen
- die Operationen (Transformationen) durchführen

Mit der Factory arbeiten

Im Transformationsteil von JAXP wird die Factory, mit der Sie arbeiten werden, durch die Klasse javax.xml.transform.TransformerFactory dargestellt. Diese Klasse entspricht den Klassen SAXParserFactory und DocumentBuilderFactory, die ich bereits in den Abschnitten über JAXP 1.0 und 1.1 behandelt habe. Natürlich ist es ein Kinderspiel, eine Factory-Instanz, mit der Sie arbeiten können, zu erhalten:

```
TransformerFactory factory = TransformerFactory.newInstance();
```

Dazu gibt es nichts Besonderes zu sagen, hier sind nur einfache Factory-Designprinzipien in Kombination mit einem Singleton-Muster am Werk.

Nachdem die Factory einsatzbereit ist, können verschiedene Optionen für diese eingestellt werden. Diese Optionen betreffen alle durch diese Factory erzeugten Instanzen der Klasse Transformer (die etwas später behandelt wird). Sie können mit Hilfe der TransformerFactory auch Instanzen von javax.xml.transform.Templates erhalten. Templates sind ein fortgeschrittenes JAXP/TrAX-Konzept und werden am Ende dieses Kapitels behandelt.

Die erste dieser Optionen, mit der Sie arbeiten können, ist *attributes*. Es geht nicht um XML-Attribute, sondern um etwas Ähnliches wie die Eigenschaften, die bei SAX benutzt werden. Attribute ermöglichen es, Optionen an den zugrundeliegenden XSL-Prozessor weiterzureichen, bei dem es sich um Apache Xalan, SAXON oder Oracles XSL-Prozessor (oder theoretisch um jeden beliebigen TrAX-konformen Prozessor) handeln kann. Diese sind allerdings größtenteils herstellerabhängig. Wie im Parsing-Bereich von JAXP wird eine Methode namens setAttribute() und ein entsprechendes Gegenstück, getAttribute(), angeboten. Genau wie setProperty() nimmt die Modifikationsmethode (setAttribute()) einen Attributnamen und einen Wert vom Typ Object entgegen. Und genau wie getProperty() nimmt die Zugriffsmethode (getAttribute()) einen Attributnamen entgegen und gibt den damit verbundenen Object-Wert zurück.

Die zweite verfügbare Option ist das Einstellen eines ErrorListeners. Der im Interface javax.xml.transform.ErrorListener definierte ErrorListener ermöglicht das Abfangen von Problemen bei der Transformation und deren programmtechnische Behandlung. Das hört sich nach org.xml.sax.ErrorHandler an und ist diesem auch sehr ähnlich. Beispiel 9-6 zeigt dieses Interface.

Beispiel 9-6: Das Interface ErrorListener

```
package javax.xml.transform;

public interface ErrorListener {
    public void warning(TransformerException exception)
        throws TransformerException;
    public void error(TransformerException exception)
        throws TransformerException;
```

Beispiel 9-6: Das Interface ErrorListener (Fortsetzung)

```
    public void fatalError(TransformerException exception)
        throws TransformerException;
}
```

Durch das Erzeugen einer Implementierung dieses Interfaces, das Ausgestalten der drei Callback-Methoden und das Verwenden der Methode setErrorListener( ) der TransformerFactory-Instanz, mit der Sie arbeiten, sind Sie in der Lage, sämtliche Fehler zu behandeln, die während der Transformation auftreten können.

Zu guter Letzt wird eine Methode zur Verfügung gestellt, die den URI-Resolver für die von der Factory erzeugten Instanzen einstellt und zurückgibt. Das in javax.xml.transform.URIResolver definierte Interface verhält sich ebenfalls ähnlich wie ein SAX-Gegenstück, nämlich wie org.xml.sax.EntityResolver. Das Interface besitzt eine einzige Methode, die in Beispiel 9-7 gezeigt wird.

Beispiel 9-7: Das Interface URIResolver

```
package javax.xml.transform;

public interface URIResolver {
    public Source resolve(String href, String base)
        throws TransformerException;
}
```

Wird dieses Interface implementiert, ermöglicht es die Verarbeitung von URIs aus XSL-Konstrukten wie xsl:import und xsl:include. Da es eine Source zurückgibt (die ich gleich behandeln werde), können Sie Ihren Transformer anweisen, an unterschiedlichen Adressen nach dem angegebenen Dokument zu suchen, wenn eine bestimmte URI gefunden wird. Wenn zum Beispiel ein Include der URI *http://www.oreilly.com/oreilly.xsl* erkannt wird, könnten Sie statt dessen das lokale Dokument *alternateOreilly.xsl* zurückgeben und so verhindern, daß ein Netzwerkzugriff erforderlich wird. Implementierungen des Interfaces URIResolver können durch die Verwendung der Methode setURIResolver( ) der TransformerFactory eingestellt und durch die Methode getURIResolver( ) gelesen werden.

Zuletzt, nachdem Sie die Optionen Ihrer Wahl eingestellt haben, können Sie mit Hilfe der Methode newTransformer( ) der Factory eine oder mehrere Instanzen eines Transformers erhalten, wie hier gezeigt wird:

```
// Die Factory erhalten
TransformerFactory factory = TransformerFactory.newInstance();

// Die Factory konfigurieren
factory.setErrorResolver(myErrorResolver);
factory.setURIResolver(myURIResolver);

// Einen Transformer mit den angegebenen Optionen zum Arbeiten erhalten
Transformer transformer =
    factory.newTransformer(new StreamSource("foundation.xsl"));
```

Wie Sie sehen, nimmt diese Methode das Stylesheet als Eingabe für die Verwendung in allen Transformationen dieser Transformer-Instanz entgegen. Mit anderen Worten: Wenn Sie ein Dokument mit Hilfe der Stylesheets A und B transformieren wollten, dann bräuchten Sie zwei Transformer-Instanzen, eine für jedes Stylesheet. Wenn Sie jedoch mehrere Dokumente mit demselben Stylesheet (nennen wir es Stylesheet C) transformieren wollten, bräuchten Sie nur eine Transformer-Instanz, die mit Stylesheet C verknüpft wäre. Machen Sie sich keine Sorgen über die Klasse StreamSource; diese kommt als nächstes an die Reihe.

XML transformieren

Nachdem Sie eine Instanz eines Transformers haben, können Sie mit der eigentlichen Durchführung der XML-Transformationen beginnen. Diese besteht aus zwei grundlegenden Schritten:

- Stellen Sie das zu verwendende XSL-Stylesheet ein.
- Führen Sie die Transformation durch, wobei Sie das XML-Dokument und das Ziel für das Ergebnis festlegen.

Wie ich bereits gezeigt habe, ist der erste Schritt wirklich der einfachste. Ein Stylesheet kann angegeben werden, wenn Sie eine Transformer-Instanz aus der Factory erhalten. Die Adresse dieses Stylesheets muß durch die Übergabe einer javax.xml.transform.Source-Instanz (genauer gesagt einer Instanz einer Implementierung des Interfaces Source) für diese Adresse angegeben werden. Das Interface Source, das Sie in ein paar Codebeispielen gesehen haben, ist das Werkzeug, mit dem Sie die Adresse einer Eingabe ermitteln, sei es ein Stylesheet, ein Dokument oder eine andere Informationsmenge. TrAX bietet das Interface Source und drei konkrete Implementierungen an:

- javax.xml.transform.stream.StreamSource
- javax.xml.transform.dom.DOMSource
- javax.xml.transform.sax.SAXSource

Die erste dieser Implementierungen, StreamSource, liest die Eingabe aus irgendeiner Art von Ein-/Ausgabegerät. Es werden Konstruktoren für die Annahme eines InputStreams, eines Readers oder einer System-ID in String-Form als Eingabe angeboten. Nachdem sie erzeugt wurde, kann die StreamSource dem Transformer zur Verwendung übergeben werden. Dies wird wahrscheinlich die Source-Implementierung sein, die Sie am häufigsten in Programmen einsetzen. Sie ist sehr gut geeignet, um ein Dokument aus einem Netzwerk, einem Eingabe-Stream, einer Benutzereingabe oder anderen statischen Darstellungen von XSL-Stylesheets zu lesen.

Die nächste Source-Implementierung, DOMSource, ermöglicht das Lesen aus einem existierenden DOM-Baum. Sie bietet einen Konstruktor, der einen DOM-Knoten vom Typ org.w3c.dom.Node entgegennimmt, und liest aus diesem Node, wenn sie verwendet wird. Dies ist ideal, um einer Transformation einen existierenden DOM-Baum zu übergeben, vielleicht, nachdem das Parsing bereits stattgefunden hat und das XML-Dokument sich bereits als DOM-Struktur im Speicher befindet, oder wenn Sie einen DOM-Baum per Programmierung aufgebaut haben.

SAXSource ermöglicht das Lesen von Eingaben, die aus SAX-produzierenden Strukturen stammen. Diese Source-Implementierung nimmt entweder eine SAX-org.xml.sax.InputSource oder einen org.xml.sax.XMLReader als Eingabe entgegen und verwendet die Ereignisse aus diesen Quellen. Dies ist in solchen Situationen ideal, in denen ein SAX-Content-Handler bereits im Gebrauch ist und in denen Callbacks eingerichtet sind und vor den Transformationen ausgelöst werden müssen.

Nachdem Sie eine Instanz eines Transformers erhalten haben (indem Sie das zu verwendende Stylesheet durch eine passende Source angegeben haben), sind Sie in der Lage, eine Transformation durchzuführen. Die Methode transform( ) wird verwendet, wie hier gezeigt wird:

```
// Die Factory erhalten
TransformerFactory factory = TransformerFactory.newInstance( );

// Die Factory konfigurieren
factory.setErrorResolver(myErrorResolver);
factory.setURIResolver(myURIResolver);

// Einen Transformer mit den angegebenen Optionen zum Arbeiten erhalten
Transformer transformer =
    factory.newTransformer(new StreamSource("foundation.xsl"));

// Transformation mit einem Dokument durchführen und das Ergebnis ausgeben
transfomer.transform(new StreamSource("asimov.xml"),
                    new StreamResult("results.xml"));
```

Die Methode transform( ) nimmt zwei Argumente entgegen: eine Source-Implementierung und eine javax.xml.transform.Result-Implementierung. Sie sollten bereits die Symmetrie erkennen, mit der dies funktioniert, und eine Vorstellung von der Funktionalität im Interface Result haben. Die Source stellt das zu transformierende XML-Dokument dar, und das Result bietet ein Ausgabeziel für die Transformation. Wie von Source gibt es auch von Result drei konkrete Implementierungen, die mit TrAX und JAXP geliefert werden:

- javax.xml.transform.stream.StreamResult
- javax.xml.transform.dom.DOMResult
- javax.xml.transform.sax.SAXResult

Die Klasse StreamResult nimmt als Konstruktionsmechanismus entweder einen OutputStream (wie etwa System.out für einfaches Debugging!), ein Java-File, eine SystemID in String-Form oder einen Writer entgegen. DOMResult nimmt einen DOM-Node entgegen, in den die Ausgabe der Transformation erfolgen soll (wahrscheinlich als DOMorg.w3c.dom.Document), und SAXResult nimmt eine SAX-ContentHandler-Instanz entgegen, an die Callbacks gesendet werden können, die sich aus dem transformierten XML ergeben. Alle entsprechen ihren Source-Gegenstücken.

Auch wenn das vorige Ergebnis die Transformation von einem Stream in einen Stream zeigt, ist jede beliebige Kombination von Quellen und Ergebnissen möglich. Hier einige Beispiele:

```
// Transformation an jordan.xml durchführen und das Ergebnis ausgeben
transformer.transform(new StreamSource("jordan.xml"),
                      new StreamResult(System.out));

// SAX-Eingabe transformieren und das Ergebnis in einen DOM-Knoten ausgeben
transformer.transform(new SAXSource(
                          new InputSource(
                              "http://www.oreilly.com/catalog.xml")),
                          new DOMResult(DocumentBuilder.newDocument()));

// Aus DOM transformieren und in eine Datei ausgeben
transformer.transform(new DOMSource(domTree),
                      new StreamResult(
                          new FileOutputStream("results.xml")));

// selbstdefinierte Quelle und Ergebnis verwenden (JDOM)
transformer.transform(new org.jdom.trax.JDOMSource(myJdomDocument),
                      new org.jdom.trax.JDOMResult(new org.jdom.Document()));
```

TrAX bietet eine überwältigende Flexibilität bezüglich der Wege von unterschiedlichen Eingabearten zu verschiedenen Ausgabearten und bezüglich der Verwendung von XSL-Stylesheets in einer Vielzahl von Formaten, wie Dateien, im Speicher befindlichen DOM-Bäumen, SAX-Readern und so weiter.

Dies und jenes

Bevor wir den JAXP-Laden dichtmachen, gibt es noch ein paar Einzelheiten zu TrAX, über die ich noch nicht gesprochen habe. Ich werde diese nicht vollständig behandeln, da sie weniger häufig genutzt werden, aber ich werde sie kurz ansprechen. Als erstes bietet TrAX ein Interface namens SourceLocator, das sich ebenfalls im Package javax.xml.transform befindet. Diese Klasse funktioniert bei Transformationen genau wie die Locator-Klasse beim SAX-Parsing: Sie liefert Informationen darüber, an welcher Stelle gerade Aktionen stattfinden. Das Interface, das am häufigsten für Fehlermeldungen verwendet wird, sieht so aus:

```
package javax.xml.transform;

public interface SourceLocator {
    public int getColumnNumber();
    public int getLineNumber();
    public String getPublicId();
    public String getSystemId();
}
```

Ich werde dieses Interface nicht großartig kommentieren, da es ziemlich selbsterklärend ist. Allerdings sollten Sie wissen, daß es im Package javax.xml.transform.dom ein Unter-Interface namens DOMLocator gibt. Dieses Interface fügt die Methode getOriginatingNode() hinzu, die den DOM-Knoten zurückgibt, der gerade bearbeitet wird. Dies macht die Fehlerbehandlung beim Arbeiten mit einer DOMSource recht einfach und ist nützlich für Anwendungen, die mit DOM-Bäumen arbeiten.

TrAX bietet außerdem eine konkrete Klasse, javax.xml.transform.OutputKeys, die verschiedene Konstanten für die Verwendung in den Ausgabeeigenschaften von Transformationen definiert. Diese Konstanten können dann für das Einstellen von Eigenschaften eines Transformer- oder Templates-Objekts verwendet werden. Dies führt mich zum letzten Thema, das mit TrAX zu tun hat.

Das Templates-Interface in TrAX wird verwendet, wenn eine bestimmte Einstellung von Ausgabeeigenschaften über mehrere Transformationen hinweg gewünscht wird oder wenn ein Satz von Transformationsanweisungen mehrfach genutzt werden kann. Indem Sie der Methode newTemplates() einer TransformerFactory eine Source übergeben, können Sie eine Instanz des Templates-Objekts erhalten:

```
// Eine Factory erhalten
TransformerFactory factory = TransformerFactory.newInstance();

// Ein Templates-Objekt erhalten
Templates template = factory.newTemplates(new StreamSource("html.xsl"));
```

Zu diesem Zeitpunkt wäre das Objekt template eine kompilierte Darstellung der Transformation, deren Details in *html.xsl* (in diesem Beispiel ein Stylesheet, das XML in HTML konvertiert) festgelegt sind. Durch die Verwendung eines Templates-Objekts können Transformationen von diesem Template über Threads hinweg durchgeführt werden, und Sie erhalten auch einiges an Optimierung, da die Anweisungen schon im voraus kompiliert werden. Nachdem Sie so weit gegangen sind, müssen Sie einen Transformer erzeugen, aber aus dem Templates-Objekt statt aus der Factory:

```
// Einen Transformer erhalten
Transformer transformer = template.newTransformer();

// Transformieren
transformer.transform(new DOMSource(orderForm),
                      new StreamResult(res.getOutputStream()));
```

Es besteht hier keine Notwendigkeit, der Methode newTransformer() eine Source zu übergeben, da der Transformer lediglich ein Satz (schon vorher) kompilierter Anweisungen ist. Von da an geht alles weiter wie gehabt. In diesem Beispiel wird der Transformation ein DOM-Baum übergeben, der ein Bestellformular darstellt. Dieser wird mit Hilfe des Stylesheets *html.xsl* verarbeitet und dann an den Ausgabestream des Servlets gesendet, um angezeigt zu werden. Ganz schön raffiniert, was? Als generelle Regel gilt: Wenn Sie ein Stylesheet mehr als zweimal einsetzen möchten, verwenden Sie ein Templates-Objekt; dies wird sich als Performance-Gewinn auszahlen. Zusätzlich sind Templates immer dann der einzig mögliche Weg, wenn Sie mit Threads arbeiten.

Vorsicht Falle!

Die API-Kapitel wären nicht vollständig, wenn ich Sie nicht über einige Probleme informieren würde, die mir selbst regelmäßig widerfahren oder zu denen ich gefragt werde. Hoffentlich hilft Ihnen das, etwas Zeit zu sparen und Ihren Code möglicherweise fehlerresistenter zu machen. Lesen Sie weiter, und sehen Sie, wo JAXP heutzutage Ihre Mitmenschen hereinlegt.

Standard-Parser und JAXP-Implementierungen

Es lohnt sich, es noch einmal zu sagen: Die Implementierung von JAXP bestimmt den Standard-Parser. Wenn Sie die JAXP-Implementierung wechseln, läuft das oft darauf hinaus, daß auch der verwendete Parser gewechselt wird, wenn Sie keine Systemeigenschaften für JAXP eingestellt haben. Es könnte sein, daß Ihr Klassenpfad sich ändern muß.

Um dieses Problem vollständig zu vermeiden, können Sie einfach die zuständige JAXP-Systemeigenschaft auf die Parser-Factory einstellen, die Sie benutzen möchten, und ungeachtet der gewählten Implementierung werden Sie das erwartete Verhalten vorfinden. Oder legen Sie noch besser eine Datei namens *jaxp.properties* im *lib*-Verzeichnis Ihrer Java-Installation an.[3] Diese Datei kann einfach so aussehen:

```
javax.xml.parsers.SAXParserFactory = org.apache.xerces.XercesFactory
```

Indem Sie die Factory-Implementierung ändern, ändern Sie den Parser-Wrapper, der von Aufrufen der Methode `newSAXParser()` zurückgegeben wird. Und damit Sie die angegebene Beispieldatei nicht ausprobieren, existiert die Klasse `org.apache.xerces.XercesFactory` nicht; sie dient nur zu Beispielzwecken. Sie paßte nur zufällig genau in die Begrenzung des Codeblocks!

Features bei Factories, Eigenschaften bei Parsern

Ein gängiger Fehler besteht darin, in der JAXP-Welt Factories und Eigenschaften miteinander zu verwechseln. Die beste Möglichkeit, sich die korrekte Anwendung zu merken, besteht darin, sich den Satz »Features bei Factories, Eigenschaften bei Parsern« einzuprägen. Sie würden erstaunt sein, wie viele Mails ich erhalte, die darauf bestehen, daß der Absender eine »defekte« Version von JAXP besitzt, weil sich der folgende Code nicht kompilieren läßt:

```
SAXParserFactory factory = SAXParserFactory.newInstance();
factory.setProperty(
    "http://apache.org/xml/properties/dom/document-class-name",
    "org.apache.xerces.dom.DocumentImpl");
```

---

3 Diese Option setzt voraus, daß Sie die Umgebungsvariable JAVA_HOME auf das Installationsverzeichnis Ihres JDK eingestellt haben. Sie nimmt dies an, weil es eine gute, um nicht zu sagen obligatorische Praxis ist und Ihnen langfristig weiterhelfen wird. JAXP hält in Wirklichkeit Ausschau nach `%JAVA_HOME%/lib/jaxp.properties`.

Natürlich ist dies eine Eigenschaft und muß deshalb bei einer SAXParser-Instanz und nicht bei einer SAXParserFactory-Instanz eingestellt werden. Und natürlich trifft dies umgekehrt auch für das Einstellen von Features bei Parsern zu:

```
SAXParser parser = factory.newSAXParser();
parser.setFeature("http://xml.org/sax/features/namespaces", true);
```

In beiden Fällen handelt es sich um einen Anwendungsfehler und nicht um ein merkwürdiges Download-Problem, bei dem nur wenige Methoden korrekt übertragen wurden (ich verweise diese Leute grundsätzlich auf ein paar gute Bücher über I/O). Dies ist auch ein gutes Beispiel für einen Fall, in dem Javadoc nicht verwendet wurde, obwohl es hätte verwendet werden sollen. Ich persönlich glaube fest an den Wert von Javadoc.

Und was kommt jetzt?

Da JAXP eine Abstraktionsebene über den in früheren Kapiteln besprochenen APIs darstellt, besteht kein Bedarf, über »fortgeschrittenes JAXP« zu sprechen. Abgesehen davon sind die JAXP-Konzepte so einfach, daß sie kein zusätzliches Kapitel erforderlich machen. Nach dieser Tour durch die verschiedenen »Low-Level«-APIs für Java und XML sollten Sie mit allen Hämmern und Schraubenschlüsseln für Ihre XML-Programmierung ausgestattet sein.

Allerdings besteht XML heutzutage gewiß aus mehr als Low-Level-APIs. Zusätzlich zu den vertikalen Anwendungen von XML gibt es eine Anzahl von High-Level-APIs, die auf den Konzepten (und APIs) aus der ersten Hälfte dieses Buches aufbauen, um dem Entwickler mehr Komfort zu bieten. Diese spezielleren Konzepte und Programmierwerkzeuge bilden das Rückgrat der zweiten Hälfte dieses Buches. Ich beginne ihre Behandlung in Kapitel 10, indem ich über Präsentations-Frameworks spreche, etwas, das einen wahren Augenschmaus auf der Basis von XML bietet. Lesen Sie weiter, und für etwa ein Kapitel werden wir alle zu Grafikdesignern.

KAPITEL 10
Web Publishing Frameworks

In diesem Kapitel beginnt die Darstellung spezifischer Java- und XML-Themen. Bisher wurden die Grundlagen für die Benutzung von XML unter Java vorgestellt, ein Blick auf die SAX-, DOM-, JDOM- und JAXP-APIs zur Manipulation von XML geworfen und schließlich die Grundlagen der Benutzung und Erzeugung von XML selbst diskutiert. Nachdem Sie jetzt wissen, wie Sie XML von Ihrem Code aus benutzen können, wenden wir uns jetzt spezifischen Applikationen zu. Die nächsten sechs Kapitel beschäftigen sich mit den wichtigsten Anwendungen von XML und speziell damit, wie diese Anwendungen im Java-Umfeld implementiert sind. Während es natürlich Tausende von wichtigen Anwendungen von XML gibt, sind die in den folgenden Kapiteln vorgestellten solche, die durch ihr Potential, die Herangehensweise an Entwicklungsprozesse drastisch zu ändern, ständig im Blickpunkt stehen.

> ### Je mehr sich Dinge ändern, desto mehr bleiben sie die alten
> Leser der ersten Auflage werden bemerken, daß vieles bei der Erläuterung von Cocoon in diesem Kapitel gleichgeblieben ist. Obwohl ich versprochen habe, daß Cocoon 2 nun fertig wäre und ich eigentlich darüber schreiben wollte, ist die Entwicklung nicht so schnell fortgeschritten wie erwartet. Stefano Mazzochi, die treibende Kraft hinter Cocoon, hat sich dazu durchgerungen, die Schule abzuschließen (gute Entscheidung, Stefano!), und dadurch wurde die Entwicklung von Cocoon 2 verlangsamt. Cocoon 1.x ist nach wie vor die aktuelle Version, an die man sich halten sollte. Ich habe den Abschnitt über Cocoon 2 so aktualisiert, daß er widerspiegelt, was kommen wird. Halten Sie in den nächsten Monaten Ausschau nach mehr O'Reilly-Büchern zum Thema Cocoon.

Die erste heiße Sache, der wir uns zuwenden werden, ist die XML-Anwendung, die die meiste Begeisterung in der XML- und Java-Gemeinde ausgelöst hat: die Web Publishing Frameworks. Ich habe ständig betont, daß die Möglichkeit, die Präsentation aus dem

Inhalt zu erzeugen, zu Ungunsten des Wertes der portablen Darstellung, die XML zur Verfügung stellt, überbewertet wird. Die Benutzung von XML zur Präsentation ist jedoch nach wie vor sehr wichtig. Diese Wichtigkeit erhöht sich noch mit Blick auf Web-Anwendungen.

Fast jede größere Anwendung, die man heutzutage sieht, ist entweder vollständig webbasiert oder hat wenigstens ein Web-Frontend. Die Benutzer verlangen mehr Funktionalität, die Marketingabteilungen mehr Flexibilität im Look-and-Feel. Das Resultat ist die Herausbildung des Web-Designers; dieses neue Berufsbild unterscheidet sich dahingehend vom Webmaster, daß das Programmieren in Perl, ASP, JavaScript oder anderen Skriptsprachen nur ein verschwindend kleiner Teil des Jobs ist. Der Tag eines Web-Designers ist ausgefüllt mit der Entwicklung, Erstellung und Modifikation von HTML- und WML-Dokumenten.[1] Die schnellen Änderungen in der Geschäfts- und Marktstrategie können es unter Umständen einmal wöchentlich nötig machen, eine komplette Anwendung oder Webseite zu restrukturieren. Das bedeutet oft, daß der Web-Designer Tage damit zubringt, Hunderte HTML-Seiten zu ändern. Obwohl Cascading Style Sheets (CSS) hier eine Erleichterung brachten, benötigt man viel Zeit, um die Konsistenz all dieser Seiten sicherzustellen. Auch wenn diese nicht optimale Situation akzeptabel wäre, möchte doch kein Entwickler sein Leben mit dem Ändern von Webseiten zubringen.

Durch die Einführung von serverseitigem Java ist das Problem noch größer geworden. Entwickler von Servlets bringen viele Stunden mit nichts anderem zu als dem Umschreiben ihrer `System.out.println( )`-Anweisungen zur Ausgabe von HTML und schielen oft haßerfüllt auf die Marketingabteilung, wenn Änderungen am Aussehen einer Seite Anpassungen im Code nötig machen. Die Spezifikation der Java Server Pages (JSP) war das Resultat dieser Situation; jedoch sind auch JSP keine Lösung. Hier wird die Frustration lediglich auf den Autor des Inhaltes der Seiten verlagert, der ständig vor unbeabsichtigten Änderungen des benutzten Java-Codes auf der Hut sein muß. Außerdem stellen JSP nicht wirklich die versprochene klare Trennung zwischen Inhalt und Präsentation dar. Eine Möglichkeit, reinen Inhalt zu generieren, wird gebraucht, wie auch eine Möglichkeit, diesen Inhalt einheitlich sowohl zu festen Zeiten (*static content generation*) als auch dynamisch zur Laufzeit (*dynamic content generation*) zu formatieren.

Natürlich werden Sie bei der Schilderung dieses Problems mit dem Kopf nicken, wenn Sie bereits für das Web entwickelt haben, und hoffentlich wandern Ihre Gedanken in Richtung der Techniken XSL und XSLT. Das Problem ist aber, eine Engine zur Verfügung zu haben, die die Generierung der Inhalte übernehmen kann, speziell die dynamische. Hunderte XML-Dokumente auf einer Site zu haben bringt gar nichts, wenn keine Mechanismen da sind, mittels derer man auf eine Anforderung hin Transformationen

---

[1] »HTML und WML« umfassen ebenfalls die unterstützenden Techniken für die jeweilige Sprache. Diese Techniken, wie zum Beispiel Flash oder Shockwave, sind in Ihrer Handhabung nicht einfach – ich will auf keinen Fall Autoren geringschätzen, die sich damit beschäftigen.

ausführen kann. Fügt man dazu noch den Bedarf an Servlets und anderen serverseitigen Komponenten zur Ausgabe von konsistent formatierten XML-Dokumenten hinzu, hat man bereits einen Teil der Anforderungen an Web Publishing Frameworks definiert. In diesem Kapitel wird ein Blick auf ein solches Framework geworfen – und darauf, wie man damit die vielen Stunden des Editierens von HTML-Dokumenten vermeidet. Es zeigt auch, wie man all diese Web-Designer in XML- und XSL-Gurus verwandeln kann, und wie das Framework es erlaubt, das Look-and-Feel von Anwendungen so oft zu ändern, wie es nötig erscheint.

Ein Web Publishing Framework versucht diese komplizierten Fragestellungen anzugehen. Genau wie ein Webserver dafür verantwortlich ist, auf einen URL-Request hin eine bestimmte Datei auszuliefern, reagiert auch ein Web Publishing Framework auf einen ähnlichen Request; jedoch wird hier nicht mittels einer Datei geantwortet, sondern mit einer *publizierten* Version einer Datei. Hier bezieht sich der Begriff »publizierte Datei« auf eine Datei, die mittels XSLT transformiert, auf Anwendungsebene umformatiert oder in ein anderes Format, wie zum Beispiel PDF, konvertiert wurde. Derjenige, der den Request gestellt hat, wird nie die rohen Daten sehen, die dem publizierten Resultat zugrundeliegen, hat jedoch auch nicht ausdrücklich das Publizieren anzufordern. Oft kann man am Stamm eines URI (zum Beispiel *http://yourHost.com/publish*) erkennen, ob eine auf dem Web-Server aufsetzende Publishing-Engine (publishing: engl. für publizieren) eingehende Requests beantworten soll. Wie man vermuten könnte, ist das zugrundeliegende Konzept sehr viel einfacher als die eigentliche Implementierung eines solchen Frameworks – das ideale Framework für einen bestimmten Anwendungsfall zu finden ist keine einfache Aufgabe.

Ein Framework auswählen

Man könnte erwarten, eine Liste mit Hunderten möglicher Lösungen zu finden. Wie Sie gesehen haben, bietet Java eine einfache Schnittstelle zu XML über mehrere APIs. Zusätzlich offerieren Servlets einen eleganten und einfachen Weg, Web-Requests zu bearbeiten und die Antworten zu generieren. Die Liste von Frameworks ist trotzdem nicht lang, und die Liste der guten und stabilen Frameworks ist nochmals kürzer. Die beste Informationsquelle, um sich einen Überblick über die verfügbaren Produkte zu verschaffen, ist die Liste bei *http://xmlsoftware.com/publishing/*. Diese Liste ändert sich so oft, daß es sinnlos erscheint, ihren Inhalt hier widerzugeben. Einige Kriterien zur richtigen Auswahl eines bestimmten Frameworks sollen jedoch hier genannt werden.

Stabilität

Sie sollten nicht überrascht sein, daß es (immer noch!) schwierig ist, ein Produkt mit einer Versionsnummer größer als 2.x zu finden. Tatsächlich ist es so, daß man schon gründlich suchen muß, wenn man ein Framework finden will, das schon der zweiten Generation angehört. Obwohl eine höhere Versionsnummer nicht unbedingt ein Indikator für tatsächlich höhere Stabilität ist, gibt sie doch oft die Menge an Zeit, Aufwand und Tests wider, die in die Entwicklung des Frameworks eingeflossen ist. Das XML-Publishing-System ist so neu, daß der Markt durch Produkte mit den Versionsnummern 1.0 und 1.1 überschwemmt ist, die einfach nicht stabil genug für eine ernsthafte Anwendung sind.

Sie können oft auf die Stabilität eines bestimmten Produktes schließen, wenn man andere Produkte desselben Herstellers vergleicht. Es kommt oft vor, daß ein Hersteller gleich eine ganze Sammlung von Tools veröffentlicht; wenn diese Tools keine Unterstützung für SAX 2.0 und DOM Level 2 bieten oder als Versionen 1.0 oder 1.1 vorliegen, sollte man die Finger so lange vom entsprechenden Framework lassen, bis es ausgereifter ist und neuere XML-Standards unterstützt. Sie sollten versuchen, sich von plattformspezifischen Lösungen fernzuhalten. Wenn ein Framework an eine bestimmte Plattform (wie zum Beispiel Windows oder spezielle Unix-Varianten) gebunden ist, arbeitet man nicht mit einer reinen Java-Lösung. Sie sollten bedenken, daß ein solches Framework Clients auf beliebigen Plattformen bedienen können muß. Warum sollten Sie also eines benutzen, das nicht auf allen Plattformen lauffähig ist?

Integration in andere XML-Tools und APIs

Wenn Sie wissen, daß das gewählte Framework stabil genug für das Einsatzszenario ist, sollten Sie sicherstellen, daß es eine Vielzahl von XML-Parsern und Prozessoren unterstützt. Ist es auf einen speziellen Parser oder Prozessor angewiesen, sind Sie auf eine bestimmte Implementierung einer Technologie festgelegt. Das ist schlecht. Wenngleich Frameworks oft mit einem speziellen Parser besonders gut zusammenarbeiten, sollten Sie überprüfen, ob der Parser einfach austauschbar ist. Haben Sie einen Lieblingsprozessor (zum Beispiel aus einem früheren Projekt), sollten Sie sicherstellen, daß er benutzt werden kann.

Die Unterstützung von SAX und DOM muß vorhanden sein. Viele Frameworks unterstützen JDOM und JAXP inzwischen ebenfalls. Selbst wenn Sie eine Lieblings-API haben – je mehr Optionen, desto besser! Es ist ebenfalls nützlich, wenn die Entwickler des benutzten Frameworks die Spezifikationen von XML, Schema, XLink, XPointer und anderen neuen XML-Technologien verfolgen. Das gibt schon einen Anhaltspunkt dafür, ob zukünftige Versionen des Frameworks diese XML-Spezifikationen unterstützen werden: ein wichtiger Hinweis auf die Langlebigkeit des Frameworks. Sie sollten nicht davor zurückschrecken, nach dem Zeitpunkt der Integration neuer Technologien zu fragen, und auf einer definitiven Antwort bestehen.

Verwendung in Produktionsumgebungen

Die letzte und vielleicht wichtigste Frage, die auf der Suche nach einem passenden Web Publishing Framework beantwortet werden muß, ist die, ob das Framework in anderen Anwendungen benutzt wird. Finden Sie keine Referenzen auf wenigstens ein paar Anwendungen oder Sites, die das Framework nutzen, sollten Sie nicht überrascht sein, wenn es keine gibt. Händler (bzw. Entwickler in der Open Source-Bewegung) sollten glücklich und stolz darauf sein, Quellen angeben zu können, wo man ihr Framework in Aktion sehen kann. Hält man sich hier bedeckt, ist das ein Zeichen, daß Sie wahrscheinlich in der Benutzung des Frameworks mehr Pionierarbeit leisten müssen, als Sie eigentlich beabsichtigten. Apache Cocoon zum Beispiel pflegt eine solche Liste mit Referenzen online unter *http://xml.apache.org/cocoon/livesites.html*.

Die Entscheidung treffen

Haben Sie diese Kriterien geprüft, haben Sie sehr wahrscheinlich die Antwort schon deutlich vor Augen. Nur sehr wenige Frameworks entsprechen in allen hier aufgeführten Punkten den genannten Anforderungen, ganz zu schweigen von den Anforderungen, die die konkrete Anwendung stellt. Tatsächlich existierten im Juli 2001 weniger als zehn Publishing Frameworks, die die aktuellen Versionen von SAX (Version 2.0), DOM (Level 2) und JAXP (Version 1.1) unterstützen, auf wenigstens einer Site benutzt werden und wenigstens auf drei wichtige Versionen zurückblicken können. Sie sind hier nicht aufgeführt, da sie schon nach einem halben Jahr nicht mehr existieren oder zumindest radikal geändert worden sein könnten. Die Welt der Web Publishing Frameworks ist dermaßen im Fluß, daß die Nennung von vier oder fünf Optionen unter Annahme, daß sie in vier oder fünf Monaten noch existieren, Sie mehr in die Irre führen als Ihnen helfen würde.

Trotzdem gibt es ein Web Publishing Framework, das innerhalb der Java- und XML-Gemeinde durchgängig erfolgreich war. Besonders wenn man die Open Source-Gemeinde betrachtet, wird dieses Framework oft von Entwicklern gewählt. Das von Stefano Mazzochi gegründete Apache Cocoon-Projekt war vom Start weg ein stabiles Framework. Entwickelt in einer Zeit, als die meisten noch herauszufinden versuchten, was XML eigentlich ist, geht Cocoon nun in die zweite Generation als komplett in Java implementiertes XML-Publishing Framework. Es ist Teil des Apache-XML-Projekts und bietet standardmäßig Unterstützung für Apache Xerces und Apache Xalan. Es gestattet, jeden XML-konformen Parser zu benutzen, und baut auf der immens populären Servlet-Architektur auf. Außerdem gibt es einige Sites, die Cocoon (in einer 1.x-Version) benutzen und dadurch die Beschränkungen des traditionellen Web-Designs aufweichen. Dennoch arbeiten diese Sites sehr gut. Aus diesem Grund und um den Geist von Open Source zu unterstützen, wird Apache Cocoon in diesem Kapitel als Framework der Wahl benutzt.

In den vorangegangenen Kapiteln wurde die Wahl von XML-Parser und -Prozessor nicht eingeschränkt. Das heißt, daß die Beispiele auf verschiedenen Implementierungen mit nur kleinen Änderungen im Code lauffähig sein sollten. Web Publishing Frameworks sind jedoch nicht standardisiert, und so implementiert jedes Framework wild irgendwelche verschiedenen Features und Konventionen. Aus diesem Grund sind die in diesem Kapitel vorgestellten Beispiele nicht portabel, die Popularität der in Cocoon benutzten Design Patterns und Konzepte rechtfertigt jedoch ein eigenes Kapitel. Auch wenn Sie Cocoon nicht benutzen möchten, sollten Sie dennoch einen Blick auf die Beispiele werfen. Die Konzepte des Web-Publishing sind in jeder Implementierung wiederzufinden, auch wenn man den Code nicht wiederverwenden kann.

Installation

In den anderen Kapiteln beschränkten sich irgendwelche Installationsanweisungen auf die Angabe einer Website, von der Sie eine Distribution der entsprechenden Software herunterladen konnten, und auf das Hinzufügen der entsprechenden *jar*-Datei zum Klassenpfad. Die Installation eines Frameworks wie Cocoon ist nicht ganz so einfach; die benötigten Prozeduren werden hier erklärt. Zusätzlich dazu bietet Cocoon online weitere Dokumentationen für andere Servlet-Engines unter *http://xml.apache.org/cocoon/install.html*.

Sourcecode oder Binaries

Zunächst müssen Sie entscheiden, ob Sie lieber den Sourcecode oder die Binaries verwenden möchten. Diese Entscheidung können Sie auch davon abhängig machen, ob Sie die neuesten Features benutzen möchten oder den verläßlichsten Build. Für Hardcore-Entwickler, die richtig in Cocoon eintauchen wollen, ist es besser, eine Kopie des CVS-Systems herunterzuladen und sich dann die aktuellsten Quellen aus dem CVS-Repository *xml.apache.org* zu holen. Anstatt diesen Weg hier detailliert zu erklären, den wahrscheinlich nur ein geringer Teil der Leser wählt, verweise ich hier auf *CVS – kurz & gut* von Gregor Purdy (O'Reilly Verlag). Dieses Büchlein, zusammen mit den Anweisungen unter *http://xml.apache.org/cvs.html*, hilft Ihnen dabei.

Diejenigen unter Ihnen, die Cocoon auf einer Site benutzen wollen, sollten das letzte Cocoon-Binary unter *http://xml.apache.org/cocoon/dist* herunterladen. Als dieses Buch geschrieben wurde, war die Version 1.8.2 für Windows (*Cocoon-1.8.2.zip*) und Linux/Unix (*Cocoon-1.8.2.tar.gz*) verfügbar. Nach dem Download sollten Sie das Archiv in ein temporäres Verzeichnis entpacken. Die wichtigste Sache, auf die Sie hierbei achten sollten, ist das entstandene *lib/*-Verzeichnis. Dieses Verzeichnis enthält alle Bibliotheken, die benötigt werden, um Cocoon auf der Servlet-Engine laufen zu lassen.

Wenn kein *lib/*-Verzeichnis entsteht oder es nicht mehrere *jar*-Files enthält, haben Sie wahrscheinlich eine ältere Version von Cocoon. Nur neuere Releases (1.8 und darüber) enthalten diese Bibliotheken (die das Leben übrigens sehr erleichtern!).

Konfiguration der Servlet-Engine

Nachdem die Cocoon-Binaries vorliegen, müssen Sie die Servlet-Engine so einstellen, daß sie Cocoon benutzt, und dann konfigurieren, welche Requests Cocoon bearbeiten soll. Im Blickpunkt soll hier die Zusammenarbeit von Cocoon mit der Jakarta Tomcat Servlet-Engine stehen, da dies die Referenzimplementierung für die Java Servlet API (Version 2.2) ist. Wird eine andere als die Tomcat-Engine benutzt, müssen Sie diese Schritte entsprechend anpassen.

Der erste Schritt besteht darin, alle Bibliotheken, die zur Laufzeit benötigt werden, in das Bibliotheksverzeichnis von Tomcat zu kopieren. Dies ist das Verzeichnis *TOMCAT_HOME/lib*, wobei *TOMCAT_HOME* das Verzeichnis der Tomcat-Installation ist. Unter Windows könnte das zum Beispiel *c:\java\jakarta-tomcat* sein und unter Linux */usr/local/jakarta-tomcat*. Das bedeutet nicht, einfach alles aus dem *lib/*-Verzeichnis von Cocoon zu kopieren (außer man möchte das). Die zur Laufzeit benötigten *jar*-Dateien sind:

- *bsfengines.jar* (Bean Scripting Framework)
- *bsf.jar* (Bean Scripting Framework)
- *fop_0_15_0.jar* (FOP)
- *sax-bugfix.jar* (SAX-Korrekturen zur Fehlerbehandlung)
- *turbine-pool.jar* (Turbine)
- *w3c.jar* (W3C)
- *xalan_1_2_D02.jar* (Xalan)
- *xerces_1_2.jar* (Xerces)

Zusätzlich muß die Datei *bin/cocoon.jar* von Cocoon in dasselbe Verzeichnis (*TOMCAT_HOME/lib*) kopiert werden. Nun haben Sie alle Bibliotheken, die für Cocoon benötigt werden, zusammen.

Die neuesten Versionen von Tomcat (momentan 3.2.1) laden alle Bibliotheken automatisch in das *lib/*-Verzeichnis von Tomcat. Das bedeutet, daß Sie sich nicht um die Einstellung des Klassenpfades kümmern müssen. Benutzen Sie eine Engine, die dieses automatische Laden nicht implementiert, müssen Sie jedes der genannten *jars* zum Klassenpfad der Servlet-Engine hinzufügen.

Sind alle Bibliotheken am korrekten Platz, müssen Sie der Servlet-Engine noch mitteilen, in welchem Kontext Cocoon laufen soll. Diese Angabe sagt der Engine zunächst einmal, wo durch Cocoon angeforderte Dateien liegen. Dafür müssen Sie die Datei *server.xml* im *conf/*-Verzeichnis von Tomcat modifizieren. Folgende Zeilen müssen am Ende dieser Datei innerhalb des `ContextManager`-Elements eingefügt werden:

```
<Server>
  <!-- Other Server elements -->

  <ContextManager>
    <!-- Other Context directives -->

    <Context path="/cocoon"
            docBase="webapps/cocoon"
            debug="0"
            reloadable="true" >
    </Context>
  </ContextManager>
</Server>
```

Mit anderen Worten: Requests, deren URI mit */cocoon* beginnt (wie zum Beispiel */cocoon/index.xml*), sollen auf den Kontext im angegebenen Verzeichnis (*webapps/cocoon*) gemappt werden. Natürlich müssen Sie die Verzeichnisse für den definierten Kontext noch anlegen. In unserem Fall sind das also die Verzeichnisse *cocoon* und *cocoon/WEB-INF* im Verzeichnis *webapps* von Tomcat. Nun sollte die Verzeichnisstruktur ungefähr wie in Abbildung 10-1 aussehen.

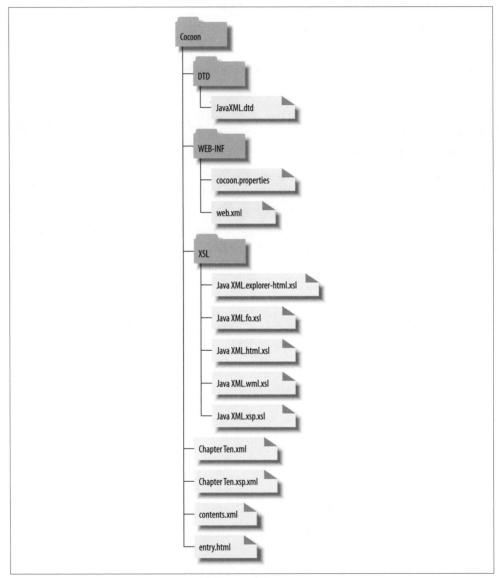

Abbildung 10-1: Verzeichnisstruktur des Cocoon-Kontexts

Mit diesem Setup müssen Sie jetzt noch einige Dateien aus der Cocoon-Distribution in den Kontext kopieren. Die Dateien *conf/cocoon.properties* und *src/WEB-INF/web.xml* werden von Cocoon in das Verzeichnis *TOMCAT_HOME/webapps/cocoon/WEB-INF/* kopiert. Wenn Sie das getan haben, müssen Sie nur noch die gerade kopierte Datei *web.xml* editieren. Die Referenz darin ist so zu ändern, daß sie auf die gerade kopierte Datei *cocoon.properties* zeigt:

```
<web-app>
 <servlet>
  <servlet-name>org.apache.cocoon.Cocoon</servlet-name>
  <servlet-class>org.apache.cocoon.Cocoon</servlet-class>
  <init-param>
   <param-name>properties</param-name>
   <param-value>WEB-INF/cocoon.properties</param-value>
  </init-param>
 </servlet>

 <servlet-mapping>
  <servlet-name>org.apache.cocoon.Cocoon</servlet-name>
  <url-pattern>*.xml</url-pattern>
 </servlet-mapping>
</web-app>
```

Nun muß noch eine letzte, langweilige Änderung an der Installation vorgenommen werden. Tomcat lädt alle *jar*-Files im *lib/*-Verzeichnis in ihrer alphabetischen Reihenfolge. Das Problem ist, daß Tomcat eine DOM-Level-1-Implementierung in der Datei *parser.jar* mitbringt. Cocoon benötigt aber eine DOM-Level-2-Implementierung wie zum Beispiel die von Xerces, welche als *xerces_1_2.jar* mitgeliefert wird. Wegen der alphabetischen Reihenfolge wird *parser.jar* vor *xerces_1_2.jar* geladen und Cocoon steigt aus. Um dieses Problem zu lösen, benennt man *parser.jar* einfach so um, daß es nach Xerces geladen wird (zum Beispiel nach *z_parser.jar*). Diese Vorgehensweise garantiert, daß Tomcat immer noch auf die Klassen zugreifen kann, daß die Klassen für DOM Level 2 aber zuerst geladen und daher von Cocoon benutzt werden können.

Nachdem alle genannten Schritte ausgeführt sind, können Sie Cocoon durch das Laden der Cocoon-Informations-URI testen, die Informationen über die Installation liefert. Dazu greifen Sie auf *http://[hostname:port]/cocoon/Cocoon.xml* zu. In einer Standardinstallation wäre das *http://localhost:8080/cocoon/Cocoon.xml*. Im Browser sollten Sie Ergebnisse wie in Abbildung 10-2 sehen.

An diesem Punkt angekommen, können Sie nun echten Inhalt ins System einbringen. Mit dem Setup, das nun vorliegt, werden alle Requests, die in *.xml* enden und im Cocoon-Kontext definiert sind, vom Cocoon-Servlet behandelt.

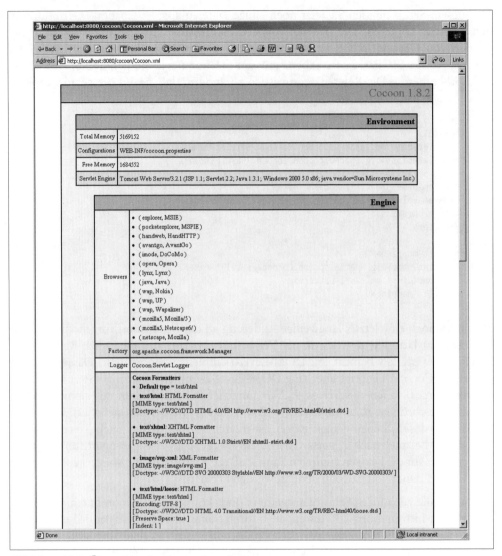

Abbildung 10-2: Überprüfen der Cocoon-Installation

Benutzung eines Publishing Frameworks

Die Benutzung eines guten Publishing Frameworks wie Cocoon verlangt keine spezielle Einarbeitung; es ist keine komplexe Anwendung, an die sich der Nutzer erst anpassen muß. Tatsächlich basiert die Benutzung von Cocoon auf einfachen URLs, die in einen Standard-Web-Browser eingegeben werden. Die Generierung von dynamischen HTML-Seiten aus XML, das Betrachten von XML-Dokumenten als PDF und sogar die Generierung von VRML-Anwendungen aus XML-Dateien erfordert lediglich die Eingabe der entsprechenden URL in einen Browser – danach können Sie Cocoon und der Macht von XML beim Arbeiten zuschauen.

Betrachten von nach HTML konvertiertem XML-Code

Da nun das Framework installiert ist und korrekt auf *.xml* endende Requests behandelt, können Sie mit dem Publizieren von XML-Dateien beginnen. Cocoon bringt im Verzeichnis *samples/* einige exemplarische XML-Dateien und die zugehörigen XSL-Stylesheets mit. Aus den vorangegangenen Kapiteln existiert schon einiges Material in XML und XSL. Als Beispiel soll daher das XML-Inhaltsverzeichnis dieses Buches (*contents.xml*) mit dem XSL-Stylesheet (*JavaXML.html.xsl*) aus Kapitel 2 transformiert werden. Dazu müssen Sie das XML-Dokument nach *webapps/cocoon/* kopieren. Das Dokument referenziert das Stylesheet *XSL/JavaXML.html.xsl*. Dafür muß ein Verzeichnis *XSL/* angelegt und das Stylesheet in dieses Verzeichnis kopiert werden. Das Dokument referenziert außerdem eine DTD. Entweder kommentieren Sie das aus, oder Sie legen ein entsprechendes Verzeichnis *DTD/* an und kopieren *JavaXML.dtd* aus Kapitel 2 in dieses Verzeichnis.

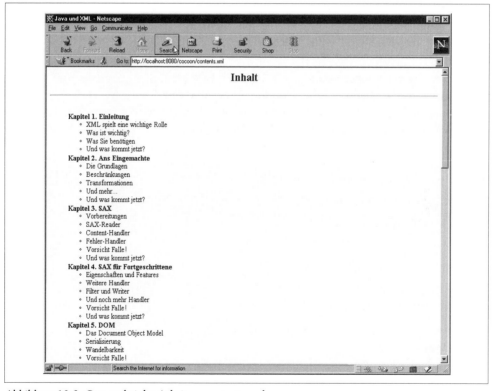

Abbildung 10-3: Cocoon bei der Arbeit an contents.xml

Wenn das XML-Dokument und das Stylesheet an die richtigen Stellen kopiert worden sind, können Sie mit der URL *http://<hostname>:<port>/cocoon/contents.xml* im Browser darauf zugreifen. Vorausgesetzt, daß Sie den vorangegangenen Anweisungen zum Setup von Cocoon gefolgt sind, müßte das transformierte Dokument wie in Abbildung 10-3 aussehen.

Das erscheint ziemlich einfach. Sobald Cocoon konfiguriert ist, ist es ein Kinderspiel, dynamische Inhalte zur Verfügung zu stellen! Das Mapping von XML-Erweiterungen auf Cocoon funktioniert für jedweden Request innerhalb des Kontexts, in dem Cocoon eingerichtet ist.

Betrachten von PDFs aus XML

Bei meiner Beschreibung der Nutzung von XML für Präsentationen lag der Schwerpunkt bisher auf der Konvertierung von XML nach HTML. Das ist aber nur eines der Formate, in die man XML-Dokumente konvertieren kann. Als Ziel der Umwandlung können nicht nur viele Markup Languages dienen, Java bietet auch Bibliotheken zur Konvertierung in nicht Markup-basierte Formate an. Die populärste und stabilste Bibliothek in diesem Zusammenhang ist der Formatting Objects Processor (FOP) der Apache-Gruppe. Er gibt Cocoon oder auch anderen Publishing Frameworks die Möglichkeit, XML-Dokumente in das PDF-Format umzuwandeln, das man zum Beispiel mit Adobe Acrobat (*http://www.adobe.com*) anschauen kann.

Die Bedeutung der Konvertierung von XML nach PDF kann nicht überbewertet werden, besonders für dokumentbasierte Webseiten wie die von Print-Medien-Unternehmen oder Verlagen. Sie könnte die webbasierte Verteilung und Lieferung von Daten revolutionieren. Als Beispiel soll das folgende XML-Dokument dienen – ein mittels XML formatierter Auszug aus diesem Kapitel, wie in Beispiel 10-1 gezeigt.

Beispiel 10-1: XML-Version von Java und XML

```
<?xml version="1.0" encoding="ISO-8859-1"?>

<?cocoon-process type="xslt"?>
<?xml-stylesheet href="XSL/JavaXML.fo.xsl" type="text/xsl"?>

<book>
 <cover>
  <title>Java und XML</title>
   <author>Brett McLaughlin</author>
 </cover>

 <contents>
  <chapter title="Web Publishing Frameworks" number="10">

   <paragraph>  In diesem Kapitel beginnt die Darstellung spezifischer Java- und XML-
Themen. Bisher  wurden die Grundlagen für die Benutzung von XML unter Java
vorgestellt, ein Blick auf die SAX-, DOM-, JDOM- und JAXP-APIs zur Manipulation
```

Beispiel 10-1: XML-Version von Java und XML (Fortsetzung)

```
von XML geworfen und schließlich die Grundlagen der Benutzung und Erzeugung
von XML selbst diskutiert. Nachdem Sie jetzt wissen, wie Sie XML von Ihrem Code
aus benutzen können, wenden wir uns jetzt spezifischen Applikationen zu.
Die nächsten sechs Kapitel beschäftigen sich mit den wichtigsten Anwendungen von
XML und speziell damit, wie diese Anwendungen im Java-Umfeld implementiert sind.
Während es natürlich Tausende von wichtigen Anwendungen von XML gibt, sind die
in den folgenden Kapiteln vorgestellten solche, die durch ihr Potential,
die Herangehensweise an Entwicklungsprozesse drastisch zu ändern, ständig im
Blickpunkt stehen.
    </paragraph>

    <sidebar title="Je mehr sich Dinge ändern, desto mehr bleiben sie die alten">
Leser der ersten Auflage werden bemerken, daß vieles bei der
Erläuterung von Cocoon in diesem Kapitel gleichgeblieben ist. Obwohl ich
versprochen habe, daß Cocoon 2 nun fertig wäre, und ich eigentlich darüber schreiben
wollte, ist die Entwicklung nicht so schnell fortgeschritten wie erwartet.
Stefano Mazzochi, die treibende Kraft hinter Cocoon, hat sich dazu durchgerungen,
die Schule abzuschließen (gute Entscheidung, Stefano!), und dadurch wurde die
Entwicklung von Cocoon 2 verlangsamt. Cocoon 1.x ist nach wie vor die aktuelle
Version, an die man sich halten sollte. Ich habe den Abschnitt über Cocoon 2 so
aktualisiert, daß er widerspiegelt, was kommen wird. Halten Sie in den nächsten
Monaten Ausschau nach mehr O'Reilly-Büchern zum Thema Cocoon.</sidebar>

    <paragraph> Die erste heiße Sache, der wir uns zuwenden werden, ist die
XML-Anwendung, die die meiste Begeisterung in der XML- und Java-Gemeinde ausgelöst
hat: die Web Publishing Frameworks. Ich habe ständig betont, daß die Möglichkeit,
die Präsentation aus dem Inhalt zu erzeugen, zu Ungunsten des Wertes der portablen
Darstellung, die XML zur Verfügung stellt, überbewertet wird. Die Benutzung
von XML zur Präsentation ist jedoch nach wie vor sehr wichtig. Diese Wichtigkeit
erhöht sich noch mit Blick auf Web-Anwendungen.</paragraph>
  </chapter>

  </contents>
</book>
```

Ein XSL Stylesheet zur Transformation dieses Dokuments nach HTML wurde bereits gezeigt. Die Konvertierung eines ganzen Kapitels nach HTML würde aber eine gigantische Datei zur Folge haben und sicherlich ein unlesbares Format ergeben; potentielle Leser, die online auf Dokumente zugreifen wollen, wünschen sich außerdem meist PDF als Ausgabeformat. Andererseits bedeutet die Variante mit einem statischen PDF-Dokument, daß man darauf achten muß, daß sich alle Änderungen im entsprechenden Kapitel auch in der PDF-Datei widerspiegeln. Sie müssen das Dokument also ständig neu erzeugen. Dagegen ist es mit nur einem XML-Dokument möglich, das Dokument einfach zu modifizieren (mit einem XML-Editor), es für den Ausdruck nach SGML zu konvertieren, es zu anderen Unternehmen zu transferieren oder in andere Applikationen zu importieren oder in andere Bücher einzufügen. Wenn man nun noch die Möglichkeit hinzunimmt, daß Web-Nutzer eine URL eingeben und das Dokument im PDF-Format geliefert bekommen, beschreibt dieser Satz an Features ein komplettes Publishing-System.

Dieses Buch beschreibt Formatting Objects und den FOP für Java-Bibliotheken nicht im Detail, Sie können aber die vollständige Formatting Objects-Definition in der XSL-Spezifikation des W3C unter *http://www.w3.org/TR/xsl/* einsehen. Beispiel 10-2 ist ein XSL-Stylesheet, das Formatting Objects benutzt, um eine für dieses Kapitel passende Transformation von XML in ein PDF-Dokument zu spezifizieren.

Beispiel 10-2: XSL-Stylesheet für die PDF-Transformation

```
<xsl:stylesheet version="1.0"
  xmlns:xsl="http://www.w3.org/1999/XSL/Transform"
  xmlns:fo="http://www.w3.org/1999/XSL/Format">

  <xsl:template match="book">
    <xsl:processing-instruction name="cocoon-format">
      type="text/xslfo"
    </xsl:processing-instruction>
    <fo:root xmlns:fo="http://www.w3.org/1999/XSL/Format">
      <fo:layout-master-set>
      <fo:simple-page-master
         master-name="right"
         margin-top="75pt"
         margin-bottom="25pt"
         margin-left="100pt"
         margin-right="50pt">
         <fo:region-body margin-bottom="50pt"/>
         <fo:region-after extent="25pt"/>
      </fo:simple-page-master>
      <fo:simple-page-master
         master-name="left"
         margin-top="75pt"
         margin-bottom="25pt"
         margin-left="50pt"
         margin-right="100pt">
         <fo:region-body margin-bottom="50pt"/>
         <fo:region-after extent="25pt"/>
      </fo:simple-page-master>
      <fo:page-sequence-master master-name="psmOddEven">
        <fo:repeatable-page-master-alternatives>
          <fo:conditional-page-master-reference
              master-name="right"
              page-position="first"/>
          <fo:conditional-page-master-reference
              master-name="right"
              odd-or-even="even"/>
          <fo:conditional-page-master-reference
              master-name="left"
              odd-or-even="odd"/>
          <!-- recommended fallback procedure -->
          <fo:conditional-page-master-reference
              master-name="right"/>
        </fo:repeatable-page-master-alternatives>
```

Beispiel 10-2: XSL-Stylesheet für die PDF-Transformation (Fortsetzung)

```
      </fo:page-sequence-master>
      </fo:layout-master-set>

      <fo:page-sequence master-name="psmOddEven">

        <fo:static-content flow-name="xsl-region-after">
          <fo:block text-align-last="center" font-size="10pt">
            <fo:page-number/>
          </fo:block>
        </fo:static-content>

        <fo:flow flow-name="xsl-region-body">
          <xsl:apply-templates/>
        </fo:flow>
      </fo:page-sequence>

    </fo:root>
</xsl:template>

<xsl:template match="cover">
  <fo:block font-size="10pt"
            space-before.optimum="10pt">
    <xsl:value-of select="title"/>
    (<xsl:value-of select="author"/>)
  </fo:block>
</xsl:template>

<xsl:template match="contents">
  <xsl:apply-templates/>
</xsl:template>

<xsl:template match="chapter">
  <fo:block font-size="24pt"
            text-align-last="center"
            space-before.optimum="24pt">
    <xsl:value-of select="@number" />.
    <xsl:value-of select="@title" />
    <xsl:apply-templates/>
  </fo:block>
</xsl:template>

<xsl:template match="paragraph">
  <fo:block font-size="12pt"
            space-before.optimum="12pt"
            text-align="justify">
    <xsl:apply-templates/>
  </fo:block>
</xsl:template>

<xsl:template match="sidebar">
```

Beispiel 10-2: XSL-Stylesheet für die PDF-Transformation (Fortsetzung)

```
    <fo:block font-size="14pt"
             font-style="italic"
             color="blue"
             space-before.optimum="16pt"
             text-align="center">
       <xsl:value-of select="@title" />
    </fo:block>
    <fo:block font-size="12pt"
             color="blue"
             space-before.optimum="16pt"
             text-align="justify">
       <xsl:apply-templates/>
    </fo:block>
  </xsl:template>
</xsl:stylesheet>
```

Wenn Sie diese beiden Dateien erzeugt und das Kapitel als *chapterTen.xml* und das Stylesheet als *JavaXML.fo.xsl* im Verzeichnis *XSL/* gespeichert haben, können Sie das Resultat in einem Browser bewundern. Dazu wird das Adobe Acrobat Reader-Plugin für den entsprechenden Webbrowser benötigt. Das Resultat ist in Abbildung 10-4 zu sehen.

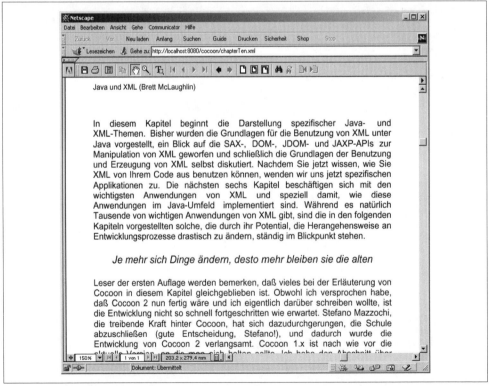

Abbildung 10-4: Resultat der Transformation von chapterTen.xml nach PDF

Browser-abhängige Formatierungen

Zusätzlich zu der Möglichkeit, speziell bestimmte Transformationen anzufordern, wie zum Beispiel die gezeigte Transformation nach PDF, erlaubt es Cocoon auch, eine dynamische Verarbeitung durchzuführen, die vom jeweiligen Request abhängt. Ein verbreitetes Beispiel dafür ist es, verschiedene Transformationen abhängig vom Medium des Clients durchzuführen. In einer traditionellen Web-Umgebung wird es dadurch möglich, ein XML-Dokument abhängig vom verwendeten Browser verschieden zu transformieren. Ein Client, der den Internet Explorer benutzt, könnte eine andere Präsentation übermittelt bekommen als einer, der zum Beispiel Netscape benutzt. Denkt man an die letzten Kriege zwischen verschiedenen Versionen von HTML, DHTML und JavaScript, die sich zwischen Microsoft und Netscape abgespielt haben, ist das ein sehr machtvolles Feature. Cocoon bietet von Haus aus Unterstützung für viele Browsertypen. Die Datei *cocoon.properties*, auf die ich weiter vorn schon eingegangen bin, enthält am Ende folgenden Abschnitt (dies kann bei neueren Versionen ein wenig abweichen):

```
###########################################
# User Agents (Browsers)                  #
###########################################

# Achtung: Die Zahlen geben die Suchreihenfolge an. Das ist SEHR, SEHR WICHTIG,
# da einige Wörter in mehr als einer Browser-Beschreibung vorkommen können.
# (MSIE wird durch "Mozilla/4.0 (Compatible; MSIE 4.01; ...") repräsentiert.)
#
# Zum Beispiel besagt das Tag "explorer=MSIE", daß das XSL-Stylesheet
# des Medientyps  "explorer" für die Browser verwendet werden soll, die
# den String "MSIE" in ihrem "user-Agent"-HTTP-Header haben.

browser.0 = explorer=MSIE
browser.1 = pocketexplorer=MSPIE
browser.2 = handweb=HandHTTP
browser.3 = avantgo=AvantGo
browser.4 = imode=DoCoMo
browser.5 = opera=Opera
browser.6 = lynx=Lynx
browser.7 = java=Java
browser.8 = wap=Nokia
browser.9 = wap=UP
browser.10 = wap=Wapalizer
browser.11 = mozilla5=Mozilla/5
browser.12 = mozilla5=Netscape6/
browser.13 = netscape=Mozilla
```

Die Schlüsselwörter nach dem ersten Gleichheitszeichen sind die, um die es geht: explorer, lynx, java und mozilla5 zum Beispiel unterscheiden alle verschiedene User-Agents – die Codes, die die Browser mit URL-Requests senden. Als Beispiel der davon abhängigen Anwendung von Stylesheets soll ein XSL-Stylesheet dienen, das benutzt wird, wenn ein Client auf die XML-Version des Inhaltsverzeichnisses (*contents.xml*) mit dem Internet

Explorer zugreift. Dazu müssen Sie zunächst eine Kopie des originalen XML-to-HTML-Stylesheets, *JavaXML.html.xsl*, unter dem Namen *JavaXML.explorer-html.xsl* anlegen. In dieser Datei müssen Sie nun die in Beispiel 10-3 gezeigten Änderungen durchführen.

Beispiel 10-3: Modifiziertes XSL-Stylesheet für den Internet Explorer

```
<?xml version="1.0"?>

<xsl:stylesheet xmlns:javaxml2="http://www.oreilly.com/javaxml2"
                xmlns:xsl="http://www.w3.org/1999/XSL/Transform"
                xmlns:ora="http://www.oreilly.com"
                version="1.0"
>

  <xsl:template match="javaxml2:book">
  <xsl:processing-instruction name="cocoon-format">
    type="text/html"
  </xsl:processing-instruction>
    <html>
      <head>
        <title>
          <xsl:value-of select="javaxml2:title" /> (Explorer Version)
        </title>
      </head>
      <body>
        <xsl:apply-templates select="*[not(self::javaxml2:title)]" />
      </body>
    </html>
  </xsl:template>

  <xsl:template match="javaxml2:contents">
    <center>
    <h2>Table of Contents (Explorer Version)</h2>
    <small>
      Try <a href="http://www.mozilla.org">Mozilla</a> today!
    </small>
    </center>
    <!-- Andere XSL-Direktiven -->
  </xsl:template>

  <!-- Andere XSL-Template-Matches -->

</xsl:stylesheet>
```

Auch wenn das ein recht triviales Beispiel ist, könnte man DHTML für den Internet Explorer 5.5 einfügen und normales HTML für Netscape Navigator oder Mozilla, die nicht so guten DHTML-Support bieten. So vorbereitet müssen Sie dem XML-Dokument nur noch mitteilen, daß es – wenn der Medientyp (oder User-Agent) mit dem in der Eigenschaftsdatei definierten Browsertyp übereinstimmt – ein anderes XSL-Stylesheet benutzen soll. Die dafür nötigen zusätzlichen Anweisungen werden, wie in Beispiel 10-4 gezeigt, zur Datei *contents.xml* hinzugefügt.

Beispiel 10-4: Modifizierte Datei contents.xml zur Beachtung des Medientyps
```
<?xml version="1.0"?>
<!DOCTYPE Book SYSTEM "DTD/JavaXML.dtd">
<?xml-stylesheet href="XSL/JavaXML.html.xsl" type="text/xsl"?>
<?xml-stylesheet href="XSL/JavaXML.explorer-html.xsl" type="text/xsl"
                 media="explorer"?>

<?cocoon-process type="xslt"?>

<!-- Java und XML-Inhalte -->
<book xmlns="http://www.oreilly.com/javaxml2"
      xmlns:ora="http://www.oreilly.com"
>
  <!-- XML-Inhalt -->
</book>
```

Ein Zugriff auf das Dokument mittels Netscape erzielt dasselbe Resultat wie zuvor, nach einem Zugriff mit dem Internet Explorer sieht man aber, daß es mit einem anderen Stylesheet transformiert wurde, und erhält das in Abbildung 10-5 dargestellte Resultat.

Abbildung 10-5: contents.xml, dargestellt mit dem Internet Explorer

WAP und XML

Eine der großen Stärken dieser dynamischen Anwendung von Stylesheets ist das Zusammenspiel mit Geräten zur drahtlosen Kommunikation. Werfen wir noch einen Blick auf die Eigenschaftsdatei:

```
##########################################
# User Agents (Browsers)                 #
##########################################

# Achtung: Die Zahlen geben die Suchreihenfolge an. Das ist SEHR, SEHR WICHTIG,
# da einige Wörter in mehr als einer Browser-Beschreibung vorkommen können.
# (MSIE wird durch "Mozilla/4.0 (Compatible; MSIE 4.01; ...") repräsentiert.)
#
# Zum Beispiel besagt das Tag "explorer=MSIE", daß das XSL-Stylesheet
# des Medientyps  "explorer" für die Browser verwendet werden soll, die
# den String "MSIE" in ihrem "user-Agent"-HTTP-Header haben.

browser.0 = explorer=MSIE
browser.1 = pocketexplorer=MSPIE
browser.2 = handweb=HandHTTP
browser.3 = avantgo=AvantGo
browser.4 = imode=DoCoMo
browser.5 = opera=Opera
browser.6 = lynx=Lynx
browser.7 = java=Java
browser.8 = wap=Nokia
browser.9 = wap=UP
browser.10 = wap=Wapalizer
browser.11 = mozilla5=Mozilla/5
browser.12 = mozilla5=Netscape6/
browser.13 = netscape=Mozilla
```

Die hervorgehobenen Einträge ermitteln, daß ein drahtloser Agent, wie zum Beispiel ein internetfähiges Mobiltelefon genutzt wird, um auf den Inhalt zuzugreifen. Genau wie Cocoon bemerkt hat, ob der benutzte Browser Netscape oder der Internet Explorer war, und darauf mit dem korrekten Stylesheet antwortete, kann ein WAP-Gerät ebenfalls mittels eines speziellen Stylesheets bedient werden. Dazu fügt man eine weitere Referenz auf ein Stylesheet in die Datei *contents.xml* ein:

```
<?xml version="1.0"?>
<!DOCTYPE Book SYSTEM "DTD/JavaXML.dtd">
<?xml-stylesheet href="XSL/JavaXML.html.xsl" type="text/xsl"?>
<?xml-stylesheet href="XSL/JavaXML.explorer-html.xsl" type="text/xsl"
                 media="explorer"?>
<?xml-stylesheet href="XSL/JavaXML.wml.xsl" type="text/xsl"
                 media="wap"?>

<?cocoon-process type="xslt"?>

<!-- Java- und XML-Inhalte-->
<book xmlns="http://www.oreilly.com/javaxml2">
```

```
       xmlns:ora="http://www.oreilly.com"
   >
     <!-- XML-Inhaltsverzeichnis-->
   </book>
```

Nun müssen Sie noch das neu referenzierte Stylesheet für WAP-Geräte erzeugen. Die Wireless Markup Language (WML) wird typischerweise benutzt, wenn ein Stylesheet für ein WAP-Gerät erstellt wird. WML ist eine Variante von HTML mit einer geringfügig anderen Methode der Repräsentation verschiedener Seiten. Wenn ein drahtloses Gerät eine URL anfordert, muß die Antwort innerhalb eines wml-Elements erfolgen. In diesem root-Element (Wurzel-Element) sind verschiedene *cards* (Karten) definiert, jede durch das WML-Element card. Das Endgerät lädt mehrere dieser Karten auf einmal herunter, damit nicht für jede neue Seite wieder ein Serverzugriff nötig ist. Eine solche Menge von Karten wird auch oft als *deck* (engl. für Stapel) bezeichnet. Beispiel 10-5 zeigt eine einfache WML-Seite, die diese Konstrukte benutzt.

Beispiel 10-5: Eine einfache WML-Seite

```
<wml>
 <card id="index" title="Home Page">
  <p align="left">
   <i>Hauptmen&uuml;</i><br />
   <a href="#title">Titelseite</a><br />
   <a href="#myPage">Meine Seite</a><br />
  <p>
 </card>

 <card id="title" title="Meine Titelseite">
  Willkommen auf  meiner Titelseite!<br />
  Ich bin so gl&uuml;cklich, Dich zu sehen.
 </card>

 <card id="myPage" title="Hallo, Welt">
  <p align="center">
   Hallo, Welt!
  </p>
 </card>
</wml>
```

Dieses einfache Beispiel zeigt auf Abfrage ein Menü und definiert zwei Seiten, auf die über Links von diesem Menü aus zugegriffen werden kann. Die vollständige WML 1.1-Spezifikation ist online mit einigen anderen WAP-Spezifikationen unter *http://www.wap-forum.org/what/technical_1_1.htm* verfügbar. Sie können außerdem auf das Buch *Learning WML and WMLScript* von Martin Frost (O'Reilly & Associates) zurückgreifen. Zusätzlich können Sie das UP.SDK unter *http://www.phone.com/products/upsdk.html* herunterladen; diese Software emuliert ein drahtloses Endgerät und erlaubt es, erstellte WML-Seiten zu testen. Damit können Sie XSL-Stylesheets für die Ausgabe von WML auf WAP-Endgeräten entwickeln und die Ergebnisse mit dem Browser des UP.SDK unter *http://<hostname>:<port>/contents.xml* testen.

Da die Displays von Mobiltelefonen sehr viel kleiner als Computerbildschirme sind, soll nur eine Untermenge der Informationen des XML-Inhaltsverzeichnisses angezeigt werden. Beispiel 10-6 ist ein XSL-Stylesheet, das drei Cards in WML erzeugt. Die erste ist ein Menü mit Links zu den zwei anderen. Die zweite generiert eine Auflistung des Inhaltsverzeichnisses aus der Datei *contents.xml*. Die dritte schließlich ist eine Seite, die eine einfache Copyright-Notiz enthält. Dieses Stylesheet wird unter *JavaXML.wml.xsl* im *XSL/*-Verzeichnis des Cocoon-Kontexts gespeichert.

Beispiel 10-6: WML-Stylesheet

```
<?xml version="1.0"?>

<xsl:stylesheet version="1.0"
                xmlns:xsl="http://www.w3.org/1999/XSL/Transform"
                xmlns:javaxml2="http://www.oreilly.com/javaxml2"
                xmlns:ora="http://www.oreilly.com"
                exclude-result-prefixes="javaxml2 ora"
>

 <xsl:template match="javaxml2:book">
  <xsl:processing-instruction name="cocoon-format">
    type="text/wml"
  </xsl:processing-instruction>

  <wml>
   <card id="index" title="{javaxml2:title}">
    <p align="center">
     <i><xsl:value-of select="javaxml2:title"/></i><br />
     <a href="#contents">Inhalte</a><br />
     <a href="#copyright">Copyright</a><br />
    </p>
   </card>

   <xsl:apply-templates select="javaxml2:contents" />

   <card id="copyright" title="Copyright">
    <p align="center">
     Copyright 2000, O&apos;Reilly &amp; Associates
    </p>
   </card>
  </wml>
 </xsl:template>

 <xsl:template match="javaxml2:contents">
  <card id="contents" title="Inhalte">
   <p align="center">
    <i>Contents</i><br />
    <xsl:for-each select="javaxml2:chapter">
     <xsl:value-of select="@number" />.
     <xsl:value-of select="@title" /><br />
```

Beispiel 10-6: WML-Stylesheet (Fortsetzung)

```
    </xsl:for-each>
   </p>
  </card>
 </xsl:template>

</xsl:stylesheet>
```

Bis auf die WML-Tags sollte das Beispiel vertraut aussehen. Es gibt eine Verarbeitungsanweisung für Cocoon mit dem Ziel `cocoon-format`. Die gesendeten Daten vom Typ `type="text/wml"` weisen Cocoon an, dieses Stylesheet mit einem Content Header auszuliefern, der anzeigt, daß der Inhalt `text/wml` (statt des normalen `text/html` oder `text/plain`) ist. Es gibt noch eine weitere wichtige Erweiterung – ein zum root-Element des Stylesheets hinzugefügtes Attribut:

```
<?xml version="1.0"?>

<xsl:stylesheet version="1.0"
           xmlns:xsl="http://www.w3.org/1999/XSL/Transform"
           xmlns:javaxml2="http://www.oreilly.com/javaxml2"
           xmlns:ora="http://www.oreilly.com"
           exclude-result-prefixes="javaxml2 ora"
>
```

Normalerweise werden irgendwelche den XML-Namensraum betreffenden Deklarationen, die nicht dem XSL-Namensraum angehören, dem root-Element des transformierten Ergebnisses hinzugefügt. In diesem Beispiel würden dem root-Element des transformierten Ergebnisses (`wml`) die mit den `javaxml2`- und `ora`-Präfixen verbundenen Namensraum-Deklarationen hinzugefügt:

```
<wml xmlns:javaxml2="http://www.oreilly.com/javaxml2"
     xmlns:ora="http://www.oreilly.com"
>
  <!-- WML-Inhalt -->
</wml>
```

Dies führt dazu, daß ein WAP-Browser einen Fehler meldet, denn `xmlns:javaxml2` und `xmlns:ora` sind keine erlaubten Attribute für das `wml`-Element. WAP-Browser sind nicht so nachsichtig wie HTML-Browser, und der Rest der WML-Seite würde nicht angezeigt. Sie müssen den Namensraum jedoch deklarieren, damit das XSL-Stylesheet das Template-Matching für das Quelldokument durchführen kann, welches den javaxml zugeordneten Namensraum benutzt. Um dieses Problem zu lösen, erlaubt es XSL, das Attribut exclude-result-prefixes zum xsl:stylesheet-Element hinzuzufügen. Das Namensraum-Präfix, das in diesem Attribut angegeben wird, wird nicht zum transformierten Ergebnis hinzugefügt, was genau unser Problem löst. Das Resultat sieht nun folgendermaßen aus:

```
<wml>
  <!-- WML-Inhalt -->
</wml>
```

Das wird von einem WAP-Browser wunderbar verstanden. Wenn Sie den UP.SDK-Browser heruntergeladen haben, können Sie damit auf das XML-Inhaltsverzeichnis zeigen und die Resultate bewundern. Abbildung 10-6 zeigt das Hauptmenü als Resultat der Transformation mit dem XML-Stylesheet, wenn ein WAP-Endgerät die Datei *contents.xml* über Cocoon anfordert.

Abbildung 10-6: Hauptmenü für Java und XML

 In der Version des UP.SDK-Browsers, die ich getestet habe, konnte die Referenz OReillyCopyright nicht aufgelöst werden. Ich mußte diese Zeile im XML auskommentieren, damit das Beispiel funktionierte. Sie werden das wahrscheinlich auch machen müssen, sollte dieser Bug noch nicht behoben sein.

Abbildung 10-7 zeigt das generierte Inhaltsverzeichnis, das Sie aufrufen, wenn Sie die »Link«-Schaltfläche aktivieren, wenn der Eintrag »Contents« angewählt ist.

Abbildung 10-7: WML-Inhaltsverzeichnis

Weitere Informationen zum Thema Entwicklung für drahtlose Endgeräte finden Sie unter *http://www.openwave.com*[2] und *http://www.wapforum.org*. Beide halten ausführliche Informationen zu den Themen WML und WAP bereit.

An diesem Punkt sollte klar sein, wie groß die Vielfalt an Möglichkeiten ist, verschiedenste Ausgaben mittels Cocoon zu erzeugen. Mit einem minimalen Arbeitsaufwand und einem zusätzlichen Stylesheet kann dasselbe XML-Dokument verschiedenen Arten von Clients in unterschiedlichen Formaten geliefert werden. Das ist nur ein Grund, warum Publishing Frameworks solch leistungsfähige Werkzeuge darstellen. Ohne XML und ein

---

2 Aufmerksamen Lesern wird das Fehlen von Referenzen auf phone.com auffallen; der Grund dafür ist, daß phone.com nun Teil von OpenWave ist, siehe auch *http://www.openwave.com*.

solches Framework müßten Sie für jede Art von Client eine eigene Site aufsetzen. Nachdem hier die Flexibilität bei der Generierung von Output mittels Cocoon beleuchtet wurde, wenden wir uns nun der Technologie innerhalb von Cocoon zu, die die dynamische Generierung und Anpassung des Inputs für diese Transformationen erlaubt.

XSP

XSP steht für Extensible Server Pages und ist vielleicht die wichtigste Entwicklung im Rahmen des Cocoon-Projekts. JavaServer Pages (JSP) erlauben es, Tags und inline Java-Code in eine ansonsten normale HTML-Seite zu integrieren. Wenn die JSP-Seite angefordert wird, wird der Code ausgeführt und die Ergebnisse werden in das endgültige HTML-Format eingesetzt.[3] Dieses Verfahren hat die Welt von Java und ASP im Sturm erobert, weil es vorgab, die serverseitige Java-Programmierung zu vereinfachen und die Separation von Inhalt und Präsentation zu erlauben. Dennoch sind einige wichtige Probleme noch immer nicht gelöst. Zunächst führen JSP nicht wirklich zu einer Trennung von Inhalt und Präsentation. Dieses Problem wurde schon einmal angesprochen: Änderungen an einem Banner, an der Schriftfarbe oder an der Schriftgröße erfordern es, die JSP (einschließlich des inline-Java und der JavaBeans-Referenzen) zu ändern. JSP vermischen außerdem Inhalt (die puren Daten) mit der Präsentation genauso, wie es auch mit statischem HTML passiert. Weiterhin existiert keine Möglichkeit, die JSP in irgendein anderes Format zu konvertieren oder sie anwendungsübergreifend zu benutzen, da die JSP-Spezifikation hauptsächlich für die Generierung von Output entworfen wurde.

XSP beendet diese Probleme. XSP ist unter der Haube einfach XML. Vergleichen Sie dazu die einfache XSP-Seite in Beispiel 10-7.

Beispiel 10-7: Eine einfache XSP-Seite
```
<?xml version="1.0" encoding="ISO-8859-1"?>
<?cocoon-process type="xsp"?>
<?cocoon-process type="xslt"?>
<?xml-stylesheet href="myStylesheet.xsl" type="text/xsl"?>

<xsp:page language="java"
          xmlns:xsp="http://www.apache.org/1999/XSP/Core"
>

 <xsp:logic>
  private static int numHits = 0;

  private synchronized int getNumHits() {
   return ++numHits;
```

---

[3] Das ist eine drastische Vereinfachung; eine JSP wird in Wahrheit in ein Servlet vorkompiliert und ein `PrintWriter` sorgt für die Ausgabe. Weitere Informationen über JSP finden Sie zum Beispiel in *JavaServer Pages* von Hans Bergsten (O'Reilly Verlag).

Beispiel 10-7: Eine einfache XSP-Seite (Fortsetzung)

```
  }
  </xsp:logic>

  <page>
    <title>Zugriffszähler</title>

    <p>Auf mich wurde schon <xsp:expr>getNumHits()</xsp:expr> mal zugegriffen.</p>
  </page>
</xsp:page>
```

Allen XML-Konventionen wird Genüge getan. Im Moment soll der Inhalt des xsp:logic-Elements einfach vom XML-Parser »ignoriert« werden; dazu später mehr. Ansonsten ist das Dokument einfach XML mit ein paar neuen Elementen. Es referenziert ein XSL-Stylesheet, das nichts Bemerkenswertes an sich hat, wie man in Beispiel 10-8 sehen kann.

Beispiel 10-8: Ein XSL-Stylesheet für die XSP-Seite

```
<?xml version="1.0"?>

<xsl:stylesheet version="1.0"
                xmlns:xsl="http://www.w3.org/1999/XSL/Transform"
>

  <xsl:template match="page">
    <xsl:processing-instruction name="cocoon-format">
      type="text/html"
    </xsl:processing-instruction>
    <html>
      <head>
        <title><xsl:value-of select="title"/></title>
      </head>
      <body>
        <xsl:apply-templates select="*[not(self::title)]" />
      </body>
    </html>
  </xsl:template>

  <xsl:template match="p">
    <p align="center">
      <xsl:apply-templates />
    </p>
  </xsl:template>

</xsl:stylesheet>
```

Aus diesem Grunde behandelt XSP das erste größere Problem von JSP mit Leichtigkeit: Es trennt den Inhalt von der Präsentation. Diese Trennung erlaubt es Entwicklern, sich um die Generierung des Inhalts zu kümmern (die XSP-Seite kann von einem Servlet oder von anderem Java-Code genauso generiert werden, wie sie auch statisch vorliegen kann).

XML- und XSL-Autoren können sich ganz auf die Präsentation und die Formatierung durch Modifikationen am für die jeweilige XSP-Seite zuständigen XSL-Stylesheet beschäftigen. Genausoleicht löst XSP das andere große Defizit von JSP: Da die Verarbeitung von XSP geschieht, bevor irgendein Stylesheet zur Anwendung kommt, kann das Resultat einfach in andere Formate konvertiert werden. XSP erbt alle Vorteile von XML, da eine XSP-Seite einfach zwischen Anwendungen ausgetauscht werden wie auch zur Präsentation benutzt werden kann.

Erzeugen einer XSP-Seite

Nach den einführenden Wörtern zu XSP wir es nun Zeit, selbst eine XSP-Seite zu erstellen. Für dieses Beispiel werden die schon vorhandenen XML-Dokumente weitergenutzt. Wir befassen uns zunächst mit dem XML-Dokument, das einen Ausschnitt dieses Kapitels darstellt. Dieses Dokument ist nach PDF konvertiert worden. Damit könnte es der Autor seinem Lektor ermöglichen, das Dokument zu sehen, während er daran arbeitet. Zusätzlich soll es aber auch möglich sein, daß der Lektor Bemerkungen des Autors einsehen kann, die anderen Lesern verborgen bleiben sollen: Zum Beispiel Fragen zum Stil und der Formatierung. Dazu wird zunächst die folgende Bemerkung in das Dokument *chapterTen.xml* eingefügt:

```
<?xml version="1.0" encoding="ISO-8859-1"?>

<?cocoon-process type="xslt"?>
<?xml-stylesheet href="XSL/JavaXML.fo.xsl" type="text/xsl"?>

<book>
 <cover>
  <title>Java und XML</title>
  <author>Brett McLaughlin</author>
 </cover>

 <contents>
  <chapter title="Web Publishing Frameworks" number="10">

   <paragraph> In diesem Kapitel beginnt die Darstellung spezifischer Java- und
    XML-Themen. Bisher  wurden die Grundlagen für die Benutzung von XML unter Java
    vorgestellt, ein Blick auf die SAX-, DOM-, JDOM- und JAXP-APIs zur Manipulation
    von XML geworfen und schließlich die Grundlagen der Benutzung und Erzeugung von
    XML selbst diskutiert. Nachdem Sie jetzt wissen, wie Sie XML von Ihrem Code aus
    benutzen können, wenden wir uns jetzt spezifischen Applikationen zu. Die nächsten
    sechs Kapitel beschäftigen sich mit den wichtigsten Anwendungen von XML und
    speziell damit, wie diese Anwendungen im Java-Umfeld implementiert sind. Während
    es natürlich Tausende von wichtigen Anwendungen von XML gibt, sind die in den
    folgenden Kapiteln vorgestellten solche, die durch ihr Potential, die
    Herangehensweise an Entwicklungsprozesse drastisch zu ändern, ständig im
    Blickpunkt stehen.
   </paragraph>
```

```
        <authorComment>Mike - Denkst Du, daß der folgende Einschub zu umfangreich
            ist? Ich könnte ihn auch weglassen, wenn es dann immer noch
            klar ist.
        </authorComment>

        <sidebar title="Je mehr sich Dinge ändern, desto mehr bleiben sie die alten">
Leser der ersten Auflage werden bemerken, daß vieles bei der Erläuterung von
Cocoon in diesem Kapitel gleichgeblieben ist. Obwohl ich versprochen habe, daß
Cocoon 2 nun fertig wäre, und ich eigentlich darüber schreiben wollte, ist die
Entwicklung nicht so schnell fortgeschritten wie erwartet. Stefano Mazzochi, die
treibende Kraft hinter Cocoon, hat sich dazu durchgerungen, die Schule
abzuschließen (gute Entscheidung, Stefano!), und dadurch wurde die Entwicklung von
Cocoon 2 verlangsamt. Cocoon 1.x  ist nach wie vor die aktuelle Version, an die
man sich halten sollte. Ich habe den Abschnitt über Cocoon 2 so aktualisiert, daß
er widerspiegelt, was kommen wird. Halten Sie in den nächsten Monaten Ausschau
nach mehr O'Reilly-Büchern zum Thema Cocoon</sidebar>

        <paragraph> Die erste heiße Sache, der wir uns zuwenden werden, ist die XML-
Anwendung, die die meiste Begeisterung in der XML- und Java-Gemeinde ausgelöst
hat: die Web Publishing Frameworks. Ich habe ständig betont, daß die Möglichkeit,
die Präsentation aus dem Inhalt zu erzeugen, zu Ungunsten des Wertes der portablen
Darstellung, die XML zur Verfügung stellt, überbewertet wird. Die Benutzung von
XML zur Präsentation ist jedoch nach wie vor sehr wichtig. Diese Wichtigkeit
erhöht sich noch mit Blick auf Web-Anwendungen</paragraph>
     </chapter>

  </contents>
</book>
```

Wegen dieser Anmerkung im XML-Dokument ist noch ein Eintrag im entsprechenden XSLStylesheet *JavaXML.fo.xsl* nötig:

```
    <xsl:template match="sidebar">
      <fo:block font-size="14pt"
              font-style="italic"
              color="blue"
              space-before.optimum="16pt"
              text-align="center">
        <xsl:value-of select="@title" />
      </fo:block>
      <fo:block font-size="12pt"
              color="blue"
              space-before.optimum="16pt"
              text-align="justify">
        <xsl:apply-templates/>
      </fo:block>
    </xsl:template>

    <xsl:template match="authorComment">
      <fo:block font-size="10pt"
              font-style="italic"
              color="red"
              space-before.optimum="12pt"
```

```
                text-align="justify">
    <xsl:apply-templates/>
  </fo:block>
</xsl:template>
```

Die Anmerkungen erscheinen ein wenig kleiner als der Rest des Texts, kursiv und in roter Farbe. Nun ist es möglich, das XML-Dokument (wie in Beispiel 10-9 gezeigt) durch Hinzufügen von Verarbeitungsanweisungen für Cocoon und durch das Einschließen der Elemente durch ein neues root-Element (xsp:page) in eine XSP-Seite zu verwandeln.

Beispiel 10-9: Verwandlung von chapterTen.xml in eine XSP-Seite

```
<?xml version="1.0"?>

<?cocoon-process type="xsp"?>
<?cocoon-process type="xslt"?>
<?xml-stylesheet href="XSL/JavaXML.fo.xsl" type="text/xsl"?>

<xsp:page language="java"
          xmlns:xsp="http://www.apache.org/1999/XSP/Core"
>
<book>
 <cover>
  <title>Java und XML</title>
  <author>Brett McLaughlin</author>
 </cover>

 <contents>
  <chapter title="Web Publishing Frameworks" number="10">
  <!-- Text des Kapitels -->
  </chapter>
 </contents>
</book>
</xsp:page>
```

Bevor nun die XSP-Logik für die Entscheidung, ob die Anmerkungen gezeigt werden sollen, geschrieben wird, wird noch eine einfache HTML-Seite erzeugt, die es dem Nutzer erlaubt anzugeben, ob er der Lektor für das Buch ist. In einer realen Anwendung könnte das die Seite sein, die die Authentifizierung regelt und die Rolle des Nutzers ermittelt; für dieses Beispiel kann man zwischen Autor, Lektor und neugierigem Nutzer wählen. Außerdem wird ein Paßwort zur Verifikation verlangt. Die HTML-Seite dazu wird in Beispiel 10-10 gezeigt. Diese Datei wird als *entry.html* in der Dokumentwurzel des Kontexts gespeichert.

Beispiel 10-10: Startseite für chapterTen.xml als XSP-Seite

```
<html>
 <head>
  <title>Willkommen bei dem in der Entstehung begriffenen Buch Java und XML</title>
 </head>
```

Beispiel 10-10: Startseite für chapterTen.xml als XSP-Seite (Fortsetzung)

```
<body>
 <h1 align="center">Das Buch <i>Java und XML</i> in der Entstehung</h1>
 <center>
  <form action="/cocoon/chapterTen.xml" method="POST">
   Select your role:
   <select name="userRole">
    <option value="author">Autor</option>
    <option value="editor">Lektor</option>
    <option value="reader">Leser</option>
   </select>
   <br />
   Geben Sie Ihr Pa&szlig;wort ein:
   <input type="password" name="password" size="8" />
   <br /><br />
   <input type="submit" value="Bring mich zum Buch!" />
  </form>
 </center>
</body>
</html>
```

Diese HTML-Seite sendet die Form-Daten direkt an die XSP-Seite. In diesem Beispiel arbeitet die XSP-Seite wie ein Servlet. Sie liest die übergebenen Parameter, bestimmt, welche Nutzerrolle gewählt wurde, authentifiziert diese mittels des Paßworts und entscheidet letztlich, ob die Kommentare angezeigt werden sollen oder nicht. Dazu wird zunächst eine boolean-Variable definiert, die das Resultat des Vergleichs der Request-Parameter daraufhin enthält, ob der Nutzer Autor oder Lektor ist und das korrekte Paßwort angab. Der Wert dieser Variablen wird geprüft, und wenn er true ist, werden die authorComment-Elemente angezeigt. Dazu müssen diese in die hier gezeigten XSP-Direktiven eingeschlossen werden:

```
<xsp:logic>
 boolean authorOrEditor = false;

 // Logik zur Entscheidung ob Nutzer Autor oder Lektor ist

 if (authorOrEditor) {
   <xsp:content>
     <authorComment>Mike - Denkst Du, daß der folgende Einschub zu umfangreich
     ist? Ich könnte ihn auch weglassen, wenn es dann immer noch
     klar ist.</authorComment>
   </xsp:content>
 }
</xsp:logic>
```

Das sieht auch nicht sehr seltsam aus; außer den XSP-spezifischen Tags wird nur eine Variable definiert und getestet. Wenn die Variable true ist, wird das authorComment-Element in die Ausgabe der XSP-Seite eingefügt. Wenn der Wert false ist, wird es ignoriert. Eine interessante Sache, auf die ich noch hinweisen möchte, ist, daß der eigentliche

XML-Teil innerhalb eines xsp:content-Elements in einen xsp:logic-Block eingeschlossen ist (der wiederum innerhalb des äußeren xsp:page-Elements steht), um sicherzustellen, daß der XSP-Prozessor nicht versucht, Elemente oder Text innerhalb des Blocks als XSP-Strukturen zu interpretieren. Die gleiche Funktionalität könnte in JSP wie folgt aussehen:

```
<%
  if (authorOrEditor) {
%>
        <authorComment>Mike - Denkst Du, daß der folgende Einschub zu
        umfangreich ist? Ich kann ihn auch rauslassen, wenn es auch ohne
        klar ist.</authorComment>
<%
  }
%>
```

Das ist nicht sehr strukturiert, da der JSP-Block endet, bevor das authorComment-Element beginnt; dann wird noch ein Block nach dem Element angehängt, der die im ersten Block geöffnete Klammer schließt. Es ist sehr leicht möglich, Code-Strukturen falsch aufeinander abzustimmen oder schließende Blöcke zu vergessen. Das XSP-Paradigma verlangt zu jedem öffnenden ein schließendes Element (die Standard-XML-Eigenschaft der Wohlgeformtheit), außerdem ist einem Element immer ein Block zugeordnet.

Mit diesen logischen Strukturen im Dokument muß die XSP-Seite nur noch die Request-Parameter interpretieren. Sie können dazu die eingebaute XSP-Variable request benutzen, die das Verhalten des javax.servlet.http.HttpServletRequest-Objekts nachbildet. Die folgenden Erweiterungen im Code lesen die Werte der Request-Variablen userRole und password (wenn sie existieren). Der Wert von userRole wird daraufhin mit den Rollen verglichen, die die Bemerkungen sehen sollen (»author« und »editor«). Wenn eine Übereinstimmung gefunden wird, wird außerdem das Paßwort überprüft. Wenn es mit dem Schlüssel für die entsprechende Rolle übereinstimmt, wird der boolean-Variable der Wert true zugewiesen und das authorComment-Element wird Teil der XML-Ausgabe:

```
<xsp:logic>
  boolean authorOrEditor = false;

  // Logik zur Entscheidung ob Nutzer Autor oder Lektor ist
<![CDATA[
String[] roleValues = request.getParameterValues("userRole");
String[] passwordValues = request.getParameterValues("password");
if ((roleValues != null) && (passwordValues != null)) {
  String userRole = roleValues[0];
  String password = passwordValues[0];
  if (userRole.equals("author") && password.equals("brett")) {
    authorOrEditor = true;
  } else
    if (userRole.equals("editor") && password.equals("mike")) {
      authorOrEditor = true;
    }
}
```

```
        ]]>
            if (authorOrEditor) {
        ...
```

Beachten Sie bitte, daß ein großer Teil der Logik in ein CDATA-Tag eingeschlossen ist. XSP wird nach wie vor als XML ausgewertet und muß demzufolge den Regeln für ein XML-Dokument entsprechen; die doppelten Anführungszeichen und das »&« in den Java-Teilen sind aber in XML-Dokumenten nicht erlaubt. Anstatt diese Zeichen zu quoten und ein ziemlich seltsam aussehendes XML-Dokument zu erhalten, können Sie das CDATA-Tag benutzen und einfach normalen Java-Code schreiben. Sonst müßten Sie folgenden Code schreiben:

```
<xsp:logic>
  boolean authorOrEditor = false;

  String[] roleValues =
    request.getParameterValues(&quot;userRole&quot;);
  String[] passwordValues =
    request.getParameterValues(&quot;password&quot;);
  if ((roleValues != null) &amp;&amp;
     (passwordValues != null)) {
    String userRole = roleValues[0];
    String password = passwordValues[0];
    if (userRole.equals("author") &amp;&amp;
        password.equals("brett")) {
      authorOrEditor = true;
    } else
    if (userRole.equals("editor") &amp;&amp;
        password.equals("mike")) {
      authorOrEditor = true;
    }
  }
  ...
</xsp:logic>
```

Nun können die Authentifizierungsseite und das aus dem XML generierte PDF-Dokument getestet werden. Die Ausgabe sollte ähnlich wie Abbildung 10-8 aussehen, wenn Sie mit einem Browser auf *http://<hostname>:<port>/cocoon/entry.html* zugreifen.

Sie können mittels des Paßwortes »brett« in die Rolle des Autors schlüpfen, das Paßwort für die Rolle als Lektor ist »mike«. In beiden Fällen erhalten Sie die in Abbildung 10-9 gezeigte PDF-Ausgabe.

Eine Sache, die bisher noch fehlt, ist die Trennung von Inhalt und Logik der Seite. Genau wie JSP die Benutzung von JavaBeans zur Abstraktion der Logik von Inhalt und Präsentation einer Seite gestattet, können Sie bei XSP sogenannte Tag-Libraries (Tag-Bibliotheken) erstellen. Solche Bibliotheken definieren Tags, die die Ausführung des entsprechenden Codes in der Bibliothek auslösen können.

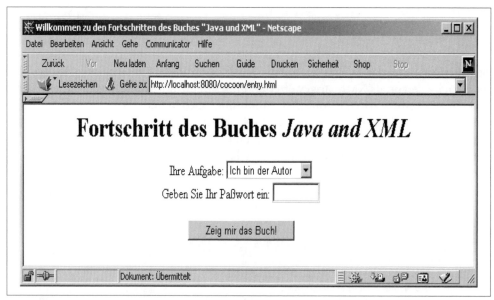

Abbildung 10-8: Startseite für chapterTen.xml als XSP-Seite

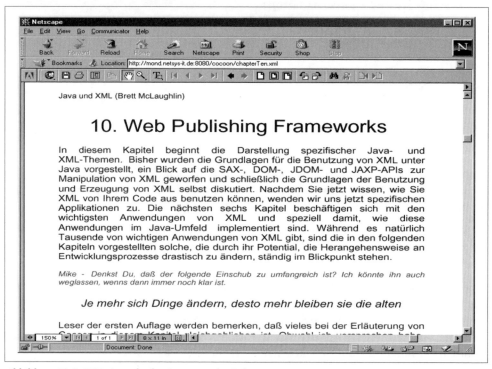

Abbildung 10-9: XSP-Ausgabe für Autoren oder Lektoren

Benutzung von XSP-Tag-Libraries

Zusätzlich zu der Anzeige, die von der Identität des Nutzers abhängt, könnte die XSP-Seite noch anzeigen, ob sich das betrachtete Kapitel im Entwurfsstadium befindet. Dazu könnte das aktuelle Datum des Entwurfs angezeigt werden (das eingefroren wird, wenn das Kapitel komplett ist). Anstatt inline Java-Code einzufügen, soll diese Funktionalität über eine selbsterstellte Tag-Library realisiert werden. Außerdem wird ein XSP-Element kreiert, das aus der Kapitelnummer und dem Titel die fertige Überschrift formatiert. Diese Funktion wird außerdem das Datum des Entwurfs einfügen. Um dies zu erreichen, müssen Sie zunächst eine Tag-Library erstellen, auf die die XSP-Seite zugreifen kann. Ein Großteil der Tag-Library basiert auf einem XSL-Stylesheet. Ein möglicher Ausgangspunkt dafür ist das in Beispiel 10-11 gezeigte Beispiel, welches einfach jeglichen Input unverändert weiterleitet. Dieses Skelett wird als *JavaXML.xsp.xsl* im Verzeichnis *XSL/* gespeichert. Wichtig ist die javaxml2-Namensraum-Deklaration, die gebraucht wird, um Elemente dieses Namensraumes zu erkennen, die in XSP-Seiten verwendet werden.

Beispiel 10-11: Skelett einer XSP-Tag-Library

```
<?xml version="1.0"?>

<xsl:stylesheet version="1.0"
  xmlns:xsl="http://www.w3.org/1999/XSL/Transform"
  xmlns:xsp="http://www.apache.org/1999/XSP/Core"
  xmlns:javaxml2="http://www.oreilly.com/javaxml2"
>
  <xsl:template match="xsp:page">
    <xsp:page>
      <xsl:copy>
        <xsl:apply-templates select="@*"/>
      </xsl:copy>

      <xsl:apply-templates/>
    </xsp:page>
  </xsl:template>

  <xsl:template match="@*|*|text()|processing-instruction( )">
    <xsl:copy>
      <xsl:apply-templates
          select="@*|*|text()|processing-instruction( )"/>
    </xsl:copy>
  </xsl:template>

</xsl:stylesheet>
```

Durch das xsp:page-Tag wird es möglich, alle Elemente innerhalb dieses Stylesheets zu behandeln. Im XSP-Sprachgebrauch heißt so etwas *logicsheet*. Nun kann man Java-Methoden einfügen, die die Templates dieses Logicsheets aufrufen sollen:

```
<xsl:template match="xsp:page">
  <xsp:page>
    <xsl:copy>
      <xsl:apply-templates select="@*"/>
    </xsl:copy>

    <xsp:structure>
      <xsp:include>java.util.Date</xsp:include>
      <xsp:include>java.text.SimpleDateFormat</xsp:include>
    </xsp:structure>

    <xsp:logic>
      private static String getDraftDate( ) {
        return (new SimpleDateFormat("MM/dd/yyyy"))
          .format(new Date( ));
      }

      private static String getTitle(int chapterNum,
                                     String chapterTitle) {
        return chapterNum + ". " + chapterTitle;
      }
    </xsp:logic>

    <xsl:apply-templates/>
  </xsp:page>
</xsl:template>
```

Hier wurden mehrere neue XSP-Elemente eingeführt: Zunächst umschließt `xsp:structure` mehrere `xsp:include`-Anweisungen. Diese bewirken genau dasselbe wie ihr Java-Gegenstück `import`. Dadurch kann man die entsprechenden Java-Klassen mit den bloßen Klassennamen ansprechen und muß nicht den vollständigen Namen mit Package benutzen. Nachdem dieser Zugriff möglich ist, werden zwei Methoden definiert und implementiert: Eine, die die Kapitelüberschrift aus Kapitelnummer und -titel erzeugt, und eine zweite, die das aktuelle Datum als formatierten `String` liefert. Alle Elemente dieses Logicsheets können auf beide Methoden zugreifen.

Nun wird das Element spezifiziert, das angibt, wann ein XSP-Resultat ein XML-Element ersetzen soll. Der Namensraum `javaxml2` ist bereits im root-Element deklariert, so daß er für die neuen Elemente in der Tag-Library verwendet werden kann. Folgendes Template kann nun in das Logicsheet eingefügt werden:

```
<!-- Create formatted title -->
<xsl:template match="javaxml2:draftTitle">
  <xsp:expr>getTitle(<xsl:value-of select="@chapterNum" />,
                "<xsl:value-of select="@chapterTitle" />")
  </xsp:expr> (<xsp:expr>getDraftDate( )</xsp:expr>)
</xsl:template>

<xsl:template match="@*|*|text()|processing-instruction( )">
  <xsl:copy>
    <xsl:apply-templates
```

```
            select="@*|*|text()|processing-instruction( )"/>
    </xsl:copy>
</xsl:template>
```

Wenn ein Dokument mit dieser Tag-Library das Element javaxml2:draftTitle verwendet (oder nur draftTitle, wenn der Standard-Namensraum auf *http://www.oreilly.com/ javaxml2* gesetzt ist), wird das Resultat von getTitle( ) dem Wert der Methode getDraftDate( ) vorangestellt. Das Element javaxml2:draftTitle erwartet außerdem zwei Argumente: die Nummer und den Titel des Kapitels. Der XSP-Prozessor erkennt am Einschließen des Methodenaufrufs in <xsp:expr>-Tags, daß eine definierte Methode aufgerufen werden soll. Das Einschließen des zweiten Arguments (des Titels) in Anführungszeichen zeigt an, daß es sich um einen String handelt. Da die Kapitelnummer als int behandelt werden soll, werden hier die Anführungszeichen weggelassen.

Wenn das XSP-Logicsheet (ebenfalls auf der Website des Buches erhältlich) fertiggestellt ist, müssen Sie nur noch dafür sorgen, daß Cocoon darauf zugreifen kann. Das kann man auf zwei Arten erreichen. Die erste ist, den Ort der Datei als URI anzugeben, um der Servlet-Engine (und damit Cocoon) zu erlauben, sie zu finden. Um zum Beispiel das XSP-Logicsheet mittels seiner URI zur Ressourcenliste von Cocoon hinzuzufügen, müssen Sie folgende Zeilen zu der Datei *cocoon.properties* auf einem Unix-basierten System hinzufügen:

```
# Zuordnen der Bibliotheken und der zugehörigen Namensräume.
# Syntax:
#   processor.xsp.logicsheet.<namespace-tag>.<language> = URL zur Datei
# wobei "URL zur Datei" gewöhnlich mit file:// beginnt, wenn die Library im
# lokalen Dateisystem zu finden ist
processor.xsp.logicsheet.context.java  =
resource://org/apache/cocoon/processor/xsp/library/java/context.xsl
processor.xsp.logicsheet.cookie.java   =
resource://org/apache/cocoon/processor/xsp/library/java/cookie.xsl
processor.xsp.logicsheet.global.java   =
resource://org/apache/cocoon/processor/xsp/library/java/global.xsl
processor.xsp.logicsheet.request.java  =
resource://org/apache/cocoon/processor/xsp/library/java/request.xsl
processor.xsp.logicsheet.response.java =
resource://org/apache/cocoon/processor/xsp/library/java/response.xsl
processor.xsp.logicsheet.session.java  =
resource://org/apache/cocoon/processor/xsp/library/java/session.xsl
processor.xsp.logicsheet.util.java     =
   resource://org/apache/cocoon/processor/xsp/library/java/util.xsl
processor.xsp.logicsheet.sql.java      =
   resource://org/apache/cocoon/processor/xsp/library/sql/sql.xsl
processor.xsp.logicsheet.esql.java     =
   resource://org/apache/cocoon/processor/xsp/library/sql/esql.xsl
processor.xsp.logicsheet.fp.java       =
   resource://org/apache/cocoon/processor/xsp/library/fp/fp.xsl

processor.xsp.library.JavaXML.java =
   file:///usr/local/jakarta-tomcat/webapps/cocoon/XSL/JavaXML.xsp.xsl
```

Für ein Windows-System wäre das:

```
# Zuordnen der Bibliotheken und der zugehörigen Namensräume.
# Syntax:
#    processor.xsp.logicsheet.<namespace-tag>.<language> = URL zur Datei
# wobei "URL zur Datei" gewöhnlich mit file:// beginnt, wenn die Library im
# lokalen Dateisystem zu finden ist
processor.xsp.logicsheet.context.java =
resource://org/apache/cocoon/processor/xsp/library/java/context.xsl
processor.xsp.logicsheet.cookie.java  =
resource://org/apache/cocoon/processor/xsp/library/java/cookie.xsl
processor.xsp.logicsheet.global.java  =
resource://org/apache/cocoon/processor/xsp/library/java/global.xsl
processor.xsp.logicsheet.request.java =
resource://org/apache/cocoon/processor/xsp/library/java/request.xsl
processor.xsp.logicsheet.response.java =
resource://org/apache/cocoon/processor/xsp/library/java/response.xsl
processor.xsp.logicsheet.session.java =
resource://org/apache/cocoon/processor/xsp/library/java/session.xsl
processor.xsp.logicsheet.util.java    =
   resource://org/apache/cocoon/processor/xsp/library/java/util.xsl
processor.xsp.logicsheet.sql.java     =
   resource://org/apache/cocoon/processor/xsp/library/sql/sql.xsl
processor.xsp.logicsheet.esql.java       =
   resource://org/apache/cocoon/processor/xsp/library/sql/esql.xsl
processor.xsp.logicsheet.fp.java      =
   resource://org/apache/cocoon/processor/xsp/library/fp/fp.xsl
```

```
processor.xsp.library.javaxml2.java =
   file:///C:/java/jakarta-tomcat/webapps/cocoon/XSL/JavaXML.xsp.xsl
```

Während dieses Tag gut zum Testen geeignet ist, stellt es keine gute Lösung für die Trennung der Logicsheets von der Servlet-Engine dar und sorgt für einen ziemlichen Administrationsmehraufwand beim Hinzufügen neuer Logicsheets: Für jedes neue Logicsheet müßten Sie die Datei *cocoon.properties* um eine weitere Zeile erweitern. Es ist ebenfalls möglich, der Servlet-Engine über ihren Klassenpfad eine weitere Ressource hinzuzufügen. Damit können Sie selbsterstellte Logicsheets in einer *jar*-Datei zusammenfassen und diese zum Klassenpfad der Servlet-Engine hinzufügen (was bei Tomcat bedeutet, sie einfach in das Verzeichnis *lib/* zu kopieren!). Neue Logicsheets können einfach zu der bestehenden *jar*-Datei hinzugefügt werden, womit Sie eine zentrale Stelle zur Speicherung Ihrer XSP-Logicsheets geschaffen haben. Im Verzeichnis *XSL/* in der Document-Root des Webservers wird die entsprechende *jar*-Datei wie folgt erstellt:

```
jar cvf logicsheets.jar JavaXML.xsp.xsl
```

Die entstehende Datei *logicsheets.jar* wird anschließend in das Verzeichnis *TOMCAT_HOME/lib/* zu den anderen Cocoon-Bibliotheken kopiert. Damit wird sichergestellt, daß Tomcat die Bibliothek beim Start lädt. Mit dem nun verfügbaren Logicsheet müssen Sie Cocoon noch wissen lassen, wo es nach Referenzen zum javaxml2-Namensraum aus den

XSP-Seiten schauen soll. Dazu ist die Datei *cocoon.properties* zu editieren; in dem Abschnitt mit den verschiedenen XSP-Ressourcen wird die neue Referenz auf das Logicsheet eingefügt:

```
# Zuordnen der Bibliotheken und der zugehörigen Namensräume.
# Syntax:
#    processor.xsp.logicsheet.<namespace-tag>.<language> = URL zur Datei
# wobei "URL zur Datei" gewöhnlich mit file:// beginnt, wenn die Library im
# lokalen Dateisystem zu finden ist
processor.xsp.logicsheet.context.java   =
   resource://org/apache/cocoon/processor/xsp/library/java/context.xsl
processor.xsp.logicsheet.cookie.java    =
   resource://org/apache/cocoon/processor/xsp/library/java/cookie.xsl
processor.xsp.logicsheet.global.java    =
   resource://org/apache/cocoon/processor/xsp/library/java/global.xsl
processor.xsp.logicsheet.request.java   =
   resource://org/apache/cocoon/processor/xsp/library/java/request.xsl
processor.xsp.logicsheet.response.java  =
   resource://org/apache/cocoon/processor/xsp/library/java/response.xsl
processor.xsp.logicsheet.session.java   =
   resource://org/apache/cocoon/processor/xsp/library/java/session.xsl
processor.xsp.logicsheet.util.java      =
   resource://org/apache/cocoon/processor/xsp/library/java/util.xsl
processor.xsp.logicsheet.sql.java       =
   resource://org/apache/cocoon/processor/xsp/library/sql/sql.xsl
processor.xsp.logicsheet.esql.java      =
   resource://org/apache/cocoon/processor/xsp/library/sql/esql.xsl
processor.xsp.logicsheet.fp.java        =
   resource://org/apache/cocoon/processor/xsp/library/fp/fp.xsl
```

`processor.xsp.logicsheet.javaxml2.java = resource://JavaXML.xsp.xsl`

Da sich das Logicsheet innerhalb der Datei *logicsheets.jar* nicht in irgendwelchen Unterverzeichnissen befindet, kann man einfach den Namen des Logicsheets als Pfad der Ressource verwenden. Nunmehr muß die Servlet-Engine noch neu gestartet werden (womit Sie gleichzeitig sicherstellen, daß die neue Tag-Library auch geladen wird). Das lädt auch die Datei *cocoon.properties* neu und damit steht das Logicsheet zur Verwendung bereit. Da die Cocoon-Engine zur Behandlung von Requests benutzt wird, hat jede XSP-Seite, die die Benutzung des `javaxml2`-Namensraums deklariert, Zugriff auf das Logicsheet, das als `javaxml2`-Library spezifiziert wurde. Daher muß der XSP-Seite noch eine Namensraum-Deklaration für den Namensraum `javaxml2` hinzugefügt werden:

```
<?xml version="1.0"?>

<?cocoon-process type="xsp"?>
<?cocoon-process type="xslt"?>
<?xml-stylesheet href="XSL/JavaXML.fo.xsl" type="text/xsl"?>

<xsp:page language="java"
          xmlns:xsp="http://www.apache.org/1999/XSP/Core"
          xmlns:javaxml2="http://www.oreilly.com/javaxml2"
```

```
     >
     <book>
       <!-- Book content -->
     </book>
</xsp:page>
```

Da die Tag-Library jetzt benutzt werden kann, kann das neue Element `javaxml2:draft-Title` im XML-Dokument *chapterTen.xml* verwendet werden:

```
<contents>
   <chapter title="Web Publishing Frameworks" number="10">
     <javaxml2:draftTitle chapterNum="10"
                      chapterTitle="Web Publishing Framework" />
...
```

Sie müssen dazu die normale Kapitelüberschrift durch das in der XSP-Tag-Library definierte Element ersetzen und dazu die folgende Änderung in der Stylesheet-Datei *JavaXML.fo.xsl* vornehmen:

```
<xsl:template match="chapter">
   <fo:block font-size="24pt"
             text-align-last="center"
             space-before.optimum="24pt">
<!--
      <xsl:value-of select="@number" />.
      <xsl:value-of select="@title" />
-->
      <xsl:apply-templates/>
   </fo:block>
</xsl:template>
```

Das sollte die Überschrift mit der Kapitelnummer, dem Titel und dem Datum des Entwurfs ergeben. Wenn Sie auf diese neue Version der XSP-Seite zugreifen, erhalten Sie das in Abbildung 10-10 gezeigte Ergebnis.

Hier wurde nur an der Oberfläche von XSP gekratzt. Bereits dieses einfache Beispiel erlaubt es, die Überschrift durch bloße Änderungen des Logicsheets und ohne Änderungen an Präsentation oder Inhalt in eine völlig andere Form zu bringen, wenn das Kapitel abgeschlossen ist. Auf die gleiche Art erlaubt es XSP, sehr strikte Übereinkünfte zur Trennung der Präsentation von der Logik und vom Inhalt zu kreieren. Das Hinzufügen serverseitiger Komponenten, wie zum Beispiel Enterprise JavaBeans, kann Geschäftslogik mit ins Boot holen. Anders als die Benutzung einer weniger flexiblen Lösung wie JSP, die mit HTML an ein Präsentationsformat gekoppelt ist, erlaubt es die Benutzung von XSP, die Komponenten weniger eng zu koppeln, und ist damit eine bessere Lösung zur Applikationsentwicklung. XSP verspricht außerdem, einer der zentralen Punkte in Cocoon 2.0 zu werden, auf das ich als nächstes einen Blick werfen werde.

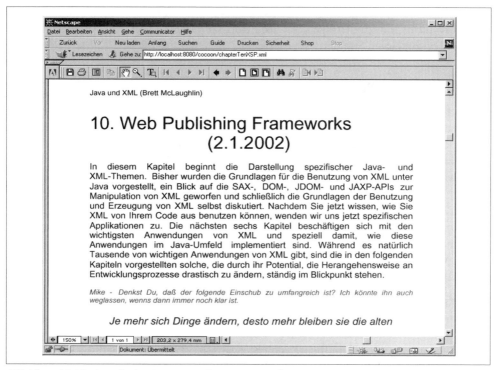

Abbildung 10-10: Ausgabe bei Benutzung der XSP-Tag-Library

Cocoon 2.0 und darüber hinaus

Cocoon 2.0 als nächste Generation von Cocoon verspricht für Web Publishing Frameworks einen riesigen Schritt vorwärts. Cocoon 1.x, das im wesentlichen auf der Transformation von XML mittels XSL beruht, weist noch gravierende Einschränkungen auf. Erstens reduziert es die Kosten der Administration und Pflege großer Sites nicht wesentlich. Während ein Dokument in viele verschiedene Client-Ansichten umgewandelt werden kann, existiert dennoch eine große Anzahl an Dokumenten. Generell resultieren daraus entweder lange URIs (wie zum Beispiel */content/publishing/books/javaxml/contents.xml*), eine große Anzahl virtueller Mappings (*/javaxml* zu */content/publishing/books/javaxml*) oder eine Kombination der beiden. Zusätzlich ist eine strikte Trennung der Präsentation, der Logik und des Inhalts untereinander schwierig zu erreichen und noch schwieriger aufrechtzuerhalten.

Cocoon 2 konzentriert sich auf die Kontrakte zwischen diesen drei Schichten und versucht dadurch, die Kosten des Managements niedrig zu halten. XSP ist der Mittelpunkt dieses Designs. Weiterhin wird versucht, durch das Konzept der Sitemap die Trennung zwischen XSP-, XML- und statischen HTML-Seiten vor dem neugierigen Nutzer zu verbergen. Weiterhin werden fortgeschrittene Überlegungen zur Vorkompilierung und zum Speicherverbrauch dazu beitragen, daß sich Cocoon 2.0 mehr von Cocoon 1.x abhebt als Cocoon 1.x von einem Standard-Webserver.

Servlet-Engine Mappings

Eine bedeutende Änderung in Cocoon 2 ist, daß es nicht mehr länger ein einfaches Mapping für XML-Dokumente verlangt. Obwohl das in der Version 1.x gut funktioniert, überläßt es doch das Management der Nicht-XML-Dokumente dem Web-Master. Das ist möglicherweise eine ganz andere Person als derjenige, der für die XML-Dokumente verantwortlich ist. Cocoon 2 versucht nun, das Management der gesamten Webseite zu übernehmen. Aus diesem Grunde ist das Haupt-Cocoon-Servlet (org.apache.cocoon. servlet.CocoonServlet in der Version 2.0) generell auf eine URI, wie zum Beispiel */Cocoon*, gemappt. Es könnte aber auch zur völligen Kontrolle der Site auf die Wurzel des Webservers selbst gemappt sein (einfach »/«). Eine angeforderte URL folgt dann dem Servlet-Mapping: zum Beispiel *http://myHost.com/Cocoon/myPage.xml* oder *http://my Host.com/ Cocoon/myDynamicPage.xsp*.

Mit diesem Mapping können nun statische HTML-Dokumente mit XML-Dokumenten gemischt werden, was das Management aller Dateien auf dem Server durch eine Person oder Gruppe erlaubt. Wenn HTML-, WML- und XML-Dateien in einem Verzeichnis gemischt werden müssen, muß daraus nicht zwangsläufig Verwirrung resultieren, und es können gleichartige URIs benutzt werden. Cocoon 2.0 wird HTML wie jedes andere Format gleichermaßen gern ausliefern; mit einem Mapping der Wurzel des Servers auf Cocoon wird das Web Publishing Framework für den Nutzer unsichtbar.

Die Sitemap

Eine weitere wichtige Neuerung in Cocoon 2.0 ist die *Sitemap*. In Cocoon bietet die Sitemap eine zentrale Anlaufstelle zur Administration einer Website. Cocoon benutzt die Sitemap, um zu entscheiden, wie die eingehenden URIs bearbeitet werden sollen. Der Request *http://myCocoonSite.com/Cocoon/javaxml/chapterOne.html* zum Beispiel wird vom Cocoon-Servlet zerlegt; die Zerlegung ergibt, daß die eigentlich angeforderte URI */javaxml/chapterOne.html* ist. Es könnte jedoch sein, daß die Datei *chapterOne.html* keine statische HTML-Datei sein soll, sondern aus der Transformation eines XML-Dokuments gewonnen werden soll (wie in den vorangehenden Beispielen). Mittels einer Sitemap wird das ziemlich einfach! Beispiel 10-12 zeigt das entsprechende Vorgehen.

Beispiel 10-12: Beispiel einer Cocoon 2-Sitemap

```
<sitemap>
 <process match="/javaxml/*.html">
  <generator type="file" src="/docs/javaxml/*.xml"/>
  <filter type="xslt">
```

Beispiel 10-12: Beispiel einer Cocoon 2-Sitemap (Fortsetzung)

```
    <parameter name="stylesheet" value="/styles/JavaXML.html.xsl"/>
   </filter>
   <serializer type="html"/>
 </process>

 <process match="/javaxml/*.pdf">
   <generator type="file" src="/docs/javaxml/*.xml"
   <filter type="xslt">
    <parameter name="stylesheet" value="/styles/JavaXML.pdf.xsl"/>
   </filter>
   <serializer type="fop"/>
 </process>
</sitemap>
```

In diesem Beispiel paßt die URI */javaxml/chapterOne.html* auf die Sitemap-Direktive /javaxml/*.html. Sie bestimmt, daß es sich dabei um eine reale Datei handelt und daß die Quelldatei über das Mapping /docs/javaxml/*.xml gefunden wird, was */docs/javaxml/ chapterOne.xml* (den Namen der Datei, die transformiert werden soll) ergibt. Dann wird der XSLT-Filter angewendet; das zu benutzende Stylesheet *JavaXML.html.xsl* wird ebenfalls durch die Sitemap bestimmt. Das Resultat der Transformation wird danach dem Nutzer gezeigt. Zusätzlich könnte die XML-Datei aus einer vorher verarbeiteten XSP-Datei erzeugt worden sein, die nach XML konvertiert und dann formatiert wird.

Der gleiche Prozeß kann ein PDF mit nur ein paar zusätzlichen Zeilen in der SiteMap (wie im vorangehenden Beispiel gezeigt) aus dem Request *http://myCocoonSite.com/ Cocoon/javaxml/chapterOne.pdf* erzeugen. Eine deutliche Änderung gegenüber Cocoon 1.x ist, daß die Verarbeitungsanweisungen komplett aus den einzelnen XML-Dokumenten entfernt werden können. Die gleichartige Anwendung von Stylesheets und Verarbeitung kann basierend auf dem jeweiligen Verzeichnis erfolgen. Das Erzeugen eines XML-Dokuments im Verzeichnis */docs/javaxml/* sorgt dafür, daß das Dokument als HTML- und als PDF-Version benutzt werden kann. Es ist extrem einfach, das Stylesheet für alle Dokumente zu ändern, was unter Cocoon 1.x eine schwierige und langwierige Aufgabe ist. Anstatt eine Änderung in jedem XML-Dokument vornehmen zu müssen, muß man lediglich eine Zeile in der Sitemap ändern.

Die Cocoon-Sitemap wird noch entwickelt und in ihrer endgültigen Fassung sicher einige weitere Verbesserungen und Änderungen an ihrer Struktur und ihrem Format erfahren. Um daran teilzuhaben, können Sie die Mailing-Listen *cocoon-users@xml.apache.org* und *cocoon-dev@xml.apache.org* abonnieren. Das Apache-Projekt unter *http://xml.apache.org* enthält Informationen über die Mitgliedschaft in diesen Listen und über die Teilnahme am Cocoon-Projekt.

Producers und Prozessoren

Eine letzte Verbesserung, die Cocoon 2 bringen wird, sind vorkompilierte und Event-basierte *Producers* und *Prozessoren*. In Cocoon ist ein Producer für die Transformation einer Request-URI in einen XML-Dokument-Stream verantwortlich. Ein Prozessor nimmt einen solchen Stream (im Moment das XML-Dokument in einem DOM-Baum) und macht daraus vom Client lesbaren Output. Die Producers und Prozessoren wurden im Abschnitt über Cocoon 1.x nicht behandelt, da sie sich in der Version 2 drastisch ändern werden; etwa schon bestehende werden dann höchstwahrscheinlich nutzlos sein und umgeschrieben werden müssen.

Cocoon 2 wird sich dafür von DOM mehr in Richtung Event-basiertes SAX bewegen, das in eine DOM-Struktur verpackt wird. Da ein Producer unter Cocoon 1.x ein XML-Dokument im Speicher erstellen mußte, konnte die resultierende DOM-Struktur extrem groß werden. Dies führte zu Engpässen bei Systemressourcen, speziell bei komplexen Aufgaben wie großen Transformationen oder der Verarbeitung von Formatting Objects (Erzeugung von PDF). Aus diesem Grund wird DOM in Cocoon 2 einen einfachen Wrapper um SAX-basierte Events bilden und damit schlanke und einfache Producers und Prozessoren ermöglichen.

Zusätzlich werden Producers und Prozessoren vorkompilierte Varianten anderer Formate sein. Zum Beispiel könnten vorkompilierte XSL-Stylesheets Prozessoren und vorkompilierte XSP-Seiten Producers sein. Damit wird die Performance weiter gesteigert und Last vom Client genommen. Diese und andere Änderungen benutzen weiterhin ein Komponentenmodell und machen Cocoon damit zu einem sehr flexiblen und erweiterbaren Framework. Um über die neuesten Fortschritte informiert zu sein, sollten Sie die Cocoon-Website im Auge behalten.

Und was kommt jetzt?

Das nächste Kapitel beschäftigt sich mit einer Technologie, die es erlaubt, XML als Datenformat in einem wichtigen Anfrage/Antwort-Modell zu nutzen: XML Remote Procedure Calls. XML-RPC erlaubt es Clients in einem verteilten System, die Ausführung von Aufgaben auf einem Server in einem anderen Teil des Netzwerkes anzufordern. Bis vor kurzem sank die Popularität von RPC ständig weiter ab, hauptsächlich weil sich die RMI-basierten Technologien im Java-Umfeld (hervorzuheben sind hier EJBs) rasant verbreiten. Dennoch ist XML-RPC mit XML als Datenformat eine neue Lösung für viele Probleme, die nicht sauber oder effizient ohne RPC gelöst werden könnten. Auf XML-RPC und speziell die Java-Implementierung dieser Technik wird als nächstes eingegangen.

KAPITEL 11
XML-RPC

XML-RPC ist eigentlich eine Abart von RPC, was für *remote procedure calls* (Prozedur-Aufrufe auf entfernten Rechnern) steht. Wenn Sie erst neuerdings programmieren oder Java bisher nur kurz benutzt haben, werden Remote Procedure Calls wahrscheinlich neu für Sie sein; jemand, der sich damit nicht explizit beschäftigt, ist vielleicht in letzter Zeit RPC betreffend ein wenig eingerostet, da es in den letzten Jahren doch aus dem Fokus verschwunden ist. In diesem Kapitel wird beleuchtet, wie die drei kleinen Buchstaben vor dem RPC etwas revolutionieren, was auf dem besten Wege war, ein Computing-Dinosaurier zu werden, und wie man XML-RPC von Java aus benutzt. Am Ende dieses Kapitels wird an einigen praxistauglichen Applikationen nicht nur gezeigt, wie man diese Technologie einsetzt, sondern auch wann.

Sind Sie auf der Flutwelle der objektorientierten Entwicklung mitgeschwommen, die in den letzten drei oder vier Jahren vorbeirollte, könnte Ihnen das Wort »Prozedur« allein schon einen Schauer über den Rücken jagen. Prozedurale Sprachen wie PL/SQL oder ANSI-C sind wegen einer langen Liste guter Gründe nicht populär. Vielleicht sind Sie schon beschimpft worden, weil Sie eine Java-Methode als Funktion bezeichnet haben, und sicherlich können Sie mehr, als »Spaghetti-Code« zu schreiben. Das ist Code, der Methode auf Methode in einer endlosen Folge hintereinander enthält. Genau wie diese Techniken und Sprachen ist auch RPC am Wegesrand liegengeblieben. Es gibt neue, objektorientierte Möglichkeiten, um dieselben Resultate oft mit besserem Design und höherer Performance zu erreichen. Überraschenderweise hat jedoch der Aufstieg von XML den Aufstieg und die Beachtung von extra für XML-RPC entworfenen APIs und einen Trend zur Benutzung von XML-RPC in speziellen Situationen trotz der damit verbundenen Implikationen nach sich gezogen.

Bevor Sie sich mit diesen APIs beschäftigen, sollten Sie zunächst einen Blick auf die Fähigkeiten von RPC werfen und RPC mit anderen, ähnlichen Java-Technologien, besonders mit der *remote method invocation* (RMI; deutsch: Methoden-Aufrufe auf entfernten Rechnern), vergleichen. Falls Sie sich dafür entscheiden, XML-RPC in eigenen Applikationen einzusetzen (und das wollen Sie früher oder später sicherlich), sollten Sie sich darüber im klaren sein, daß Sie diese Wahl gegenüber anderen Entwicklern rechtfertigen müssen, speziell gegenüber solchen, die gerade Bücher über EJB oder RMI gelesen haben. Natürlich gibt es Szenarien zur Anwendung all dieser Technologien. Das Wissen um die korrekte Anwendung jeder dieser Technologien bestimmt über den eigenen Erfolg – nicht nur als Entwickler, sondern auch als Team-Mitglied und Mentor. Um Ihnen also die Konzepte hinter diesen Remote-Methodiken verständlich zu machen, werfen wir nun einen Blick auf die zwei wichtigsten Verfahren zum Zugriff auf Objekte über ein Netzwerk: RPC und RMI.

RPC versus RMI

Wenn Sie die letzten Jahre nicht gerade als Einsiedler zugebracht haben, werden Sie bemerkt haben, daß EJB und RMI die Java-Welt im Sturm erobert haben. Die gesamte EJB-(Enterprise JavaBeans-)Spezifikation basiert auf RMI-Prinzipien, und Sie würden es sehr schwer haben, eine Three-Tier-Application ohne RMI zu entwickeln. Mit anderen Worten: Sie sollten ein wenig Zeit investieren, um beispielsweise einen Blick in die Bücher *Java Enterprise in a Nutshell* von David Flanagan, Jim Farley, William Crawford und Kris Magnusson oder in *Java Distributed Computing* von Jim Farley (beide von O'Reilly & Associates) zu werfen, falls Sie RMI noch nicht kennen sollten.

Was ist RMI?

RMI ist die englische Abkürzung für *Methoden-Aufrufe auf entfernten Rechnern*. RMI erlaubt es einem Programm, Methoden von Objekten aufzurufen, wenn die Objekte nicht auf demselben Rechner wie das Programm liegen. Das ist das Herz des verteilten Rechnens in der Java-Welt und das Rückgrat von EJB wie auch vieler Implementierungen von Enterprise-Anwendungen. Ohne zu sehr ins Detail zu gehen, benutzt RMI Client-Stubs (Stub engl. *Stumpf*) zur Beschreibung der Methoden, die ein entferntes Objekt zum Aufrufen zur Verfügung stellt. Der Client arbeitet mit diesen Stubs (die Java-Interfaces sind), und RMI ist für die »Magie« des Übersetzens der Anfragen an einen Stub in einen Netzwerk-Aufruf verantwortlich. Dieser ruft die Methode auf dem Rechner, der das entsprechende Objekt beherbergt, auf und sendet die Resultate über das Netzwerk zurück. Schließlich gibt der Stub das Resultat an den Client zurück, der den eigentlichen Aufruf initiierte, und dieser arbeitet weiter. Die Hauptidee dahinter ist die, daß sich der Client nicht um RMI- und Netzwerk-Details kümmern muß; er benutzt den Stub, als wäre er ein reales Objekt mit den entsprechenden implementierten Methoden. RMI (unter Benutzung von JRMP™, dem Remote Protocol von Java) läßt alle Kommunikation hinter dem Vorhang ablaufen und erlaubt es damit dem Client, sich mehr Zeit für die Behandlung der Geschäftsregeln und die Anwendungslogik zu gönnen und nur auf eine generische Exception (`java.rmi.RemoteException`) achten zu müssen. RMI kann außerdem verschiedene Protokolle, wie zum Beispiel das Internet Inter-ORB Protocol

(IIOP), benutzen und erlaubt damit die Kommunikation zwischen Java- und CORBA-Objekten, die oft in anderen Sprachen, wie C oder C++, geschrieben wurden.

RMI bringt jedoch auch Kosten mit sich. Zunächst ist RMI ressourcenintensiv. JRMP hat eine sehr schlechte Performance. Ein eigenes Remote-Protokoll zu schreiben ist wiederum keine einfache Sache. Wenn ein Client RMI-Aufrufe anstößt, müssen Sockets geöffnet und verwaltet werden, deren Anzahl die System-Performance beeinflussen kann, speziell, wenn über ein Netzwerk auf das System zugegriffen werden kann (was dazu führt, daß mehr Sockets für den HTTP-Zugriff geöffnet werden müssen). RMI benötigt außerdem einen Server oder Provider, an den die Objekte gebunden werden. Bis ein Objekt nicht bei einem solchen Provider an einen Namen gebunden ist, kann man auch nicht auf das Objekt zugreifen. Dazu müssen Sie eine RMI-Registry, einen Lightweight Directory Access Protocol-(LDAP-)Directory-Server oder einen anderen aus der Vielfalt der Java Naming and Directory Interface-(JNDI-)Services benutzen. Schließlich ist es möglich, daß RMI trotz all der hilfreichen RMI-Klassen im JDK eine Menge an Programmieraufwand erfordert; ein Remote-Interface, das die verfügbaren Methoden beschreibt, muß geschrieben werden (wie auch einige andere Interfaces, wenn man EJBs benutzt). Das bedeutet aber auch, daß das Hinzufügen einer Methode zur Server-Klasse eine Änderung des Interfaces der Client-Stubs und eine Neukompilierung nach sich zieht, was oft unerwünscht und manchmal unmöglich ist.

Was ist RPC?

RPC bedeutet *Prozedur-Aufruf auf einem entfernten Rechner*. Während es RMI ermöglicht, direkt mit einem Java-Objekt zu arbeiten, ist RPC mehr in Richtung »Verteilung« ausgerichtet. Anstatt mit Objekten zu arbeiten, bietet RPC den Zugriff auf Stand-alone-Methoden über das Netzwerk. Obwohl das die Interaktivität einschränkt, sorgt es für eine etwas einfachere Schnittstelle zum Client. Sie können sich RPC als ein Verfahren zur Benutzung von »Services« auf entfernten Rechnern vorstellen, während RMI der Benutzung von »Servern« auf entfernten Rechnern entspricht. Der feine Unterschied ist, daß RMI mehr vom Client getrieben wird. Das Auslösen von Events folgt auf den Aufruf von Methoden durch den Client. RPC ist oft mehr eine Klasse oder eine Menge von Klassen, die Aufgaben mit oder ohne Intervention seitens des Clients abarbeiten; dennoch bedienen diese Klassen zu bestimmten Zeiten Anfragen von Clients und führen »Mini«-Aufgaben für sie aus. In Kürze werden einige Beispiele folgen, die diese Definitionen erhellen.

Obwohl RPC nicht so eine interaktive Umgebung darstellt wie RMI, hat es doch einige deutliche Vorteile. RPC ermöglicht es, grundsätzlich verschiedene Systeme zusammenarbeiten zu lassen. Während RMI es über IIOP ermöglicht, Java mit CORBA-Servern und Clients zu verbinden, stellt RPC wirklich jede Art von Anwendungskommunikation zur Verfügung, da als Protokoll HTTP verwendet werden kann. Weil heutzutage eigentlich jede Sprache irgendeine Möglichkeit hat, mittels HTTP zu kommunizieren, ist RPC besonders für Programme interessant, die mit Legacy-Systemen zusammenarbeiten sollen. RPC ist außerdem typischerweise ressourcenschonender als RMI (besonders wenn XML zur Codierung zum Einsatz kommt, was als nächstes beleuchtet wird); während RMI oft ganze Java-Klassen über das Netzwerk laden muß (wie Code für Applets oder selbstgeschriebene Helper-Klassen für EJB), muß RPC nur die Request-Parameter und die resultierende Antwort, die in der Regel als Text vorliegt, über das Netz befördern. RPC paßt auch gut ins API-Modell, indem es Systemen, die nicht Teil Ihrer eigenen Anwendung sind, erlaubt, dennoch Informationen mit ihr auszutauschen. Das bedeutet, daß Änderungen des Servers keine Änderungen am Code anderer Clients nach sich ziehen; mit Requests und Datentransfer in Textform können neue Methoden ohne Neukompilation der Clients hinzugefügt werden. Es sind nur kleine Änderungen an Clients nötig, um neue Methoden zu nutzen.

Das Problem bei RPC war in der Vergangenheit die Codierung der zu übertragenden Daten. Ein Beispiel ist die Aufgabe, eine Java-Hashtable oder einen Vector leichtgewichtig in Textform zu repräsentieren. Wenn Sie in Betracht ziehen, daß diese Datenstrukturen wiederum andere Java-Objekte enthalten können, wird die Datenrepräsentation schnell schwierig zu schreiben; außerdem muß das Format weiterhin für alle verschiedenen Programmiersprachen verständlich bleiben, da andernfalls die Vorteile von RPC schwinden. Bis vor kurzem existierte eine umgekehrte Proportionalität zwischen der Qualität und Benutzbarkeit der Codierung und ihrer Einfachheit; anders gesagt: Je einfacher es wurde, komplexe Objekte zu repräsentieren, desto schwieriger wurde ihre Benutzung in anderen Programmiersprachen, ohne proprietäre Erweiterungen und Code zu benutzen. Ausgefeilte textuelle Repräsentationen von Daten waren nicht standardisiert und erforderten neue Implementierungen in jeder Sprache, um benutzbar zu sein. Sie sehen schon, wo das hinführt.

XML-RPC

Das größte Hindernis bei der Benutzung von RPC war in der Vergangenheit seine Codierung. Aber dann tauchte XML mit einer Lösung auf. XML stellt nicht nur eine sehr einfache textliche Repräsentation, sondern auch einen Standard für die Struktur von Daten dar. Bedenken wegen proprietärer Lösungen wurden hinweggewischt, als das W3C die XML 1.0-Spezifikation verabschiedete, die RPC-Programmierern versicherte, daß XML nicht irgendwann abdriftet. Außerdem bot SAX ein leichtgewichtiges, standardisiertes Verfahren, auf XML zuzugreifen, was es wesentlich einfacher machte, RPC-Bibliotheken zu implementieren. Damit mußten XML-RPC-Implementierer lediglich für die Übertragung via HTTP sorgen (etwas, das Menschen schon viele Jahre lang taten) und die spezifischen APIs zum Codieren und Decodieren schreiben. Nach einigen Beta-Implementierungen von XML-RPC-Bibliotheken wurde klar, daß XML außerdem eine sehr schnelle und leichtgewichtige Art der Codierung darstellt, was zu einer besseren Performance der XML-RPC-Bibliotheken führte, als eigentlich erwartet worden war. Heute ist XML-RPC eine überlebensfähige und stabile Lösung für Prozedur-Aufrufe auf entfernten Rechnern.

Für den Java-Entwickler stellt XML-RPC eine Möglichkeit dar, einfache »Hooks« in die eigene Anwendung und ihre Services einzufügen, die die Anwendung selbst, aber auch Clients in anderen Abteilungen oder Unternehmen nutzen können. Es entkoppelt diese APIs auch von Java, wenn Clients die Sprache Java nicht direkt nutzen können. Schließlich macht XML-RPC es überflüssig, die Technologie RMI zu erlernen, um verteilte Services zu benutzen (zumindest anfangs). Dieses Kapitel wird sich mit der Implementierung eines XML-RPC-Servers und eines Clients beschäftigen, und es wird zeigen, wie ein Server unabhängig von Clients arbeiten kann und dennoch XML-RPC-Schnittstellen zur Zusammenarbeit und Abfrage von Daten zur Verfügung stellt. Obwohl hier RMI nicht tiefergehend betrachtet wird, wird in diesem Kapitel die XML-RPC-Lösung kontinuierlich mit der entsprechenden RMI-Variante verglichen und darauf hingewiesen, warum XML-RPC ein besserer Weg zur Lösung verschiedener Aufgaben ist.

Sag »Hallo!«

Sie möchten wahrscheinlich wissen, ob XML-RPC die richtige Lösung für einige Ihrer Programmierprobleme ist. Um Ihr Verständnis für XML-RPC zu schärfen, werden wir nun ein wenig Java-Code unter Benutzung von XML-RPC schreiben. Einer großen Tradition der Programmierung folgend, macht dabei ein simples »Hello World«-Programm den Anfang. Dabei wird gezeigt, wie man einen XML-RPC-Server definiert und einen Handler bei diesem Server registriert. Dieser Handler nimmt einen Java-String als Parameter, der den Benutzernamen darstellt, und gibt »Hello«, gefolgt vom Namen zurück; diese Rückgabe könnte also zum Beispiel »Hello Shirley« heißen. Dann muß der Handler noch für XML-RPC-Clients verfügbar gemacht werden. Schließlich wird ein einfacher Client generiert, der zum Server Kontakt aufnimmt und die Ausführung der Methode anfordert.

In einer praktischen Anwendung befänden sich der Server und der Handler vermutlich auf einem Rechner, vielleicht einem dedizierten Server, und der Client würde von einem anderen Rechner aus die Prozeduraufrufe initiieren. Falls Ihnen jedoch nicht mehrere Rechner zur Verfügung stehen, können Sie die Beispiele auch lokal ausprobieren. Obwohl das viel schneller gehen wird, als das bei realen Clients und Servern der Fall wäre, können Sie dennoch sehen, wie die Teile zusammenarbeiten, und einen Eindruck von XML-RPC bekommen.

XML-RPC-Bibliotheken

Eine Menge Arbeit ist bereits in RPC und kürzlich in XML-RPC investiert worden. Wie bei der Benutzung von SAX, DOM und JDOM für die Arbeit mit XML existiert auch hier kein Grund, das Rad neu zu erfinden, wenn es gute und sogar ausgezeichnete Java-Packages für den entsprechenden Anwendungszweck gibt. Das Zentrum für Informationen über XML-RPC und Links zu Bibliotheken für Java wie auch für viele andere Sprachen ist *http://www.xmlrpc.com*. Durch Userland (*http://www.userland.com*) gesponsert, bietet diese Site eine öffentlich zugängliche Spezifikation von XML-RPC, Informationen über die unterstützten Datentypen und einige Tutorials zur Benutzung von XML-RPC. Am wichtigsten aber ist, daß sie zu dem XML-RPC-Package für Java führt. Wenn Sie dem Link auf der Hauptseite folgen, kommen Sie zu Hannes Wallnofers Site unter *http://classic.helma.at/hannes/xmlrpc/*.

Auf Hannes' Site gibt es eine Beschreibung der Klassen in seinem XML-RPC-Package und Anweisungen dazu. Sie müssen das Archiv herunterladen und in ein entsprechendes Verzeichnis entpacken, wo sich bereits andere Entwicklungstools und -Packages befinden, beziehungsweise in die IDE laden. Anschließend sollten Sie in der Lage sein, die Klassen zu kompilieren; es ist ein Servlet-Beispiel dabei, für das Sie die Servlet-Klassen (*servlet.jar* für die Servlet API 2.2) benötigen. Sie können diese Klassen mit Tomcats Servlet-Engine von *http://jakarta.apache.org* holen. Die Servlet-Klassen werden für die Beispiele in diesem Kapitel nicht benötigt. Wenn Sie dieses Servlet-Beispiel nicht ausprobieren möchten, brauchen Sie sie also nicht herunterzuladen.

Der Kern der Distribution (der die Applet- oder RegExp-Beispiele in dem heruntergeladenen Archiv nicht beinhaltet) besteht aus dreizehn Klassen, die alle Teil des Packages `helma.xmlrpc` sind. Diese befinden sich in der Datei *lib/xmlrpc.jar* der Distribution und können direkt verwendet werden. Die Klassen der Distribution werden in Tabelle 11-1 kurz beschrieben.

Tabelle 11-1: Die XML-RPC-Klassen

Klasse	Verwendungszweck
XmlRpc	Kernklasse, die Methodenaufrufe an Handlern durch XML-RPC-Server erlaubt
XmlRpcClient	Eine Client-Klasse für die RPC-Kommunikation über HTTP, einschließlich Poxy- und Cookie-Unterstützung
XmlRpcClientLite	Client-Klasse, wenn ein schlankerer HTTP-Client ausreicht (keine Cookies, keine Proxy-Unterstützung)
XmlRpcServer	Klasse für Server zum Empfang von RPC-Aufrufen
XmlRpcServlet	Funktionalität der Klasse XmlRpcServer als Servlet
XmlRpcProxyServlet	Ein XML-RPC-Servlet-Proxy
XmlRpcHandler	Grundlegende Schnittstelle zur Steuerung von XML-RPC-Interaktionen von Handlern
AuthenticatedXmlRpcHandler	Wie XmlRpcHandler, erlaubt Authentifikation
Base64	Codiert und decodiert zwischen Bytes und Base 64-Encoding
Benchmark	Mißt die Zeit für XML-RPC-Interaktionen für einen spezifischen SAX-Treiber
WebServer	Ein schlanker HTTP-Server zur Benutzung von XML-RPC-Servern

Die SAX-Klassen (aus früheren Kapiteln) und ein SAX-Treiber sind nicht Bestandteil der Distribution, sie werden jedoch zur Arbeit damit benötigt. Sie brauchen eine vollständige XML-Parser-Implementierung, die SAX 1.0 unterstützt. Ich benutze weiterhin den Apache Xerces in den Beispielen, obwohl die Bibliotheken jeden SAX 1.0-kompatiblen Browser unterstützen.

Nachdem Sie alle Quelldateien kompiliert haben, müssen Sie sicherstellen, daß alle XML-RPC-Klassen, alle SAX-Klassen und alle Klassen des XML-Parsers im Klassenpfad gefunden werden können. Damit sind Sie in der Lage, eigenen Code zu schreiben und den Prozeß des »Hallo-Sagens« zu beginnen. Sie sollten den Quellcode der XML-RPC-Klassen vorliegen haben, da ein Blick dort hinein für das Verständnis der Beispiele hilfreich sein kann.

Schreiben des Handlers

Zuerst müssen Sie die Klasse mit der Methode schreiben, die Sie von Ferne aufrufen möchten. Eine solche Klasse wird normalerweise *Handler* genannt. Vorsicht ist angebracht, da der Mechanismus des XML-RPC-Servers, der die Anfragen verteilt, ebenfalls oft Handler genannt wird; und wieder zeigt die Mehrdeutigkeit von Namen ihr häßliches Gesicht. Eine klarere Unterscheidung kann wie folgt formuliert werden: Ein *XML-RPC-Handler* ist eine Methode oder eine Menge von Methoden, die einen XML-RPC-Request nehmen, seinen Inhalt decodieren und ihn an eine Klasse und Methode weiterleiten. Ein *Response Handler* (Antwort-Handler) oder einfach *Handler* ist eine Methode, die durch einen XML-RPC-Handler aufgerufen werden kann. Mit den XML-RPC-Bibliotheken für Java brauchen Sie keinen XML-RPC-Handler zu schreiben, da bereits einer in der Klasse `helma.xmlrpc.XmlRpcServer` implementiert ist. Sie müssen lediglich eine Klasse mit einer oder mehreren Methoden schreiben und sie beim Server registrieren.

Es wird Sie vielleicht überraschen, daß es nicht nötig ist, von irgendeiner bestimmten Klasse abzuleiten oder andere spezielle Mechanismen in den Code einzubauen, wenn Sie einen Antwort-Handler schreiben wollen. Jede Methode kann via XML-RPC aufgerufen werden, solange die Typen ihrer Parameter und ihres Rückgabewertes von XML-RPC unterstützt werden (d.h. codiert werden können). Tabelle 11-2 führt alle momentan unterstützten Java-Typen auf, die in Signaturen von XML-RPC-Methoden benutzt werden können.

Tabelle 11-2: Unterstützte Java-Typen in XML-RPC

XML-RPC-Datentyp	Java-Typ
int	int
boolean	boolean
string	String
double	double
dateTime.iso8601	Date
struct	Hashtable
array	Vector
base64	byte[]
nil	null

Obwohl diese Liste nur eine kleine Anzahl an Typen enthält, reichen sie für die meisten der über ein Netzwerk gesendeten XML-RPC-Requests. Die Methode in diesem Beispiel braucht nur einen String (den Namen der Person, zu der »hello« gesagt werden soll) und gibt auch nur einen String zurück. Sie erfüllt damit die genannten Bedingungen. Das reicht an Wissen, um eine einfache Handler-Klasse zu schreiben, wie sie in Beispiel 11-1 zu sehen ist.

Beispiel 11-1: Handler-Klasse mit der Methode sayHello

```
package javaxml2;

public class HelloHandler {

    public String sayHello(String name) {
        return "Hello " + name;
    }
}
```

Das ist genauso einfach, wie es aussieht. Die Signatur der Methode erwartet als Parameter legale XML-RPC-Parameter und liefert solche auch als Rückgabewert. Damit kann sie sicher bei dem (noch zu erstellenden) XML-RPC-Server registriert werden, und Sie können sicher sein, daß sie mittels XML-RPC aufrufbar sein wird.

Schreiben des Servers

Ist der Handler fertiggestellt, müssen Sie noch ein Programm schreiben, das einen XML-RPC-Server startet, auf Requests lauscht und diese Requests an den Handler weiterleitet. Für dieses Beispiel wird die Klasse `helma.xmlrpc.WebServer` als Request-Handler benutzt. Sie könnten auch ein Servlet benutzen, allerdings können Sie sich durch die Benutzung dieser leichtgewichtigen Implementierung den Start einer Servlet-Engine auf dem XML-RPC-Server sparen. Am Ende dieses Kapitels wird ausführlicher auf das Servlet im Zusammenhang mit dem XML-RPC-Server eingegangen. In dem folgenden Beispiel wird ein Port für den Server angegeben, an dem er dann auf Requests lauscht, bis er beendet wird. Nun müssen Sie die gerade erzeugte Klasse noch beim Server registrieren und dem Server noch etwaige anwendungsspezifische Parameter übergeben.

Zunächst wird das in Beispiel 11-2 gezeigte Skelett eingegeben; Sie müssen die Klasse `WebServer` importieren und sicherstellen, daß dem Programm von der Kommandozeile eine Portnummer übergeben wird, wenn der Server gestartet wird.

Beispiel 11-2: Skelett für den XML-RPC-Server

```
package javaxml2;

import helma.xmlrpc.WebServer;
```

Beispiel 11-2: Skelett für den XML-RPC-Server (Fortsetzung)
```
public class HelloServer {

    public static void main(String[] args) {
        if (args.length < 1) {
            System.out.println(
                "Benutzung: java javaxml2.HelloServer [port]");
            System.exit(-1);
        }

        // Starten des Servers am angegebenen Port
    }
}
```

Bevor der Server gestartet wird, muß noch der SAX-Treiber, der für das Parsen und Codieren von XML verwendet werden soll, angegeben werden. Der voreingestellte SAX-Treiber für diese Bibliotheken ist James Clarks XP-Parser, der unter *http://www.jclark.com* verfügbar ist. In diesem Beispiel wird statt dessen der Apache Xerces-Parser durch Angabe der Klasse SAX Parser[1] bei der XML-RPC-Engine angefordert. Das geschieht durch die Methode setDriver( ). Das ist eine statische Methode der Klasse XmlRpc. Diese Klasse dient als Fundament für die Klasse WebServer, muß aber importiert und direkt benutzt werden, um diese Änderung in SAX-Treibern vorzunehmen. Die Exception ClassNotFoundException kann von dieser Methode ausgelöst werden und muß demzufolge auch abgefangen werden, sollte die Treiber-Klasse nicht zur Laufzeit im Klassenpfad gefunden werden. Nun fügen Sie die notwendigen import-Anweisungen und Methoden zu der Klasse HelloServer hinzu:

```
package javaxml2;

import helma.xmlrpc.WebServer;
import helma.xmlrpc.XmlRpc;

public class HelloServer {

    public static void main(String[] args) {
        if (args.length < 1) {
            System.out.println(
                "Benutzung: java javaxml2.HelloServer [port]");
            System.exit(-1);
        }

        try {
```

---

[1] Zur Zeit unterstützt diese XML-RPC-Bibliothek SAX 2.0 nicht und implementiert auch nicht das Interface XMLReader. Da die Klasse SAXParser des Apache Xerces das Interface Parser aus SAX 1.0 und das Interface XMLReader aus SAX 2.0 implementiert, muß kein Code in den Beispielen geändert werden, wenn die Bibliotheken auf die Version SAX 2.0 aktualisiert werden. Werden jedoch Parser anderer Hersteller verwendet, kann es durchaus nötig werden, eine SAX 2.0-Klasse zu spezifizieren, wenn die XML-RPC-Bibliotheken auf die Benutzung von SAX 2.0 umgestellt werden.

```
            // Benutzen des Apache Xerces-SAX-Treibers
            XmlRpc.setDriver("org.apache.xerces.parsers.SAXParser");

            // Starten des Servers

        } catch (ClassNotFoundException e) {
            System.out.println("Konnte den SAX-Treiber nicht finden");
        }
    }
}
```

An diesem Punkt können Sie nun den Hauptteil des Codes hinzufügen, der den HTTP-Listener erzeugt, welcher die XML-RPC-Requests bedient und dann die Handler-Klassen registriert, die für Remote-Aufrufe verfügbar sein sollen. Das Erzeugen des Listeners ist sehr einfach: Die bereits erwähnte Helper-Klasse `WebServer` kann mit einer Portnummer instantiiert werden, an der gelauscht werden soll. Ebenso einfach bedient der Server XML-RPC-Requests. Obwohl noch keine Klassen verfügbar sind, die man aufrufen kann, haben Sie jetzt bereits einen voll funktionsfähigen XML-RPC-Server. Jetzt wird die Zeile eingefügt, die den Server startet, und eine Statuszeile für Ausgabezwecke. Außerdem gehören noch eine import-Anweisung und eine Exception-Behandlung für eine java.io.IOException dazu. Da der Server an einem Port gestartet werden muß, kann eine IOException ausgelöst werden, wenn auf den Port nicht zugegriffen werden kann oder sonst Probleme beim Starten des Servers auftreten. Das geänderte Code-Fragment sieht wie folgt aus:

```
package javaxml2;

import java.io.IOException;

import helma.xmlrpc.WebServer;
import helma.xmlrpc.XmlRpc;

public class HelloServer {

    public static void main(String[] args) {
        if (args.length < 1) {
            System.out.println(
                "Benutzung: java javaxml2.HelloServer [port]");
            System.exit(-1);
        }

        try {
            // Benutzen des Xerces SAX-Treibers
            XmlRpc.setDriver("org.apache.xerces.parsers.SAXParser");

            // Starten des Servers
            System.out.println("Starte den XML-RPC-Server...");
            WebServer server = new WebServer(Integer.parseInt(args[0]));

        } catch (ClassNotFoundException e) {
```

```
                System.out.println("Konnte den SAX-Treiber nicht finden");
            } catch (IOException e) {
                System.out.println("Konnte den Server nicht starten: " +
                    e.getMessage());
            }
        }
    }
}
```

Kompilieren Sie die Klasse und probieren Sie sie aus. Sie funktioniert vollständig, gibt die Statuszeile aus und wartet dann auf Requests. Jetzt muß noch die Handler-Klasse hinzugefügt werden, so daß der Server Requests bearbeiten kann.

Einer der deutlichsten Unterschiede zwischen RPC und RMI ist die Art und Weise, wie Methoden zugänglich gemacht werden. Bei RMI enthält ein sogenanntes Remote-Interface die Signaturen aller Remote-Methoden. Ist eine neue Methode zum Server, ihre Signatur jedoch nicht dem Remote-Interface hinzugefügt worden, kann kein RMI-Client darauf zugreifen. Das sorgt für eine große Menge Code-Modifikationen und Neukompilierungen bei der Entwicklung von RMI-Klassen. Dieser Prozeß wird bei der Benutzung von RPC generell als leichter und flexibler eingestuft. Wenn ein Request beim RPC-Server ankommt, enthält dieser eine Menge von Parametern und einen textuellen Wert, normalerweise in der Form »Klassenname.Methodenname«. Das bedeutet für den RPC-Server, daß die Methode »Methodenname« der Klasse »Klassenname« aufgerufen werden soll. Der RPC-Server sucht dann nach einer passenden Klasse und Methode, die Parametertypen erwartet, die denen im Request entsprechen. Wird eine Übereinstimmung gefunden, wird diese Methode aufgerufen und das Ergebnis codiert und zurückgeschickt.

Daher wird die angeforderte Methode nie explizit im XML-RPC-Server definiert, sondern im Request vom Client. Es wird nur eine Klasseninstanz beim XML-RPC-Server registriert. Sie können Methoden zu der Klasse hinzufügen, den Server (ohne Codeänderungen) neu starten und haben dann sofort vom Client aus Zugriff auf die neuen Methoden. Wenn es möglich ist, die korrekten Parameter zu ermitteln und an den Server zu senden, stehen die neuen Methoden sofort zur Verfügung. Das ist einer der Vorteile von XML-RPC gegenüber RMI: Es kann eine API kompakter repräsentieren. Es müssen keine Client-Stubs, Code-Skelette oder Interfaces aktualisiert werden. Wenn eine Methode hinzugefügt wird, kann der Methodenname der Client-Gemeinde bekanntgegeben werden, die sie dann sofort benutzen kann.

Nun, da theoretisch erklärt wurde, wie einfach es ist, einen RPC-Handler zu benutzen, zeige ich im Beispiel HelloHandler, wie ein solcher registriert wird. Die Klasse WebServer erlaubt das Hinzufügen eines Handlers mittels der Methode addHandler(). Diese Methode erwartet einen Namen als Eingabe, unter dem der Handler registriert wird, und eine Instanz des Handlers selbst. Diese wird typischerweise durch die Instantiierung der Klasse mittels eines Konstruktors (über das Schlüsselwort new) erzeugt. Es gibt jedoch auch andere Möglichkeiten, wenn eine Instanz von mehreren Clients gemeinsam genutzt und nicht von jedem Client extra erzeugt werden soll. Diese Möglichkeiten werden im nächsten Abschnitt vorgestellt. Im vorliegenden Beispiel ist die Instantiierung einer Klasse eine ausreichende Lösung. Die Klasse HelloHandler wird unter dem Namen »hello« registriert. Es kommen dann noch Statusmeldungen dazu, um zu zeigen, was im Server abläuft, während der Handler hinzugefügt wird:

```
try {
    // Benutze den Apache Xerces SAX-Treiber
    XmlRpc.setDriver("org.apache.xerces.parsers.SAXParser");

    // Starten des Servers
    System.out.println("Start des XML-RPC-Servers...");
    WebServer server = new WebServer(Integer.parseInt(args[0]));

    // Registrieren der Handler-Klasse
    server.addHandler("hello", new HelloHandler());
    System.out.println(
        "HelloHandler-Klassa an \"hello\" gebunden");

    System.out.println("Warte auf Requests...");

} catch (ClassNotFoundException e) {
    System.out.println("Konnte SAX-Treiber nicht finden");
} catch (IOException e) {
    System.out.println("Konnte den Server nicht starten: " +
        e.getMessage());
}
```

Nun wird diese Quelldatei neu kompiliert und der Server gestartet. Die Ausgabe sollte wie in Beispiel 11-3 aussehen.[2]

Beispiel 11-3: Starten des Servers

```
$ java javaxml2.HelloServer 8585
Start des XML-RPC-Servers...
HelloHandler-Klasse an "hello" gebunden
Warte auf Requests...
```

Ist das einfach! Sie können nun einen Client für den Server schreiben und die Netzwerkkommunikation unter Benutzung von XML-RPC testen. Das ist ein weiterer Vorteil von XML-RPC: Die Schwelle zum Beginn der Programmierung von Servern und Clients ist, verglichen mit der Komplexität bei RMI, niedrig. Lesen Sie weiter, und Sie werden sehen, daß die Schaffung eines Clients genauso einfach ist.

---

2 Auf einem Unix-Rechner müssen Sie als root eingeloggt sein, wenn Sie einen Service an einer Portnummer kleiner als 1024 starten möchten. Um diese Probleme zu umgehen, können Sie einen Port mit einer höheren Nummer benutzen, wie Beispiel 11-3 zeigt.

Schreiben des Clients

Nun, da der Server läuft und auf Requests wartet, haben Sie den schwersten Teil der Programmierung einer XML-RPC-Anwendung hinter sich (Sie können ruhig glauben – das war der schwere Teil!). Nun müssen Sie nur noch einen simplen Client stricken, der die Methode sayHello( ) aufruft. Das erreichen Sie einfach, indem Sie die Klasse helma.xmlrpc.XmlRpcClient benutzen. Diese Klasse kümmert sich um eine ganze Menge an Details auf der Seite des Clients, um die sich die Entsprechungen XmlRpcServer und WebServer auf der Seite des Servers kümmern. Um den Client zu schreiben, brauchen Sie diese Klasse wie auch die Klasse XmlRpc. Diese Klasse muß sich um das Encoding des Requests kümmern, daher müssen Sie auch hier wieder den SAX-Treiber mit der Methode setDriver( ) angeben. Fangen Sie Ihren Client-Code mit den benötigten import-Anweisungen an, holen Sie sich das Argument für die Methode sayHello( ) von der Kommandozeile, und fügen Sie die benötigte Exception-Behandlung hinzu. Speichern Sie den Java-Quellcode aus Beispiel 11-4 unter *HelloClient.java*.

Beispiel 11-4: Ein Client für den XML-RPC-Server

```
package javaxml2;

import helma.xmlrpc.XmlRpc;
import helma.xmlrpc.XmlRpcClient;

public class HelloClient {

    public static void main(String args[]) {
        if (args.length < 1) {
            System.out.println(
                "Benutzung: java HelloClient [Ihr Name]");
            System.exit(-1);
        }

        try {
            // Benutze den Apache Xerces-SAX-Treiber
            XmlRpc.setDriver("org.apache.xerces.parsers.SAXParser");

            // Angeben des Servers

            // Erzeugen des Requests

            // Abschicken des Requests und Ausgabe der Resultate

        } catch (ClassNotFoundException e) {
            System.out.println("Konnte den SAX-Treiber nicht finden");
        }
    }
}
```

Wie der andere Code in diesem Kapitel ist auch der hier einfach und unkompliziert. Um einen XML-RPC-Client zu erzeugen, müssen Sie die Klasse `XmlRpcClient` instantiieren. Dazu brauchen Sie den Hostnamen des Servers, auf dem der XML-RPC-Server läuft, zu dem Sie eine Verbindung herstellen möchten. Das sollte eine komplette URL mit dem Protokoll-Präfix *http://* sein. Beim Kreieren des Clients kann die Exception `java.net.MalformedURLException` ausgelöst werden, wenn das Format der URL nicht akzeptiert wird. Dann müssen Sie diese Klasse zur Liste der importierten Klassen hinzufügen, den Client instantiieren und den erforderlichen Exception-Handler einfügen:

```java
package javaxml2;

import java.net.MalformedURLException;

import helma.xmlrpc.XmlRpc;
import helma.xmlrpc.XmlRpcClient;

public class HelloClient {

    public static void main(String args[]) {
        if (args.length < 1) {
            System.out.println(
                "Benutzung: java HelloClient [Ihr Name]");
            System.exit(-1);
        }

        try {
            // Benutze den Apache Xerces-SAX-Treiber
            XmlRpc.setDriver("org.apache.xerces.parsers.SAXParser");

            // Angeben des Servers
            XmlRpcClient client =
                new XmlRpcClient("http://localhost:8585/");

            // Erzeugen des Requests

            // Abschicken des Requests und Ausgabe der Resultate

        } catch (ClassNotFoundException e) {
            System.out.println("Konnte den SAX-Treiber nicht finden");
        } catch (MalformedURLException e) {
            System.out.println(
                "Falsche URL für XML-RPC-Server: " +
                e.getMessage());
        }
    }
}
```

Obwohl keine wirklichen RPC-Aufrufe ausgeführt werden, haben Sie damit eine voll funktionsfähige Client-Anwendung. Diese Anwendung kann kompiliert und gestartet werden, Sie werden jedoch keine Aktivität bemerken, da keine Verbindung geöffnet wird, solange kein Request abgesetzt wird.

Die Portnummer im Quellcode muß diejenige sein, an der der Server lauscht. Das ist natürlich eine schlechte Variante der Implementierung von Connectivity zwischen Server und Client; das Ändern der Portnummer des Servers zieht Änderungen am Code des Clients und eine Neukompilierung nach sich! In eigenen Anwendungen sollten Sie das über eine benutzerdefinierte Variable festlegen. Für das Beispiel sollte die Einfachheit gewahrt bleiben.

Die Leichtigkeit, mit der dieser Client und unser Server zusammenkommen, ist eindrucksvoll. Jedoch ist das Programm immer noch ziemlich nutzlos, solange es keinen Request stellt, beziehungsweise keine Antwort empfängt. Um den Request zu codieren, wird die Methode execute( ) der Instanz der Klasse XmlRpcClient aufgerufen. Diese Methode benötigt zwei Parameter. Das sind ein String und ein Vector, der die Parameter enthält, die der spezifizierten Methode übergeben werden sollen. Der Klassen-Identifier ist der Name, unter dem der HelloHandler beim XML-RPC-Server registriert wurde; dieser Name kann der Klassenname sein, oft wird jedoch etwas Verständlicheres gewählt. Im Beispiel war das »hello«. Der Name der aufzurufenden Methode wird daran durch einen Punkt getrennt angehängt, so daß sich folgende Form ergibt: *[class identifier].[method name]*. Die Parameter müssen als Java-Vector vorliegen, der alle Parameterobjekte enthält, die diese Methode benötigt. Die einfache Methode sayHello( ) erwartet einen String mit dem Namen des Benutzers, der auf der Kommandozeile angegeben werden sollte.

Wenn der XML-RPC-Client diesen Request codiert, sendet er ihn an den XML-RPC-Server. Der Server sucht die Klasse, die dem Klassen-Identifier des Requests entspricht, und einen passenden Methodennamen in dieser Klasse. Wenn ein solcher gefunden wird, werden die Parametertypen der Methode mit denen im Request verglichen. Stimmen sie überein, wird die Methode ausgeführt. Wenn mehrere Methoden mit dem Namen gefunden werden, bestimmen die Parametertypen im Request, welche davon ausgeführt wird. Dadurch funktioniert das normale Überladen in den Handler-Klassen. Das Resultat der Ausführung der Methoden wird vom XML-RPC-Server codiert und als Java-Object (das könnte wieder ein Vector von Objecten sein!) zum Client zurückgeschickt. Dieses Resultat kann zum erwarteten Typ gecastet und dann vom Client normal verwendet werden. Ist es nicht möglich, eine Klasse mit einer entsprechend genannten Methode mit passender Signatur zu finden, wird eine XmlRpcException zum Client zurückgeschickt. Das verhindert, daß der Client eine Methode oder einen Handler aufruft, die bzw. der nicht existiert, oder falsche Parameter sendet.

All das geschieht durch ein paar zusätzliche Zeilen Java-Code. Die Klasse XmlRpcException muß genau wie die Klasse java.io.IOException importiert werden; die letztere wird ausgelöst, wenn bei der Kommunikation zwischen Server und Client Fehler auftreten. Dann wird die Klasse Vector hinzugefügt und instantiiert, wobei ein einzelner String angehängt wird. Anschließend können Sie die Methode execute( ) mit dem Namen des Handlers, dem der Methode und ihren Parametern aufrufen. Das Resultat des Aufrufs wird zu String gecastet, und dieser wird auf dem Bildschirm ausgegeben. In diesem Beispiel läuft der XML-RPC-Server auf dem lokalen Rechner an Port 8585:

```java
package javaxml2;

import java.io.IOException;
import java.net.MalformedURLException;
import java.util.Vector;

import helma.xmlrpc.XmlRpc;
import helma.xmlrpc.XmlRpcClient;
import helma.xmlrpc.XmlRpcException;

public class HelloClient {

    public static void main(String args[]) {
        if (args.length < 1) {
            System.out.println(
                "Benutzung: java HelloClient [Ihr Name]");
            System.exit(-1);
        }

        try {
            // Benutze den Apache Xerces-SAX-Treiber
            XmlRpc.setDriver("org.apache.xerces.parsers.SAXParser");

            // Angeben des Servers
            XmlRpcClient client =
                new XmlRpcClient("http://localhost:8585/");

            // Erzeugen des Requests
            Vector params = new Vector();
            params.addElement(args[0]);

            // Ausführen des Requests und Ausgeben des Resultats
            String result =
                (String)client.execute("hello.sayHello", params);

            System.out.println("Antwort vom Server: " + result);

        } catch (ClassNotFoundException e) {
            System.out.println("Konnte den SAX-Treiber nicht finden");
        } catch (MalformedURLException e) {
            System.out.println(
                "Falsche URL für den XML-RPC-Server: " +
                e.getMessage());
        } catch (XmlRpcException e) {
            System.out.println("XML-RPC Exception: " + e.getMessage());
        } catch (IOException e) {
            System.out.println("IO Exception: " + e.getMessage());
        }
    }
}
```

Das reicht aus, um den Code in unserem Beispiel arbeiten zu lassen. Nun können Sie es kompilieren und eine Shell öffnen, in der das Programm abläuft.

Sprich mit mir

Die XML-RPC-Klassen und die Klassen des Beispiels müssen sich im Klassenpfad Ihrer Umgebung befinden. Außerdem muß sich der Apache Xerces oder welcher SAX-Treiber auch benutzt wird, ebenfalls im Klassenpfad befinden. Da die Beispiele diese Klassen für das Parsen benutzen, müssen sie darauf zugreifen können. Wenn das alles zutrifft, können Sie die Klasse `HelloServer` unter Angabe einer Portnummer starten. Unter Windows sollte das Kommando *start* benutzt werden, um den Server in einem separaten Prozeß zu starten:

```
c:\javaxml2\build>start java javaxml2.HelloServer 8585
Starten des XML-RPC Servers...
HelloHandler-Klasse an "hello" gebunden
Warte auf Requests...
```

Unter Unix benutzen Sie das Hintergrundverarbeitungskommando (&), um den Client in derselben Shell starten zu können (oder öffnen Sie eine andere Shell mit der gleichen Umgebung für den Start des Clients):

```
$ java javaxml2.HelloServer &
Starten des XML-RPC Servers...
HelloHandler-Klasse an "hello" gebunden
Warte auf Requests...
```

Nun können Sie den Client starten, indem Sie Ihren Namen als Kommandozeilen-Parameter angeben. Sie sollten schnell eine Antwort sehen (ähnlich der in Beispiel 11-5 gezeigten), wenn `HelloServer` den Request des Clients empfängt und das Resultat der Methode `sayHello( )` zurückliefert, das der Client dann ausgibt.

Beispiel 11-5: Ausführen der Klasse HelloClient

```
$ java javaxml2.HelloClient Leigh
Antwort vom Server: Hello Leigh
```

Sie haben nun XML-RPC in Aktion gesehen. Das ist sicherlich kein auch nur annähernd nützliches Beispiel. Es sollte Ihnen aber einen Eindruck von den Grundlagen vermittelt und die Einfachheit der Programmierung von XML-RPC-Servern und -Clients unter Java verdeutlich haben. Mit diesen Grundlagen können wir uns nun einem etwas realistischeren Beispiel zuwenden. Im nächsten Abschnitt wird ein leistungsfähigerer Server aufgebaut und gezeigt, wie XML-RPC-Handler oft aussehen. Anschließend zeige ich Ihnen, wie man einen Client (ähnlich `HelloClient`) erzeugt, der zum Test des Servers benutzt wird.

Dem Server die Last aufbürden

Das »hello«-Beispiel war für die Demonstration der Benutzung von XML-RPC von Java so nützlich, wie es unrealistisch war. Zusätzlich zu der generellen Einfachheit ist der Server nicht sehr flexibel, und der Handler zeigt auch nicht, wie ein praktischer XML-RPC-Handler operieren könnte. Hier versuche ich, Ihnen ein Beispiel für die Benutzung von XML-RPC in einer Produktionsumgebung zu geben. Dazu werden wir die Nützlichkeit des Handlers erweitern und die Benutzbarkeit des Servers verbessern. Wenn es auch kein Code ist, den Sie zu eigenen Projekten hinzufügen können, zeigt dieses Beispiel doch, wie nützlich XML-RPC sein kann und wie man Anwendungen baut, die von XML-RPC profitieren können, dadurch aber nicht eingeschränkt werden.

Ein Shared-Handler

Die Klasse HelloHandler war einfach, aber in einer praktischen Anwendung nutzlos. Bei den meisten XML-RPC Anwendungsfällen sieht das Szenario so aus, daß Events auf einem Server auftreten, der mehr für die Durchführung komplexer Aufgaben geeignet ist, während ein schlanker Client bei ihm die Ausführung gewisser Prozeduren anfordert und die zurückgegebenen Resultate benutzt. Zusätzlich kann es so sein, daß ein Teil oder sogar alle Berechnungen, die zur Erfüllung eines Requests durchgeführt werden müssen, im voraus ausgeführt werden können. Mit anderen Worten: Die Handler-Klasse kann Aufgaben ausführen und sicherstellen, daß die Resultate verfügbar sind, wenn ein Methodenaufruf erfolgt. Einem Java-Programmierer sollten jetzt Threads und Shared-Instance-Daten einfallen. Hier werden diese Prinzipien an einer sehr einfachen Scheduler-Klasse demonstriert.

Der Scheduler soll es Clients erlauben, Events hinzuzufügen und zu entfernen. Clients können dann beim Server eine Liste aller Events in der Warteschlange erfragen. Um das praktikabler zu gestalten (und um eine Aufgabe zu haben, die der Server später ausführen kann), liefert die Abfrage der Events diese in der Reihenfolge, in der sie zeitlich aufgetreten sind. Ein Event ist in diesem Beispiel einfach ein String, der den Namen des Events darstellt, und ein Zeitstempel für den Event (als java.util.Date). Obwohl das keine vollständige Scheduler-Implementierung ist, kann es doch demonstrieren, wie der Server im Hintergrund Arbeit für die Clients leistet.

Als erstes müssen Sie die Methoden addEvent() und removeEvent() schreiben. Da beide vom Client getriggerte Events darstellen, ist an beiden nichts Bemerkenswertes. Sie müssen sich jedoch Gedanken über die Art und Weise der Speicherung der Events in der Klasse Scheduler machen. Obwohl der XML-RPC-Server diese Klasse instantiieren wird und diese Instanz dann für die Beantwortung aller XML-RPC-Aufrufe auf dem Server benutzt wird, ist es möglich und sogar wahrscheinlich, daß andere Klassen oder sogar XML-RPC-Server mit dem Scheduler interagieren. Wenn der Scheduler eine Liste von Events als Membervariable verwaltet, können mehrere Instanzen nicht untereinander auf ihre jeweiligen Daten zugreifen und sie teilen. Um dieses Problem in diesem Beispiel zu lösen, wird der Speicher für die Events als static deklariert, so daß alle Instanzen der Klasse Scheduler darauf zugreifen können. Um einen Namen und einen Wert immer zusammenhängend zu speichern, scheint eine Hashtable geeignet zu sein, da sie die Speicherung von Schlüssel/Wert-Paaren gestattet. Zusätzlich zu der Hashtable speichert die Klasse die Namen noch in einem Vector. Obwohl das zusätzlichen Speicherplatz verbraucht (und Speicher in der JVM), kann der Vector sortieren und muß sich nicht mit der Sortierung einer Hashtable abplagen; der Vorteil ist, daß man zwei Namen im Vector einfach tauschen kann (ein Tausch) und die Zeitstempel in der Hashtable nicht auch tauschen muß (*zweimal* tauschen). Mit dieser Information sind Sie nun in der Lage, das Skelett der Klasse zu programmieren und diese zwei Methoden zum Hinzufügen und Löschen von Events einzufügen. Die Variablen zum Speichern von Events werden ebenfalls jetzt angelegt, die Mechanismen zum Sortieren und Auslesen von Events dagegen folgen später. Beispiel 11-6 zeigt das Listing für den Handler.

Beispiel 11-6: Die Klasse Scheduler

```java
package javaxml2;

import java.util.Date;
import java.util.Hashtable;
import java.util.Vector;

public class Scheduler {

    /** Liste der Event-Namen (für die Sortierung) */
    private static Vector events = new Vector();

    /** Event-Details (Name, Zeitstempel) */
    private static Hashtable eventDetails = new Hashtable();

    public Scheduler() {
    }

    public boolean addEvent(String eventName, Date eventTime) {
        // Füge dieses Event zu der Liste hinzu
        if (!events.contains(eventName)) {
            events.addElement(eventName);
            eventDetails.put(eventName, eventTime);
        }

        return true;
    }

    public synchronized boolean removeEvent(String eventName) {
        events.remove(eventName);
        eventDetails.remove(eventName);

        return true;
    }
}
```

Die Methode addEvent( ) fügt den Namen eines Events zu beiden Speicherobjekten hinzu und zusätzlich die Zeit zu der Hashtable. Die Methode removeEvent( ) tut das Entgegengesetzte. Beide Methoden liefern einen Wert vom Typ boolean zurück. Obwohl in diesem Beispiel dieser Wert immer true ist, könnte man diesen Wert in komplexeren Implementierungen zur Anzeige aufgetretener Fehler benutzen.

Da Sie nun in der Lage sind, Events hinzuzufügen und zu löschen, brauchen Sie nun eine Methode, die eine Liste der Events liefert. Diese Methode liefert alle Events in der Liste, gleich von welchem Client oder von welcher Applikation sie hinzugefügt wurden. Das könnten also auch Events sein, die von anderen XML-RPC-Clients, einem anderen XML-RPC-Server, einer anderen Anwendung oder einer Stand-alone-Implementierung des Schedulers hinzugefügt wurden. Da diese Methode ein einziges Object als Resultat zurückliefern muß, könnte das ein Vector formatierter String-Werte sein, die den Namen eines Events und die Zeit seines Auftretens enthalten. In einer nützlicheren Variante könnte der Vector mit den Events oder eine andere Form der Events in einem typisierten Format (mit dem Datum als Date-Objekt etc.) zurückgegeben werden. Diese Methode liefert eine Sicht auf die Daten, ohne dem Client die Möglichkeit zu geben, etwas an ihnen zu ändern. Um die Liste der Events zurückzugeben, benutzt die Methode das Event »store« und die Klasse java.text.SimpleDateFormat, die es erlaubt, Objekte der Klasse Date als Text zu formatieren. Indem über alle Events iteriert wird, wird eine String-Repräsentation jedes Events mit Namen und Zeitstempel erstellt und an den Vector angehängt, der das Resultat darstellt. Dieser wird schließlich an den Client zurückgegeben. Dazu werden die benötigte import-Anweisung und der zur Rückgabe der gespeicherten Events benötigte Code an den Code des Schedulers angehängt:

```
package javaxml2;

import java.text.SimpleDateFormat;
import java.util.Date;
import java.util.Hashtable;
import java.util.Vector;

public class Scheduler {

    // bereits existierende Methoden

    public Vector getListOfEvents() {
        Vector list = new Vector();

        // Erzeugen einer Formatter-Instanz für Date
        SimpleDateFormat fmt =
            new SimpleDateFormat("hh:mm a MM/dd/yyyy");

        // Alle Elemente zur Liste hinzufügen
        for (int i=0; i<events.size(); i++) {
            String eventName = (String)events.elementAt(i);
            list.addElement("Event \"" + eventName +
```

```
                       "\" fällig: " +
                       fmt.format(
                           (Date)eventDetails.get(eventName)));
        }

        return list;
    }
}
```

Zu diesem Zeitpunkt könnten Sie diese Klasse ohne Probleme als XML-RPC-Handler benutzen. Jedoch war der Zweck dieses Beispiels zu zeigen, wie Arbeit vom Server erledigt wird, während der Client andere Aufgaben löst. Die Methode getListOfEvents( ) nimmt an, daß die Liste der Events (die Variable events vom Typ Vector) korrekt sortiert ist, wenn diese Methode aufgerufen wird und die Sortierung also bereits durchgeführt wurde. Bisher ist jedoch kein Code zum Sortieren geschrieben worden und, was noch wichtiger ist: Es gibt auch keinen Code, der die Sortierung auslöst. Weiterhin wird die Sortierung zeitaufwendiger, wenn mehr und mehr Events hinzugefügt werden. Der Client sollte nicht darauf warten müssen, daß die Sortierung abgeschlossen wird. Es macht Sinn, eine Methode hinzuzufügen, die es der Klasse erlaubt, die Liste der Events zu sortieren. Der Einfachheit halber wird ein Bubblesort benutzt. Die Beschreibung von Sortieralgorithmen liegt außerhalb des Anspruchs dieses Buches, daher ist der Code hier ohne Erklärung abgedruckt. Am Ende der Methode ist der Vector events jedenfalls nach den Zeitstempeln der Events sortiert. Weitere Informationen zu diesem und anderen Sortieralgorithmen können Sie zum Beispiel im Buch *Algorithms in Java* von Robert Sedgewick und Tim Lindholm (Addison Wesley) finden. Der Algorithmus und die Methode zur Sortierung der Events sind hier dargestellt und müssen in den Code integriert werden:

```
package javaxml2;

import java.text.SimpleDateFormat;
import java.util.Date;
import java.util.Enumeration;
import java.util.Hashtable;
import java.util.Vector;

public class Scheduler {

    /** Liste der Event-Namen (für die Sortierung) */
    private static Vector events = new Vector();

    /** Event-Details (Name, Zeitstempel) */
    private static Hashtable eventDetails = new Hashtable();

    /** Flag zeigt an, ob Listeneinträge schon sortiert sind */
    private static boolean eventsSorted;

    // bereits vorhandene Methoden
```

```
        private synchronized void sortEvents() {
            if (eventsSorted) {
                return;
            }

            // Erzeugen eines Arrays der Events, wie sie vorliegen (unsortiert)
            String[] eventNames = new String[events.size()];
            events.copyInto(eventNames);

            // Bubblesort des Arrays
            String tmpName;
            Date date1, date2;
            for (int i=0; i<eventNames.length - 1; i++) {
                for (int j=0; j<eventNames.length - i - 1; j++) {
                    // Vergleich der Zeitstempel zweier Events
                    date1 = (Date)eventDetails.get(eventNames[j]);
                    date2 = (Date)eventDetails.get(eventNames[j+1]);
                    if (date1.compareTo(date2) > 0) {

                        // Tauschen, wenn nötig
                        tmpName = eventNames[j];
                        eventNames[j] = eventNames[j+1];
                        eventNames[j+1] = tmpName;

                    }
                }
            }

            // Schreiben in einen neuen Vector (sortiert)
            Vector sortedEvents = new Vector();
            for (int i=0; i<eventNames.length; i++) {
                sortedEvents.addElement(eventNames[i]);
            }

            // Aktualisieren der statischen Klassenvariable
            events = sortedEvents;
            eventsSorted = true;

        }
    }
```

Zusätzlich zu dem eigentlichen Algorithmus wird die Klasse `java.util.Enumeration` importiert und eine Member-Variable `eventsSorted` vom Typ `boolean` eingeführt. Dieses Flag erlaubt es, die Ausführung der Sortierung abzukürzen, wenn die Events bereits sortiert sind. Es ist zwar bisher kein Code geschrieben worden, der diese Variable aktualisiert, aber das ist einfach. Die Methode zur Sortierung zeigt bereits an ihrem Ende an, daß die Events sortiert sind. Der Konstruktor sollte diesen Wert anfangs auf true setzen und damit anzeigen, daß die Liste der Events sortiert ist. Nur wenn neue Events hinzugefügt werden, ist es möglich, daß die Liste in Unordnung gerät. Deshalb muß in der Methode `addEvents()` dieses Flag auf den Wert false gesetzt werden. Das sagt der Klasse `Scheduler`, daß die Sortierung neu gestartet werden muß. Wenn die Methode getListOfEvents() aufgerufen wird, werden die Events sortiert sein und können dann abgefragt werden. Sie müssen nun im Konstruktor und in der Methode zum Hinzufügen von Events noch Code hinzufügen, der den Wert des Flags entsprechend ändert:

```
package javaxml2;

import java.text.SimpleDateFormat;
import java.util.Date;
import java.util.Enumeration;
import java.util.Hashtable;
import java.util.Vector;

public class Scheduler {

    public Scheduler() {
        eventsSorted = true;
    }

    public boolean addEvent(String eventName, Date eventTime) {
        // Füge dieses Event zu der Liste hinzu
        if (!events.contains(eventName)) {
            events.addElement(eventName);
            eventDetails.put(eventName, eventTime);
            eventsSorted = false;
        }

        return true;
    }

    // Andere Methoden
}
```

Sie müssen keine Änderungen an der Methode removeEvent() vornehmen, da das Entfernen eines Eintrags die Sortierung der Elemente nicht beeinträchtigt. Wenn Sie den Client zugunsten anderer Aufgaben entlasten möchten, ist ein Thread, der die Events sortiert, der ideale Mechanismus für die serverseitige Verarbeitung. Wird solch ein Thread innerhalb der JVM gestartet, kann der Client weiterarbeiten, ohne darauf warten zu müssen, daß der Thread beendet wird. Das ist besonders in einer Multithreaded-Umgebung wichtig, in der Synchronisation und Threads, die auf bestimmte Objekt-Locks warten, genutzt werden. Im vorliegenden Fall wurden solche Threading-Issues ausgeklammert, es sollte aber relativ einfach sein, entsprechenden Code nachzurüsten. Es wird zunächst eine innere Klasse, die von Thread abgeleitet wird, hinzugefügt. Diese tut nichts weiter, als die Methode sortEvents() aufzurufen. Dann wird zur Methode addEvents() Code hinzugefügt, der den Thread erzeugt und startet, wenn Events hinzugefügt werden. Nun löst jedes hinzugefügte Event eine Neusortierung der Events aus. Der Client jedoch kann weiterarbeiten (und zum Beispiel neue Events hinzufügen, was wiederum neue Threads zur Sortierung starten würde). Wenn der Client eine Liste der Events anfordert, sollte er eine sortierte Liste als Antwort erhalten. Das alles geschieht, ohne daß der Client darauf warten oder selbst Rechenzeit dafür aufwenden muß. Das Hinzufügen sowohl einer inneren Klasse zur Sortierung als auch des Codes, der diesen Thread in der Methode addEvents( ) startet, runden die Klasse Scheduler ab und sind hier zu sehen:

```
package javaxml2;

import java.text.SimpleDateFormat;
import java.util.Date;
import java.util.Enumeration;
import java.util.Hashtable;
import java.util.Vector;

public class Scheduler {

    // Bereits vorhandene Variablen und Methoden

    public boolean addEvent(String eventName, Date eventTime) {
        // Füge dieses Event zu der Liste hinzu
        if (!events.contains(eventName)) {
            events.addElement(eventName);
            eventDetails.put(eventName, eventTime);
            eventsSorted = false;

            // Starten des Sortier-Threads auf dem Server
            SortEventsThread sorter = new SortEventsThread();
            sorter.start();
        }

        return true;
    }

    class SortEventsThread extends Thread {

        public void run() {
            sortEvents();
        }
    }
}
```

Wenn Sie den modifizierten Sourcecode kompilieren, erhalten Sie einen mit Threads arbeitenden Scheduler, der die arbeitsaufwendige Aufgabe des Sortierens auf dem Server erledigt und es Clients erlaubt, ungestört weiterzuarbeiten, während im Hintergrund sortiert wird. Das ist immer noch ein einfaches Beispiel für die richtige Benutzung einer Handler-Klasse, aber es führt die Konzepte der Verteilung von Ressourcen und der möglichst häufigen Übertragung von Arbeiten auf den Server ein. Um diese etwas fortgeschrittenere Handler-Klasse zu ergänzen, werde ich als nächstes die Entwicklung eines etwas fortgeschritteneren XML-RPC-Servers zeigen.

Ein konfigurierbarer Server

Die XML-RPC-Server-Klasse braucht immer noch ein wenig Bearbeitung. Die jetzige Version erfordert immer noch das spezifische Hinzufügen von Handler-Klassen im Code. Das bedeutet, daß das Hinzufügen neuer Handler-Klassen Programmierung und das Neukompilieren der Klasse nach sich zieht. Das ist nicht nur unter dem Gesichtspunkt des Software-Engineerings (Änderungskontrolle) unerwünscht, sondern außerdem noch langweilig und zeitaufwendig. Das Holen der neuesten Version aus einem Versionsmanagement-System, das Einfügen der Änderungen in den Quelltext und das Testen der geänderten Klasse, nur um ein oder zwei neue Handler hinzuzufügen, ist unpraktisch. Sie werden dadurch keine Freunde im Management gewinnen. Vorzuziehen wäre in diesem Fall ein robuster Server, der entsprechende Informationen aus einer Konfigurationsdatei lesen kann. Wir werden jetzt einen schlanken Server bauen, der das beherrscht.

Um zu beginnen, erstellen wir zunächst eine neue Server-Klasse. Sie können dazu entweder wieder von neuem beginnen oder einige Teile aus der früher in diesem Kapitel vorgestellten Klasse `HelloServer` kopieren. Beginnend mit dem Framework, fügen Sie die entsprechenden `import`-Anweisungen hinzu und instantiieren den Server ähnlich wie in dem Beispiel früher in diesem Kapitel. Diesmal lassen Sie jedoch Code zum Hinzufügen etwaiger Handler-Klassen weg, da es eine Helper-Methode geben wird, die die benötigten Informationen aus einer Datei liest. Eine Änderung im Vergleich zur früheren Version besteht darin, daß diese Klasse einen zusätzlichen Kommandozeilen-Parameter benötigt, der den Namen der entsprechenden Datei darstellt. Der Server wird diese Datei mittels der Methoden lesen, die ich später vorstellen werde, und fügt Handler zum Server hinzu. Die Klasse `LightweightXmlRPcServer`, die weiterhin die Helper-Klasse `WebServer` verwendet, können Sie mit dem in Beispiel 11-7 gezeigten Quellcode schreiben.

Beispiel 11-7: Ein wiederverwendbarer XML-RPC-Server

```
package javaxml2;

import java.io.IOException;

import helma.xmlrpc.XmlRpc;
import helma.xmlrpc.WebServer;

public class LightweightXmlRpcServer {

    /** Die Utility-Klasse für den XML-RPC-Server  */
    private WebServer server;

    /** Port-Nummer zum Lauschen */
    private int port;

    /** Zu benutzende Konfigurationsdatei */
    private String configFile;
```

Beispiel 11-7: Ein wiederverwendbarer XML-RPC-Server (Fortsetzung)

```java
    public LightweightXmlRpcServer(int port, String configFile) {
        this.port = port;
        this.configFile = configFile;
    }

    public void start() throws IOException {
        try {
            // Benutze den Apache Xerces-SAX-Parser
            XmlRpc.setDriver("org.apache.xerces.parsers.SAXParser");

            System.out.println("Start des XML-RPC-Servers...");
            server = new WebServer(port);

            // Registrieren der Handler

        } catch (ClassNotFoundException e) {
            throw new IOException("Fehler beim Laden des SAX-Parsers: " +
                e.getMessage());
        }
    }

    public static void main(String[] args) {

        if (args.length < 2) {
            System.out.println(
                "Benutzung: " +
                "java com.oreilly.xml.LightweightXmlRpcServer " +
                "[port] [configFile]");
            System.exit(-1);
        }

        LightweightXmlRpcServer server =
            new LightweightXmlRpcServer(Integer.parseInt(args[0]),
                                        args[1]);

        try {
            // Starten des Servers
            server.start();
        } catch (IOException e) {
            System.out.println(e.getMessage());
        }
    }
}
```

Hier geschieht nichts Bemerkenswertes. Der Code sorgt dafür, daß die benötigten Parameter übergeben werden, und startet dann den Server am angegebenen Port. Jetzt ist die Zeit gekommen, Methoden hinzuzufügen, die die Handler aus der Datei lesen und sie beim Server registrieren.

Da jeder Handler einen Namen und eine zugeordnete Klasse benötigt, können Sie eine Konfigurationsdatei erzeugen, die genau diese Informationen enthält. Unter Java ist es einfach, eine Klasse mit ihrem Package- und Klassennamen zu laden und zu instantiieren. Damit kann ein neuer Handler einfach durch zwei Textwerte repräsentiert werden. In der Datei können Sie sowohl die ursprüngliche Klasse `HelloHandler` als auch die neue Klasse `Scheduler` hinzufügen. Da Sie den Parser ebenfalls schreiben, ist es sicher, einfach zu entscheiden, daß Kommas Einträge abgrenzen und Hash-Zeichen (#) Kommentare einleiten. Eigentlich können Sie auch jedes andere Format benutzen, solange sichergestellt ist, daß Sie Code schreiben, der die entsprechenden Konventionen beim Parsen der Datei benutzt.

Vielleicht sind Sie überrascht, daß hier kein XML-Dateiformat benutzt wird. Dafür gibt es mehrere Gründe. Erstens werde ich mich im nächsten Kapitel mit SOAP beschäftigen, das durch und durch XML benutzt. Die Benutzung eines anderen Formats an dieser Stelle unterstreicht die Unterschiede zwischen den beiden Methodiken. Zweitens sind Sie sicher an diesem Punkt darauf vorbereitet, Ihren eigenen XML-Parser zu schreiben, daher ist diese Aufgabe eine gute Übung. Drittens bin ich Realist; Sie werden erstaunt sein, wie oft es vorkommt, daß »XML-Frameworks« und »XML-Anwendungen« Nicht-XML-Formate benutzen. Gewöhnen Sie sich daran, es wird immer mal wieder geschehen.

Erzeugen Sie nun die in Beispiel 11-8 gezeigte Konfigurationsdatei, die die Klasse `HelloHandler` unter dem Identifier »hello« und die Klasse `Scheduler` unter dem Identifier »scheduler« registriert, und speichern Sie sie unter *xmlrpc.conf*.

Beispiel 11-8: XML-RPC-Konfigurationsdatei
```
# Hello Handler: sayHello( )
hello,javaxml2.HelloHandler

# Scheduler: addEvent( ), removeEvent( ), getEvents( )
scheduler,javaxml2.Scheduler
```

Zu Dokumentationszwecken habe ich die für jeden Handler verfügbaren Methoden als Kommentare beigefügt. Damit wissen andere, die später Änderungen an der Datei vornehmen wollen, welche Methoden für jeden Handler verfügbar sind.

Die I/O-Klassen von Java machen das Laden einer Datei und das Lesen ihres Inhaltes einfach. Es ist simpel, eine Helper-Methode zu schreiben, die den Inhalt einer solchen Datei liest und die Wertepaare in eine `Hashtable` schreibt. Diese Tabelle kann dann an eine weitere Methode übergeben werden, die die Handler lädt und registriert. Die Methode in diesem Beispiel verzichtet auf eine ausführliche Fehlerbehandlung, wie sie zum Beispiel in einem realen Server erfolgen müßte, und ignoriert einfach jede Zeile ohne ein Paar durch Komma getrennte Werte. Es ist leicht, Code zur Fehlerbehandlung hinzuzufügen, wenn das vorgestellte Fragment in eigenen Anwendungen benutzt werden soll. Wird eine Zeile mit einem Wertepaar gefunden, wird diese aufgebrochen, und der Identifier und der Klassenname werden als ein Eintrag in der Hashtable gespeichert. Fügen Sie nun die neuen import-Anweisungen für die benötigten Utility-Klassen und die zwei neuen Methoden getHandlers() zu der Klasse LightweightServer hinzu:

```java
package javaxml2;

import java.io.BufferedReader;
import java.io.FileReader;
import java.io.IOException;
import java.util.Hashtable;

import helma.xmlrpc.XmlRpc;
import helma.xmlrpc.WebServer;

public class LightweightXmlRpcServer {

    // Bereits vorhandene Methoden

    private Hashtable getHandlers() throws IOException {

        Hashtable handlers = new Hashtable();

        BufferedReader reader =
            new BufferedReader(new FileReader(configFile));
        String line = null;

        while ((line = reader.readLine()) != null) {
            // Die Syntax ist "handlerName, handlerClass"
            int comma;

            // Überspringe Kommentare
            if (line.startsWith("#")) {
                continue;
            }

            // Überspringe leere oder unsinnige Zeilen
            if ((comma = line.indexOf(",")) < 2) {
                continue;
            }

            // Hinzufügen von Klasse und Name des Handlers
            handlers.put(line.substring(0, comma),
                         line.substring(comma+1));
        }

        return handlers;
    }
}
```

Anstatt hier Code einzufügen, der das Ergebnis der Methode sichert, können Sie das Resultat als Eingabe für eine andere Methode verwenden, die über die Hashtable iteriert und jeden Handler beim Server registriert. Der Code dafür ist nicht kompliziert; die einzige bemerkenswerte Sache dabei ist, daß die Methode addHandler() des WebServers eine Instanz einer Klasse als Parameter verlangt. Daher muß der Code den Namen der zu registrierenden Klasse aus der Hashtable holen, sie mittels Class.forName() in die JVM laden und dann mittels newInstance() instantiieren. Dies ist die Vorgehensweise in Klassenladern und anderen dynamischen Anwendungen in Java. Sie ist Ihnen eventuell nicht vertraut, wenn Sie erst seit kurzem mit Java arbeiten oder noch nie Klassen dynamisch über ihren Namen instantiieren mußten. Wenn die Klasse auf diese Weise angelegt wurde, wird die Methode addHandler() mit dem Identifier und der entstandenen Instanz als Parameter aufgerufen, und es wird mit der Iteration fortgefahren. Sobald alle Inhalte der Hashtable geladen sind, ist der Server zur Arbeit bereit. Ich habe die Klasse Enumeration benutzt, um durch die Schlüssel der Hashtable zu iterieren, daher muß auch diese import-Anweisung in den Quellcode eingefügt werden:

```
package javaxml2;

import java.io.BufferedReader;
import java.io.FileReader;
import java.io.IOException;
import java.util.Enumeration;
import java.util.Hashtable;

import helma.xmlrpc.XmlRpc;
import helma.xmlrpc.WebServer;

public class LightweightXmlRpcServer {

    // Bereits existierende Methoden

    private void registerHandlers(Hashtable handlers) {
        Enumeration handlerNames = handlers.keys();

        // Schleife über alle angeforderten Handler
        while (handlerNames.hasMoreElements()) {
            String handlerName = (String)handlerNames.nextElement();
            String handlerClass = (String)handlers.get(handlerName);

            // Hinzufügen eines Handlers zum Server
            try {
                server.addHandler(handlerName,
                    Class.forName(handlerClass).newInstance());

                System.out.println("Registriere Handler " + handlerName +
                        " als Klasse " + handlerClass);
```

```
            } catch (Exception e) {
                System.out.println("Fehlgeschlagen: Registrierung von Handler " +
                                    handlerName + " als Klasse " +
                                    handlerClass);
            }
        }
    }
}
```

Das ist einfach eine Ergänzung zu der Methode getHandlers( ); tatsächlich nimmt sie das Resultat dieser Methode als Eingabe entgegen. Sie benutzt die Strings in der Hashtable und registriert sie. Nun läuft der Server und hat alle Handler, die in der Konfigurationsdatei standen, geladen und für Aufrufe verfügbar. Sie könnten diese Methoden natürlich auch zu einer umfangreicheren Methode verschmelzen. Der Zweck, den die Methoden erfüllen, ist jedoch deutlich unterschiedlich: Während die eine, getHandlers( ), das Parsen einer Datei erledigt, ist die andere, registerHandlers( ), mit der Registrierung von Handlern beschäftigt, über die entsprechende Informationen vorliegen. Mit dieser Aufteilung können Sie die Methode des Parsens der Konfigurationsdatei ändern (oder die entsprechenden Informationen aus einer Datenbank oder einem noch anders gearteten Medium extrahieren), ohne sich Gedanken über die Art und Weise der Registrierung der Handler machen zu müssen.

Wenn Sie diese beiden Methoden hinzugefügt haben, müssen Sie sie nur noch in der Methode start( ) der Server-Klasse aufrufen:

```
public void start() throws IOException {
    try {
        // Benutze den Apache Xerces-SAX-Parser
        XmlRpc.setDriver("org.apache.xerces.parsers.SAXParser");

        System.out.println("Starten des XML-RPC-Servers...");
        server = new WebServer(port);

        // Registrieren der Handler
        registerHandlers(getHandlers());

    } catch (ClassNotFoundException e) {
        throw new IOException("Fehler beim Laden des SAX-Parsers: " +
            e.getMessage());
    }
}
```

Nach dem Kompilieren und der Erstellung der Konfigurationsdatei ist der Server einsatzbereit.

Ein nützlicher Client

Der neue Client beinhaltet keine neuen Techniken oder Konzepte; genau so einfach, wie die Klasse HelloClient war, ist auch die Klasse SchedulerClient. Sie benötigt den Start eines XML-RPC-Clients, ruft einige Handler-Methoden auf und gibt die Resultate dieser

Aufrufe auf dem Bildschirm aus. Der komplette Code für diesen Client ist hier gezeigt. Kommentare erklären, was passiert, und da alles hier bereits bekannt ist, können Sie den Code in Beispiel 11-9 einfach mittels eines Editors eingeben, speichern und anschließend kompilieren.

Beispiel 11-9: Die Klasse SchedulerClient

```
package javaxml2;

import java.io.IOException;
import java.net.MalformedURLException;
import java.util.Calendar;
import java.util.Date;
import java.util.Enumeration;
import java.util.Hashtable;
import java.util.Vector;

import helma.xmlrpc.XmlRpc;
import helma.xmlrpc.XmlRpcClient;
import helma.xmlrpc.XmlRpcException;

public class SchedulerClient {

    public static void addEvents(XmlRpcClient client)
        throws XmlRpcException, IOException {

        System.out.println("\nHinzufügen von Events...\n");

        // Parameter für Events
        Vector params = new Vector();

        // Hinzufügen eines Events für den nächsten Monat
        params.addElement("Korrekturlesen der Endfassung");

        Calendar cal = Calendar.getInstance();
        cal.add(Calendar.MONTH, 1);
        params.addElement(cal.getTime());

        // Hinzufügen des Events
        if (((Boolean)client.execute("scheduler.addEvent", params))
                        .booleanValue()) {
            System.out.println("Event hinzugefügt.");
        } else {
            System.out.println("Konnte das Event nicht hinzufügen.");
        }

        // Hinzufügen eines Events für morgen
        params.clear();
        params.addElement("Enfassung abschicken");

        cal = Calendar.getInstance();
```

Beispiel 11-9: Die Klasse SchedulerClient (Fortsetzung)

```
        cal.add(Calendar.DAY_OF_MONTH, 1);
        params.addElement(cal.getTime());

        // Hinzufügen des Events
        if (((Boolean)client.execute("scheduler.addEvent", params))
                          .booleanValue()) {
            System.out.println("Event hinzugefügt.");
        } else {
            System.out.println("Konnte Event nicht hinzufügen.");
        }

    }

    public static void listEvents(XmlRpcClient client)
        throws XmlRpcException, IOException {

        System.out.println("\nListe der Events...\n");

        // Holen des Events vom Scheduler
        Vector params = new Vector();
        Vector events =
            (Vector)client.execute("scheduler.getListOfEvents", params);
        for (int i=0; i<events.size(); i++) {
            System.out.println((String)events.elementAt(i));
        }
    }

    public static void main(String args[]) {

        try {
            // Benutze den Apache Xerces-SAX-Parser
            XmlRpc.setDriver("org.apache.xerces.parsers.SAXParser");

            // Verbinden zum Server
            XmlRpcClient client =
              new XmlRpcClient("http://localhost:8585/");

            // Ein paar Events hinzufügen
            addEvents(client);

            // Events auflisten
            listEvents(client);

        } catch (Exception e) {
            System.out.println(e.getMessage());
        }
    }
}
```

Wenn Sie den Code eingeben, werden Sie bemerken, daß die Events in umgekehrter Reihenfolge ihres Auftretens in die Liste eingefügt werden. Der Server sortiert sie anschließend mit der Methode sortEvents(), um die korrekte Sortierung der Ergebnisse zu erleichtern, wenn die Methode getListOfEvents() aufgerufen wird. Der Server kümmert sich als nächstes um die Sortierung.

Sprich mit mir (noch einmal)

Wenn Sie den Code für Handler, Server und Client eingegeben haben, kompilieren Sie alle Quelldateien. Sie müssen ebenfalls eine Konfigurationsdatei erstellen, die diejenigen Handler auflistet, die bei dem Server registriert werden sollen, der im Abschnitt »Ein konfigurierbarer Server« früher in diesem Kapitel vorgestellt wurde. Zuerst müssen Sie den XML-RPC-Server als separaten Prozeß starten:

```
c:\javaxml2\build>start java javaxml2.LightweightXmlRpcServer 8585
                    c:\javaxml2\ch11\conf\xmlrpc.conf
```

Unter Unix schreiben Sie:

```
$ java javaxml2.LightweightServer 8585 conf/xmlrpc.conf &
```

Der Server sollte nun melden, daß die Handler der Konfigurationsdatei unter den angegebenen Namen registriert wurden:

```
Starten des XML-RPC-Servers...
Registriere Handler scheduler als Klasse javaxml2.Scheduler
Registriere Handler hello als Klasse javaxml2.HelloHandler
```

Wenn Sie den vorigen XML-RPC-Server HelloServer nicht beendet haben, werden Sie eine Fehlermeldung sehen, die besagt, daß es nicht möglich ist, einen Server an einem bereits belegten Port zu starten. Stellen Sie daher sicher, daß der HelloServer beendet ist, bevor Sie den LightweightXmlRpcServer starten.

Zum Schluß starten Sie den Client und können die Resultate begutachten:

```
$ java javaxml2.SchedulerClient

Hinzufügen von Events...

Event hinzugefügt.
Event hinzugefügt.

Liste der Events...

Event "Endfassung abschicken" fällig: 10:55 AM 05/09/2001
Event "Korrekturlesen der Endfassung" fällig: 10:55 AM 06/08/2001
```

Sie sollten keine auffallende Pause zwischen dem Hinzufügen von Events und der Ausgabe der Liste bemerken können, und doch sortiert der Server die Events in einem separaten Thread in der JVM (übrigens ist Bubblesort nicht der schnellste Sortieralgorithmus). Sie haben nun Ihre erste nützliche XML-RPC-Anwendung geschrieben!

Die wirkliche Welt

Ich werde dieses Kapitel mit einem kurzen Ausblick auf wichtige Details der Benutzung von XML-RPC in der Realität beschließen. Das wird mein Konzept weiterführen, XML nicht deshalb zu benutzen, weil es die neueste und coolste Technologie ist, sondern weil sie am besten geeignet ist, manche Probleme zu lösen. All das Wissen in diesem Buch, in den XML-Spezifikationen und in anderen Büchern zu diesem Thema wird nicht dafür sorgen, daß Ihre Anwendung so gut arbeitet, wie es möglich wäre, wenn Sie nicht wissen, wann und wie man XML und XML-RPC richtig einsetzt! Dieser Abschnitt beleuchtet einige der Gesichtspunkte, die bei der Benutzung von XML-RPC in den Blickpunkt rücken.

Wo ist XML in XML-RPC?

Nachdem Sie dieses Kapitel bis hierher durchgearbeitet haben, werden Sie sicher erstaunt sein, daß Sie nie irgendwelchen SAX-, DOM- oder JDOM-Code schreiben mußten. Tatsächlich wurde so gut wie kein XML direkt benutzt. Der Grund dafür ist, daß die XML-RPC-Bibliotheken für die Codierung und Decodierung der zwischen Client und Server verschickten Requests verantwortlich sind. Obwohl hier kein Code erzeugt wurde, der XML direkt manipuliert, wird hier dennoch XML benutzt. Der einfache Request an die Methode sayHello( ) wurde tatsächlich in einen HTTP-Aufruf übersetzt, der wie Beispiel 11-10 aussieht.

Beispiel 11-10: XML für einen XML-RPC-Request
```
POST /RPC2 HTTP/1.1
User-Agent: Tomcat Web Server/3.1 Beta (Sun Solaris 2.6)
Host: newInstance.com
Content-Type: text/xml
Content-length: 234

<?xml version="1.0"?>
<methodCall>
  <methodName>hello.sayHello</methodName>
  <params>
    <param>
      <value><string>Brett</string></value>
    </param>
  </params>
</methodCall>
```

Die XML-RPC-Bibliotheken auf dem Server empfangen und decodieren es und versuchen, eine geeignete Handler-Methode zu finden. Anschließend wird die benötigte Java-Methode aufgerufen, und der Server codiert das Ergebnis wieder wie in Beispiel 11-11 dargestellt mittels XML.

Beispiel 11-11: Einer XML-RPC-Antwort zugrundeliegendes XML

```
HTTP/1.1 200 OK
Connection: close
Content-Type: text/xml
Content-Length: 149
Date: Mon, 11 Apr 2000 03:32:19 CST
Server: Tomcat Web Server/3.1 Beta-Sun Solaris 2.6

<?xml version="1.0"?>
<methodResponse>
  <params>
    <param>
      <value><string>Hello Brett</string></value>
    </param>
  </params>
</methodResponse>
```

All diese Kommunikation erfolgt, ohne daß Sie sich darüber Gedanken machen müssen.

Gemeinsam genutzte Instanzen

In diesen Beispielen habe ich statische Datenobjekte benutzt, um von mehreren Instanzen einer Klasse auf die Daten zugreifen zu können (Daten zu »sharen«). Jedoch gibt es auch Fälle, wo eine Instanz selbst so (shared) benutzt wird. Das muß nicht aus der Benutzung von XML-RPC resultieren, sondern kann auch passieren, weil die Klasse auf dem Server anderweitig benutzt wird. Zum Beispiel sagt das Design-Pattern Singleton in Java aus, daß nur eine Instanz einer Klasse erzeugt werden darf und diese dann von allen Anwendungen benutzt wird. Das wird normalerweise durch eine statische Methode getInstance( ) erreicht, anstatt ein Objekt zu instantiieren:

```
Scheduler scheduler;

// Holen der durch die Klasse Scheduler verwalteten einzigen Instanz
scheduler = Scheduler.getInstance();

// Hinzufügen eines Events für den aktuellen Zeitpunkt
scheduler.addEvent("Picnic", new Date());
```

Um sicherzustellen, daß keine Klasse direkt eine Instanz der Klasse Scheduler erzeugt, werden die Konstruktoren als private oder protected deklariert. Während diese Vorgehensweise Clients zwingt, diesen Code zu benutzen, um Zugriff auf eine Instanz zu erlangen, kann es doch Verwirrung stiften, wenn die Klasse als XML-RPC-Handler benutzt wird. Denken Sie daran, daß die Registrierung eines Handlers immer die Instantiierung der Handler-Klasse vorausgesetzt hat. Jedoch benötigt die Klasse WebServer lediglich eine gültige Instanz als Parameter und nicht notwendigerweise eine neue Instanz. Der folgende Code ist ein Beispiel für eine völlig legitime Art, einen Handler hinzuzufügen:

```
WebServer server = new WebServer(8585);

// Erzeugen der Handler-Klasse
HelloHandler hello = new HelloHandler( );
server.addHandler("hello", hello);
```

Der Server unterscheidet nicht zwischen beiden Methoden, solange die Handler-Klasse instantiiert ist, wenn sie der Methode addHandler( ) übergeben wird. Also können Sie eine kleine Änderung am Code vornehmen, wenn Sie eine Instanz der bereits beschriebenen Singleton-Klasse Scheduler registrieren möchten:

```
WebServer server = new WebServer(8585);

// Übergeben der Singleton-Instanz
server.addHandler("scheduler", Scheduler.getInstance( ));
```

Dadurch wird die gemeinsam genutzte Instanz genau so übergeben, als ob die Klasse mit dem Schlüsselwort new instantiiert worden wäre, und bewahrt alle Informationen der Singleton-Klasse. Viele Klassen, die in Services wie XML-RPC benutzt werden, sind als Singletons ausgeführt, um statische Datenobjekte zu vermeiden, da es eine gemeinsam genutzte Instanz erlaubt, die Daten in normalen Member-Variablen zu speichern; eine einzige Instanz arbeitet dann mit diesen Member-Variablen für alle Client-Requests.

Servlet oder kein Servlet?

In letzter Zeit ist die Benutzung von Servlets als XML-RPC-Server immer populärer geworden. Einzelheiten über Servlets können Sie in Jason Hunters *Java Servlet-Programmierung* (O'Reilly Verlag) finden. Tatsächlich enthalten die XML-RPC-Java-Klassen, die Sie heruntergeladen haben, ein Servlet. Es ist sowohl erlaubt als auch verbreitet, ein Servlet in dieser Art und Weise zu benutzen, da es nichts anderes tut, als XML-RPC-Requests entgegenzunehmen. Es ist jedoch nicht immer die beste Idee.

Wenn Sie einen Rechner haben, der auch andere HTTP-Requests für Java-Tasks bearbeitet, ist eine Servlet-Engine eine gute Wahl, um die Details dieser Requests zu behandeln. In einem solchen Fall ist es eine gute Idee, den XML-RPC-Server als Servlet auszulegen. Ein Vorteil von XML-RPC ist aber die Möglichkeit, Handler-Klassen mit kompliziertem Code, der viel Rechenzeit benötigt, von anderen Teilen der Anwendung zu separieren. Die Klasse Scheduler könnte auf einem Server mit Klassen kombiniert werden, die komplizierte Indizierungen, algorithmische Modellierungen und möglicherweise graphische Transformationen ausführen. Alle diese Funktionen sind für Client-Anwendungen sehr aufwendig. Das Hinzufügen einer Servlet-Engine, die auch andere Anwendungs-Requests außer den mit XML-RPC verbundenen akzeptiert, würde die für die Handler-Klassen zur Verfügung stehende Rechenzeit beträchtlich herabsetzen. In einem solchen Szenario sollten die einzigen Requests an den Server diejenigen sein, die für diese Handler-Klassen bestimmt sind.

In dem Fall, daß nur XML-RPC-Requests akzeptiert werden (wie oben beschrieben), ist es keine gute Idee, ein Servlet als XML-RPC-Server zu verwenden. Die benutzte Klasse WebServer ist klein, schlank und speziell für die Behandlung von XML-RPC-Requests über HTTP geschrieben. Eine Servlet-Engine ist so entwickelt, daß sie alle möglichen HTTP-Requests akzeptiert, und nicht im geringsten für die Behandlung von XML-RPC-Requests optimiert. Über einen gewissen Zeitraum hinweg betrachtet, werden Sie Performance-Einbußen der Servlet-Lösung gegenüber der Lösung mit der Klasse WebServer beobachten können. Wenn Sie keine gewichtigen Gründe dafür haben, ein Servlet für andere als XML-RPC betreffende Aufgaben zu benutzen, sollten Sie den schlanken XML-RPC-Server einsetzen, der genau für die Aufgaben im Umfeld von XML-RPC entworfen wurde.

Und was kommt jetzt?

Nachdem Sie jetzt einen Einblick in RPC und XML-RPC gewonnen haben, ist es Zeit für den nächsten logischen Schritt. Dieser Schritt heißt SOAP, das Simple Object Access Protocol (engl. für: einfaches Objektzugriffsprotokoll). SOAP baut auf XML-RPC auf und bietet Unterstützung für benutzerdefinierte Objekttypen, eine bessere Fehlerbehandlung und mehr Features. Außerdem ist es gerade sehr »in«. Im nächsten Kapitel werde ich die Grundlagen vorstellen – seien Sie also gewappnet.

KAPITEL 12
SOAP

SOAP heißt Simple Object Access Protocol (engl. für: einfaches Objektzugriffsprotokoll). Wenn Sie bisher noch nichts davon gehört haben, haben Sie wahrscheinlich einsam in einer Höhle gelebt. Es ist der neueste Trend in der Web-Programmierung und integraler Bestandteil des Web-Services-Fanatismus, der die neueste Generation der Web-Entwicklung auszeichnet. Wenn Sie von Microsofts .NET oder der Peer-to-Peer-»Revolution« gehört haben, dann haben Sie von Technologien gehört, die auf SOAP basieren (auch wenn Sie das nicht wissen). Es gibt nicht nur eine, sondern *zwei* SOAP-Implementierungen im Apache-Umfeld, und Microsoft hat diesem Thema Hunderte Seiten auf der MSDN-Website gewidmet (*http://msdn.microsoft.com*).

In diesem Kapitel erkläre ich, was SOAP eigentlich ist und warum es ein so wichtiger Teil dessen ist, wohin sich die Web-Entwicklung bewegt. Das wird helfen, die Grundlagen von SOAP zu verstehen und Sie darauf vorbereiten, mit einem SOAP-Toolkit zu arbeiten. Von dort aus werde ich verfügbare SOAP-Projekte kurz vorstellen und dann in die Apache-Implementierung eintauchen. Dieses Kapitel soll SOAP nicht im Detail beleuchten, das nächste Kapitel füllt einen Großteil der Lücken. Sie sollten das vorliegende Kapitel als ersten Teil einer Mini-Serie betrachten – viele der bis zum Ende dieses Kapitels aufgetauchten Fragen werden im nächsten Kapitel beantwortet.

Start

Zunächst müssen Sie einmal verstehen, was SOAP ist. Sie können dazu die komplette W3C-Note-Submission unter *http://www.w3.org/TR/SOAP* lesen, die aber ziemlich lang ist. Wenn man all den Hype beiseite läßt, ist SOAP nur ein Protokoll. Es ist ein einfaches Protokoll (einfach zu benutzen, nicht notwendigerweise einfach zu schreiben). Es basiert auf der Idee, daß an irgendeinem Punkt in einer verteilten Architektur die Notwendigkeit besteht, Informationen auszutauschen. Zusätzlich ist das Protokoll auf einem überlasteten Server, auf dem viele Prozesse laufen, leichtgewichtig und hat einen minimalen Overhead. Schließlich erlaubt es, all das über HTTP auszuführen. Das wiederum macht es möglich, Schwierigkeiten, wie zum Beispiel Firewalls, zu umgehen. Außerdem entfällt die Notwendigkeit, alle möglichen Sockets an komischen Portnummern lauschen zu lassen. Haben Sie das erstmal verinnerlicht, ist der Rest nur noch eine Menge unbedeutender Details.

Natürlich interessieren Sie sich vor allem für die Details, also werde ich sie nicht auslassen. Es gibt drei grundlegende Komponenten in der SOAP-Spezifikation: den SOAP-Envelope (engl. für: Umschlag, Kuvert), eine Menge von Codierungsregeln und ein Mittel zur Kommunikation zwischen Request und Antwort. Stellen Sie sich eine SOAP-Botschaft als eine Art Brief vor; Sie wissen schon – diese antiquierten Dinger in einem Kuvert mit einer Briefmarke und einer vorn drauf gekritzelten Adresse. Diese Analogie macht es wesentlich einfacher, solche SOAP-Konzepte zu verstehen. Abbildung 12-1 versucht, den SOAP-Prozeß mittels dieser Analogie zu verdeutlichen.

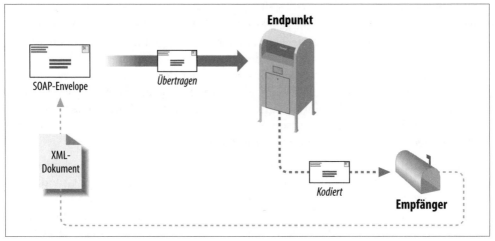

Abbildung 12-1: Der SOAP-Message-Prozeß

Mit diesem Bild im Hinterkopf schauen wir nun auf die drei Komponenten der SOAP-Spezifikation. Ich werde zunächst kurz auf jede eingehen und anschließend Beispiele aufzeigen, die jede Komponente deutlicher illustrieren. Es sind diese drei Komponenten, die SOAP so wichtig und wertvoll machen. Die Fehlerbehandlung, die Unterstützung verschiedenster Codierungen, die Serialisierung benutzerdefinierter Parameter und die Tatsache, daß SOAP über HTTP läuft, macht es in vielen Szenarien attraktiver als andere verteilte Protokolle.[1] Zusätzlich ermöglicht SOAP einen hohen Grad an Interoperabilität mit anderen Applikationen, worauf ich umfassender im nächsten Kapitel eingehen werde. Im Moment konzentriere ich mich auf die Grundlagen von SOAP.

---

1 Es wird viel darüber gesprochen, SOAP über andere Protokolle laufen zu lassen, wie zum Beispiel SMTP (oder sogar Jabber). Das ist nicht Teil des SOAP-Standards, könnte aber in zukünftigen Versionen enthalten sein. Seien Sie nicht überrascht,wenn Sie darüber lesen.

Der Envelope

Der SOAP-Envelope ist ein Analogon zum Umschlag oder Kuvert eines normalen Briefes. Er enthält Informationen über die Botschaft, die in der SOAP-Nutzlast codiert ist, einschließlich der Daten über Sender und Empfänger sowie auch Details über die Botschaft selbst. Zum Beispiel kann der Header einer SOAP-Botschaft vollständige Angaben darüber enthalten, wie die Botschaft zu verarbeiten ist. Bevor eine Anwendung mit der Verarbeitung einer Botschaft beginnt, kann sie zunächst Informationen über die Botschaft extrahieren. Sie kann daran sogar erkennen, ob sie überhaupt in der Lage ist, die Botschaft zu verarbeiten. Anders als bei XML-RPC (Sie erinnern sich? XML-RPC-Botschaften, die Codierung und der Rest waren alle Bestandteil eines einzigen XML-Fragments) erfolgt mit SOAP eine wirkliche Interpretation der Botschaft, um etwas über sie herauszubekommen. Eine typische SOAP-Botschaft kann außerdem den Encoding-Style beinhalten, der den Empfänger bei der Interpretation der Botschaft unterstützt. Beispiel 12-1 zeigt den SOAP-Envelope mit der angegebenen Codierung.

Beispiel 12-1: Der SOAP-Envelope
```
<soap:Envelope
   xmlns:soap="http://schemas.xmlsoap.org/soap/envelope/"
   soap:encodingStyle="http://myHost.com/encodings/secureEncoding"
>
  <soap:Body>
    <article xmlns="http://www.ibm.com/developer">
      <name>Soapbox</name>
      <url>
         http://www-106.ibm.com/developerworks/library/x-soapbx1.html
      </url>
    </article>
  </soap:Body>
</soap:Envelope>
```

Sie können sehen, daß die Codierung im Envelope angegeben wird. Das erlaubt es der Anwendung zu entscheiden (sie benutzt dazu den Wert des Attributs encodingStyle), ob sie die ankommende Botschaft im Body-Element benutzen kann. Sie sollten darauf achten, den SOAP-Namensraum korrekt zu benutzen, da ansonsten SOAP-Server, die die Botschaft empfangen, Fehler wegen nicht übereinstimmender Versionen melden würden und damit keine Interaktion mit diesen möglich wäre.

Codierung

Das zweite wichtige Element, das SOAP auf den Tisch packt, ist ein einfaches Mittel zum Codieren von benutzerdefinierten Datentypen. In RPC (und XML-RPC) kann lediglich eine vordefinierte Menge von Datentypen codiert werden, nämlich die, die von dem jeweils benutzten XML-RPC-Toolkit unterstützt werden. Die Codierung anderer Datentypen würde es erfordern, den XML-RPC-Server und die Clients zu modifizieren. Mit

SOAP dagegen können XML Schemas benutzt werden, um einfach neue Datentypen zu definieren (unter Benutzung der Struktur `complexType`, die weiter vorn in Kapitel 2 erläutert wurde). Diese neuen Typen können leicht innerhalb der SOAP-Nutzlast in XML repräsentiert werden. Wegen dieser Integration von XML Schema kann jeder Datentyp in einer SOAP-Botschaft codiert werden, den man logisch in einem XML Schema beschreiben kann.

Aufruf

Sie werden am schnellsten verstehen, wie ein SOAP-Aufruf funktioniert, wenn Sie ihn mit etwas vergleichen, das Sie bereits kennen, wie zum Beispiel XML-RPC. Wie Sie sich erinnern werden, sieht ein XML-RPC-Aufruf ungefähr so wie in dem in Beispiel 12-2 gezeigten Code-Fragment aus.

Beispiel 12-2: Aufruf mittels XML-RPC

```
// Angabe des zu benutzenden XML-Parsers
XmlRpc.setDriver("org.apache.xerces.parsers.SAXParser");

// Angabe des Servers, zu dem verbunden werden soll
XmlRpcClient client =
    new XmlRpcClient("http://rpc.middleearth.com");

// Erzeugen der Parameter
Vector params = new Vector();
params.addElement(flightNumber);
params.addElement(numSeats);
params.addElement(creditCardType);
params.addElement(creditCardNum);

// Anforderung einer Reservierung
Boolean boughtTickets =
    (Boolean)client.execute("ticketCounter.buyTickets", params);

// Arbeiten mit der Antwort
```

Ich habe hier eine einfache Anwendung programmiert, die ein Ticketverkaufsbüro darstellt. Schauen Sie sich nun Beispiel 12-3 an, das den Aufruf mittels SOAP zeigt.

Beispiel 12-3: Aufruf in SOAP

```
// Erzeugen der Parameter
Vector params = new Vector();
params.addElement(
    new Parameter("flightNumber", Integer.class, flightNumber, null));
params.addElement(
    new Parameter("numSeats", Integer.class, numSeats, null));
params.addElement(
    new Parameter("creditCardType", String.class, creditCardType, null));
```

Beispiel 12-3: Aufruf in SOAP (Fortsetzung)

```
params.addElement(
    new Parameter("creditCardNumber", Long.class, creditCardNum, null));

// Erzeugen des Aufruf-Objekts
Call call = new Call();
call.setTargetObjectURI("urn:xmltoday-airline-tickets");
call.setMethodName("buyTickets");
call.setEncodingStyleURI(Constants.NS_URI_SOAP_ENC);
call.setParams(params);

// Aufrufen
Response res = call.invoke(new URL("http://rpc.middleearth.com"), "");

// Arbeiten mit der Antwort
```

Wie Sie sehen können, ist der eigentliche Aufruf, der durch das Objekt Call repräsentiert wird, im Speicher angesiedelt. Das erlaubt es, das Ziel des Aufrufs, die aufzurufende Methode, die Codierung, die Parameter und noch mehr Dinge, die hier nicht gezeigt werden, festzulegen. Diese Methode ist flexibler als die von XML-RPC benutzte, da hier die verschiedenen Parameter explizit definiert werden, die bei der Benutzung von XML-RPC lediglich implizit bestimmt werden. Sie werden im Rest dieses Kapitels noch mehr über diesen Aufrufprozeß erfahren. Dazu kommen noch Informationen darüber, wie SOAP auf Fehler reagiert, über die Fehler-Hierarchie und natürlich über die zurückgelieferten Resultate des Aufrufs.

Mit dieser kurzen Einleitung wissen Sie vermutlich genug, um endlich zum spaßigen Teil überzugehen. Lassen Sie mich Ihnen nun die SOAP-Implementierung vorstellen, für die ich mich entschieden habe, Ihnen erklären, warum ich mich dafür entschieden habe, und schließlich einigen Code präsentieren.

Vorbereitungen

Nachdem wir nun auf einige grundlegende Konzepte eingegangen sind, ist es an der Zeit, zum spaßigen Teil überzugehen: zum Programmieren. Sie brauchen dafür ein Produkt oder Projekt, und das ist leichter zu finden, als man denken könnte. Wenn Sie ein Java-basiertes Produkt mit SOAP-Fähigkeiten haben möchten, müssen Sie nicht lange suchen. Es gibt hier zwei Arten von Produkten: kommerzielle und freie. Wie im größten Teil dieses Buches halte ich mich auch hier von kommerziellen Produkten fern. Ich tue dies nicht, weil sie schlecht sind (im Gegenteil, einige sind wundervoll); ich tue es, weil ich möchte, daß jeder Leser dieses Buches alle Beispiele ausprobieren kann. Daher muß ein jeder auf diese Produkte zugreifen können, eine Eigenschaft, die kommerzielle Produkte nicht bieten; man muß für die Benutzung oder den Download bezahlen, und irgendwann ist der Testzeitraum zu Ende.

Das führt uns zu Open Source-Projekten. Auf diesem Gebiet sehe ich nur ein verfügbares: Apache SOAP. Online verfügbar unter *http://xml.apache.org/soap*, hat dieses Projekt das Ziel, ein SOAP-Toolkit unter Java zur Verfügung zu stellen. Die momentan aktuelle Version 2.2 können Sie von der Apache-Website herunterladen. Das ist die Version und das Projekt, das ich durchgehend für die Beispiele in diesem Kapitel verwenden werde.

Andere Möglichkeiten

Vor der Installation und Konfiguration von Apache SOAP werde ich an dieser Stelle einige Fragen beantworten, die Ihnen womöglich im Kopf herumspuken. Es ist wahrscheinlich klar, warum ich keine kommerziellen Produkte benutze. Sie werden jedoch eventuell über den Einsatz einiger anderer Open Source-Projekte nachdenken und sich wundern, warum ich nicht auf diese eingehe.

Wie sieht es mit IBM SOAP4J aus?

Ganz oben auf der Liste steht die SOAP-Implementierung IBM SOAP4J von IBM. Die Arbeit von IBM bildet die Grundlage für das Apache SOAP-Projekt, genau wie IBM XML4J zu dem geführt hat, was heute das Apache Xerces-XML-Parser-Projekt darstellt. Es ist zu erwarten, daß die IBM-Implementierung als Verpackung des Apache SOAP-Projekts wieder auftaucht. Das ähnelt dem, was IBMs XML4J passiert; im Moment stellt es nur eine IBM-Verpackung für Xerces dar. Damit werden einige zusätzliche Levels der Herstellerunterstützung für die Open Source-Version verfügbar, wenngleich die beiden (Apache und IBM) dieselbe Codebase benutzen.

Spielt Microsoft nicht auch mit?

Ja. Ohne Zweifel ist Microsoft und seine SOAP-Implementierung wie auch die gesamte .NET-Initiative (auf die im nächsten Kapitel noch genauer eingegangen wird) sehr wichtig. Tatsächlich wollte ich eigentlich die SOAP-Implementierung von Microsoft detailliert vorstellen, aber sie unterstützt lediglich COM-Objekte und ähnliches ohne Java-Unterstützung. Aus diesem Grunde gehört eine Besprechung dieses Themas nicht in ein Buch zum Thema Java und XML. Immerhin leistet Microsoft (entgegen den Bedenken, die man als Entwickler diesem Unternehmen gegenüber haben mag) wichtige Arbeit auf dem Gebiet der Web Services, und Sie würden einen großen Fehler begehen, diesen Hersteller abzuschreiben – zumindest in dieser Hinsicht. Wenn Sie mit COM- oder Visual-Basic-Komponenten kommunizieren müssen, empfehle ich Ihnen dringend, sich das Microsoft SOAP-Toolkit zusammen mit einer Menge anderer SOAP-Ressourcen unter *http://msdn.microsoft.com/library/default.asp?url=/nhp/Default.asp?contentid=28000523* anzuschauen.

Was ist Axis?

Diejenigen von Ihnen, die die Entwicklung des Apache-Projekts verfolgen, werden eventuell von Apache Axis gehört haben. Axis ist ein SOAP-Toolkit der nächsten Generation, das ebenfalls im Umfeld von Apache entsteht. Da SOAP (die Spezifikation, nicht die Implementierung) sich zur Zeit ziemlich schnell und radikal ändert, ist es schwer, diesbezüglich immer auf dem neuesten Stand zu bleiben. Das Erstellen einer Version von SOAP, die zugleich die momentanen Bedürfnisse erfüllt und immer mit den neuesten Entwicklungen Schritt hält, ist unglaublich schwierig. Daraus resultiert, daß das momentane Apache SOAP-Angebot ein wenig eingeschränkt ist. Anstatt ein bestehendes Toolkit umzubauen, haben die Leute von Apache mit einer neuen Codebase und einem neuen Projekt angefangen. So entstand Axis. Außerdem war damit zu rechnen, daß sich die Benennung von SOAP ändern würde: von SOAP zu XP und endlich zu XMLP. Als Resultat daraus sollte der Name des neuen Projekts vom Namen der Spezifikation getrennt werden; daher nun »AXIS«. Natürlich ist jetzt, wo das W3C vielleicht doch die Spezifikation wieder SOAP (Version 1.2 oder Version 2.0) nennen wird, alles noch verwirrender!

Sie sollten IBM SOAP4J als Architektur 1 eines SOAP-Toolkits ansehen. Darauf folgend kommt Apache SOAP (um das es in diesem Kapitel geht) als Architektur 2. Schließlich bietet AXIS eine Architektur der nächsten Generation oder Architektur 3. Diese Architektur wird durch SAX angetrieben, während Apache SOAP auf DOM aufsetzt. Zusätzlich bietet AXIS eine benutzerfreundlichere Art der Header-Interaktion. Das ist etwas, das man in Apache-SOAP nicht findet. Bei all diesen Verbesserungen wundern Sie sich vielleicht, warum ich Axis nicht vorstelle. Es ist einfach zu früh. Momentan versucht Axis, das 0.51-Release fertigzustellen. Es ist keine Beta, es ist nicht einmal eine Alpha; es ist wirklich ein sehr frühes Stadium. Ich würde liebend gern all die neuen Features von Axis vorstellen, es gibt jedoch keine Möglichkeit, Ihren Boss davon zu überzeugen, eine Pre-Alpha einer Open Source Software in unternehmenskritischen Bereichen einzusetzen, oder? Daher habe ich mich dazu entschlossen, etwas zu besprechen, das Sie *heute* einsetzen *können*: Apache SOAP. Ich bin sicher, daß ich dieses Kapitel in einer Neuauflage dieses Buches aktualisieren werde, wenn Axis fertiggestellt ist. Bis dahin werden wir uns auf eine benutzbare Lösung konzentrieren.

Die Installation

Es existieren, was SOAP betrifft, zwei Arten der Installation. Die erste besteht darin, einen SOAP-Client laufen zu lassen, der die SOAP-API benutzt, um mit einem Server zu kommunizieren, der SOAP-Botschaften versteht. Die zweite ist, einen SOAP-Server laufenzulassen, der Botschaften von SOAP-Clients empfangen kann. Beide Arten werden in diesem Abschnitt vorgestellt.

Der Client

Um SOAP auf einem Client zu benutzen, müssen Sie zunächst Apache SOAP unter *http://xml.apache.org/dist/soap* herunterladen. Ich habe mir Version 2.2 als Binary (im Unterverzeichnis *version-2.2*) geholt. Anschließend entpacken Sie die Inhalte des Archivs in ein Verzeichnis auf Ihrem Rechner. Meine Installation befindet sich im Verzeichnis *javaxml2* (*c:\javaxml2* auf meinem Windows-Rechner und */javaxml2* auf meinem Rechner mit Mac OS X). Das Ergebnis ist das Verzeichnis */javaxml2/soap-2_2*. Sie müssen außerdem das Package JavaMail bei SUN unter *http://java.sun.com/products/javamail/* herunterladen. Es wird zur Unterstützung des Simple Mail Transfer Protocol in Apache SOAP benötigt. Außerdem müssen Sie das JavaBeans Activation Framework (JAF), das auch von SUN stammt, von *http://java.sun.com/products/beans/glasgow/jaf.html* herunterladen. Ich nehme an, daß Sie Xerces oder einen anderen XML-Parser noch verfügbar haben.

Vergewissern Sie sich, daß der von Ihnen verwendete XML-Parser JAXP-kompatibel ist und mit Namensräumen umgehen kann. Ihr Parser wird wahrscheinlich beide Bedingungen erfüllen, es sei denn, er ist ein absoluter Spezialfall. Haben Sie dennoch Probleme, sollten Sie wieder Xerces benutzen.

Benutzen Sie eine aktuelle Version von Xerces; Version 1.4 oder höher sollte ausreichen. Es gibt eine Menge Probleme mit SOAP und Xerces 1.3(.1), also meide ich diese Kombination wie die Pest.

Sie müssen nun die Packages JavaMail und JAF entpacken und die mitgelieferten *jar*-Dateien wie auch die Datei *soap.jar* zum Klassenpfad hinzufügen. Diese *jar*-Dateien befinden sich entweder im Wurzelverzeichnis oder im Verzeichnis *lib/* der betreffenden Distribution. Danach sollte der Klassenpfad ähnlich wie hier gezeigt aussehen:

```
$ echo $CLASSPATH
/javaxml2/soap-2_2/lib/soap.jar:/javaxml2/lib/xerces.jar:
/javaxml2/javamail-1.2/mail.jar:/javaxml2/jaf-1.0.1/activation.jar
```

Unter Windows sollte er ungefähr so aussehen:

```
c:\>echo %CLASSPATH%
c:\javaxml2\soap-2_2\lib\soap.jar;c:\javaxml2\lib\xerces.jar;
c:\javaxml2\javamail-1.2\mail.jar;c:\javaxml2\jaf-1.0.1\activation.jar
```

Schließlich müssen Sie noch das Verzeichnis *javaxml2/soap-2_2/* zum Klassenpfad hinzufügen, wenn Sie die SOAP-Beispiele laufen lassen möchten. Ich gehe auf das Setup verschiedener Beispiele in diesem Kapitel ein, wenn ich die Beispiele selbst behandle.

Der Server

Um einen Satz SOAP-fähiger Server-Komponenten zu schaffen, benötigen Sie zunächst einmal eine Servlet-Engine. Wie in den vorangegangenen Kapiteln benutze ich Apache Tomcat (verfügbar unter *http://jakarta.apache.org*) in diesem Kapitel für die Beispiele. Sie müssen alles zum Klassenpfad hinzufügen, was bereits für den Client gebraucht wurde. Der einfachste Weg ist, die Dateien *soap.jar*, *activation.jar* und *mail.jar* wie auch Ihren Parser in das Bibliotheksverzeichnis Ihrer Servlet-Engine zu kopieren. Für Tomcat ist das einfach das Verzeichnis *lib/*, in dem sich die Bibliotheken befinden, die automatisch geladen werden sollen. Wenn Sie das Scripting unterstützen wollen (was nicht hier abgedeckt wird, aber Teil der Apache SOAP-Beispiele ist), müssen Sie *bsf.jar* (unter *http://oss.software.ibm.com/developerworks/projects/bsf*) und *js.jar* (unter *http://www.mozilla.org/rhino/*) ebenfalls in dieses Verzeichnis kopieren.

Wenn Sie Xerces zusammen mit Tomcat benutzen, müssen Sie denselben Umbenennungstrick anwenden, den ich schon in Kapitel 10 vorgestellt habe. Die Datei *parser.jar* wird in *z_parser.jar* und *jaxp.jar* wird in *z_jaxp.jar* umbenannt, um sicherzustellen, daß *xerces.jar* und die beigefügte Version von JAXP vor anderen Parser- oder JAXP-Implementierungen geladen werden.

Nach einem Neustart der Servlet-Engine können Sie nun damit beginnen, SOAP-Server-Komponenten zu entwickeln.

Das Router-Servlet und der Admin-Client

Zusätzlich zur grundlegenden Funktionalität liefert Apache SOAP ein Router-Servlet und einen Admin-Client mit. Auch wenn Sie diese nicht benutzen möchten, empfehle ich, sie zu installieren, damit Sie Ihre SOAP-Implementierung testen können. Dieser Prozeß ist für die verwendete Servlet-Engine spezifisch, also decke ich hier nur die Tomcat-Installation ab. Anweisungen zur Installation für einige andere Servlet-Engines sind unter *http://xml.apache.org/soap/docs/index.html* verfügbar.

Die Installation unter Tomcat ist simpel; dazu müssen Sie lediglich die Datei *soap.war* aus dem Verzeichnis *soap-2_2/webapps* in das Verzeichnis *$TOMCAT_HOME/webapps* kopieren. Das ist alles! Um die Installation zu testen, surfen Sie mit Ihrem Browser zu der Adresse *http://localhost:8080/soap/servlet/rpcrouter*. Die Antwort sollte aussehen wie in Abbildung 12-2.

Auch wenn das wie eine Fehlermeldung aussieht, sagt es doch aus, daß alles korrekt arbeitet. Sie sollten dieselbe Antwort beim Zugriff auf den Admin-Client unter der Adresse *http://localhost:8080/soap/servlet/messagerouter* sehen.

Für einen abschließenden Test von Server und Client stellen Sie sicher, daß Sie den Setup-Instruktionen bis hierher gefolgt sind. Nun führen Sie die folgende Java-Klasse wie gezeigt aus, wobei Sie die URL des RPC-Router-Servlets angeben:

```
C:\>java org.apache.soap.server.ServiceManagerClient
        http://localhost:8080/soap/servlet/rpcrouter list
Deployed Services:
```

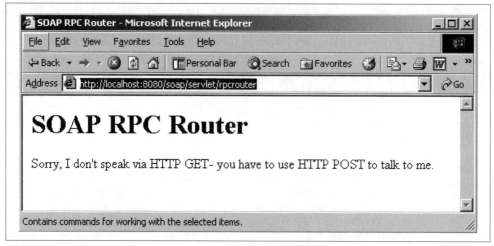

Abbildung 12-2: Das RPC-Router-Servlet

Sie sollten, wie hier gezeigt, eine leere Liste von Services sehen. Falls Sie irgendeine andere Meldung sehen, schauen Sie bitte in die Liste möglicher Fehler unter *http://xml. apache.org/soap/docs/trouble/index.html*. Dort existiert eine ziemlich vollständige Liste von möglichen Problemen. Wenn Sie eine leere Liste von Services sehen, sind Sie bereit, mit den Beispielen im Rest dieses Kapitels fortzufahren.

Machen wir uns die Hände schmutzig!

Drei grundlegende Schritte gehören zur Entwicklung eines SOAP-basierten Systems, und ich werde nacheinander einen Blick auf jeden davon werfen:

- Entscheidung zwischen SOAP-RPC und SOAP-Messaging treffen
- Einen SOAP-Service selber schreiben oder sich Zugriff auf einen verschaffen
- Einen SOAP-Client selber schreiben oder sich Zugriff auf einen verschaffen

Zunächst müssen Sie entscheiden, ob Sie SOAP für Aufrufe im Stil von RPC nutzen wollen, wobei Prozeduren auf einem Server abgearbeitet werden, oder für das sogenannte Messaging, wobei ein Client einfach Informationen zum Server schickt. Auf diese Prozesse wird im nächsten Abschnitt detailliert eingegangen. Haben Sie diese Design-Entscheidung getroffen, brauchen Sie entweder Zugriff auf einen Service, oder Sie müssen einen solchen Service programmieren. Da wir alle Java-Profis sind, beschreibt dieses Kapitel, wie man selbst einen Service schreibt. Zu guter Letzt muß dann noch ein Client geschrieben werden, danach brauchen Sie nur noch zuzusehen, wie es losgeht.

RPC oder Messaging?

Die erste Aufgabe betrifft nicht die Programmierung, sondern das Design. Sie müssen entscheiden, ob ein RPC-Service oder ein Messaging-Service verwendet werden soll. Die erste Alternative ist RPC. Das ist etwas, womit Sie nach dem letzten Kapitel eigentlich recht vertraut sein sollten. Ein Client ruft eine Prozedur auf irgendeinem entfernten Server auf und erhält daraufhin irgendeine Antwort. In diesem Szenario arbeitet SOAP einfach als ein erweiterbareres XML-RPC-System, das eine bessere Fehlerbehandlung und das Verschicken komplexer Datentypen über das Netz erlaubt. Dieses Konzept sollten Sie nunmehr verstanden haben, und da es so aussieht, als ob RPC-Systeme mit SOAP einfach zu programmieren sind, werde ich damit beginnen. Dieses Kapitel beschreibt, wie Sie einen RPC-Service und danach einen RPC-Client schreiben und wie das ganze System schließlich die Arbeit aufnimmt.

Die zweite Art der SOAP-Verarbeitung erfolgt auf der Grundlage von Botschaften (engl.: messages). Anstatt Prozeduren aufzurufen, ergibt sich hier die Möglichkeit, Informationen zu übertragen. Wie Sie sich vorstellen können, ist diese Variante ziemlich leistungsfähig: Der Client muß nicht über eine bestimmte Methode auf dem Server Bescheid wissen. Es modelliert außerdem verteilte Systeme genauer durch die Möglichkeit, Datenpakete (Paket hier im übertragenen Sinne, nicht als Netzwerkpaket) herumzuschicken, was verschiedenen Systemen die Möglichkeit gibt zu beobachten, was andere tun. Dieses Verfahren ist auch komplizierter als die simple RPC-Programmierung, daher werde ich es im nächsten Kapitel zusammen mit anderen Business-to-Business-Details behandeln, nachdem Sie sich in der SOAP-RPC-Programmierung richtig gut auskennen.

Wie die meisten Design-Fragen bleibt Ihnen auch hier der Prozeß der Entscheidungsfindung selbst überlassen. Schauen Sie sich Ihre Anwendung genau an, und ermitteln Sie, was genau SOAP für Sie tun soll. Wenn Sie einen Server haben und eine Menge von Clients, die nur irgendwelche Aufgaben auslagern sollen, wird RPC wahrscheinlich Ihren Ansprüchen genügen. In größeren Systemen jedoch, wo es mehr darum geht, Daten auszutauschen, als spezifische Geschäftsfunktionen auf Anfrage auszuführen, sind die Messaging-Fähigkeiten von SOAP die bessere Wahl.

Ein RPC-Service

Nun, da die Formalitäten geklärt sind, ist es an der Zeit, schnell und entschlossen loszulegen. Wie Sie sicher noch vom letzten Kapitel wissen, benötigt man bei RPC eine Klasse, deren Methoden von Clients aus aufgerufen werden können.

Code-Artefakte

Ich werde damit beginnen, daß ich Ihnen einige *Code-Artefakte* präsentiere, die auf dem Server verfügbar sein sollen. Diese Artefakte stellen Klassen dar, die Methoden für RPC-

Clients zur Verfügung stellen.[2] Anstatt die eher einfache Klasse aus dem letzten Kapitel zu benutzen, präsentiere ich hier ein etwas komplexeres Beispiel, um zu zeigen, was SOAP kann. In diesem Sinne ist Beispiel 12-4 eine Klasse, die einen CD-Lagerbestand speichert, wie sie eine Anwendung für einen Online-Musik-Shop gebrauchen könnte. Ich zeige hier eine Basisversion, die ich später in diesem Kapitel noch erweitern werde.

Beispiel 12-4: Die Klasse CDCatalog

```
package javaxml2;

import java.util.Hashtable;

public class CDCatalog {

    /** Die CDs mit dem Titel als Schlüssel */
    private Hashtable catalog;

    public CDCatalog( ) {
        catalog = new Hashtable( );

        // Katalog bestücken
        catalog.put("Nickel Creek", "Nickel Creek");
        catalog.put("Let it Fall", "Sean Watkins");
        catalog.put("Aerial Boundaries", "Michael Hedges");
        catalog.put("Taproot", "Michael Hedges");
    }

    public void addCD(String title, String artist) {
        if ((title == null) || (artist == null)) {
            throw new IllegalArgumentException("Titel/Künstler dürfen nicht null sein.");
        }
        catalog.put(title, artist);
    }

    public String getArtist(String title) {
        if (title == null) {
            throw new IllegalArgumentException("Titel darf nicht null sein.");
        }

        // Rückgabe der angeforderten CD
        return (String)catalog.get(title);
    }

    public Hashtable list( ) {
        return catalog;
    }
}
```

---

[2] Sie können über das Bean Scripting Framework auch Skripten benutzen, aber aus Platzgründen wird das hier ausgespart. Zu diesem Themenkreis sehen Sie sich bitte das O'Reilly-SOAP-Buch oder die Dokumentation unter *http://xml.apache.org/soap* an, wo Sie mehr Details zur Skriptunterstützung in SOAP finden können.

Dies erlaubt das Hinzufügen einer neuen CD, das Suchen von Künstlern über einen CD-Titel und eine Auflistung aller CDs. Beachten Sie bitte, daß die Methode list( ) eine Hashtable liefert und daß Sie dazu nichts besonderes tun müssen – Apache SOAP stellt ein automatisches Mapping für den Java-Typ Hashtable zur Verfügung, wie es auch bei XML-RPC der Fall war.

Kompilieren Sie die Klasse, und stellen Sie sicher, daß Sie alles korrekt eingegeben (oder heruntergeladen, wenn Sie dieses Vorgehen bevorzugen) haben. Beachten Sie, daß die Klasse CDCatalog keine Ahnung von SOAP hat. Das bedeutet, Sie können Ihre bereits vorhandenen Java-Klassen nehmen und sie mittels SOAP-RPC zur Verfügung stellen, was den Arbeitsaufwand auf Ihrer Seite bei der Umstellung auf eine SOAP-basierte Architektur extrem verringert.

Deployment-Deskriptoren

Ist die Java-Programmierung abgeschlossen, müssen Sie einen Deployment-Deskriptor definieren. Dieser spezifiziert einige Schlüsselattribute für den SOAP-Server:

- die URN des SOAP-Services, auf den Clients zugreifen sollen
- die Methode(n), auf die die Clients zugreifen dürfen
- die Handler für Serialisierung und Deserialisierung für benutzerdefinierte Klassen

Das erste ähnelt einer URL und wird unbedingt für einen Client benötigt, der Verbindung mit einem SOAP-Server aufnehmen soll. Das zweite ist exakt das, was Sie erwarten: eine Liste von Methoden, die alle erlaubten Artefakte für einen SOAP-Client beschreibt. Es erklärt dem SOAP-Server, den ich gleich erläutere, außerdem, welche Requests er annehmen soll. Das dritte ist ein Mittel, dem SOAP-Server mitzuteilen, wie er mit benutzerdefinierten Parametern umgehen soll; ich komme darauf im nächsten Abschnitt zurück, wenn ich einige komplexere Verhaltensweisen zum Katalog hinzufüge.

Ich zeige Ihnen nun den Deployment-Deskriptor und erläutere jedes Element darin. Beispiel 12-5 ist der Deployment-Deskriptor für den von uns erzeugten CDCatalog-Service.

Beispiel 12-5: Der Deployment-Deskriptor für den CDCatalog

```
<isd:service xmlns:isd="http://xml.apache.org/xml-soap/deployment"
             id="urn:cd-catalog"
>
  <isd:provider type="java"
                scope="Application"
                methods="addCD getArtist list"
  >
    <isd:java class="javaxml2.CDCatalog" static="false" />
  </isd:provider>

  <isd:faultListener>org.apache.soap.server.DOMFaultListener</isd:faultListener>
</isd:service>
```

Zuerst habe ich den Apache SOAP-Deployment-Namensraum referenziert und anschließend mit dem Attribut id eine URN für meinen Service angegeben. Ich habe ungefähr genausoviel Originalität an den Tag gelegt wie Dave Matthews bei der Benennung seiner Band, aber schließlich wird der Anforderung damit Genüge getan. Anschließend spezifiziere ich mittels des Elements java die Klasse, die zur Verfügung gestellt werden soll, einschließlich des Namens ihres Packages (durch das Attribut class) und gebe an, daß es sich dabei nicht um static-Methoden handelt (durch das Attribut static).

Danach gebe ich an, welche Fault-Listener-Implementierung benutzt werden soll. Die SOAP-Implementierung von Apache stellt zwei zur Auswahl. Ich benutze den DOMFaultListener. Dieser Listener liefert jede Exception und Fehlerinformation über ein zusätzliches DOM-Element in der Antwort zum Client zurück. Ich komme darauf zurück, wenn es um das Schreiben von Clients geht. Sie müssen sich also jetzt nicht darum kümmern. Die andere Fault-Listener-Implementierung ist org.apache.soap.server.ExceptionFaultListener. Dieser Listener stellt alle Fehler mittels eines zusätzlichen an den Client zurückgegebenen Parameters dar. Da schon ziemlich viele SOAP-basierte Anwendungen in Java und XML-APIs wie DOM arbeiten, wird gemeinhin der DOMFaultListener benutzt.

Das Installieren des Service

An diesem Punkt besitzen Sie einen funktionsfähigen Deployment-Deskriptor und eine Menge an Code-Artefakten, die Sie nach außen verfügbar machen können. Damit können Sie die Installation Ihres Service ins Auge fassen. Apache SOAP bringt dafür ein Tool mit, wenn Sie das Setup korrekt durchgeführt haben. Zunächst brauchen Sie einen Deployment-Deskriptor für den Service. Ein solcher wurde gerade gesprochen. Außerdem müssen dem SOAP-Server die entsprechenden Klassen zugänglich gemacht werden. Der beste Weg ist, die Service-Klasse aus dem letzten Abschnitt in eine *jar*-Datei zu packen:

```
jar cvf javaxml2.jar javaxml2/CDCatalog.class
```

Kopieren Sie diese *jar*-Datei in das Verzeichnis *lib/* (beziehungsweise in das Verzeichnis, aus dem Bibliotheken von Ihrer Servlet-Engine automatisch geladen werden), und starten Sie die Servlet-Engine neu.

Wenn Sie das getan haben, haben Sie einen Snapshot Ihrer Klasse angelegt. Das Ändern und Neukompilieren der Datei *CDCatalog.java* reicht nicht, damit die Servlet-Engine diese Änderungen verwendet. Dazu müssen Sie die entstandene *class*-Datei wiederum in die *jar*-Datei packen und diese in das entsprechende Verzeichnis kopieren. Um sicherzustellen, daß die Servlet-Engine den aktuellen Code verwendet, müssen Sie diese anschließend neu starten.

Wenn der SOAP-Server in der Lage ist, auf Ihre Service-Klasse(n) zuzugreifen, kann das Installieren des Services unter Verwendung der Tool-Klasse org.apache.soap.server.ServiceManager von Apache SOAP durchgeführt werden:

```
C:\javaxml2\Ch12>java org.apache.soap.server.ServiceManagerClient
    http://localhost:8080/soap/servlet/rpcrouter deploy xml\CDCatalogDD.xml
```

Das erste Argument ist der SOAP-Server und das RPC-Router-Servlet, das zweite die auszuführende Aktion und das dritte der betreffende Deployment-Deskriptor. Wenn das ausgeführt wurde, können Sie folgendermaßen überprüfen, daß der Service hinzugefügt wurde:

```
(gandalf)/javaxml2/Ch12$ java org.apache.soap.server.ServiceManagerClient
    http://localhost:8080/soap/servlet/rpcrouter list
Deployed Services:
        urn:cd-catalog
        urn:AddressFetcher
        urn:xml-soap-demo-calculator
```

Auf eine ziemlich puristische Art und Weise sollte das alle auf diesem Server verfügbaren Services anzeigen. Schließlich können Sie den Service auch wieder leicht entfernen, wenn Sie seinen Namen kennen:

```
C:\javaxml2\Ch12>java org.apache.soap.server.ServiceManagerClient
    http://localhost:8080/soap/servlet/rpcrouter undeploy urn:cd-catalog
```

Jedesmal, wenn der Code des Service modifiziert wird, sollten Sie den Service entfernen und das Installieren wiederholen, um sicherzustellen, daß der SOAP-Server den aktuellsten Code benutzt.

Ein RPC-Client

Als nächstes ist der Client an der Reihe. Ich werde alles sehr einfach halten und schnell ein paar Kommandozeilen-Programme schreiben, die SOAP-RPC verwenden. Es ist unmöglich, Ihr spezifisches Szenario zu erraten, also konzentriere ich mich auf die SOAP-Details und überlasse Ihnen die Integration in Ihre existierende Software. Wenn Sie den szenariospezifischen Teil Ihrer Anwendung fertighaben, sind einige grundlegende Schritte für jeden SOAP-RPC-Aufruf auszuführen:

- Erzeugen des SOAP-RPC-Aufrufs
- Einstellen der Typ-Mappings für alle benutzerdefinierten Parameter
- Setzen der URI des zu benutzenden SOAP-Servers
- Angeben der aufzurufenden Methode
- Angeben der zu benutzenden Codierung
- Hinzufügen aller Parameter zu dem Aufruf
- Verbinden mit dem SOAP-Server
- Empfangen und Interpretieren der Antwort

Das sieht nach einer Menge Arbeit aus. Die meisten dieser Operationen sind jedoch mit einer oder zwei Zeilen an Methodenaufrufen erledigt. Mit anderen Worten: Die Kommunikation mit einem SOAP-Service ist ein Kinderspiel. Beispiel 12-6 zeigt den Code für die

Klasse `CDAdder`, die benutzt werden kann, um neue CDs zum Katalog hinzuzufügen. Schauen Sie sich zunächst den Code an, anschließend werden wir die interessanten Teile näher betrachten.

Beispiel 12-6: Die Klasse CDAdder

```java
package javaxml2;

import java.net.URL;
import java.util.Vector;
import org.apache.soap.Constants;
import org.apache.soap.Fault;
import org.apache.soap.SOAPException;
import org.apache.soap.rpc.Call;
import org.apache.soap.rpc.Parameter;
import org.apache.soap.rpc.Response;

public class CDAdder {

    public void add(URL url, String title, String artist)
        throws SOAPException {

        System.out.println("Füge CD mit dem Titel '" + title + "' von '" +
            artist + "' hinzu");

        // Erzeugen des Aufruf-Objekts
        Call call = new Call();
        call.setTargetObjectURI("urn:cd-catalog");
        call.setMethodName("addCD");
        call.setEncodingStyleURI(Constants.NS_URI_SOAP_ENC);

        // Setzen der Parameter
        Vector params = new Vector();
        params.addElement(new Parameter("title", String.class, title, null));
        params.addElement(new Parameter("artist", String.class, artist, null));
        call.setParams(params);

        // Aufrufen
        Response response;
        response = call.invoke(url, "");

        if (!response.generatedFault()) {
            System.out.println("CD erfolgreich hinzugefügt.");
        } else {
            Fault fault = response.getFault();
            System.out.println("Fehler: " + fault.getFaultString());
        }
    }

    public static void main(String[] args) {
        if (args.length != 3) {
```

Beispiel 12-6: Die Klasse CDAdder (Fortsetzung)

```
            System.out.println("Benutzung: java javaxml2.CDAdder [SOAP-Server-URL] " +
                "\"[CD-Titel]\" \"[Künstlername]\"");
            return;
        }

        try {
            // URL des SOAP-Servers
            URL url = new URL(args[0]);

            // Die Beschreibung einer neuen CD holen
            String title = args[1];
            String artist = args[2];

            // Hinzufügen der CD
            CDAdder adder = new CDAdder();
            adder.add(url, title, artist);
        } catch (Exception e) {
            e.printStackTrace();
        }
    }
}
```

Dieses Programm holt sich die URL des SOAP-Servers, zu dem eine Verbindung hergestellt werden soll, und die Informationen, die benötigt werden, um eine neue CD zum Katalog hinzuzufügen. Anschließend wird in der Methode add( ) das SOAP-Call-Objekt erzeugt, über das die gesamte interessante Kommunikation abläuft. Die Ziel-URI des SOAP-Service und die aufzurufende Methode werden für dieses Objekt angegeben. Beide stimmen mit Einträgen aus dem Deployment-Deskriptor in Beispiel 12-5 überein. Als nächstes wird die Codierung festgelegt. Das sollte immer die Konstante Constants.NS_URI_SOAP_ENC sein, wenn Sie nicht völlig exotische Bedürfnisse befriedigen müssen.

Das Programm erzeugt zunächst eine Instanz der Klasse Vector und füllt sie mit SOAP-Parameter-Objekten. Jedes repräsentiert einen Parameter für die spezifizierte Methode, und da die Methode addCD( ) zwei Strings verlangt, ist das ziemlich einfach. Dazu geben Sie den Namen (für die Benutzung in XML und zum Debuggen), die Klasse des Parameters und den eigentlichen Wert an. Das vierte Element ist optional und stellt die Codierung dar, wenn ein Parameter eine spezielle benötigt. Wenn das nicht der Fall ist, reicht null. Der resultierende Vector wird anschließend zum Call-Objekt hinzugefügt.

Wenn der Aufruf fertig vorbereitet ist, wird die Methode invoke( ) dieses Objektes aufgerufen. Der Rückgabewert dieses Aufrufs ist eine Instanz der Klasse org.apache.soap.Response, von der abgefragt wird, ob irgendwelche Probleme auftraten. Das ist ziemlich selbsterklärend, also überlasse ich es Ihnen, den Code zu analysieren. Haben Sie den Client kompiliert und sind Sie den Anweisungen in diesem Kapitel bezüglich des Klassenpfades bis hierher gefolgt, können Sie das Beispiel wie folgt starten:

```
C:\javaxml2\build>java javaxml2.CDAdder
   http://localhost:8080/soap/servlet/rpcrouter
   "Riding the Midnight Train" "Doc Watson"

Füge CD mit dem Titel 'Riding the Midnight Train' von 'Doc Watson' hinzu
CD erfolgreich hinzugefügt.
```

Beispiel 12-7 stellt eine weitere einfache Klasse CDLister dar, die alle momentan im Katalog enthaltenen CDs auflistet. Ich werde hier nicht zu sehr auf Details eingehen, da sie Beispiel 12-6 sehr ähnelt und eigentlich nur eine Vertiefung dessen darstellt, worüber ich bereits gesprochen habe.

Beispiel 12-7: Die Klasse CDLister

```java
package javaxml2;

import java.net.URL;
import java.util.Enumeration;
import java.util.Hashtable;
import java.util.Vector;
import org.apache.soap.Constants;
import org.apache.soap.Fault;
import org.apache.soap.SOAPException;
import org.apache.soap.rpc.Call;
import org.apache.soap.rpc.Parameter;
import org.apache.soap.rpc.Response;

public class CDLister {

    public void list(URL url) throws SOAPException {
        System.out.println("Auflistung des Inhalts des CD-Katalogs.");

        // Erzeugen des Aufruf-Objekts
        Call call = new Call();
        call.setTargetObjectURI("urn:cd-catalog");
        call.setMethodName("list");
        call.setEncodingStyleURI(Constants.NS_URI_SOAP_ENC);

        // Keine Parameter nötig

        // Aufrufen
        Response response;
        response = call.invoke(url, "");

        if (!response.generatedFault()) {
            Parameter returnValue = response.getReturnValue();
            Hashtable catalog = (Hashtable)returnValue.getValue();
            Enumeration e = catalog.keys();
            while (e.hasMoreElements()) {
                String title = (String)e.nextElement();
                String artist = (String)catalog.get(title);
                System.out.println("   '" + title + "' von " + artist);
            }
```

Beispiel 12-7: Die Klasse CDLister (Fortsetzung)

```
        } else {
            Fault fault = response.getFault();
            System.out.println("Fehler: " + fault.getFaultString());
        }
    }

    public static void main(String[] args) {
        if (args.length != 1) {
            System.out.println("Benutzung: java javaxml2.CDAdder [SOAP-Server-URL]");
            return;
        }

        try {
            // URL des SOAP-Servers
            URL url = new URL(args[0]);

            // Auflistung aller enthaltenen CDs
            CDLister lister = new CDLister();
            lister.list(url);
        } catch (Exception e) {
            e.printStackTrace();
        }
    }
}
```

Der einzige Unterschied zur Klasse CDAdder besteht in dieser Methode darin, daß das Response-Objekt einen Rückgabewert hat (die Hashtable der Methode list()). Sie wird als Parameter-Objekt zurückgegeben, was es dem Client erlaubt, die Codierung zu prüfen und dann den eigentlichen Rückgabewert zu extrahieren. Wenn das getan ist, kann der Client den zurückgelieferten Wert wie jedes andere Java-Objekt benutzen. Im Beispiel wird einfach der gesamte Katalog durchgegangen und jede CD auf dem Bildschirm ausgegeben. Sie können nun diesen Client ebenfalls starten, um die Ergebnisse anzuschauen:

```
C:\javaxml2\build>java javaxml2.CDLister
    http://localhost:8080/soap/servlet/rpcrouter
Auflistung des Inhalts des CD-Katalogs.
  'Riding the Midnight Train' von Doc Watson
  'Taproot' von Michael Hedges
  'Nickel Creek' von Nickel Creek
  'Let it Fall' von Sean Watkins
  'Aerial Boundaries' von Michael Hedges
```

Das ist wirklich alles, was es zur RPC-Grundfunktionalität in SOAP zu sagen gibt. Ich möchte es jedoch ein wenig vorantreiben und zu einigen komplexeren Themen kommen.

Erforschen weiterer Gebiete

Sie wissen jetzt, wie man all das, was Sie bereits mit XML-RPC machen können, auch mit SOAP erreichen. SOAP bietet jedoch noch einiges mehr. Wie ich schon zu Beginn dieses Kapitels sagte, sind zwei wichtige Dinge, die SOAP mit sich bringt, die Möglichkeit, benutzerdefinierte Typen mit minimalem Aufwand einzusetzen, und die verbesserte Fehlerbehandlung. In diesem Abschnitt werde ich auf beide Themen eingehen.

Benutzerdefinierte Parametertypen

Die größte Beschränkung des CD-Katalogs ist, zumindest zu diesem Zeitpunkt, daß er nur Titel und Künstler der CD speichern kann. Es ist realistischer, daß ein Objekt (oder eine Menge von Objekten) eine CD mit ihrem Titel, dem Namen des Künstlers, der Plattenfirma, den Titeln, möglicherweise dem Genre und allen möglichen anderen Informationen beschreibt. Ich werde nicht diese gesamte Architektur benutzen, sondern von der Repräsentation mit Titel und Künstlername zur Repräsentation durch ein Objekt mit Titel, Künstlername und Plattenfirma übergehen. Dieses Objekt muß vom Server zum Client und wieder zurück übergeben werden, was demonstriert, wie SOAP mit komplexen Datentypen umgeht. Beispiel 12-8 zeigt diese neue Klasse.

Beispiel 12-8: Die Klasse CD

```
package javaxml2;

public class CD {

    /** Der Titel der CD */
    private String title;

    /** Der Künstler, der auf der CD zu hören ist*/
    private String artist;

    /** Die Plattenfirma der CD */
    private String label;

    public CD() {
        // Default-Konstruktor
    }

    public CD(String title, String artist, String label) {
        this.title = title;
        this.artist = artist;
        this.label = label;
    }

    public String getTitle() {
        return title;
    }
```

Beispiel 12-8: Die Klasse CD (Fortsetzung)

```java
    public void setTitle(String title) {
        this.title = title;
    }

    public String getArtist() {
        return artist;
    }

    public void setArtist(String artist) {
        this.artist = artist;
    }

    public String getLabel() {
        return label;
    }

    public void setLabel(String label) {
        this.label = label;
    }

    public String toString() {
        return "'" + title + "' von " + artist + ", bei " +
            label;
    }
}
```

Das erfordert ebenfalls massive Änderungen an der Klasse CDCatalog. Beispiel 12-9 zeigt eine modifizierte Version dieser Klasse, in der alle zur Benutzung des neuen CD-Objekts nötigen Änderungen hervorgehoben sind.

Beispiel 12-9: Die aktualisierte Klasse CDCatalog

```java
package javaxml2;

import java.util.Hashtable;

public class CDCatalog {

    /** Die CDs; wieder wirkt der Titel als Schlüssel */
    private Hashtable catalog;

    public CDCatalog() {
        catalog = new Hashtable();

        // Bestücken des Kataloges
        addCD(new CD("Nickel Creek", "Nickel Creek", "Sugar Hill"));
        addCD(new CD("Let it Fall", "Sean Watkins", "Sugar Hill"));
        addCD(new CD("Aerial Boundaries", "Michael Hedges", "Windham Hill"));
        addCD(new CD("Taproot", "Michael Hedges", "Windham Hill"));
    }
```

Beispiel 12-9: Die aktualisierte Klasse CDCatalog (Fortsetzung)

```
    public void addCD(CD cd) {
        if (cd == null) {
            throw new IllegalArgumentException("Das CD-Objekt darf nicht null sein.");
        }
        catalog.put(cd.getTitle( ), cd);
    }

    public CD getCD(String title) {
        if (title == null) {
            throw new IllegalArgumentException("Der Titel darf nicht null sein.");
        }

        // Rückgabe der angeforderten CD
        return (CD)catalog.get(title);
    }

    public Hashtable list( ) {
        return catalog;
    }
}
```

Zusätzlich zu den offensichtlichen Änderungen habe ich ebenfalls die alte Methode getArtist(String title) durch die Methode getCD(String title) ersetzt, die als Rückgabetyp jetzt die Klasse CD hat. Das bedeutet, daß der SOAP-Server die neue Klasse nun serialisieren und deserialisieren muß und daß der Client aktualisiert wird. Zuerst werde ich einen Blick auf den aktualisierten Deployment-Deskriptor werfen, der die Einzelheiten der Serialisierung dieses benutzerdefinierten Typs beschreibt. Fügen Sie die folgenden Zeilen zu dem Deployment-Deskriptor für den CD-Katalog hinzu, und ändern Sie auch gleich den Namen der verfügbaren Methoden, um die Änderungen der Klasse CDCatalog widerzuspiegeln:

```xml
<isd:service xmlns:isd="http://xml.apache.org/xml-soap/deployment"
             id="urn:cd-catalog"
>
  <isd:provider type="java"
                scope="Application"
                methods="addCD getCD list"
  >
    <isd:java class="javaxml2.CDCatalog" static="false" />
  </isd:provider>

  <isd:faultListener>org.apache.soap.server.DOMFaultListener</isd:faultListener>

  <isd:mappings>
    <isd:map encodingStyle="http://schemas.xmlsoap.org/soap/encoding/"
             xmlns:x="urn:cd-catalog-demo" qname="x:cd"
             javaType="javaxml2.CD"
```

```
                    java2XMLClassName="org.apache.soap.encoding.soapenc.BeanSerializer"
                    xml2JavaClassName="org.apache.soap.encoding.soapenc.BeanSerializer"/>
        </isd:mappings>
</isd:service>
```

Das neue Element mappings gibt an, wie ein SOAP-Server benutzerdefinierte Typen wie die Klasse CD behandeln soll. Zunächst wird ein Element map für jeden benutzerdefinierten Typ definiert. Als Wert für das Attribut encodingStyle sollten Sie zumindest mit Apache SOAP 2.2 immer *http://schemas.xmlsoap.org/soap/encoding/* nutzen, da das zur Zeit die einzige Codierung ist, die unterstützt wird. Sie müssen einen Namensraum für den benutzerdefinierten Typ und dann den Namen der Klasse mit dem vorangestellten Namensraum-Präfix für den Typ angeben. Ich habe einen »Dummy«-Namensraum benutzt und das Präfix einfach »x« genannt. Anschließend wird mittels des Attributs javaType der eigentliche Klassenname unter Java spezifiziert: in diesem Falle javaxml2.CD. Endlich kommt dann die Magie in den Attributen java2XMLClassName und xml2JavaClassName zum Zuge. Sie spezifizieren eine Klasse, die von Java zu XML und umgekehrt konvertiert. Ich benutze die unglaublich nützliche Klasse BeanSerializer, die ebenfalls in Apache SOAP enthalten ist. Wenn Ihre Klasse im Format einer JavaBean vorliegt, können Sie sich durch die Benutzung dieser Serializer/Deserializer-Klasse das Schreiben einer eigenen sparen. Dazu muß die Klasse über einen Default-Konstruktor (erinnern Sie sich: Ich habe der Klasse CD einen leeren, parameterlosen Konstruktor gegeben.) und alle Felder der Klasse über setXXX- und getXXX-Methoden verfügen. Da die Klasse CD diesen Anforderungen entspricht, erfüllt die Klasse BeanSerializer hier ihren Zweck.

Es ist kein Zufall, daß die Klasse CD den JavaBean-Konventionen folgt. Die meisten Datenklassen passen gut in dieses Format, und ich wußte, daß ich keinen eigenen Serializer/Deserializer schreiben wollte. Sie sind schwierig zu schreiben (zwar ist das Schreiben nicht wirklich schwer, aber es ist sehr leicht, Fehler zu machen), und ich lege Ihnen sehr ans Herz zu versuchen, eigene Parametertypen nach den Bean-Konventionen zu schreiben. In vielen Fällen brauchen Sie dazu nur einen Default-Konstruktor (parameterlos) in die Klasse einzufügen.

Nun müssen Sie die *jar*-Datei für den Service neu erstellen und das Installieren wiederholen:

```
(gandalf)/javaxml2/Ch12$ java org.apache.soap.server.ServiceManagerClient
    http://localhost:8080/soap/servlet/rpcrouter xml/CDCatalogDD.xml
```

Wenn Ihre Servlet-Engine während der Installation noch lief, müssen Sie sie von neuem starten, um die neuen Klassen zu nutzen.

An diesem Punkt angekommen, müssen nur noch die Clients modifiziert werden, um mit
dem neuen Typ und den neuen Methoden umgehen zu können. Beispiel 12-10 stellt eine
aktualisierte Version des Clients CDAdder dar. Die Änderungen gegenüber der vorhergehenden Version sind hervorgehoben.

Beispiel 12-10: Die aktualisierte Klasse CDAdder

```
package javaxml2;

import java.net.URL;
import java.util.Vector;
import org.apache.soap.Constants;
import org.apache.soap.Fault;
import org.apache.soap.SOAPException;
import org.apache.soap.encoding.SOAPMappingRegistry;
import org.apache.soap.encoding.soapenc.BeanSerializer;
import org.apache.soap.rpc.Call;
import org.apache.soap.rpc.Parameter;
import org.apache.soap.rpc.Response;
import org.apache.soap.util.xml.QName;

public class CDAdder {

    public void add(URL url, String title, String artist, String label)
        throws SOAPException {

        System.out.println("CD hinzufügen '" + Titel + "' von '" +
            Künstlername + "', on the label " + label);

        CD cd = new CD(title, artist, label);

        // Mapping des Typs, so daß SOAP ihn benutzen kann
        SOAPMappingRegistry registry = new SOAPMappingRegistry();
        BeanSerializer serializer = new BeanSerializer();
        registry.mapTypes(Constants.NS_URI_SOAP_ENC,
            new QName("urn:cd-catalog-demo", "cd"),
            CD.class, serializer, serializer);

        // Erzeugen des Aufruf-Objekts
        Call call = new Call();
        call.setSOAPMappingRegistry(registry);
        call.setTargetObjectURI("urn:cd-catalog");
        call.setMethodName("addCD");
        call.setEncodingStyleURI(Constants.NS_URI_SOAP_ENC);

        // Setzen der Parameter
        Vector params = new Vector();
        params.addElement(new Parameter("cd", CD.class, cd, null));
        call.setParams(params);
```

Beispiel 12-10: Die aktualisierte Klasse CDAdder (Fortsetzung)

```java
        // Aufrufen
        Response response;
        response = call.invoke(url, "");

        if (!response.generatedFault()) {
            System.out.println("CD erfolgreich hinzugefügt.");
        } else {
            Fault fault = response.getFault();
            System.out.println("Fehler: " + fault.getFaultString());
        }
    }

    public static void main(String[] args) {
        if (args.length != 4) {
            System.out.println("Benutzung: java javaxml2.CDAdder [SOAP-Server-URL] " +
                "\"[CD-Titel]\" \"[Künstlername]\" \"[Plattenfirma]\"");
            return;
        }

        try {
            // URL des zu benutzenden  SOAP-Servers
            URL url = new URL(args[0]);

            // Holen der Werte für eine neue CD
            String title = args[1];
            String artist = args[2];
            String label = args[3];

            // Hinzufügen der CD
            CDAdder adder = new CDAdder();
            adder.add(url, title, artist, label);
        } catch (Exception e) {
            e.printStackTrace();
        }
    }
}
```

Die einzige interessante Sache ist der Umgang mit dem Mapping der Klasse CD:

```java
            // Mapping des Typs, so daß SOAP ihn benutzen kann
            SOAPMappingRegistry registry = new SOAPMappingRegistry();
            BeanSerializer serializer = new BeanSerializer();
            registry.mapTypes(Constants.NS_URI_SOAP_ENC,
                new QName("urn:cd-catalog-demo", "cd"),
                CD.class, serializer, serializer);
```

So wird ein benutzerdefinierter Typ codiert und über das Netz verschickt. Ich habe bereits angesprochen, wie die Klasse BeanSerializer benutzt werden kann, um Typen im JavaBean-Format wie die Klasse CD zu behandeln. Um das dem Server beizubringen, habe ich den Deployment-Deskriptor benutzt, jetzt muß man dem Client noch erklären, wie er den Serializer/Deserializer benutzen soll. Das wird durch die Benutzung der Klasse SOAPMappingRegistry erreicht. Die Methode mapTypes() erwartet einen String, der die Codierung angibt (die Benutzung von NS_URI_SOAP_ENC ist auch hier wieder die beste Idee), und Informationen über den Parametertyp, für den eine spezielle Serialisierung benutzt werden soll. Zunächst wird ein QName angegeben. Das war der Grund für den komischen Namensraum im Deployment-Deskriptor: Sie müssen hier exakt dieselbe URN angeben, wie auch den lokalen Namen des Elements (in diesem Fall »CD«), anschließend das Java-Class-Objekt der zu serialisierenden Klasse (CD.class) und schließlich die Klasseninstanz für Serialisierung und Deserialisierung. Im Falle von Bean-Serializer funktioniert eine Instanz für beides. Wenn all das in der Registry eingetragen ist, müssen Sie das Call-Objekt über einen Aufruf der Methode setSOAPMapping-Registry() noch davon in Kenntnis setzen.

Sie können dieses Beispiel wie schon zuvor starten. Fügen Sie noch eine Plattenfirma hinzu, dann sollte es keine Probleme geben:

```
C:\javaxml2\build>java javaxml2.CDAdder
    http://localhost:8080/soap/servlet/rpcrouter
    "Tony Rice" "Manzanita" "Sugar Hill"
Füge CD mit dem Titel 'Tony Rice' von 'Manzanita' hinzu, erschienen auf dem Label Sugar
Hill
CD erfolgreich hinzugefügt.
```

Ich überlasse es Ihnen, die Klasse CDLister entsprechend zu ändern. Die Beispiele, die Sie herunterladen können, enthalten die modifizierte Version ebenfalls.

Vielleicht denken Sie, daß es unnötig ist, hier Änderungen vorzunehmen, da die Klasse CDLister nicht direkt mit Objekten der Klasse CD arbeitet (der Rückgabewert der Methode list() ist vom Typ Hashtable). Die zurückgegebene Hashtable enthält jedoch Instanzen der Klasse CD. Wenn SOAP nicht weiß, wie es diese deserialisieren soll, wird der Client einen Fehler melden. Daher muß eine Instanz der Klasse SOAPMappingRegistry an die Instanz der Klasse Call übergeben werden, damit es funktioniert.

Bessere Fehlerbehandlung

Nachdem Sie nun benutzerdefinierte Objekte herumwerfen, RPC-Aufrufe durchziehen und alle anderen im Büro alt aussehen lassen, möchte ich über ein nicht so aufregendes Thema sprechen: die Fehlerbehandlung. In jeder Netzwerktransaktion können viele Dinge schiefgehen. Der Service läuft nicht, ein Fehler tritt auf dem Server auf, Objekte können nicht gefunden werden, Klassen werden vermißt, und eine ganze Menge anderer Probleme ist möglich. Bisher benutzte ich nur die Methode fault.getString(), um Fehler anzuzeigen. Dieses Vorgehen ist nicht immer hilfreich. Um das nachzuvollziehen, müssen Sie folgende Zeile im Konstruktor der Klasse CDCatalog auskommentieren:

```
public CDCatalog( ) {
    //catalog = new Hashtable( );

    // Bestücken des Katalogs
    addCD(new CD("Nickel Creek", "Nickel Creek", "Sugar Hill"));
    addCD(new CD("Let it Fall", "Sean Watkins", "Sugar Hill"));
    addCD(new CD("Aerial Boundaries", "Michael Hedges", "Windham Hill"));
    addCD(new CD("Taproot", "Michael Hedges", "Windham Hill"));
}
```

Kompilieren Sie das, führen Sie eine erneute Installation durch, und starten Sie die Servlet-Engine neu. Das Ergebnis ist eine `NullPointerException`, wenn die Klasse versucht, eine Instanz der Klasse CD zu der uninitialisierten `Hashtable` hinzuzufügen. Wenn Sie den Client jetzt starten, wird er einen Fehler melden, allerdings können Sie aus der Art, wie er das tut, nicht allzuviel entnehmen:

```
(gandalf)/javaxml2/build$ java javaxml2.CDLister
    http://localhost:8080/soap/servlet/rpcrouter
Auflistung des Inhalts des CD-Katalogs.
Fehler: Unable to resolve target object: null
```

Das ist nicht genau die Art von Information, die Ihnen hilft, das Problem zu finden. Jedoch ist ja das Framework da, das eine bessere Arbeit bei der Fehlerbehandlung leistet; erinnern Sie sich an den `DOMFaultListener`, den wir im Element `faultListener` spezifiziert haben? Hier kommt er nun zum Einsatz. Das im Fehlerfall zurückgegebene `Fault`-Objekt enthält ein DOM-`org.w3c.dom.Element` mit detaillierten Fehlerinformationen. Zunächst wird eine import-Anweisung für die Klasse `java.util.Iterator` in den Quell-Code des Clients eingefügt:

```
import java.net.URL;
import java.util.Enumeration;
import java.util.Hashtable;
import java.util.Iterator;
import java.util.Vector;
import org.apache.soap.Constants;
import org.apache.soap.Fault;
import org.apache.soap.SOAPException;
import org.apache.soap.encoding.SOAPMappingRegistry;
import org.apache.soap.encoding.soapenc.BeanSerializer;
import org.apache.soap.rpc.Call;
import org.apache.soap.rpc.Parameter;
import org.apache.soap.rpc.Response;
import org.apache.soap.util.xml.QName;
```

Als nächstes ändern Sie in der Methode `list()` die Art der Fehlerbehandlung:

```
if (!response.generatedFault()) {
    Parameter returnValue = response.getReturnValue();
    Hashtable catalog = (Hashtable)returnValue.getValue();
    Enumeration e = catalog.keys();
    while (e.hasMoreElements()) {
        String title = (String)e.nextElement();
        CD cd = (CD)catalog.get(title);
```

```
                System.out.println("   '" + cd.getTitle() + "' von " +
                    cd.getArtist( ) +
                    " bei der Plattenfirma " + cd.getLabel( ));
            }
        } else {
            Fault fault = response.getFault( );
            System.out.println("Fehler: " + fault.getFaultString( ));

            Vector entries = fault.getDetailEntries( );
            for (Iterator i = entries.iterator(); i.hasNext(); ) {
                org.w3c.dom.Element entry = (org.w3c.dom.Element)i.next( );
                System.out.println(entry.getFirstChild().getNodeValue( ));
            }
        }
    }
```

Durch die Benutzung der Methode getDetailEntries( ) erhalten Sie Zugriff auf die rohen Daten, die vom SOAP-Server und dem Service über den Fehler zur Verfügung gestellt werden. Der Code iteriert durch diese Daten (dabei handelt es sich normalerweise nur um ein Element, aber man weiß ja nie...) und holt das DOM-Element, das in jedem Eintrag enthalten ist. Hier ist das XML, das durchgearbeitet wird:

```
<SOAP-ENV:Fault>
  <faultcode>SOAP-ENV:Server.BadTargetObjectURI</faultcode>
  <faultstring>Unable to resolve target object: null</faultstring>
  <stacktrace>Das ist, was wir wollen!</stacktrace>
</SOAP-ENV:Fault>
```

Mit anderen Worten: Sie erhalten über das Fault-Objekt Zugriff auf den Teil des SOAP-Envelopes, der sich mit Fehlern befaßt. Zusätzlich bietet Apache SOAP, wenn Fehler auftreten, einen Stacktrace, der detaillierte Informationen zur Fehlerdiagnose liefert. Durch Zugriff auf das Element stackTrace und durch die Ausgabe des Wertes im Knoten Text dieses Elements gibt der Client den Stacktrace des Servers aus. Kompilieren Sie die Änderungen, und starten Sie den Client erneut. Das sollte zu folgender Ausgabe führen:

```
C:\javaxml2\build>java javaxml2.CDLister http://localhost:8080/soap/servlet/rpcr
outer
Auflistung des Inhalts des CD-Katalogs.
Fehler: Unable to resolve target object: null
java.lang.NullPointerException
        at javaxml2.CDCatalog.addCD(CDCatalog.java:24)
        at javaxml2.CDCatalog.<init>(CDCatalog.java:14)
        at java.lang.Class.newInstance0(Native Method)
        at java.lang.Class.newInstance(Class.java:237)
```

Das geht noch ein Stück weiter, aber die wichtigen Informationen einschließlich der, daß eine NullPointerException auftrat, sind zu sehen. Sie können sogar die Nummer der Zeile in der Klasse auf dem Server sehen, in der der Fehler auftrat. Das Resultat dieser eher kleinen Änderung am Quell-Code ist ein viel robusteres Mittel zur Behandlung von Fehlern. Das sollte Sie darauf vorbereiten, Fehler in Ihren Server-Klassen zu bereinigen. Und übrigens: Ändern Sie Ihre Klasse CDCatalog wieder so, daß diese Fehler verschwunden sind, bevor Sie fortfahren!

Und was kommt jetzt?

Das nächste Kapitel stellt eine direkte Weiterentwicklung der hier besprochenen Themen dar. Mehr und mehr wird XML zu einem Eckpfeiler von Business-to-Business-Aktivitäten, und SOAP ist der Schlüssel dazu. Im nächsten Kapitel werde ich zwei wichtige Technologien vorstellen: UDDI und WSDL. Wenn Sie keine Idee haben, worum es sich dabei handeln könnte, sind Sie hier genau richtig. Sie werden sehen, wie diese beiden Technologien zusammen in der Lage sind, das Rückgrat einer Web-Services-Architektur zu bilden. Bereiten Sie sich darauf vor herauszufinden, was an diesem Web-Services- und Peer-to-Peer-Hype wirklich dran ist.

KAPITEL 13
Web Services

Im letzten Kapitel wurde SOAP als Stand-alone-Technologie vorgestellt; die entwickelte Applikation bestand aus einem SOAP-Client, der mit einem SOAP-Server kommunizierte, und das Ganze basierte lediglich auf Java und einer Servlet-Engine. Dies ist eine akzeptable Lösung für ein System, in dem alle Clients und Dienste (Services) selbst entwickelt werden. Leider wird die Interoperabilität mit anderen Lösungen auf diese Weise stark eingegrenzt. Wenn man etwas über SOAP liest oder hört, so ist es gerade dieser Aspekt der Interoperabilität, der für eine gute Presse sorgte. Das letzte Kapitel war nicht komplett. Es erklärte nicht, wie Sie es schaffen, anderen Applikationen Dienste anzubieten, die SOAP als Transportmechanismus benutzen. Dieses Kapitel wird die restlichen Bestandteile liefern und die verbliebenen Probleme bezüglich der Interoperabilität lösen.

Ich werde zunächst einige Definitionen angeben, die Ihnen helfen sollen, den etwas überstrapazierten Ausdruck »Web Services« besser einzuordnen. Obwohl es schwer ist, diese Formulierung jetzt schon genau einzuordnen, da jeder diesen Begriff für seine eigene Ausprägung von Software oder Architektur verwendet, sind einige Prinzipien doch immer gleich. In fast jeder Definition von Web Services werden Sie die Aussage finden, daß ein gewisser Bedarf an Informationsaustausch zwischen Applikationen besteht. Dieser Austausch benötigt eine Menge an Standards, und die zwei wichtigsten (zumindest im Moment) sind UDDI und WSDL. Ich werde hier zeigen, wie beide zum Themenkreis SOAP passen. Ich werde dieses Kapitel damit abschließen, all die verschiedenen Abkürzungen und Technologien in einem Beispiel zu vereinen.

Web Services

Web Services scheinen das nächste »Große Ding« in der Informationstechnologie zu werden, daher wird ihnen in dieser Auflage ein eigenes Kapitel gewidmet. Dennoch ist es schwer, dafür eine Definition zu finden. Aus der Perspektive eines einzelnen mag eine spezielle Definition korrekt sein, während alle anderen sagen: »Thema verfehlt!« Daher wird hier versucht, aus dem Hype und den Unterschieden verschiedener Implementierungen die Menge an Konzepten herauszudestillieren, die auf alle Varianten zutreffen.

Bei Web Services dreht sich alles um Interoperabilität. Applikationen müssen mehr und mehr miteinander kommunizieren. Jedoch werden die Probleme bei der Kommunikation mit jedem Tag des technologischen Fortschritts immer zahlreicher, anstatt abzunehmen. Mit der Entwicklung neuer Sprachen, immer komplizierterer Datenstrukturen und sich ändernden Geschäftsbedürfnissen wird der Unterschied zwischen verschiedenen Applikationen (auch, wenn sie demselben Zweck dienen!) immer größer. Damit eine Interoperabilität möglich wird, müssen die Systeme eine gemeinsame Sprache sprechen. Dies ist keine Sprache im Sinne von Java; Programme, die in Java geschrieben wurden, müssen genauso Zugriff haben wie solche, die in anderen Sprachen entwickelt wurden. Statt dessen ist damit eine Sprache gemeint, auf die jeder zugreifen kann, der über ein entsprechendes Wörterbuch verfügt. Auch wenn die Wörter sich unterscheiden, kann man diese doch in etwas übersetzen, was man versteht.

XML löst dieses Problem der Datenübertragung als eine Art von Sprache. Es ist in fast jeder Programmiersprache akzeptiert und verwendbar: C, Perl, Python, LISP, Java, Pascal, C#, Visual Basic... Die Liste läßt sich beliebig fortsetzen. Web-Service-Frameworks versuchen, noch einen Schritt weiterzugehen. Der Schlüssel zu Interoperabilität liegt nicht nur in den Daten, sondern in der *Bedeutung* der Daten. Was für Informationen kann ich von dem anderen System bekommen? Was kann ein anderer von mir erfahren? Mit anderen Worten: Es müssen Möglichkeiten vorhanden sein, die von einer Applikation angebotenen Dienste bekanntzumachen. Und genau da klaffte bis vor kurzem eine Lücke.

Neuere Entwicklungen auf dem Gebiet der Web Services haben begonnen, diese Lücke zu füllen. Erstens erlaubt es UDDI, andere Dienste aufzuspüren und eigene Dienste so zu registrieren, daß andere sie finden können. Zweitens bietet WSDL eine Möglichkeit, Informationen über einen gefundenen Dienst zur Verfügung zu stellen, die es einem Client gestatten, damit zu interagieren. Zunächst soll die Erklärung, wofür UDDI und WSDL stehen, noch ausgespart bleiben, damit die Konzentration auf das große Ganze nicht verlorengeht.

Abbildung 13-1 zeigt die Abläufe während dieses Prozesses. Zu Beginn entwickelt ein Provider einen Service (wie das im letzten Kapitel geschah). Dieser Service könnte so etwas einfaches wie einen CD-Katalog darstellen oder etwas so kompliziertes wie die Speicherung von KFZ-Kennzeichen, die von der Landesregierung Thüringens benutzt werden. Kann auf diese Services über das Web zugegriffen werden, sind sie Kandidaten für eine Service-Registry. Dies alles ist Teil von UDDI. UDDI gibt dem Benutzer auch die Möglichkeit, alle registrierten Services nach einem spezifischen Namen, wie zum Beispiel »cd-catalog« oder »reg-kfz-kennz.« zu durchsuchen. Die Registry liefert dann alle passenden Services.

Mit etwas Glück hat der Client den gewünschten Service gefunden. Für eine Interaktion benötigt er jedoch mehr als den Namen: Die URL, zu der verbunden werden soll, die zu übergebenden Argumente und die Bedeutung des Rückgabewertes sind ebenfalls nötig.

Dies wird durch XML im WSDL-Format erreicht, was noch erklärt werden wird. Dann kann der Client mit dem gefundenen Service interagieren, im Wissen (wegen WSDL), daß er korrekt benutzt wird. Das Leben ist wundervoll, und das nur wegen der Web Services. Natürlich sind bisher die Schwierigkeiten unerwähnt geblieben, aber mit denen befassen wir uns nun nach der Übersicht über das »große Ganze«.

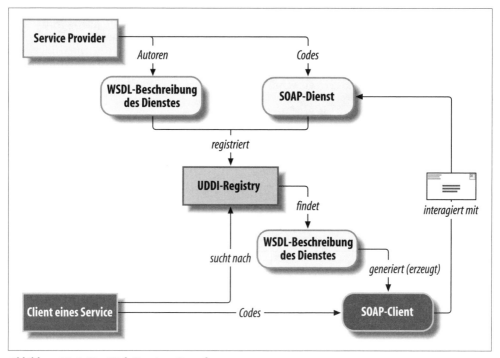

Abbildung 13-1: Der Web-Services-Prozeß

UDDI

Ohne weitere Verzögerung werde ich nun definieren, was UDDI eigentlich ist. Es steht für *Universal Discovery, Description, and Integration* (Universelle Entdeckung, Beschreibung und Integration) und wird oft mit dem Wort *Registry* umschrieben. Der beste Ort, um etwas über UDDI zu lernen, ist die Website *http://www.uddi.org* (siehe Abbildung 13-2), die auch die UDDI-Registry beherbergt, die eine so wichtige Rolle bei der Registrierung und dem Auffinden von Services spielt. Diese Site beschreibt das UDDI-Projekt, das versucht, ein solches komplettes Framework für den Austausch von Daten zu definieren, wie es in diesem Kapitel schon skizziert wurde. Diese Initiative wird von IBM und Microsoft unterstützt, so daß man davon ausgehen kann, daß es auch langfristig verfügbar ist.

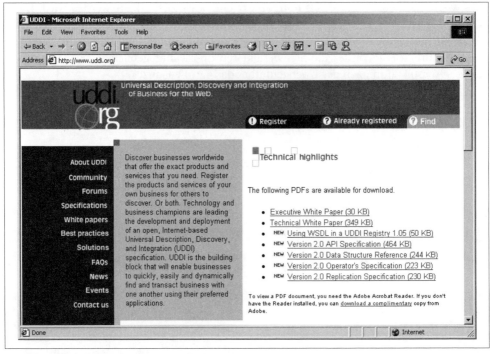

Abbildung 13-2: Die Website von UDDI

Der Kern ist ein Netzwerk von Diensten, über die UDDI Informationen gespeichert hat. Die Möglichkeit, neue Dienste zu registrieren und nach existierenden zu suchen, ist ein Teil der Registry, der online über die Website verfügbar ist. Alles, was man dazu braucht, ist eine einfache Registrierung. Weder IBM noch Microsoft verlangen von einzelnen oder Unternehmen, hohe Gebühren zu zahlen oder ihre eigenen Services öffentlich zugänglich zu machen. Daher werden Tag für Tag mehr Services registriert, als das in einem profitorientierten System der Fall wäre.

Das ist alles, was es zu UDDI zu sagen gibt. Die Komplexität von UDDI liegt nicht in der Benutzung von UDDI, sondern in der Implementierung, über die Sie sich aber als Provider oder Nutzer von Services keine Gedanken machen müssen. Es existieren viele UDDI-Implementierungen, die heruntergeladen werden können und die lokal laufen. Ich bevorzuge jUDDI. Sie können dieses Java-basierte Open Source-Projekt unter *http://www.juddi.org* finden. Außerdem enthält das Web Services Toolkit von IBM (das im Abschnitt »WSDL« in diesem Kapitel näher beleuchtet wird) eine Testversion einer privaten UDDI-Registry. Auf beide Implementierungen wird hier nicht näher eingegangen, da das nicht dem Verständnis von UDDI, sondern lediglich dem der Implementierung dienen würde. Wenn Sie daran interessiert sind, was bei UDDI unter der Haube steckt, sollten Sie sich jUDDI ansehen. Falls Sie lediglich Web Services entwickeln und anderen zur Verfügung stellen möchten, brauchen Sie sich darüber keine Gedanken machen. Die Registrierung und die Suche nach spezifischen Diensten sollen den Abschluß dieses Kapitels bilden, in dem ein recht komplexes Beispiel unter Benutzung von SOAP, UDDI und WSDL präsentiert wird.

WSDL

WSDL ist die *Web Services Description Language* (Web-Services-Beschreibungssprache). Die vollständige Spezifikation ist online unter *http://www.w3.org/TR/wsdl* verfügbar und beschreibt alles, was Sie über einen Service wissen müssen, wenn Sie mit ihm interagieren möchten. Wie auch UDDI ist es eine recht einfache Technologie (genau betrachtet, ist es gar keine Technologie, sondern nur Markup), aber ein sehr wichtiger Teil im großen Ganzen der Web Services. Eine WSDL-Datei beschreibt einige wichtige Informationen, über die ein Client zur Nutzung eines Services verfügen muß:

- den Namen des Services, einschließlich URN
- den Ort, an dem auf den Service zugegriffen werden kann (normalerweise eine HTTP-URL-Adresse)
- die aufrufbaren Methoden
- die Argumenttypen und die Typen der Rückgabewerte für jede Methode

Jede dieser Informationen für sich genommen ist nutzlos, zusammengenommen repräsentieren sie aber die komplette Sicht eines Clients auf einen Service. Zusätzlich enthält eine solche Datei noch Elemente aus XML Schema, Parameter im Style von XML-RPC und eine ziemliche Menge von vielen Dingen, die in diesem Buch bereits behandelt wurden. Beispiel 13-1 zeigt einen Teil des WSDL-Schemas für den CD-Katalog aus dem letzten Kapitel, es beschreibt die Methode getCD( ) des Services. Es ist nicht vollständig, sollte aber einen Eindruck vom Aussehen eines WSDL-Dokuments liefern.

Beispiel 13-1: Teil eines WSDL-Dokuments

```
<?xml version="1.0"?>

<definitions name="CDCatalog"
             targetNamespace="http://www.oreilly.com/javaxml2/cd-catalog.wsdl"
             xmlns:cd="http://www.oreilly.com/javaxml2/cd-catalog.wsdl"
             xmlns:soap="http://schemas.xmlsoap.org/wsdl/soap/"
             xmlns:cdXSD="http://www.oreilly.com/javaxml2/cd-catalog.xsd"
             xmlns="http://schemas.xmlsoap.org/wsdl/"
>
  <types>
    <schema targetNamespace="http://www.oreilly.com/javaxml2/cd-catalog.xsd"
            xmlns="http://www.w3.org/2000/10/XMLSchema">
      <element name="Title">
        <complexType>
```

Beispiel 13-1: Teil eines WSDL-Dokuments (Fortsetzung)

```xml
        <all><element name="title" type="string" /></all>
      </complexType>
    </element>
    <element name="CD">
      <complexType>
        <all>
          <element name="title" type="string" />
          <element name="artist" type="string" />
          <element name="label" type="string" />
        </all>
      </complexType>
    </element>
  </schema>
</types>

<message name="getCDInput">
  <part name="body" element="cdXSD:Title" />
</message>

<message name="getCDOutput">
  <part name="body" element="cdXSD:CD" />
</message>

<portType name="CDCatalogPortType">
  <operation name="getCD">
    <input message="cd:getCDInput" />
    <output message="cd:getCDOutput" />
  </operation>
</portType>

<binding name="CDCatalogBinding" type="cd:CDCatalogPortType">
  <soap:binding style="rpc"
                transport="http://schemas.xmlsoap.org/soap/http" />
  <operation name="getCD">
    <soap:operation soapAction="urn:cd-catalog" />
    <input>
      <soap:body use="encoded"
          encodingStyle="http://schemas.xmlsoap.org/soap/encoding/"
          namespace="urn:cd-catalog" />
    </input>
    <output>
      <soap:body use="encoded"
          encodingStyle="http://schemas.xmlsoap.org/soap/encoding/"
          namespace="urn:cd-catalog" />
    </output>
  </operation>
</binding>

<service name="CDCatalog">
  <documentation>CD Catalog Service from Java and XML</documentation>
  <port name="CDCatalogPort" binding="cd:CDCatalogBinding">
```

Beispiel 13-1: Teil eines WSDL-Dokuments (Fortsetzung)

```
      <soap:address location="http://newInstance.com/soap/servlet/rpcrouter" />
    </port>
  </service>
</defintions>
```

Wie Sie sehen, ist dieses Format zur Beschreibung eines Services recht ausschweifend, immerhin ist es auch einfach zu verstehen. Zunächst werden alle Typen, die über das Netzwerk gesendet werden sollen, durch das Element types und eine an XML Schema angelehnte Syntax beschrieben.

Zur Zeit berücksichtigt WSDL nur die 2000-er XML Schema-Spezifikation und nicht die finalisierte Version von April 2001. Das bedeutet, daß Sie zur Zeit noch die älteren Schema-Konstrukte benutzen müssen, solange WSDL in dieser Beziehung nicht auf dem aktuellsten Stand ist.

Als nächstes wird das message-Element benutzt, um die Interaktion von Client zu Server und von Server zu Client zu definieren. Diese sind im portType-Element kombiniert, um verfügbare Operationen zu definieren (Sie finden noch weitere verfügbare Operationen in diesem Abschnitt). Das binding-Element erklärt, wie auf die Methoden zugegriffen werden kann, und gibt die URN an, unter der auf sie zugegriffen werden kann, das service-Element schließlich gruppiert all diese. Sich das alles als eine Art Prozeß vorzustellen hilft, dabei die Übersicht zu behalten.

Ist SOAP alles, was es gibt?

Sie sollten nicht denken, daß ein SOAP-Service die einzige Art von Web Service ist, die existiert. Es ist selbstverständlich möglich, ein Programm (oder Programme) zu schreiben, das mit Clients durch andere Mechanismen interagiert, und diese Interaktionen mittels WSDL zu beschreiben. XML-RPC zum Beispiel erfüllt die Anforderungen ziemlich gut. Auch wenn es benutzerdefinierte Parametertypen nicht unterstützt, kann es doch einfach mit Clients interagieren und seine Ein- und Ausgabeparameter in WSDL repräsentieren. Allerdings sind fast alle Services, die ich bisher gesehen habe (und ich habe eine Menge gesehen!), SOAP, daher sollte man annehmen, daß SOAP den vorherrschenden Trend darstellt. Sie sollten dennoch nicht vergessen, daß ein Programm jede Art von Services benutzen kann und dabei nicht nur auf SOAP beschränkt ist.

Im Moment nutzt die Apache-SOAP-Implementierung WSDL nicht direkt. Es ist also zum Beispiel nicht möglich, automatisch eine Client-Klasse aus einem WSDL-Dokument zu generieren. Während einige andere Anbieter, wie zum Beispiel Microsoft, hier bereits weiter sind, arbeitet das Apache Axis-Projekt noch an dieser Funktionalität. Momentan müssen Sie ein WSDL-Dokument noch selbst interpretieren und den Code für den Client von Hand stricken. Das macht sowieso mehr Spaß.

Alle Teile zusammenfügen

Mit diesem eher grundlegenden Verständnis von WSDL im Zusammenhang mit der UDDI-Diskussion sind Sie in der Lage, ein komplettes Web-Services-Beispiel zu erstellen. In diesem Abschnitt werde ich zeigen, wie ein SOAP-Service erstellt wird (diesmal ein auf Messaging beruhender), wie er bei einer UDDI-Registry registriert und mittels UDDI gefunden wird und wie ein Client schließlich nach dem Holen des WSDL-Deskriptors darauf zugreift.

Für das Beispiel wird noch etwas Komplexität hinzugefügt. Hier ist das Szenario: CDs-R-Us soll ein neues Unternehmen sein, das Händler weltweit mit CDs beliefern möchte. Da dieses Unternehmen recht spät am Markt erscheint, versucht es, Marktanteile durch ein High-Tech-Interface zu erringen, auf das mittels Web Services zugegriffen werden kann, um die Interaktion zu erleichtern. CDs-R-Us will die Möglichkeit schaffen, mittels XML-Botschaften (Messages) CDs über SOAP anzufordern. Die Applikationen auf Unternehmensseite werden diese Forderungen erfüllen, indem sie die entsprechenden CDs im Katalog-Server suchen (eine erwachsene Variante des im letzten Kapitel vorgestellten CDCatalog-Service) und anschließend eine Rechnung zurückliefern. Hier finden zwei SOAP-Interaktionen statt: eine vom Client zu CDs-R-Us, die Messaging-basiert ist, und eine innerhalb von CDs-R-Us, die RPC-basiert ist. Abbildung 13-3 zeigt den Ablauf des kompletten Prozesses. Das Unternehmen möchte den Service außerdem bei einer UDDI-Registry registrieren, damit potentielle Kunden ihn finden können.

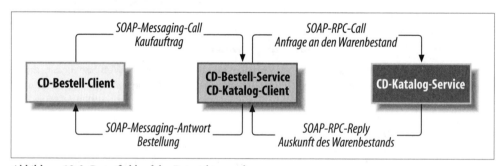

Abbildung 13-3: Prozeßablauf der Beispielanwendung

Ein Messaging-Service

Da der `CDCatalog` aus dem letzten Kapitel für den RPC-Client genutzt werden soll, können Sie gleich zu dem neuen Code des Messaging-Service übergehen. Dieser soll eine XML-Kauforder empfangen und eine Anfrage an den Katalog-Service auf einem anderen Rechner im Unternehmensnetzwerk von CDs-R-Us richten. Damit ist der Messaging-Service gleichzeitig ein SOAP-RPC-Client. Das ist in der Welt der Web Services absolut zulässig und kommt auch sehr oft vor. Ein Dienst empfängt Informationen von einem anderen und initiiert daraufhin eine Interaktion mit einem *dritten*. Wenn Ihnen das immer noch komisch erscheint, fragen Sie mal jemanden, der sich ein Haus baut, wie viele Firmen er anstellt, und diese wiederum, wie viele Unterauftragnehmer *sie* haben; das sprengt wahrscheinlich Ihr Vorstellungsvermögen!

Zuerst muß das Format der Kauforder (KO) definiert werden, welches CDs-R-Us fordert. Das XML Schema für das KO-Dokument ist in Beispiel 13-2 zu sehen.

Beispiel 13-2: Das XML Schema ko.xsd

```
<?xml version="1.0" encoding="UTF-8"?>

<xs:schema xmlns:xs="http://www.w3.org/2001/XMLSchema"
           xmlns="http://www.cds-r-us.com"
           targetNamespace="http://www.cds-r-us.com">
  <xs:element name="purchaseOrder">
    <xs:complexType>
      <xs:sequence>
        <xs:element ref="recipient" />
        <xs:element ref="order" />
      </xs:sequence>
      <xs:attribute name="orderDate" type="xs:string" />
    </xs:complexType>
  </xs:element>

  <xs:element name="recipient">
    <xs:complexType>
      <xs:sequence>
        <xs:element ref="name" />
        <xs:element ref="street" />
        <xs:element ref="city" />
        <xs:element ref="state" />
        <xs:element ref="postalCode" />
      </xs:sequence>
      <xs:attribute name="country" type="xs:string" />
    </xs:complexType>
  </xs:element>

  <xs:element name="name" type="xs:string"/>
  <xs:element name="street" type="xs:string" />
  <xs:element name="city" type="xs:string" />
  <xs:element name="state" type="xs:string" />
  <xs:element name="postalCode" type="xs:short" />

  <xs:element name="order">
    <xs:complexType>
      <xs:sequence>
        <xs:element ref="cd" maxOccurs="unbounded" />
      </xs:sequence>
    </xs:complexType>
  </xs:element>
```

Beispiel 13-2: Das XML Schema ko.xsd (Fortsetzung)

```xml
  <xs:element name="cd">
    <xs:complexType>
      <xs:attribute name="artist" type="xs:string" />
      <xs:attribute name="title" type="xs:string" />
    </xs:complexType>
  </xs:element>
</xs:schema>
```

Unter Benutzung dieses Schemas würde eine typische KO wie in Beispiel 13-3 gezeigt aussehen.

Beispiel 13-3: Beispiel-KO für CDs

```xml
<purchaseOrder orderDate="07.23.2001"
    xmlns="http://www.cds-r-us.com"
    xmlns:xsi="http://www.w3.org/2001/XMLSchema-instance"
    xsi:schemaLocation="http://www.cds-r-us.com po.xsd"
>
  <recipient country="USA">
    <name>Dennis Scannell</name>
    <street>175 Perry Lea Side Road</street>
    <city>Waterbury</city>
    <state>VT</state>
    <postalCode>05676</postalCode>
  </recipient>
  <order>
    <cd artist="Brooks Williams" title="Little Lion" />
    <cd artist="David Wilcox" title="What You Whispered" />
  </order>
</purchaseOrder>
```

Der Service sollte ein XML-Dokument, wie es in Beispiel 13-3 gezeigt wird, akzeptieren, herausfinden, welche Informationen relevant sind, und diese Informationen dann via RPC an den CD-Katalog-Service weiterleiten. Nach Erhalt der Antwort formuliert er eine Art von Rechnung oder Bestätigung für den Messaging-Client und sendet diese Botschaft zurück. Das Beispiel ist bewußt einfach gehalten, Sie werden jedoch leicht sehen, wo Sie weitere Verarbeitungsschritte hinzufügen können, wenn Sie den Code betrachten.

Das Schreiben eines Service, der XML akzeptiert, ist ein bißchen schwieriger als das Schreiben eines Service, der RPC-Requests akzeptiert; beim Messaging müssen Sie direkter mit den Request- und Antwort-Objekten interagieren, außerdem muß die Klasse über SOAP Bescheid wissen. Zur Erinnerung: Bei der Verarbeitung via RPC mußte die Klasse weder etwas über RPC noch über SOAP wissen und war daher recht gut gekapselt. Bei einem auf Messaging beruhenden Service müssen alle Methoden, mit denen interagiert werden soll, folgender Konvention entsprechen:

```java
public void methodName(SOAPEnvelope env, SOAPContext req, SOAPContext res)
    throws java.io.IOException, javax.mail.MessagingException;
```

Das ähnelt ein wenig der Arbeitsweise von Servlets. Sie bekommen ein Request- und ein Antwort-Objekt, mit denen interagiert wird, wie auch den eigentlichen SOAP-Envelope für die über das Netzwerk verschickte Botschaft. Sie sehen die erwartete IOException, die ausgelöst werden könnte, wenn Netzwerk- oder andere Probleme auftreten; zusätzlich kann es zu einer MessagingException (aus dem JavaMail-Package) kommen, wenn Probleme mit dem SOAP-Envelope auftreten. Außerdem muß der Name der Methode mit dem root-Element des Botschaftsinhalts übereinstimmen![1] Das wird leicht vergessen; in unserem Fall muß der Name der den XML-Code empfangenden Methode purchaseOrder lauten, da dies der Name des root-Elements in Beispiel 13-3 ist. Mit diesem Wissen ist es möglich, das Skelett eines Messaging-Service aufzusetzen. Dieses Skelett ist in Beispiel 13-4 gezeigt; zusätzlich zum integrierten Framework zum Empfang von SOAP-Botschaften wurde die Logik zur Durchführung geeigneter Aufrufe des CDCatalog-Service auf einem anderen Rechner integriert. Ein Kommentar dient als Platzhalter für den Messaging-Code, mit dem es gleich weitergeht.

Beispiel 13-4: Skelett für den Messaging-Service für CDs-R-Us

```
package javaxml2;

import java.io.IOException;
import java.net.MalformedURLException;
import java.net.URL;
import java.util.Hashtable;
import java.util.LinkedList;
import java.util.List;
import java.util.Vector;
import javax.mail.MessagingException;

// SOAP-Importe:
import org.apache.soap.Constants;
import org.apache.soap.Envelope;
import org.apache.soap.Fault;
import org.apache.soap.SOAPException;
import org.apache.soap.encoding.SOAPMappingRegistry;
import org.apache.soap.encoding.soapenc.BeanSerializer;
import org.apache.soap.rpc.Call;
import org.apache.soap.rpc.Parameter;
import org.apache.soap.rpc.Response;
import org.apache.soap.rpc.SOAPContext;
import org.apache.soap.util.xml.QName;

public class OrderProcessor {

    /** Mapping für die Klasse CD */
    private SOAPMappingRegistry registry;
```

---

[1] Dies ist eine Anforderung der Apache SOAP-Implementierung, nicht von der SOAP-Spezifikation. Da es sich aber quasi zum Standard entwickelt hat und außerdem eine gute Programmiertechnik ist, benutze ich es auch hier.

Beispiel 13-4: Skelett für den Messaging-Service für CDs-R-Us (Fortsetzung)

```
    /** Der Serializer für die Klasse CD */
    private BeanSerializer serializer;

    /** Das RPC-Aufruf-Objekt */
    private Call call;

    /** Parameter für den Aufruf */
    private Vector params;

    /** Antwort vom RPC-Aufruf */
    private Response rpcResponse;

    /** Die URL, zu der eine Verbindung hergestellt werden soll */
    private URL rpcServerURL;

    public void initialize() {
        // Interne URL für SOAP-RPC
        try {
            rpcServerURL =
                new URL("http://localhost:8080/soap/servlet/rpcrouter");
        } catch (MalformedURLException neverHappens) {
            // ignoriert
        }

        // SOAP-Mapping zum Konvertieren von CD-Objekten
        registry = new SOAPMappingRegistry();
        serializer = new BeanSerializer();
        registry.mapTypes(Constants.NS_URI_SOAP_ENC,
            new QName("urn:cd-catalog-demo", "cd"),
            CD.class, serializer, serializer);

        // Erzeugen eines Aufruf-Objekts zum internen SOAP-Service
        call = new Call();
        call.setSOAPMappingRegistry(registry);
        call.setTargetObjectURI("urn:cd-catalog");
        call.setMethodName("getCD");
        call.setEncodingStyleURI(Constants.NS_URI_SOAP_ENC);

        // Input definieren
        params = new Vector();
    }

    public void purchaseOrder(Envelope env, SOAPContext req, SOAPContext res)
        throws IOException, MessagingException {

        // SOAP-Environment initialisieren
        initialize();

        // Liste der erfolgreich bestellten CDs
        List orderedCDs = new LinkedList();
```

Beispiel 13-4: Skelett für den Messaging-Service für CDs-R-Us (Fortsetzung)

```
        // HashTable für die fehlgeschlagenen Bestellungen
        Hashtable failedCDs = new Hashtable();

        // Parsen der Message und Erstellen einer Liste zu bestellender CDs

        // Schleife über alle CDs aus dem KO-Request
            String artist = "";
            String title = "";

            // Parameter initialisieren
            params.clear();
            params.addElement(new Parameter("title", String.class, title, null));
            call.setParams(params);

            try {
                // Aufrufen
                rpcResponse = call.invoke(rpcServerURL, "");

                if (!rpcResponse.generatedFault()) {
                    Parameter returnValue = rpcResponse.getReturnValue();
                    CD cd = (CD)returnValue.getValue();

                    // CD verfügbar?
                    if (cd == null) {
                        failedCDs.put(title, "Gewünschte CD ist nicht erhältlich.");
                        continue;
                    }

                    // Überprüfen, ob sie vom gewünschten Künstler ist
                    if (cd.getArtist().equalsIgnoreCase(artist)) {
                        // CD zur Liste mit den erfolgreichen Bestellungen hinzufügen
                        orderedCDs.add(cd);
                    } else {
                        // Zu fehlgeschlagenen Bestellungen hinzufügen
                        failedCDs.put(title, "Falscher Künstler für die angegebene CD.");
                    }
                } else {
                    Fault fault = rpcResponse.getFault();
                    failedCDs.put(title, fault.getFaultString());
                }
            } catch (SOAPException e) {
                failedCDs.put(title, "SOAP Exception: " + e.getMessage());
            }

        // Am Ende der Schleife etwas Sinnvolles an den Client zurückgeben
    }
}
```

In diesem Beispiel und dem Rest des Kapitels wird der Hostname *http://localhost:8080* benutzt, um einen SOAP-Service auf dem lokalen Rechner zu repräsentieren. In den meisten Fällen werden Sie das Beispiel lokal testen, und dies verhindert, daß Sie sich fiktive Hostnamen ausdenken müssen und frustriert sind, wenn die Beispiele nicht funktionieren.

In einer realen Umgebung würde der Client zu einem Rechner von CDs-R-Us Verbindung aufnehmen, wie zum Beispiel *http://www.cds-r-us.com*. Der Messaging-Service würde dann einen Rechner wie *http://catalog.cds-r-us.com* kontaktieren, auf dem der CD-Katalog (vielleicht hinter einer Firewall) läuft. Bei Beispielen sollte man jedoch mehr Wert darauf legen, daß sie funktionieren, daher wird hier überall der lokale Rechner als Hostname benutzt.

Ich werde nun zunächst beschreiben, was eigentlich abläuft, danach kommen wir zu den interessanten Stücken. Zunächst wird ein RPC-Aufruf für jeden Client mittels der Methode `initialize( )` kreiert. Dieses `Call`-Objekt wird immer wieder verwendet, damit die Ressourcen, die ein einzelner Client in Anspruch nimmt, möglichst gering gehalten werden. Gleichzeitig erhält jeder Client sein eigenes `Call`-Objekt, damit keine Synchronisations- oder Threading-Probleme auftauchen. Danach wird ein wenig Speicher organisiert: eine `List` für die erfolgreichen Bestellungen und eine `Hashtable` für die fehlgeschlagenen. Die `Hashtable` hat den Titel der CD als Schlüssel und das aufgetretene Problem als Wert. Anschließend wird die SOAP-Botschaft gelesen (hier steht erst einmal lediglich ein Kommentar). Daraufhin beginnt eine Schleife, die für jede bestellte CD den Titel und den Künstler aus der Botschaft extrahiert und einen RPC-Aufruf absetzt, mit dem das gewünschte CD-Objekt geholt werden soll. Abhängig vom Resultat des Requests wird die CD an die Liste der erfolgreichen Bestellungen angehängt oder in die Hashtable der fehlgeschlagenen Bestellungen eingefügt. Am Ende der Schleife wird eine Botschaft konstruiert und an den Client zurückgeschickt.

Sie sollten bedenken, daß der `CDCatalog` eine einfache Version und nicht komplett ist. Ein realer CD-Service würde wahrscheinlich noch prüfen, ob die CD im Warenbestand enthalten und eine entsprechende Anzahl an Exemplaren verfügbar ist und so weiter. In dem Beispiel prüft der Katalog-Service lediglich, ob die geforderte CD in der Liste der verfügbaren CDs enthalten ist oder nicht. Trotzdem wird das Prinzip klar.

Nachdem das Skelett nun steht, sind Sie in der Lage, mit der Botschaft des Benutzers zu interagieren. Dazu werden noch einige Klassen mehr benötigt. Die im folgenden gezeigten import-Anweisungen müssen nun hinzugefügt werden:

```
import java.io.IOException;
import java.io.StringWriter;
import java.net.MalformedURLException;
import java.net.URL;
import java.util.Enumeration;
import java.util.Hashtable;
import java.util.Iterator;
```

```
import java.util.LinkedList;
import java.util.List;
import java.util.Vector;
import javax.mail.MessagingException;

// DOM
import org.w3c.dom.Document;
import org.w3c.dom.Element;
import org.w3c.dom.NodeList;
import org.w3c.dom.Text;

// SOAP-Importe:
import org.apache.soap.Constants;
import org.apache.soap.Envelope;
import org.apache.soap.Fault;
import org.apache.soap.SOAPException;
import org.apache.soap.encoding.SOAPMappingRegistry;
import org.apache.soap.encoding.soapenc.BeanSerializer;
import org.apache.soap.rpc.Call;
import org.apache.soap.rpc.Parameter;
import org.apache.soap.rpc.Response;
import org.apache.soap.rpc.SOAPContext;
import org.apache.soap.util.xml.QName;
```

Der Code benötigt DOM, um mit dem XML-Code in der vom Nutzer gesendeten Botschaft klarzukommen; diese Botschaft wird hier als erstes betrachtet. Beispiel 13-3 zeigt XML-Code, der den Inhalt der Botschaft darstellt, den der Service zu empfangen erwartet. Die Botschaft wird jedoch in einige SOAP-Spezifika verpackt und letztlich so aussehen, wie in Beispiel 13-5 dargestellt. Die zusätzlichen Informationen werden von SOAP benutzt, um die Botschaft zu interpretieren.

Beispiel 13-5: Das SOAP-fähige Dokument aus Beispiel 13-3

```
<s:Envelope xmlns:s="http://schemas.xmlsoap.org/soap/envelope/">
 <s:Body>
  <purchaseOrder orderDate="07.23.2001"
      xmlns="urn:cd-order-service"
  >
    <recipient country="USA">
      <name>Dennis Scannell</name>
      <street>175 Perry Lea Side Road</street>
      <city>Waterbury</city>
      <state>VT</state>
      <postalCode>05676</postalCode>
    </recipient>
    <order>
      <cd artist="Brooks Williams" title="Little Lion" />
      <cd artist="David Wilcox" title="What You Whispered" />
    </order>
  </purchaseOrder>
 </s:Body>
</s:Envelope>
```

Die eigentliche Botschaft ist im Body des SOAP-Envelope untergebracht. Diese Strukturen werden in Apache SOAP durch `org.apache.soap.Envelope` und `org.apache.soap.Body` dargestellt. Um auf die Einträge im Body zugreifen zu können, benutzen Sie `envelope.getBody().getBodyEntries()`, das einen `Vector` zurückliefert. Das erste (und einzige) Element in diesem `Vector` ist im Beispiel ein DOM-Element, das das Java-Äquivalent des XML-purchaseOrder-Elements darstellt. Das ist genau das, was beabsichtigt war. Wenn Sie dieses Element extrahiert haben, können Sie mit normalen DOM-Methoden weiterarbeiten, um den gesamten DOM-Baum zu durchlaufen und jede bestellte CD abzuarbeiten. Der folgende Code muß noch zur Methode `purchaseOrder()` hinzugefügt werden. Er iteriert über die vom Client angeforderten CDs und extrahiert deren Informationen:

```java
public void purchaseOrder(Envelope env, SOAPContext req, SOAPContext res)
    throws IOException, MessagingException {

    // Initialisieren des SOAP-Environments
    initialize();

    // Instanz für die erfolgreich bestellten CDs
    List orderedCDs = new LinkedList();

    // HashTable für die fehlgeschlagenen Bestellungen
    Hashtable failedCDs = new Hashtable();

    // Holen des Elements purchaseOrder - immer der erste Eintrag im Body
    Vector bodyEntries = env.getBody().getBodyEntries();
    Element purchaseOrder = (Element)bodyEntries.iterator().next();

    // In einer realen Anwendung würde jetzt irgend etwas mit der
    // Käuferinformation geschehen

    // Holen der bestellten CDs
    Element order =
        (Element)purchaseOrder.getElementsByTagName("order").item(0);
    NodeList cds = order.getElementsByTagName("cd");

    // Schleife über alle bestellten CDs des KO-Requests
    for (int i=0, len=cds.getLength(); i<len; i++) {
        Element cdElement = (Element)cds.item(i);
        String artist = cdElement.getAttribute("artist");
        String title = cdElement.getAttribute("title");

        // Einrichten des SOAP-RPC-Aufrufs wie in Beispiel 13-4
        params.clear();
        params.addElement(new Parameter("title", String.class, title, null));
        call.setParams(params);
```

```
            try {
                // Existierender RPC-Code aus Beispiel 13-4
            } catch (SOAPException e) {
                failedCDs.put(title, "SOAP Exception: " + e.getMessage());
            }
        }

        // Am Ende der Schleife sollte irgend etwas Sinnvolles an den Client
        // zurückgegeben werden
    }
```

Wenn dieser Code fertig ausgeführt wurde, enthält die Liste `orderedCDs` eine Liste aller bestellten CDs, deren Bestellung erfolgreich war, und die HashTable `failedCDs` enthält alle, deren Bestellung fehlschlug. Da der Client bereits weiß, wie man XML »spricht« (er hat ja eine XML-Botschaft geschickt), erscheint es sinnvoll, ihm eine XML-Antwort zu senden. Anstatt diese von Hand zu generieren, für SOAP zu formatieren und dann zu antworten, können Sie das `Envelope`-Objekt benutzen, aus dem gerade gelesen wurde. Dazu müssen Sie den folgenden Code einfügen, der die Antwort generiert:

```
    public void purchaseOrder(Envelope env, SOAPContext req, SOAPContext res)
        throws IOException, MessagingException {

        // Weiter oben bereits gezeigter Code zum Parsen beim Messaging

        // Schleife über alle bestellten CDs aus dem KO-Request
        for (int i=0, len=cds.getLength(); i<len; i++) {
            Element cdElement = (Element)cds.item(i);
            String artist = cdElement.getAttribute("artist");
            String title = cdElement.getAttribute("title");

            // Input definieren
            params.clear();
            params.addElement(new Parameter("title", String.class, title, null));
            call.setParams(params);

            try {
                // Existierender RPC-Code aus Beispiel 13-4
            } catch (SOAPException e) {
                failedCDs.put(title, "SOAP Exception: " + e.getMessage());
            }
        }

        // Am Ende der Schleife sollte irgend etwas Sinnvolles an den Client
        // zurückgegeben werden
        Document doc = new org.apache.xerces.dom.DocumentImpl();
        Element response = doc.createElement("response");
        Element orderedCDsElement = doc.createElement("orderedCDs");
        Element failedCDsElement = doc.createElement("failedCDs");
        response.appendChild(orderedCDsElement);
        response.appendChild(failedCDsElement);
```

```java
// Hinzufügen der sortierten CDs
for (Iterator i = orderedCDs.iterator(); i.hasNext(); ) {
    CD orderedCD = (CD)i.next();
    Element cdElement = doc.createElement("orderedCD");
    cdElement.setAttribute("title", orderedCD.getTitle());
    cdElement.setAttribute("artist", orderedCD.getArtist());
    cdElement.setAttribute("label", orderedCD.getLabel());
    orderedCDsElement.appendChild(cdElement);
}

// Hinzufügen der fehlgeschlagenen CDs
Enumeration keys = failedCDs.keys();
while (keys.hasMoreElements()) {
    String title = (String)keys.nextElement();
    String error = (String)failedCDs.get(title);
    Element failedElement = doc.createElement("failedCD");
    failedElement.setAttribute("title", title);
    failedElement.appendChild(doc.createTextNode(error));
    failedCDsElement.appendChild(failedElement);
}

// Spezifizieren des Inhalts für den Envelope
bodyEntries.clear();
bodyEntries.add(response);
StringWriter writer = new StringWriter();
env.marshall(writer, null);

// Senden des Envelopes zurück an den Client
res.setRootPart(writer.toString(), "text/xml");
}
```

Das erstellt einen XML-Baum, der die erfolgreichen und fehlgeschlagenen Bestellungen enthält. Danach wird dieser Baum als Inhalt des Bodys des Envelopes gesetzt, der damit die originale Anfrage des Clients ersetzt. Anschließend wird der Envelope in ein Textformat übersetzt, das benötigt wird, um die Antwort über das res-Objekt der Klasse SOAPContext zu verschicken. SOAP stellt die Mittel dazu durch die Methode marshall() zur Verfügung. Wenn Sie dieser Methode einen StringWriter übergeben, können Sie die »hineingeschriebenen« Wörter später als String extrahieren. Das zweite Argument ist eine Instanz der Klasse org.apache.soap.util.xml.XMLJavaMappingRegistry. Ein Beispiel ist die Klasse SOAPMappingRegistry, eine von der früher und im letzten Kapitel benutzten XMLJavaMappingRegistry abgeleitete Klasse. Da keine speziellen Typen benötigt werden, genügt hier null als Argument.

Schließlich wird das Resultat dieser ganzen Arbeit und Serialisierung als Inhalt der Antwort durch das Element setRootPart() eingefügt. Das zweite Argument dieser Methode ist der HTML-Content-Type. Da der Code XML zurückschickt, ist »text/xml« der korrekte Wert. Wenn der Client diese Antwort bekommt, kann er ermitteln, daß der Inhalt in XML vorliegt, und sie entsprechend decodieren. Um zu antworten, müssen Sie nur den Inhalt des SOAPContext-Antwort-Objekts korrekt setzen. Wenn diese Methode abgearbeitet ist, wird der SOAP-Server das Objekt mit dem Inhalt, der hineingeschrieben wurde, automatisch zum Client zurückschicken. Das ähnelt ebenfalls der Arbeit mit dem `HttpServletResponse`-Objekt in Servlets, wenn Sie mit dieser Methodik vertraut sind.

Nun kann die Klasse `OrderProcessor` kompiliert und auf dem SOAP-Server installiert werden:

```
java org.apache.soap.server.ServiceManagerClient
    http://localhost:8080/soap/servlet/rpcrouter deploy xml/OrderProcessorDD.xml
```

Nachdem Sie das getan haben, können Sie den Service bei einer UDDI-Registry registrieren.

Registrieren bei UDDI

Um den Prozeß der Registrierung zu beginnen, müssen Sie zunächst sicherstellen, daß der Dienst öffentlich zugänglich ist. Sie können keinen Dienst registrieren, der nur lokal zugänglich ist (*http://localhost:8080* und dergleichen). In der Test- oder Experimentalphase sollten Sie diesen Abschnitt einfach nur lesen und sich später daran erinnern. Wenn Sie aber bereit sind, einen Service tatsächlich in einem Netzwerk zu registrieren, sollten Sie sicherstellen, daß der Hostname der Maschine, auf der er läuft, bekannt ist. Dann sollten Sie mal bei *http://www.uddi.org* vorbeisurfen.

Auf der UDDI-Website müssen Sie zunächst den Link »Register« oben rechts anklicken (siehe Abbildung 13-2, wenn das nicht klar ist). Danach wählen Sie den Knoten, in dem Sie Ihren Service registrieren wollen. Im Moment ist es noch so, daß nach der Registrierung in einem bestimmten Knoten der Dienst trotzdem in allen zugreifbar ist, daher ist das eine ziemlich unwichtige Entscheidung. Sie können zum Beispiel IBM wählen und anschließend die Schaltfläche »GO« anklicken. Hier müssen Sie über einen Zugang verfügen, um auf die IBM-Registry zugreifen zu dürfen. Falls Sie keinen haben, ist es einfach und kostenlos, einen zu bekommen. Sie klicken dafür auf die Schaltfläche »Register« links und folgen dann den Instruktionen. Haben Sie einen Zugang, melden Sie sich zunächst mittels des Links »Login« auf der linken Seite an (siehe Abbildung 13-4). Sie müssen hier beim ersten Login Ihren Aktivierungsschlüssel parat haben, den Sie nach der Registrierung per E-Mail bekommen.

Wenn Sie die Registrierungshürde genommen und Ihren Zugang aktiviert haben, können Sie Ihren Service publizieren. Zunächst müssen Sie auswählen, ob Sie ein neues »Business« eröffnen möchten. Das ist generell keine schlechte Idee. Ein Beispiel für ein neu angelegtes Business ist in Abbildung 13-5 zu sehen.

Sie können nun Services hinzufügen und dem jeweiligen Business zuordnen, was der Suche eine weitere Organisationsebene hinzufügt. Optional können Geschäftskontakte, -orte und anderes hinzugefügt werden. Ist das alles abgeschlossen, können Sie nun den Service zur Registry hinzufügen.

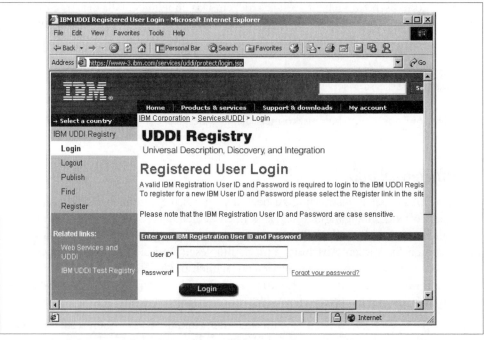

Abbildung 13-4: Einloggen in die IBM-UDDI-Registry

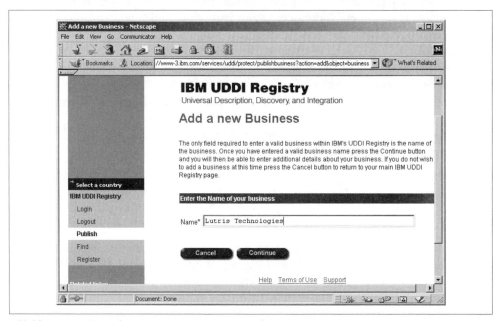

Abbildung 13-5: Hinzufügen eines neuen Business zu der UDDI-Registry

Dazu wählen Sie »Add a new service« und geben den Namen des Services an; für das Beispiel könnte das etwa cd-order-service sein. Man kann außerdem eine Beschreibung des Services, den Access-Point und die Service-Location für den Service angeben – also zum Beispiel: »Dieser Dienst erlaubt es, CDs mittels einer Kauforder zu bestellen«, »http« und »newInstance.com/soap/servlet/rpcrouter« als Beschreibung, Access-Point bzw. Service-Location. Ersetzen Sie hier die jeweils zutreffenden Daten für Hostname und URL. Anschließend wird ein Service-Locator spezifiziert. Das ist ein formaler Satz an Standards, der zur Kategorisierung des Service dient; das wird hier nicht näher erklärt. Lesen Sie dazu bitte auf der Website nach. Wenn alle Informationen eingegeben sind, sollte auf dem Bildschirm etwas ähnliches wie in Abbildung 13-6 zu sehen sein.

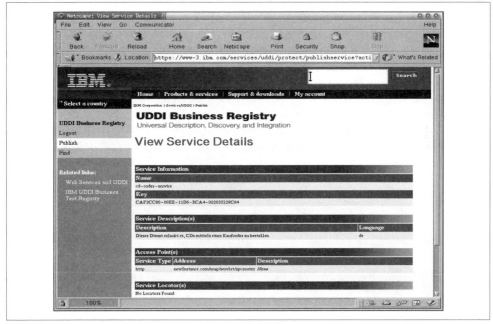

Abbildung 13-6: Ergebnisse nach dem Hinzufügen eines Service

Hier beginnen die Dinge nun, ein wenig ineffizienter zu werden. Unglücklicherweise existiert keine Möglichkeit, ein den Service beschreibendes WSDL-Dokument auf den Server hochzuladen: Das würde es erlauben, seine technisch formulierte Beschreibung zusammen mit dem eigentlichen Dienst denen zur Verfügung zu stellen, die als Client mit dem Service interagieren möchten. Die einzigen erlaubten Informationen sind der Name des Services und der Access-Point (oder die Access-Points, wenn mehrere existieren). Das macht es aber schon für jeden mit einer UDDI-Registrierung und einem Login möglich, nach einem Service mit dem zugeordneten »Business« zu suchen. Damit ist der Service registriert und für alle verfügbar.

Suchen in der UDDI-Registry

Die andere Seite der Medaille ist die Suche nach einem Service. Wir schlüpfen aus der Rolle des Service-Providers in die des Clients, des Konsumenten von Diensten oder Services. Wollen Sie SOAP, WSDL und den ganzen Rest benutzen, besuchen Sie die UDDI-Website, melden Sie sich an und suchen Sie nach Services (wie zum Beispiel dem, der weiter oben registriert wurde). Das ist einfach: Sie klicken einfach den Link »Find« an, selektieren den Knoten, in dem Sie suchen möchten (wieder »IBM«), und geben den Namen ein, nach dem gesucht werden soll. Dazu müssen Sie sich anmelden, wenn Sie das nicht schon getan haben.

Dies ist ein weiteres Gebiet, auf dem sich die Web Services erst noch entwickeln; die Suche ist noch ziemlich einfach gestrickt und kann nur basierend auf dem Namen des Services durchgeführt werden. Existiert ein Service mit dem Namen »Bibliotheks-Ausleih-Service« und Sie geben als Suchtext »Buch« ein, werden Sie diesen Service nicht finden. Dazu müßten Sie »Ausleih« oder »Bibliotheks« eingeben. Es ist aber wenigstens ein Anfang. Um den gerade registrierten Service zu finden, können Sie »cd« als Suchtext benutzen. Sie sollten angeben, daß Sie Services und nicht »Businesses« oder Service-Typen suchen möchten. Nun können Sie die Schaltfläche »Find« auf der Suchseite anklicken. Das sollte Resultate ähnlich denen in Abbildung 13-7 liefern (die den von mir registrierten CD-Service enthalten und möglicherweise andere von Lesern dieses Buches, nachdem es veröffentlicht wurde).

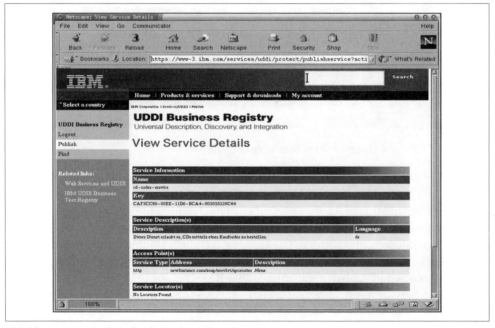

Abbildung 13-7: Resultate für die Suche nach »cd«

Wenn Sie nun auf den Service-Namen klicken, können Sie den früher angegebenen Access-Point wie auch die anderen Informationen sehen, die schon eingegeben wurden (wie zum Beispiel, ob ein Service-Typ oder eine Kategorie gewählt wurde). Auch hier könnten Sie annehmen, daß eine WSDL-Beschreibung herunterladbar ist, dies ist jedoch zur Zeit nicht möglich. Momentan müßten Sie dann denjenigen kontaktieren, der den Service zur Verfügung stellt, und die verfügbaren Methoden erfragen sowie entsprechende, eventuell kostenpflichtige Arrangements ausarbeiten, um den Service zu benutzen.

Die UDDI-Registries haben noch einige Arbeit vor sich; die Infrastruktur für eine vielseitige Registrierung von und die Suche nach Services liegt allerdings vor. Wird es zusätzlich noch möglich, WSDL-Beschreibungen hoch- (für Service-Provider) und herunterzuladen (für Benutzer von Services), wird die persönliche Interaktion zur Nutzung von Services nicht mehr nötig sein. Obwohl LCD-Bildschirme keinen menschlichen Kontakt und Geborgenheit bieten können, wird das zur verstärkten Nutzung der Dienste und dadurch wiederum zur verstärkten Entwicklung von Diensten sorgen.

WSDL

Dieser Abschnitt wird sich um die Nützlichkeit von WSDL-Dokumenten drehen. Hier wird gezeigt, wie Sie mittels eines solchen Dokuments und eines einfachen Tools, wie zum Beispiel dem schon früher in diesem Kapitel erwähnten WSTK von IBM, einen Java-Client erzeugen können. Ich würde gerne erklären, wie WSDL Leben retten kann – jetzt, heute! Das ist zwar noch nicht ganz der Fall, statt dessen wird hier gezeigt, was sich um Java und WSDL entwickelt, damit Sie gewappnet sind, wenn alle Einzelteile den ihnen zustehenden Platz eingenommen haben werden.

Es ist anzunehmen, daß eine Reihe von Werkzeugen auftauchen werden, die es erlauben, automatisch WSDL für einen Java-Service, wie für die Klassen OrderProcessor oder CDCatalog zum Beispiel, zu erzeugen. In der Tat sind einige solche Werkzeuge bereits verfügbar. Das WSTK von IBM wurde bereits erwähnt, dazu kommen andere Pakete, wie von The Mind Electric (Glue, unter *http://www.themindelectric.com*), Silverstream (*http://www.silverstream.com*) und SOAPWiz (*http://www.bju.edu/cps/faculty/sschaub/ soapwiz/*). Ich habe sie mit wechselndem Erfolg eingesetzt. In einfachen Fällen wie dem CDCatalog konnten alle Pakete WSDL erzeugen (obwohl sich das Toolkit von IBM an der Methode, die eine Hashtable zurückliefert, verschluckt hat). Das funktioniert deshalb so gut, weil die Methoden ziemlich primitive Java-Typen wie String und CD als Argumente erwarten und als Rückgabewert liefern; CD besteht seinerseits aus Fundamentaltypen.

Die Probleme fangen an, wenn man versucht, diese Tools auf die Klasse OrderProcessor anzuwenden. Da diese Klasse Message- statt RPC-basiert ist, erwartet sie mit Envelope und SOAPContext komplexe Typen als Argumente. Da diese wiederum aus komplexen Typen zusammengesetzt sind, reagieren WSDL-Generatoren ziemlich schnell mit Verwirrung, verschlucken sich schließlich und spucken am Ende Stacktraces aus. Die Tools haben noch ziemliche Arbeit vor sich, bevor sie mit SOAP-Services oder komplexen RPC-basierten Services umgehen können.

Das Fazit ist zweischneidig: Einerseits ist die Perspektive für die Zukunft ziemlich aufregend. Wenn Werkzeuge verfügbar werden, die diese komplexen Typen handhaben können, können Sie WSDL sogar für komplexe SOAP-Services einfach erzeugen. Dann können solche Werkzeuge sogar Clients generieren, die sich mit diesen Services unterhalten. Stellen Sie sich die Suche in einer UDDI-Registry nach einem solchen Service, gefolgt vom Herunterladen des WSDL-Deskriptors und das wiederum gefolgt von der Generierung des entsprechenden Clients für diesen Dienst vor. Nach nur minimalen, für die jeweilige Anwendung spezifischen Code-Änderungen können Sie bereits mit dem Service arbeiten. Die Zukunft sieht gut aus für Web Services (wie auch für Bücher über dieses Thema, könnte man sich vorstellen).

Die andere Seite ist, daß man zur Zeit immer noch das Telefon bemühen muß, um mit jemandem über den Service zu sprechen, zumindest in absehbarer Zukunft. Sobald jemand die Signaturen der Methoden verrät, mit denen man interagieren kann oder sie per E-Mail verschickt (Programmierer sind manchmal ein wenig scheu in der direkten Kommunikation), sind Sie in der Lage, einen Client zu programmieren, was nun beschrieben wird.

Programmierung eines Clients

Um einen Client zu schreiben, müssen Sie den Service, auf den Sie zugreifen möchten, und die Methoden, die Sie benutzen möchten, kennen und wissen, welche Botschaften Sie senden dürfen. Beispiel 13-6 zeigt einen solchen Client, den Sie nur noch kompilieren müssen und anschließend benutzen können.

Beispiel 13-6: Der Client CDOrderer

```
package javaxml2;

import java.io.BufferedReader;
import java.io.FileReader;
import java.io.IOException;
import java.net.URL;
import javax.xml.parsers.DocumentBuilder;

// SAX- und DOM-Importe
import org.w3c.dom.Document;
import org.xml.sax.InputSource;
import org.xml.sax.SAXException;

// SOAP-Importe
import org.apache.soap.Constants;
import org.apache.soap.Envelope;
import org.apache.soap.SOAPException;
import org.apache.soap.messaging.Message;
import org.apache.soap.transport.SOAPTransport;
import org.apache.soap.util.xml.XMLParserUtils;
```

Beispiel 13-6: Der Client CDOrderer (Fortsetzung)

```java
public class CDOrderer {

    public void order(URL serviceURL, String msgFilename)
        throws IOException, SAXException, SOAPException {

        // Parsen der XML-Message
        FileReader reader = new FileReader(msgFilename);
        DocumentBuilder builder = XMLParserUtils.getXMLDocBuilder( );
        Document doc = builder.parse(new InputSource(reader));
        if (doc == null) {
            throw new SOAPException(Constants.FAULT_CODE_CLIENT,
                "Fehler beim Parsen der XML-Nachricht.");
        }

        // Erzeugen des Envelopes
        Envelope msgEnvelope = Envelope.unmarshall(doc.getDocumentElement( ));

        // Senden der Message
        Message msg = new Message( );
        msg.send(serviceURL, "urn:cd-order-service", msgEnvelope);

        // Verarbeitung der Antwort
        SOAPTransport transport = msg.getSOAPTransport( );
        BufferedReader resReader = transport.receive( );

        String line;
        while ((line = resReader.readLine( )) != null) {
            System.out.println(line);
        }
    }

    public static void main(String[] args) {
        if (args.length != 1) {
            System.out.println("Benutzung: java javaxml2.CDOrderer " +
                "[XML-Nachrichten-Dateiname]");
            return;
        }

        try {
            URL serviceURL =
                new URL("http://localhost:8080/soap/servlet/messagerouter");

            CDOrderer orderer = new CDOrderer( );
            orderer.order(serviceURL, args[0]);
        } catch (Exception e) {
            e.printStackTrace( );
        }
    }
}
```

Dies ist ein sehr einfacher Client. Er nimmt eine XML-Nachricht von der Kommandozeile und konvertiert sie in einen SOAP-Envelope. Die Instanz der Klasse `org.apache.soap.messaging.Message` kapselt diesen dann und sendet ihn zu der Service-URN unter dem angegebenen Host-Namen. Die Antwort erhält er über den `SOAPTransport` der `Message` und gibt sie einfach auf dem Bildschirm aus. In Ihren eigenen Anwendungen könnten Sie sie in eine XML-Datei schreiben, extrahieren und mittels DOM oder JDOM manipulieren und dann mit der Verarbeitung fortfahren.

Anstatt direkt eine Instanz der Klasse `org.apache.xerces.dom.DocumentImpl` zu erzeugen, wurden hier die JAXP-Klasse `DocumentBuilder` und die `XMLParserUtils`-Klasse von SOAP benutzt, um produktspezifischen Code zu vermeiden. Das ist eine bessere Technik als die in der Klasse `OrderProcessor` gezeigte, wo die Xerces-Klasse direkt referenziert wird. Ich zeige hier beide Vorgehensweisen, damit Sie einen guten Eindruck vom Unterschied bekommen; ich empfehle Ihnen, den Code der Klasse `OrderProcessor` so zu ändern, daß er das Verhalten des hier vorgestellten Clients nachahmt.

Wenn alle benötigten SOAP-Klassen im Klassenpfad stehen und die Klasse `CDOrderer` kompiliert ist, können Sie das Ganze ausprobieren. Dazu muß sichergestellt werden, daß die Services an den URNs `urn:cd-order-service` und `urn:cd-catalog` verfügbar sind. Zusätzlich könnten Sie eine oder zwei der CDs im Dokument *ko.xml* aus Beispiel 13-2 und Beispiel 13-3 hinzufügen. Ich schlage vor, es zunächst mit einer CD im Katalog zu versuchen, damit Sie eine erfolgreiche und eine fehlgeschlagene Bestellung sehen, und anschließend beide in den Katalog aufzunehmen, damit beide erfolgreich sind:

```
C:\javaxml2\build>java javaxml2.CDAdder
    http://localhost:8080/soap/servlet/rpcrouter
    "Little Lion" "Brooks Williams" "Signature Sounds"
CD hinzufügen 'Little Lion' von 'Brooks Williams', auf dem Label
    Signature Sounds
CD erfolgreich hinzugefügt.
```

Vergewissern Sie sich, daß Sie das SOAP-kompatible XML aus Beispiel 13-5 gespeichert haben; vielleicht unter *koMsg.xml* im *xml*-Verzeichnis. Schließlich können Sie den Client starten:

```
bmclaugh@GANDALF
$ java javaxml2.CDOrderer c:\javaxml2\ch13\xml\poMsg.xml
<?xml version="1.0" encoding="ISO-8859-1"?>
<s:Envelope xmlns:s="http://schemas.xmlsoap.org/soap/envelope/">
<s:Body>
<response>
 <orderedCDs>
  <orderedCD artist="Brooks Williams" label="Signature Sounds"
            title="Little Lion"/>
 </orderedCDs>
 <failedCDs>
  <failedCD title="What You Whispered">Angeforderte CD ist nicht verfügbar.</failedCD>
 </failedCDs>
```

```
</response>
</s:Body>
</s:Envelope>
```

Das Programm spuckt die XML-Antwort des Servers aus; Ich habe die Antwort noch formatiert, um sie lesbarer zu gestalten. Sie sollten beim Test eine ähnliche Ausgabe sehen (in diesem Beispiel befand sich die Brooks-Williams-CD im Katalog, nicht jedoch die von David Wilcox, wie weiter oben gezeigt).

An diesem Punkt sollten Sie sich mit dem Schreiben von SOAP-Servern und -Clients ziemlich vertraut fühlen. Zusätzlich werden Sie wahrscheinlich erkennen, daß UDDI und WSDL gar nicht so kompliziert sind. Mit SOAP zusammen benutzt, stellen sie ein passables Framework für Web Services und die Interbusiness-Kommunikation dar. Es empfiehlt sich, einen Blick auf die fortgeschritteneren Features von Apache-SOAP oder der SOAP-Implementierung zu werfen, die Sie eben gerade benutzen. Apache-SOAP zum Beispiel unterstützt SMTP (Simple Mail Transport Protocol) als Transportmedium für RPC und Messaging. Das wird hier nicht behandelt, da es ein sehr fortgeschrittenes Feature von SOAP ist und die Spezifikation SMTP als Transportmedium noch nicht abdeckt. Mit anderen Worten: Es ist implementierungsabhängig. Ich vermeide das, wann immer es möglich ist. Die Möglichkeiten der benutzten SOAP-Implementierung zu kennen erhöht die Effektivität eigener Web Services auf jeden Fall.

Was mache ich jetzt?

Zu diesem Zeitpunkt sind Sie wahrscheinlich so weit, drei oder vier Kapitel mehr von diesem Zeug zu vertragen. Ein Kapitel über das Arbeiten mit UDDI-Registries von Programmen aus, eins über die Arbeit mit WSDL, einige Beispiele mehr ... das wäre doch spaßig. Natürlich würde das ein Buch über Web Services ergeben und nicht eins über Java und XML. Es gibt jedoch einige Ressourcen online, mit deren Hilfe Sie den nächsten Level erreichen können. Sie können dazu *http://www.webservices.org* besuchen, wo es viel zusätzliches einführendes Material gibt. Eine weitere gute Adresse ist die Site von IBM unter *http://www.ibm.com/developerworks/webservices*; für die Arbeit mit Microsoft-Clients (C#, Visual Basic und COM-Objekte) sollten Sie *http://www.microsoft.com/soap* besuchen. Mit anderen Worten: Benutzen Sie dieses Kapitel als soliden Absprungpunkt. Besuche der hier angegebenen Websites und das Ausschauhalten nach weiteren Büchern von O'Reilly zum Thema SOAP kann ich nur empfehlen.

Und was kommt jetzt?

Sie kennen sich nun mit Web Services aus und sind bereit, die Welt zu erobern, richtig? Na gut, nicht ganz. Wie mit allem anderen in Java gibt es so viele Wege, Business-to-Business- und Service-basierte Kommunikation zu betreiben, wie Leute, die sich damit beschäftigen. Sie sollten nicht annehmen, daß der neueste Hype (SOAP, UDDI und

WSDL) die endgültige, alles könnende Lösung ist, daher wird im nächsten Kapitel eine völlig andere Art der Lösung von Interkommunikationsproblemen beschrieben, die verschiedene Sprachen, Servlets und die RSS (Rich Site Summary) benutzt. Das sollte Ihre Kenntnisse wunderbar abrunden.

KAPITEL 14
Content-Syndication

In den letzten zwei Kapiteln habe ich versucht, Ihnen die Welt aus dem Blickwinkel der Web Services zu zeigen. Mit anderen Worten: Es ging darum, wie man Applikationen schreibt, die miteinander über die verschiedensten Web-Service-Technologien wie WSDL, UDDI und SOAP kommunizieren. Sie haben jedoch auch gesehen, daß einige Dinge in dieser Weltsicht noch auf wackligen Füßen stehen, zum Beispiel die Erzeugung und Unterstützung von WSDL (solange Sie offene Standards wie Apache benutzen). Heute möchten Sie eventuell über andere Standards für die Business-to-Business-Kommunikation nachdenken. In diesem Kapitel möchte ich Ihnen eine Alternative zur Kommunikation über Business-Grenzen hinweg vorstellen und damit Ihre Kenntnisse ein wenig abrunden.

In diesem Kapitel benutze ich andere XML-Spezifikationen, um diese Art der Kommunikation über Anwendungs- und Unternehmensgrenzen hinweg zu gewährleisten. Dazu habe ich extra einige Unternehmen erfunden. Zunächst werde ich die öffentliche Bibliothek »Foobar« vorstellen, die es Ihren Zulieferern erlaubt, zu liefernde Bücher online einzutragen. Diese Angaben werden dann zum Datenbestand der Bibliothek hinzugefügt. Unglücklicherweise verfügt die Bibliothek nicht über gute Java-Programmierer und hat daher eine Perl-basierte CGI-Lösung implementiert. Neue Bücher werden online eingegeben und dann mittels eines Perl-Skripts gespeichert. Sie können hier schon erkennen, daß in diesem Fall Alternativen zu Web Services nützlich wären, da eine gute Perl-SOAP-Implementierung schwer zu finden ist (wenigstens zur Zeit noch).

Ich werde noch eine andere Firma vorstellen – *mytechbooks.com*. *mytechbooks.com* verkauft technische Bücher und Computerbücher (wie das vorliegende) online über Partnerschaften mit großen Buchläden. Diese Firma hat kürzlich eine Vereinbarung mit der Bibliothek »Foobar« über den Ankauf von Büchern der Bibliothek geschlossen. *mytechbooks.com* wird für den Versand und die Lagerkosten aufkommen, und die Bibliothek verpflichtet sich im Gegenzug, zusätzliche Bücher mit Rabatt ein- und diese dann an *mytechbooks.com* weiterzuverkaufen. *mytechbooks.com* verkauft diese dann und muß auf die Einträge zu neuen Büchern der Bibliothek zugreifen können, um über neue Angebote informiert zu sein und sie entsprechend zu bewerben. Jedoch wissen die Mitarbeiter bei *mytechbooks.com* nicht, wie sie auf das Perl-basierte System der Bibliothek zugreifen sollen. Dazu kommt noch, daß es zwischen den beiden Firmen keine abgeschirmten Netzwerkverbindungen gibt und deshalb normales HTTP zur Kommunikation benutzt werden muß. Und um uns ganz aus der Welt der Web Services herauszudrängen, möchte *mytechbooks.com* noch abwarten, bis Web Services ausgereifter sind und WSDL fester darin verankert ist und besteht auf einer stabileren Lösung (oder zumindest auf einer, die es schon länger gibt).

Schließlich werfen wir noch einen Blick auf die Kunden von *mytechbooks.com*. Die Zielgruppe sind Leute, die online aktiv sind, und *mytechbooks.com* möchte deshalb auf Websites wie Netscapes Netcenter Werbung betreiben. Weiterhin soll es den Kunden möglich sein, sich Informationen online holen zu können, wenn neue Angebote da sind. Jedoch haben die Mitarbeiter auch hier das gleiche Problem wie in der Bibliothek: Sie wissen nicht, wie sie dieses Ziel erreichen sollen. Beim Lesen von O'Reilly-Büchern und Artikeln unter *http://www.oreillynet.com* haben sie aber mitbekommen, wie der Spezifikations-Co-Autor von RSS, Rael Dornfest, darüber spricht, wie cool RSS ist, und möchten es ausprobieren. Natürlich hat Rael recht. RSS ist es, worüber ich in diesem Kapitel sprechen möchte.

Wir werden uns dieses Szenarios annehmen, indem wir mit der Bibliothek anfangen und ihr Perl-System analysieren. Danach betrachten wir *mytechbooks.com* und dessen Kunden, und ich werde Ihnen zeigen, wie mittels XML als Kommunikationswerkzeug zwischen jeder Schicht diese Business-to-Business-(-zu-Kunde)-Kommunikation zum Funktionieren gebracht wird.

Die Bibliothek »Foobar«

Um mit der Erstellung des Business-to-Business-Systems zu beginnen, zeige ich zunächst das momentan genutzte System in der Bibliothek »Foobar«. Bevor wir in den Code eintauchen können, ist es nötig, die Bedürfnisse der Bibliothek zu ermitteln, damit Sie nicht ein System erstellen, das gar nicht darauf eingeht.

Erfassen der Bedürfnisse

Allzuoft kommt es vor, daß gute Problemlösungen keine guten Lösungen für das Unternehmen mit dem Problem sind. Die Bibliothek ist ein typisches Beispiel dafür. Natürlich würde ein Java-Servlet, das mit anderen Servlets bei *mytechbooks.com* kommuniziert, die Probleme beider Unternehmen schnell lösen. Dies jedoch ignoriert die Bedürfnisse der Bibliothek. Vor dem Erstellen der Lösung hat diese ihre Bedürfnisse genau festgelegt:

- Die Lösung muß Perl-basiert sein, da keine Java-Entwickler zur Verfügung stehen.
- Die Lösung darf keine Neuinstallation von Software oder Bibliotheken nach sich ziehen.
- Die Lösung darf das bestehende Bestellsystem nicht beeinflussen (keine Änderungen am Interface).

Obwohl diese Bedürfnisse nicht sehr stringent sind, schließen sie doch eine Lösung aus, die auf Java-Servlets basiert. Sie müssen vermeiden, Java bei der Lösung einzusetzen. Da dies hier ein Buch über XML ist, könnten Sie aber darüber nachdenken, die Daten über neue Bücher in XML-Dokumenten abzulegen. Dieses XML kann man dann über HTTP-Requests den Clients zur Verfügung stellen. Die wiederum würden diese Daten dann benutzen können, wie es ihnen beliebt. Das ist in der Tat eine viel bessere Lösung als die Kommunikation zwischen Servlets, da XML von jedem Unternehmen oder Client in eigenen Anwendungen benutzt werden kann, anstatt die Bibliothek (und ihre Bücher) an ein spezielles Unternehmen zu binden. Dies definiert dann auch das Ziel der Erneuerung des Systems der Bibliothek: Die eingegebenen Informationen sollen als XML-Daten gespeichert und dann Clients und Kunden über HTTP zur Verfügung gestellt werden.

Eingeben der Bücher

Wir müssen nun das bestehende HTML-Interface analysieren, das zur Eingabe von Informationen zu neuen Büchern in das System dient. Beispiel 14-1 zeigt das dazu benutzte statische HTML-Dokument.

Beispiel 14-1: Statisches HTML-Dokument für das Interface der Bibliothek »Foobar«

```
<html>

<head>
  <title>Foobar Public Library: B&uuml;cher hinzuf&uuml;gen</title>
  <style>
<!--
body        { font-family: Arial }
h1          { color: #000080 }
-->
  </style>
</head>

<body link="#FFFF00" vlink="#FFFF00" alink="#FFFF00">
 <table border="0" width="100%" cellpadding="0" cellspacing="0">
  <tr>
   <td width="15%" bgcolor="#000080" valign="top" align="center">
    <b><i>
     <font color="#FFFFFF" size="4">Optionen</font>
    </i></b>
    <p><b>
     <font color="#FFFFFF">
      <a href="/javaxml/foobar">Hauptmen&uuml;</a>
     </font>
    </p></b>
    <p><b>
     <font color="#FFFFFF">
      <a href="/javaxml/foobar/catalog.html">Katalog</a>
     </font>
```

Beispiel 14-1: Statisches HTML-Dokument für das Interface der Bibliothek »Foobar« (Fortsetzung)

```
   </b></p>
   <p><b>
    <i><font color="#FFFF00">B&uuml;cher hinzuf&uuml;gen</font></i>
   </b></p>
   <p><b>
    <font color="#FFFFFF">
     <a href="/javaxml/foobar/logout.html">Log Out</a>
    </font>
   </p></td>
   <td width="*" valign="top" align="center">
    <h1 align="center">Die Bibliothek »Foobar«</h1>
    <h3 align="center"><i>- B&uuml;cher hinzuf&uuml;gen -</i></h3>

<!-- Das muß auf Ihr CGI-Verzeichnis und Skript zeigen, welches wir uns
     als nächstes anschauen werden -->
    <form method="POST" action="/cgi/addBook.pl">

     <table border="0" cellpadding="5" width="100%">
      <tr>
       <td width="100%" valign="top" align="center" colspan="2">
        Titel 
        <input type="text" name="title" size="20">
        <hr width="85%" />
       </td>
      </tr>
      <tr>
       <td width="50%" valign="top" align="right">Autor 
        <input type="text" name="author" size="20">
       </td>
       <td width="50%" valign="top" align="left">Thema 
        <select size="1" name="subject">
         <option>Fiction</option>
         <option>Biographie</option>
         <option>Wissenschaft</option>
         <option>Industrie</option>
         <option>Computer</option>
        </select></td>
      </tr>
      <tr>
       <td width="50%" valign="top" align="right">Verlag 
        <input type="text" name="publisher" size="20">
       </td>
       <td width="50%" valign="top" align="left">ISBN 
        <input type="text" name="isbn" size="20">
       </td>
      </tr>
      <tr>
       <td width="50%" valign="top" align="right">Preis 
        <input type="text" name="price" size="20">
       </td>
```

Beispiel 14-1: Statisches HTML-Dokument für das Interface der Bibliothek »Foobar« (Fortsetzung)

```
            <td width="50%" valign="top" align="left">Seiten 
             <input type="text" name="numPages" size="20">
            </td>
           </tr>
           <tr>
            <td width="100%" valign="top" align="center" colspan="2">
             Beschreibung 
             <textarea rows="2" name="description" cols="20"></textarea>
            </td>
           </tr>
          </table>
          <p>
           <input type="submit" value="Buch hinzuf&uuml;gen" name="addBook">
           <input type="reset" value="Formular zur&uuml;cksetzen" name="reset">
           <input type="button" value="Abbrechen" name="cancel">
          </p>
         </form>
        </td>
       </tr>
      </table>
     </body>
    </html>
```

Diese als *addBooks.html* gespeicherte Datei erlaubt es Zulieferern, neue Bücher einzutragen, die sie an die Bibliothek schicken.

In Beispiel 14-1 und auch im Rest des Kapitels sind HTML-Listings und Sourcecode komplett abgedruckt, damit Sie die Beispielanwendungen erzeugen können. Außerdem sollten Sie damit in der Lage sein, den Einbau der XML-Kommunikation zwischen den Anwendungen Schritt für Schritt nachzuvollziehen. Die Code-Beispiele in diesem Kapitel verwenden die in diesem Kapitel benutzten Dateinamen. Wenn Sie eigene Dateinamen benutzen möchten, müssen Sie den Code und die Beispiele entsprechend ändern. Code, der wegen geänderter Dateinamen oder Skripte angepaßt werden muß, ist in den Listings hervorgehoben, um Ihnen die Suche zu erleichtern.

Das in Beispiel 14-1 gezeigte HTML-Dokument führt bei der Anzeige mit einem Web-Browser zu dem in Abbildung 14-1 gezeigten Ergebnis. Wir werden uns die verschiedenen Menüoptionen nicht näher anschauen – der Zulieferer kann mittels des Menüs links am Bildschirmrand den Katalog der Bibliothek einsehen, zum Hauptmenü der Anwendung springen und sich abmelden.

Dieses Formular erlaubt es dem Zulieferer, alle relevanten Daten zu einem Buch einzugeben, das er an die Bibliothek schicken möchte. Der Zulieferer gibt die entsprechenden Informationen (Titel, Autor, Herausgeber, Seitenanzahl und eine Beschreibung) wie auch das Thema des Buches zur Kategorisierung und einige Verkaufsdetails (Preis, ISBN) ein.

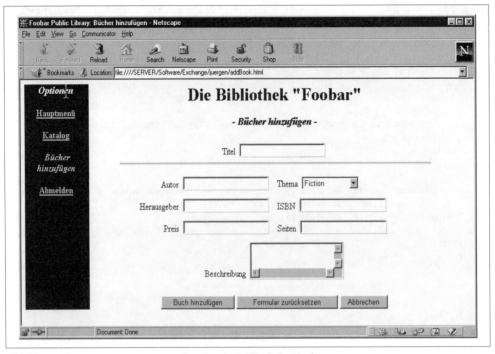

Abbildung 14-1: HTML-Nutzer-Interface für die Bibliothek »Foobar«

Ist das geschehen, werden die Informationen an ein Perl-CGI-Skript übergeben:

```
<form method="POST" action="/cgi/addBook.pl">
```

Dieses Skript muß dann die XML-Ausgabe erzeugen. Die einfachste Lösung wäre sicher, eine Perl-Bibliothek, wie zum Beispiel Perl-Xerces, herunterzuladen, die das Parsen des XML übernimmt. Eine der Anforderungen der Bibliothek war jedoch, keine zusätzliche Software oder Bibliothek hinzuzufügen. Das mag verrückt und komisch erscheinen, bedenken Sie aber bitte, daß viele Unternehmen sehr strikte Richtlinien und Einschränkungen im Hinblick auf ihre Produktionssysteme haben. In unserem Fall beginnt die Bibliothek erst damit, ihre Internetpräsenz aufzubauen, und hat keine Ressourcen zur Unterstützung zusätzlicher Software zur Verfügung.

Glücklicherweise muß der Code nur XML ausgeben, und das kann man einfach durch die Brute-force-Erzeugung einer Datei mit den Informationen zu den Büchern erreichen. Die Dinge wären sehr viel komplizierter, wenn neuer XML-Code noch geparst werden müßte. Da die Bibliothek alle schon vorhandenen Informationen behalten muß, werden neue Einträge einfach an die bestehende Datei angehängt, statt bei jedem Request neue Dateien zu erzeugen. Den entsprechenden Perl-Code zu schreiben ist trivial. Beispiel 14-2 zeigt das komplette Perl-Programm zum Lesen der Request-Parameter und zum Anhängen der neuen Information an eine existierende Datei.

Beispiel 14-2: Perl-CGI-Skript zum Erzeugen von XML-Einträgen für neu eingegebene Bücher

```perl
#!/usr/local/bin/perl

# Verzeichnis, in dem die neuen Dateien abgelegt werden sollen
$baseDir = "/home/bmclaugh/javaxml/foobar/books/";

# Zu benutzender Dateiname
$filename = "books.txt";

$bookFile = $baseDir . $filename;

# Holen der Nutzereingaben
use CGI;
$query = new CGI;

$title = $query->param('title');
$author = $query->param('author');
$subject = $query->param('subject');
$publisher = $query->param('publisher');
$isbn = $query->param('isbn');
$price = $query->param('price');
$numPages = $query->param('numPages');
$description = $query->param('description');

# Schreiben der Buchinformationen in eine XML-Datei
if (open(FILE, ">>" . $bookFile)) {
  print FILE "<book subject=\"" . $subject . "\">\n";
  print FILE " <title><![CDATA[" . $title . "]]></title>\n";
  print FILE " <author><![CDATA[" . $author . "]]></author>\n";
  print FILE " <publisher><![CDATA[" . $publisher . "]]></publisher>\n";
  print FILE " <numPages>" . $numPages . "</numPages>\n";
  print FILE " <saleDetails>\n";
  print FILE "   <isbn>" . $isbn . "</isbn>\n";
  print FILE "   <price>" . $price . "</price>\n";
  print FILE " </saleDetails>\n";
  print FILE " <description>";
  print FILE "<![CDATA[" . $description . "]]>";
  print FILE "</description>\n";
  print FILE "</book>\n\n";

  # Gib dem Benutzer eine Bestätigung
  print <<"EOF";
Content-type: text/html

  <html>
   <head>
    <title>Bibliothek »Foobar«: Best&auml;tigung</title>
   </head>
   <body>
    <h1 align="center">Buch hinzugef&uuml;gt</h1>
    <p align="center">
```

Beispiel 14-2: Perl-CGI-Skript zum Erzeugen von XML-Einträgen für neu eingegebene Bücher (Fortsetzung)

```
      Danke. Die von Ihnen &uuml;bergebenen Informationen wurden dem Datenbestand
      hinzugef&uuml;gt.
    </p>
   </body>
  </html>
EOF

} else {
  print <<"EOF";
Content-type: text/html

  <html>
   <head>
    <title>Bibliothek »Foobar«: Fehler</title>
   </head>
   <body>
    <h1 align="center">Fehler beim Hinzuf&uuml;gen eines Buches</h1>
    <p align="center">
      Tut uns leid. Die von Ihnen eingegebenen Informationen konnten <i>nicht</i> zum
      Datenbestand hinzugef&uuml;gt werden.
    </p>
   </body>
  </html>
EOF
}
close (FILE);
```

Dieses als *addBook.pl* gespeicherte Programm wird von dem gezeigten Formular aufgerufen, wenn ein Zulieferer ein Buch eingibt. Das Skript definiert die Ausgabedatei und weist die Request-Parameter logischen Variablen zu:

```
$title = $query->param('title');
$author = $query->param('author');
$subject = $query->param('subject');
$publisher = $query->param('publisher');
$isbn = $query->param('isbn');
$price = $query->param('price');
$numPages = $query->param('numPages');
$description = $query->param('description');
```

Nun, da leichter auf diese Werte zugegriffen werden kann, öffnet das Skript die weiter oben definierte Datei zum Anhängen (engl.: *append*; durch »>>« vor dem Dateinamen) und schreibt rohe, mittels XML formatierte Informationen über das Buch an das Ende der Datei:

```
print FILE "<book subject=\"" . $subject . "\">\n";
print FILE " <title><![CDATA[" . $title . "]]></title>\n";
print FILE " <author><![CDATA[" . $author . "]]></author>\n";
print FILE " <publisher><![CDATA[" . $publisher . "]]></publisher>\n";
print FILE " <numPages>" . $numPages . "</numPages>\n";
```

```
    print FILE "  <saleDetails>\n";
    print FILE "   <isbn>" . $isbn . "</isbn>\n";
    print FILE "   <price>" . $price . "</price>\n";
    print FILE "  </saleDetails>\n";
    print FILE "  <description>";
    print FILE "<![CDATA[" . $description . "]]>";
    print FILE "</description>\n";
    print FILE "</book>\n\n";
```

Das subject (Thema, Kategorie) ist dem umgebenden Element book als Attribut zugeordnet, und der Rest der Informationen sind Elemente. Da der Titel, der Autor, die Beschreibung und der Herausgeber eines Buches Anführungszeichen, Hochkommas, Kaufmanns-Unds und andere zu quotende Zeichen enthalten können, werden diese Informationen durch eine CDATA-Sektion eingekapselt. So muß man sich darüber keine Gedanken mehr machen.

Weiterhin ist zu bemerken, daß hier keine XML-Deklaration und auch kein root-Element erzeugt wird, da mehrere Bücher zusammen in einem Dokument stehen. Es ist ein wenig schwierig herauszufinden, ob eine Datei existiert. Wenn nicht, müßten dann die Deklaration und das root-Element und am Ende das schließende Element geschrieben werden (das man auch noch bei jedem neuen Eintrag überschreiben müßte). Aus diesen Gründen stellt das Dokument einfach ein Fragment eines richtigen XML-Dokuments dar. Es folgt nun ein Beispiel für das Aussehen der Datei, nachdem zwei Bücher hinzugefügt wurden:

```
<book subject="Computer">
 <title><![CDATA[Java Servlet Programmierung]]></title>
 <author><![CDATA[Jason Hunter]]></author>
 <publisher><![CDATA[O'Reilly & Associates]]></publisher>
 <numPages>753</numPages>
 <saleDetails>
  <isbn>0596000405</isbn>
  <price>79.95</price>
 </saleDetails>
 <description><![CDATA[Dieses Buch ist eine tolle Einf&uuml;hrung in
   Servlets und ihre verschiedenen Kommunikationsmechanismen.]]></description>
</book>

<book subject="Fiction">
 <title><![CDATA[Die zweite Foundation]]></title>
 <author><![CDATA[Isaac Asimov]]></author>
 <publisher><![CDATA[Bantam Books]]></publisher>
 <numPages>279</numPages>
 <saleDetails>
  <isbn>0553293362</isbn>
  <price>5.59</price>
 </saleDetails>
 <description><![CDATA[Nachdem die erste Foundation vom Mutanten vernichtet wurde,
   stand nur noch die zweite Foundation zwischen der Welt und der totalen
   Zerst&ouml;rung, die der Mutant bringen w&uuml;rde.]]></description>
</book>
```

Obwohl dieses Fragment kein komplettes XML-Dokument darstellt, ist es dennoch wohlgeformt und könnte in ein XML-Dokument, bei dem Header und root-Element definiert sind, eingesetzt werden. Ich werde, wenn ich im nächsten Abschnitt über eine Auflistung der Bücher spreche, die Ausgabe des Fragments genauso behandeln.

Der Rest des Skripts gibt HTML aus, das anzeigt, ob ein Buch erfolgreich hinzugefügt wurde oder ob Fehler auftraten. Sobald ein Buch erfolgreich als XML gespeichert wurde, erhält der Zulieferer die in Abbildung 14-2 dargestellte einfache Botschaft.

Abbildung 14-2: Bestätigung nach erfolgreichem Hinzufügen eines Buches

Nachdem wir nun über ein XML-Fragment verfügen, das die Informationen über neue Bücher enthält, müssen Sie es noch Interessierten zur Verfügung stellen.

Eine Liste der Bücher zur Verfügung stellen

Wir können auch hier Perl benutzen, um Clients und Kunden eine XML-Liste neuer Bücher zu bieten. Ich nehme hier einfach einmal an, daß ein anderer Teil der bestehenden Bibliotheksanwendung die Liste periodisch liest, die neuen Bücher zum Katalog hinzufügt und dabei gleichzeitig die entsprechenden Teile der Datei (oder auch die ganze Datei) löscht. Damit sind die Bücher nicht mehr länger Neueinträge. Wenn wir davon ausgehen, muß ein zweites Perl-Skript nur noch das Fragment lesen und die enthaltenen Daten in ein XML-Dokument übertragen, das dann am Bildschirm angezeigt wird. Wie ich bereits sagte, muß das Perl-Skript außerdem ein root-Element und eine die Daten umschließende XML-Deklaration in die neue Datei aufnehmen. Dieses neue, in Beispiel 14-3 gezeigte Skript liest die vom Skript *addBook.pl* erzeugte Datei und gibt deren Inhalt innerhalb eines XML-Dokuments aus, wenn ein entsprechender HTTP-Request am Server eingeht.

Beispiel 14-3: Das Perl-CGI-Skript zur Ausgabe des XML-Dokuments mit den neuen Büchern

```perl
#!/usr/local/bin/perl

# Verzeichnis, in dem die neuen Dateien abgelegt werden sollen
$baseDir = "/home/bmclaugh/javaxml/foobar/books/";

# Zu benutzender Dateiname
$filename = "books.txt";

$bookFile = $baseDir . $filename;

# Zuerst die Datei öffnen
open(FILE, $bookFile) || die "Konnte Datei $bookFile nicht &ouml;ffnen.\n";

# Damit der Browser weiß, was kommt
print "Content-type: text/plain\n\n";

# Ausgabe des XML-Headers und root-Elements
print "<?xml version=\"1.0\"?>\n";
print "<books>\n";

# Ausgabe der Bücher
while (<FILE>) {
  print "$_";
}

# Schließen des root-Elements
print "</books>\n";

close(FILE);
```

Dieses als *supplyBooks.pl* gespeicherte Skript akzeptiert einen Request, liest die von *addBook.pl* erzeugte Datei und gibt über einen HTTP-Request XML aus. Wie das Resultat des Requests für dieses Skript in einem Webbrowser (mit einigen Büchern) aussieht, ist in Abbildung 14-3 zu sehen.

Wie Sie sehen, hat das die einfache, Perl-basierte Anwendung der Bibliothek zu einer Komponente gemacht, die ihren Clients (einschließlich unseres Buchhandels *mytechbooks.com*) nun sinnvolle Informationen zur Verfügung stellen kann. Außerdem haben wir das ohne die Installation neuer Software erreicht und auch ohne die Architektur des Systems zu ändern und ohne eine Zeile Java-Code zu schreiben!

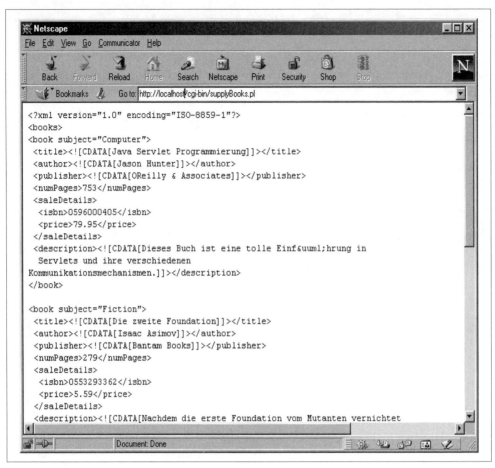

Abbildung 14-3: XML-Ausgabe des Skripts supplyBooks.pl

mytechbooks.com

Da nun die Bibliothek »Foobar« den Zugriff auf eine XML-Liste ihrer neuen Bücher gestattet, ist auch *mytechbooks.com* dem Ziel, den Kunden aktuelle Informationen zu liefern, einen Schritt nähergekommen. Zusätzlich hat *mytechbooks.com* bereits die Benutzung von Java zur Entwicklung von Anwendungen zum Standard erklärt. Das macht den Prozeß des Zugriffs und der Benutzung der XML-Daten der Bibliothek noch einfacher, da Java die exzellente Unterstützung für XML bietet, die wir uns schon während des gesamten Buches angeschaut haben. Sie müssen der Firma *mytechbooks.com* zunächst die Möglichkeit geben, online eine Liste neuer Bücher zur Verfügung zu stellen, und anschließend überlegen, wie Sie diese Informationen automatisch zu den Kunden bringen.

Filtern der XML-Daten

Wie Sie sich erinnern, erlaubte es die Bibliothek »Foobar«, Bücher zu verschiedenen Themen in das System einzugeben. *mytechbooks.com* jedoch ist nur an Büchern über Computer interessiert. Glücklicherweise bietet die Bibliothek diese Information im Attribut subject des Elements book für jedes Buch in den XML-Daten. Die erste Aufgabe besteht also im Ausfiltern jener Bücher, die sich nicht um das Thema »Computer« drehen. Sind die technischen Bücher heraussortiert, sollen Sie den Kunden von *mytechbooks.com* als HTML-Seite präsentiert werden.

Für dieses Unternehmen und diese Anwendung gibt es kein statisches HTML, da die Seite zur Anzeige der Listen neuer Bücher jedesmal neu generiert werden muß, wenn darauf zugegriffen wird. Ich werde hier ein Servlet benutzen, um dem gerecht zu werden. Apache Cocoon wäre zwar eine gute Wahl zur Konvertierung von XML nach HTML, *mytechbooks.com* steht aber unter hohem Zeitdruck, diese Bücherlisten zu veröffentlichen, der es nicht erlaubt, eine solch große Änderung im System vorzunehmen, wie es die Einführung von Cocoon wäre. Statt dessen sollen XML-Parser und Prozessoren benutzt und Cocoon erst in einer späteren Phase eingesetzt werden. Das bedeutet, daß Sie sich um das Parsen und Filtern der XML-Daten, die Wandlung in HTML und das Hinzufügen präsentationsspezifischer Teile, wie Logos oder Menüs, kümmern müssen.

Wenn Sie alle Ihnen zur Verfügung stehenden Informationen über XML und XSL überdenken, werden Sie feststellen, daß Sie XSL zur Umwandlung eines XML-Dokuments nach HTML auch ohne Cocoon benutzen können. Die Anwendung einer Transformation würde es auch erlauben, die Bücher auszufiltern, die Themen behandeln, die *mytechbooks.com* nicht wünscht. Mit diesem Wissen ist es leicht, ein XSL-Stylesheet zu basteln, das dann auf das Dokument von der Bibliothek angewendet wird. Beispiel 14-4 zeigt den Beginn des Stylesheets, das die Erzeugung von HTML passend zum Style der Website von *mytechbooks.com* erledigt.

Beispiel 14-4: XSL-Stylesheet für Bücherlisten der Bibliothek »Foobar«

```
<?xml version="1.0" encoding="ISO-8859-1"?>

<xsl:stylesheet xmlns:xsl="http://www.w3.org/1999/XSL/Transform"
                version="1.0"
>
  <xsl:template match="books">
    <html>
     <head>
      <title>mytechbooks.com - Ihr Computer-Buchhändler</title>
     </head>
     <body background="/javaxml/techbooks/images/background.gif"
           link="#FFFFFF" vlink="#FFFFFF" alink="#FFFFFF">
      <h1 align="center">
       <font face="Arial" color="#00659C">
```

Beispiel 14-4: XSL-Stylesheet für Bücherlisten der Bibliothek »Foobar« (Fortsetzung)

```
   &lt;mytechbooks.com&gt;
  </font>
 </h1>
 <p align="center">
  <i><b>
   Ihre Quelle für Computerliteratur und technische Bücher im WEB.
  </b></i>
 </p>
 <p align="center">
  <b><font size="4" color="#00659C">
   <u>Neuigkeiten</u>
  </font></b>
 </p>
 <table border="0" cellpadding="5" cellspacing="5">
  <tr>
   <td valign="top" align="center" nowrap="nowrap" width="115">
    <p align="center">
     <font color="#FFFFFF"><b>
      <a href="/javaxml/techbooks/">Home</a>
     </b></font>
    </p>
    <p align="center">
     <font color="#FFFFFF"><b>
      <a href="/javaxml/techbooks/current.html">Aktuelle Liste</a>
     </b></font>
    </p>
    <p align="center">
     <b><font color="#FFFFFF">
      <i>Neuzug&aumlnge</i>
     </font></b>
    </p>
    <p align="center">
     <font color="#FFFFFF"><b>
      <a href="/javaxml/techbooks/contact.html">Contact Us</a>
     </b></font>
    </p>
   </td>
   <td valign="top" align="left">
    <table border="0" cellpadding="5" cellspacing="5">
     <tr>
      <td width="450" align="left" valign="top">
       <p>
        <b>
         Willkommen bei <font face="courier">mytechbooks.com</font>,
         Ihrer Quelle für Computerliteratur und technische Bücher im WEB.
         Unsere neuesten Angebote sind links aufgelistet. Um eines dieser
         wunderbaren Bücher zu kaufen, klicken Sie bitte den Link
         &quot;Dieses Buch kaufen!&quot; an. Das bringt Sie zum Warenkorb.
         Viel Spaß!
        </b>
```

Beispiel 14-4: XSL-Stylesheet für Bücherlisten der Bibliothek »Foobar« (Fortsetzung)

```
        </p>
        <p>
         <b>
          Sie können natürlich auch die aktuelle Liste ansehen, sich über uns
          informieren und uns Fragen stellen.
          Benutzen Sie dafür die Links im Menü links.
          Danke für Ihren Einkauf!
         </b>
        </p>
       </td>
       <td align="left">

       <!-- Erzeugung des Inhalts für jedes neue »Computer«-Buch -->

       </td>
      </tr>
     </table>
    </td>
   </tr>
  </table>
 </body>
</html>
</xsl:template>

</xsl:stylesheet>
```

Das filtert zwar die eingehenden Daten noch nicht, stellt aber bereits das Nutzer-Interface dar. Es ist oft einfacher, sich zuerst um diese präsentationsspezifischen Details zu kümmern und die transformationsspezifische Logik später hinzuzufügen.

Wenn Sie XSL-Stylesheets, speziell solche für Web-Anwendungen, entwickeln, sollten Sie die Resultate zunächst mit der Kommandozeilenversion Ihres XSLT-Prozessors testen. Das hilft Ihnen sicherzustellen, daß das Stylesheet Ihr Dokument in jeder Phase der Entwicklung korrekt transformiert. Die Fehler in einem großen Stylesheet zu finden, wenn es komplett ist, ist sehr viel schwieriger. Für dieses Beispiel könnten Sie das Skript *supplyBooks.pl* mittels eines Webbrowsers anzeigen und das Ergebnis in eine Textdatei speichern und dieses und das Stylesheet dann den Beispielen folgend testen.

Ähnlich wie die Anwendung für die Bibliothek »Foobar« ergibt auch dieses Stylesheet im Browser ein Menü mit Hyperlinks zu anderen Teilen der Anwendung auf der linken Seite. Es enthält einige Informationen über das Unternehmen und seine Angebote und läßt rechts noch eine Spalte für neue Bücherangebote.

Bevor der Inhalt der Liste gefiltert wird, müssen Sie noch ein Template zur Ausgabe des HTML-Inhalts für ein einzelnes Buch angeben. Wie Sie sich erinnern werden, sieht ein Eintrag für ein Buch wie folgt aus:

```
<book subject="Computer">
 <title><![CDATA[Running Linux]]></title>
 <author><![CDATA[Matt Welsh]]></author>
 <publisher><![CDATA[O'Reilly & Associates]]></publisher>
 <numPages>729</numPages>
 <saleDetails>
  <isbn> 156592469X</isbn>
  <price>39.95</price>
 </saleDetails>
 <description><![CDATA[In guter O'Reilly-Tradition enth&auml;lt Running
  Linux verst&auml;ndliche Schritt-für-Schritt-Anweisungen, die immer
  gerade die richtige Menge an Informationen bieten.]]></description>
</book>
```

Dies können Sie dann mittels des folgenden XSL-Templates in HTML umwandeln:

```
<?xml version="1.0" encoding="ISO-8859-1"?>

<xsl:stylesheet xmlns:xsl="http://www.w3.org/1999/XSL/Transform"
                version="1.0"
>

<xsl:template match="books">
  <!-- Präsentation des User-Interfaces -->
</xsl:template>

<xsl:template match="book">
 <table border="0" cellspacing="1" bgcolor="#000000">
  <tr>
   <td>
    <table border="0" cellpadding="3" cellspacing="0">
     <tr>
      <td width="100%" bgcolor="#00659C" nowrap="nowrap" align="center">
       <b><font color="#FFFFFF">
        <xsl:value-of select="title" />
       </font></b>
      </td>
     </tr>
     <tr>
      <td width="100%" align="center" nowrap="nowrap" bgcolor="#FFFFFF">
       <font color="#000000"><b>
        Autor: <xsl:value-of select="author" /><br />
        Herausgeber: <xsl:value-of select="publisher" /><br />
        Seiten: <xsl:value-of select="numPages" /><br />
        Preis: <xsl:value-of select="saleDetails/price" /><br />
        <br />
       </b></font>
       <xsl:element name="a">
        <xsl:attribute name="href">/servlets/BuyBookServlet?isbn=
         <xsl:value-of select="saleDetails/isbn" />
        </xsl:attribute>
        <font color="#00659C">Das Buch kaufen!</font>
       </xsl:element>
```

```
                </td>
            </tr>
        </table>
    </td>
  </tr>
</table>
<br />
</xsl:template>
```

```
</xsl:stylesheet>
```

Dieses Template paßt auf ein Element book und generiert eine Tabelle mit einer Zeile als Kopf und den Angaben zum Buch in einer zweiten Zeile. Diese Tabelle sitzt ihrerseits wiederum in einer zweiten Tabelle mit schwarzem Hintergrund. Das Ganze macht dann den Eindruck eines hervorgehobenen schwarzen Rahmens. Der Titel wird in den Kopf der Tabelle eingefügt, und die Informationen über das Buch (Autor, Herausgeber, Seitenanzahl und Preis) stellen den Körper der Tabelle dar. Schließlich wird noch ein Link zu einem Servlet BuyBookServlet eingefügt, über den ein einfacher Kaufauftrag für dieses Buch erteilt werden kann. Der Wert des Elements isbn wird als Argument für dieses Servlet benutzt, um einfach das zu kaufende Buch zu kennzeichnen.

Sie sollten in Ihrem XSL-Stylesheet sicherstellen, daß die Anweisung, das Servlet BuyBookServlet zu benutzen, und das Element xsl:value-of, das die ISBN des Buches selektiert, auf einer Zeile stehen. Ist dem nicht so, könnten Leerzeichen oder Zeilenvorschübe in die resultierende URL eingefügt und damit falsche Informationen an das Servlet übergeben werden. Das Beispiel zeigt diese Informationen nur wegen des Formats des gedruckten Buches auf verschiedenen Zeilen.

Die letzte Änderung, die Sie am Stylesheet vornehmen müssen, ist sicherzustellen, daß das Template auch benutzt wird und nur Einträge mit dem Thema »Computer« an dieses Template übergeben werden. Sie können über das Symbol @ in Ihrem Stylesheet auf den Wert des Elements subject verweisen und die Requests mittels des Attributs select des Elements xsl:apply-templates filtern:

```
        </td>
        <td align="left">

            <!-- Erzeugung des Inhalts für jedes neue Buch zum Thema Computer -->
            <xsl:apply-templates select="book[@subject='Computer']" />

        </td>
    </tr>
</table>
```

Das greift auf den Wert des Attributs zu und vergleicht es mit einem angegebenen String in Hochkommata, da der gesamte XPath-Ausdruck in Anführungszeichen eingeschlossen ist. Da hier ein Attribut eines eingebetteten Elements benutzt wird, müssen Sie mittels des Namens auf das Element zugreifen und den auf das Attribut des Elements bezogenen Ausdruck in Klammern einschließen. Das stellt sicher, daß die Templates nur auf Bücher zum Thema »Computer« angewendet werden und daß auch nur solche Bücher im HTML-Ergebnis auftauchen. Wenn das Stylesheet fertig ist, kann es unter *computerBooks.xsl* gespeichert und vom Java-Servlet angesprochen werden. Im nächsten Abschnitt werde ich zeigen, wie es geschrieben wird.

XSLT von einem Servlet aus

Wenn Ihr Stylesheet erstellt ist, müssen Sie noch ein wenig Java-Code schreiben, um es auf die von der Bibliothek »Foobar« gelieferten Daten anwenden zu können. Mittels der Klasse java.net.URL können Sie einfach auf diese Daten zugreifen, indem ein HTTP-Request an das System der Bibliothek gestellt wird. Ist all dies getan, bleibt nur noch die Anwendung der XSL-Transformation aus dem Programm heraus. Beispiel 14-5 zeigt den Code eines Java-Servlets, der die Daten von der Bibliothek holt, und zeigt, wo der Code für die Transformation eingesetzt werden müßte:

Beispiel 14-5: Java-Servlet für die Transformation der Bücherliste nach HTML

```
package com.techbooks;

import java.io.FileInputStream;
import java.io.InputStream;
import java.io.IOException;
import java.io.PrintWriter;
import java.net.URL;
import javax.servlet.*;
import javax.servlet.http.*;

public class ListBooksServlet extends HttpServlet {

    /** Host, der die Bücherliste liefern soll */
    private static final String hostname = "newInstance.com";
    /** Portnummer zum Holen der Bücherliste */
    private static final int portNumber = 80;
    /** Datei (URI-Pfad) zum Zugriff auf die Bücherliste */
    private static final String file = "/cgi/supplyBooks.pl";

    /** Anzuwendendes Stylesheet */
    private static final String stylesheet =
        "/home/bmclaugh/javaxml/techbooks/XSL/computerBooks.xsl";

    public void service(HttpServletRequest req, HttpServletResponse res)
        throws ServletException, IOException {

        res.setContentType("text/html");

        // Verbindung herstellen und  Bücherliste holen
```

Beispiel 14-5: Java-Servlet für die Transformation der Bücherliste nach HTML (Fortsetzung)

```
        URL getBooksURL = new URL("http", hostname, portNumber, file);
        InputStream in = getBooksURL.openStream();

        // Transformieren des XML aus InputStream in HTML
    }
}
```

Dieses einfache Servlet greift mittels eines HTTP-Requests auf die Anwendung der Bibliothek zu und bekommt die XML-Antwort in Form eines `InputStreams`.[1] Dieser Stream dient ebenso wie das im Servlet als Konstante definierte Stylesheet als Argument für den XSLT-Prozessor.

Es existiert zur Zeit keine Java-API, die definiert, wie XSLT-Transformationen aus Programmen heraus auszuführen sind. Trotzdem sollte jeder Hersteller eines Prozessors Klassen zur Verfügung stellen, die es gestatten, eine Transformation aus Java-Code heraus zu starten. Ich werde mich hier weiterhin auf den Apache Xalan-Prozessor konzentrieren; Sie sollten in der Dokumentation Ihres Prozessors nachlesen, welche Methode oder Methoden Sie in Ihren Programmen aufrufen müssen.

Unter Apache Xalan ist die Klasse `XSLTProcessor` in dem `org.apache.xalan.xslt`-Package für die Transformation verantwortlich. Sie erwartet eine `XSLTInputSource`, die die zu bearbeitende XML-Datei einkapselt, eine `XSLTInputSource`, die das zu benutzende XSL-Stylesheet einkapselt, und ein `XSLTResultTarget`, das das Resultat der Transformation als Parameter entgegennimmt. Alle drei erwähnten Hilfsklassen befinden sich ebenfalls in dem Package `org.apache.xalan.xslt`. Sie können bequemerweise durch Angabe eines `InputStream` (für `XSLTInputSource`) oder eines `OutputStream` (für `XSLTResultTarget`) erzeugt werden. Sie haben das XML-Dokument bereits als `InputStream` und können das XSL-Stylesheet in einen `FileInputStream` kapseln. Das Servlet-API schließlich bietet mittels der Methode getOutputStream() einfachen Zugriff auf das `ServletOutputStream`-Objekt an der Instanz der Klasse `HttpServletResponse`. Zuletzt muß noch festgelegt werden, wie man Zugriff auf eine Instanz der Klasse `XSLTProcessor` erlangt. Da es verschiedene Mechanismen gibt, die für die Transformierung benutzt werden können, wird diese Klasse nicht direkt, sondern durch Benutzung der Klasse `XSLTProcessorFactory`, die ebenfalls im Package `org.apache.xalan.xslt` zu finden ist, instantiiert. Sie sollten inzwischen mit Factory-Klassen vertraut sein, und so müssen lediglich die entsprechenden Import-Anweisungen und der Aufruf der entsprechenden Methoden zur Verarbeitung zum Servlet hinzugefügt werden:

```
package com.techbooks;

import java.io.FileInputStream;
import java.io.InputStream;
import java.io.IOException;
```

---

[1] Nähere Informationen zur Klasse URL und zum Java-I/O-Framework sind in dem Buch *Java I/O* von Elliotte Rusty Harold (O'Reilly & Associates) enthalten.

```java
import java.io.PrintWriter;
import java.net.URL;
import javax.servlet.*;
import javax.servlet.http.*;

// Import der Komponenten des Xalan XSLT-Prozessors
import org.apache.xalan.xslt.XSLTInputSource;
import org.apache.xalan.xslt.XSLTProcessor;
import org.apache.xalan.xslt.XSLTProcessorFactory;
import org.apache.xalan.xslt.XSLTResultTarget;

public class ListBooksServlet extends HttpServlet {

    /** Host für die Bücherlisten */
    private static final String hostname = "newInstance.com";
    /** Portnummer zum Zugriff auf die Bücherlisten */
    private static final int portNumber = 80;
    /** Datei (URI-Pfad) zum Zugriff auf die Bücherlisten */
    private static final String file = "/cgi/supplyBooks.pl";

    /** anzuwendendes Stylesheet */
    private static final String stylesheet =
        "/home/bmclaugh/javaxml/techbooks/XSL/computerBooks.xsl";

    public void service(HttpServletRequest req, HttpServletResponse res)
        throws ServletException, IOException {

        res.setContentType("text/html");

        // Holen der XML-Bücherliste
        URL getBooksURL = new URL("http", hostname, portNumber, file);
        InputStream in = getBooksURL.openStream();

        // Transformieren des XML-InputStreams in die HTML-Ausgabe
        try {
            XSLTProcessor processor = XSLTProcessorFactory.getProcessor();

            // Transformieren des XML-Codes durch ein XSL-Stylesheet
            processor.process(new XSLTInputSource(in),
                        new XSLTInputSource(
                            new FileInputStream(stylesheet)),
                        new XSLTResultTarget(
                            res.getOutputStream())); 

        } catch (Exception e) {
            PrintWriter out = res.getWriter();
            out.println("Fehler: " + e.getMessage());
            out.close();
        }
    }
}
```

Ich könnte auch die TrAX-API aus JAXP Version 1.1 zur Durchführung der Transformation benutzen. JAXP 1.1 ist zu dem Zeitpunkt, da ich dies schreibe, noch ziemlich neu, und ich kenne nur wenige Menschen, die es (bisher) benutzen. Außerdem werden die meisten Servlet-Engines (auch Tomcat) mit JAXP 1.0 ausgeliefert. Viele verlassen sich auf diese Tatsache, anstatt eine neuere Version von JAXP anzubieten.

Wenn dieses Servlet angefordert wird, holt es seinerseits die Liste von der Bibliothek »Foobar«. Diese Daten (eine Liste neu verfügbarer Bücher) wird dann transformiert und als HTML am Bildschirm dargestellt. Die Antwort des Servlets sollte ähnlich aussehen, wie in Abbildung 14-4 dargestellt.

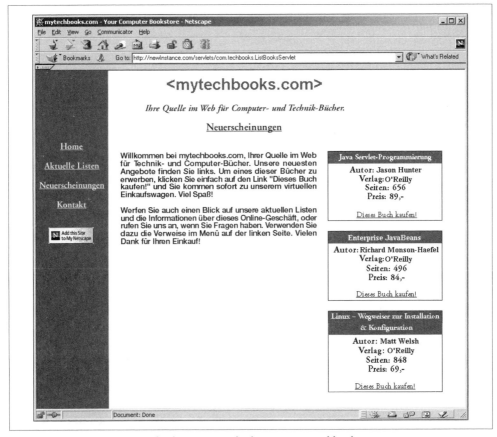

Abbildung 14-4: HTML-Ausgabe der neuen Bücherlisten von mytechbooks.com

Zusammen mit den Menü-Links am linken Rand (in diesem Beispiel nicht implementiert) werden die neuesten Bücher hübsch formatiert und mit aktuellen Informationen (dank der Bibliothek »Foobar«) sowie mit einem Link zum Auslösen des Kaufauftrags mittels weniger Mausklicks dargestellt. Nun können sich Kunden von *mytechbooks.com* einfach online über neue Bücher informieren. Alles, was jetzt noch zu tun bleibt, ist, diese Information automatisch zu den Kunden zu bringen, damit diese nicht ständig die URL eingeben müssen. Ich werde mich als nächstes mit der Lösung dieses Problems befassen.

Push versus Pull

Bisher habe ich die Erzeugung von Anwendungen immer unter dem Apekt betrachtet, daß sich Clients aktiv Daten und Inhalte holen (»pullen«). Mit anderen Worten: Ein Nutzer muß eine URL in den Browser eingeben (im Fall der Bücherlisten von *mytechbooks.com*), oder eine Anwendung wie das Servlet von *mytechbooks.com* mußte einen HTTP-Request nach XML-Daten stellen (im Fall der Bibliothek »Foobar«). Das ist zwar nicht wirklich ein Problem, es ist jedoch nicht immer die beste Methode für Unternehmen wie *mytechbooks.com*, die ja Bücher verkaufen wollen. Kunden, die Bücher kaufen möchten, müssen sich daran erinnern, wieder einmal auf der Site vorbeizuschauen und tun das manchmal tage-, wochen- oder gar monatelang nicht. Auch wenn diese Kunden große Mengen kaufen, wenn sie sich einmal daran erinnern, ergeben diese sporadischen Einkäufe größerer Mengen nicht so viel Umsatz, wie es oft getätigte Einkäufe kleinerer Posten tun würden.

mytechbooks.com hat den aktuellen Trend erkannt und möchte die Möglichkeit wahrnehmen, Daten aktiv an seine Kunden zu senden (zu »pushen«). Dazu gehört es, den Kunden (ohne daß er etwas dazu tun müßte) wissen zu lassen, daß neue Waren verfügbar oder neue Angebote geschaltet sind. Das ermöglicht es dem Kunden, häufiger einzukaufen, ohne sich an eine URL erinnern oder eine Website besuchen zu müssen. Jedoch ist das Senden von Informationen in einer Web-Infrastruktur schwierig, da sich Webbrowser nicht wie vollwertige Clients verhalten: Es ist schwieriger, Pop-up-Botschaften zu verschicken oder Signale an die Nutzer zu generieren. *mytechbooks.com* hat aber von der Popularität von personalisierten »Start-Pages« wie Netscapes My Netscape oder Yahoos My Yahoo pages gehört. In Gesprächen mit Netscape hat *mytechbooks.com* von einer neuen Technologie namens Rich Site Summary (RSS) gehört und denkt, daß das eine Lösung des Problems sein könnte.

Rich Site Summary

Rich Site Summary (RSS) ist eine spezielle Ausprägung von XML. Es hat eine eigene DTD und definiert einen sogenannten *channel* (engl. Kanal). Ein Channel ist eine Möglichkeit, um Daten über ein spezifisches Thema zu repräsentieren. Es ist damit unter anderem möglich, für einen solchen Channel Titel und Beschreibung wie auch ein Bild oder Logo und dann verschiedene sogenannte *Items* innerhalb des Channels zu definieren. Jedes Item wiederum stellt irgend etwas Besonderes für diesen Channel dar, was auch ein spezielles Produkt oder ein spezieller Service sein kann. Da die erlaubten Elemente eines Items ziemlich allgemein gehalten sind (`title`, `description`, `hyperlink`), kann eigentlich alles durch ein Item in einem Channel dargestellt werden. Ein RSS-Channel ist nicht dafür gedacht, den kompletten Inhalt einer Site zu enthalten. Statt dessen repräsentiert er eine kurze Zusammenfassung von Informationen über ein Unternehmen oder einen Dienst, die zum Beispiel in einem portal-ähnlichen Framework oder als Sidebar einer Website angezeigt werden können. In der Tat sind alle »Widgets« in Netscapes Netcenter RSS-Channels. Netscape erlaubt auch die Erzeugung neuer Channels, die dann beim Netcenter registriert werden können. Netscape verfügt außerdem über eine eingebaute Unterstützung der Anzeige von RSS-Cannels im HTML-Format, was natürlich gut zu den Netcenter-Seiten paßt.

An diesem Punkt könnten Sie sich sorgenvoll fragen, ob RSS für Netscape dasselbe ist wie Microsofts XML-Parser für Microsoft: nämlich schwierig mit anderen Werkzeugen verschiedener Hersteller zu integrieren. Obwohl RSS ursprünglich von Netscape speziell für Netcenter entwickelt wurde, erlaubt es seine XML-basierte Struktur dennoch, es in jeder Anwendung einzusetzen, die DTDs lesen kann. Tatsächlich beginnen viele Portal-ähnliche Sites und Anwendungen, RSS zu benutzen – so zum Beispiel auch das Apache Jetspeed-Projekt (*http://jakarta.apache.org/jetspeed*), ein Open-Source-Enterprise-Information-Portal-System. Jetspeed benutzt dasselbe RSS-Format wie auch Netscape und stellt es in völlig anderer Form dar. Wegen der sehr präzisen Grammatik von RSS ist das kein Problem.

Da viele Benutzer Startseiten, Homepages oder ähnliche Plätze im WEB haben, die sie oft besuchen, möchte *mytechbooks.com* einen RSS-Channel bauen. Dieser Channel soll eine Liste neuer Bücher zeigen und die Gelegenheit bieten, schnell zum Kauf von Waren zu springen, die interessant sind. Das stellt ein effektives Mittel zum Pushen von Daten dar, da Produkte wie Netcenter RSS-Channels automatisch so oft aktualisieren, wie es der Nutzer möchte.

Erzeugen eines XML-RSS-Dokuments

Um RSS zu benutzen, müssen Sie zunächst eine RSS-Datei anlegen. Das ist fast zu einfach, um wahr zu sein: Außer dem Verweis auf die korrekte DTD und dem Befolgen der DTD gibt es nichts Kompliziertes an einem RSS-Dokument. Beispiel 14-6 zeigt eine Beispiel-RSS-Datei, die *mytechbooks.com* erstellt hat.

Beispiel 14-6: Beispiel eines RSS-Dokuments für mytechbooks.com

```
<?xml version="1.0" encoding="ISO-8859-1"?>

<rdf:RDF xmlns:rdf="http://www.w3.org/1999/02/22-rdf-syntax-ns#"
         xmlns="http://purl.org/rss/1.0/"
>
 <channel>
   <title>mytechbooks.com Liste von Neuigkeiten</title>
   <link>http://www.newInstance.com/javaxml2/techbooks</link>
```

Beispiel 14-6: Beispiel eines RSS-Dokuments für mytechbooks.com (Fortsetzung)

```
  <description>
   Ihre Online-Quelle für technische Materialien, Computer,
   und Computerliteratur!
  </description>

  <image rdf:resource="http://newInstance.com/javaxml2/logo.gif" />

  <items>
   <rdf:Seq>
    <rdf:li resource="http://www.newInstance.com/javaxml2/techbooks" />
   </rdf:Seq>
  </items>
 </channel>

 <image rdf:about="http://newInstance.com/javaxml2/logo.gif">
  <title>mytechbooks.com</title>
  <url>http://newInstance.com/javaxml2/logo.gif</url>
  <link>http://newInstance.com/javaxml2/techbooks</link>
 </image>

 <item rdf:about="http://www.newInstance.com/javaxml2/techbooks">
  <title>Java Servlet Programmierung</title>
  <link>
   http://newInstance.com/javaxml2/techbooks/buy.xsp?isbn=156592391X
  </link>
  <description>
   Dieses Buch ist eine tolle Einführung in die Servlet-Programmierung
   und deren verschiedene Kommunikationsmechanismen.
  </description>
 </item>
</rdf:RDF>
```

Das root-Element muß RDF im RDF-Namensraum sein, wie es das Beispiel zeigt. Innerhalb des root-Elements muß ein einziges Element channel auftauchen. Dieses hat Elemente, die den Channel beschreiben (title, link und description), ein optionales Bild, das dem Channel zugeordnet werden kann (wie auch Informationen über dieses Bild) und bis zu 15 item-Elemente,[2] von denen jedes ein dem Channel zugeordnetes Item näher beschreibt. Jedes Item hat Elemente vom Typ title, link und description (Titel, Verknüpfung und Beschreibung), die selbsterklärend sein dürften. Eine optionale Textbox und eine Schaltfläche zum Übermitteln von Informationen über das Buch können ebenfalls hinzugefügt werden – das Beispiel macht davon jedoch keinen Gebrauch. Die RSS 1.0-Spezifikation unter *http://groups.yahoo.com/group/rss-dev/files/specification.html* gibt einen vollständigen Überblick über die erlaubten Elemente und Attribute.

---

2 Das ist keine Begrenzung von RSS 1.0, sondern sorgt für Abwärtskompatibilität mit RSS 0.9 und 0.91.

Wie die Dokumente in den vorhergehenden Beispielen sollten auch RSS-Channel-Dokumente es vermeiden, Whitespaces in den link- und url-Elementen zu enthalten. Es ist besser, die jeweilige Information in einer einzigen Zeile zusammenzufassen. Auch hier spiegelt dies die Formatierung aus Platzgründen nicht wider.

Es gibt dennoch eine Schwierigkeit, die beachtet werden sollte. Sie werden bemerken, daß das Element (oder die Elemente) item nicht im Element channel eingebettet ist (bzw. sind). Um eine Verbindung zwischen einem Channel und zugehörigen Items herzustellen, müssen Sie ein RDF-Konstrukt (das Resource Description Framework, von dem RSS abstammt) benutzen:

```
<items>
 <rdf:Seq>
  <rdf:li resource="http://www.newInstance.com/javaxml/techbooks" />
 </rdf:Seq>
</items>
```

Das Element items ist hier in das Element channel eingebettet. Dann wird dem Konstrukt li aus dem RDF-Namensraum mittels des Attributs resource eine URI zugeordnet. In jedem Item, das Sie diesem Channel zuordnen möchten, müssen Sie das Attribut about (wieder im RDF-Namensraum) angeben und ihm die gleiche URI zuweisen, die Sie im Ressource-Deskriptor des Channels benutzt haben:

```
<item rdf:about="http://www.newInstance.com/javaxml/techbooks">
  <!-- Item Inhalt -->
</item>
```

Für jedes Item mit dieser URI kann eine Zuordnung zwischen diesem Item und dem Channel mit derselben URI angelegt werden. Mit anderen Worten: Sie haben gerade eine Verknüpfung zwischen dem Channel im RSS-Dokument und den Items angelegt. Derselbe Ansatz wird zur Zuordnung eines image-Elements zu einem channel-Element benutzt. Hier wird die URL des Bildes als Wert des Attributs rdf:resource verwendet. Sie sollten dann ein Element image, aber *nicht* innerhalb des Elements channel, definieren und eine URL, eine Beschreibung und eine Verknüpfung angeben. Schließlich benutzen Sie das Attribut rdf:about (wie im Element item), um die gleiche URL anzugeben wie im Element image des Channels. Haben Sie das alles getan? Das unterscheidet sich deutlich von RSS 0.9 und RSS 0.91 (die in der ersten Auflage dieses Buches behandelt wurden), daher sollten Sie darauf achten, daß Sie nicht Teile aus der alten mit Teilen der neueren Spezifikation vermischen.

Es ist einfach, RSS-Dokumente aus Programmen heraus zu erzeugen. Die Prozedur ähnelt der, die benutzt wurde, um das HTML für die Website von *mytechbooks.com* zu erzeugen. Die Hälfte der RSS-Datei (die Information über den Channel und das Bild) ist statisch. Nur die item-Elemente müssen dynamisch erzeugt werden. Aber gerade, als Sie soweit waren, *vi* zu starten und ein weiteres XSL-Stylesheet anzulegen, wird Ihnen eine weitere Anforderung mitgeteilt: Der Rechner, der den RSS-Channel beherbergen soll, ist ein anderer Server als der, den wir für unser letztes Beispiel benutzt haben, und auf ihm sind sehr veraltete Versionen der Apache Xalan-Bibliotheken installiert. Wegen einiger Hochverfügbarkeitsanwendungen, die auf dieser Maschine laufen, wie zum Beispiel einem Billing-System, hat es *mytechbooks.com* untersagt, diese Bibliotheken zu aktualisieren, solange kein Change-Control durchgeführt wurde – ein wochenlanger Prozeß. Glücklicherweise hat *mytechbooks.com* aber aktuelle Versionen der Xerces-Bibliotheken verfügbar (da ein XML-Parsing im Billing-System benutzt wird), und daher sind Java-APIs zum Arbeiten mit XML verfügbar.[3] In diesem Beispiel benutze ich JDOM, um das XML von der Bibliothek »Foobar« in das RSS-Channel-Format zu konvertieren. Beispiel 14-7 zeigt genau das.

Beispiel 14-7: Java-Servlet zur Umwandlung der Listen neuer Bücher in RSS-Channel-Dokumente

```
package com.techbooks;

import java.io.FileInputStream;
import java.io.InputStream;
import java.io.IOException;
import java.io.PrintWriter;
import java.net.URL;
import java.util.Iterator;
import java.util.List;
import javax.servlet.*;
import javax.servlet.http.*;

// JDOM
import org.jdom.Document;
import org.jdom.Element;
import org.jdom.JDOMException;
import org.jdom.input.SAXBuilder;

public class GetRSSChannelServlet extends HttpServlet {

    /** Host für die Bücherlisten */
    private static final String hostname = "newInstance.com";
    /** Portnummer der Bücherlisten */
    private static final int portNumber = 80;
    /** Datei (URI-Pfad) für Zugriff auf die Bücherlisten*/
    private static final String file = "/cgi/supplyBooks.pl";

    public void service(HttpServletRequest req, HttpServletResponse res)
        throws ServletException, IOException {
```

---

[3] Ja, das ist ein komischer Fall und tritt wahrscheinlich unter realen Bedingungen selten auf. Er gibt mir jedoch die Möglichkeit, eine andere Alternative zur Erzeugung von XML aus Programmen heraus zu erläutern. Rümpfen Sie nicht zu sehr die Nase über die Absurdität dieses Beispiels – alle Beispiele in diesem Buch, einschließlich der komischen, stammen aus realen Erfahrungen bei der Beratung realer Unternehmen. Wenn Sie darüber lachen, könnte das bedeuten, daß Ihr nächstes Projekt dieselben Anforderungen stellt!

Beispiel 14-7: Java-Servlet zur Umwandlung der Listen neuer Bücher in RSS-Channel-Dokumente (Fortsetzung)

```java
        res.setContentType("text/plain");
        PrintWriter out = res.getWriter();

        // Verbindung herstellen und XML-Bücherlisten holen
        URL getBooksURL = new URL("http", hostname, portNumber, file);
        InputStream in = getBooksURL.openStream();

        try {
            // Anfordern von SAX-Implementierung und Default-Parser
            SAXBuilder builder = new SAXBuilder();

            // Erzeugen des Dokuments
            Document doc = builder.build(in);

            // Ausgabe von XML
            out.println(generateRSSContent(doc));

        } catch (JDOMException e) {
            out.println("Fehler: " + e.getMessage());
        } finally {
            out.close();
        }
    }

    /**
     * <p>
     * Das erzeugt ein RSS-Dokument unter Benutzung des
     *    JDOM-<code>Document</code>.
     * </p.
     *
     * @param doc - das als Eingabe zu benutzende <code>Document</code>.
     * @return <code>String</code> - RSS-Ausgabedatei.
     * @throws <code>JDOMException</code> wenn Fehler auftauchen.
     */
    private String generateRSSContent(Document doc) throws JDOMException {
        StringBuffer rss = new StringBuffer();

        rss.append("<?xml version=\"1.0\" encoding=\"UTF-8\"?>\n")
           .append("<rdf:RDF ")
           .append("xmlns:rdf=\"http://www.w3.org/1999/02/22-rdf-syntax-ns#\"\n")
           .append("         xmlns=\"http://purl.org/rss/1.0/\"\n")
           .append(">\n")
           .append("  <channel>\n")
           .append("    <title>mytechbooks.com Neuerscheinungen</title>\n")
           .append("    <link>http://www.newInstance.com/javaxml2/techbooks")
           .append("</link>\n")
           .append("    <description>\n")
           .append("      Ihre Online-Quelle für technisches Material, Computer, \n")
           .append("      und Computerliteratur!\n")
           .append("    </description>\n\n")
```

*Beispiel 14-7: Java-Servlet zur Umwandlung der Listen neuer Bücher in
RSS-Channel-Dokumente (Fortsetzung)*

```
            .append("   <image ")
            .append("rdf:resource=\"http://newInstance.com/javaxml2/logo.gif\"")
            .append(" />\n\n")
            .append("   <items>\n")
            .append("    <rdf:Seq>\n")
            .append("     <rdf:li ")
            .append("resource=\"http://www.newInstance.com/javaxml2/techbooks\"")
            .append(" />\n")
            .append("    </rdf:Seq>\n")
            .append("   </items>\n")
            .append("  </channel>\n\n")
            .append("  <image ")
            .append("rdf:about=\"http://newInstance.com/javaxml2/logo.gif\">\n")
            .append("   <title>mytechbooks.com</title>\n")
            .append("   <url>http://newInstance.com/javaxml2/logo.gif</url>\n")
            .append("   <link>http://newInstance.com/javaxml2/techbooks</link>\n")
            .append("  </image>\n\n");

        // Hinzufügen eines Items für jeden neuen Titel zum Thema Computer
        List books = doc.getRootElement().getChildren("book");
        for (Iterator i = books.iterator(); i.hasNext(); ) {
            Element book = (Element)i.next();
            if (book.getAttribute("subject")
                    .getValue()
                    .equals("Computers")) {
                // Ausgabe eines Items
                rss.append("<item rdf:about=\"http://www.newInstance.com/")
                    .append("javaxml2/techbooks\">\n")
                    // Titel
                    .append("  <title>")
                    .append(book.getChild("title").getContent())
                    .append("</title>\n")
                    // Link zum Kaufen des Buches
                    .append("  <link>")
                    .append("http://newInstance.com/javaxml2")
                    .append("/techbooks/buy.xsp?isbn=")
                    .append(book.getChild("saleDetails")
                             .getChild("isbn")
                             .getContent())
                    .append("</link>\n")
                    .append("  <description>")
                    // Beschreibung
                    .append(book.getChild("description").getContent())
                    .append("</description>\n")
                    .append("</item>\n");
            }
        }
    }
```

Beispiel 14-7: Java-Servlet zur Umwandlung der Listen neuer Bücher in RSS-Channel-Dokumente (Fortsetzung)

```
        rss.append("</rdf:RDF>");

        return rss.toString();
    }
}
```

Zu diesem Zeitpunkt sollte Sie nichts in diesem Code mehr überraschen. Ich habe die erforderlichen JDOM- und I/O-Klassen importiert und auf die Anwendung der Bibliothek wie schon im Servlet `ListBooksServlet` zugegriffen. Der als Ergebnis entstandene `InputStream` wurde benutzt, um ein JDOM-`Document` zu erzeugen, wobei der Default-Parser (Apache Xerces) und der auf SAX basierende JDOM-Builder die Arbeit erledigten.

Dann wird das JDOM-`Document` an die Methode `generateRSSContentMethod()` übergeben, die alle statischen Anteile des RSS-Dokuments ausgibt. Diese Methode holt anschließend alle `book`-Elemente aus dem XML von der Bibliothek und iteriert über diese, wobei alle Elemente ignoriert werden, deren Attribut `subject` nicht den Wert »Computer« hat.

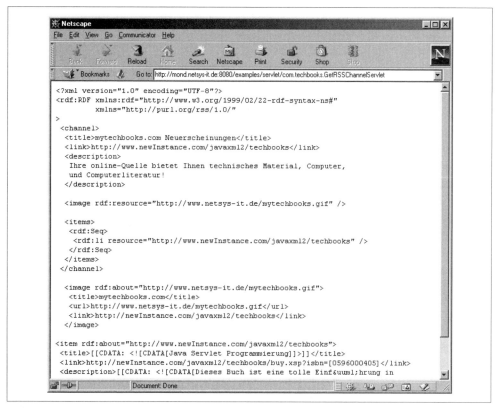

Abbildung 14-5: Vom GetRSSChannelServlet generierter RSS-Channel

Wieder habe ich einige Dinge zu Illustrationszwecken ein wenig geändert. Zum Beispiel gibt dieser Code XML direkt aus – Sie könnten ebenso einen JDOM-Baum konstruieren und ihn mittels eines geeigneten XMLOutputters ausgeben. Sie könnten auch DOM für das ganze Servlet benutzen. All das sind mögliche und völlig legitime Optionen.

Schließlich wird jedes Element, das den Vergleich übersteht, zum RSS-Channel hinzugefügt. Es geschieht nichts wirklich Aufregendes hier, oder? Abbildung 14-5 zeigt eine Beispielausgabe des als *GetRSSChannelServlet.java* gespeicherten Servlets beim Zugriff mittels eines Webbrowsers.

Mit diesem nun benutzbaren RSS-Channel hat *mytechbooks.com* seinen Inhalt jedem Service-Provider zur Verfügung gestellt, der RSS benutzt. Um die Sache ins Rollen zu bringen, würde *mytechbooks.com* nunmehr gern sicherstellen, daß das RSS-Dokument gültig ist, und eine Beispielausgabe in HTML sehen (und Sie auch – könnte ich mir vorstellen).

Wir machen eine Testfahrt

Lassen Sie uns dieses Ding jetzt in Aktion erleben. Surfen Sie mit Ihrem Browser zu *http://www.redland.opensource.ac.uk/rss*. Diese Site verfügt online über ein nettes Testwerkzeug mit Namen Redland RSS Viewer. Damit ist es möglich, Ihren RSS-Channel zu validieren und als HTML darzustellen. Sie müssen sicherstellen, daß auf das RSS irgendwo online zugegriffen werden kann (zum Beispiel durch das eben besprochene Servlet). Geben Sie die URL des Servlets oder einer anderen RSS-Quelle an, und wählen Sie »YES« (»JA«) bei der Option »Format output as a box« (Formatiere Ausgabe als Box). Das weist den Viewer an, Ihren Channel als HTML-Box zu formatieren, wie man ihn auch in Netscapes Netcenter oder unter *http://www.oreilly.com* (wo einige RSS-Streams verwendet werden) sehen würde. Die Ausgabe des RSS-Channels, den wir gerade erzeugt haben, zeigt Abbildung 14-6.

Sie können auch verschiedene andere RSS-Quellen vom Viewer aus auswählen und sich ansehen, wie diese als HTML-Ausgabe wirken. Der Channel Meerkat ist besonders interessant, da er fast alle RSS-Optionen benutzt, die zur Zeit verfügbar sind. Haben Sie irgendwelche Fehler in Ihrem RSS-Dokument, sagt Ihnen dieser Viewer, welche das sind. Das macht das Debuggen von RSS-Channeln sehr viel leichter, bevor sie wirklich online gehen.

Ich werde in diesem Kapitel keinen Code vorstellen, der RSS parst oder formatiert. Erstens ist das inzwischen ein Kinderspiel für Sie, und zweitens wird jede Site RSS unterschiedlich formatieren. Einige Beispiele für die Möglichkeiten der Formatierung sind unter *http://www.servlets.com* (unten rechts), *http://www.oreilly.com* und *http://www.xml.com* zu finden. Die Formate der angegebenen Sites unterscheiden sich mitunter erheblich. Beim Lesen eines RSS-Channels werden Sie die Daten wahrscheinlich wie XML behandeln und SAX, DOM oder JDOM zum Lesen der Daten benutzen. Es besteht kein Grund, eine

RSS-Quelle anders zu behandeln als ordinäre XML-Dokumente. Sie wissen lediglich ein wenig im voraus, wie die Formatierung aussehen wird. Mit diesem Wissen sind Sie in der Lage, RSS in eigenen Websites zu benutzen.

Abbildung 14-6: RSS in HTML formatiert

Was ist mit Netcenter passiert?

Leser der ersten Auflage könnten sich fragen, was mit dem Abschnitt über das Anschauen von RSS-Channels mit Netscapes Netcenter geworden ist. Sollten Sie dieses Buch nicht kennen – Netscape bot einen Mechanismus zum Hinzufügen von Channels zu seiner Website *my.netscape.com* an. Das war cool, da Sie so Ihr RSS einfach im gut aussehenden Netscape-Interface formatieren und anschauen konnten. Als jedoch RSS 1.0 vorgestellt wurde und RSS 0.91 ersetzte, hat Netscape all seine Links dafür entfernt und erlaubt diese Art der Veröffentlichung nicht mehr. Wenn Sie also nach einer Möglichkeit suchen, Ihre modifizierten Channels in Ihrer Netcenter-Homepage darzustellen, haben Sie kein Glück.

Sie haben jetzt einen guten Einblick in RSS bekommen und – was am wichtigsten ist: Sie haben wahrscheinlich bemerkt, daß es, ählich wie bei SOAP und Web Services, tonnenweise Möglichkeiten gibt, mit RSS zu kommunizieren. Passen Sie die Beispiele und Konzepte dieses Kapitels entsprechend an Ihre eigenen Erfordernisse an, und fügen Sie Formatierungen und Geschäftslogik hinzu, die Ihren Bedürfnissen entsprechen. Nun haben Sie eine klarere Vorstellung, wie das zu tun ist, und mehr Zeit, nachts Gitarre zu spielen (hoppla, das bin ja ich ... na, Sie wissen schon, was ich meine!).

Und was kommt jetzt?

Sie haben nun verschiedene Möglichkeiten für die Zusammenarbeit gesehen – so zum Beispiel die Veröffentlichung von Inhalten für Clients, die Benutzung von SOAP zur Kommunikation zwischen entfernten Anwendungen und B2B-Kommunikation. Nun wende ich mich Code-Interna zu. Im nächsten Kapitel werde ich einige Zeit über XML-Data-Binding sprechen, was es einfacher macht, mit XML-Dokumenten und Java-Objekten zu arbeiten. Ich werde außerdem erläutern, wie sich das auf Persistenz und Konfiguration auswirkt, zwei oft bemühte Tasks in der Enterprise-Programmierung.

KAPITEL 15
Data-Binding

Bei dem, was ich bisher beschrieben habe, und bei der Reihenfolge, in der ich es getan habe, habe ich versucht, die ganze Skala zu durchlaufen. Als ich anfing, in Kapitel 2 über Java zu reden, hatten Sie noch die vollständige Kontrolle. SAX leimte ein dünnes Furnier über XML und lieferte ein allgemeines Framework zum Schreiben von einer Menge von Callbacks. Als ich zu DOM und JDOM überging, bekamen Sie ein wenig mehr Hilfe, verloren aber gleichzeitig ein wenig Kontrolle. Diese Baum-basierten In-Memory-Modelle waren sehr angenehm, allerdings verliert man dabei ein wenig Performance. Als wir zu JAXP übergingen, wurden Sie in der Befehlskette noch weiter nach oben gesetzt, erhielten aber eine zusätzliche Abstraktionsebene. An diesem Punkt hatten Sie noch ein wenig Kontrolle, arbeiteten aber weiterhin strikt in XML.

Dann habe ich hochgeschaltet, und wir haben Web Publishing Frameworks, XML-RPC, SOAP, B2B- und Web Services betrachtet. Das war ein großer Schritt von dem Ansatz des »Alles-selber-Machens« in der ersten Hälfte des Buches. Sie hatten eine sehr viel größere Spezialisierung, und das Ganze war einfacher einzusetzen, jedoch haben Sie die Kontrolle über XML eingebüßt und sahen stellenweise gar kein XML mehr (wie in XML-RPC). Dabei könnte es Sie eventuell gestört haben (wie es mich stört), daß Sie sich die Hände nicht mehr so richtig schmutzig machen konnten. Es ist nicht möglich, die kleinen Optimierungen an den Werten eines XML-Dokuments vorzunehmen, wenn man mit SOAP anstelle von beispielsweise SAX oder JDOM arbeitet. Jedoch war die Annehmlichkeit von WSDL nett und hatte Vorteile gegenüber der Möglichkeit, den Namen eines Elements in DOM falsch einzugeben. Kurz gesagt, ich wünschte mir einen goldenen Mittelweg.

Das Data-Binding ist dieser Mittelweg, und ich möchte Sie zunächst zu einer kurzen Reise an die beiden extremen Enden des Spektrums mitnehmen, bevor ich etwas dazu sage. In diesem Kapitel möchte ich Ihnen zeigen, wie Sie die große Macht eines Low-level-APIs mit der Annehmlichkeit eines XML-basierten Frameworks (wie SOAP) kombinieren können. Das ist etwas, das wahrscheinlich jeder an irgendeinem Punkt einmal nützlich finden wird und das viele für unterschiedlichste Aufgaben nutzen können. Zunächst zeige ich die Hauptprinzipien, die der Grund dafür sind, daß das Data-Binding überhaupt funktionieren kann. Das wird ein allgemeiner Überblick, da die verschiedenen Data-Binding-Pakete jeweils auf eine eigene Methodik zurückgreifen. Wenn Sie dann erstmal Grund unter den Füßen spüren, werde ich Sie auf eine schnelle Rundfahrt zum Thema Data-Binding mitnehmen. Auf dieser Rundfahrt sehen wir uns zwei Open Source-Lösungen und das API JAXB an, das derzeit von Sun entwickelt wird. Also – anschnallen und eintauchen.

> ### Was ist mit Quick? Was ist mit JATO? Was ist mit…?
>
> Mancher von Ihnen ist vielleicht nicht erfreut (oder sogar verärgert), daß ich sein Lieblings-API hier nicht mit behandle. Ich habe meine Entscheidungen über das Aufnehmen der APIs hier nicht zufällig getroffen. Ich wählte die beiden Open Source-APIs, die kompatibel zu JAXB sind und auf denselben Prinzipien beruhen. Ich wählte Open Source-APIs, weil sie frei erhältlich sind und Sie sie heute benutzen können. Ich erwarte nicht von Ihnen, daß Sie Tausende Euro für ein Produkt wie Breeze XML Studio ausgeben, nur um meine Beispiele nachzuvollziehen.[a] Und ich wählte Castor und Zeus, weil sie XML-Konstrukte wie XML Schema und DTDs für Beschränkungen benutzen.
>
> Wenn Sie nach Informationen zu JXQuick suchen, werden Sie sie nicht hier finden. Die von JXQuick benutzten Schemas zur Repräsentation von Dokument-Beschränkungen und Java-Klassen (QIML, QJML etc.) sind keine XML-Standards und daher zur XML-Kommunikation zwischen Ihren und anderen Anwendungen sehr viel weniger nützlich. Aus diesem Grunde habe ich es nicht mit aufgenommen. Sie können jedoch mehr Informationen online unter *http://quickutil.sourceforge.net/view/Main/JXQuick* finden.
>
> Das gleiche gilt für JATO (online unter *http://sourceforge.net/projects/jato* zu finden), das mehr eine Scripting-Sprache für XML und Java-Mappings ist. Da es sich dabei mehr um Data-Mapping und weniger um Data-Binding dreht, paßt es nicht in dieses Kapitel und in das JAXB-Vorgehensmodell. Sie können es online unter die Lupe nehmen und dann Ihre Entscheidung treffen. Ich empfehle Ihnen, immer das zu tun, was dem Projekt am besten weiterhilft.
>
> ---
>
> a. Damit will ich Breeze nicht schlecht machen. Ich denke nur ganz allgemein, daß man vielleicht immer das nehmen sollte, was man gratis bekommt, anstatt für dasselbe zu bezahlen. Wenn Sie ein kommerzielles Angebot ausprobieren wollen, nehmen Sie es.

Grundprinzipien

Bevor wir in spezifische Pakete und Frameworks eintauchen, die sich mit Data-Binding befassen, brauchen Sie ein Grundverständnis davon, was XML-Data-Binding ist. Das erscheint ziemlich einfach, so daß Sie in kürzester Zeit mit dem Programmieren beginnen können. Als erstes nehmen wir ein einfaches altes XML-Dokument wie das in Beispiel 15-1 gezeigte.

Beispiel 15-1: Katalog selbstproduzierter Bänder

```xml
<?xml version="1.0" encoding="ISO-8859-1"?>

<catalog xmlns="http://www.homespuntapes.com">
  <item id="VD-DOK-GT01" level="4">
    <title>Doc's Gitarren-Fingerpicking und -Flatpicking</title>
    <teacher>Doc Watson</teacher>
    <guest>Pete Seeger</guest>
    <guest>Mike Seeger</guest>
    <guest>Jack Lawrence</guest>
    <guest>Kirk Sutphin</guest>
    <description>Doc Watson, ein wahrer Meister des traditionellen Gitarrenspiels,
        stellt einige der meistgewünschten Fingerpicking- und Flatpicking-Titel aus
        seinem riesigen Repertoire für Gitarristen jeden Könnens vor.</description>
  </item>
  <item id="VD-WLX-GT01" level="4">
    <title>Die Gitarre von David Wilcox</title>
    <teacher>David Wilcox</teacher>
    <description>Kreieren Sie Ihre eigenen Sounds mit reichen, klingenden Melodien!
        David zeigt Ihnen, wie Sie eigene Stücke entwickeln.</description>
  </item>
  <item id="VD-THI-MN01" level="3">
    <title>Grundlegende Techniken für das Mandolinenspiel</title>
    <teacher>Chris Thile</teacher>
    <description>Hier ist eine Lektion, die Mandolinenspieler unabhängig von ihren
        Fähigkeiten erfreuen und anregen wird.</description>
  </item>
  <item id="CDZ-SM01" level="4">
    <title>Sam Bush lehrt Mandolinen-Repertoire und -Techniken</title>
    <teacher>Sam Bush</teacher>
    <description>Lernen Sie komplette Solos zu acht traditionellen und modernen
        Stücken, jedes vollgepackt mit Licks, Runs und musikalischen Variationen.
    </description>
  </item>
</catalog>
```

In früheren Kapiteln haben Sie gelernt, wie Sie mittels SAX, DOM, JDOM und JAXP auf die Inhalte dieses Dokuments zugreifen können. Sie konnten sowohl die *Struktur* (die Namen und die Reihenfolge der Elemente, Attribute und anderer lexikalischer Konstrukte) als auch den *Inhalt* (die eigentlichen Daten) lesen und modifizieren. Jedoch benötigt man oft keinen Zugriff auf die Struktur des Dokuments und möchte nur mit den enthaltenen Daten arbeiten.

Sollte das der Fall sein, ist es Overkill und außerdem ein wenig langweilig, Code zu schreiben, der das Dokument parst und die Daten extrahiert und in eine Form bringt, die Sie benutzen können. Es wäre wesentlich schöner, ein Programm ablaufen zu lassen (oder ein API ... na, klingelt da was?), das das für Sie tut und nutzbare Java-Klassen produziert. Das ist übrigens genau das, was Data-Binding tut. Data-Binding vereinigt drei unterschiedliche Prozesse, die hintereinander ablaufen können, in anderer Reihenfolge oder völlig unabhängig voneinander. Ich werde jeden im einzelnen betrachten.

Klassengenerierung

Der erste Prozeß – die Klassengenerierung – bietet Mittel, ein XML-Dokument nach Java zu konvertieren. Wenn das Data-Binding ein XML-Dokument in eine Java-Repräsentation umwandelt, versucht es, Zugriff nur auf die Daten zu gewähren. Gleichzeitig wird versucht, den Daten eine gewisse Bedeutung beizumessen. Das geschieht durch die Erzeugung entsprechender Accessor- und Mutator[1]-Methoden wie getItem( ) und setTeacher( ) statt getElement( ) und setAttribute( ). Das führt dazu, daß man sich beim Arbeiten mit Dokumenten wie in Beispiel 15-1 weniger auf Java als vielmehr auf die Geschäftslogik konzentrieren kann, was unbestreitbar eine gute Sache ist. Jedoch müssen diese wundervollen Klassen existieren, bevor ein XML-Dokument in eine Instanz umgewandelt werden kann, und damit sind wir wieder bei der Klassengenerierung.

Die *Klassengenerierung* ist ein Prozeß, der eine Menge von XML-Beschränkungen nimmt und daraus Java-Klassen (und möglicherweise Interfaces) erzeugt. Stellen Sie sich das Ganze einfach so vor: XML-Beschränkungen (wie die in DTDs oder XML Schemas) sind äquivalent zu Java-Klassen-Definitionen. Sie definieren die Art und Weise, in der Daten repräsentiert werden. Auf der anderen Seite ist ein XML-Dokument äquivalent zu einer Instanz dieser Klassen, da es einfach Daten enthält, die den Kontrakt erfüllen, der durch die Beschränkungen des Dokuments definiert wurde. Lesen Sie diesen Abschnitt jetzt noch einmal langsam durch, und Sie haben es.

Die Data-Binding-Frameworks, über die ich in diesem Kapitel sprechen werde, verfügen alle über Mittel, die Beschränkungen eines Dokuments zu repräsentieren (normalerweise durch eine DTD oder ein XML Schema; es gibt aber auch andere Möglichkeiten, auf die ich an entsprechender Stelle noch einmal eingehen werde). Diese Beschränkungen können dann einem Werkzeug zur Klassengenerierung übergeben werden, und Sie bekommen Java-Sourcecode, der bereit zum Kompilieren ist. Dieser Code kann kompiliert dazu benutzt werden, Instanzen aus einem XML-Dokument zu erzeugen. Damit kommt man zu einem Prozeß wie dem in Abbildung 15-1 gezeigten.

Beachten Sie, daß das Endprodukt hier konkrete Klassen, Interfaces, Interfaces und Implementierungen und jede nur denkbare Kombination von Java-Klassen sein können. Im Fall von Beispiel 15-1 (angenommen, die Beschränkungen sind in passender Form dargestellt) könnte das ein Interface Catalog wie folgt ergeben:

```
public interface Catalog {
    public List getItemList( );
    public void addItem(Item item);
    public void setItemList(List items);
}
```

---

[1] Wenn ich »Accessor« und »Mutator« sage, meine ich damit das, was die meisten Menschen »Getter-« und »Setter-Methoden« nennen. Da ich jedoch weiß, daß ein »Setter« eine Hunderasse und keine Java-Methode ist, lege ich meinen Studenten nahe, diese Bezeichnung zu unterlassen. Eine Eigenart von mir!

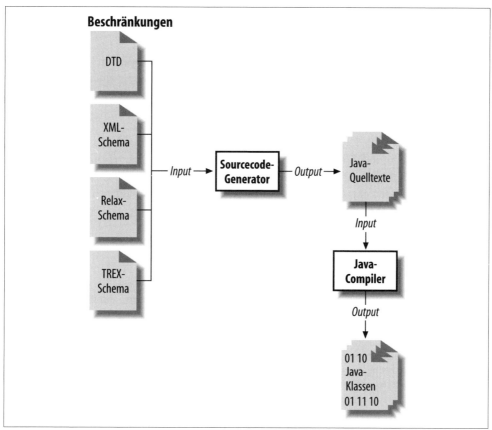

Abbildung 15-1: Klassengenerierung bei XML-Data-Binding

Außerdem könnte ein Interface Item wie folgt entstehen:

```
public interface Item {
    public String getID( );
    public void setID(String id);
    public int getLevel( );
    public void setLevel(int level);

    public String getTitle( );
    public void setTitle(String title);
    public String getTeacher( );
    public void setTeacher(String teacher);
    public List getGuests( );
    public void addGuest(String guest);
    public void setGuestList(List guests);
    public String getDescription( );
    public void setDescription( );
}
```

Das ist schon etwas nützlicher, als Hunderte Zeilen an SAX-Callbacks zu schreiben. Es macht die Arbeit mit einem Dokument zum Kinderspiel, anstatt zu einer Prüfung Ihrer Java- und XML-API-Kenntnisse auszuarten. Das sind nur Beispiele, die nicht notwendigerweise dafür repräsentativ sind, was Sie mit den APIs in diesem Kapitel erhalten. Ich werde Ihnen jedoch in den folgenden Abschnitten genau zeigen, wie die einzelnen APIs angewendet werden, und Sie wissen lassen, was Sie erwarten können.

Unmarshalling

Vergessen Sie nicht, daß Sie die erzeugten Klassen immer noch nicht recht anwenden können. Sie könnten sicher ein existierendes Low-level-API nehmen, damit das XML-Dokument lesen, die Daten extrahieren, Instanzen der Java-Klassen erzeugen und diese mit den Daten füllen. Aber Data-Binding liefert all das bereits fix und fertig, also warum sollten Sie sich darum kümmern? Tatsächlich modellieren Data-Binding-Frameworks genau diesen Prozeß. In diesem Kontext ist das *Unmarshalling* der Prozeß der Umwandlung eines XML-Dokuments in die Instanz einer Java-Klasse.

Ich habe eine Menge Verwirrung um den Begriff Marshalling/Unmarshalling gesehen und war stellenweise sogar daran beteiligt. Ich benutze den Begriff konform zu Suns aktueller Version der JAXB-Spezifikation, die sicher das Standardvokabular werden wird. In dieser Spezifikation steht Marshalling für die Richtung Java nach XML und Unmarshalling für die Richtung XML nach Java. Ich würde, wenn ich Sie wäre, ebenfalls bei diesen Definitionen bleiben.

Das sieht dann ziemlich einfach aus; Sie bekommen ein XML-Dokument, übergeben es an ein Werkzeug oder eine Klasse in Ihrem Data-Binding-Framework und bekommen ein Java-Objekt zurück. Das ist normalerweise eine Klasseninstanz des Top-level-Java-Objekts, das Ihr Dokument repräsentiert. Wiederum bezogen auf Beispiel 15-1 würden Sie also eine Instanz der Klasse `Catalog` erhalten. Normalerweise müssen Sie von `java.lang.Object` zu der erwarteten Klasse casten, da das Framework naturgemäß nichts über die Natur Ihrer Klassen wissen kann (da sie ja generiert wurden). Nach dem Cast können Sie mit dem Objekt als `Catalog` statt als einem XML-Dokument weiterarbeiten. Sie können die verschiedenen Accessor- und Mutator-Methoden benutzen, um mit den Daten zu arbeiten. Wenn Sie die Arbeit mit den Daten beendet haben und bereit sind, die Daten wieder zu XML zu schicken, wo Sie einst herkamen, müssen Sie das Marshalling bemühen.

Marshalling

Das *Marshalling* ist das genaue Gegenteil des Unmarshalling. Es bezeichnet den Prozeß der Umwandlung eines Java-Objekts und darin enthaltener Objekte in eine XML-Repräsentation. In vielen Fällen ist das Marshalling Teil wiederholter Transformationen zwischen Java und XML und mit entsprechendem Unmarshalling gepaart. Sehen Sie sich dazu das Beispiel eines typischen Kontrollflusses in Abbildung 15-2 an.

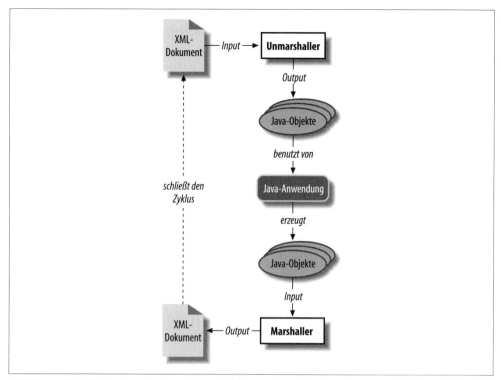

Abbildung 15-2: XML-Data-Binding-Kontrollfluß

Es gibt zwei unterschiedliche Herangehensweisen zum Marshalling eines Java-Objekts. Die erste ist der Aufruf der Methode marshal() eines Objekts; diese Methode wird normalerweise mit den Accessor- und Mutator-Methoden während der Klassengenerierung erzeugt. Diese Methode ruft rekursiv die Methode marshal() für jedes enthaltene Objekt auf, bis als Resultat ein vollständiges XML-Dokument entsteht. Sie sollten beachten, daß dieses Resultat dem Original *nicht* notwendigerweise gleicht. Wenn Sie die Dateinamen beim Marshalling ändern, können Sie sich plötzlich einer großen Anzahl archivierter XML-Dokumente gegenübersehen.

Ein anderer Ansatz zum Marshalling – und der, den ich persönlich bevorzuge – ist eine eigene Klasse, die das Marshalling durchführt. Anstatt die Methode marshal() für ein generiertes Objekt aufzurufen, wird die Methode marshal() dieser Klasse benutzt, wobei ihr das entsprechende Objekt mitgegeben wird. Das ist nützlich, da prinzipiell die gleichen Abläufe wie oben gezeigt stattfinden. Es erlaubt es jedoch andererseits auch, Objekte einzubeziehen, die nicht durch das Unmarshalling eines XML-Dokuments entstanden sind. Stellen Sie sich das einfach folgendermaßen vor: Data-Binding stellt – so benutzt – ein Persistenz-Framework dar. Jedes Objekt mit Bean-ähnlichen Eigenschaften (setXXX() und getXXX()) kann einfach nach XML konvertiert werden! Man bekommt die

Macht des Data-Bindings in Kombination mit der Flexibilität der Persistenz. Das ist eine nützliche Kombination und wird auch von einigen Frameworks unterstützt, über die ich in diesem Kapitel spreche.

Ich erkenne, daß das vielleicht ein wenig vage und konfus erscheint, wenn Sie noch nichts mit Data-Binding zu tun hatten – fast wie ein Gespräch über Chemie. Ich lasse lieber ein paar Sachen explodieren (na ja … Sie wissen schon!) und daher zeige ich Ihnen die Benutzung einiger Data-Binding-Frameworks im Rest dieses Kapitels. Da ich vier davon abdecken möchte, werden die Beispiele nicht übermäßig komplex; statt dessen werde ich mich darauf konzentrieren zu zeigen, wie die Klassengenerierungs-, die Marshalling- und die Unmarshalling-Fähigkeiten jedes Frameworks eingesetzt werden. Das sollte mehr als ausreichen, damit Sie starten können.

Anwendungsbereiche

Als letzten Teil der Erklärung dessen, was Data-Binding ist und warum es eingesetzt werden sollte, werde ich nun eine kleine Auswahl an Einsatzgebieten präsentieren. Einige davon sind am besten für die Lower-level-APIs wie SAX oder DOM geeignet, und einige sind perfekt für das Data-Binding. In Tabelle 15-1 sind jeweils ein verbreiteter Anwendungsbereich, der passende API-Typ und eine kurze Begründung meiner Entscheidung aufgeführt. Dies sollte Ihnen bei der Einordnung von Data-Binding in die Java-Landschaft helfen.

Tabelle 15-1: API-Anwendungsbereiche

Anwendungsbereich	Gut passende API	Begründung
XML-IDE	DOM oder JDOM	Baum-basierte Ansichten von XML wie in einer IDE, lehnt sich eng an die Darstellung in DOM und JDOM an.
XML-Messaging Server	SAX	Da Geschwindigkeit der wichtigste Faktor ist und SAX das schnellste Stream-basierte Lesen von Messages erlaubt.
Konfigurationsdaten	Data-Binding	Der Inhalt und nicht so sehr die Struktur ist wichtig. Data-Binding spart Zeit und fügt Bequemlichkeit zum Lesen von Konfigurationsdaten hinzu.
XML-Transformationen	DOM oder JDOM	Struktur wie auch Inhalt zu ändern erfordert Modifikationen an Inhalt (schließt SAX aus) und Struktur (schließt Data-Binding aus).
XML-Messaging Client	Data-Binding	Wenn das Format der Message vorher bekannt ist, kann der Client von leichten Java-Objekten profitieren, die das Data-Binding bietet.

Das sind natürlich nur einige verbreitete XML-Anwendungen, aber sie sollten Ihnen eine Ahnung davon vermitteln können, wann es angezeigt ist, ein Lower-level- und wann ein Higher-level-API zu benutzen.

Castor

Das erste Data-Binding-Framework, das ich näher vorstellen möchte, ist Castor – online verfügbar unter *http://castor.exolab.org*. Dieses Framework existiert schon eine ganze Weile, und die aktuellste Version zum Zeitpunkt der Entstehung dieses Buches war 0.92. Zunächst möchte ich klarstellen, daß Castor wesentlich mehr bietet als Data-Binding. Das Paket bietet Bindings in Java nicht nur von XML; Sie können genauso mit LDAP-Objekten, OQL zum Mapping von SQL-Abfragen auf Objekte und Java Data Objects (JDO) arbeiten. JDO ist eine neue Spezifikation von Sun, die sich mit Java-zu-RDBMS-Persistenz beschäftigt (RDBMS steht für *relationale Datenbank-Management-Systeme*). Da das hier aber ein XML-Buch ist, werde ich nur über die XML-Bindings sprechen.

Installation

Um Castor zu nutzen, werden Sie zunächst ein Release von der Download-Seite *http://castor.exolab.org/download.html* herunterladen müssen. Diese Seite hat einen Link zu der Exolab-FTP-Site (Sie können natürlich auch manuell ftp machen, so wie ich) und listet die verfügbaren Dateien auf. Ich würde empfehlen, sich das vollständige Release *castor-0.9.2.zip* oder *castor-0.9.2.tgz* zu holen (falls Sie später auch ein wenig mit OQL oder JDO herumspielen möchten). Packen Sie die *jar*-Dateien aus diesem Archiv aus, fügen Sie sie zum Klassenpfad hinzu, und schon kann es losgehen.[2]

In diesem und den folgenden Beispielen habe ich angenommen, daß Sie zusätzlich zu den hier erwähnten Bibliotheken immer noch einen SAX-konformen Parser, wie zum Beispiel Xerces, in Ihrem Klassenpfad haben. Ist dem nicht so, fügen Sie die Datei *xerces.jar* oder die entsprechende *jar*-Datei Ihres Parsers zusätzlich zu denen des benutzten Data-Binding-Frameworks zum Klassenpfad hinzu.

Quelltextgenerierung

Castor kann Java-Klassen erzeugen, wenn ein bestimmter Satz von Beschränkungen verwendet wird. Dazu wird ein XML Schema mit den Beschränkungen benötigt. Beispiel 15-2 stellt ein solches Schema für das in Beispiel 15-1 gezeigte Dokument dar.

Beispiel 15-2: XML Schema für Beispiel 15-1 (zur Benutzung mit Castor)

```
<?xml version="1.0"?>

<schema xmlns="http://www.w3.org/2000/10/XMLSchema"
        targetNamespace="http://www.homespuntapes.com">
```

---

2 Tatsächlich existieren zwei *jar*-Dateien im Archiv: *castor-0.9.2.jar* und *castor-0.9.2-xml.jar*. Die erste ist eine Obermenge der zweiten, daher benötigen Sie nur die erste; möchten Sie ein kleineres Archiv, können Sie auch die zweite nehmen.

Beispiel 15-2: XML Schema für Beispiel 15-1 (zur Benutzung mit Castor) (Fortsetzung)

```
<element name="catalog">
  <complexType>
    <sequence>
      <element ref="item" minOccurs="1" maxOccurs="unbounded" />
    </sequence>
  </complexType>
</element>

<element name="item">
  <complexType>
    <sequence>
      <element name="title" type="string" />
      <element name="teacher" type="string" />
      <element name="guest" type="string" minOccurs="0" maxOccurs="unbounded" />
      <element name="description" type="string" />
    </sequence>
    <attribute name="id" type="string" />
    <attribute name="level">
      <simpleType>
        <restriction base="integer">
          <enumeration value="1" />
          <enumeration value="2" />
          <enumeration value="3" />
          <enumeration value="4" />
          <enumeration value="5" />
        </restriction>
      </simpleType>
    </attribute>
  </complexType>
</element>
</schema>
```

Natürlich können Sie auch eigene XML Schemas, die Sie gerne ausprobieren möchten, benutzen. Solange sie der XML Schema-Spezifikation entsprechen, sollten sie mit allen Beispielen in diesem Abschnitt funktionieren.

Zumindest zum Zeitpunkt der Entstehung dieses Buches hat Castor nur die XML Schema Candidate Recommendation vom Oktober 2000 unterstützt und nicht die finale Version dieser Spezifikation. Daher müssen Sie unter Umständen einige kleinere Änderungen in Ihren Schemas vornehmen, um nicht in Konflikt mit dieser Version zu geraten. Ich hoffe, daß das Framework zu dem Zeitpunkt, da Sie dies lesen, aufgeholt hat; Sie können sich über den aktuellen Stand diesbezüglich unter *http://castor. exolab.org/xmlschema.html* informieren.

Wenn Sie das XML Schema definiert haben, sind Sie in der Lage, die Klassen aus den Beschränkungen zu generieren. Ich habe mein Schema aus Beispiel 15-1 *catalog.xsd* genannt, wie Sie in den folgenden Anweisungen sehen werden.

Hat man das Schema, ist die Generierung von Klassen mit Castor ein Kinderspiel. Sie müssen dazu, wie im Folgenden gezeigt, die Klasse `org.exolab.castor.builder.Source-Generator` benutzen:

```
java org.exolab.castor.builder.SourceGenerator -i castor/catalog.xsd
    -package javaxml2.castor
```

In diesem Beispiel lasse ich das Kommando mit meinem Schema im Unterverzeichnis *castor/* ablaufen. Ich gebe seinen Standort mit dem Kommandozeilenschalter »-i« und das Package, zu dem die generierten Klassen gehören sollen, mit »-package« an. Es gibt noch einen ganzen Schwung anderer Optionen, die Sie sich anschauen können, wenn Sie die Klasse ganz ohne Parameter eingeben. Die Klasse wird dann alle Flags und Optionen ausspucken.

Wenn das Kommando ausgeführt wurde (Sie werden Fehler sehen, wenn Ihr Schema Probleme hat), werden Sie ein Verzeichnis erhalten, das dem von Ihnen angegebenen Package entspricht. In meinem Beispiel war das ein Verzeichnis *javaxml2* und darin ein Verzeichnis *castor*. In diesem Verzeichnis wiederum befanden sich die Dateien *Catalog.java* und *CatalogDescriptor.java* sowie *Item.java* und *ItemDescriptor.java*. In den meisten Fällen werden Sie nur mit den jeweils ersten Dateien jedes Paars arbeiten müssen.

Sie sollten außerdem noch ein zusätzliches Verzeichnis mit Namen *types* sehen, das einige weitere Dateien enthält. Diese werden wegen dem benutzerdefinierten Typ für das Attribut »level« im Schema angelegt. Das Ergebnis ist eine Klasse `LevelType`. Da nur fünf Werte erlaubt sind, muß Castor Klassen generieren, um das zu behandeln. Die Arbeit mit solchen Typ-Klassen ist sehr schmerzhaft, da keine Möglichkeit existiert, zum Beispiel so etwas zu tun:

```
// Erzeugen einer neuen Instanz mit dem Wert "1"
LevelType levelType = new LevelType(1);
```

Statt dessen müssen Sie zuerst den Wert in einen `String` umwandeln. Danach können Sie die statische Methode `valueOf()` benutzen, um eine Instanz von `LevelType` mit dem korrekten Wert zu erhalten:

```
LevelType levelType = LevelType.valueOf("1");
```

Wenn Sie sich einmal daran gewöhnt haben, ist das natürlich keine große Sache mehr. Wenn Sie das trotzdem ein wenig verwirrt, werden Sie im nächsten Abschnitt hoffentlich klarer sehen, wo diese Klasse in der Praxis benutzt wird. Sie können die Typ-Dateien wie auch die anderen von Castor generierten Dateien mit diesem einfachen Kommando kompilieren:

```
javac -d . javaxml2/castor/*.java javaxml2/castor/types/*.java
```

Zu diesem Zeitpunkt verfügen Sie über Klassen, die sofort benutzbar sind. Ich werde Ihnen den Sourcecode zu diesem Klassen hier nicht zeigen, da er sehr lang ist (und Sie ihn sich selbst anschauen können). Ich habe statt dessen die wichtigsten Methoden der Klasse `Catalog` hier aufgeführt, damit Sie einen Eindruck davon erhalten, was Sie erwartet:

```
package javaxml2.castor;

public class Catalog {

    // neues Item hinzufügen
    public void addItem( );
    // Items als Enumeration holen
    public Enumeration enumerateItem( );
    // alle Items holen
    public Item[] getItem( );
    // Anzahl der Items abfragen
    public getItemCount( );
}
```

Beachten Sie, daß man Items hinzufügen und auch über alle Items iterieren kann. Die Namen zweier Methoden – enumerateItem( ) und getItem( ) – sind ein bißchen komisch, passen Sie also auf. Ich erwartete nicht, daß getItem( ) ein Array zurückgibt, und suchte zuerst nach getItems( ) oder getItemList( ). Haben Sie diese generierten Klassen erst einmal, können Sie sie in eigenen Anwendungen benutzen.

Marshalling und Unmarshalling

Nachdem Sie die von Castor generierten Klassen kompiliert haben, sollten Sie sie zu Ihrem Klassenpfad hinzufügen. Nun können Sie sie in eigenen Anwendungen einsetzen. Beispiel 15-3 zeigt ein einfaches HTML-Formular, das es einem Benutzer gestattet, Informationen über ein neues Item einzugeben.

Beispiel 15-3: HTML-Formular zum Hinzufügen von Items

```
<HTML>
 <HEAD><TITLE>Neues Item zum Katalog hinzuf&uuml;gen</TITLE></HEAD>
 <BODY>
  <H2 ALIGN="CENTER">Neues Item hinzuf&uuml;gen</H2>
  <P ALIGN="CENTER">
   <FORM ACTION="/javaxml2/servlet/javaxml2.AddItemServlet" METHOD="POST">
    <TABLE WIDTH="80%" CELLSPACING="3" CELLPADDING="3" BORDER="3">
     <TR>
      <TD WIDTH="50%" ALIGN="right"><B>Item ID:</B></TD>
      <TD><INPUT TYPE="text" NAME="id" /></TD>
     </TR>
     <TR>
      <TD WIDTH="50%" ALIGN="right"><B>Item Level:</B></TD>
      <TD><INPUT TYPE="text" NAME="level" SIZE="1" MAXLENGTH="1" /></TD>
     </TR>
     <TR>
      <TD WIDTH="50%" ALIGN="right"><B>Titel:</B></TD>
      <TD><INPUT TYPE="text" NAME="title" SIZE="20" /></TD>
     </TR>
     <TR>
      <TD WIDTH="50%" ALIGN="right"><B>Lehrer:</B></TD>
```

Beispiel 15-3: HTML-Formular zum Hinzufügen von Items (Fortsetzung)

```
      <TD><INPUT TYPE="text" NAME="teacher" /></TD>
     </TR>
     <TR><TD COLSPAN="2" ALIGN="CENTER"><B>G&auml;ste:</B></TD></TR>
     <TR>
      <TD COLSPAN="2" ALIGN="CENTER"><INPUT TYPE="text" NAME="guest" /></TD>
     </TR>
     <TR>
      <TD COLSPAN="2" ALIGN="CENTER"><INPUT TYPE="text" NAME="guest" /></TD>
     </TR>
     <TR>
      <TD COLSPAN="2" ALIGN="CENTER"><INPUT TYPE="text" NAME="guest" /></TD>
     </TR>
     <TR>
      <TD COLSPAN="2" ALIGN="CENTER"><INPUT TYPE="text" NAME="guest" /></TD>
     </TR>
     <TR><TD COLSPAN="2" ALIGN="CENTER"><B>Beschreibung:</B></TD></TR>
     <TR>
      <TD COLSPAN="2" ALIGN="CENTER">
       <TEXTAREA NAME="description" COLS="30" ROWS="10"></TEXTAREA>
      </TD>
     </TR>
     <TR>
      <TD COLSPAN="2" ALIGN="CENTER"><INPUT TYPE="submit" value="Add Item" /></TD>
     </TR>
    </TABLE>
   </FORM>
  </P>
 </BODY>
</HTML>
```

Sie sollten eigentlich Tomcat oder eine andere Servlet-Engine noch von den vorhergehenden Kapiteln laufen haben, daher werde ich diesbezüglich hier nicht ins Detail gehen. Fügen Sie dieses Formular zu einer Ihrer Web-Applikationen hinzu, geben Sie dann das Servlet aus Beispiel 15-4 ein, und kompilieren Sie es.

Beispiel 15-4: Das AddItemServlet für Castor

```
package javaxml2;

import java.io.File;
import java.io.FileReader;
import java.io.FileWriter;
import java.io.IOException;
import java.io.PrintWriter;
import javax.servlet.ServletException;
import javax.servlet.http.HttpServlet;
import javax.servlet.http.HttpServletRequest;
import javax.servlet.http.HttpServletResponse;
```

Beispiel 15-4: Das AddItemServlet für Castor (Fortsetzung)

```java
// Castor-Klassen
import org.exolab.castor.xml.Marshaller;
import org.exolab.castor.xml.Unmarshaller;

// Von Castor generierte Klassen
import javaxml2.castor.Catalog;
import javaxml2.castor.Item;
import javaxml2.castor.types.LevelType;

public class AddItemServlet extends HttpServlet {

    private static final String CATALOG_FILE =
        "c:\\java\\tomcat\\webapps\\javaxml2\\catalog.xml";

    public void doPost(HttpServletRequest req, HttpServletResponse res)
        throws ServletException, IOException {

        PrintWriter out = res.getWriter();
        res.setContentType("text/html");

        // Input-Parameter holen
        String id = req.getParameterValues("id")[0];
        String levelString = req.getParameterValues("level")[0];
        String title = req.getParameterValues("title")[0];
        String teacher = req.getParameterValues("teacher")[0];
        String[] guests = req.getParameterValues("guest");
        String description = req.getParameterValues("description")[0];

        // Neues Item erzeugen
        Item item = new Item();
        item.setId(id);
        item.setLevel(LevelType.valueOf(levelString));
        item.setTitle(title);
        item.setTeacher(teacher);
        if (guests != null) {
            for (int i=0; i<guests.length; i++) {
                if (!guests[i].trim().equals("")) {
                    item.addGuest(guests[i]);
                }
            }
        }
        item.setDescription(description);

        try {
            // aktuellen Katalog laden
            File catalogFile = new File(CATALOG_FILE);
            FileReader reader = new FileReader(catalogFile);
            Catalog catalog =
                (Catalog)Unmarshaller.unmarshal(Catalog.class, reader);
```

Beispiel 15-4: Das AddItemServlet für Castor (Fortsetzung)

```
            // Item hinzufügen
            catalog.addItem(item);

            // Schreiben des modifizierten Katalogs
            FileWriter writer = new FileWriter(catalogFile);
            Marshaller.marshal(catalog, writer);

            out.println("Item hinzugefügt.");
        } catch (Exception e) {
            out.println("Fehler Lesen/Schreiben Katalog: " + e.getMessage());
        } finally {
            out.close();
        }
    }

    public void doGet(HttpServletRequest req, HttpServletResponse res)
        throws ServletException, IOException {

        doPost(req, res);
    }
}
```

Dieses Servlet akzeptiert die Parameter aus dem Formular in Beispiel 15-3. Es liest zunächst das XML, das den aktuellen Katalog repräsentiert (*catalog.xml* genannt und ebenfalls in dem Verzeichnis meiner Web-Applikation untergebracht). Zu diesem Zeitpunkt muß das Servlet auf den aktuellen Katalog zugreifen; natürlich könnte ich da einen Klumpen SAX-Code schreiben, aber warum sollte ich? Castor macht diese Arbeit sehr gut. Ich benutze einen FileReader, um Lese-Zugriff auf das XML-Dokument zu erhalten, und einen FileWriter für den Schreibzugriff. Um den Rest kümmert sich Castor. Bekommt das Servlet Werte von dem Formular, legt es zunächst eine neue Instanz der Klasse Item an (wozu die von Castor generierten Klassen benutzt werden) und setzt die verschiedenen Werte in dieser Instanz. Sie werden bemerken, daß das Servlet, da »level« ein benutzerdefinierter Typ ist (Sie erinnern sich an die Erörterung weiter oben?), die statische Methode LevelType.valueOf(String) benutzt, um den String-Wert für den Level des Items in die korrekte Instanz der Klasse LevelType zu schreiben. Das ist einer der kleinen Nachteile von Castor: Die generierten Klassen für benutzerdefinierte Typen sind ein wenig unhandlich, bis man sich an sie gewöhnt hat.

Hat das Servlet dann eine benutzbare Instanz der Klasse Item erzeugt, benutzt es die Klasse org.exolab.castor.Unmarshaller, um sich den aktuellen Katalog zu holen. Das könnte nicht einfacher sein – das Servlet übergibt die Klasse für das Unmarshalling und den Dateizugriff (mittels des schon genannten FileReaders). Das Ergebnis ist ein Java-Object, das dann auf den übergebenen Klassentyp gecastet wird. An dieser Stelle ist das Hinzufügen eines neuen Items ein Kinderspiel. Sie arbeiten mit Java statt XML und können einfach die Methode addItem() aufrufen, der Sie die vorher angelegte neue Instanz der Klasse Item übergeben. Anschließend wird der Prozeß umgekehrt. Die statische

Methode marshal() aus der Klasse Marshaller (in demselben Package wie sein Geschwisterchen Unmarshaller) wird benutzt, um die Instanz der Klasse Catalog mittels des FileWriters nach XML zurückzuschreiben. Ein Kinderspiel, oder nicht? Ist dieser Prozeß abgeschlossen, existiert ein neuer Eintrag in dem XML-Dokument (es ist möglich, daß Sie Ihre Servlet-Engine stoppen müssen, um darauf zuzugreifen), der ungefähr so aussieht:

```xml
<item id="CD-KAU-PV99" level="1">
  <title>Parking Lot Pickers, Vol. 3</title>
  <teacher>Steve Kaufman</teacher>
  <guest>Debbie Barbra</guest>
  <guest>Donnie Barbra</guest>
  <description>Dieses Video zeigt, was man im Bluegrass-Style spielen sollte,
    wenn der Gesang aufhört!</description>
</item>
```

Und das ist auch schon alles. Es gibt noch einige Optionen mehr, die man mit dem Marshaller und dem Unmarshaller nutzen kann – schauen Sie dazu in die Dokumentation der API. Um das Ganze nachvollziehbarer zu machen, folgt hier noch eine Liste der Dateien und Verzeichnisse im Verzeichnis meiner Web-Applikation, die dafür sorgen, daß das Beispiel funktioniert:

```
$TOCAT_HOME/lib/xerces.jar
$TOMCAT_HOME/webapps/javaxml2/addItem.html
$TOMCAT_HOME/webapps/javaxml2/catalog.xml
$TOMCAT_HOME/webapps/javaxml2/WEB-INF/lib/castor-0.9.2.jar
$TOMCAT_HOME/webapps/javaxml2/WEB-INF/classes/javaxml2/AddItemServlet.class
$TOMCAT_HOME/webapps/javaxml2/WEB-INF/classes/javaxml2/castor/Catalog.class
$TOMCAT_HOME/webapps/javaxml2/WEB-INF/classes/javaxml2/castor/Catalog.class
$TOMCAT_HOME/webapps/javaxml2/WEB-INF/classes/javaxml2/castor/
    CatalogDescriptor.class
$TOMCAT_HOME/webapps/javaxml2/WEB-INF/classes/javaxml2/castor/
    CatalogDescriptor$1.class
$TOMCAT_HOME/webapps/javaxml2/WEB-INF/classes/javaxml2/castor/Item.class
$TOMCAT_HOME/webapps/javaxml2/WEB-INF/classes/javaxml2/castor/
    ItemDescriptor.class
$TOMCAT_HOME/webapps/javaxml2/WEB-INF/classes/javaxml2/castor/
    ItemDescriptor$1.class
$TOMCAT_HOME/webapps/javaxml2/WEB-INF/classes/javaxml2/castor/
    ItemDescriptor$2.class
$TOMCAT_HOME/webapps/javaxml2/WEB-INF/classes/javaxml2/castor/
    ItemDescriptor$3.class
$TOMCAT_HOME/webapps/javaxml2/WEB-INF/classes/javaxml2/castor/
    ItemDescriptor$4.class
$TOMCAT_HOME/webapps/javaxml2/WEB-INF/classes/javaxml2/castor/
    ItemDescriptor$5.class
$TOMCAT_HOME/webapps/javaxml2/WEB-INF/classes/javaxml2/castor/
    ItemDescriptor$6.class
$TOMCAT_HOME/webapps/javaxml2/WEB-INF/classes/javaxml2/castor/types/
    LevelType.class
$TOMCAT_HOME/webapps/javaxml2/WEB-INF/classes/javaxml2/castor/types/
    LevelTypeDescriptor.class
```

Es gäbe noch sehr viel mehr zu Castor zu sagen, wie auch zu allen anderen Paketen, die ich hier vorstelle. Diese kurze Einführung war dazu gedacht, Ihnen einen sicheren Startpunkt zu verschaffen – die Dokumentation hilft Ihnen dann durch den Rest. Von Interesse ist bestimmt noch die Fähigkeit, Mappings zu definieren, die es Ihnen erlauben, ein XML-Element namens »item« in eine Java-Variable namens »inventory« zu konvertieren. Das erlaubt verschiedene Repräsentationen gleicher Daten in XML und Java und kann bei der Portierung alter Java-Klassen sehr helfen. Stellen Sie sich vor, daß Sie eine alte Java-Klasse mittels Marshalling nach XML umwandeln und dann dieses XML-Dokument mittels Unmarshalling in eine Instanz der neuen Java-Klasse. In zwei einfachen Schritten ist es möglich, allen alten Java-Code in ein neues Format zu bringen! Ziemlich schick, oder? Auf der anderen Seite sind Castors fehlende Unterstützung für die aktuelle Schema-Recommendation und die Unmöglichkeit, neben Interfaces auch konkrete Klassen zu definieren, ein ziemlicher Nachteil. Probieren Sie es selbst aus, und sehen Sie, ob Sie sich damit anfreunden können. Jedes der Frameworks in diesem Kapitel hat Vor- und Nachteile, suchen Sie sich das aus, welches für Sie das richtige ist.

Zeus

Als nächstes ist das Data-Binding-Framework Zeus an der Reihe. Dieses Projekt ist unter Enhydra angesiedelt (*http://www.enhydra.org*) und basiert auf einigen Artikeln, die ich ursprünglich für die Leute von IBMs Developer Works (*http://www.ibm.com/developerWorks*) geschrieben habe. Es war das unmittelbare Resultat meines Bedürfnisses nach einer einfachen Lösung für das Data-Binding (zu dieser Zeit erschien Castor als viel zu komplex für ein einfaches Data-Binding-Problem). Seit damals hat es sich zu einem kompletten Projekt bei Enhydra entwickelt, an dem mehrere andere Leute arbeiten. Einen vollständigen Einblick können Sie unter *http://zeus.enhydra.org* erhalten. Ich werde dieselben Themen beleuchten wie auch bei Castor, damit Sie beides kompetent in eigenen Anwendungen benutzen können.

Installation

Zeus befindet sich noch immer in einem ziemlich frühen Stadium seiner Entwicklung (es existiert zwar schon eine Weile, aber es wird immer noch an der Architektur gearbeitet). Deswegen würde ich Ihnen nahelegen, die aktuellste Version von CVS zu holen, anstatt ein Binary herunterzuladen. Auf diese Weise können Sie sicher sein, die aktuellsten und großartigsten Features zu bekommen. Sie können komplette Anweisungen zum Herunterladen von Zeus über CVS auf der Website bekommen, aber kurz gesagt brauchen Sie dafür CVS (zum Beispiel unter *http://www.cvshome.org*). Benutzen Sie einfach das folgende Kommando:

```
cvs -d :pserver:anoncvs@enhydra.org:/u/cvs login
```

Geben Sie als Paßwort »anoncvs« ein. Danach schreiben Sie:

```
cvs -d :pserver:anoncvs@enhydra.org:/u/cvs co toolsTech/Zeus
```

Sie werden alles bekommen, was Sie brauchen. Wechseln Sie in das Zeus-Verzeichnis (das durch den CVS-Download erzeugt wurde), und erzeugen Sie die Binaries:

```
bmclaugh@GANDALF ~/dev/Zeus
$ ./build.sh
```

Oder unter Windows:

```
c:\dev\Zeus> build.bat
```

Sie sollten die Beispiele ebenfalls erzeugen, was Sie durch das Anhängen von »samples« an das Kommando erreichen:

```
bmclaugh@GANDALF ~/dev/Zeus
$ ./build.sh samples
```

Nun sollten Sie eine Datei *zeus.jar* im Verzeichnis *build/* erhalten haben. Fügen Sie diese Datei, wie auch *jdom.jar* und *xerces.jar*, die sich beide im Verzeichnis *lib/* befinden, zu Ihrem Klassenpfad hinzu. Wollen Sie DTDs zur Klassengenerierung benutzen, müssen Sie schließlich noch die Datei *dtdparser113.jar* zum Klassenpfad hinzufügen. Damit Sie die Beispiele benutzen können, muß dann noch das Verzeichnis *build/classes* angehängt werden, damit alles etwas einfacher wird. Mein Klassenpfad sieht dann folgendermaßen aus:

```
bmclaugh@GANDALF ~/dev/Zeus
$ echo $CLASSPATH
/dev/Zeus/lib/jdom.jar:/dev/Zeus/lib/xerces.jar:/dev/Zeus/lib/dtdparser113.jar:
/dev/Zeus/build/zeus.jar:/dev/Zeus/build/classes
```

Oder unter Windows:

```
c:\dev\Zeus> echo %CLASSPATH%
c:\dev\Zeus\lib\jdom.jar;c:\dev\Zeus\lib\xerces.jar;
c:\dev\Zeus\lib\dtdparser113.jar;c:\dev\Zeus\build\zeus.jar;
c:\dev\Zeus\build\classes
```

Das ist alles. Haben Sie den Klassenpfad entsprechend gesetzt und das XML aus dem vorhergehenden Teil des Kapitels zur Hand, können Sie loslegen.

Klassengenerierung

Der Hauptunterschied zwischen Zeus und Frameworks wie Castor und sogar JAXB – dem Angebot von Sun – ist die Art und Weise der Klassengenerierung. Sehen Sie sich Abbildung 15-1 noch einmal an. Der Standardweg der Klassengenerierung nimmt eine Menge von Beschränkungen, liest sie ein und erzeugt eine Menge Java-Sourcecode. Obwohl das sehr gut funktioniert, ist es doch schwierig, Unterstützung für andere Arten von Beschränkungen, wie zum Beispiel DTDs oder neuere Schema-Alternativen wie Relaxx oder TREX, hinzuzufügen. Um dem Rechnung zu tragen, fügt Zeus noch einen Zwischenschritt ein. Eine Menge von Beschränkungen (als Schema, in einer DTD, ...) wird zunächst in *Zeus-Bindings* konvertiert. Diese Bindings sind nicht an eine spezielle

Art der Repräsentation von Beschränkungen gebunden. Mit anderen Worten: Es ist möglich, einen gewissen Satz an Beschränkungen als XML Schema zu formulieren und dieselben Beschränkungen auch in eine DTD zu packen. Wandelt man diese dann in Zeus-Bindings um, erhält man identische Ergebnisse. Diese Bindings werden genutzt, um Java-Sourcecode zu erzeugen. Das Ergebnis ist ein Prozeß wie in Abbildung 15-3 dargestellt.

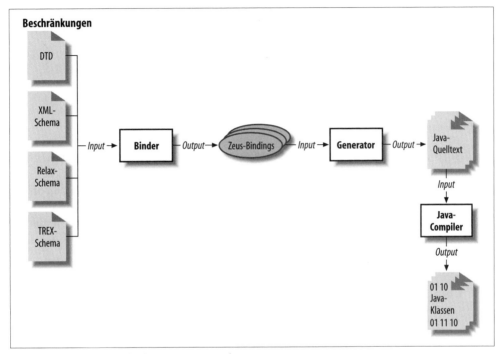

Abbildung 15-3: Die Methode von Zeus zur Klassengenerierung

Besonders schön daran und an den zugrundeliegenden Gedankengängen ist, daß es sehr einfach ist, Unterstützung für eine neue Methode der Darstellung von Beschränkungen hinzuzufügen. Dazu schreibt man eine Klasse, die das Interface org.enhydra.zeus.Binder implementiert, einen Satz Beschränkungen nimmt und diese in Zeus-Bindings konvertiert. Für die Klassengenerierung ist bereits Sorge getragen, so daß Sie sich nicht mit Hunderten enervierender Anweisungen vom Typ out.write( ) herumärgern müssen. Im Zeus-Paket sind bereits die zwei Binder DTDBinder und SchemaBinder im Package org.enhydra.zeus.binder enthalten.

Abgesehen von diesem Unterschied in der Architektur (der Sie aber nicht betrifft, solange die benötigten Binder schon bestehen), gleichen sich Zeus und Castor bei der Klassengenerierung. Beispiel 15-5 zeigt eine DTD mit den entsprechenden Beschränkungen für das XML-Dokument aus Beispiel 15-1. Ich werde die Klassengenerierung aus DTDs an diesem Beispiel demonstrieren.

Beispiel 15-5: DTD für Beispiel 15-1

```
<!ELEMENT catalog (item+)>
<!ATTLIST catalog
        xmlns   CDATA   #FIXED    "http://www.homespuntapes.com"
>

<!ELEMENT item (title, teacher, guest*, description)>
<!ATTLIST item
        id      CDATA   #REQUIRED
        level   CDATA   #REQUIRED
>

<!ELEMENT title (#PCDATA)>
<!ELEMENT teacher (#PCDATA)>
<!ELEMENT guest (#PCDATA)>
<!ELEMENT description (#PCDATA)>
```

Zeus ist so eingerichtet, daß auch Anwendungen den Klassengenerator starten können, und deshalb existiert auch kein statischer Eintrittspunkt in der API dafür. Da dies aber eine häufige Aufgabe ist, existiert eine Klasse in den Beispielen (Sie erinnern sich an die Erzeugung des Pakets mit dem Parameter »samples«?), die genau das tut. Wenn Ihr Klassenpfad so eingerichtet ist, wie ich es Ihnen weiter oben gezeigt habe, müssen Sie nur noch ein Verzeichnis »output« anlegen. Das Beispielprogramm schreibt seine Resultate dort hinein (Sie können das natürlich im Programm ändern). Wenn Sie ein solches Verzeichnis angelegt haben, können Sie das folgende Kommando ausführen:

```
C:\javaxml2\build>java samples.TestDTDBinder
    -file=c:\javaxml2\ch14\xml\zeus\catalog.dtd
    -package=javaxml2.zeus
    -quiet=true
```

Ich habe das Ganze der Klarheit wegen ein wenig formatiert. Ich habe die Datei angegeben, aus der der Sourcecode generiert werden soll, und das Package, zu dem das Ergebnis gehören soll – die Erzeugung der Klassen sollte *still* passieren (ohne Informationen darüber auszuspucken). Die Erzeugung aus einem Schema verläuft ähnlich. Da Zeus die finale Version der XML Schema-Recommendation unterstützt, müssen Sie eine neuere Version des XML Schemas als die im Abschnitt über Castor benutzen. Beispiel 15-6 zeigt das aktualisierte Schema.

Beispiel 15-6: Aktualisieren des Castor-XML-Schemas

```
<?xml version="1.0"?>

<schema xmlns="http://www.w3.org/2001/XMLSchema"
        targetNamespace="http://www.homespuntapes.com">
  <element name="catalog">
    <complexType>
      <sequence>
        <element ref="item" minOccurs="1" maxOccurs="unbounded" />
```

Beispiel 15-6: Aktualisieren des Castor-XML-Schemas (Fortsetzung)

```
      </sequence>
    </complexType>
  </element>

  <element name="item">
    <complexType>
      <sequence>
        <element name="title" type="string" />
        <element name="teacher" type="string" />
        <element name="guest" type="string" minOccurs="0" maxOccurs="unbounded" />
        <element name="description" type="string" />
      </sequence>
      <attribute name="id" type="string" />
      <attribute name="level">
        <simpleType>
          <restriction base="integer">
            <enumeration value="1" />
            <enumeration value="2" />
            <enumeration value="3" />
            <enumeration value="4" />
            <enumeration value="5" />
          </restriction>
        </simpleType>
      </attribute>
    </complexType>
  </element>
</schema>
```

Nachdem das getan ist, können Sie folgendes Kommando zur Erzeugung der Klassen benutzen:

```
C:\javaxml2\build>java samples.TestSchemaBinder
    -file=c:\javaxml2\ch14\xml\zeus\catalog.xsd
    -package=javaxml2.zeus
    -quiet=true
```

Sie werden identische Resultate erzielen, egal ob Sie nun die DTD oder das Schema als Ausgangspunkt benutzen.

Das ist eine kleine Übertreibung. Sie werden nur dann identische Ergebnisse erzielen, wenn Sie es schaffen, die Beschränkungen in der DTD und dem Schema identisch zu repräsentieren. In diesem Beispiel wurde »level« im Schema als `integer` definiert, während es in der DTD als `PCDATA` definiert werden muß. Das Ergebnis ist, daß »level« bei der Benutzung des Schemas »getypt« wird (es wird zu int) und bei der Benutzung der DTD zu einem `String` wird. Ich habe für diesen Abschnitt die DTD-Version benutzt, um Ihnen auch diese Option vorzustellen.

Im Verzeichnis *output* finden Sie anschließend ein Verzeichnis *javaxml2* und darin ein Verzeichnis mit dem Namen *zeus* (passend zur Package-Hierarchie). Sie können sich die generierten Sourcecodes darin ansehen.

Sie werden sofort bemerken, daß Zeus ein Interface (zum Beispiel *Catalog.java*) und eine Default-Implementierung dieses Interfaces (zum Beispiel *CatalogImpl.java*) generiert. Dahinter steht der Gedanke, daß es – anders als bei den konkreten Klassen, die Castor erzeugt – ja auch möglich ist, daß Sie Ihre eigenen Klassen haben, die lediglich das Interface Catalog implementieren. Sie können so Ihre eigenen Klassen benutzen, aber trotzdem von der Klassengenerierung profitieren. Ich sehe oft Programmierer, die mit Zeus Interfaces generieren und dann eigene Implementierungen dieser Interfaces als Enterprise JavaBeans (EJBs) erzeugen. Diese EJBs können dann mittels Zeus persistent gemacht werden, was ein Kinderspiel ist (wie ich Ihnen im nächsten Abschnitt zeigen werde). Ohne die Möglichkeit benutzerdefinierter Implementierungen würde man dazu den generierten Quellcode modifizieren müssen, was eventuell das Marshalling und Unmarshalling stört.

Ein weiterer Unterschied, den Sie beachten sollten, sind die anders gestalteten Methodennamen. Als Beispiel gebe ich hier das Interface Item an (zu seiner einfachsten Form zusammengekürzt):

```
package javaxml2.zeus;

public interface Item {

    public Title getTitle();
    public void setTitle(Title title);

    public Teacher getTeacher();
    public void setTeacher(Teacher teacher);

    public java.util.List getGuestList();
    public void setGuestList(java.util.List guestList);
    public void addGuest(Guest guest);
    public void removeGuest(Guest guest);

    public Description getDescription();
    public void setDescription(Description description);

    public String getLevel();
    public void setLevel(String level);

    public String getId();
    public void setId(String id);
}
```

Beachten Sie, daß die Namenskonventionen für JavaBeans genutzt werden und Elemente, die mehrfach benutzt werden, als Java 2-Collection-Klassen zurückgegeben werden. Schauen Sie sich den Quellcode einfach einmal an, und kompilieren Sie ihn:

```
javac -d . output/javaxml2/zeus/*.java
```

Nun können wir einen Blick auf das Marshalling und Unmarshalling mit Zeus werfen.

Marshalling und Unmarshalling

Der Prozeß von Marschalling und Unmarshalling in Zeus ist dem in Castor ziemlich ähnlich. Das Herz beider Operationen sind die zwei Klassen org.enhydra.zeus.Marshaller und org.enhydra.zeus.Unmarshaller. Wie bei Castor auch sind die zwei Methoden, an denen Sie wahrscheinlich interessiert sind, marshal() und unmarshal() in den entsprechenden Klassen. Es gibt allerdings ein paar Unterschiede. Zunächst bieten die Klassen Marshaller und Unmarshaller in Zeus keine statischen Eintrittspunkte. Das ist gewollt und soll den Benutzer daran erinnern, Optionen zu setzen, wie zum Beispiel beim Unmarshalling das Package oder anzugeben, ob beim Marshalling bestimmte Methoden ignoriert werden sollen. Zusätzlich benutzt Zeus den JAXP-Style für Input und Output und stellt damit das Data-Binding-Verhalten der Klassen Source und Result, über die ich in Kapitel 9 sprach, nach. Wie auch JAXP stellt Zeus einige Default-Implementierungen in den Packages org.enhydra.zeus.source und org.enhydra.zeus.result zur Verfügung. Auch mit diesen Änderungen ähneln sich die Prozesse in beiden Frameworks sehr:

```
File catalogFile = new File("catalog.xml");
FileReader reader = new FileReader(catalogFile);
FileWriter writer = new FileWriter(catalogFile);

// Castor: Unmarshalling
Catalog catalog =
    (Catalog)org.exolab.castor.xml.Unmarshaller.unmarshal(Catalog.class, reader);

// Zeus: Unmarshalling
StreamSource source = new StreamSource(reader);
org.enhydra.zeus.Unmarshaller unmarshaller = new org.enhydra.zeus.Unmarshaller();
Catalog catalog = (Catalog)unmarshaller.unmarshal(source);

// Castor: Marshalling
org.exolab.castorMarshaller.marshal(catalog, writer);

// Zeus: Marshalling
StreamResult result = new StreamResult(writer);
org.enhydra.zeus.Marshaller marshaller = new org.enhydra.zeus.Marshaller();
marshaller.marshal(catalog, result);
```

Bei der Benutzung von Zeus muß man sich zwar mit ein wenig mehr Tipparbeit abfinden, die Vorgehensweise sollte aber JAXP-Nutzern vertraut vorkommen, was ja auch das Ziel war. Zeus erlaubt außerdem die Nutzung von SAX-Streams und DOM-Bäumen bei Benutzung entsprechender Implementierungen für Source und Result. Beispiel 15-7 ist ein Beispiel für Zeus in Aktion. Das Programm liest den ersten Kommandozeilenparameter, gibt die Item-Namen und IDs aus, ändert ein vorhandenes Item und schreibt den Katalog dann wieder als XML zurück. Es ist zwar keine Interaktion mit dem Programm möglich, Sie sollten aber trotzdem erkennen, wie Zeus arbeitet.

Beispiel 15-7: Benutzung von Zeus zur Manipulation des Katalogs

```java
package javaxml2;

import java.io.File;
import java.io.FileReader;
import java.io.FileWriter;
import java.io.IOException;
import java.util.Iterator;
import java.util.List;

// Zeus-Klassen
import org.enhydra.zeus.Marshaller;
import org.enhydra.zeus.Unmarshaller;
import org.enhydra.zeus.source.StreamSource;
import org.enhydra.zeus.result.StreamResult;

// von Zeus generierte Klassen
import javaxml2.zeus.Catalog;
import javaxml2.zeus.Guest;
import javaxml2.zeus.GuestImpl;
import javaxml2.zeus.Item;
import javaxml2.zeus.ItemImpl;

public class CatalogViewer {

    public void view(File catalogFile) throws IOException {
        FileReader reader = new FileReader(catalogFile);
        StreamSource source = new StreamSource(reader);

        // Konvertieren von XML nach Java
        Unmarshaller unmarshaller = new Unmarshaller();
        unmarshaller.setJavaPackage("javaxml2.zeus");
        Catalog catalog = (Catalog)unmarshaller.unmarshal(source);

        List items = catalog.getItemList();
        for (Iterator i = items.iterator(); i.hasNext(); ) {
            Item item = (Item)i.next();
            String id = item.getId();
            System.out.println("Item ID: " + id);
            String title = item.getTitle().getValue();
            System.out.println("Item Title: " + title);

            // Modifizieren eines Items
            if (id.equals("CDZ-SM01")) {
                item.getTitle().setValue("Sam Bush Teaches Mandolin " +
                    "Repertoire and Technique, 2nd edition");
                Guest guest = new GuestImpl();
                guest.setValue("Bela Fleck");
                item.addGuest(guest);
            }
        }
```

Beispiel 15-7: Benutzung von Zeus zur Manipulation des Katalogs (Fortsetzung)

```
        // Zurückschreiben
        FileWriter writer = new FileWriter(new File("newCatalog.xml"));
        StreamResult result = new StreamResult(writer);
        Marshaller marshaller = new Marshaller();
        marshaller.marshal(catalog, result);
    }

    public static void main(String[] args) {
        try {
            if (args.length != 1) {
                System.out.println("Usage: java javaxml2.CatalogViewer " +
                    "[XML Catalog Filename]");
                return;
            }

            // XML-Katalog holen
            File catalogFile = new File(args[0]);
            CatalogViewer viewer = new CatalogViewer();
            viewer.view(catalogFile);

        } catch (Exception e) {
            e.printStackTrace();
        }
    }
}
```

Das liest die angegebene Datei ein und spuckt die ID und den Titel jedes Items im Katalog aus. Es sucht außerdem nach einer speziellen ID (»CDZ-SM01«) und modifiziert dieses Item, um eine zweite Auflage vorzutäuschen (und wir alle lieben zweite Auflagen!). Schließlich wird der Katalog mit den geänderten Informationen in eine neue Datei geschrieben. Versuchen Sie es. Dazu ist es nur erforderlich, daß Sie die von Zeus generierten Klassen in Ihrem Klassenpfad eingetragen haben.

Nachdem Sie jetzt wissen, wie Data-Binding grundsätzlich funktioniert, kann man Sie nicht mehr leicht überraschen. Sie müssen nur das Framework finden, das am besten zu den besonderen Anforderungen Ihrer Anwendung paßt. Eine Sache, die Zeus Castor voraus hat, ist die Generierung von Interfaces und Implementierungen dazu, die es Ihnen erlaubt, eigene Klassen mit nur kleinen Änderungen zu benutzen. Außerdem kann Zeus DTDs benutzen, was viele von Ihnen mit Hunderten DTDs in alten XML-Anwendungen lieben werden. Auf der anderen Seite ist Zeus neuer als Castor und hat weniger Schwung und zum jetzigen Zeitpunkt eine kleinere Entwicklergemeinde. Informieren Sie sich online, und nehmen Sie, was Ihnen hilft.

JAXB

Last but not least möchte ich JAXB, die Java-Architektur von Sun für das Data-Binding vorstellen. Es könnte Sie überraschen, daß ich JAXB zuletzt behandle oder sogar, daß ich die anderen APIs vorgestellt habe. Suns Angebot hat lange gebraucht, bis es endlich da war, und es ist zu dem Zeitpunkt, da dieses Buch entsteht, immer noch in einem sehr frühen Stadium. Es wird wahrscheinlich noch nicht in einer endgültigen Fassung vorliegen, wenn Sie dieses Kapitel lesen, und hat ein sehr schmales Angebot an Features. Natürlich werden in kommenden Releases mehr und mehr Features hinzugefügt werden. Im Moment ist es aber Suns Hauptanliegen, ein stabiles Angebot zu veröffentlichen. Sie werden in Zeus und Castor auf Features stoßen, die einfach noch nicht in JAXB vorhanden sind. Aus all diesen Gründen wollte ich Sie mehr sehen lassen als nur das JAXB-Framework – und schließlich, meine ich, ist Open Source doch cool!

Installation

Um beginnen zu können, müssen Sie JAXB von Suns Website herunterladen. Es ist unter *http://java.sun.com/xml/jaxb/index.html* zu finden. Ich empfehle, gleich noch die Dokumentation und die Spezifikation mitzunehmen.

Zu der Zeit, da ich dies schreibe, befindet sich JAXB noch in einem sehr frühen Entwicklungsstadium. Sun könnte noch leicht etwas vor der finalen Version ändern, obwohl das in EA-Software (early access: früher Zugriff) nicht üblich ist. Seien Sie dennoch gewarnt, daß Sie den hier präsentierten Code vielleicht noch ein wenig nachbessern müssen, damit er zum Zeitpunkt des Ausprobierens auch funktioniert. Außerdem gibt es noch eine Menge Fehler in der Dokumentation (zumindestens in der momentan aktuellen Version). Ich habe versucht, diese Fehler zu umschiffen, daher können Sie die hier gegebenen Beispiele als korrekte Syntax ansehen, wenn Sie bei der Benutzung der JAXB-Instruktionen Probleme bekommen.

Wenn Sie das Paket heruntergeladen haben, fügen Sie einfach die zwei enthaltenen *jar*-Dateien *jaxb-xjc-1.0-ea.jar* und *jaxb-rt-1.0-ea.jar* zu Ihrem Klassenpfad hinzu. Außerdem benutzt JAXB noch ein Skript – *xjc* – zur Schema-Kompilation. Ich habe keine Ahnung, warum das keine Java-Klasse ist, aber so ist das Leben. Sie können die entsprechende Klasse natürlich auch von Hand aufrufen, wenn Sie sich durch das Shell-Skript hindurchgraben wollen. Außerdem ist bei dieser Version kein Skript vorhanden, das man unter Windows benutzen kann, was aber sicherlich viele von Ihnen lieber hätten. Beispiel 15-8 zeigt ein Windows-kompatibles Skript, welches der mitgelieferten Unix-Version entspricht.

Beispiel 15-8: xjc.bat für Windows

```
@echo off

echo JAXB Schema Compiler
echo --------------------

if "%JAVA_HOME%" == "" goto errorJVM
if "%JAXB_HOME%" == "" goto errorJAXB

set JAXB_LIB=%JAXB_HOME%\lib
set JAXB_CLASSES=%JAXB_HOME%\classes

echo %JAVA_HOME%\bin\java.exe -jar %JAXB_LIB%\jaxb-xjc-1.0-ea.jar %1 %2 %3 %4 %5
%JAVA_HOME%\bin\java.exe -jar %JAXB_LIB%\jaxb-xjc-1.0-ea.jar %1 %2 %3 %4 %5

goto end

:errorJVM

echo ERROR: JAVA_HOME im Environment nicht gefunden.
echo Bitte setzen Sie die Umgebungsvariable JAVA_HOME auf das Verzeichnis der
JVM, die Sie benutzen möchten.
echo zum Beispiel:
echo   set JAVA_HOME=c:\java\jdk1.3.1

goto end

:errorJAXB

echo ERROR: JAXB_HOME im Environment nicht gefunden.
echo Bitte setzen Sie die Umgebungsvariable JAXB_HOME
echo auf das JAXB-Installationsverzeichnis.
echo For example:
echo   set JAXB_HOME=c:\java\jaxb-1.0-ea

:end
```

Speichern Sie diese Datei im Verzeichnis *bin* der JAXB-Installation zusammen mit *xjc*; wie Sie sehen können, habe ich meine Datei *xjc.bat* genannt. Schließlich müssen Sie noch die Umgebungsvariablen JAVA_HOME und JAXB_HOME setzen (Sie brauchen nur JAVA_HOME, wenn Sie unter Unix arbeiten). Auf meinem Windows-System mußte ich folgendes eingeben:

```
set JAVA_HOME=c:\java\jdk1.3.1
set JAXB_HOME=c:\javaxml2\jaxb-1.0-ea
```

Nun können Sie weitermachen.

Klassengenerierung

Während Castor nur Schemas unterstützt, unterstützt JAXB nur DTDs. Daher werde ich hier die DTD aus Beispiel 15-5 zur Klassengenerierung benutzen. Jedoch braucht JAXB auch noch ein sogenanntes *Binding-Schema* für die Klassengenerierung. Ein solches Schema teilt JAXB die Randbedingungen der Umwandlung der Beschränkungen aus der DTD in eine (oder mehrere) Jave-Klasse(n) mit. Im einfachsten Falle braucht man nur das (oder die, wenn Ihre DTD mehrere spezifiziert) root-Element(e) anzugeben. Beispiel 15-9 stellt das einfachste mögliche Binding-Schema für das in diesem Kapitel benutzte Dokument *catalog.xml* dar.

Beispiel 15-9: Binding-Schema für das Dokument catalog

```
<?xml version="1.0"?>

<xml-java-binding-schema version="1.0ea">
  <element name="catalog" type="class" root="true" />
</xml-java-binding-schema>
```

Das spezifiziert das Dokument als ein Binding-Schema und definiert das root-Element. Speichern Sie die Datei als *catalog.xjc*.

Mit einer DTD (*catalog.dtd* aus dem letzten Abschnitt über Zeus) und einem Binding-Schema können Sie nun Java-Klassen generieren. Führen Sie folgendes Kommando aus:

```
xjc c:\javaxml2\ch14\xml\jaxb\catalog.dtd c:\javaxml2\ch14\xml\jaxb\catalog.xjc
```

Oder unter Unix, beziehungsweise Cygwin:

```
xjc /javaxml2/ch14/xml/jaxb/catalog.dtd /javaxml2/ch14/xml/jaxb/catalog.xjc
```

Ist dieses Kommando beendet, sind die zwei Klassen *Catalog.java* und *Item.java* im aktuellen Verzeichnis entstanden. Diese haben die erwartete typische Menge von Methoden:

```
public class Item {
    public String getLevel();
    public void setLevel();

    public String getId();
    public void setId(String id);

    public List getGuest();
    public void deleteGuest();
    public void emptyGuest();

    // Und so weiter...
}
```

Beachten Sie, wie JAXB Listen behandelt. Es ist (meiner Meinung nach) ein Schritt vorwärts verglichen mit Castor, da kein Zugriff auf die gesamte List der guests möglich ist. Jedoch erreicht es (meiner Meinung nach) nicht die Annehmlichkeit der Methode addGuest() in Zeus. Sie müssen die Liste holen und dann Manipulationen direkt auf ihr durchführen:

```
// Der Zeus-Weg
item.addGuest(new Guest("Bela Bleck"));

// Der Java-Weg
List guests = item.getGuest();
guests.add("Bela Fleck");
```

Die generierten Klassen sind konkrete Klassen, wie es auch bei Castor der Fall ist.

Das Binding-Schema bietet einige nette Optionen (obwohl es kein XML ist). Erstens kann man das Package bestimmen, dem die generierten Klassen angehören sollen. Dies wird durch das Attribut package des Elements options erreicht. Fügen Sie folgende Zeile in Ihr Binding-Schema ein:

```
<?xml version="1.0"?>

<xml-java-binding-schema version="1.0ea">
  <options package="javaxml2.jaxb" />
  <element name="catalog" type="class" root="true" />
</xml-java-binding-schema>
```

Nun wird der generierte Source-Code im Verzeichnis *javaxml2/jaxb* mit derselben Struktur wie die der Package-Hierarchie auftauchen. Als nächstes bestimmen wir, daß das Attribut level des Elements item eine Zahl sein soll (statt eines Strings):

```
<?xml version="1.0"?>

<xml-java-binding-schema version="1.0ea">
  <options package="javaxml2.jaxb" />
  <element name="catalog" type="class" root="true" />
  <element name="item" type="class">
    <attribute name="level" convert="int" />
  </element>
</xml-java-binding-schema>
```

Wie Sie sehen können, habe ich zunächst eine Element-Deklaration für das Element item eingefügt. Dadurch ist es möglich, sein Attribut level über das Konstrukt attribute anzusprechen. Um den gewünschten Typ festzulegen, habe ich int als Wert des Attributs convert angegeben.

Wenn wir mit den Möglichkeiten fortfahren, die Binding-Schemas bieten, kommen wir nun zu einem wirklich heißen Feature. Es ist nämlich möglich, den in der DTD vereinbarten Namen einer Eigenschaft zu ändern. Ich, zum Beispiel, hasse Methodennamen wie getId(). Statt dessen mag ich viel lieber so etwas wie getID(), was auch sehr viel besser aussieht. Ich möchte also die Eigenschaft id aus der DTD in der Java-Klasse ID nennen. Das ist mit JAXB recht einfach:

```xml
<?xml version="1.0"?>

<xml-java-binding-schema version="1.0ea">
  <options package="javaxml2.jaxb" />
  <element name="catalog" type="class" root="true" />
  <element name="item" type="class">
    <attribute name="level" convert="int" />
    <attribute name="id" property="ID" />
  </element>
</xml-java-binding-schema>
```

Haben Sie alle diese verschiedenen Änderungen vorgenommen, lassen Sie den Schema-Compiler (*xjc*) noch einmal arbeiten. Sie werden die modifizierten Klassen erhalten, von denen ich erzählt habe, und können diese im Anschluß auch gleich kompilieren:

```
javac -d . javaxml2/jaxb/*.java
```

Sollten Probleme auftauchen, stellen Sie sicher, daß sich die Datei *jaxb-rt-1.0-ea.jar* noch im Klassenpfad befindet.

Es gibt noch einige Optionen mehr, die man in Binding-Schemas benutzen kann, tatsächlich sind viele undokumentiert. Ich habe sie gefunden, indem ich einen Blick auf die bei JAXB mitgelieferte DTD *xjc.dtd* geworfen habe. Ich empfehle Ihnen, das zusätzlich zum Lesen der Dokumentation auch zu tun. Wenn Sie Ihre Klassen generiert haben, kann es mit dem Marshalling und Unmarshalling weitergehen.

Marshalling und Unmarshalling

Der Prozeß des Marshalling und Unmarshalling erscheint als dasselbe Thema, die dritte Variation. Aus diesem Grunde mache ich hier gleich mit ein wenig Code weiter – dargestellt in Beispiel 15-10.

Beispiel 15-10: Die Klasse Categorizer

```java
package javaxml2;

import java.io.File;
import java.io.FileInputStream;
import java.io.FileOutputStream;
import java.io.IOException;
import java.util.Iterator;
import java.util.LinkedList;
import java.util.List;

// JAXB-Klassen
import javax.xml.bind.UnmarshalException;

// von JAXB generierte Klassen
import javaxml2.jaxb.Catalog;
import javaxml2.jaxb.Item;
```

Beispiel 15-10: Die Klasse Categorizer (Fortsetzung)

```
public class Categorizer {

    public void categorize(File catalogFile) throws IOException,
        UnmarshalException {

        // Konvertieren von XML nach Java
        FileInputStream fis = new FileInputStream(catalogFile);
        Catalog catalog = new Catalog();
        try {
            catalog = Catalog.unmarshal(fis);
        } finally {
            fis.close();
        }

        // Erzeugen eines neuen Katalogs für die verschiedenen Kategorien
        Catalog fingerpickingCatalog = new Catalog();
        Catalog flatpickingCatalog = new Catalog();
        Catalog mandolinCatalog = new Catalog();

        List items = catalog.getItem();
        for (Iterator i = items.iterator(); i.hasNext(); ) {
            Item item = (Item)i.next();
            String teacher = item.getTeacher();
            if ((teacher.equals("Doc Watson")) ||
                (teacher.equals("Steve Kaufman"))) {
                flatpickingCatalog.getItem().add(item);
            } else if (teacher.equals("David Wilcox")) {
                fingerpickingCatalog.getItem().add(item);
            } else if ((teacher.equals("Sam Bush")) ||
                    (teacher.equals("Chris Thile"))) {
                mandolinCatalog.getItem().add(item);
            }
        }

        // XML zurückschreiben
        FileOutputStream fingerOutput =
            new FileOutputStream(new File("fingerpickingCatalog.xml"));
        FileOutputStream flatpickOutput =
            new FileOutputStream(new File("flatpickingCatalog.xml"));
        FileOutputStream mandolinOutput =
            new FileOutputStream(new File("mandolinCatalog.xml"));
        try {
            // Validieren des Katalogs
            fingerpickingCatalog.validate();
            flatpickingCatalog.validate();
            mandolinCatalog.validate();

            // Ausgabe des Katalogs
            fingerpickingCatalog.marshal(fingerOutput);
            flatpickingCatalog.marshal(flatpickOutput);
```

Beispiel 15-10: Die Klasse Categorizer (Fortsetzung)

```
            mandolinCatalog.marshal(mandolinOutput);
        } finally {
            fingerOutput.close( );
            flatpickOutput.close( );
            mandolinOutput.close( );
        }
    }

    public static void main(String[] args) {
        try {
            if (args.length != 1) {
                System.out.println("Benutzung: java javaxml2.Categorizer " +
                    "[Dateiname für XML-Katalog]");
                return;
            }

            // Zugriff auf den XML-Katalog holen
            File catalogFile = new File(args[0]);
            Categorizer categorizer = new Categorizer( );
            categorizer.categorize(catalogFile);

        } catch (Exception e) {
            e.printStackTrace( );
        }
    }
}
```

Hieran ist eigentlich nichts interessant – alles hier haben Sie schon mehrfach gesehen. JAXB arbeitet trotzdem an manchen Stellen anders. Zunächst existieren die Methoden marshal( ) und unmarshal( ) in den generierten Klassen selbst und nicht in statischen Marshaller- und Unmarshaller-Klassen:

```
// Konvertieren von XML nach Java
FileInputStream fis = new FileInputStream(catalogFile);
Catalog catalog = new Catalog( );
try {
    catalog = Catalog.unmarshal(fis);
} finally {
    fis.close( );
}
```

Die generierten Klassen stellen statische Methoden zum Marshalling und Unmarshalling zur Verfügung. Diese Methoden werden für Instanzen der Klasse ausgeführt, die mit den Daten der übergebenen Datei gefüllt sind. *Daher müssen Sie sicherstellen, daß Sie den Rückgabewert dieser Methoden einer Instanz-Variablen zuweisen!* Ein extrem frustrierender Fehler ist dieser:

```
// Konvertieren von XML nach Java
FileInputStream fis = new FileInputStream(catalogFile);
```

```
Catalog catalog = new Catalog();
try {
    catalog.unmarshal(fis);
} finally {
    fis.close();
}
```

Beachten Sie die fettgedruckte Zeile: Wenn Sie versuchen, auf die Instanzvariable der Klasse catalog zuzugreifen, werden Sie keine Daten erhalten, egal, was das XML-Dokument enthält. Der Grund dafür ist, daß die Methode unmarshal() statisch ist und eine Instanz der Klasse Catalog liefert – da dieser Wert nicht zugewiesen wird, geht sie verloren. Das kann ziemlich nerven, passen Sie also auf! Genau dieser Sachverhalt ist eigentlich ein Fall für statische Marshaller- und Unmarshaller-Klassen wie in Zeus und Castor.

In dem Beispiel wird, wenn eine Instanz des XML-Katalogs vorliegt, über die Items iteriert. Abhängig vom »teacher« fügt der Code ein Item zu einer von drei Kategorien hinzu: »flatpicking«, »fingerpicking« und »mandolin«. Anschließend wird jede dieser Kategorien mittels Marshalling in ein neues XML-Dokument geschrieben. Als Beispiel zeige ich Ihnen mein Dokument *mandolinCatalog.xml*:

```xml
<?xml version="1.0" encoding="UTF-8"?>

<catalog>
    <item level="3" id="VD-THI-MN01">
        <title>Essential Techniques for Mandolin</title>
        <teacher>Chris Thile</teacher>
        <description>Das ist eine Lektion, die Mandolinenspieler aller
        Erfahrungsstufen begeistern wird.</description></item>
    <item level="4" id="CDZ-SM01">
        <title>Sam Bush lehrt Mandolinen-Repertoire und -Techniken</title>
        <teacher>Sam Bush</teacher>
        <description>Lerne acht traditionelle und moderne Solos, jedes davon
        vollgepackt mit Licks, Runs und musikalischen Variationen.</description>
</item></catalog>
```

Das Format hier hängt wie immer vom Layout des Buches ab, daher kann sich die Zeilenaufteilung bei Ihnen unterscheiden. Das Marshalling und Unmarshalling in JAXB ist, wie gesehen, einfach zu nutzen. Wenn man erst einmal mit dem Thema statische Methoden klargekommen ist, laufen diese Prozesse fast identisch zu den beiden anderen Frameworks ab.

Obwohl ich Sie ermutige, JAXB heute zu testen, sollten Sie dennoch vorsichtig sein, wenn Sie es in ernsthaften Projekten einsetzen, bevor die finale Version erscheint. Es gibt immer noch eine Anzahl undokumentierter Features, die sich leicht vor einer solchen finalen Version ändern könnten. Außerdem erlaubt es JAXB zur Zeit nicht, beliebige Objekte, deren Klassen nicht mittels JAXB generiert wurden, mittels Marshalling zu behandeln. Das ist etwas, was andere Frameworks können und was Ihre Anwendungen womöglich einschränkt. Dazu bietet JAXB auch keine Unterstützung für XML Schemas und Namensräume. Positiv ist, daß Sun wahrscheinlich viele Ressourcen in die Entwicklung von JAXB stecken und es sich in den kommenden Monaten deshalb sehr mausern wird.

In jedem Fall sollten Sie nun einen guten Eindruck davon erhalten haben, was das Data-Binding bietet. Die Ecken und Kanten eines bestimmten Frameworks auszuloten überlasse ich Ihnen. Mit den hier vermittelten Grundlagen sollten Sie aber in der Lage sein, jedes der hier vorgestellten Projekte zum Laufen zu bringen. Informieren Sie die Entwickler des Projekts, für das Sie sich entschieden haben, darüber, was funktioniert und was nicht, das kann die zukünftige Entwicklung nur positiv beeinflussen – besonders in der Open Source-Bewegung.

Und was kommt jetzt?

Wir nähern uns langsam den letzten Seiten des Buches, daher wird es nicht überraschen, daß ich nunmehr die behandelten Dinge zusammenfasse. Ich werde ein wenig zaubern und Ihnen verraten, was sich meiner Meinung nach im Auge zu behalten lohnt. Kapitel 16 ist aus zwei Gründen mein »Ausschau-halten«-Kapitel. Der erste ist offensichtlich: Ich möchte Sie an der Spitze der Bewegung wissen. Der zweite, interessantere Punkt ist, Ihnen zu zeigen, wie schnell sich die Dinge ändern. Das trifft besonders für Java und XML zu, und ich erwarte, daß Sie und ich in einem Jahr über einige der Aussagen des nächsten Kapitels herzhaft lachen werden. Immerhin wird es Ihnen helfen, über das nachzudenken, was sich heute schon am Horizont abzeichnet, und Sie auf das Auftauchen dieser neuen Technologien vorbereiten.

KAPITEL 16

Nach vorn schauen

Es ist schon fast an der Zeit, ein Resümee unserer Reise durch Java und XML zu ziehen. Ich hoffe, Sie hatten Spaß. Bevor ich Sie dem Grübeln über die vielen sich bietenden Möglichkeiten überlasse, möchte ich noch einen Blick in die Kristallkugel werfen. Wie jeder gute Programmierer versuche ich die Entwicklungsrichtungen neuer Technologien zu erahnen und ihnen einen Schritt voraus zu sein. Dafür braucht man gewöhnlich mehr als nur oberflächliche Informationen über eine ganze Anzahl von Technologien, damit man wieder in die Gänge kommt, wenn sich irgend etwas doch anders entwickelt. In diesem Kapitel werde ich einige interessante Dinge anreißen, die momentan am Horizont auftauchen. Ich gebe bereitwillig zu, daß einige meiner Annahmen völlig danebenliegen können, andere wiederum könnten den nächsten Hype auslösen. Schauen Sie sich alles an, und seien Sie bereit, wenn irgend etwas davon in Ihre Anwendung paßt.[1]

XLink

Die erste Sache auf meiner Liste der hochinteressanten Neuheiten in der Welt von XML ist XLink. XLink definiert einen Verknüpfungsmechanismus zum Verweis auf andere Dokumente in XML (Verknüpfung engl. *link*). Für diejenigen unter Ihnen, die mit HTML vertraut sind, klingt das wahrscheinlich wie das Element »a«, an das Sie daher gewöhnt sind:

```
<a href="http://www.nickelcreek.com">Check out Nickel Creek!</a>.
```

XLink bietet jedoch weitaus mehr als unidirektionale (nur in eine Richtung verlaufende) Verknüpfungen. Mit XLink kann man bidirektionale Verknüpfungen anlegen und bestimmen, wie diese Verknüpfungen verarbeitet werden. Das Wichtigste jedoch ist, daß man Verknüpfungen von jedem XML-Element aus anlegen kann (nicht nur vom Element »a«). Aus all diesen Gründen lohnt es sich, darauf näher einzugehen.

---

1 Viele der Abschnitte in diesem Kapitel basieren vollständig oder in Teilen auf Artikeln und Tips, die ich für die IBM Developer Works Online-Publikation unter *http://www.ibm.com/developer* geschrieben habe. Danke an Nancy Dunn und die netten Leute bei IBM, die mir erlaubten, Teile dieser Artikel zu aktualisieren und hier zu verwenden.

Beispiel 16-1 ist ein kleines XML-Dokument, das einige meiner Gitarren repräsentiert.

Beispiel 16-1: XML-Dokument unter Benutzung von XLink

```
<?xml version="1.0" encoding="ISO-8859-1"?>

<guitars xmlns="http://www.newInstance.com/about/guitars"
         xmlns:xlink="http://www.w3.org/1999/xlink">
 <guitar luthier="Bourgeois"
          xlink:type="simple"
          xlink:href="http://www.newInstance.com/about/guitars/bourgeoisOM">
   <descripton xlink:type="simple"
           xlink:href="http://www.newinstance.com/pics/bougOM_front_full.jpg"
           xlink:actuate="onLoad" xlink:show="embed">
    Dies ist eine wirkliche Schönheit in einem kleinen Körper. Obwohl sie nur eine OM
    ist, benutze ich sie sowohl für Bluegrass als auch für »Finger-Style«-Sound.
   </description>
 </guitar>
 <guitar luthier="Bourgeois"
          xlink:type="simple"
          xlink:href="http://www.newInstance.com/about/guitars/bourgeoisD150">
   <descripton xlink:type="simple"
           xlink:href="http://www.newinstance.com/pics/bougd150_con_rim2.jpg"
           xlink:actuate="onLoad" xlink:show="embed">
    Hier wird gerade der heilige Gral gefertigt. Dana Bourgeois baut gerade dieses
    Bluegrass-Monster aus brasilianischem Rosenholz und Adirondack.
    Du weißt, daß sie fertig ist, wenn Leute fliehen und deine Fenster splittern!
   </description>
 </guitar>
</guitars>
```

Zunächst werden Sie bemerken, daß ich den XLink-Namensraum referenziere, damit das Dokument Zugriff auf die mit XLink verbundenen Attribute und Features hat. Zweitens benutze ich nur XLinks des einfachen Typs, wie sie von dem Attribut xlink:type definiert werden. Ich tue das, weil die Browser-Unterstützung für XLink minimal ist – ich habe sie nur in Mozilla und Netscape 6 gefunden (ich konnte IE 6.0 nicht testen, die Version 5.5 unterstützt es nicht). Daher werden hier nur die grundlegenden Konzepte beleuchtet.

Da jetzt alle Formalitäten erledigt sind, benötigt XLink nur noch einige Attribute an den Elementen, die Links haben. Nehmen Sie das Guitar-Element meines Dokuments als Beispiel. Hier wird ein »luthenier« (Lutenist) für jede Gitarre angegeben. (Das ist ein Gitarrenbauer – für all jene, die sich bislang nicht mit Gitarren befaßt haben.) Ich sprach bereits die Benutzung des Attributs xlink:type an, das auf den Wert »simple« (engl. *einfach*) gesetzt ist. Dann wird eine mittels XLink zu verknüpfende URL angegeben. Diese URL wird mit dem Attribut xlink:href spezifiziert. Bisher sieht das alles wie HTML aus. Nicht weiter schwierig, oder? Der Voreinstellung folgend (Unterstützung im Browser immer vorausgesetzt), wird das einen Link produzieren, der den aktuellen Inhalt des Fensters ersetzt, wenn er angeklickt wird. Möchte man, daß die Verknüpfung in einem neuen Fenster angezeigt wird, benutzt man das Attribut xlink:show und gibt ihm den Wert »new« – die Voreinstellung »replace« (engl. *ersetzen*) ist das normale Verhalten von HTML.

Natürlich deckt das nur die grundlegende Verknüpfung ab. Es wird aber schon interessanter, wenn Sie entfernte Daten als Ressourcen benutzen möchten, zum Beispiel beim Einbinden von Bildern. Schauen Sie auf das Element description. Es setzt den Wert des Attributs xlink:show auf »embed« (engl. *einbetten*). Die Ressource – in diesem Fall ein Bild der beschriebenen Gitarre – soll in die angezeigte Seite eingebaut werden. Das weist einen XLink-fähigen Browser an, die beschriebene Ressource an dieser Stelle in das XML-Dokument einzufügen. Richtig interessant wird das, wenn Sie sich vorstellen, daß das auch ein *anderes XML-Dokument sein kann* und nicht nur ein simples Bild.

Das kann man auch noch einen Schritt weiter treiben und bestimmen, *wann* die Ressource angezeigt werden soll. Das wird durch das Attribut xlink:actuate erreicht. Es definiert, wann die Ressource gelesen und angezeigt wird. Hat das Attribut den Wert »onLoad«, wie in Beispiel 16-1, wird die Ressource geladen, wenn das ursprüngliche Dokument geladen wird. Man könnte statt dessen »onRequest« angeben, was bedeutet, daß die Ressource erst beim Anklicken geladen und angezeigt wird. Damit kann man die benötigte Bandbreite niedrig halten und dem Nutzer erlauben, nur die Ressourcen anzuschauen, die er wirklich sehen möchte.

XLink hat definitiv das Potential, die nächste Generation von XML-Dokumenten stark zu beeinflussen. Die vollständige Spezifikation ist unter *http://www.w3.org/TR/xlink* einzusehen. Ich würde die aktuellen Browser im Blick behalten, um zu sehen, wann vollständige XLink-Unterstützung verfügbar ist.

XPointer

XPointer ist eine weitere Verknüpfungstechnologie in XML – tatsächlich baut es auf den Fähigkeiten von XLink auf. XLink ist schon allein sehr nützlich, erlaubt es aber nur, auf andere Dokumente zu verweisen. Es lassen sich aber eine Menge an Szenarien ausdenken, bei denen man nur auf einen *Teil* des anderen Dokuments verweisen möchte. Das ist ein häufig benutzter Fall und ähnelt dem Mechanismus der benannten Anchors (engl. *Anker*) in HTML. Das wird möglich, indem man XPointer auf XLink aufsetzt; die Spezifikationen bauen sehr natürlich aufeinander auf und wurden mit Blick auf gute Zusammenarbeit entworfen. Lassen Sie uns zunächst einen Blick auf das Zieldokument werfen, zu dem eine Verknüpfung erstellt werden soll. Stellen Sie wenn möglich sicher, daß id-Attribute darin benutzt werden. Das wird die Verknüpfungen wesentlich vereinfachen. Beispiel 16-2 zeigt eine Liste einiger Gitarren des Gitarrenbauers Dana Bourgeois und setzt eine ID für jeden Typ.

Beispiel 16-2: Eine Liste von Gitarren des Gitarrenbauers Bourgeois

```
<?xml version="1.0" encoding="ISO-8859-1"?>

<guitarTypes xmlns="http://www.bourgeoisguitars.com">
 <type model="OM" ID="OM">
  <picture url="http://www.bourgeoisguitars.com/images/vvOM.jpg"/>
  <description>Orchester-Modell mit kleinem Körper.</description>
 </type>
 <type model="D" ID="D">
  <picture
   url="http://www.bourgeoisguitars.com/images/ricky%20skaggs%20model.jpg"/>
  <description>Bluegrass-Kraftwerk - das Standard-Schlachtschiff.</description>
 </type>
 <type model="slopeD" ID="slopeD">
  <picture
   url="http://www.bourgeoisguitars.com/images/slope%20d,%20custom%20version.jpg"/>
  <description>
    Schlachtschiff mit schrägen Schultern, perfekt für Gesangsbegleitung.
  </description>
 </type>
</guitarTypes>
```

Um das Beispiel besser erläutern zu können, nehmen wir an, daß dieses Dokument unter *http://www.bourgeoisguitars.com/guitars.xml* zu finden ist. Anstatt das gesamte Dokument zu referenzieren, was uns nicht viel weiterhelfen würde, erlaubt es XPointer, spezifische Teile des Dokuments als Ziele für Verknüpfungen anzugeben. Erinnern Sie sich an das Attribut xlink:href? Der Wert dieses Attributs war das Ziel eines XLinks. Sie können nun noch ein Hashzeichen (#) und einen XPointer-Ausdruck zu dieser URL hinzufügen. So bezieht sich der Ausdruck xpointer(id("slopeD")) auf ein Element mit der ID »slopeD« in einem Dokument. Um sich also auf das in Beispiel 16-2 gezeigte XML und darin auf das Slope-D-Gitarrenmodell zu beziehen, würde man die URL *http://www.bourgeoisguitars.com/guitars.xml#xpointer(id(»slopeD«))* benutzen. Eigentlich einfach. Lassen Sie mich Ihnen nun eine modifizierte Version des XML-Dokuments aus dem XLink-Abschnitt (Beispiel 16-1) zeigen, die meine Gitarren mit einigen XPointer-Referenzen beschreibt. (Vergeben Sie mir die furchtbare Formatierung – Ich hatte ziemlich viel in manche Zeilen zu pressen.) Schauen Sie sich Beispiel 16-3 an:

Beispiel 16-3: Meine Gitarren in XML unter Benutzung von XPointer

```
<?xml version="1.0" encoding="ISO-8859-1"?>

<guitars xmlns="http://www.newInstance.com/about/guitars"
         xmlns:xlink="http://www.w3.org/1999/xlink">
 <guitar luthier="Bourgeois"
         xlink:type="simple"
         xlink:href=
           "http://www.bourgeoisguitars.com/guitars.xml#xpointer(id(&apos;OM&apos;))">
```

Beispiel 16-3: Meine Gitarren in XML unter Benutzung von XPointer (Fortsetzung)

```
<descripton xlink:type="simple"
            xlink:href="http://www.newinstance.com/pics/bougOM_front_full.jpg"
            xlink:actuate="onLoad" xlink:show="embed">
Dies ist eine wirkliche Schönheit in einem kleinen Körper. Obwohl sie nur eine OM
ist, benutze ich sie sowohl für Bluegrass als auch für »Finger-Style«-Sound.
</description>
</guitar>
<guitar luthier="Bourgeois"
        xlink:type="simple"
        xlink:href=
         "http://www.bourgeoisguitars.com/guitars.xml#xpointer(id(&apos;D&apos;))">
<descripton xlink:type="simple"
            xlink:href="http://www.newinstance.com/pics/bougd150_con_rim2.jpg"
            xlink:actuate="onLoad" xlink:show="embed">
Hier wird gerade der heilige Gral gefertigt. Dana Bourgeois baut gerade dieses
Bluegrass-Monster aus brasilianischem Rosenholz und Adirondack.
Du weißt, daß sie fertig ist, wenn Leute fliehen und deine Fenster splittern!
</description>
</guitar>
</guitars>
```

Nun kann mein XML-Dokument die XML-Informationen referenzieren, die Dana Bourgeois über seine Gitarren zur Verfügung stellt. Ändert er seine Informationen, muß ich mich nicht darum kümmern – da ich ja nur Verknüpfungen dazu verwalte, bleibt mein Dokument aktuell. Beachten Sie, daß die Anführungszeichen im XPointer-Ausdruck unter Benutzung von &amp statt eines Kaufmanns-Unds (&) gequotet werden müssen. Das sorgt für eine ziemlich lange URL. Lange URLs sind meiner Erfahrung nach oft die Ursache für langweilige Tippfehler (und für die schlechte Formatierung in einem Buch!). Glücklicherweise bietet XPointer eine nette Abkürzung, wenn man auf ein Element verweisen möchte, das ein ID-Tag besitzt. Statt des Ausdrucks xpointer(id("D")) kann man auch einfach den Wert des ID-Tags des Ziels benutzen – in diesem Fall also »D«. Damit kann ich das Dokument aus Beispiel 16-3 in das in Beispiel 16-4 gezeigte ändern. Dadurch erhält man eine sehr viel klarere Syntax der Verknüpfungen.

Beispiel 16-4: Benutzung der XPointer-Abkürzung zur Vereinfachung von Example 16-3

```
<?xml version="1.0" encoding="ISO-8859-1"?>

<guitars xmlns="http://www.newInstance.com/about/guitars"
         xmlns:xlink="http://www.w3.org/1999/xlink">
 <guitar luthier="Bourgeois"
         xlink:type="simple"
         xlink:href="http://www.bourgeoisguitars.com/guitars.xml#OM" >
 <descripton xlink:type="simple"
             xlink:href="http://www.newinstance.com/pics/bougOM_front_full.jpg"
             xlink:actuate="onLoad" xlink:show="embed">
Dies ist eine wirkliche Schönheit in einem kleinen Körper. Obwohl sie nur eine OM
ist, benutze ich sie sowohl für Bluegrass als auch für »Finger-Style«-Sound.
```

Beispiel 16-4: Benutzung der XPointer-Abkürzung zur Vereinfachung von Example 16-3 (Fortsetzung)

```
    </description>
  </guitar>
  <guitar luthier="Bourgeois"
          xlink:type="simple"
          xlink:href="http://www.bourgeoisguitars.com/guitars.xml#D" >
    <descripton xlink:type="simple"
            xlink:href="http://www.newinstance.com/pics/bougd150_con_rim2.jpg"
            xlink:actuate="onLoad" xlink:show="embed">
    Hier wird gerade der heilige Gral gefertigt. Dana Bourgeois baut gerade dieses
    Bluegrass-Monster aus brasilianischem Rosenholz und Adirondack.
    Du weißt, daß sie fertig ist, wenn Leute fliehen und deine Fenster splittern!
    </description>
  </guitar>
</guitars>
```

Zusätzlich zu diesem direkten Vorgehen kann man auch auf Elemente *relativ* zu anderen Elementen verweisen. Als Beispiel dazu habe ich meine description-Elemente in Beispiel 16-5 geändert, um auf das Bild in der Datei *bourgeois.xml* aus Beispiel 16-2 zu verweisen.

Um diese lange URL in das Platzangebot eines O'Reilly-Buches pressen zu können, habe ich die URL *http://www.bourgeoisguitars.com* einfach als *http://bg.com* abgekürzt. Das ist zwar keine gültige URL, damit läßt sich aber wenigstens das Beispiel verstehen.

Beispiel 16-5: Die Benutzung relativer Verknüpfungen

```
<?xml version="1.0" encoding="ISO-8859-1"?>

<guitars xmlns="http://www.newInstance.com/about/guitars"
         xmlns:xlink="http://www.w3.org/1999/xlink">
  <guitar luthier="Bourgeois"
          xlink:type="simple"
          xlink:href=
  "http://bg.com/guitars.xml#xpointer(id(&apos;OM&apos;))/descendant::picture[@url]">
    <descripton xlink:type="simple"
            xlink:href="http://www.newinstance.com/pics/bougOM_front_full.jpg"
            xlink:actuate="onLoad" xlink:show="embed">
    Dies ist eine wirkliche Schönheit in einem kleinen Körper. Obwohl sie nur eine OM
    ist, benutze ich sie sowohl für Bluegrass als auch für »Finger-Style«-Sound.
    </description>
  </guitar>
  <guitar luthier="Bourgeois"
          xlink:type="simple"
          xlink:href=
  "http://bg.com/guitars.xml#xpointer(id(&apos;D&apos;))/descendant::picture[@url]" >
    <descripton xlink:type="simple"
            xlink:href="http://www.newinstance.com/pics/bougd150_con_rim2.jpg"
            xlink:actuate="onLoad" xlink:show="embed">
    Hier wird gerade der heilige Gral gefertigt. Dana Bourgeois baut gerade dieses
```

Beispiel 16-5: Die Benutzung relativer Verknüpfungen (Fortsetzung)

```
  Bluegrass-Monster aus brasilianischem Rosenholz und Adirondack.
  Du weißt, daß sie fertig ist, wenn Leute fliehen und deine Fenster splittern!
  </description>
 </guitar>
</guitars>
```

Hier können Sie sehen, daß gleichzeitig mit dem über die ID gefundenen Element der Abkömmling dieses Elements mit Namen »picture« gefunden wird (angegeben über das Schlüsselwort descendant – engl. *Abkömmling*). Dann ist der Wert des Attributs »url« dieses Elements das eigentliche Ziel der Verknüpfung. Ich weiß, das ist ein wenig viel, aber wenn Sie es Schritt für Schritt nachvollziehen, sollte es eigentlich klar werden. Für mehr Informationen über die Vielzahl an Möglichkeiten, die XPointer bietet, sollten Sie sich die XPointer-Spezifikation online unter *http://www.w3.org/TR/xptr* anschauen.

Beachten Sie, daß ich nicht die Kurzform der ID-Links benutzt habe, über die ich im letzten Abschnitt sprach. Das rührt daher, daß diese Kurzform nur bei direkten Verknüpfungen erlaubt ist – weitere Verknüpfungen (wie zum Beispiel die Referenz über die Traversierung der Kinder in Listing 4) sind nur über die längere Form erlaubt.

XLink und XPointer werden die Art, wie XML-Dokumente verknüpft und verfaßt werden, grundlegend ändern. Ich erwarte breite Unterstützung dafür in Java-APIs, wenn die Spezifikationen von Browsern ebenfalls voll unterstützt werden, also halten Sie die Augen offen!

XML Schema-Binding

Bewegt man sich mehr in Richtung Java, ist ein wichtiger Aspekt der XML-Programmierung, den ich erwarte, eine Menge von Datentypen in Java, die XML Schema-Konstrukte repräsentieren. Das würde den DOM Level 2-HTML-Bindings ähneln, über die ich bereits in Kapitel 6 gesprochen habe. Ich würde das unendlich viel nützlicher finden. Da ein XML Schema selbst ein XML-Dokument ist, kann es geparst und auch ansonsten behandelt werden wie alle anderen XML-Dokumente. Jedoch wird es schmerzhaft, wenn man versucht, mit einem XML Schema umzugehen, wie mit ganz normalen XML-Dokumenten. Sie können zum Beispiel nicht einfach eine Element-Definition abfragen und herausfinden, ob es ein komplexer Typ ist. Statt dessen müssen Sie das Element holen, seine Kinder bestimmen, herausfinden, ob eines dieser Kinder complexType heißt, und so weiter. Das wird noch schlimmer, wenn Dinge wie das Sequencing benutzt werden – plötzlich erscheint die Definition eines komplexen Typs *zwei* Ebenen tief verschachtelt.

Was ich erwarte (und in der Tat schon rumoren höre) sind eine Grammatik und eine Menge von Java-Objekten, die speziell dafür entwickelt werden, zu XML Schema-Datentypen zu passen. Das wird wahrscheinlich auf einer bestehenden objektorientierten API wie DOM oder JDOM aufbauen. Lassen Sie uns also für ein Beispiel annehmen, daß DOM Level 4 oder JDOM 1.1 solche Objekte definieren. Sie könnten dann solchem Code begegnen:

```
// DIESER CODE IST VÖLLIG HYPOTHETISCH
XSDDocumentParser schemaParser =
    new org.apache.xerces.parsers.XSDParser();
parser.parse(mySchema);
XSDDocument doc = parser.getXSDDocument();
```

Statt nun mit root-Elementen und Attributen in XML zu arbeiten, würden Sie dieses Dokument (in dem alle Klassen XSD (für *XML Schema Datatypes*) vorangestellt haben), wie hier gezeigt, mittels Schema-Konzepten bearbeiten:

```
// Holen des "root"-Elements
XSDSchema schema = doc.getXSDSchema();

// Holen des Target-Namensraums für dieses Dokument
String targetNamespaceURI = schema.getTargetNamespace().getURI();

// Holen einiger benannter Element-Definitionen
XSDElementDef def = schema.getElementDef("movie");
if (def.isComplexType()) {
    List attributeDefs = def.getAttributeDefs();
    List nestedElementDefs = def.getElementDefs();
} else {
    XSDType elementType = def.getType();
}
```

Offensichtlich ist das ein wenig gestellt, da ich hier die Syntax erfunden habe. Jedoch ist klar, daß mein Code auf einem XML Schema funktionieren würde und Vorteile aus der Schema-Semantik zieht. Ich arbeite nicht mit einfachen XML-Semantiken (obwohl man auch in diesem Medium arbeiten könnte, wenn diese Klassen von grundlegenden DOM- oder JDOM-Klassen abgeleitet wären), sondern benutze, was die XML Schema-Spezifikation über gültige Schemas sagt, um das Ganze ein bißchen intelligenter zu machen. Hoffentlich wird die dritte Auflage dieses Buches Informationen zu dieser API beinhalten, denn sie wäre wirklich sehr nützlich.

Und der Rest ...

Es gibt noch eine Menge Sachen mehr, von denen ich etwas sehen möchte oder zu denen ich etwas sagen könnte. Jedoch würde das die Fertigstellung dieses Buches nochmals um sechs Monate verzögern, und dann wäre es an der Zeit für eine erneute Überarbeitung. Statt dessen werde ich Ihnen eine knappe Auflistung von Stichwörtern präsentieren. Diese Informationsfragmente können hilfreich für Sie sein oder Sie langweilen, aber das, worum es dabei geht, wird in den nächsten Jahren fast sicher großen Einfluß auf Java und XML haben:

- Scalable Vector Graphics (SVG) und Apache Batik (*http://xml.apache.org*)
- MathML (die Mathematik Markup Language, eine Erweiterung von XML)
- Spezifikationen bezüglich ebXML (*http://www.ebXML.org*) und darauf aufbauend
- Xerces 2.0 (*http://xml.apache.org*)
- JAXM, die Java-API für XML-Messaging (*http://java.sun.com/xml/xml_jaxm.html*)
- JAXRPC, die Java API für XML-basiertes RPC (*http://java.sun.com/xml/xml_jax-rpc.html*)

So, das sind sie – meine Schnellschüsse für das, was in einem Jahr (oder auch früher) wichtig sein wird. Ich werde wahrscheinlich einige davon in der nächsten Auflage widerrufen, aber so ist das Leben auf der Überholspur – und XML ist definitiv die Überholspur.

Und was kommt jetzt?

Anhänge. Der Index. Dann ein paar Informationen über mich und ein Kolophon. Und wahrscheinlich ein wenig Werbung für andere großartige Bücher von O'Reilly.

Ernsthaft – bis zu diesem Punkt habe ich eine Menge Informationen zusammengefaßt. Wenn Sie sich jetzt ein paar Tage Zeit nehmen, um das Material auf sich wirken zu lassen, und anschließend Ihre neuen XML-Kenntnisse an einem Projekt auf der Arbeit oder im Privaten ausprobieren, werden Sie Ihre XML-Fähigkeiten noch aufpolieren. Bald werden Sie ein XML-Wizard sein und Ihre Anwendungen werden an Wert gewinnen, weil sie flexibler, konfigurierbarer und produktiver sind. Schließlich werden Sie bemerken, wie Ihr Wert für ihren Chef (und vielleicht für die Chefs anderer Unternehmen) dramatisch steigt, während Sie leicht zu wartende und performante Anwendungen schreiben. Viel Spaß – Ich sehe Sie online.

ANHANG A
API-Referenz

Dieser Anhang ist eine API-Referenz für die vier Java- und XML-APIs niedriger Abstraktionsebenen, die in diesem Buch vorgestellt wurden: SAX, DOM, JDOM und JAXP. Sie ist in Abschnitte entsprechend der jeweils behandelten API aufgeteilt.

SAX 2.0

SAX 2.0 liefert eine sequentielle Ansicht auf XML-Dokumente. Wie ausführlich in den Kapiteln 3 und 4 dargestellt wurde, definiert SAX eine Menge Interfaces, die implementiert werden können und dann als Callbacks während des Prozesses des Parsens aufgerufen werden. Die zu SAX gehörigen Packages werden hier detailliert erläutert, wobei Interfaces und Klassen alphabetisch sortiert werden. Die meisten Methoden in den Hilfsklassen in dem Package org.xml.sax.helpers sind Implementierungen von Interfaces, die im Kern von SAX – dem Package (org.xml.sax) – definiert wurden.

Package: org.xml.sax

Dieses Package beinhaltet die Kernklassen und -interfaces für SAX 2.0. Die meisten der Interfaces sind dazu bestimmt, von Ihnen, dem Java-Programmierer, implementiert zu werden. Ausnahmen bilden dabei die Implementierungen von XMLReader und Attributes. Diese Interfaces sollten vom Hersteller der benutzten Software zum Parsen von XML-Dokumenten implementiert werden. Zusätzlich ist hier noch eine Anzahl an Exceptions, die SAX-Methoden auslösen dürfen, definiert. Einige der Interfaces sind Teil von SAX 1.0 und 2.0 alpha und heute veraltet (*deprecated*).

AttributeList [deprecated]

Dieses Interface war in SAX 1.0 definiert und ist nun veraltet. Das Interface Attributes sollte statt AttributeList für SAX 2.0-Implementierungen verwendet werden.

```
public interface AttributeList {
    public abstract int getLength();
```

```
    public abstract String getName(int i);
    public abstract String getType(int i);
    public abstract String getValue(int i);
    public abstract String getType(String name);
    public abstract String getValue(String name);
}
```

Attributes

Dieses Interface repräsentiert eine Liste von XML-Attributen. Sie wird an die Callbacks übergeben, die mit dem Beginn eines Elements (startElement( ) in ContentHandler) verbunden sind, und ähnelt ein wenig einem Java-Vector. Man kann die Anzahl an Attributen ebenso abfragen, wie man eine Anzahl an Views auf die Namen der Attribute und deren Werte erhalten kann (lokal, Namensraum-Präfix und URI und roh). Zusätzlich stehen Methoden zur Verfügung, die den Index eines Attributs ermitteln, dessen Name bekannt ist. Der Hauptunterschied zwischen diesem Interface und seinem Vorgänger AttributeList ist, daß jetzt Namensräume berücksichtigt werden.

```
public interface Attributes {
    public abstract int getLength( );
    public abstract String getURI(int index);
    public abstract String getLocalName(int index);
    public abstract String getQName(int index);
    public abstract String getType(int index);
    public abstract String getValue(int index);
    public int getIndex(String uri, String localName);
    public int getIndex(String qName);
    public abstract String getType(String uri, String localName);
    public abstract String getType(String qName);
    public abstract String getValue(String uri, String localName);
    public abstract String getValue(String qName);
}
```

ContentHandler

Dieses Interface definiert die Callback-Methoden, die es der Anwendung erlauben, mit dem Inhalt des XML-Dokuments zu arbeiten, das gerade geparst wird. Das schließt die Benachrichtigung beim Start und Ende des Parsens (die jeweils allen anderen Handler-Callbacks vorangehen oder nachfolgen) genauso ein wie Verarbeitungsinstruktionen oder Entities, die von nicht-validierenden Parsern übersprungen werden. Ebenfalls verfügbar sind Element-Callbacks mit Namensraum-Mappings.

```
public interface ContentHandler {
    public void setDocumentLocator(Locator locator);
    public void startDocument( ) throws SAXException;
    public void endDocument( ) throws SAXException;
    public void startPrefixMapping(String prefix, String uri)
        throws SAXException;
    public void endPrefixMapping(String prefix)
        throws SAXException;
```

```
    public void startElement(String namespaceURI, String localName,
                             String qName, Attributes atts)
        throws SAXException;
    public void endElement(String namespaceURI, String localName,
                           String qName)
        throws SAXException;
    public void characters(char ch[], int start, int length)
        throws SAXException;
    public void ignorableWhitespace(char ch[], int start, int length)
        throws SAXException;
    public void processingInstruction(String target, String data)
        throws SAXException;
    public void skippedEntity(String name)
        throws SAXException;
}
```

DocumentHandler

Dieses Interface wurde in SAX 1.0 definiert und ist nun veraltet. Statt DocumentHandler sollte das Interface ContentHandler für SAX 2.0-Implementierungen benutzt werden.

```
public interface DocumentHandler {
    public abstract void setDocumentLocator(Locator locator);
    public abstract void startDocument() throws SAXException;
    public abstract void endDocument() throws SAXException;
    public abstract void startElement(String name, AttributeList atts)
            throws SAXException;
    public abstract void endElement(String name)
            throws SAXException;
    public abstract void characters(char ch[], int start, int length)
            throws SAXException;
    public abstract void ignorableWhitespace(char ch[], int start, int length)
            throws SAXException;
    public abstract void processingInstruction (String target, String data)
            throws SAXException;
}
```

DTDHandler

Dieses Interface definiert Callbacks, die während des Parsens von DTDs aufgerufen werden. Beachten Sie, daß dieses Interface zwar keine Informationen über die Beschränkungen in der DTD liefert, wohl aber über Referenzen zu nicht geparsten Entities und NOTATION-Deklarationen, womit Items gekennzeichnet werden, die generell nicht geparste Daten darstellen.

```
public interface DTDHandler {
    public abstract void notationDecl(String name, String publicId,
                                      String systemId)
            throws SAXException;
```

```
        public abstract void unparsedEntityDecl(String name, String publicId,
                                String systemId,
                                String notationName)
            throws SAXException;
}
```

EntityResolver

Dieses Interface erlaubt es Anwendungen, in den Prozeß der Auflösung externer Entities einzugreifen, wie zum Beispiel eine Referenz auf eine DTD oder ein Stylesheet innerhalb eines XML-Dokuments anzulegen. Durch das Implementieren dieses Interfaces ist es möglich, dem aufrufenden Programm eine modifizierte oder komplett andere SAX-InputSource zu übergeben. Zusätzlich ist es erlaubt, null zurückzugeben, was dem System anzeigt, daß eine normale URI-Connection für die angegebene ID geöffnet werden soll.

```
public interface EntityResolver {
    public abstract InputSource resolveEntity(String publicId,
                            String systemId)
        throws SAXException, IOException;
}
```

ErrorHandler

Dieses Interface erlaubt es, bestimmte Verhaltensweisen an die drei Fehlerbedingungen anzukoppeln, die während des Parsens eines XML-Dokuments auftreten können. Jede empfängt eine SAXParseException, die anzeigt, was für ein Problem den Callback auslöste. Die SAXException wird benutzt, um das Parsen insgesamt zu stoppen.

```
public interface ErrorHandler {
    public abstract void warning(SAXParseException exception)
            throws SAXException;
    public abstract void error(SAXParseException exception)
            throws SAXException;
    public abstract void fatalError(SAXParseException exception)
            throws SAXException;
}
```

HandlerBase

Diese Hilfsklasse stellt leere Implementierungen aller SAX 1.0-Kern-Interfaces zur Verfügung. Von dieser Klasse kann abgeleitet werden, um durch Überschreiben von Methoden mit applikationsspezifischer Funktionalität schnell neue Handler zu erzeugen. Diese Klasse wurde mit SAX 1.0 eingeführt, sie ist nun veraltet. Die Klasse org.xml.sax.helpers.DefaultHandler sollte statt HandlerBase für SAX 2.0-Implementierungen benutzt werden.

```
        public class HandlerBase implements EntityResolver, DTDHandler,
                            DocumentHandler, ErrorHandler {
```

```
        // EntityResolver-Implementierung
        public InputSource resolveEntity(String publicId, String systemId);

        // DTDHandler-Implementierung
        public void notationDecl(String name, String publicId,
                        String systemId);
    public void unparsedEntityDecl(String name, String publicId,
                    String systemId, String notationName);

        // DocumentHandler-Implementierung
        public void setDocumentLocator(Locator locator);
    public abstract void startDocument() throws SAXException;
    public abstract void endDocument() throws SAXException;
    public abstract void startElement(String name, AttributeList atts)
            throws SAXException;
    public abstract void endElement(String name)
            throws SAXException;
    public abstract void characters(char ch[], int start, int length)
            throws SAXException;
    public abstract void ignorableWhitespace(char ch[], int start,
                                int length)
            throws SAXException;
    public abstract void processingInstruction(String target,
                                String data)
            throws SAXException;

        // ErrorHandler-Implementierung
    public abstract void warning(SAXParseException exception)
            throws SAXException;
    public abstract void error(SAXParseException exception)
            throws SAXException;
    public abstract void fatalError(SAXParseException exception)
            throws SAXException;
}
```

InputSource

Diese Klasse kapselt alle Informationen über eine bei der XML-Verarbeitung benutzte Ressource. Das kann eine so kleine Ressource wie ein `String` oder `InputStream` zur Bestimmung des Inputs oder eine so komplexe Ressource wie eine Entity mit einer öffentlichen und einer System-ID oder auch eine URI-Referenz (zum Beispiel eine öffentlich definierte DTD) sein. Diese Klasse ist der bevorzugte Wrapper, um Input an einen SAX-Parser zu übergeben.

```
    public class InputSource {
        public InputSource();
        public InputSource(String systemId);
        public InputSource(InputStream byteStream);
        public InputSource(Reader characterStream);
        public void setPublicId(String publicId);
        public String getPublicId();
```

```
        public void setSystemId(String systemId);
        public String getSystemId( );
        public void setByteStream(InputStream byteStream);
        public InputStream getByteStream( );
        public void setEncoding(String encoding);
        public String getEncoding( );
        public void setCharacterStream(Reader characterStream);
        public Reader getCharacterStream( );
    }
```

Locator

Diese Klasse ist eine Ergänzung zu einem XML-Dokument oder einem anderen geparsten Konstrukt. Sie bietet die öffentliche und die System-ID des Dokuments und Informationen über die momentane Position in der bearbeiteten Datei. Das ist besonders für die Integration in IDEs und generell zum Auffinden von Fehlerursachen beim Parsen hilfreich.

```
    public interface Locator {
        public abstract String getPublicId( );
        public abstract String getSystemId( );
        public abstract int getLineNumber( );
        public abstract int getColumnNumber( );
    }
```

Parser

Dieses Interface wurde für SAX 1.0 definiert und ist nun veraltet. Das Interface XMLReader sollte statt dessen für SAX 2.0-Implementierungen benutzt werden.

```
    public interface Parser {
        public abstract void setLocale(Locale locale) throws SAXException;
        public abstract void setEntityResolver(EntityResolver resolver);
        public abstract void setDTDHandler(DTDHandler handler);
        public abstract void setDocumentHandler(DocumentHandler handler);
        public abstract void setErrorHandler(ErrorHandler handler);
        public abstract void parse(InputSource source)
                throws SAXException, IOException;
        public abstract void parse(String systemId)
                throws SAXException, IOException;
    }
```

SAXException

Das ist die Kern-Exception, die von SAX-Callbacks und -Parser-Implementierungen ausgelöst wird. Da sie oft als Resultat anderer Exceptions ausgelöst wird, hat sie einen Konstruktor, der es erlaubt, eine speziellere Exception zu übergeben, wie auch Zugriffsmethoden, um die auslösende Exception abzufragen. Sie ist außerdem die Basisklasse für alle anderen SAX-Exception-Klassen.

```
public class SAXException extends Exception {
    public SAXException(String message);
    public SAXException(Exception e);
    public SAXException(String message, Exception e);
    public String getMessage();
    public Exception getException();
    public String toString();
}
```

SAXNotRecognizedException

Diese Klasse stellt ein Werkzeug für eine `XMLReader`-Implementierung dar, um einen Fehler zu signalisieren, wenn sie über unbekannte Identifier stolpert. Das geschieht am häufigsten in den Methoden `setProperty()` und `setFeature()` (wie auch bei den entsprechenden Gettern), wenn eine URI angegeben wurde, über die der Reader keine Informationen besitzt.

```
public class SAXNotRecognizedException extends SAXException {
    public SAXNotRecognizedException(String message);
}
```

SAXNotSupportedException

Diese Klasse stellt ein Werkzeug für eine `XMLReader`-Implementierung zur Verfügung, um einen Fehler zu signalisieren, wenn ein nicht unterstützter (aber bekannter) Identifier gelesen wird. Dies geschieht am häufigsten in den Methoden `setProperty()` und `setFeature()` (wie auch bei den entsprechenden Gettern), wenn eine URI angegeben wurde, für die dem Parser kein entsprechender Code zur Verfügung steht.

```
public class SAXNotSupportedException extends SAXException {
    public SAXNotSupportedException(String message)
}
```

SAXParseException

Diese Klasse repräsentiert Exceptions, die während des Parsens auftreten können. Informationen über die Position des Fehlers innerhalb des XML-Dokuments können durch die entsprechenden Getter dieser Klasse abgefragt werden. Die bevorzugte Methode zur Angabe einer solchen Position ist ein `Locator`. Zeilen- und Spaltennummer des Fehlers können mittels entsprechender Konstruktoren jedoch ebenfalls verwendet werden. Außerdem können der Klasse auch die öffentliche und die System-ID des Dokuments, in dem der Fehler auftrat, über entsprechende Konstruktoraufrufe zur Verfügung gestellt werden.

```
public class SAXParseException extends SAXException {
    public SAXParseException(String message, Locator locator);
    public SAXParseException(String message, Locator locator,
                    Exception e);
```

```
    public SAXParseException(String message, String publicId,
                        String systemId, int lineNumber,
                            int columnNumber);
    public SAXParseException(String message, String publicId,
                        String systemId, int lineNumber,
                            int columnNumber, Exception e);
    public String getPublicId();
    public String getSystemId();
    public int getColumnNumber();
}
```

XMLFilter

Diese Klasse ist analog zur Klasse XMLReader, erhält ihre Eingaben aber von einem anderen XMLReader statt von einem statischen Dokument oder einer Netzwerk-Ressource. Es ist möglich, mehrere solcher Filter zu verketten. Ihr Hauptnutzen liegt in der Modifikation der Ausgabe eines früheren XMLReaders in der Kette und damit im Filtern der an Callbacks übergebenen Daten, bevor die eigentliche Anwendung diese zu Gesicht bekommt.

```
public interface XMLFilter extends XMLReader {
    public abstract void setParent(XMLReader parent);
    public abstract XMLReader getParent();
}
```

XMLReader

Dieses Interface ist das Kernstück, das das Verhalten beim Parsen mit SAX 2.0 bestimmt. Jedes Softwarepaket zum Parsen von XML muß mindestens eine Implementierung dieses Interfaces beinhalten. Es ersetzt das Interface Parser aus SAX 1.0. Neu ist die Unterstützung von Namensräumen in Dokumenten-Elementen und Attributen. Zusätzlich zu der Möglichkeit, ins Parsen einzugreifen (entweder durch eine System-ID oder eine InputSource als Input) erlaubt es die Registrierung der verschiedenen Handler-Interfaces von SAX 2.0. Die Eigenschaften und Features, die einer SAX-Parser-Implementierung zur Verfügung stehen, werden ebenfalls durch dieses Interface gesetzt. Anhang B enthält eine vollständige Liste der zentralen Features und Eigenschaften von SAX.

```
public interface XMLReader {
    public boolean getFeature(String name)
        throws SAXNotRecognizedException, SAXNotSupportedException;
    public void setFeature(String name, boolean value)
            throws SAXNotRecognizedException, SAXNotSupportedException;
    public Object getProperty(String name)
            throws SAXNotRecognizedException, SAXNotSupportedException;
    public void setProperty(String name, Object value)
            throws SAXNotRecognizedException, SAXNotSupportedException;
    public void setEntityResolver(EntityResolver resolver);
    public EntityResolver getEntityResolver();
    public void setDTDHandler(DTDHandler handler);
    public DTDHandler getDTDHandler();
```

```
    public void setContentHandler(ContentHandler handler);
    public ContentHandler getContentHandler();
    public void setErrorHandler(ErrorHandler handler);
    public ErrorHandler getErrorHandler();
    public void parse(InputSource input)
            throws IOException, SAXException;
    public void parse(String systemId)
            throws IOException, SAXException;
}
```

Package: org.xml.sax.ext

Dieses Package stellt Erweiterungen zu den zentralen Klassen und Interfaces von SAX bereit. Insbesondere werden hier zusätzliche Handler für weniger verbreitete Verarbeitungsschritte während des Parsens definiert. Implementierungen des Interfaces XMLReader müssen diese Erweiterungen nicht unterstützen.

DeclHandler

Dieses Interface definiert Callbacks, die spezifische Informationen über DTD-Deklarationen liefern. Die Definitionen von Elementen und Attributen rufen den entsprechenden Callback mit ihren Namen (bei Attributen außerdem mit dem Elementnamen) wie auch mit Informationen über Beschränkungen auf. Obwohl das eine sehr starre Menge von Daten über Attribute darstellt, erhalten Elemente nur einen String mit dem Constrained-Modell als einfachen Text. Zusätzlich sind die Benachrichtigungen über interne und externe Entity-Referenzen definiert.

```
public interface DeclHandler {
    public abstract void elementDecl(String name, String model)
            throws SAXException;
    public abstract void attributeDecl(String eName, String aName,
                                       String type, String valueDefault,
                                       String value)
            throws SAXException;
    public abstract void internalEntityDecl(String name, String value)
            throws SAXException;
    public abstract void externalEntityDecl(String name, String publicId,
                                            String systemId)
            throws SAXException;
}
```

LexicalHandler

Dieses Interface definiert Callbacks für verschiedene Events, die bei der Verarbeitung auf Dokumentenebene auftreten, die aber die resultierenden Daten im XML-Dokument nicht beeinflussen. Zum Beispiel würde die Verarbeitung von DTD-Deklarationen, Kommentaren und Entity-Referenzen Callbacks in Implementierungen dieses Interfaces aufrufen. Zusätzlich ist ein Callback definiert, der eingreift, wenn eine CDATA-Sektion beginnt oder endet (obwohl die gelieferten Daten immer dieselben bleiben werden).

```
public interface LexicalHandler {
    public abstract void startDTD(String name, String publicId,
                        String systemId)
            throws SAXException;
    public abstract void endDTD( )
            throws SAXException;
    public abstract void startEntity(String name)
            throws SAXException;
    public abstract void endEntity(String name)
            throws SAXException;
    public abstract void startCDATA( )
            throws SAXException;
    public abstract void endCDATA( )
            throws SAXException;
    public abstract void comment(char ch[], int start, int length)
            throws SAXException;
}
```

Package: org.xml.sax.helpers

Dieses Package stellt eine Erweiterung zu den Interfaces und Klassen des SAX-Kerns dar. Speziell zusätzliche Handler für weniger verbreitete Verarbeitungsschritte während des Parsens werden hier definiert. Implementierungen des Interfaces XMLReader müssen diese Erweiterungen nicht unterstützen.

In den Klassen dieses Packages, die Default-Implementierungen von Interfaces des Packages org.xml.sax darstellen, habe ich die wiederholten Methoden der Kürze halber weggelassen. Statt dessen habe ich einen Kommentar hinzugefügt, der aussagt, welche Methoden jeweils implementiert sind.

AttributeListImpl

Dies ist eine Default-Implementierung des Interfaces org.xml.sax.AttributeList und seit SAX 2.0 veraltet. Sie erlaubt das Hinzufügen und Löschen von Attributen und das Löschen der gesamten Liste.

```
public class AttributeListImpl implements AttributeList {
    public AttributeListImpl( );
    public AttributeListImpl(AttributeList atts);

    // Implementierung des Interfaces AttributeList

    // Zusätzliche Methoden
    public void setAttributeList(AttributeList atts);
    public void addAttribute(String name, String type, String value);
    public void removeAttribute(String name);
    public void clear( );
}
```

AttributesImpl

Diese Klasse ist eine Default-Implementierung des Interfaces org.xml.sax.Attributes. Es erlaubt das Hinzufügen und Entfernen von Attributen und das Löschen der gesamten Liste.

```
public class AttributesImpl implements Attributes {
      public AttributesImpl();
      public AttributesImpl(Attributes atts);

      // Implementierung des Interfaces Attributes

      // Zusätzliche Methoden
    public void addAttribute(String uri, String localName,
                    String qName, String type, String value);
    public void setAttribute(int index, String uri, String localName,
                    String qName, String type, String value);
      public void clear();
}
```

DefaultHandler

Diese Hilfsklasse stellt leere Implementierungen aller Handler-Interfaces des SAX 2.0-Kerns zur Verfügung. Durch Ableitung davon kann man schnell Handler hinzufügen, indem man nur die Methoden überschreibt, die sich anwendungsspezifisch verhalten sollen. Diese Klasse ersetzt die Klasse org.xml.sax.HandlerBase aus SAX 1.0.

```
public class DefaultHandler implements EntityResolver, DTDHandler,
                                ContentHandler, ErrorHandler {

      // (Leer) Implementierung des Interfaces EntityResolver

      // (Leer) Implementierung des Interfaces DTDHandler

      // (Leer) Implementierung des Interfaces ContentHandler

      // (Leer) Implementierung des Interfaces ErrorHandler
}
```

LocatorImpl

Diese Klasse stellt eine Default-Implementierung des Interfaces org.xml.sax.Locator dar. Sie stellt außerdem Mittel zur Verfügung, um Zeilen- und Spaltennummern direkt anzugeben.

```
public class LocatorImpl implements Locator {
      public LocatorImpl();
      public LocatorImpl(Locator locator);

      // Implementierung des Interfaces Locator

      // Zusätzliche Methoden
```

```
        public void setPublicId(String publicId);
        public void setSystemId(String systemId);
        public void setLineNumber(int lineNumber);
        public void setColumnNumber(int columnNumber);
}
```

NamespaceSupport

Diese Klasse stellt Namensraum-Erweiterungen zur Verfügung; damit müssen Anwendungen dieses Verhalten nur dann selbst implementieren, wenn es wegen der Performance unbedingt nötig ist. Sie wickelt die Behandlung von Namensraum-Kontexten über einen Stack ab und erlaubt es, auch Namen aus XML 1.0 zu verwenden, die durch ihre entsprechenden Namensraum-»belasteten« Gegenstücke ersetzt werden.

```
public class NamespaceSupport {
        public NamespaceSuport();
        public void reset();
    public void pushContext();
    public void popContext();
    public boolean declarePrefix(String prefix, String uri);
    public String [] processName(String qName, String parts[],
                        boolean isAttribute);
    public String getURI(String prefix);
    public Enumeration getPrefixes();
    public Enumeration getDeclaredPrefixes();
}
```

ParserAdapter

Diese Hilfsklasse packt die Implementierung eines SAX 1.0-Parsers ein und läßt sie nach außen hin als Implementierung des Interfaces XMLReader aus SAX 2.0 erscheinen (womit eine Namensraum-Unterstützung bereitgestellt wird). Der einzige Callback, der sich nicht normal verhält, ist skippedEntity() im Interface ContentHandler – er wird einfach nie aufgerufen.

```
    public class ParserAdapter implements XMLReader, DocumentHandler {
        public ParserAdapter() throws SAXException;
        public ParserAdapter(Parser parser);

        // Implementierung des Interfaces XMLReader

        // Implementierung des Interfaces DocumentHandler
}
```

ParserFactory

Diese Klasse enthält Methoden, über die man eine Instanz einer Implementierung eines Parsers vom spezifizierten Klassennamen erzeugt. Wird keiner angegeben, wird der Wert der Systemeigenschaft »org.xml.sax.driver« benutzt.

```
public class ParserFactory {
    public static Parser makeParser() throws ClassNotFoundException,
            IllegalAccessException, InstantiationException,
            NullPointerException, ClassCastException;
    public static Parser makeParser(String className)
            throws ClassNotFoundException, IllegalAccessException,
            InstantiationException, ClassCastException;
}
```

XMLFilterImpl

Diese Klasse bietet eine Default-Implementierung des Interfaces org.xml.sax.XMLFilter.

```
public class XMLFilterImpl implements XMLFilter, EntityResolver,
                                      DTDHandler, ContentHandler,
                                      ErrorHandler {
    public XMLFilterImpl();
    public XMLFilterImpl(XMLReader parent);

    // Implementierung des Interfaces XMLFilter

    // Implementierung des Interfaces XMLReader

    // Implementierung des Interfaces EntityResolver

    // Implementierung des Interfaces DTDHandler

    // Implementierung des Interfaces ContentHandler

    // Implementierung des Interfaces ErrorHandler
}
```

XMLReaderAdapter

Diese Hilfsklasse verpackt eine Implementierung eines SAX 2.0-XMLReaders und läßt sie wie eine Implementierung eines Parsers aus SAX 1.0 aussehen (damit ist die Namensraum-Unterstützung nicht mehr verfügbar). Das Namensraum-Feature (*http://xml.org/sax/features/namespaces*) muß unterstützt werden, sonst treten beim Parsen Fehler auf.

```
public class XMLReaderAdapter implements Parser, ContentHandler {
    public XMLReaderAdapter () throws SAXException;
    public XMLReaderAdapter (XMLReader xmlReader);

    // Implementierung des Interfaces Parser

    // Implementierung des Interfaces ContentHandler
}
```

XMLReaderFactory

Diese Klasse enthält Methoden, die dynamisch Instanzen einer XMLReader-Implementierung einer spezifizierten Klasse erzeugen. Wird kein Klassenname angegeben, wird der Wert der Systemeigenschaft »org.xml.sax.driver« benutzt.

```
final public class XMLReaderFactory {
    public static XMLReader createXMLReader( ) throws SAXException;
    public static XMLReader createXMLReader(String className)
            throws SAXException;
}
```

DOM Level 2

DOM bietet eine vollständige Repräsentation eines XML-Dokuments im Speicher. Entwickelt vom W3C, bietet DOM detaillierte Informationen über die Struktur eines Dokuments, *nachdem* es geparst wurde. Während DOM Level 3 eine API spezifizieren wird, über die man auf das DOM-Objekt Document zugreifen kann, gibt es im Augenblick in DOM nichts Vergleichbares. Wie in SAX besteht auch der Großteil des Kerns des DOM-Packages aus Interfaces, die Strukturen in einem XML-Dokument definieren und diese auf Strukturen der Sprache Java abbilden (dieselben Abbildungen oder Mappings passen auch für CORBA, JavaScript und andere Sprachen).

Package: org.w3c.dom

Dieses Package enthält die zum Kern von DOM Level 2 gehörenden Klassen und Interfaces. Typischerweise liefern die Hersteller entsprechender Parser-Software Implementierungen der Interfaces mit, die implizit von der Anwendungssoftware benutzt werden.

Attr

Dieses Interface repräsentiert ein XML-Attribut (eines Elements) innerhalb von Java. Es erlaubt Zugriff auf den Namen und den Wert des Attributs sowie die Änderung des Werts (wenn das Attribut mutable ist).[1] Die Methode getSpecified( ) zeigt an, ob das Attribut (und sein Wert) explizit im XML-Dokument angegeben war oder ob der Wert nicht angegeben war, die DTD aber einen Standardwert eingesetzt hat. Letztlich kann noch das »Eigner«-Element abgefragt werden.

```
public interface Attr extends Node {
    public String getName( );
    public boolean getSpecified( );
    public String getValue( );
```

---

[1] In dieser und anderen Methoden des Typs setXXX( ) in DOM wird eine DOMException ausgelöst, wenn versucht wird, ein Konstrukt zu ändern, das als nur lesbar deklariert ist.

```
        public void setValue(String value) throws DOMException;
        public Element getOwnerElement();
    }
```

CDATASection

Dieses Interface definiert selbst keine Methoden; statt dessen erbt es alle Methoden des Interfaces Text. Durch die Tatsache begründet, daß es ein selbständiges Interface (und daher ein eigenständiger Node-Typ) ist, kann man Text innerhalb von XML-CDATA-Sektionen von ordinärem Text (der nicht in einer solchen Sektion vorkommt) innerhalb eines Elements unterscheiden.

```
    public interface CDATASection extends Text {
    }
```

CharacterData

Dieses Interface ist das »Ober«-Interface für alle Node-Typen in DOM, die etwas mit Text zu tun haben (Text, Comment und – indirekt – auch CDATASection). Es definiert Methoden für das Lesen und Schreiben der Daten in einem Text-Node. Außerdem enthält es Methoden, die es gestatten, den enthaltenen Text als Menge von Buchstaben zu betrachten. Darunter fallen das Bestimmen der Länge, das Anhängen, das Einfügen, das Löschen von Daten und schließlich das vollständige oder teilweise Ersetzen von Daten. All diese Methoden lösen DOMExceptions aus, wenn der Node nur lesbar ist.

```
    public interface CharacterData extends Node {
        public String getData() throws DOMException;
        public void setData(String data) throws DOMException;
        public int getLength();
        public String substringData(int offset, int count)
            throws DOMException;
        public void appendData(String arg) throws DOMException;
        public void insertData(int offset, String arg) throws DOMException;
        public void deleteData(int offset, int count) throws DOMException;
        public void replaceData(int offset, int count, String arg)
            throws DOMException;
    }
```

Comment

Dieses Interface liefert eine Java-Entsprechung für einen XML-Kommentar. Ähnlich wie CDATASection definiert es selbst keine Methoden, erlaubt es aber (durch den Typ des Interfaces), zwischen normalem Text und Kommentaren in einem XML-Dokument zu unterscheiden.

```
    public interface Comment extends CharacterData {
    }
```

Document

Dieses Interface repräsentiert ein komplettes XML-Dokument in DOM. Es ist der Schlüssel zur Erzeugung neuer XML-Elemente, -Attribute, -PIs und anderer Konstrukte. Zusätzlich zur Möglichkeit, die DTD-Deklaration (getDocType( )) und das root-Element (getDocumentElement( )) zu extrahieren, ist es möglich, den Baum mittels Pre-order-Suche nach bestimmten Elementen zu durchsuchen (getElementsByTagName( )). Da das DOM-Modell es erfordert, daß alle Node-Implementierungen an ein DOM-Document-Objekt gekoppelt sind, erlaubt dieses Interface es, die verschiedenen Node-Typen zu erzeugen. Jede Methode des Namens createXXX( ) hat ein Pendant, das Namensräume unterstützt und der Namenskonvention createXXXNS( ) folgt. Außerdem können Nodes mittels importNode( ) in das Document importiert werden – das boolean-Argument zeigt an, ob die Kinder dieses Node rekursiv ebenfalls importiert werden sollen.

```
public interface Document extends Node {
    public DocumentType getDoctype();
    public DOMImplementation getImplementation();
    public Element getDocumentElement();
    public Element createElement(String tagName) throws DOMException;
    public DocumentFragment createDocumentFragment();
    public Text createTextNode(String data);
    public Comment createComment(String data);
    public CDATASection createCDATASection(String data)
        throws DOMException;
    public ProcessingInstruction
        createProcessingInstruction(String target, String data)
        throws DOMException;
    public Attr createAttribute(String name) throws DOMException;
    public EntityReference createEntityReference(String name)
        throws DOMException;
    public NodeList getElementsByTagName(String tagname);
    public Node importNode(Node importedNode, boolean deep)
        throws DOMException;
    public Element createElementNS(String namespaceURI,
                                   String qualifiedName)
        throws DOMException;
    public Attr createAttributeNS(String namespaceURI,
                                  String qualifiedName)
        throws DOMException;
    public NodeList getElementsByTagNameNS(String namespaceURI,
                                           String localName);
    public Element getElementById(String elementId);
}
```

DocumentFragment

Dieses Interface erlaubt es, einen Teil eines Documents zu bearbeiten. Dadurch kann man Teile des DOM-Baums im Speicher manipulieren, ohne den gesamten Baum in den Speicher laden zu müssen.

```
public interface DocumentFragment extends Node {
}
```

DocumentType

Dieses Interface repräsentiert die DOCTYPE-Deklaration eines XML-Dokuments. Der Name ist der Elementname unmittelbar hinter <!DOCTYPE – die System-ID und die öffentliche ID aller referenzierten DTDs sind ebenfalls verfügbar. Sind irgendwelche Inline-Entities oder Anmerkungen vorhanden, kann man mittels entsprechender Methoden des Namens getXXX() darauf zugreifen.

```
public interface DocumentType extends Node {
    public String getName();
    public NamedNodeMap getEntities();
    public NamedNodeMap getNotations();
    public String getPublicId();
    public String getSystemId();
    public String getInternalSubset();
}
```

DOMException

Diese Klasse stellt eine Exception dar, die von DOM-Interfaces ausgelöst wird, wenn Probleme auftauchen. Sie stellt auch eine Menge Fehlercodes bereit, die die verschiedenen Fehler repräsentieren, die bei der Benutzung von DOM auftreten können und eventuell eine Exception auslösen.

```
public class DOMException extends RuntimeException {
        public DOMException(short code, String message);

    // Exception-Codes
    public static final short INDEX_SIZE_ERR;
    public static final short DOMSTRING_SIZE_ERR;
    public static final short HIERARCHY_REQUEST_ERR;
    public static final short WRONG_DOCUMENT_ERR;
    public static final short INVALID_CHARACTER_ERR;
    public static final short NO_DATA_ALLOWED_ERR;
    public static final short NO_MODIFICATION_ALLOWED_ERR;
    public static final short NOT_FOUND_ERR;
    public static final short NOT_SUPPORTED_ERR;
    public static final short INUSE_ATTRIBUTE_ERR;
    public static final short INVALID_STATE_ERR;
    public static final short SYNTAX_ERR;
    public static final short INVALID_MODIFICATION_ERR;
    public static final short NAMESPACE_ERR;
    public static final short INVALID_ACCESS_ERR;
}
```

DOMImplementation

Dieses Interface versucht, einen Standard-Zugriffsmechanismus für herstellerspezifische DOM-Implementierungen und die Erzeugung von DocumentType- und Document- Instanzen in diesen Implementierungen bereitzustellen.² Mittels der Methode hasFeature( ) kann kann man bestimmen, ob ein gewünschtes Feature, wie zum Beispiel die DOM-Level-2-Module Traversal oder Range, in der vorliegenden Implementierung enthalten ist.

```
public interface DOMImplementation {
    public boolean hasFeature(String feature, String version);
    public DocumentType createDocumentType(String qualifiedName,
                                           String publicId,
                                           String systemId)
        throws DOMException;
    public Document createDocument(String namespaceURI,
                                   String qualifiedName,
                                   DocumentType doctype)
        throws DOMException;
}
```

Element

Dieses Interface liefert eine Java-Repräsentation eines XML-Elements. Es enthält Methoden zum Lesen wie auch zum Schreiben des Namens und der Attribute. Außerdem stellt es Methoden zum Zugriff auf XML-Attribute zur Verfügung, einschließlich der Namensräume unterstützenden Varianten der Methoden getXXX( ) und setXXX( ).

```
public interface Element extends Node {
    public String getTagName( );
    public String getAttribute(String name);
    public void setAttribute(String name, String value)
        throws DOMException;
    public void removeAttribute(String name) throws DOMException;
    public Attr getAttributeNode(String name);
    public Attr setAttributeNode(Attr newAttr) throws DOMException;
    public Attr removeAttributeNode(Attr oldAttr) throws DOMException;
    public NodeList getElementsByTagName(String name);
    public String getAttributeNS(String namespaceURI, String localName);
    public void setAttributeNS(String namespaceURI, String qualifiedName,
                               String value)
        throws DOMException;
    public void removeAttributeNS(String namespaceURI, String localName)
        throws DOMException;
    public Attr getAttributeNodeNS(String namespaceURI, String localName);
    public Attr setAttributeNodeNS(Attr newAttr) throws DOMException;
    public NodeList getElementsByTagNameNS(String namespaceURI,
                                           String localName);
    public boolean hasAttribute(String name);
    public boolean hasAttributeNS(String namespaceURI, String localName);
}
```

---

2 Unglücklicherweise muß man, um eine Instanz von DOMImplementation zu erhalten, bereits über ein Document-Objekt verfügen und getDOMImplementation( ) aufrufen oder die Klassen des Herstellers direkt laden. Das ist fast ein Henne-Ei-Problem; die Kapitel 5 und 6 gehen weiter darauf ein.

Entity

Das ist eine Java-Repräsentation einer Entity (geparst oder ungeparst) in einem XML-Dokument. Der Zugriff auf die System- und die öffentliche ID wie auch auf die Notation der Entity (aus der DTD) wird über entsprechende Methoden realisiert.

```
public interface Entity extends Node {
    public String getPublicId( );
    public String getSystemId( );
    public String getNotationName( );
}
```

EntityReference

Dieses Interface repräsentiert das Resultat einer Entity-Referenz nach deren Auflösung. Dieses Interface nimmt an, daß alle anderen Referenzen bereits aufgelöst wurden, wenn dieses Interface dem Client angeboten wird.

```
public interface EntityReference extends Node {
}
```

NamedNodeMap

Dieses Interface definiert eine Liste ähnlich NodeList, die aber zusätzlich fordert, daß jeder Node in der Liste ein benannter (engl. *named*) Node (wie zum Beispiel ein Element oder Attr) ist. Diese Forderung macht es möglich, Methoden zur Verfügung zu stellen, mit denen man über den Namen auf Elemente zugreifen kann (mit oder ohne Namensraum-Unterstützung). Die Liste erlaubt außerdem das Entfernen und Modifizieren einzelner Elemente. All diese Methoden lösen eine DOMException aus, wenn der entsprechende Node nur lesbar ist.

```
public interface NamedNodeMap {
    public Node getNamedItem(String name);
    public Node setNamedItem(Node arg) throws DOMException;
    public Node removeNamedItem(String name) throws DOMException;
    public Node item(int index);
    public int getLength( );
    public Node getNamedItemNS(String namespaceURI, String localName);
    public Node setNamedItemNS(Node arg) throws DOMException;
    public Node removeNamedItemNS(String namespaceURI, String localName)
        throws DOMException;
}
```

Node

Dies ist das zentrale Interface für alle DOM-Objekte. Es liefert einen umfassenden Satz an Methoden zum Zugriff auf die Informationen innerhalb eines Node im DOM-Baum. Es ermöglicht ebenfalls Zugriff auf die Kinder des Node (wenn es welche gibt). Die meisten der Methoden sind selbsterklärend, auf einige soll hier jedoch gesondert eingegangen werden: getAttributes( ) gibt nur dann nicht null zurück, wenn der Node ein Element ist; cloneNode( )

liefert eine flache oder tiefe Kopie eines Node; normalize( ) bewegt den vollständigen Text in nicht benachbarte Text-Nodes (keine zwei Text-Nodes sind benachbart und alle aufgelösten Referenzen auf Text-Entities sind in Text-Nodes umgewandelt); isSupported( ) schließlich liefert Informationen über die Menge der Features des Node. Weiterhin existieren Namensraum-unterstützende Methoden (getNamespaceURI( ), getPrefix( ) und getLocalName( )). Schließlich ist eine Menge Konstanten definiert, die es erlauben, den Typ des Node durch einen Vergleich mit dem Resultat getNodeType( ) zu ermitteln.

```java
public interface Node {
    public String getNodeName();
    public String getNodeValue() throws DOMException;
    public void setNodeValue(String nodeValue) throws DOMException;
    public short getNodeType();
    public Node getParentNode();
    public NodeList getChildNodes();
    public Node getFirstChild();
    public Node getLastChild();
    public Node getPreviousSibling();
    public Node getNextSibling();
    public NamedNodeMap getAttributes();
    public Document getOwnerDocument();
    public Node insertBefore(Node newChild,  Node refChild)
        throws DOMException;
    public Node replaceChild(Node newChild, Node oldChild)
                        throws DOMException;
    public Node removeChild(Node oldChild) throws DOMException;
    public Node appendChild(Node newChild) throws DOMException;
    public boolean hasChildNodes();
    public Node cloneNode(boolean deep);
    public void normalize();
    public boolean isSupported(String feature, String version);
    public String getNamespaceURI();
    public String getPrefix();
    public void setPrefix(String prefix) throws DOMException;
    public String getLocalName();
    public boolean hasAttributes();

    // Node-Typ-Konstanten
    public static final short ELEMENT_NODE;
    public static final short ATTRIBUTE_NODE;
    public static final short TEXT_NODE;
    public static final short CDATA_SECTION_NODE;
    public static final short ENTITY_REFERENCE_NODE;
    public static final short ENTITY_NODE;
    public static final short PROCESSING_INSTRUCTION_NODE;
    public static final short COMMENT_NODE;
    public static final short DOCUMENT_NODE;
    public static final short DOCUMENT_TYPE_NODE;
    public static final short DOCUMENT_FRAGMENT_NODE;
    public static final short NOTATION_NODE;
}
```

NodeList

Dieses Interface ist eine DOM-Struktur ähnlich einem Vector oder einer List in Java. Es stellt den Rückgabewert jeder Methode dar, die eine Menge von Node-Implementierungen als Resultat liefert. Man kann durch die Nodes iterieren oder mittels ihres Index auf einen bestimmten Node zugreifen.

```
public interface NodeList {
    public Node item(int index);
    public int getLength( );
}
```

Notation

Dieses Interface repräsentiert das Konstrukt NOTATION in einer DTD, das benutzt wird, um das Format einer ungeparsten Entity oder eine PI zu deklarieren. Es sind Methoden vorhanden, mit denen man auf die öffentliche und die System-ID innerhalb der Deklaration zugreifen kann. Beide liefern null, wenn das entsprechende Konstrukt nicht vorhanden ist.

```
public interface Notation extends Node {
    public String getPublicId( );
    public String getSystemId( );
}
```

ProcessingInstruction

Dies repräsentiert eine XML-Verarbeitungsanweisung (engl. *processing instruction* – PI). Es liefert Methoden zum Zugriff auf die Daten und das Ziel der PI. Beachten Sie, daß es keine Möglichkeit gibt, die »Name/Wert«-Paare innerhalb der PI einzeln anzusprechen. Die Daten der PI können ebenfalls modifiziert werden.

```
public interface ProcessingInstruction extends Node {
    public String getTarget( );
    public String getData( );
    public void setData(String data) throws DOMException;
}
```

Text

Dieses Interface bildet eine Java-Repräsentation der Text-Daten eines XML-Dokuments. Die einzige Methode, die es zu den bereits in CharacterData definierten Methoden hinzufügt, ist eine, die den Node in zwei aufspaltet. Der ursprüngliche Text-Node enthält den Text bis zum angegebenen Index. Diese Methode gibt einen neuen Text-Node mit dem Text ab dieser Stelle zurück. Wie andere Methoden zum Modifizieren löst auch diese Methode eine DOMException aus, wenn der Node nur lesbar ist.

```
public interface Text extends CharacterData {
    public Text splitText(int offset) throws DOMException;
}
```

JAXP 1.1

JAXP bietet eine herstellerunabhängige Abstraktion für das Erzeugen einer Instanz eines SAX- oder DOM-Parsers und stellt Transformationen auf eine herstellerunabhängige Weise zur Verfügung. Damit hat man die Möglichkeit, verschiedene Implementierungen einfach gegeneinander auszutauschen.

Package: javax.xml.parsers

Dies ist das Package in JAXP, das die JAXP-Klassen enthält, die die angesprochene Abstraktionsschicht bilden.

DocumentBuilder

Diese Klasse kapselt eine zugrundeliegende Klasse zur Implementierung eines Parsers ein. Sie gestattet es, den Prozeß des Parsens hersteller- und implementierungsunabhängig zu machen.

```
public abstract class DocumentBuilder {
    public Document parse(InputStream stream)
        throws SAXException, IOException, IllegalArgumentException;
    public Document parse(InputStream stream, String systemID)
        throws SAXException, IOException, IllegalArgumentException;
    public Document parse(String uri)
        throws SAXException, IOException, IllegalArgumentException;
    public Document parse(File file)
        throws SAXException, IOException, IllegalArgumentException;
    public abstract Document parse(InputSource source)
        throws SAXException, IOException, IllegalArgumentException;

    public abstract Document newDocument();
    public abstract boolean isNamespaceAware();
    public abstract boolean isValidating();
    public abstract void setEntityResolver(EntityResolver er);
    public abstract void setErrorHandler(ErrorHandler eh);
    public DOMmplementation getDOMImplementation();
}
```

DocumentBuilderFactory

Diese Klasse ist die Factory zur Erzeugung von Instanzen der Klasse DocumentBuilder. Sie erlaubt es, die Eigenschaften der Instanzen bezüglich Namensraum-Unterstützung und Validierung zu bestimmen.

```
public abstract class DocumentBuilderFactory {
    public static DocumentBuilderFactory newInstance();
    public abstract DocumentBuilder newDocumentBuilder()
        throws ParserConfigurationException;
```

```
    public void setAttribute(String name, Object value);
    public void setCoalescing(boolean coalescing);
    public void setExpandEntityReferences(boolean expand);
    public void setIgnoringComments(boolean ignoreComments);
    public void setIgnoringElementContentWhitespace(boolean ignoreWhitespace);
    public void setNamespaceAware(boolean aware);
    public void setValidating(boolean validating);

    public boolean isCoalescing();
    public boolean isExapandEntityReferences();
    public boolean isIgnoringComments();
    public boolean isIgnoreingElementContentWhitespace();
    public boolean isNamespaceAware();
    public boolean isValidating();
    public Object getAttribute(String name);
}
```

FactoryConfigurationError

Diese Klasse definiert einen Fehler, der ausgelöst wird, wenn eine Factory-Instanz nicht erzeugt werden kann.

```
public class FactoryConfigurationException extends Error {
    public FactoryConfigurationError();
    public FactoryConfigurationError(String msg);
    public FactoryConfigurationError(Exception e);
    public FactoryConfigurationError(Exception e, String msg);
}
```

ParserConfigurationException

Dies definiert eine Exception, die ausgelöst wird, wenn ein Parser angefordert wird, der aber mit den angegebenen Einstellungen für Namensraum-Unterstützung und Validierung nicht erzeugt werden kann.

```
public class ParserConfigurationException extends Exception {
    public ParserConfigurationException();
    public ParserConfigurationException(String msg);
}
```

SAXParser

Diese Klasse kapselt eine zugrundeliegende Klasse, die eine SAX 1.0/2.0-Parser-Implementierung darstellt. Sie erlaubt es, den Prozeß des Parsens herstellerunabhängig zu gestalten. Sie verfügt über zwei Ausprägungen jeder Methode: eine für SAX 1.0 und eine für SAX 2.0.

```
public abstract class SAXParser {
    public void parse(InputStream stream, HandlerBase base)
        throws SAXException, IOException, IllegalArgumentException;
    public void parse(InputStream stream, HandlerBase base, String systemID)
        throws SAXException, IOException, IllegalArgumentException;
```

```
    public void parse(String uri, HandlerBase base)
        throws SAXException, IOException, IllegalArgumentException;
    public void parse(File file, HandlerBase base)
        throws SAXException, IOException, IllegalArgumentException;
    public void parse(InputSource source, HandlerBase base)
        throws SAXException, IOException, IllegalArgumentException;

    public void parse(InputStream stream, DefaultHandler dh)
        throws SAXException, IOException, IllegalArgumentException;
    public void parse(InputStream stream, DefaultHandler dh, String systemID)
        throws SAXException, IOException, IllegalArgumentException;
    public void parse(String uri, DefaultHandler dh)
        throws SAXException, IOException, IllegalArgumentException;
    public void parse(File file, DefaultHandler dh)
        throws SAXException, IOException, IllegalArgumentException;
    public void parse(InputSource source, DefaultHandler dh)
        throws SAXException, IOException, IllegalArgumentException;

    public Parser getParser() throws SAXException;
    public XMLReader getXMLReader() throws SAXException;

    public Object getProperty(String name);
    public void setProperty(String name, Object value);
    public boolean isNamespaceAware();
    public boolean isValidating();
}
```

SAXParserFactory

Diese Klasse ist die Factory zur Erzeugung von Instanzen der Klasse SAXParser. Sie erlaubt es, die Eigenschaften der Instanzen bezüglich Namensraum-Unterstützung und Validierung zu bestimmen.

```
public abstract class SAXParserFactory {
    public static SAXParserFactory newInstance();
    public SAXParser newSAXParser()
        throws ParserConfigurationException, SAXException;

    public void setNamespaceAware(boolean aware);
    public void setValidating(boolean validating);
    public void setFeature(String name, boolean value);
    public boolean isNamespaceAware();
    public boolean isValidating();
    public boolean getFeature(String name);
}
```

Package: javax.xml.transform

Dies ist das Package, das innerhalb von JAXP zur Transformation von XML-Dokumenten benutzt wird. Es erlaubt es, diese Transformationen herstellerunabhängig und auswechselbar zu gestalten, vorausgesetzt, daß die einzelnen Implementierungen die hier definierten TrAX-Interfaces (Transformations-API für XML) verwenden.

ErrorListener

Dieses Interface entspricht `ErrorHandler` in SAX und benachrichtigt die Transformationen über aufgetretene Fehler. Sie müssen es in eigenen Applikationen implementieren, die TrAX benutzen.

```
public interface ErrorListener {
    public void warning(TransformerException exception);
    public void error(TransformerException exception);
    public void fatalError(TransformerException exception);
}
```

OutputKeys

Diese Klasse enthält lediglich einige `static`-Konstanten, die in der übrigen TrAX-API benutzt werden.

```
public class OutputKeys {
    public static final String CDATA_SECTION_ELEMENTS;
    public static final String DOCTYPE_PUBLIC;
    public static final String DOCTYPE_SYSTEM;
    public static final String ENCODING;
    public static final String INDENT;
    public static final String MEDIA_TYPE;
    public static final String METHOD;
    public static final String OMIT_XML_DECLARATION;
    public static final String STANDALONE;
    public static final String VERSION;
}
```

Result

Dieses Interface liefert die Ausgabe von XML-Transformationen. Default-Implementierungen dieses Interfaces sind in den JAXP-Packages `javax.xml.transform.*` enthalten.

```
public interface Result {
    public static final String PI_DISABLE_OUTPUT_ESCAPING;
    public static final String PI_ENABLE_OUTPUT_ESCAPING;

    public String getSystemId();
    public void setSystemId();
}
```

Source

Dieses Interface liefert die Eingaben für XML-Transformationen. Default-Implementierungen dieses Interfaces finden Sie in den JAXP-Packages `javax.xml.transform.*`.

```
public interface Source {
    public String getSystemId();
    public void setSystemId();
}
```

SourceLocator

Dieses Interface ist ein Analogon zum SAX-Interface Locator und stellt TrAX Informationen über den Standort von Eingaben zur Verfügung. Wie auch ErrorListener ist es bei der Fehlerbehandlung und beim Reporting am nützlichsten.

```
public interface SourceLocator {
    public int getColumnNumber();
    public int getLineNumber();
    public String getPublicId();
    public String getSystemId();
}
```

Templates

Dieses Interface erlaubt es, optimale Transformationen unter Benutzung desselben Stylesheets durchzuführen. Es enthält lediglich Methoden, die es erlauben, Instanzen der Klasse Transformer zu erzeugen und die aktuellen Output-Eigenschaften einzusehen.

```
public interface Tempaltes {
    public Properties getOutputProperties();
    public Transformer newTransformer();
}
```

Transformer

Dies ist die zentrale (abstrakte) Klasse bei der Durchführung von XML-Transformationen mittels TrAX und JAXP. Sie haben nicht nur die Möglichkeit, verschiedene Eigenschaften und Objekte des Interfaces zu setzen, sondern können durch Aufrufen der Methode transform() auch die eigentliche Transformation starten.

```
public class Transformer {
    public void setErrorListener(ErrorListener errorListener);
    public ErrorListener getErrorListener();
    public void setURIResolver(URIResolver resolver);
    public URIResolver getURIResolver();

    public void setOutputProperties(Properties properties);
    public Properties getOutputProperties();
    public void setOutputProperty(String name, String value);
    public String getOutputProperty(String name);
    public void clearParmaters();
    public void setParameter(String name, String value);
    public Object getParameter(String name);

    public void transform(Source xmlSource, Result outputTarget);
}
```

TransformerFactory

Das ist die andere »Hälfte« der Transformations-Engine in JAXP. Sie können das Stylesheet angeben, das für die Transformation benutzt werden soll, und dann neue Instanzen der Klasse Transformer erzeugen. Sie können damit auch neue Instanzen der Klasse Templates erzeugen, wenn Sie mehrere Transformationen mit dem gleichen Stylesheet durchführen möchten.

```java
public class TransformerFactory {
    public TransformerFactory newInstance();
    public Transformer newTemplates(Source stylesheet);
    public Transformer newTransformer(Source stylesheet);
    public Transformer newTransformer();

    public Source getAssociatedStylesheet(Source source, String media,
                                          String title, String charset);
    public ErrorListener getErrorListener();
    public void setErrorListener(ErrorListener errorListener);
    public URIResolver getURIResolver();
    public void setURIResolver(URIResolver uriResolver);
    public Object getAttribute(String name);
    public void setAttribute(String name, String value);
    public boolean getFeature(String name);
}
```

URIResolver

Dieses Interface ist für die URI-Auflösung verantwortlich und entspricht dem SAX-Interface EntityResolver.

```java
public interface URIResolver {
    public Source resolve(String href, String base);
}
```

Package: javax.xml.transform.dom

Dieses Package beinhaltet zwei Klassen: DOMResult und DOMSource. Dies sind Implementierungen der Interfaces Result und Source. Sie werden dann genutzt, wenn die Eingabe und Ausgabe von Transformationen durch DOM-Bäume repräsentiert werden soll. Da dies einfache Implementierungsklassen sind, wird hier auf die Methoden nicht ausführlich eingegangen; Kapitel 9 erläutert ihre Benutzung.

Package: javax.xml.transform.sax

Dieses Package enthält zwei Klassen: SAXResult und SAXSource. Dies sind Implementierungen der Interfaces Result und Source. Sie werden benutzt, wenn die Eingabe und Ausgabe von Transformationen durch SAX-Events repräsentiert werden soll. Da dies einfache Implementierungsklassen sind, wird hier auf die Methoden nicht näher eingegangen; Kapitel 9 erläutert ihre Benutzung.

Package: javax.xml.transform.stream

Dieses Package stellt die zwei Klassen StreamResult und StreamSource zur Verfügung. Sie sind Implementierungen der Interfaces Result und Source. Sie werden benutzt, wenn die Eingabe und Ausgabe von Transformationen durch I/O-Streams repräsentiert werden soll. Da dies einfache Implementierungsklassen sind, wird hier auf die Methoden nicht näher eingegangen; Kapitel 9 erläutert ihre Benutzung.

JDOM 1.0 (Beta 7)

JDOM 1.0 (Beta 7), auf das bereits in den Kapiteln 7 und 8 eingegangen wurde, liefert eine vollständige Ansicht eines XML-Dokuments in Baumform. Es ähnelt zwar DOM sehr, stellt aber eine weniger starre Repräsentation dar. JDOM erlaubt es beispielsweise, den Inhalt eines Elements direkt zu setzen, anstatt den Wert des Kindes dieses Elements. Zusätzlich enthält JDOM konkrete Klassen und nicht lediglich Interfaces. Dadurch ist es möglich, Objekte direkt, ohne den Zwang zur Benutzung von Factories, zu instantiieren. SAX und DOM werden lediglich benutzt, um ein JDOM-Document aus XML-Daten zu erzeugen – die Klassen dafür sind in dem Package org.jdom.input enthalten.

Package: org.jdom

Die in diesem Package enthaltenen Klassen bilden den Kern von JDOM 1.0.[3] Einige dieser Klassen modellieren XML-Objekte, der Rest stellt Exceptions dar, die ausgelöst werden, wenn Fehler auftreten.[4]

Attribute

Attribute modelliert ein XML-Attribut in Java. Sie enthält Methoden, die es erlauben, Informationen über den Wert des Attributs wie auch seinen Namensraum zu erhalten. Eine Instanz kann unter Angabe des Namens und seines Wertes oder des Namespaces und seines lokalen Namens zusammen mit seinem Wert erzeugt werden. Außerdem werden einige Methoden zur automatischen Konvertierung des Wertes zur Verfügung gestellt.

```
public class Attribute {
    public Attribute(String name, String value);
    public Attribute(String name, String value, Namespace ns);

    public Element getParent();
    public String getName();
```

---

[3] Beachten Sie, daß die JDOM-API trotz ihrer relativen Stabilität immer noch im Beta-Stadium ist. Es könnten sich kleinere Änderungen nach dem Erscheinen des Buches ergeben. Daher sollten Sie unter *http://www.jdom.org* einen Blick auf die neuesten JDOM-Klassen werfen.

[4] Um Sie nicht zu Tode zu langweilen, habe ich alle Exceptions außer der zentralen – JDOMException – in diesem Abschnitt ausgelassen. Ich konzentriere mich statt dessen auf die Klassen.

```
    public Namespace getNamespace();
    public void setNamespace(Namespace ns);
    public String getQualifiedName();
    public String getNamespacePrefix();
    public String getNamespaceURI();
    public String getValue();
    public void setValue(String value);

    public Object clone();
    public boolean equals(Object obj);
    public int hashCode();
    public String toString();

    // Methoden zur bequemen Datenumwandlung
    public String get StringValue(String default Value);
    public int getIntValue() throws DataConversionException;
    public long getLongValue() throws DataConversionException;
    public float getFloatValue() throws DataConversionException;
    public double getDoubleValue() throws DataConversionException;
    public boolean getBooleanValue() throws DataConversionException;
}
```

CDATA

Die Klasse CDATA definiert das Verhalten von XML-CDATA-Abschnitten.

```
public class CDATA {
    public CDATA(String text);

    public String getText();

    public Object clone();
    public boolean equals(Object obj);
    public int hashCode();
    public String toString();
}
```

Comment

Comment ist eine einfache Repräsentation von XML-Kommentaren und enthält den Text des Kommentars.

```
public class Comment {
    public Comment(String text);

    public Document getDocument();
    public Element getParent();
    public String getText();
    public void setText(String text);

    public Object clone();
    public boolean equals(Object obj);
```

```
    public int hashCode();
    public String toString();
}
```

DocType

DocType repräsentiert eine `DOCTYPE`-Deklaration innerhalb eines XML-Dokuments. Es enthält Informationen über den Namen des betroffenen Elements wie auch die öffentliche und System-ID der externen DTD-Referenz, wenn eine angegeben wurde.

```
public class DocType {
    public DocType(String elementName, String publicID, String systemID);
    public DocType(String elementName, String systemID);
    public DocType(String elementName);

    public Document getDocument();
    public String getElementName();
    public String getPublicID();
    public DocType setPublicID(String publicID);
    public String getSystemID();
    public DocType setSystemID(String systemID);

    public Object clone();
    public boolean equals(Object obj);
    public int hashCode();
    public String toString();
}
```

Document

Document modelliert ein XML-Dokument in Java. Document erfordert ein root-Element zur Erzeugung, obwohl dieses durch die Methode setRootElement() ersetzt werden kann. Die Methode getContent() liefert den Inhalt des gesamten Dokuments Document, einschließlich des root-Elements und jeglicher Comments (Kommentare), die eventuell auf Dokumentebene vorhanden sind.

```
public class Document {
    public Document(Element rootElement, DocType docType);
    public Document(Element rootElement);
    public Document(List content);
    public Document(List content, DocType docType);

    public Document addContent(Comment comment);
    public Document removeContent(Comment comment);
    public Document addContent(ProcessingInstruction pi);
    public Document removeContent(ProcessingInstruction pi);
    public Element getRootElement() throws NoSuchElementException;
    public Document setRootElement(Element rootElement);
    public DocType getDocType();
    public Document setDocType(DocType docType);
    public List getContent();
    public void setMixedContent(List content);
```

```
        public Object clone();
        public boolean equals(Object obj);
        public int hashCode();
        public String toString();
}
```

Element

Element ist die Java-Repräsentation eines XML-Elements. Es unterstützt Namensräume, daher akzeptiert jede Methode einen aus einem Element bestehenden Namen, wie auch optionale Informationen über den Namensraum als Argument. Das Resultat des Aufrufs von getText() ist immer ein String, und zwar entweder der Text-Inhalt des Elements oder ein leerer String. Ein Element hat dann gemischten Inhalt, wenn es einerseits Textdaten und eingebettete Elemente und andererseits auch optionale Kommentare, Entities und Verarbeitungsinstruktionen enthält. Diese komplette List des Inhalts kann mittels getContent() abgefragt werden. Der Typ kann dann mittels instanceof zu String, Element oder Comment verfeinert werden.

Die Methoden addXXX() sind so gestaltet, daß man sie verketten kann, und liefern daher jeweils das modifizierte Element zurück:

```
Element element = new Element("root");
element.addChild(new Element("child")
    .addChild(new Element("grandchild")
        .addAttribute("name", "value")
        .setContent("Hello World!"))
    .addChild(new Element("anotherChild"))
);
```

Das würde folgendes Fragment eines XML-Dokuments ergeben:

```
<root>
  <child>
    <grandchild name="value">
      Hello World!
    </grandchild>
  </child>
  <anotherChild />
</root>
```

Hier folgt nun das API-Listing:

```
public class Element {
    public Element(String name);
    public Element(String name, String uri);
    public Element(String name, String prefix, String uri);
    public Element(String name, Namespace ns);

    public Document getDocument();
    public Element getParent();
    public Element detach();
    public String getName();
```

```
public void setName(String name);
public Namespace getNamespace( );
public Namespace getNamespace(String prefix);
public void setNamespace(Namespace ns);
public String getNamespacePrefix( );
public String getNamespaceURI( );
public String getQualifiedName( );
public void addNamespaceDeclaration(Namespace additionalNS);
public void removeNamespaceDeclaration(Namespace additionalNS);
public List getAdditionalNamespaces( );

public List getContent( );
public Element setMixedContent(List mixedContent);
public Element addContent(CDATA cdata);
public Element addContent(Comment comment);
public Element addContent(Element element);
public Element addContent(EntityRef entityRef);
public Element addContent(ProcessingInstruction pi);
public Element addContent(String text);
public boolean removeContent(CDATA cdata);
public boolean removeContent(Comment comment);
public boolean removeContent(Element element);
public boolean removeContent(EntityRef entityRef);
public boolean removeContent(ProcessingInstruction pi);

public boolean hasChildren( );
public Element getChild(String name);
public Element getChild(String name, Namespace ns);
public List getChildren( );
public List getChildren(String name);
public List getChildren(String name, Namespace ns);
public boolean removeChild(String name);
public boolean removeChild(String name, Namespace ns);
public boolean removeChildren( );
public boolean removeChildren(String name);
public boolean removeChildren(String name, Namespace ns);
public Element setChildren(List children);

public Attribute getAttribute(String name);
public Attribute getAttribute(String name, Namespace ns);
public List getAttributes( );
public String getAttributeValue(String name);
public String getAttributeValue(String name, Namespace ns);
public boolean removeAttribute(String name);
public boolean removeAttribute(String name, Namespace ns);
public Element setAttribute(Attribute attribute);
public Element setAttributes(List attributes);

public String getChildText(String name);
public String getChildText(String name, Namespace ns);
public String getChildTextTrim(String name);
public String getChildTextTrim(String name, Namespace ns);
```

```
    public String getText();
    public String getTextNormalize();
    public String getTextTrim();
    public Element setText(String text);

    public boolean isRootElement();

    public Object clone();
    public boolean equals(Object obj);
    public int hashCode();
    public String toString();
}
```

EntityRef

Diese Klasse definiert ein JDOM-Modell für Entity-Referenzen in XML-Dokumenten. Sie erlaubt es, den Namen, die öffentliche und die System-ID der Referenz zu lesen und zu setzen.

```
public class EntityRef {
    public EntityRef(String name);
    public EntityRef(String name, String publicID, String systemID);

    public Document getDocument();
    public Element getParent();
    public String getName();
    public EntityRef setName(String name);
    public String getPublicID();
    public void setPublicID(String publicID);
    public String getSystemID();
    public void setSystemID(String systemID);
    public EntityRef detach();

    public Object clone();
    public boolean equals(Object obj);
    public int hashCode();
    public String toString();
}
```

JDOMException

Dies ist die zentrale Exception in JDOM, von der jede andere JDOM-Exception abgeleitet ist. Sie liefert eine Fehlermeldung. Es ist möglich, eine andere Exception zu kapseln, sollte eine JDOMException durch eine andere Exception ausgelöst worden sein.

```
public class JDOMException extends Exception {
    public JDOMException();
    public JDOMException(String message);
    public JDOMException(String message, Throwable rootCause);
```

```
    public Throwable getCause();
    public String getMessage();
}
```

Namespace

Die Klasse `Namespace` bearbeitet in JDOM-Objekten benutzte Namensraum-Mappings.

```
public class Namespace {
    public static Namespace getNamespace(String uri);
    public static Namespace getNamespace(String prefix, String uri);

    public String getPrefix();
    public String getURI();

    public boolean equals(Object obj);
    public int hashCode();
    public String toString();
}
```

ProcessingInstruction

`ProcessingInstruction` stellt eine in Java modellierte XML-Verarbeitungsanweisung dar. Sie erlaubt eine spezielle Bahandlung des Ziels und der Rohdaten. Da viele PIs Daten in der Form von Name/Wert-Paaren benutzen (wie Attribute), erlaubt diese Klasse das Auslesen und Hinzufügen solcher Paare. Zum Beispiel würde der Aufruf `getValue("type")` für eine Instanz der Klasse `ProcessingInstruction`, die die PI `<?cocoon-process type="xslt"?>` repräsentiert, »xslt« als Ergebnis liefern.

```
public class ProcessingInstruction {
    public ProcessingInstruction(String target, Map data);
    public ProcessingInstruction(String target, String data);

    public ProcessingInstruction detach();
    public Document getDocument();
    public Element getParent();
    public String getTarget();
    public String getData();
    public ProcessingInstruction setData(String data);
    public ProcessingInstruction setData(Map data);
    public String getValue(String name);
    public ProcessingInstruction setValue(String name, String value);
    public boolean removeValue(String name);

    public Object clone();
    public boolean equals(Object obj);
    public int hashCode();
    public String toString();
}
```

Text

Diese Klasse repräsentiert Textdaten, die »Eigentum« eines JDOM-Elements sind. Sie ist für den Benutzer meist unsichtbar, da die Klasse Element diese Daten in einen simplen String umwandelt, wenn der Wert abgefragt wird. Sie wird nur durch die getContent( )-Methode der Klasse Element nach außen gegeben.

```
public class Text {
    public Text(String stringValue);

    public Element getParent( );
    public void append(String stringValue);
    public String getValue( );
    public void setValue(String stringValue);

    public Object clone( );
    public boolean equals(Object obj);
    public int hashCode( );
    public String toString( );
}
```

Package: org.jdom.adapters

Dieses Package enthält Adapter, die ein Standard-Interface für die Erzeugung eines DOM-Documents von beliebigen DOM-Parsern aus darstellt (einschließlich DOM-Level-1-Parsern). Adapter können für beliebige Parser, für die JDOM-Unterstützung gewünscht wird, einfach hinzugefügt werden.

AbstractDOMAdapter

Diese Klasse stellt eine rudimentäre Implementierung der Methode getDocument( ) dar, die mittels des übergebenen Dateinamens einen FileOutputStream konstruiert und anschließend getDocument(InputStream) aufruft.

```
public abstract class AbstractDOMAdapter implements DOMAdapter {
    public abstract Document getDocument(InputStream in, boolean validate)
        throws IOException;
    public abstract Document getDocument(File filename, boolean validate)
        throws IOException;
    public abstract Document createDocument(DocType docType)
        throws IOException;
}
```

DOMAdapter

Dieses Interface müssen Adapter implementieren. Es beinhaltet Methoden zur Erzeugung eines DOM-Documents aus einem Dateinamen oder aus einem InputStream, wie auch die Erzeugung eines neuen leeren DOM-Document-Objekts.

```
public interface DOMAdapter {
    public abstract Document getDocument(InputStream in, boolean validate)
        throws IOException;
    public abstract Document getDocument(File filename, boolean validate)
        throws IOException;
    public abstract Document createDocument(DocType docType)
        throws IOException;
}
```

Spezielle Adapter werden hier nicht genauer beleuchtet, da sich ständig Änderungen ergeben können. Zu dem Zeitpunkt, da diese Zeilen geschrieben werden, sind Adapter für folgende Parser verfügbar:

- Oracle Version 1 XML Parser
- Oracle Version 2 XML Parser
- Sun Project X Parser
- Sun/Apache Crimson Parser
- Apache Xerces Parser
- IBM XML4J Parser

Package: org.jdom.input

Dieses Package definiert Klassen, die aus verschiedensten Datenquellen JDOM-Document-Objekte erzeugen. Dazu gehören unter anderem auch SAX-Streams und bereits vorhandene DOM-Bäume. Es stellt außerdem Interfaces zum Gebrauch benutzerdefinierter Varianten der JDOM-Klassen, wie zum Beispiel Kindklassen von Element und Attribute, zur Verfügung.

BuilderErrorHandler

Dies ist der Default-Error-Handler, der bei der Erstellung von JDOM-Dokumenten benutzt wird.

```
public class BuilderErrorHandler
    implements org.xml.sax.ErrorHandler {

    public void warning(SAXParserException exception);
    public void error(SAXParserException exception);
    public void fatalError(SAXParserException exception);
}
```

DOMBuilder

Diese Klasse kann mittels eines Parsers, der DOM (das Document Object Model) unterstützt, JDOM-Document-Objekte aus einer XML-Quelle erzeugen. Sie benutzt die verschiedenen Adapter in org.jdom.adapters. Wird also ein dort nicht unterstützter Parser benutzt, werden Fehler gemeldet werden. Zusätzlich wird eine Methode definiert, die ein

JDOM-Document-Objekt aus einem bestehenden DOM-Baum (org.w3c.dom.Document) erzeugt. Wenn der DOMBuilder konstruiert ist, können Sie seine Validierung beantragen. Genauso ist es möglich, den Klassennamen des Adapters anzugeben, der benutzt werden soll. Wird keiner angegeben, wird keine Validierung durchgeführt und der Apache Xerces-Parser benutzt.

Man kann auch die Factory angeben (siehe den Eintrag JDOMFactory), die benutzt wird, um während des Aufbaus des Dokuments die JDOM-Klassen zu generieren.

```
public class DOMBuilder {
    public DOMBuilder(String adapterClass, boolean validate);
    public DOMBuilder(String adapterClass);
    public DOMBuilder(boolean validate);
    public DOMBuilder( );

    public Document build(InputStream in);
    public Document build(File file);
    public Document build(URL url);
    public Document build(org.w3c.dom.Document domDocument);
    public Element build(org.w3c.dom.Element domElement);

    public void setValidation(boolean validate);
    public void setFactory(JDOMFactory factory);
}
```

JDOMFactory

Dieses Interface erlaubt es Benutzern, ihre eigene Factory zur Erzeugung von JDOM-Konstrukten (Element, Attribute etc.) zu nutzen. Wenn eine Factory-Implementierung mit der Methode setFactory( ) an den Builder übergeben wird, wird diese zur Erzeugung von JDOM-Konstrukten benutzt. Das erlaubt die vollständige Anpassung des Prozesses der Erzeugung von JDOM-Objekten.

Um das Ganze abzukürzen und überschaubar zu halten, führe ich hier nicht die sehr lange Liste von Methoden dieser Factory auf. Ich möchte Sie statt dessen auf das entsprechende Javadoc-Dokument verweisen. Jedes mögliche Konstrukt jeder JDOM-Klasse wird in dieser Klasse abgedeckt, und all diese Methoden liefern als Ergebnis den Typ des Objekts, das konstruiert wurde.

SAXBuilder

Diese Klasse stellt eine Funktionalität zur Verfügung, die es erlaubt, ein JDOM-Dokument mittels eines SAX-Parsers (SAX: Simple API for XML) aus einer XML-Quelle zu erzeugen. Sie kann jede SAX 2.0-kompatible Parser-Implementierung nutzen. Wenn der SAXBuilder konstruiert wird, kann man seine Validierung beantragen und auch den Namen des zu verwendenden Parsers angeben. Wird nichts angegeben, wird keine Validierung durchgeführt und der Apache Xerces-Parser benutzt.

Sie können außerdem die Factory angeben (siehe den Eintrag JDOMFactory), die zur Generierung von JDOM-Klassen während des Prozesses der Dokumenterzeugung benutzt werden soll.

```
public class SAXBuilder {
    public SAXBuilder(String saxDriverClass, boolean validate);
    public SAXBuilder(String saxDriverClass);
    public SAXBuilder(boolean validate);
    public SAXBuilder( );

    public Document build(InputStream in);
    public Document build(InputStream in, String systemID);
    public Document build(InputSource inputSource);
    public Document build(Reader characterStream);
    public Document build(Reader characterStream, String systemID);
    public Document build(File file);
    public Document build(URL url);
    public Document build(org.w3c.dom.Document domDocument);
    public Element build(org.w3c.dom.Element domElement);

    public void setDTDHandler(DTDHandler dtdHandler);
    public void setEntityResolver(EntityResolver entityResolver);
    public void setErrorHandler(ErrorHandler errorHandler);
    public void setExpandEntities(boolean expandEntities);
    public void setXMLFilter(XMLFilter xmlFilter);
    public void setIgnoringElementContentWhitespace(boolean ignore);
    public void setValidation(boolean validate);
    public void setFactory(JDOMFactory factory);
}
```

Package: org.jdom.output

Dieses Package definiert das Verhalten für die Ausgabe von JDOM-Dokument-Objekten. Besondere Beachtung verdienen hier die Klassen SAXOutputter, die es einem JDOM-Dokument erlaubt, SAX-Events an eine Anwendung zu schicken, die SAX-Verhalten erwartet, sowie DOMOutputter, die JDOM- in DOM-Strukturen umwandelt. Natürlich ist die Klasse XMLOutputter die bei weitem am meisten benutzte Ausgabe-Klasse für JDOM-Objekte. Wie einige Klassen in dem Package org.jdom.input haben diese drei Hunderte von Methoden. Anstatt zehn Seiten mit diesen eher langweiligen Informationen zu füllen, verweise ich an dieser Stelle wieder auf die Javadoc-Dokumente unter *http://www.jdom.org*. Dort können Sie sich die aktuellsten Informationen zur Benutzung jeder der JDOM-Ausgabe-Klassen beschaffen.

ANHANG B

SAX 2.0-Features und -Eigenschaften

Dieser Anhang beschreibt die SAX 2.0-Standard-Features und -Eigenschaften. Unabhängig davon, daß eine spezielle Implementierung einer Parser-Software eigene Features und Eigenschaften für herstellerspezifische Funktionalitäten einführen kann, repräsentiert diese Liste die Kernfunktionalität, die jede SAX 2.0-gerechte Parser-Implementierung unterstützen sollte.

Zentrale Features

Hier ist der Kernsatz der Features, die von der XMLReader-Implementierung in SAX 2.0 unterstützt werden. Diese Features können mittels setFeature() gesetzt werden. Ihr momentaner Wert wird mit getFeature() abgefragt. Jedes Feature kann sowohl lesbar als auch schreibbar oder auch nur lesbar sein. Es ist ebenfalls möglich, daß gewisse Features nur während des Parsens modifizierbar sind oder nur dann, wenn gerade nicht geparst wird. Tiefergehende Informationen über SAX-Features und -Eigenschaften sind in den Kapiteln 2 und 3 zu finden.

Namensraum-Verarbeitung

Dieses Feature weist einen Parser an, eine Namensraum-Verarbeitung durchzuführen, was bedeutet, daß man auf Namensraum-Präfixe, Namensraum-URIs und Element-lokale Namen durch die SAX-Namensraum-Callbacks zugreifen kann (startPrefixMapping() und endPrefixMapping(), wie auch auf verschiedene Parameter, die an startElement() und endElement() übergeben werden). Wenn dieses Feature den Wert true hat, wird diese Verarbeitung durchgeführt (das impliziert, daß das Feature Namensraum-Präfix-Reporting ebenfalls angeschaltet ist). Die Voreinstellung für dieses Feature ist in den meisten Parsern true.

> URI: *http://xml.org/sax/features/namespaces*
> Zugriff: nur lesbar während des Parsens, les- und schreibbar sonst

Namensraum-Präfix-Reporting

Dieses Feature weist den Parser an, die in Namensraum-Deklarationen benutzten Attribute, wie zum Beispiel die xmlns:[namespace URI]-Attribute, zu melden. Ist dieses Feature nicht eingeschaltet (false), gelangen keine Informationen über die Attribute nach außen. Sie werden vielmehr vom Parser konsumiert, während er versucht, ein Mapping vom Namensraum-Präfix zu URIs zu finden. Diese Informationen sind im allgemeinen auch in diesem Zusammenhang nicht von Wert für die umgebende Anwendung. Außerdem ist es so, daß bei eingeschalteter Namensraum-Verarbeitung dieses Feature zumeist abgeschaltet ist. Die Voreinstellung in den meisten Parsern ist false.

>URI: *http://xml.org/sax/features/namespace-prefixes*
>Zugriff: nur lesbar während des Parsens, les- und schreibbar sonst

String-Interning

Dieses Feature bestimmt, daß alle lokalen und rohen Elementnamen, alle Namensraum-Präfixe und alle Namensraum-URIs mittels der Methode java.lang.String.intern() durch ihre internen, kanonischen Versionen ersetzt werden. Wenn es nicht angeschaltet (also false) ist, bleiben XML-Komponenten unverändert. Neuere High-Performance-Parser haben dieses Feature als Voreinstellung deaktiviert, um eigene Optimierungen durchführen zu können.

>URI: *http://xml.org/sax/features/string-interning*
>Zugriff: nur lesbar während des Parsens, les- und schreibbar sonst

Validierung

Dieses Feature fordert, daß die Validierung durchgeführt wird und jeder Fehler, der eine gebrochene Beschränkung als Ursache hat, durch das SAX-Interface ErrorHandler weitergeleitet wird (wenn eine Implementierung registriert ist). Wenn der Wert dieses Features false ist, wird keine Validierung durchgeführt, was im allgemeinen die Voreinstellung ist. Sie müssen die Dokumentation des Herstellers der jeweiligen Parser-Implementierung prüfen, um herauszufinden, ob dieses Feature auf DTD- und XML Schema-Validierung wirkt.

>URI: *http://xml.org/sax/features/validation*
>Zugriff: nur lesbar während des Parsens, les- und schreibbar sonst

Verarbeitung externer Entities (generell)

Dieses Feature besagt, daß alle generellen (Text-)Entities innerhalb eines XML-Dokuments verarbeitet werden sollen. Im allgemeinen wird es von den meisten Parsern als Voreinstellung auf true gesetzt.

>URI: *http://xml.org/sax/features/external-general-entities*
>Zugriff: nur lesbar während des Parsens, les- und schreibbar sonst

Verarbeiten externer Entities (Parameter)

Dieses Feature weist den Parser an, alle externen Parameter zu parsen, einschließlich derer in Untermengen externer DTDs. Die Voreinstellung dafür ist ebenfalls in den meisten Parsern true.

> URI: *http://xml.org/sax/features/external-parameter-entities*
> Zugriff: nur lesbar während des Parsens, les- und schreibbar sonst

Kern-Eigenschaften

Eigenschaften stellen eine Möglichkeit dar, mit Objekten zu arbeiten, die während des Parsens benutzt werden. Dies ist besonders bei der Arbeit mit Handlern wie LexicalHandler und DeclHandler, die nicht Teil der zum Kern von SAX 2.0 gehörenden Handler (EntityResolver, DTDHandler, ContentHandler und ErrorHandler) sind, der Fall. Jede Eigenschaft kann sowohl nur lesbar als auch lesbar und schreibbar sein. Außerdem ist es möglich, daß Eigenschaften nur während des Parsens geändert werden können oder nur dann, wenn nicht geparst wird.

Lexical Handler

Diese Eigenschaft erlaubt das Setzen und Lesen einer Implementierung eines LexicalHandler, der zur Behandlung von Kommentaren und DTD-Referenzen in einem XML-Dokument benutzt werden soll.

> URI: *http://xml.org/sax/properties/lexical-handler*
> Typ: org.xml.sax.ext.LexicalHandler
> Zugriff: immer les- und schreibbar

Declaration Handler

Diese Eigenschaft erlaubt das Setzen und Auslesen einer Implementierung von DeclHandler, der zur Verarbeitung von Beschränkungen in DTDs benutzt werden soll.

> URI: *http://xml.org/sax/properties/declaration-handler*
> Typ: org.xml.sax.ext.DeclHandler
> Zugriff: immer les- und schreibbar

DOM Node

Während des Parsens liefert diese Eigenschaft den aktuellen DOM-Node (wenn ein DOM-Iterator benutzt wird). Wird nicht geparst, liefert sie den root-DOM-Node. Die meisten Parser, die ich getestet habe, als ich dieses Buch schrieb, unterstützten diese Eigenschaft außer in Ausnahmefällen nicht. Ich würde mich nicht darauf verlassen, daß sie sinnvolle Informationen liefert.

URI: *http://xml.org/sax/properties/dom-node*
Typ: `org.w3c.dom.Node`
Zugriff: nur lesbar während des Parsens, les- und schreibbar sonst

Literal (XML) String

Diese Eigenschaft liefert einfach die Zeichenfolge im XML-Dokument, die den aktuellen Event auslöste. Wie schon bei der DOM-Node-Eigenschaft konnte ich wenig Unterstützung finden. Verlassen Sie sich nicht darauf, speziell wenn Sie verschiedene Parser benutzen.

URI: *http://xml.org/sax/properties/xml-string*
Typ: `java.lang.String`
Zugriff: nur lesbar

Index

& (Ampersand) 20, 469
&amp 469
   als Entity-Referenz 20
&apos (Entity-Referenz) 20
&quot (Entity-Referenz) 20
&gt (Entity-Referenz) 20
&lt (Entity-Referenz) 20
* (Wiederholungs-Modifier) 25
\+ (Wiederholungs-Modifier) 25
? (Wiederholungs-Modifier) 25
. (Punkt), Aufteilen von Eigenschaftsnamen an 185
; (Semikolon) 20
@ (Präfix für Attributnamen) 39
\ (Backslash), *nix 184
/ (Slash) 16

A

Ableiten, JDOM 232-234
AbstractDOMAdapter-Klasse 509
Abstraktionsschichten 235
acceptNode( ) 157
addBook.pl 406, 408
addBooks.html 403
addContent( ) 185, 194
addEvent( ) 320, 322
   Thread starten 325
addHandler( ) 313
AddItemServlet 443-446
Anführungszeichen 18
Anwendungsbereiche, APIs und Data-Binding 438
Apache Axis 347
Apache Cocoon (siehe Cocoon)

Apache SOAP 346
   WSDL, begrenzte Funktionalität bei 377
Apache Xerces 7
   Parser 44
APIs (Application Program Interfaces)
   Anwendungsbereiche 438
appendChild( ) 142
apply-templates-Konstrukt 38
Architektur, JDOM 207-213
Assoziationen 82
ATTLIST-Schlüsselwort 26
Attribute 17, 26, 251
   Anführungszeichen und 18
   vs. Elemente 18
Attribute-Klasse 502
   Anweisung 187
Attribute-Klasse, JDOM 187
AttributeListImpl-Klasse 484
AttributeList-Interface 475
AttributesImpl-Klasse 485
Attributes-Instanz 61
Attributes-Interface 61, 476
Attr-Interface 488
Aufruf in SOAP 344
Axis SOAP-Toolkit 347

B

baseName-Variable 196
Baumstruktur der XSL-Verarbeitungsstadien 33
Baum-Traversierung 154
BeanSerializer-Klasse 363
Beschränkungen 23-31
Betriebssysteme (BS), Java-Kompatibilität 6
Binding-Element 377

| 517

Browser-abhängige Formatierung 275-284
BS (Betriebssysteme), Java-Kompatibilität 6
BuilderErrorHandler-Klasse 510
builder-Klasse 176
buildTree( ) 49, 52
    Throwable-Exception 50

C

Callback-Methoden 51
    Dokumente, Start und Ende 56
Castor 439-447
    AddItemServlet 443-446
    Installation 439
    Klassen generieren 439
    Marshalling und Unmarshalling 442
CD Orderer-Client 394-397
    Testen 396
CDAdder-Klasse 356-357
    aktualisierte Version 364-366
CDATA-Abschnittsmarkierung 21
CDATA-Attribut 26
CDATA-Klasse 503
CDATASection-Interface 489
CDCatalog-Deployment-Deskriptoren 353
CDCatalog-Klasse 352
    aktualisiert 361
CD-Klasse 360
CDLister-Klasse 358-359
CDs-R-Us Messaging-Service 381-384
    importierte Klassen 384
channel-Element 422
Channels 420
chapterTen.xml 286-291
CharacterData-Interface 489
characters( ) 63
    character-Arrays und 78
    Whitespaces angezeigt von 65
ClassNotFoundException, setDriver( ) 311
Client-Anwendung, XML-RPC 315-319
Cocoon 166, 263-284
    Browser-abhängige Formatierung 275-284
    Einsatz im realen Leben 263
    Konfiguration 264
    Online-Ressourcen, Quellen und Binaries 264
    Tomcat-Konfiguration 264-267
        Kontext 265
    WML, Ausgabe 281

cocoon.properties-Datei 275
Code-Artefakte 351
Codierung, SOAP 343
Comment-Interface 489
Comment-Klasse 194, 503
compareDocumentOrder( ) 168
compareTreePosition( ) 168, 169
Content-Handler 53-70
ContentHandler-Instanz 77
ContentHandler-Interface 476
    Implementierung 54
Content-Modelle 25
contents.xml 45, 275, 276
    WAP-Stylesheet-Referenz 278
Copy-of-Konstrukt 39
createDocType( ) 142
createDocument( ) 142, 150
createElement( ) 142
createElementNS( ) 150
createRange( ) 160
createTextNode( ) 142
createXMLRepresentation( ) 183
CVS, Online-Ressourcen 264

D

Data-Binding 431-464
    Anwendungsbereiche 438
    Castor-Framework 439-447
        Installation 439
        Klassen generieren 439
        Marshalling und Unmarshalling 442
    JAXB 456-464
    Klassen-Generierung 434
    Marshalling und Unmarshalling 436
    Zeus-Framework 447-455
        Installation 447
        Klassen, Erzeugung 448
        Marshalling und Unmarshalling 453
DataWriter-Klasse 100
Daten
    Elemente enthalten in 63-67
    Text- 63
    XML-Dokument-Header in 14
Daten zu Clients schieben 420
Datenstrukturen, URI-Mappings, Speichern in 59
Datentypen, benutzerdefinierte in SOAP 343
DeclHandler-Interface 107, 483

Decorator-Klassen 219
DefaultHandler-Klasse 95, 248, 485
DefaultMutableTreeNode-Klasse 46
DefaultTreeModel-Klasse 46
deleteContents( ) 161
Deployment-Deskriptoren 353
DocType-Klasse 504
Document Object Model (siehe DOM)
DocumentBuilderFactory-Klasse 496
    JAXP, Version 1.1 247
DocumentBuilder-Klasse 396, 496
DocumentFragment-Interface 490
DocumentHandler-Interface 477
Document-Interface 123, 490
Document-Klasse 504
DocumentRange-Interface 160
DocumentType-Interface 491
doGet( ) 147
Dokument-Knoten 123
Dokument-Locator 55
DOM (Document Object Model) 111-133
    Bäume
        Änderbarkeit 135
        Erzeugen 136-143
        Modifizieren 143
        Serialisierung 117
        Speicherbedarf 116
    HTML und 165
    JAXP
        Methoden, Level 2 250
        Version 1.0, Benutzung mit 243-246
        Versionen unterstützt unter 237
    Level 2 488-495
        Unterstützung sicherstellen 151
    Level 2-Module 151-165
        Events 163
        Online-Ressourcen 166
        Range 159-162
        Style 165
        Traversal 154-159
        Views 164
    Level 3 166-170
        Bootstrapping 169
    Modulspezifikationen, Level 1 und 2 152
    Möglichkeit zum Überladen, Fehlen von 147
    Namensraum-Deklarationen und 150
    Namensraum-Unterstützung, Level 2 147
    nicht angehängte Knoten 171
    Online-Ressourcen 112
    Organisation in Schichten 112
    Parser 117
        Ausgabe 118-119
        Auslösen von SAX-Exceptions 132
        Level 2, Online-Quellen 151
    Risiken, Speicher und Daten 131
    SAX, verglichen mit 111, 115
    Speicherbedarf bei XML-Dokumenten 131
    Standardisierung 202
    Strukturen vergleichen 169
    verbreitete Probleme 170
    verzögertes DOM 131
    Web-Publishing-Frameworks, Unterstützung durch 262
    weiterführende Themen 135-172
    WRONG DOCUMENT-Exception 170
DOMAdapter-Klasse 509
DOMBuilder-Klasse 176, 510
    Performance-Gesichtspunkte 205
DOMException-Klasse 491
DOMFaultListener 367
DOMImplementation-Interface 491
dom-Node-Eigenschaft 88
DOMOutputter 177, 212, 512
DOMResult-Klasse 501
DOMSerializer.java 121
DOMSerializer-Klasse 120-128
    Skelett 120
    Warnung 130
DOMSource-Klasse 501
doPost( ) 137, 160
    Namensräume, Aktualisierung 148
DTD (Document Type Definition) 24-27
    Attribute 26
    ELEMENT-Definitionen 25
    Entities 26
    RSS und 421
    verglichen mit der Validierung 85
    weitere Beschränkungsmodelle 31
    Wiederholungs-Modifier 25
DTDHandler-Interface 94, 477
    und Validierung 108
dynamische Context-Erzeugung 260

E

Eigenschaften 83
　DOM-Nodes 88
　Elemente, Unterscheidung zwischen Text- und Attributwerten 190
　Strings 88
Eigenschaften und Features, Methoden zum Setzen 82
Eigenschafts- und Feature-URIs 82
Eigenschaftsdateien, Java 178
　XML, Umwandlung in 180
Eigenschaftsnamen, Aufteilung an (.) Punkten 185
Eigenschaftswerte, Umwandlung in Attribute 187
Electric XML 8
Elemente 15
　Attribute 17
　Daten enthalten in 63-67
　gefordertes Schließen 16
　JDOM, Erzeugung mit 182
　Kind vs. Eltern 64
　Konsolidierung der Anfangs- und End-Tags 18
　leere 17, 26
　Namenskonventionen 16
　Präfixe und Namensräume 148
　Q-Namen 61
　root-Elemente 15
　SAX-Callbacks 60-63
　Unterscheidung zwischen Groß- und Kleinschreibung 16
　vs. Attribute 18
Element-Interface 492
Element-Klasse 505
　Ableiten von 213
　setAttribute( ), JDOM 187
Element-Konstruktor 185
Element-Methoden, JDOM 215
Elementnamen 61
ELEMENT-Schlüsselwort 25
EMPTY-Schlüsselwort 26
endDocument( ) 56
Entities 26
Entity-Behandlung 88
Entity-Interface 493
EntityReference-Interface 493
Entity-Referenzen 20
　JDOM-Builder, Expansion unter 210

EntityRef-Klasse 210, 507
EntityResolver-Interface 53, 89-94, 478
ENTITY-Schlüsselwort 26
enumerateItem( ) 442
Envelope, SOAP 343
equals( ) 212
equalsNode( ) 168
ErrorHandler-Interface 70-75, 478
ErrorListener-Interface 251, 499
Erzeugung statischen Inhalts 260
Erzeugungsmethoden und Namensräume 147
Escaping von Zeichen 19
Events-Modul 163
eventsSorted, Boolesche Member-Variable 324
Exceptions, Auffangen von 86
exclude-result-Präfixe 281
Exolab-FTP-Site 439
expandEntities-Flag 211
Extensible Markup Language (siehe XML)
Extensible Stylesheet Language (siehe XSL)
Extensible Stylesheet Language Transformations (siehe XSLT)
Externe-allgemeine-Entities 88
Externe-Parameter-Entities 88
extractContents( ) 162

F

Factories, JDOM 213-218
　Erzeugung 214
FactoryConfigurationError-Klasse 497
Fault Listeners 354
fault.getString( ) 366
Features 83
　Externe-allgemeine-Entities 88
　Externe-Parameter-Entities 88
　String-Interning 88
　Validierung 83
Fehler
　Dokument nicht wohlgeformt 75
　kritische und nicht-kritische 73
　Version von XML und 74
　während des Parsens 56
Fehlerbehandlung, SOAP 366-368
Filter 96-100
Foobar (öffentliche Bibliothek) 400
for-each-Konstrukt 39
FormattingNodeFilter-Klasse 157

G

generateRSSContentMethod( ) 427
getAttribute( ) 125, 251
getAttributeValue( ) 200
getBody( ) 386
getChild( ) 185
getChildNodes( ) 124
getChildren( ) 196
getColumnNumber( ) 55
getContent( ) 200
getDetailEntries( ) 368
getDocument( ) 119
getDocumentElement( ) 124
getElementsByTagNameNS( ) 150
getException( ) 57
getFeature( ) 82, 249
getFirstChild( ) 147
getInstance( ) 337
getItem( ) 442
getLineNumber( ) 55
getListOfEvents( ) 325
getLocalName(int index)-Methode 61
getNamespace( ), JDOM 211
getNamespaceURI( ) 147
getNodeName( ) 124
getNodeType( ) 122
getNodeValue( ) 132
    Textdaten drucken 126
getParent( ) 96
getPrefix( ) 147, 148
getProperty( ) 82, 182, 249
getRootElement( ) 196
GetRSSChannelServlet.java 428
getText( ) 197
getTextTrim( ) 196
getURI(int index)-Methode 61
getXMLReader( ) 248
getXPath( ) 224
Glue 393
gültige XML-Dokumente 16

H

Handler 53
    DTDHandler 94
    EntityResolver 89-94
    Implementierungsklassen anmelden 54
    Instanz hinzufügen zu 337
    Scheduler-Klasse 320-335
    XML-RPC 310, 320
HandlerBase-Klasse 238, 478
Header 14
HelloClient.java 315
HelloHandler-Klasse, Anmeldung 314
HelloServer-Klasse 311
helma.xmlrpc.XmlRpcClient 315
helma.xmlrpc.XmlRpcServer-Klasse 309
herstellerneutraler Parsing-Code und JAXP 237
herstellerspezifischer Code 169
High-Level-APIs 8
HTML (Hyper-Text Markup Language) und DOM 165
HTML-Interface für XML-Daten 401-403
HTTP-Listener erzeugen 312

I

IBM SOAP4J 346
IBM XML4J 7
IIOP (Internet Inter-ORB Protocol) 304
indentLevel-Variable 122
InputSource-Klasse 52, 479
Instanzen gemeinsam nutzen (shared) 337
Interfaces
    Attr 488
    AttributeList 475
    Attributes 61, 476
    CDATASection 489
    CharacterData 489
    Comment 489
    ContentHandler 54, 476
    DeclHandler 107, 483
    Document 123, 490
    DocumentFragment 490
    DocumentHandler 477
    DocumentRange 160
    DocumentType 491
    DOMImplementation 491
    DTDHandler 94, 108, 477
    Element 492
    Entity 493
    EntityReference 493
    EntityResolver 89-94, 478
    ErrorHandler 70-75, 478

ErrorListener 251, 499
Handler-Interfaces 54
 (siehe auch Handler)
HTML für XML-Daten 401-403
JDOMFactory 215, 511
JDOMNode 219-224
LexicalHandler 483
NameNodeMap 493
Node 122, 493
NodeFilter 157
NodeIterator 155
NodeList 495
Notation 495
org.xml.sax.Parser 46
org.xml.sax.XMLReader 46
Parser 480
ProcessingInstruction 495
Result 499
SAXParser 248
Source 499
SourceLocator 500
Templates 500
Text 495
TreeWalker 159
URIResolver 252, 501
wichtige Handler 53
XMLReader 50, 82, 482
 (siehe auch Klassen)
Internet Inter-ORB Protocol (IIOP) 304
Interoperabilität 372
IOException 133
isNamespaceAware( ) 241
isSameNode( ) 168
isValidating( ) 241
Items 420
ItemSearcher-Klasse 155

J

Jakarta Tomcat (siehe Tomcat)
James Clarks XP-Parser, Online-Ressourcen 311
Java
 Ausgabe-Formen 120
 Castor 439-447
 DOM und 112
  Sprachanbindungen 112
 Eigenschaftsdateien 178
  XML, Umwandlung in 180
 kompatible Betriebssysteme 6

SerializerTest.java, Quelltext-Dateien 117
SOAP-Implementierungsprojekte 345
unterstützte Datentypen in XML-RPC 309
XML und zukünftige Entwicklungen 465
Java & XML, Änderungen seit der ersten Version 11
Java API for XML Parsing (siehe JAXP)
Java Document Object Model, siehe JDOM
java.net.MalformedURLException-Klasse 316
java.text.SimpleDateFormat-Klasse 322
java.util.Enumeration-Klasse 324
Javadocs, String-Interning 88
javax.xml.parsers-Package 496-498
javax.xml.transform.sax-Package 501
javax.xml.transform-Package 498-501
JavaXML.explorer-html.xsl 276
JavaXML.fo.xsl 287
JavaXML.html.xsl 276
JavaXML.wml.xsl 280
JAXB (Java Architecture for Data Binding) 456-464
JAXP (Java API for XML Parsing) 235-258, 496-502
 Download-Site 236
 Fähigkeiten zum Parsen, Fehlen von 236
 Klassen 236
 TrAX-API 250-256
 verglichen mit anderen APIs 235
 Version 1.0 237-246
  Apache Xerces-Implementierung, Download-Site 238
  ClassNotFound-Exceptions, Vermeidung 239
  DOM 243-246
  Parser, Umschaltung 245
  SAXParserFactory-Klasse 239-241
  SAXParser-Klasse 241-242
 Version 1.1 246-256
  Änderungen von Version 1.0 246
  DefaultHandler-Klasse 248
  Download-Site 246
  Updates 250
 Versionen und unterstützte Parser 237
JCP (Java Community Process) 202
JDK (Java Development Kit), Versionen 6
JDOM (Java Document Object Model) 207-234
 ableiten 232-234
 Architektur 207-213

Attribut-Klasse 187
builder-Klassen 216
DOM, verglichen mit 173, 203
Element-Klasse, Ableiten von 213
Element-Methoden 215
EntityRef-Klasse 210
Factories 213-218
    Erzeugung 214
Implementierung des Dokumentbetrachters 227-232
Input/Output-Modell 176
Interfaces, Abwesenheit von 218
Java Collections-Unterstützung 175
JDOM Beta 7 207
JDOMNode-Interface 219-224
Klassen 175
Namensraum-Klasse 211
Null-Werte 203
PropsToXML-Klasse 178-190
SimpleXPathViewer-Klasse 227-230
Standardisierung 202
Text-Klasse 208-210
Version 1.0 502-512
XML ausgeben 188
XML in RSS, für die Umwandlung von 424-428
XML speichern 192
XML-Ausgabe, Formatierungsmethoden 189
XML-Bäume und 173
XMLProperties-Klasse 190-192
XPathDisplayNode-Klasse 224-227
JDOMException-Klasse 507
JDOMFactory-Interface 215, 511
JDOMNode-Interface 219-224
JRMP 304
JSP (Java Server Pages) 284
    Beschränkungen 284
JSR (Java Specification Request) 202
JTreeContentHandler-Klasse 54
jUDDI, Online-Ressourcen 374

K

Karten 279
Klassen
    AbstractDOMAdapter 509
    Attribute 187, 502
    AttributeListImpl 484

AttributesImpl 485
BeanSerializer 363
BuilderErrorHandler 510
builder-Klasse 216
builders 176
CD 360
CDAdder 356-357
    aktualisierte Version 364-366
CDATA 503
CDCatalog 352
    aktualisiert 361
CDLister 358-359
Comment 194, 503
DataWriter 100
DefaultHandler 95, 248, 485
DefaultMutableTreeNode 46
DefaultTreeModel 46
DocType 504
Document 504
DocumentBuilder 396, 496
DocumentBuilderFactory 247, 496
DOMAdapter 509
DOMBuilder 176, 510
    Performance-Gesichtspunkte 205
DOMException 491
DOMResult 501
DOMSerializer 120-128
    Warnung 130
DOMSource 501
Element 505
    Ableiten von 213
    setAttribute( ) 187
EntityRef 210, 507
Enumeration 324
FactoryConfigurationError 497
FormattingNodeFilter 157
Generierung 434
Handler, XML-RPC 310
HandlerBase 238, 478
HelloServer 311
InputSource 52, 479
ItemSearcher 155
JDOM für 175
JDOMException 507
JTreeContentHandler 54
LexicalHandler 103-106
Locator 55, 480

LocatorImpl 485
MalformedURLException 316
Namensraum 211, 508
NamespaceFilter 97
NamespaceSupport 486
OrderProcessor 396
OutputKeys 499
ParserAdapter 76, 486
ParserConfigurationException 497
ParserFactory 238, 239-241, 486
ProcessingInstruction 508
PropsToXML 178-190
SAX API 45
SAXBuilder 176, 511
SAXException 57, 480
SAXNotRecognizedException 481
SAXNotSupportedException 481
SAXParseException 481
SAXParser 241-242, 497
SAXParserFactory 247, 498
SAXTreeViewer 46, 47-49
Scheduler 320-326
SchedulerClient 333
SimpleDateFormat 322
SimpleXPathViewer 227-230
SOAPMappingRegistry 366
StreamResult 254
StreamSource 253
TestXMLProperties 199
Text 208-210, 509
Thread 325
Transformer 500
TransformerFactory 251, 501
UpdateItemServlet 137-147, 160
XMLFilter 96-100, 482
XMLFilterImpl 97, 487
XMLOutputter 189
XML-Parser 44
XMLProperties 190-192
    inkompatible Versionen 198
    Skelett 190-192
    Testen 197
XMLReaderAdapter 487
XMLReaderFactory 488
XmlRpc 311
XmlRpcClient 315, 316
XmlRpcServer 309
XMLUtils 396

XMLWriter 100
XPathDisplayNode 224-227
XSLTProcessor 417
XSLTProcessorFactory 417
(siehe Interfaces)
Klassen-Instanzen gemeinsam nutzen (shared) 337
Knoten, Ermitteln des Typs von 122
Knotenvergleiche, DOM Level 3 167
konstantenartige Werte 19
Konstruktoren, JDOM-Element-Klasse 215
kritische Fehler 73

L

Lark und Larval 8
LDAP (Lightweight Directory Access Protocol) 305
LexicalHandler-Interface 483
LexicalHandler-Klasse 103-106
Lightweight Directory Access Protocol (LDAP) 305
Linux/Unix, Cocoon-Binaries 264
list( ) 353
    Fehlerbehandlung 367
load( ) 190, 195
loadFromElements( ) 196
LocatorImpl-Klasse 485
Locator-Instanz 77
Locator-Klasse 55, 480
Low-Level-APIs 8

M

Mailing-Listen, Xerces-Parser 44
Mapping-Element 363
mapTypes( ) 366
marshal( ) 388, 462
Marshalling 436
Message-Element 377
Messaging-Services 378
    Methodennamen und 381
    XML, Antwort des Servers an den Client, Codierung 387
Methoden
    addContent( ) 185, 194
    addEvent( ) 320, 322
    addHandler( ) 313
    Callback-Methoden 51

characters( ) 63
createDocument( ) 142
createXMLRepresentation( ) 183
Element-Methoden 215
endDocument( ) 56
enumerateItem( ) 442
equals( ) 212
fault.getString( ) 366
Fernaufrufe 313
generateRSSContentMethod( ) 427
getAttribute( ) 251
getAttributeValue( ) 200
getBody( ) 386
getChild( ) 185
getChildNodes( ) 124
getChildren( ) 196
getColumnNumber( ) 55
getContent( ) 200
getDetailEntries( ) 368
getDocumentElement( ) 124
getException( ) 57
getFeature( ) 249
getInstance( ) 337
getItem( ) 442
getLineNumber( ) 55
getListOfEvents( ) 325
getLocalName(int index) 61
getNodeName( ) 124
getProperty( ) 182, 249
getRootElement( ) 196
getText( ) 197
getTextTrim( ) 196
getURI(int index) 61
getXMLReader( ) 248
getXPath( ) 224
isNamespaceAware( ) 241
isValidating( ) 241
list( ) 353, 367
load( ) 190, 195
loadFromElements( ) 196
mapTypes( ) 366
marshal( ) 388, 462
Naming- und Messaging-Services 381
newSAXParser( ) 239
newTransformer( ) 252
parse( ) 50
propertyNames( ) 182
removeEvent( ) 320, 322

RMI, Aufruf durch 304
save( ) 190
setAttribute( ) 187, 251
setDriver( ) 311, 315
setErrorListener( ) 252
setExpandEntities( ) 210
setFeature( ) 249
setProperty( ) 249
setText( ) 185
startDocument( ) 56
store( ) 190, 194, 199
unmarshal( ) 462
XML-Ausgabe, zur Formatierung 189
XMLReader-Interface, zum Setzen 82
XML-RPC, Aufruf in 309
Microsoft
    Internet Explorer, XSL-Stylesheet 276
    MXSML-Parser 8
    SOAP-Implementierung 346
    Windows, Cocoon-Binaries 264

N

NamedNodeMap 125
    Interface 493
Namenskonventionen, Elemente 16
Namensräume 21, 85, 147-151
    Deklarationen 150
        WML 281
    SAX-Callbacks 58-60
    Schema-Spezifikation, Ähnlichkeit zu 22
    XML identifizieren mit 21-23
Namensraum-Klasse 508
    JDOM 211
Namensraum-unterstützende Methoden 147
Namensraum-URI 61
NamespaceFilter-Klasse 97
namespaceMappings-Objekt 62
NamespaceSupport-Klasse 486
newSAXParser( ) 239
newTransformer( ) 252
nicht-kritische Fehler 73
NodeFilter-Interface 157
Node-Interface 122, 493
NodeIterator-Interface 155
    Online-Ressourcen 159
NodeList-Interface 495
Notation-Interface 495

O

Objekte formatieren 33
öffentliche ID 128
öffnende Tags 16
Online-Ressourcen XIII
    Castor 439
    Cocoon-Quellen und -Binaries 264
    CVS 264
    DOM Level 2-Module 166
    DOM Level 2-Parser 151
    DOM-Spezifikationen, Level 1 und 2 112
    DTD-Beschränkungsmodelle 31
    Installation, SOAP Servlet-Engines 349
    JAXP 236, 246
        Apache Xerces-Implementierung 238
    JSRs (Java Specification Requests) 202
    jUDDI 374
    Microsoft SOAP-Toolkit 346
    NodeIterator-Interface 159
    Parser 7
    Range-Modul 162
    RSS 422
    SOAP 341
        Installationsfehler 350
    Treewalker-Interface 159
    UP.SDK 279
    WAP 283
        Spezifikationen 279
    Web Services 397
    Web-Publishing-Framework 261
    WML 283
    WSDL 375, 393
    XML 12
        verwandte Technologien 41
    XPointer 471
    XSL 272
Oracle XML-Parser 8
OrderProcessor-Klasse 396
org.apache.soap.Body 386
org.apache.soap.Envelope 386
org.jdom.adapters-Package 509
org.jdom.input-Package 510-512
org.jdom.output-Package 512
org.jdom-Package 502-509
org.w3c.dom.Document-Objekte 118
org.w3c.dom.Node-Inferface 132
org.w3c.dom-Package 488
org.xml.sax 475-483
org.xml.sax.Attributes-Instanz 61
org.xml.sax.HandlerBase-Klasse 238
org.xml.sax.helpers.ParserAdapter-Klasse 76
org.xml.sax.helpers-Package 484-488
org.xml.sax.Parser-Interface 46
org.xml.sax.XMLReader-Interface
    parse( ) 50
org.xml.sax-Package 86
OutputKeys-Klasse 499

P

#PCDATA Schlüsselwort 26
-package-Flag 441
Packages
    Castor 439
    com.sun.xml.parser 236
    für Data-Binding 432
    helma.xmlrpc 308
    javax.xml.parsers 236, 496
    javax.xml.transform 250, 498
    javax.xml.transform.dom 501
    javax.xml.transform.sax 501
    javax.xml.transform.stream 502
    org.apache.xalan.xslt 417
    org.enhydra.zeus.binder 449
    org.enhydra.zeus.result 453
    org.enhydra.zeus.source 453
    org.jdom 502
    org.jdom.adapters 509
    org.jdom.input 176, 510
    org.jdom.output 177, 512
    org.w3c.dom 112, 488
    org.w3c.dom.css 165
    org.w3c.dom.events 163
    org.w3c.dom.html 165
    org.w3c.dom.ranges 160
    org.w3c.dom.stylesheets 165
    org.w3c.dom.traversal 155
    org.w3c.dom.views 164
    org.xml.sax 45, 86, 475-483
    org.xml.sax.ext 103, 483
    org.xml.sax.helpers 484
    SAX 475
parse( ) 50, 119
    Aufruf 50
    SAXParser-Interface 248

Parsen 43-79
    Eltern-Kind-Konsistenz in der Pipeline 109
    Event-Flow 96
    Exception-Handling 50
    XML-Dokumente 60
Parser 7
    beziehen 44
    Callback-Methoden 51
    DOM 117
    DOM Level 2, Quellen 151
    DOM und 112
    Eigenschaften, proprietäre 89
    Hersteller-Unabhängigkeit und 236
    I/O Streams als Input 52
    nicht reentrant 77
    Online-Quellen 7
    SAX 2.0 nicht unterstützt 76
    Standardisierung, Fehlen der 81
    Sun-Version 236
    Xerces 44
    XML-Parser-Klassen 44
ParserAdapter-Klasse 76
ParserAdapter-Klassen 486
ParserConfigurationException-Klasse 497
ParserFactory-Klasse 238, 486
Parser-Interface 46, 480
Perl CGI-Skripten, Generieren von XML mit 404
Pfadangabe, Parsen von Dokumenten 51
Pipelines 96
PIs (Verarbeitungsanweisungen)
    DOM und 126-128
    SAX und 57
    XML-Dokumente 14
plattformspezifische Technologien, Nachteile 262
po.xsdXMLSchema 379-380
portType-Element 377
Präfix-Mapping 58
ProcessingInstruction-Interface 495
ProcessingInstruction-Interface (DOM) 126-128
ProcessingInstruction-Klasse 508
propertyNames( ) 182
proprietäre Eigenschaften und Features 89
PropsToXML-Klasse 178-190
    Skelett für die Klasse 180
Public Identifier 14
PUBLIC-Schlüsselwort 14

Q

Q-Namen 61
Quellcode, Online-Ressourcen XIII, XIV

R

Range-Modul 159-162
    Online-Ressourcen 162
Registrierung von Services 374, 389-391
Remote Method Invocation (siehe RMI)
Remote Procedure Calls (siehe RPC)
removeChild( ) 146
removeEvent( ) 320, 322
reservierte Zeichen, Escaping 19
resolveEntity( ), Vermeidung von Fehlern mit 108
Result-Interface 499
Rich Site Summary (siehe RSS)
RMI (Remote Method Invocation) 304
    Methodenaufrufe 313
    Registry 305
    RPC, verglichen mit 304-306
root-Elemente 15, 422
RPC (Remote Procedure Calls) 305
    Beschränkungen 306
    Handler registrieren 313
    Methodenaufrufe 313
    RMI, verglichen mit 304-306
    SOAP, Benutzung 351
RSS (Rich Site Summary) 420-430
    Channels 420
    Online-Ressourcen 422
    RSS-Dateierzeugung 421
RSS (Rich Style Sheets) 424-428

S

save( ) 190
SAX (Simple API for XML) 43-79
    Anwendungen 116
    Beschränkungen mit XML 135
    Dokumentation 45
    Exceptions, ausgelöst von DOM-Parsern 132
    Filter 96-100
    Gründe für die Benutzung 116
    Handler 53
    HandlerBase-Klasse 238
    hierarchische Zeichen 115
    InputSource vs. URI 52

Javadocs 45
JAXP, Versionen unterstützt unter 237
Klassen 45
org.xml.sax.XMLReader-Interface 46
    Instantiieren 46
ParserFactory-Klasse 238
Release 2.0, Parser, nicht unterstützt von 76
sequentielles Modell 115
Standardisierung 202
Version 1.0 46
Version 2.0 475-488
    fundamentale Eigenschaften 515-516
    XMLReader-Implementierungen,
        fundamentale Features 513-515
    XML-Standards, Unterstützung von 82
    Web-Publishing-Frameworks, Unterstützung
        durch 262
    XML-RPC-Server, Treiber für 311
    XSLT, Beschränkungen bei der Benutzung mit
        115
SAXBuilder-Klasse 176, 511
SAXException-Klasse 57, 480
SAXExceptions 56
SAXNotRecognizedException-Klasse 481
SAXNotRecognizedExceptions 86
SAXNotSupportedException-Klasse 481
SAXNotSupportedExceptions 86
SAXOutputter 177, 190, 212, 512
SAXParseException-Klasse 481
SAXParseExceptions 70
SAXParserFactory-Klasse 239-241, 498
    JAXP Version 1.1 247
SAXParser-Interface
    parse( ) 248
SAXParser-Klasse 241-242, 497
SAXTreeViewer-Klasse 46, 47-49
SchedulerClient-Klasse 333
Scheduler-Klasse 320-326
    Import-Anweisung 322
    Sortier-Algorithmus 323
    Zurückgabe von Events 322
schemaLocation-Attribut 23
Schleifen 38
schließende Tags 16
search( ) 158
Serialisierung 120
    DOM-Node-Typen 121
    Rekursion 121

serialize( ) 121, 122
    Aufruf 129
serializeNode( ) 122
server.xml-Datei 265
service-Element 377
Service-Registry 372
Servlets
    Engine-Konfiguration für Cocoon 264-267
    Entwicklung 260
    verglichen mit XML-RPC 338
    XSLT von 416-420
setAttribute( ) 142, 187, 251
setContentHandler( ) 54, 68
setDocumentLocator( ), Locator-Instanz 77
setDriver( ) 311, 315
    ClassNotFoundException 311
setDTDHandler( ) 54
setEndAfter( ) 161
setEntityResolver( ) 54
setErrorHandler( ) 54, 72
setErrorListener( ) 252
setExpandEntities( ) 210
setFactory( ) 216
setFeature( ) 82, 86, 249
SetNameSpaceProcessing( ) 85
setParent( ) 96
setProperty( ) 82, 249
setRootPart( ) 388
setStartBefore( ) 161
setText( ) 185
    Element, Aufruf für 208
Silverstream 393
Simple API for XML (siehe SAX)
Simple Object Access Protocol (siehe SOAP)
SimpleXPathViewer-Klasse 227-230
Slash (/) 16
SOAP (Simple Object Access Protocol) 341-369
    Apache Axis 347
    Apache, stackTrace-Element 368
    Apache-Implementierung 346
    Aufruf 344
    Codierung 343
    DOMFaultListener 367
    Envelope 343
    Fehlerbehandlung 366-368
    freie Parameter 360-366
        encodingStyle-Attribut 363
    grundlegende Komponenten 342

IBM SOAP4J 346
Installation 347-350
    admin-Client 349
    Clients 348
    Online-Ressourcen 349, 350
    Router-Servlets 349
Microsofts Implementierung 346
Online-Ressourcen 341
RPC-Aufrufe 351
RPC-Clients 355
RPC-Services 352
    aktualisieren 354
    Installation 354
Systementwurf 350
Unterschiede in den Implementierungen 347
SOAPMappingRegistry-Klasse 366
SOAP-RPC-Aufrufe, notwendige Operationen 355
SOAPWiz 393
Source-Interface 499
SourceLocator-Interface 500
Speicher und DOM 116, 131
Sprachanbindungen 112
Standard-Namensräume, JDOM 212
Stapel 279
startDocument( ) 56
startElement( ) 61
    Callback-Report 60
startPrefixMapping( ) 58
store( ) 190, 194, 199
StreamResult-Klasse 254
StreamSource-Klasse 253
String-Eigenschaft 88
String-Interning 88
    Javadoc-Quellen 88
Style-Modul 165
Stylesheets
    JavaXML.fo.xsl 287
    PDF-Transformation 272
    WML 280
Sun Microsystems Projekt X 8
supplyBooks.pl 409
switch-Konstrukt (_ _ Java) 122
System-ID
    in XML-Dokumente 52
System-Ressourcen, DOM und 131
SYSTEM-Schlüsselwort 14

T

Tags 16
    Konsolidierung der öffnenden und schließenden Tags in einem Element 18
Template Matching 37
Templates 251
Template-Schlüsselwort 37
Templates-Interface 500
test( ) 119
TestXMLProperties-Klasse 199
Textdaten 63
Text-Interface 495
Text-Klasse 509
    JDOM 208-210
Text-Konstrukt 39
The Mind Electric, Glue 393
Thread-Klasse 325
Tomcat Servlet-Engine
    Bibliotheken, Laden von 265
        jar-Dateien, Problem mit alphabetischer Sortierung 267
    Cocoon, Konfiguration für 264-267
    Kontext, Konfiguration 265
    SOAP, Servlet-Installation 349
TransformerFactory-Klasse 251, 501
Transformer-Instanz, Erhalten 252
Transformer-Klasse 500
Traversal-Modul 154-159
TrAX-API 250-256
TreeWalker-Interface 159
    Online-Ressourcen 159
try/catch-Blöcke, JDOM, zum Abfangen von Null-Werten 204
types-Element 377

U

übergangene Entities und SAX 76
UDDI (Universal Discovery, Description, and Integration) 373
    Implementierungen 374
    Registry 373
        suchen 392-393
ungeparste Daten 21
Uniform Resource Indicators (URIs) 49
    Eigenschafts- und Feature-IDs als 82
Uniform Resource Locators (siehe URLs)

Universal Discovery, Description, and Integration (siehe UDDI)
unmarshal( ) 462
Unmarshalling 436
Unterscheidung zwischen Groß- und Kleinschreibung, Elemente 16
UP.SDK 279
UpdateItemServlet-Klasse 137-147, 160
URI-Mappings, Speichern in Datenstrukturen 59
URIResolver-Interface 252, 501
URIs (Uniform Resource Indicators) 49
    Eigenschafts- und Feature-IDs als 82
URLs (Uniform Resource Locators) 49
    Apache Jetspeed-Projekt 421
    Java-und-XML-Web-Site 46
    SAX API Javadocs 45
    Xerces-Parser 44

V

Validieren von XML-Parsern 7
Validierung 83
Value-of-Konstrukt 38
Vektor 321
Verarbeitungsanweisungen (siehe PIs)
Verschachteln von Tags 16
verzögertes DOM 131
Views-Modul 164

W

WAP (Wireless Application Protocol)
    Online-Ressourcen 283
    Spezifikationen, Online-Ressourcen 279
Warnung, DOMSerializer-Klasse 130
Warnungen 72
Web Services 371-373
    Alternativen zu 399
    Beispiel 378-397
    Clients schreiben 394-397
    Messaging-Services 378
    Online-Ressourcen 397
    SOAP, zusätzlich zu 377
    Testen eines Clients 396
    UDDI, Registrieren bei 389-391
    UDDI-Registry, Suchen in 392-393
Web-Künstler 260

Web-Publishing-Frameworks 259-302
    Auswahl 261-263
        Parser-Unterstützung 262
        Real-World-Einsatz 262
        Stabilitätsüberlegungen 261
    Cocoon 263-284
    DOM-Unterstützung, Wichtigkeit von 262
    Installation 264-267
    Online-Ressourcen 261
    plattformspezifische Technologien, Nachteile von 262
    SAX-Unterstützung, Wichtigkeit von 262
    Standardisierung, Fehlen von 263
    Web-Entwicklung und 261
    XML-Dateien, Publikation 269-274
    XSP 284-298
Whitespace
    Melden 65
    RSS und 423
wichtige Handler-Interfaces 53
Wiederholungs-Modifier 25
Wireless Markup Language (siehe WML)
WML (Wireless Markup Language) 279
    Online-Ressourcen 283
    Stylesheet 280
wohlgeformte XML-Dokumente 16
Wrapper 219
WRONG DOCUMENT-Exception 170
WSDL (Web Services Description Language) 375-377
    Dateien, enthaltene Daten in 375
    Elemente 377
    Online-Ressourcen 375
    XML Schema, momentan benutzbare Version 377
    zukünftige Entwicklungen 393

X

Xalan-Prozessor 417
Xerces-Parser 44
XLink 465-467
xlink:actuate 467
xlink:href-Attribut 466
xlink:show-Attribut 467
xlink:type-Attribut 466

XML (Extensible Markup Language) 1-9, 11-41
   aktuelle Entwicklungen IX
   Beschränkungen 23-31
   Browser-abhängige Formatierung 275-284
   Business-to-Business-Real-World-Modell 399
   Data-Binding 431-464
      Zeus 447-455
   Dateien als HTML ansehen 269-270
   Daten teilen Anwendungen und Unternehmen 399
   Dokumentfragmente, Arbeiten mit 407
   Elemente 15
      benennen 61
   Fehler betreffend die Version von 74
   HTML-Formulare, Datengenerierung von 401-403
   Identifizieren mit Namensräumen 21-23
   Interoperabilität 372
   Java und zukünftige Entwicklungen 465
   Messaging 378
   Namensraum-Deklarationen, WML 281
   Namensräume 21
   O'Reilly-Veröffentlichungen über 11
   PDF-Dateien, Umwandlung in 270
   Perl CGI-Skripten, Ausgabe mit 404
   Portabilität 2
   RSS, Umwandeln in mit JDOM 424-428
   Transformationen 253
   verwandte Technologien 41
   Web-Publishing-Framework 259-302
   XML Schema-Bindings 471
   XML-Versionen XIII
   XPointer-Referenzen, Dokumente benutzen 468
XML 1.0-Empfehlung 12
XML Schema 27-31
   Castor, Klassen, Erzeugen mit 440
   Kaufauftrag-(KA-)Dokument 379-380
   schemaLocation-Attribut 23
   Schema-Spezifikation, Ähnlichkeit zu Namensraum-Deklarationen 22
   SOAP, Integration in 344
XML-Deklarationen
   DOM Level 2, zu geringe Zugreifbarkeit in 124
   DOM Level 3 167
XML-Dokument
   Validierung 7
XML-Dokumente 14
   DTD 24
   graphischer Baum, Betrachten als 47
   Gültigkeit 16
   Inhalt, Manipulation mittels Data-Binding 433
   Locator 55
   Parsen 43-79
      parse( ) 50
   System-ID 52
   Validierung
      verglichen mit der Verarbeitung von DTDs 85
   wohlgeformte 16
XMLFilterImpl-Klasse 97, 487
XMLFilter-Klasse 96-100, 482
XMLOutputter 177, 512
   Namensraum-Deklarationen 212
XMLOutputter-Klasse 189
XML-Parser 7
   DOM und 112
   DOM-Features, Unterstützung fürs Verifizieren 152
   Online-Quellen 7
XML-Parser-Klassen 44
XMLProperties-Klasse 190-192
   inkompatible Versionen 198
   Skelett 190-192
   Testen 197
XMLReaderAdapter-Klasse 487
XMLReaderFactory-Klasse 488
XMLReader-Interface 46, 482
   Methoden zum Setzen 82
   parse() 50
XMLReaders, Pipelining von Events 96
XML-RPC 303-339
   Aufruf 344
   Bibliotheken 307
      SAX 2.0, fehlende Unterstützung für 311
   Client-Anwendung 315-319
   'Hallo, Welt' 307
   Handler 320
   Handler-Klasse 310

HTTP-Listener erzeugen 312
Java-Datentypen, unterstützte 309
Server laden 310-335
Server-Klassen 320-332
   Konfiguration 327
   Port-Konflikte 335
   Sortier-Methode 323
Servlets, verglichen mit 338
Vorteile 306
XML und 336
XmlRpcClient-Klasse 316
XmlRpc-Klasse 311
xml-String-Eigenschaft 88
XML-Transformationen 31-40, 250
XMLUtils-Klasse 396
XMLWriter-Klasse 100
XP 7
XPath 35
XPathDisplayNode-Klasse 224-227
XPointer 467-471
   Abkürzung 469
   Online-Ressourcen 471
XSL (Extensible Stylesheet Language) 32-34
   Baum-Strukturen 32
   Internet Explorer, Stylesheet 276
   Objekte formatieren 33
   Online-Ressourcen, Formatting Objects-Definition 272
   Schleifen 38

Stylesheets
   in der Business-to-Business-Kommunikation 411-413
   PDF-Transformation 272
   zum Anschauen von XML als HTML 269
Template Matching 37
Templates in der Business-to-Business-Kommunikation 414
Web-Entwicklung und 260
WML-Seiten, Entwickler-Hilfsmittel 279
xsl:apply-templates-Konstrukt 116
xsl:stylesheet-Element 281
XSLT (Extensible Stylesheet Language Transformations) 34, 115, 260
XSLTProcessorFactory-Klasse 417
XSLTProcessor-Klasse 417
XSP (Extensible Server Pages) 284-298
   Erzeugung von Seiten 286
   JSP, Vorteile verglichen mit 284
   XML und 284

Z

Zeus 447-455
   Installation 447
   Klassen, Erzeugung 448
   Marshalling und Unmarshalling 453
Ziele 14
zu ignorierender Whitespace( ) 65

Über den Autor

Brett McLaughlin gehört zu den führenden Fachleuten für Java, XML, Enterprise-Anwendungen und Open Source-Software. Er ist bei Lutris Technologies für die Entwicklungsstrategie für den Application-Server Enhydra verantwortlich. Außerdem ist er der Begründer oder Mitbegründer zahlreicher anderer Open Source-Projekte, wie etwa JDOM (zur Zeit im JSR-Verfahren bei Sun) oder Apache Turbine (ein Servlet-basiertes Web Application Framework) und Enhydra Zeus (ein XML Databinding Framework). Durch seine Mitarbeit bei OpenEJB, jBoss und Apache Cocoon spielt er eine wichtige Rolle für die Java- und XML-Innovationen.

Abgesehen von seinen Beiträgen zur Technologie ist Brett ein begnadeter Schriftsteller. Er ist der Autor von *Java & XML, 1. Auflage* (O'Reilly), der Moderator von IBMs Newsgruppe *Java and XML Tools and Technologies* und ist im Zwei-Wochen-Rhythmus als Kolumnist für *flashline.com* tätig. Er hat Dutzende von Artikeln für *IBM Developer Works*, *JavaWorld* und *oreilly.com* verfaßt.

Über die Übersetzer

Sascha Kersken ist Dozent für Programmierung, interaktive Medien und Webdesign. Er führt außerdem mit seiner Firma Lingoworld Multimedia verschiedene Programmierprojekte durch. Durch den langjährigen Umgang mit verschiedensten Plattformen, Betriebssystemen und Programmiersprachen ist ihm jeglicher Dogmatismus fremd. Bei ihm koexistieren Windows, Linux und MacOS friedlich nebeneinander. Seine »reichliche« Freizeit verbringt er am liebsten mit seiner Frau und seinem vierjährigen Sohn.

Jürgen Key hat an der TU Ilmenau Informatik mit der Spezialisierung auf neuronale und zur Adaption fähige Systeme studiert. Danach war er als wissenschaftlicher Mitarbeiter im Fachgebiet Neuroinformatik an mehreren Projekten beteiligt. Heute beschäftigt er sich als selbständiger Teilhaber der NetSys.IT GbR hauptsächlich mit der Entwicklung und Umsetzung von Projekten im Dunstkreis von Java und C++.

Kolophon

Die auf der zweiten Auflage von *Java & XML* abgebildeten Tiere sind Löwen (Panthera leo). Die meisten Großkatzen sind Einzelgänger, Löwen jedoch bilden Familiengruppen. Diese Rudel können aus bis zu 30 oder gar 40 Löwen bestehen, in erster Linie Löwinnen mit ihrem Nachwuchs. Die Lebensdauer eines Löwen beträgt bis zu 20 Jahren (im Zoo sogar bis zu 40 Jahren). Ausgewachsene Männchen können eine Länge von 3 Metern erreichen; nur Tiger werden noch größer. Das Auge des Löwen reagiert sehr empfindlich auf Bewegungen, so daß Beutetiere aus großer Distanz wahrgenommen werden können. Spezielle Rezeptor-Zellen im Auge ermöglichen zudem eine außerordentlich gute Sicht in der Dunkelheit.

Löwen leben heute noch in großen Teilen des östlichen und südlichen Afrikas, manche afrikanische Unterarten des Löwen sind jedoch gefährdet. Der asiatische Perser-Löwe (P. l. persica) kam einst in weiten Teilen Indiens, des Mittleren Ostens und Süd-Asiens vor. Heute ist die Population auf nur noch etwa 290 Tiere geschrumpft, die im Gir Forest Nationalpark in Gujarat (Westindien) leben. Der Berberlöwe (P. l. barbaricus) und der Kaplöwe (P. l. capensis) sind ausgestorben.

Löwen sind reine Fleischfresser, die große Herdentiere jagen. Sie stehen damit ganz an der Spitze der Nahrungskette. Die Löwinnen jagen, während die Männchen ihre Nachkommen vor anderen, oft sehr aggressiven Löwen beschützen. Löwen sind nicht so schnell wie andere Großkatzen, zum Beispiel Geparden. Deshalb konzentrieren sie sich auf schwere, weniger bewegliche Beutetiere, die sie aus dem Hinterhalt angreifen, um sie auf verborgene Mitglieder ihre Jagdgruppe zuzutreiben. Durch die koordinierte Zusammenarbeit der Rudelmitglieder kann die Gruppe mit mehr Erfolg jagen als ein einzelnes Tier. Afrikanische Löwen jagen vor allem Gnus, Zebras, Antilopen, Gazellen, Impalas und Giraffen.

Der Umschlagentwurf dieses Buches basiert auf dem Reihenlayout von Edie Freedman und stammt von Ellie Volckhausen, die hierfür einen Stich aus dem 19. Jahrhundert von *Grosvenor Prints* in London verwendet hat. Das Coverlayout der deutschen Ausgabe wurde von Pam Spremulli mit Quark XPress 4.1 unter Verwendung der Schriftart ITC Garamond von Adobe erstellt. Die in diesem Buch enthaltenen Abbildungen stammen von Robert Romano und Jessamyn Read und wurden mit Adobe Photoshop 6 und Macromedia Freehand 9 erzeugt. Für den Einband verwenden wir die Spezialbindung »Freier Rücken«. Leanne Soylemez und Joachim Kurtz haben das Kolophon geschrieben.

Java

Java Servlet-Programmierung

Deutsche Ausgabe der 2. engl. Auflage
Jason Hunter mit William Crawford
772 Seiten, 2002, 48,- €
ISBN 3-89721-282-X

Dieses Buch beschreibt die neuen Features der Java Servlet-API Version 2.2 und 2.3 Draft. Es behandelt u.a. die Funktionsweise von Servlets, die Erzeugung dynamischer Web-Inhalte, den Datenbankzugriff mit JDBC, die Integration von Java Servlets mit JPS und JavaBeans, WAR-Dateien und Deployment-Deskriptoren.

JavaServer Pages

Hans Bergsten
592 Seiten, 2001, 46,- €
3-89721-281-1

JavaServer Pages gibt einen Überblick über die Konzepte und Syntax von JSP (Release 1.1) und behandelt alle wichtigen Themen rund um die Entwicklung von JSP-Applikationen. Das Buch richtet sich sowohl an Web-Designer, die JSP-Elemente in ihren Seiten verwenden möchten, als auch an Java-Programmierer, die an der JSP-API interessiert sind.

Java in a Nutshell, 3. Auflage

David Flanagan
748 Seiten, 2000, 36,- €
3-89721-190-4

Die 3. Auflage dieses Bestsellers behandelt Java 1.2 und 1.3 und gibt eine kompakte Einführung in die Programmiersprache und die Core-API. Sie enthält außerdem eine Schnellreferenz zu allen Klassen in den Paketen java.lang, java.io, java.math, java.net, java.text, java.util und java.security.

Java Examples in a Nutshell

David Flanagan
662 Seiten, 2001, 36,- €
3-89721-196-3

Dieses Buch ist als Ergänzungsband zu *Java in a Nutshell* und *Java Foundation Classes in a Nutshell* gedacht und enthält jede Menge praktische Beispiele zu den grundlegenden Java-APIs (Java 1.3).

Java Kochbuch

Ian F. Darwin
908 Seiten, 2002, 52,- €
ISBN 3-89721-283-8

Dieses Buch bietet eine umfassende Sammlung von typischen Aufgabenstellungen, Lösungen und praxisbezogenen Beispielen für jeden Java-Programmierer und ist damit das ideale Java-„Zweitbuch". Es enthält Hunderte von erprobten Rezepten für die client- und serverseitige Programmierung und behandelt sowohl die grundlegenden als auch speziellere APIs.

Java und XML, 2. Auflage

Brett McLaughlin
560 Seiten, 2002, 46,- €
ISBN 3-89721-296-X

Java und XML richtet sich an Entwickler, die diese beiden Technologien kombinieren möchten, um komplexe Web- und Enterprise-Anwendungen zu erstellen. Die zweite Auflage gibt einen komprimierten Überblick über die Grundlagen von XML und konzentriert sich dann auf den Einsatz von XML in Java-Anwendungen. Zu den behandelten Themen gehören: DTDs, XML Schema, SAX 2.0, DOM Level 2 und 3, JDOM, JAXP 1.0 und 1.1 sowie SOAP.

Java Foundation Classes in a Nutshell

David Flanagan
828 Seiten, 2000, 36,- €
3-89721-191-2

Dieses Buch bietet einen High-Level-Überblick über die neuen JFC, insbesondere über die Swing-Komponenten und Java 2D. Darüber hinaus enthält es eine Schnellreferenz zu allen Klassen der Pakete javax.swing und java.awt.

JavaServer Pages – kurz & gut

Hans Bergsten
88 Seiten, 2002, 8,- €
ISBN 3-89721-239-0

Informationen zu JSP-Syntax und -Verarbeitung, Direktiven, Standard-Aktionselementen, Skriptelementen, impliziten JSP-Objekten, benutzerdefinierten Aktionen sowie der Entwicklung von TLD- und WAR-Dateien.

XML

Einführung in XML

Eric T. Ray
392 Seiten, 2001, 36,- €
ISBN 3-89721-286-2

Hier erfährt der Einsteiger alle wichtigen XML-Grundlagen. Das Buch beschreibt die Syntaxregeln, die Verlinkung von Dokumenten mit XLink und XPointer und die Formatierung der Daten mittels Stylesheets. DTDs, XSLT und die Programmierschnittstellen SAX und DOM sind weitere Themen.

XML kurz & gut, 2. Auflage

Robert Eckstein & Michel Casabianca
106 Seiten, 2002, 8,- €
ISBN 3-89721-235-8

Die zweite Auflage unseres kleinen Bestsellers ist wieder eine bewährte Kombination aus Kurzeinführung in Terminologie und Syntax von XML und Schnellreferenz aller wichtigen Sprachkonstrukte. In der aktuellen Auflage werden auch XSLT und XPath ausführlich behandelt.

Java & XML, 2. Auflage

Brett McLaughlin
560 Seiten, 2002, 46,- €
ISBN 3-89721-296-X

Java und XML richtet sich an Entwickler, die diese beiden Technologien kombinieren möchten, um komplexe Web- und Enterprise-Anwendungen zu erstellen. Die zweite Auflage gibt einen komprimierten Überblick über die Grundlagen von XML und konzentriert sich dann auf den Einsatz von XML in Java-Anwendungen. Zu den behandelten Themen gehören: DTDs, XML Schema, SAX 2.0, DOM Level 2 und 3, JDOM, JAXP 1.0 und 1.1 sowie SOAP.

Python & XML

Christopher A. Jones & Fred L. Drake, Jr.
ca. 410 Seiten, 2. Quartal 2002, ca. 44,- €
ISBN 3-89721-175-0

Python gilt als eine der Sprachen mit den besten Möglichkeiten zur XML-Verarbeitung: Python ist objekt-orientiert, besitzt ausgezeichnete Eigenschaften zur Textmanipulation und verfügt über zahlreiche spezielle XML-Tools. Dieses Buch bietet Entwicklern eine solide Einführung und einen umfassenden Überblick über das Thema. Es behandelt sowohl XML-Grundlagen und komplexere Themen wie XSLT und XPath als auch die praktische Anwendung der XML-Tools von Python.

XML in a Nutshell

Elliotte Rusty Harold & Scott Means
528 Seiten, 2001, 36,- €
ISBN 3-89721-198-X

XML in a Nutshell gibt einen kompakten Überblick über die Möglichkeiten der XML-Familie, sowohl für die textorientierten Aufgaben wie auch den Einsatz von XML-Dokumenten als Datenspeicher. In den ausführlichen Schnellreferenzen zu XML 1.0, XPath, XSLT, DOM und SAX lassen sich gewünschte Informationen leicht finden.

XSLT

Doug Tidwell
480 Seiten, 2002, 40,- €
ISBN 3-89721-292-7

XSLT ist der Standard der XML-Familie, der die Transformation gegebener XML-Daten in verschiedene Dateiformate wie HTML, SVG oder JPEG ermöglicht und auch komplexe Filter- und Sortierprozesse erlaubt. *XSLT* demonstriert mit Hilfe zahlreicher anschaulicher Beispiele, wie Sie dieses flexible und leistungsstarke, aber nicht ganz unkomplizierte Werkzeug nutzen können.

Java & XSLT

Eric M. Burke
ca. 592 Seiten, 2. Quartal 2002, ca. 46,- €
ISBN 3-89721-295-1

XSLT ermöglicht die Definition von Datentransformationen in Stylesheets und ist zu einer Kerntechnologie bei der XML-Verarbeitung geworden. *Java & XSLT* zeigt, wie XSLT in Java-Anwendungen eingesetzt werden kann, wie Applikationen durch Caching und kompilierte Stylesheets optimiert werden können und viele nützliche Techniken mehr.

Webservice-Programmierung mit SOAP

Doug Tidwell, James Snell & Pavel Kulchenko
ca. 300 Seiten, 3. Quartal 2002, ca. 34,- €
ISBN 3-89721-159-9

Dieses Buch erklärt die Konzepte von Webservice-Architekturen, führt in SOAP und andere Standards wie WSDL und UDDI ein, stellt die wichtigsten Toolkits zur Entwicklung und zum Einsatz von Webservices vor und behandelt typische Fragen aus der Praxis wie Sicherheit, Debugging und Interoperabilität. Beispiele in Java, Perl, C# und Visual Basic illustrieren die behandelten Themen.

World Wide Web

JavaScript – Das umfassende Referenzwerk

David Flanagan
720 Seiten, 1997, 36,- €
ISBN 3-930673-56-8

David Flanagan dokumentiert ausführlich die Programmiersprache JavaScript und liefert viele ausgefeilte Programmbeispiele. Er beschreibt außerdem in einem vollständigen Referenzteil detailliert alle Funktionen, Objekte, Methoden, Eigenschaften und Event-Handler von JavaScript. Die deutsche Übersetzung behandelt die Versionen 1.0, 1.1 und 1.2 von JavaScript, die von Netscape Navigator 2.0, 3.0 und 4.0 und Microsoft Internet Explorer 3.0 unterstützt werden.

JavaScript Kochbuch für Web-Anwendungen

Jerry Bradenbaugh
512 Seiten, 2000, 38,- €
ISBN 3-89721-162-9

Das Kochbuch stellt zehn gebräuchliche Web-Anwendungen vor. JavaScript-Interessierte vertiefen mit Hilfe dieser Beispiele ihre Programmierkenntnisse und können die Lösungen rasch anpassen und für eigene Webprojekte nutzen.

Apache – Das umfassende Referenzwerk

Ben Laurie & Peter Laurie
408 Seiten, 1999, 38,- €
ISBN 3-89721-127-0

Apache ist der weltweit meistgenutzte Server. Dieses Buch ist ein komplettes Nachschlagewerk zu Apache 1.3 und enthält umfassende Beschreibungen zur Installation des Web-Servers, zur Konfiguration für Unix und Windows, zu Apache-Modulen und zum Thema Sicherheit.

JavaScript – kurz & gut

David Flanagan
98 Seiten, 1998, 8,- €
ISBN 3-89721-208-0

Eine kompakte Referenz aller Funktionen, Objekte, Methoden, Eigenschaften und Event-Handler von JavaScript in der Version 1.2. Der Referenz ist eine Beschreibung des clientseitigen Einsatzes der beliebten Skriptsprache u.a. mit Blick auf die Gestaltung von Fenstern, Frames, Formularen und Events vorangestellt.

HTML & XHTML – Das umfassende Referenzwerk, 3. Auflage

Chuck Musciano & Bill Kennedy
710 Seiten, 2001, 40,- €
ISBN 3-89721-168-8

HTML & XHTML – Das umfassende Referenzwerk erklärt die Syntax, die Semantik und den Einsatz von Stilelementen von HTML und XHTML. Es behandelt die Standards HTML 4.01 und XHTML 1.0, einschließlich aller gängigen Erweiterungen von Netscape und Microsoft.

CGI-Programmierung mit Perl

Scott Guelich, Shishir Gundavaram & Gunther Birznieks
500 Seiten, 2001, 38,- €
ISBN 3-89721-167-X

Dieses Buch beschreibt, wie CGI und das zugrundeliegende Protokoll HTTP funktionieren, und widmet sich dann den Details beim Schreiben von CGI-Skripten. Berücksichtigt in der neuen Auflage sind die aktuellen Versionen von Perl und CGI.pm sowie JavaScript, HTML-Templates, XML und Sicherheitsfragen.

HTML – kurz & gut

Jennifer Niederst, 96 Seiten, 2000, 8,- €
ISBN 3-89721-214-5

Eine umfassende Referenz aller HTML-Tags von HTML 4.0, Navigator und Internet Explorer, ergänzt um Übersichten über Tag-Gruppen, Tag-Strukturen, Zahlenkonvertierung, Zeichenbeschreibungen (Character Entities) sowie Farbnamen und -werte.

CGI – kurz & gut

Linda Mui, 104 Seiten, 1999, 8,- €
ISBN 3-89721-218-8

CGI – kurz & gut ist eine separate Veröffentlichung des CGI-Teils aus *Perl in a Nutshell*. Nach einer kurzen Einführung in CGI und einem Überblick über die Umgebungsvariablen für CGI werden im Referenzteil ausführlich das Perl-Modul CGI.pm und das Apache-Modul mod_perl sowie das Einbetten von Perl in HTML behandelt.

Netzwerk-Administration

UNIX System-Administration

Æleen Frisch
806 Seiten, 1996, 40,- €
ISBN 3-930673-04-5

Dieses Buch stellt eine grundlegende Hilfestellung bei allen Fragen der Administration von Unix-Systemen dar. Themenschwerpunkte sind: Organisation und Aufbau des Dateisystems, Backup-Sicherungen, Restaurieren verlorener Dateien, Netzwerk, Kernel-Konfiguration, Mail-Services, Drucker und Spooling-System sowie grundlegende System-Sicherheitsvorkehrungen.

TCP/IP Netzwerk-Administration, 2. Auflage

Craig Hunt
654 Seiten, 1998, 40,- €
ISBN 3-89721-110-6

Dieses Standardwerk ist eine komplette Anleitung zur Einrichtung und Verwaltung von UNIX-TCP/IP-Netzwerken. Neben den Grundlagen der TCP/IP Netzwerk-Administration werden in dieser Auflage fortschrittliche Routing-Protokolle (RIPv2, OSPF und BGP), die Konfiguration wichtiger Netzwerk-Dienste (PPP, SLIP, sendmail, DNS, BOOTP und DHCP) und einige einfache Installationen für NIS und NFS besprochen.

DNS und BIND, 3. Auflage

Übersetzung der 4. engl. Auflage
Paul Albitz & Cricket Liu
668 Seiten, 2002, 46,- €
ISBN 3-89721-290-0

DNS und BIND gibt einen Einblick in die Entstehungsgeschichte des DNS und erklärt dessen Funktion und Organisation. Außerdem werden die Installation von BIND (für die Versionen 9 und 8) und alle für diese Software relevanten Themen wie Parenting (Erzeugen von Sub-Domains) oder Debugging behandelt.

Mailmanagement mit IMAP

Dianna Mullet & Kevin Mullet
432 Seiten, 2001, 40,- €
ISBN 3-89721-285-4

IMAP, das Internet Message Access Protocol, ist ein Email-Service, der anders als ältere Protokolle eine zentrale Verwaltung der Mails von verschiedenen Rechnern aus ermöglicht. *Mailmanagement mit IMAP* ist ein Praxishandbuch für Netzwerkadministratoren, die diesen Mailserver installieren, konfigurieren und optimieren möchten.

Samba

R. Eckstein, D. Collier-Brown & P. Kelly
448 Seiten, 2000, 38,- €, inkl. CD-ROM
ISBN 3-89721-161-0

Diese maßgebliche Dokumentation zu Samba, die vom Samba-Entwicklerteam offiziell anerkannt wurde, behandelt die Themen Konfiguration, Performance, Sicherheit, Protokollierung und Fehlerbehebung und erläutert sie an zahlreichen Beispielen.

Einrichten von Internet Firewalls, 2. Auflage

E. D. Zwicky, S. Cooper, D. Brent Chapman
928 Seiten, 2001, 50,- €
3-89721-169-6

Diese stark erweiterte 2. Auflage des Bestsellers *Einrichten von Internet Firewalls* behandelt neben Unix nun auch Linux und Windows NT. Das Buch ist eine praktisch ausgerichtete Anleitung zum Aufbau von Firewalls und präsentiert dem Leser eine große Bandbreite von Firewall-Technologien und Architekturen.

Aufbau und Betrieb von IP-Netzwerken mit Cisco-Routern

Scott M. Ballew
368 Seiten, 1998, 36,- €
ISBN 3-89721-117-3

Das Buch gibt detaillierte Hinweise zum Entwurf eines IP-Netzwerks und zur Auswahl der Geräte und Routineprotokolle und erklärt dann die Konfiguration von Protokollen wie RIP, OSPF, EIGRP und BGP. Die dargestellten Prinzipien sind auf alle IP-Netzwerke übertragbar, unabhängig davon, welcher Router verwendet wird.

SSH: Secure Shell - Ein umfassendes Handbuch

Daniel J. Barrett & Richard Silverman
598 Seiten, 2002, 46,- €
ISBN 3-89721-287-0

Das Netzprotokoll SSH (Secure Shell) ist eine verbreitete, robuste und zuverlässige Lösung für zahlreiche Probleme der Netzwerksicherheit. Es sichert u.a. den Anmeldevorgang auf entfernten Systemen und den Dateitransfer zwischen verschiedenen Rechnern. Das Buch richtet sich an Systemadministratoren wie an Endnutzer und behandelt SSH1, SSH2, OpenSSH und F-Secure SSH für Unix sowie einige Windows- und Macintosh-Produkte.

O'REILLY®

anfragen@oreilly.de • http://www.oreilly.de • +49 (0)221-97 31 60-0

Kontaktieren Sie uns

1. Besuchen Sie uns auf unserer Homepage
http://www.oreilly.de/

- Ankündigungen von Neuerscheinungen
- Gesamtkatalog der englischen und deutschen Titel
- Probekapitel und Inhaltsverzeichnisse unserer Bücher

2. Tragen Sie sich in unsere Mailingliste ein

Neuerscheinungen
Wenn Sie automatisch per E-Mail über Neuerscheinungen informiert werden möchten, schicken Sie eine E-Mail an: *majordomo@oreilly.de*
Setzen Sie die folgende Information in die erste Zeile Ihrer Nachricht (nicht in die Subject-Zeile):

- für Informationen über neue englische Titel: *subscribe ora-news* + Ihre E-Mail-Adresse
- für Informationen über neue deutsche Titel: *subscribe oreilly-aktuell* + Ihre E-Mail-Adresse

Oder füllen Sie einfach das entsprechende Formular auf unserem Web-Server aus:
- http://www.oreilly.de/oreilly/majordomo.form.html

3. Bestellen Sie unseren gedruckten Katalog

- über unseren Web-Server: *http://www.oreilly.de/oreilly/katalog.html*
- oder per Post, telefonisch oder per Fax

4. Beziehen Sie die Beispiele aus unseren Büchern (per FTP)

- ftp an:
  ftp.oreilly.de
  (login: *anonymous*
  password: Ihre E-Mail-Adresse)

- oder mit Ihrem Web-Browser über:
  ftp://ftp.oreilly.de/

5. Treten Sie mit uns per E-Mail in Kontakt

- *anfragen@oreilly.de*
  für generelle Anfragen und Informationen

- *order@oreilly.de*
  für Bestellungen

- *kommentar@oreilly.de*
  für Anmerkungen zu unseren Büchern

- *proposals@oreilly.de*
  um Manuskripte und Buchvorschläge an uns zu senden

- *presse@oreilly.de*
  für Journalisten, die mehr über uns oder unsere Bücher erfahren möchten

O'Reilly Verlag GmbH & Co. KG
Balthasarstraße 81, 50670 Köln
Tel. 49 (0)221/973160-0 • (9 bis 18 Uhr)
Fax   49(0)221/973160-8